전국 방방곡곡 여행 안내서

대한민국
베스트셀러
여행지

+

전국 맛집 318

2차
개정판

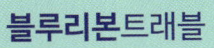

블루리본트래블

2차 개정판

전국 방방곡곡 여행 안내서

대한민국 베스트셀러 여행지

+

전국 맛집 318

BR미디어

편집자의 말

이 책은 2012년 7월 초판이 출간된 〈대한민국 베스트셀러 여행지 841+전국 맛집 140〉의 2차개정판입니다. 초판에서는 전국의 주요 여행지를 방문객 순위별로 카테고리로 묶어 소개했으며, 2018년에 이루어진 1차 개정판부터는 순위별 카테고리가 아닌, 전국 각 시도별로 꼭 가볼 만한 여행지를 골라 소개하고 있습니다. 수록된 여행지는 초판 841개, 1차 개정판은 1,128개였으나 2차 개정판에서는 1,475개로 대폭 늘었습니다. 부록에 들어가는 맛집도 1차 개정판 175개에서 318개로 늘어 더 많은 정보를 제공하게 되었습니다.

고속도로나 도로 중심으로 여행 코스를 구성한 책, 특정 테마 위주로 여행지를 고른 책 등 다채로운 여행책이 있지만, 지역별로 대표 여행지를 한눈에 정리한 책은 찾아보기 어려웠습니다. 사람마다 취향과 관심사가 다르기 때문에 여행 코스를 짜서 제시하기보다는 지역별로 여행지 정보를 제시해서 독자가 마음에 드는 곳을 선택할 수 있다면 좋을 텐데 하는 생각이 이 책으로 이어졌습니다.

이 책에는 수록된 여행지를 표시한 지역별 지도가 있어 여행 동선을 짤 때 유용하게 활용할수 있습니다. 본문 뒤쪽에는 자연, 유적, 일반시설 등 여행지 카테고리별 찾아보기를 수록해 여행 목적에 맞는 여행지를 지역별로 손쉽게 찾아볼 수 있도록 했습니다. 또한 블루리본서베이의 기준을 충족하는, 우리나라에서 꼭 가봐야 하는 맛집은 지역별로 엄선해 부록으로 담았습니다. 여행에서 빼놓을 수 없는 미식의 즐거움 역시 충족시킬 것이라 생각합니다.

여행업계에 불어닥친 세계적인 우울한 상황이지만, 위안이 되는 것은 국내 여행 인프라는 더욱 발전되었다는 사실입니다. 국내 여행지를 많은 사람이 찾을수록 인프라는 더욱 확충될 것이며, 이 기회에 우리나라가 세계적인 관광대국으로 발돋음 하는 기회가 될 수도 있지 않을까 합니다.

2021년 6월
블루리본서베이

목차

편집자의 말 005

목차 006

이 책을 보는 법 014

Chapter 1. 인천광역시 016
인천 여행의 중심! [인천 중심권] 018
다채로운 섬 여행 [인천 옹진군] 026
즐거운 역사문화탐방 [인천 강화도] 030

Chapter 2. 경기도 034
대표 서울 근교 여행지 [가평] 036
신한류의 중심, 대표적인 예술문화의 거리 [고양] 040
사람과 풍요로운 문화가 한데 어우러진 곳 [과천] 044
밝은 빛을 지닌 재생의 도시 [광명] 048
아름다운 자연과 역사가 숨 쉬는 곳 [광주] 050
역사와 자연이 공존하는 곳 [구리] 054
한강을 끼고 있는 천혜의 지역 [남양주] 056
도심 속 테크노밸리 [성남] 060
아름다운 성곽의 도시 [수원] 062
근교 섬 나들이 [안산] 068

문화예술의 고장 [안성] 072
자연을 벗 삼은 유원지 [양주] 074
짙푸른 녹음과 수려한 산악경관 [양평] 078
힐링과 평화의 도시 [연천] 082
모두의 피크닉 [여주] 086
온 가족이 즐기는 테마관광지 [용인] 088
쌀과 도자기의 고장 [이천] 092
예술이 숨 쉬는 도시 [파주] 096
여유로움이 주는 아름다움 [포천] 100
바다와 육지를 넘나드는 도시 [화성] 104

Chapter 3. 강원도 106
푸른 바다와 그윽한 커피 [강릉] 108
동해안 최북단의 절경 [고성] 112
시원한 풍광이 드리우는 곳 [동해] 116
푸른 바다와 천혜의 자연환경 [삼척] 120
설악산과 바다, 호수가 어우러지는 곳 [속초] 126
역사와 자연이 공존하는 생태계 [양구] 132
해오름의 고장 [양양] 134
신선이 노닐던 진풍경 [영월] 138
고즈넉한 자연의 힐링 [원주] 142
황태의 본고장 [인제] 144
폐광 터에 새롭게 울리는 정선아리랑 [정선] 148

한탄강이 흐르는 곳 [철원] 152
호반의 도시 [춘천] 156
백두대간의 정기가 모여드는 곳 [태백] 162
해발고도 700m의 행복 [평창] 166
맑은 공기가 있는 청정 도시 [횡성] 172

Chapter 4. 대전광역시 176

Chapter 5. 세종시 184

Chapter 6. 충청남도 190

흥미진진 백제 역사 탐방 [공주] 192
백제 시대의 군사 요충지 [논산] 196
서해안의 아름다운 바다 일출과 일몰 [당진] 198
서해안 최고의 피서지 [보령] 202
고즈넉한 백제의 도시 [부여] 206
수려한 자연경관이 있는 문화재 여행 [서산] 210
금강과 아름다운 서해가 있는 도시 [서천] 214
온천의 고장 [아산] 218
느긋함의 미학 [예산] 222
독립 정신이 숨 쉬는 곳 [천안] 224

고추와 구기자의 고장 [청양]	228
해수욕장 천국 [태안]	230
과거와 미래를 잇는 쉼터 [홍성]	236

Chapter 7. 충청북도 238
느티나무 그늘 아래 [괴산]	240
남한강과 충주호가 어우러지는 명승지 [단양]	242
장엄한 속리산을 품고 있는 곳 [보은]	248
금강이 빚어내는 운치 [옥천]	252
유익한 볼거리로 가득한 고장 [음성]	256
청풍명월의 풍류 [제천]	258
고려가 숨 쉬는 곳 [진천]	262
문화재의 도시 [청주]	264
삼국 시대의 문화가 있는 고장 [충주]	268

Chapter 8. 광주광역시 272

Chapter 9. 전라남도 280
남도 답사 1번지 [강진]	282
나로호의 탄생지 [고흥]	286
섬진강이 흐르는 아름다운 마을 [곡성]	290

섬진강변을 따라 즐기는 꽃 여행 [광양] 294
산수유 꽃 피는 마을 [구례] 298
역사와 현대가 어우러진 도시 [나주] 302
초록에 물든 대나무의 도시 [담양] 306
맛과 낭만의 항구 도시 [목포] 310
백련이 주는 힐링 [무안] 314
한국 최대의 녹차 산지 [보성] 316
아시아 생태문화의 중심지 [순천] 320
다도해의 아름다움 [신안] 324
물이 아름다운 도시 [여수] 328
굴비의 고장 [영광] 334
기암괴석의 장 [영암] 336
천천히 누리는 삶 [완도] 338
고불매를 품은 사찰 [장성] 342
자연 치유 도시 [장흥] 344
신비의 바닷길이 열리는 곳 [진도] 348
우리나라 땅끝 [해남] 352
화합을 이루는 천혜의 적벽 [화순] 356

Chapter 10. 전라북도 358
아름다운 청보리밭과 선사 유적 [고창] 360
호젓하게 즐기는 근대문화산책 [군산] 364
평화로운 지평선 마을 [김제] 368

사랑이 꽃피는 도시 [남원] 370
반딧불이와 덕유산의 고장 [무주] 374
풍요로운 도시 [부안] 378
고추장의 고장 [순창] 382
완전한 고을 [완주] 384
백제 문화가 숨 쉬는 그곳 [익산] 386
치즈의 고장 [임실] 390
우리 전통의 참맛 [전주] 392
내장산을 품은 고장 [정읍] 398
마이산과 홍삼의 도시 [진안] 402

Chapter 11. 부산광역시 406
부산 여행의 중심 [해운대/기장] 408
부산의 정겨운 분위기가 물씬! [남포동/서면] 414

Chapter 12. 대구광역시 422

Chapter 13. 울산광역시 430

Chapter 14. 경상남도 438
한려수도 해양관광도시 [거제] 440
가야의 왕도 [김해] 446
한반도의 보물섬 [남해] 450
도자기의 아름다운 숨결 [밀양] 454
형형색색 소담한 정취 [산청] 456
남강을 정원처럼 품은 비경 [진주] 460
신비의 늪지와 억새 물결 [창녕] 464
아름다운 벚꽃 도시 [창원] 468
아름다운 섬의 고장 [통영] 472
고즈넉한 정취 [하동] 478
수려한 자연과 유구한 역사가 있는 곳 [합천] 482

Chapter 15. 경상북도 486
신라의 천년고도 [경주] 488
가야문화특별시 [고령] 498
자연의 구미가 당기는 곳 [구미] 502
과거 보러 가는 길 [문경] 504
양반의 고장 [안동] 508
청정 도시, 대게의 고장 [영덕] 512
선비의 고장 [영주] 516
아름다운 자연이 살아 숨쉬는 곳 [울릉] 520
청정생태문화도시 [울진] 524

물 맑은 고장 [청도] 528
푸른 솔의 고장 [청송] 532
푸른 바다 도시 [포항] 536

Chapter 16. 제주도 542
중심지에서 만끽하는 제주의 매력 [제주시 중심권] 544
핫한 우도 여행과 다채로운 오름의 매력 [제주시 동부] 554
아름다운 해안 드라이브와 함께! [제주시 서부] 562
중문관광단지와 다채로운 볼거리가 있는 곳 [서귀포시 중심권/서부] 568
제주의 아름다운 절경이 있는 곳 [서귀포시 동부] 580

카테고리별 여행지 찾아보기 586

부록 : 전국의 맛집 318 620

이 책을 보는 법

〈본문〉

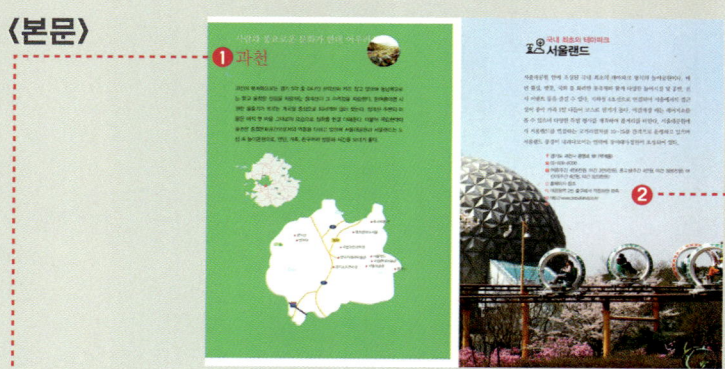

❶ 지역 및 지도

해당 지역과 여행지를 개괄적으로 소개하고 있는 페이지로, 여행 전 가볍게 알고 가면 좋은 내용들이 수록되어 있습니다. 특히 아래쪽에는 책에 수록된 여행지를 표시한 지도가 있어 여행 동선을 짤 때 유용하게 활용할 수 있습니다.

❷ 여행지 정보

- 📍 여행지 주소
- ☎ 여행지 전화번호
- 🟥 해당 여행지의 입장료 또는 배를 타고 들어가는 경우에는 도선료 등의 비용을 정리했습니다. 별도로 명기하지 않은 여행지는 입장료나 비용이 없다는 것을 의미합니다.
- 🕐 해당 여행지의 운영시간 및 휴무일을 정리했습니다. 별도로 명기하지 않은 여행지는 운영시간에 제한이 없거나 휴무일이 없다는 것을 의미합니다.
- 🔍 해당 여행지까지 찾아가는 방법을 간단히 정리했습니다.
- 🌐 해당 여행지의 홈페이지로, 홈페이지에서 자세한 내용을 파악할 수 있습니다.
- ‼ 해당 여행지에 속해 있는 스팟이나 가까운 곳에 있어 함께 둘러보면 좋은 주변 여행지를 정리했습니다.

《찾아보기》

❸ 여행지 카테고리별 찾아보기
여행지를 자연, 유적, 관광시설, 일반시설 등 총 열 가지 카테고리별로 분류해, 여행 목적, 지역에 따라 손쉽게 찾아볼 수 있습니다.

《부록》

❹ 전국 맛집 318
여행에서 맛집을 빼놓을 수 없죠. 꼭 가봐야 하는 대표 맛집 318군데를 지역별로 정리했습니다.

15

인천광역시

인천 여행의 중심! **인천 중심권**

다채로운 섬 여행 **옹진군**

즐거운 역사문화탐방 **강화군**

인천 여행의 중심!
인천 중심권

인천은 크게 세 지역으로 나뉜다. 경기도와 인접해 있는 도심 중심권과 대교를 통해 육지와 연결되어 있는 강화도, 그리고 선재도, 백령도, 대청도, 영흥도 등의 다양한 섬이 속해 있는 옹진군 섬으로 나눌 수 있다.

　가장 볼거리가 많은 곳은 역시 중심권으로, 특히 중구 일대에 가볼 만한 여행지가 모여 있다. 이국적인 분위기의 인천차이나타운을 비롯해 월미도, 자유공원, 송월동동화마을 등이 일대에 모여 있어 도보 여행을 즐기기에도 제격이다. 남동구에는 소래습지생태공원, 인천대공원, 소래포구 등 굵직굵직한 여행지가 여행자를 반긴다. 도심 속 휴식 공간으로 사랑받는 송도센트럴파크를 비롯해 청라호수공원, 그리고 드라마〈도깨비〉촬영지로 핫한 인기를 끄는 배다리헌책방거리 등도 추천 여행지.

인천에서 만나는 작은 중국
인천차이나타운

인천역에서 길을 건너면 차이나타운의 제1패루가 보이는데, 패루 안쪽으로 들어서면 본격적인 차이나타운 여행이 시작된다. 조선 시대 말 개항 후 이 지역 일대가 청나라 치외법권지역으로 지정되면서 중국인 2천여 명이 모여 자연스레 차이나타운이 형성되었다. 짜장면의 시초로 알려진 공화춘 건물을 활용하고 있는 짜장면박물관을 비롯해 삼국지벽화거리, 그리고 한국 최초의 서구식 공원으로 꼽히는 자유공원 등이 있어 한번에 둘러보기 좋다. 매년 인천중국의날문화축제가 자유공원과 차이나타운일대에서 개최되어 다양한 중국 문화를 체험할 수 있다.

- 인천광역시 중구 선린동
- 인천역 관광안내소 032-777-1330
- 인천역 맞은편
- http://www.ichinatown.or.kr
- 인천개항박물관, 자유공원, 짜장면박물관

사진제공(김지호)-한국관광공사

빌딩 숲 속 초록허파 송도센트럴파크

사진제공(인천광역시청 관광진흥과)

바닷물을 활용해서 만든 한국 최초의 해수 공원으로, 도심 속 휴식공간으로 사랑받고 있다. 햇살이 내리쬐는 낮 풍경도 아름다우며, 밤이 되면 주변 조명이 어우러져 색다른느낌을 준다. 수로를 중심으로 산책로가 잘 조성되어 있으며 토끼가 살고 있는 토끼섬, 꽃사슴을 보호하고 있는 사슴농장 등이 있어 볼거리가 다채롭다. 아이들과 함께 산책하기에도 좋은 공원, 수상택시를 타고 약 20분 정도 공원을 둘러볼 수 있으며 보트하우스에서 요트와 카약을 빌려 탈 수도 있다. 올해의 건축문화대상을 수상한 복합문화공간 트라이볼도 명소로 통한다.

📍 인천광역시 연수구 컨벤시아대로 160 (송도동) ☎ 인천광역시 시설관리공단 032-721-4405 🎫 수상택시(어른 4천원, 중고생 3천원, 초등생 2천원) 🔍 센트럴파크역 3번 출구 앞

노을을 배경으로 남기는 추억 월미도

사진제공(인천광역시청 관광진흥과)

섬 모양이 반달 꼬리를 닮았다 하여 이름 붙은 월미도는 도심 속 작은 섬이지만, 어느 곳보다도 다채로운 즐길 거리와 볼거리로 가득한 곳이다. 꼭 가봐야 할 곳 중 하나는 월미테마파크. 디스코팡팡, 대관람차, 바이킹, 자이로드롭 등 스릴 넘치는 놀이기구가 재미있기로 유명하다. 전망대에 올라 월미도를 내려다볼 수 있는 월미공원, 월미도 인근 바다를 둘러볼 수 있는 유람선 등의 시설이 눈길을 사로잡는다. 밤이 되면 화려한 조명과 함께 음악분수가 가동되며 매년 밤하늘을 아름답게 수놓는 불꽃축제가 개최되기도 한다. 섬곳곳에 재미있는 모양의 조각상과 사진을 찍을 수 있는 포토존이 있어 노을을 배경 삼아 추억을 남겨 보는 것도 좋겠다.

📍 인천광역시 중구 북성동1가 ☎ 월미 관광안내소 032-765-4169 🔍 인천역에서 월미도입구교차로 지나 직진
🌐 http://wolmido.allplaces.kr 📌 월미공원, 월미도유람선, 월미테마파크

낙조가 아름다운 해수욕장 을왕리해수욕장

사진제공(인천광역시청 관광진흥과)

영종도 안에 자리한 해수욕장으로, 낙조 풍경이 아름답기로 전국에서 꼽히는 곳이다. 약 700m 길이의 드넓은 백사장이 있으며 수심도 적당한 편이어서 해수욕을 즐기기에도 좋다. 울창한 송림과 기암괴석이 해변을 둘러싼 풍경이 아름답다. 서울에서도 비교적 가까운 데다 쾌적한 편의시설과 숙박시설을 갖추고 있어 매년 여름이면 많은 피서객이 방문한다.

📍 인천광역시 중구 을왕동 ☎ 을왕리해수욕장 번영회 사무실 032-752-0094
인천국제공항 지나 국제업무지역 방향으로 직진

G타워 송도센트럴파크크에 조성되어 있는 타워로, UN산하 국제기구 GCF(녹색기후기금) 유치를 위해 준공했다. 29층에 하늘정원이 있어 송도, 인천대교, 서해 등을 한눈에 조망할 수 있으며 33층에 홍보관을 조성해놓았다. 하늘정원에서 바라보는 송도 야경이 아름답기로 유명하다.
📍 인천광역시 연수구 아트센터대로 175 (송도동)
☎ 인천경제자유구역 스마트시티과 032-453-7495
🕐 하늘정원 10:00~20:00 | 주말 10:00~18:00
🔍 센트럴파크역에서 국제업무지구역 방향으로 직진하면 우측
🌐 http://www.ifez.go.kr

개항장역사문화의거리 개항기 시절 중국인뿐만 아니라 일본인 역시 넘쳐 났던 곳으로, 우리의 근대 문화 모습을 볼 수 있다. 근대와 현대를 아우르는 건물이 들어서 있어 따뜻한 날 산책하기 좋다. 인천개항박물관 부근에서 신포 문화의 거리에 걸쳐 있으며 개항누리길이라고 불리기도 한다..
📍 인천광역시 중구 선린동
☎ 032-440-4055
🔍 인천차이나타운 화교중산소학교 부근
🌐 https://www.icjg.go.kr/tour/cttu
❗ 인천개항박물관

경인아라뱃길 인천 앞바다와 한강을 연결하는 뱃길로, 2012년 개통되었다. 경인항 인천터미널에서 경인항 김포터미널까지 연결되어 있으며 길이 18km, 폭 80m에 달한다. 아라뱃길 양옆으로 자전거도로가 조성되어 있다.
📍 인천광역시 서구 오류동

경인아라뱃길_사진제공(김지호)-한국관광공사

☎ 아라종합안내센터 1899-3650
🌐 http://www.giwaterway.kr

계양산 해발 395m의 산으로, 강화도를 제외한 인천에서 가장 높은 산이다. 정상에 오르면 사방이 탁 트여 있어 영종도와 강화도, 인천 시내 일대가 한눈에 들어온다. 산책을 좋아하는 이들이라면 계양산둘레길을 따라 산책해보는 것도 좋겠다. 계양산성을 비롯해 이규보 시비, 장미가 흐드러지게 핀 장미원 등이 있어 볼거리가 다채롭다.
📍 인천광역시 계양구 계양산로75번길 26 (계산동)
☎ 계양구청 녹지과 032-450-5654
🔍 경인여자대학교 뒤편

국립생물자원관 국립생물자원관은 한반도 고유생물 및 자생생물 표본 985종 4천 600여 점을 전시하는 동양 최대규모의 표본 수장고이다. 1층은 한반도 생물의 다양성, 생물자원의 활용과 보전을 주제로 한다. 2층은 한반도 주

소래포구_사진제공(인천광역시청 문화관광과)

요 생태계 디오라마, 생물자원의 이용과 다양성의 보전을 보여주는 제2전시실로 구성되어 있다.

📍 인천광역시 서구 환경로 42
☎ 국립생물자원관 032-590-7021
🎫 무료
🕐 하절기 09:30~17:30 | 동절기 09:30~17:00
🔍 검암동우체국에서 승학로382번길 이동
🌐 http://www.nibr.go.kr

무의도 영종도 아래쪽에 자리한 섬으로, 9백여 명의 주민이 거주하고 있다. 잠진도 선착장에서 배를 타고 섬으로 들어갈 수 있는데, 2019년에 잠진도와 무의도를 연결하는 무의대교가 개통되어 차량 접근도 가능하다. 실미해수욕장과 하나개해수욕장이 피서지로 사랑받고 있으며 드라마 〈천국의 계단〉 촬영지로도 유명하다. 하루 2번 바닷길이 열리면 실미도까지 걸어서 이동할 수 있다.

📍 인천광역시 중구 무의동
☎ 인천관광공사 032-899-7300
🎫 어른, 중고생(3천8백원), 어린이(2천7백원)
🔍 잠진도선착장에서 배 타고 입도

배다리헌책방거리 6·25 전쟁 이후 폐허가 된 배다리 마을에 손수레 책방이 모이면서 형성된 거리다. 한창때는 50여 개가 넘는 헌책방이 있었지만 현재는 한미서점과 아벨서점, 삼성서림 등의 몇몇 헌책방만 명맥을 유지하고 있다. 헌책방 골목 입구부터 펼쳐지는 배다리벽화거리도 볼거리 중 하나. 최근에는 드라마 〈도깨비〉의 촬영지로 입소문을 타고 있다.

📍 인천광역시 동구 금곡로 18-10 (금곡동)
☎ 한미서점 032-773-8448
🔍 동인천역에서 도원역 방향으로 직진하면 좌측

북성포구 인천에 마지막으로 남은 갯벌 포구로, 1980년대까지는 사람들로 붐비는 곳이었지만 최근에는 다소 쇠락한 모습이다. 하지만 옛 정취를 느끼고, 해 질 녘 분위기를 담기 위해 발길이 꾸준히 이어지고 있다. 특히 공장 굴뚝에서 새어 나오는 연기와 노을 풍경이 장관.

📍 인천광역시 중구 북성동1가
☎ 중구청 관광진흥과 032-760-7532
🔍 월미도입구교차로에서 대한제분 공장 옆 골목으로 직진

소래습지생태공원 갯벌, 갯골과 폐염전 지역을 다양한 생물군락지와 철새도래지로 복원한 곳이다. 천일염을 생산했던 시설물과 자료를 볼 수 있는 전시관, 직접 천일염 생산 및 습지에 사는 다양한 동, 식물을 탐구해 볼 수 있는 자연학습장, 광활한 갈대숲, 산책로, 쉼터 등이 있다.

📍 인천광역시 남동구 소래로154번길 77 (논현동)
☎ 032-435-7076
🕐 공원이용시간 04:00~23:00 | 공원내부산책로 09:30~17:30
🔍 소래포구역에서 소래포구사거리 지나 직진

소래포구 바다 내음이 물씬 풍기는 한적한 어촌 포구로, 서울과 경기 수도권에서 가까워 많은 사람들이 찾는다. 특히 좋은 소금과 새우젓, 각종 젓갈이 맛있기로 유명한 곳. 재래어시장과 종합어시장에서는 신선한 회와 해산물을 맛볼 수 있는데, 재래어시장은 2017년 3월 큰 화재가 발생하면서 복구를 진행하고 있다.

📍 인천광역시 남동구 논현동 111-200
☎ 070-7011-2140
🔍 소래포구역 인근
🌐 http://www.soraepogu.net

송월동화마을_사진제공(인천광역시청 관광진흥과)

송월동동화마을 세계명작동화를 테마로 꾸민 마을. 기존 벽화 마을의 그림이 평면적인 벽화였다면, 이곳은 입체적인 조형물이 더해져 생동감이 넘친다. 백설공주를 비롯해 헨젤과 그레텔, 오즈의 마법사, 라이언킹 등 동화 속 주인공이 마을 곳곳을 장식하고 있다.
- 인천광역시 중구 동화마을길 19 (송월동3가)
- 032-764-7494
- 인천역 2번 출구에서 직진 후 동화마을길 따라 우회전
- http://www.fairtalevillag.co.kr

수도국산달동네박물관 1960~70년대 수도국산 달동네를 테마로 조성한 박물관으로, 송현근린공원 내에 자리하고 있다. 2000년대 후반 재개발 사업으로 사라진 달동네 터에 박물관을 만들었으며 달동네의 옛 모습과 당시 서민의 생활상을 한눈에 볼 수 있다. 노점, 연탄가게, 솜틀집, 이발관, 송현상회 등 달동네에 있던 상점을 그대로 재현한 공간이 인상적이다.
- 인천광역시 동구 솔빛로 51 (송현동)
- 032-770-6130
- 어른(1천원), 중고생(7백원), 어린이(무료)
- 09:00~18:00 - 월요일 휴관
- 송현근린공원 내
- http://www.icdonggu.go.kr/museum

신포국제시장 개항 당시 신포동은 인천의 중심지 역할을 했는데, 그곳에 있던 재래시장이다. 쫄면과 닭강정을 국내에서 처음 개발한 곳으로, 개항장 역사 문화의 거리와 연계하여 쾌적한 쇼핑을 즐길 수 있다.
- 인천광역시 중구 신포동 6-3
- 032-772-5812
- 신포문화의거리 인근
- http://sinpomarket.com/
- 신포문화의거리, 개항장역사문화의 거리

실미도 영종도 아래쪽에 있는 무의도에서 하루 두 번 썰물 바닷길이 열려야 밟을 수 있는 섬이다. 모래와 갯벌이 뒤섞여 있으며 섬 대부분이 야산으로 이루어져 있다. 1960년대 말부터 북파 부대원 31명이 3년 4개월 동안 지옥 훈련을 받다가 탈출한, 가슴 아픈 역사가 서려 있는 곳이기도 하다. 국립해양조사원 사이트에서 실미도 바닷길이 열리는 시간을 참고하자.
- 인천광역시 중구 무의동 실미도
- 032-220-5000
- 2천원
- 홈페이지 참조
- 무의도 실미해수욕장에서 바닷길로 연결
- 국립해양조사원 http://www.khoa.go.kr

아라뱃섬 경인아라뱃길이 시작되는 경인항 인천터미널 인근에 조성된 인공 섬. 섬 둘레를 천천히 산책할 수 있으

용궁사_사진제공(인천광역시청 관광진흥과)

며 앞쪽에 펼쳐진 서해와 분리되어 있어 호수 위에 떠있는 작은 섬을 연상케 한다. 푸른 해송숲과 일몰 풍경을 조망할 수 있는 해넘이전망대, 숲속 쉼터 등의 시설이 있다.
- 인천광역시 서구 오류동
- 아라종합안내센터 1899-3650
- 경인항 인천터미널 앞

연안부두 인천의 관문으로 통하는 곳으로, 서해안에 있는 섬을 오가는 배가 운집해 있는 연안여객터미널과 국제여객터미널 일대를 연안부두라 한다. 인근에 신선한 회를 맛볼 수 있는 인천종합어시장과 해양광장, 유람선 선착장 등이 있다.
- 인천광역시 중구 항동7가
- 연안여객터미널 032-885-0180
- 인천항 인근. 연안동주민센터 앞

왕산해수욕장 을왕리해수욕장 옆쪽으로 펼쳐져 있는 해수욕장. 을왕리해수욕장에 비해 비교적 한적한 편이어서 여유롭게 해수욕을 즐기기 좋다. 붉은 낙조가 아름답기로도 유명하며 인근에 오토캠핑장이 있어 캐러밴 캠핑을 즐길 수 있다.
- 인천광역시 중구 을왕동
- 왕산상인번영회 032-461-0404
- 을왕리해수욕장에서 영종스카이리조트 지나 직진하면 좌측

용궁사 670년(신라 문무왕 10년)에 원효대사가 창건한 사찰로, 원래 이름은 백운사였으나 흥선대원군이 중창하면서 이름을 용궁사라 바꾸었다. 사찰 앞에 있는 느티나무 고목은 수령이 1천 3백여 년이 되었다고 전해지며 고즈넉한 산사의 분위기와 잘 어우러진다. 흥선대원군의 친필 현판이 사찰 안에 남아 있으며 소원을 빌면 이루어진다는 소원바위도 만날 수 있다. 용궁사 옆으로 나 있는 백운산둘레길을 걸으며 여유로운 산사 산책을 즐겨보자.
- 인천광역시 중구 운남로 199-1 (운남동)
- 032-746-1361
- 영종동주민센터 뒤편

월미공원 월미도 내에 자리한 공원으로, 월미도에서 군부대가 철수하면서 시민들에게 개방되었다. 갖가지 동식물

이 잘 보전된 자연생태공원이며 산책로를 따라 전망대에 오르면 인천항과 월미테마파크가 한눈에 내다보인다.
- 인천광역시 중구 월미로 377-1 (북성동1가)
- 서부공원사업소 032-765-4133
- 3월~10월 05:00~23:00 | 11월~2월 05:00~22:00
- 월미도 내

월미도유람선
월미도에서 출발해 영종도와 작약도, 영종대교 등을 지나 아라뱃길 갑문까지 둘러볼 수 있는 유람선으로, 약 1시간 20분 정도 소요된다. 러시아댄스팀, 저글링 묘기, 마술 등 다채로운 선상 공연이 펼쳐진다.
- 인천광역시 중구 북성동1가
- 코스모스유람선 032-765-1171
- 어른, 중고생(1만8천원~3만5천원), 어린이(9천원~1만7천원)
- 홈페이지 참조
- 월미도 내, 코스모스해양관광유람선 선착장
- http://www.wolmidocruise.com

월미테마파크
월미도 내에 자리한 놀이공원으로, 월미도의 명물로 통한다. 재치 있는 말솜씨의 DJ가 있는 디스코팡팡과 바이킹, 인천 앞바다가 내려다보이는 자이로드롭, 대관람차 등의 놀이기구를 즐길 수 있다.
- 인천광역시 중구 월미문화로 81 (북성동1가)
- 032-761-0997
- 어른, 중고생(5천원~6천원), 어린이(4천원~5천원)
- 10:00~21:00 | 주말, 공휴일 10:00~23:00
- 월미도 내
- http://www.my-land.co.kr

인천개항박물관
일제강점기 때 일본제1은행으로 운영되었던 건물을 활용하여 만든 박물관이다. 개항 이후 근대기 인천의 모습을 살펴볼 수 있으며 한국 최초의 경인철도 관련 유물과 조계지 거리 모형, 금융기관 관련 자료등이 전시되어 있다.
- 인천광역시 중구 신포로23번길 89 (중앙동1가)
- 032-760-7508
- 어른(5백원), 중고생(3백원), 어린이(2백원)
- 09:00~18:00
- 인천중구청 앞
- http://www.icjgss.or.kr/open_port
- 개항장역사문화의거리

인천나비공원
살아 있는 나비를 테마로 조성한 곳으로, 도심에서 자연을 체험할 수 있는 곤충 전문 테마공원이다. 자연을 가까이서 체험해볼 수 있는 자연교육센터를 비롯해 나비생태관, 들꽃동산, 습지원 등 다양한 공간을 조성해 다채로운 볼거리를 선사한다.
- 인천광역시 부평구 평천로 26-47 (청천동)
- 032-509-8820
- 3월~10월 09:00~18:00 | 11월~2월 10:00~17:00 - 월요일 휴원
- 원적산공원 인근
- http://butterflypark.icbp.go.kr

인천대공원
인천 도심 속 휴식 공간으로, 관모산과 상아산을 끼고 있다. 색색의 장미가 아름다움을 더하는 장미원을 비롯해 어린이동물원, 수목원, 환경미래관, 목재문화

인천대공원_사진제공(인천광역시청 관광진흥과)

인천대교_사진제공(IR스튜디오)-한국관광공사

체험장 등 다양한 시설을 갖추고 있다. 계절에 상관없이 사계절썰매장을 운영하기도 하는데, 특히 여름에는 시원한 물썰매를 탈 수 있어 어린이에게 인기다.
- 인천광역시 부평구 평천로 26-47 (청천동)
- 인천대공원사업소 032-466-7282
- 3~10월 05:00~23:00 | 11~2월 05:00~22:00
- 인천대공원역 앞
- http://grandpark.incheon.go.kr

인천대교 인천 앞바다를 가로지르며 인천국제공항과 송도국제도시를 연결하는 다리. 해상다리와 연결도로를 포함하여 21.38km에 달하여 국내에서 가장 긴 다리다. 영종도에 있는 인천대교기념관에서 인천대교의 찬란한 야경을 감상할 수 있다.
- 인천광역시 중구 인천광역시대교고속도로 3 (운남동)
- 인천대교 교통서비스센터 032-745-8281
- 경차(2천7백5십원), 소형(5천5백원), 중형(9천4백원), 대형(1만 2천2백원)
- 77번국도 송도 방면 고가도로에서 영종도 방면 우측 방향
- http://www.incheonbridge.com

인천상륙작전기념관 인천상륙작전의 역사를 기념하고 보존하기 위해 건립된 기념관. 작전 당시 사용했던 전투기, 탱크 등의 무기와 장비를 전시하고 있으며 디오라마를 통해 작전 당시의 상황을 영상으로 만나볼 수 있다.
- 인천광역시 연수구 청량로 138
- 032-832-0915
- 09:00~18:00 - 월요일 휴관
- 송도로터리에서 청량산 방향으로 직진. 인천상륙작전기념탑 공원 내
- http://www.landing915.com

자유공원 한국 최초의 서구식 공원으로, 인천 개항 직후 외국인들이 응봉산 일대에 공원을 조성했다. 원래 이름은 만국공원이었으나 인천상륙작전 성공 이후 자유를 되찾았다는 의미에서 이름을 자유공원으로 바꾸었다. 드라마 〈도깨비〉 촬영지로 인기를 끌고 있으며 여유롭게 산책을 즐기기 좋다.
- 인천광역시 중구 제물량로232번길 46
- 중구청 공원계 032-761-4774
- 인천역 1번 출구에서 제물포고등학교 방향으로 직진

정서진 아라빛섬 인근에 있는 나루터로, 서울 광화문을 기준으로 국토의 정서쪽에 자리하고 있다. 노을종 건축물이 이색적인 볼거리로 유명한데, 노을종 사이로 해 지는 풍경이 아름답다. 아라타워 전망대에 올라가면 푸른 서해와 섬을 한눈에 내다볼 수 있으며 매년 12월 31일에 정서진 해넘이 축제가 성대하게 개최된다.
- 인천광역시 서구 오류동
- 인천종합관광안내소 032-832-3031
- 경인항 인천터미널 앞

다채로운 섬 여행
옹진군

인천 옹진군은 남도 못지않게 크고 작은 섬 100여 개가 산재해 있는 지역이다. 겉보기에는 비슷비슷해 보이지만, 섬마다 각기 다른 절경이 펼쳐져 하나씩 정복해가는 묘미가 있다. 이 책에는 수많은 옹진군의 섬 중에서 한 번쯤 가볼 만한곳을 엄선해 수록했다. 대개 육로로 연결되어 있거나 인천연안여객터미널에서 배를 타고 들어갈 수 있는 섬이어서 어렵지 않게 섬까지 이동할 수 있다. 신비의 바닷길을 체험해볼 수 있는 선재도와 풀등모래섬섬을 비롯해 절경을 자아내는 덕적도, 장봉도까지! 옹진군 섬의 다채로운 매력에 빠져보자.

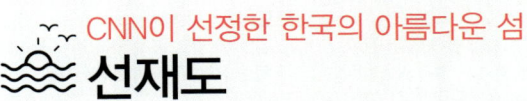

선재도
CNN이 선정한 한국의 아름다운 섬

서해안의 많은 섬 중에서도 손에 꼽는 곳으로, 2012년 CNN이 선정한 한국의 아름다운 섬 33곳에서 1위를 차지했다. 안산 대부도에서 선재대교를 건너면 섬이 나오는데, 밀물과 썰물 때 확연히 다른 섬의 풍경을 보는 재미가 있다. 특히 썰물에 바닷길이 열릴 때만 오갈 수 있는 목섬과 측도도 꼭 가봐야 할 곳으로 통한다. 선재도에서 영흥대교를 건너면 영흥도로 바로 연결되니 방문 시 참고하자.

- 인천광역시 옹진군 영흥면 선재리
- 옹진군청 관광문화과 032-899-2210
- 대부도에서 선재대교 건너 직진

사진제공(인천광역시청 관광진흥과)

대청도
인천연안여객터미널에서 배를 타고 들어갈 수 있는 섬으로, 백령도 가는 길목에 소청도와 함께 있다. 섬 곳곳에 천연 백사장이 펼쳐져 있는데, 특히 차갑고 맑은 바닷물이 있는 사탄동해수욕장이 아름답기로 유명하다. 소청도는 우럭, 농어가 많이 잡혀 인기있는 낚시터로 손꼽힌다.
- 인천광역시 옹진군 대청면
- 섬투어㈜ 032-761-1950
- 어른(12만4천9백원), 중고생(11만2천5백원), 어린이(6만2천5백5십원)
- 홈페이지 참조
- 인천연안여객터미널에서 배 타고 입도
- http://www.daecheongdo.com

모도
일명 삼형제 섬이라 불리는 신도, 시도, 모도 세 섬은 길이 한 길로 뚫려 있어 함께 둘러보면 좋다. 영종도내에 있는 삼목여객터미널에서 10분 정도 배를 타면 신도에 도착하게 되는데, 신도에서 마을버스를 타고 시도와 모도까지 이동할 수 있다. 조각가 이일호 씨의 작품을 전시하고 있는 배미꾸미조각공원이 대표 관광지로, 아름다운 바다와 어우러져 빛을 발한다.
- 인천광역시 옹진군 북도면 시도리
- 삼목여객터미널 032-751-2211
- 어른, 중고생(2천원), 어린이(1천3백원)
- 07:10~18:00
- 영종도 내 삼목여객터미널에서 배 타고 입도

대청도_사진제공(한국관광공사)

모도_사진제공(인천광역시청 관광진흥과)

덕적도
인천연안여객터미널에서 배를 타고 약 3시간 정도 가면 덕적도에 도착한다. 대표적인 여행지로는 서포리해수욕장을 꼽을 수 있다. 30만 평의 넓은 백사장에 푸른 바다와 울창한 해송, 해당화가 어우러져 휴양지 부럽지 않은 천혜의 절경이 펼쳐진다. 백패킹을 즐기기 좋은 곳.
- 인천광역시 옹진군 덕적면 진리
- 섬투어㈜ 032-761-1950
- 어른(4만6천원), 중고생(4만1천5백원), 어린이(2만2천9백5십원)
- 홈페이지 참조
- 인천연안여객터미널에서 배 타고 입도
- http://www.mydeokjeokdo.com

백령도
북한과 가장 가까운 곳에 있는 섬으로, 우리나라에서 여덟 번째로 크다. 둥그스름한 콩돌 모양의 자갈이 가득한 콩돌해안을 비롯해 서해의 해금강이라 불리는 두무진, 형제바위, 코끼리바위 등 자연 그대로의 모습을 만끽할 수 있다. 인천 연안여객터미널에서 배를 타고 들어가야 하며 약 4시간 정도 소요된다.
- 인천광역시 옹진군 백령면 북포리
- 인천연안여객터미널 백령영업소 032-836-8500
- 어른(13만3천원), 중고생(12만원), 어린이(6만6천5백원)
- 홈페이지 참조
- 인천연안여객터미널에서 배 타고 입도
- http://www.baengnyeongdo.com

백령도_사진제공(이범수)-한국관광공사

풀등_사진제공(인천광역시청 관광진흥과)

승봉도
인천연안부두에서 약 1시간 정도 배를 타면 자월도와 이작도를 거쳐 승봉도에 도착한다. 꼭 둘러봐야할 명소로는 목섬이 있다. 푸른 바다를 따라 이어진 해안산책로를 걷다 보면 작은 섬이 보이는데, 썰물 때 바닷길이 열릴 때만 목섬까지 들어가 볼 수 있다. 1박 2일 일정으로 여행하기 알맞은 섬이다.

- 인천광역시 옹진군 자월면 승봉리
- 대부해운 032-887-6669
- 어른, 중고생(2만5천2백원), 어린이(1만2천6백원)
- 홈페이지 참조
- 인천연안여객터미널에서 배 타고 입도
- http://www.seungbongdo.co.kr

영흥도
안산 대부도에서 선재도를 거쳐 영흥대교를 지나면 영흥도에 도착한다. 예전에는 인천 연안부두나 대부도에서 배를 타고 들어가야 했지만, 육로가 연결되면서 당일치기로 여행을 다녀오기 좋다. 울창한 소나무가 숲을 이루고 있는 장경리해수욕장이 인기.

- 인천광역시 옹진군 영흥면 내리
- 영흥면사무소 032-899-3814
- 안산 대부도에서 선재도와 영흥대교 지나 직진
- http://www.yeongheungdo.com

장봉도
영종도 내에 있는 삼목여객터미널에서 약 40분 정도 배를 타면 장봉도에 도착한다. 섬 곳곳에 기암괴석이 많아 절경을 이루며 등산코스와 해안 산책로가 잘 조성되어 있어 트래킹을 즐기기에도 좋다. 장봉도 남쪽에있는 한들해수욕장과 북쪽의 진촌해수욕장은 백패킹 명소로도 손꼽힌다.

- 인천광역시 옹진군 북도면 장봉리
- 삼목여객터미널 032-751-2211
- 어른, 중고생(3천원), 어린이(2천원)
- 07:10~18:30
- 영종도 내 삼목여객터미널에서 배 타고 입도
- http://www.jangbongdo.com

풀등모래섬
밀물이면 바닷속으로 사라졌다가 썰물에만 잠깐 모습을 드러내는 신비의 섬. 대이작도에서 풀등까지 이어진 신비의 바닷길을 따라 풀등까지 들어가볼 수 있다. 하루에 5시간 정도만 보인다고 하니 시간을 반드시 알아보고 갈 것. 인천연안여객터미널에서 약 2시간 정도 배를 타면 대이작도에 도착한다.

- 인천광역시 옹진군 자월면 이작리
- 섬투어㈜ 032-761-1950
- 어른(4만1천7백원), 중고생(3만7천7백원), 어린이(2만9백5십원)
- 홈페이지 참조
- 인천연안여객터미널에서 배 타고 대이작도에서 하선
- http://www.myijakdo.com

즐거운 역사문화탐방
강화군

우리나라에서 네 번째로 큰 섬으로, 서울과 경기 수도권에서도 가까워 당일치기 여행을 하기에 무척 좋은 곳이다. 강화도 하면 가장 먼저 역사 교과서 속 유적지가 떠오른다. 청동기 시대를 대표하는 북방식 고인돌을 비롯해 격렬한 전투의 흔적이 남아 있는 초지진, 광성보, 갑곶돈대 등 중요한 유적지가 곳곳에 있다. 단군왕검의 이야기가 전해지는 마니산, 산사의 분위기가 고즈넉하게 이어지는 전등사, 보문사 등의 사찰도 꼭 한 번 가볼 만한 여행지.

강화고인돌유적지_사진제공(김지호)-한국관광공사

갑곶돈대
고려 시대 몽골과의 전쟁에서 강화를 지키던 중요한 요새로, 육지와 강화도를 오가는 나루터 요충지에 있다. 1977년 고증을 거쳐 복원 작업을 진행했으며 조선 시대 사용했던 대포가 전시되어 있다. 인근에 강화역사관과 강화전쟁박물관이 있어 함께 둘러보는 편을 추천.

- 인천광역시 강화군 강화읍 해안동로 1366
- 강화역사관 032-930-7077
- 어른(9백원), 중고생, 어린이(6백원)
- 09:00~18:00
- 강화군청에서 강화대교 방향으로 직진, 강화대교교차로에서 우회전
- 강화역사관, 강화전쟁박물관

강화고인돌유적지
강화지석묘를 중심으로 고인돌이 모여 있는 유적지. 청동기 시대를 대표하는 북방식 고인돌 형태를 띠고 있으며 강화지석묘는 높이 2.6m, 덮개돌의 크기는 7.1m에 이를 만큼 규모가 크다. 고창, 화순군의 고인돌과 함께 유네스코 세계문화유산으로 등재되었다.

- 인천광역시 강화군 하점면 부근리 330-2
- 고인돌 관광안내소 032-933-3624
- 강화군청에서 인천아시안게임 강화경기장 지나 좌회전 후 직진하면 우측

강화루지
강화씨사이드리조트에서 운영하는 스포츠레저타운. 곤돌라를 타고 트랙의 정상으로 올라가, 오직 경사와 가속도로만 내리막길을 내려오는 루지를 체험할 수 있다.

- 인천광역시 강화군 길상면 장흥로 217
- 032-930-9000
- 곤돌라(1만2천원~1만5천원), 루지&곤돌라(1만5천원~5만원), 어린이(5천원~7천원)
- 홈페이지참조
- https://www.ganghwa-resort.co.kr

강화역사박물관
강화의 문화유산을 보존, 연구하여 전시하는 공립박물관. 상설전시실에는 강화의 선사시대 유적지와 고려왕릉에서 출토된 유물과 향교, 전통사찰 소장품 등의 문화재가 전시되어 있으며, 기획전시실에서는 해마다 다양한 주제의 특별전이 열린다. 고인돌 공원 옆에 있어 강화 고인돌을 함께 관람할 수 있다.

- 인천광역시 강화군 하점면 강화대로 994-19
- 강화역사박물관 032-934-7887
- 성인(1천5백원), 어린이, 중고생, 군인(1천원)
- 09:00~18:00 - 월요일, 신정, 명절 당일 휴관
- 하점면 부근리 고인돌 공원내
- http://museum.ganghwa.go.kr

강화평화전망대
철산리 민통선 지역에 조성한 전망대로, 가장 가까운 거리에서 북한 너머를 볼 수 있다. 1층에는 북한과 강화의 특산품을 판매하는 판매장이 있으며 2층에는 전시관이, 3층에는 망원경으로 북한을 볼 수 있는 실내 전망대가 있다. 군 작전 지역 내에 있어 출입할 때 간단한 신분 확인 절차를 거친다고 하니 참고하자.

- 인천광역시 강화군 양사면 전망대로 797
- 강화평화전망대 관리소 032-930-7063
- 어른(2천5백원), 중고생(1천7백원), 어린이(1천원)
- 하절기 09:00~18:00 / 동절기 09:00~17:00
- 인천아시안게임 강화경기장에서 강화은암자연사박물관 지나 직진

강화풍물시장
오랜 전통의 강화장의 명맥을 이어 받은 강화도의 풍물 재래시장이다. 300여 개의 좌판이 늘어서 있으며, 강화에서 제일 큰 규모를 자랑한다. 각종 수산물과 강화 순무, 속 노랑고구마, 강화 특산품인 화문석 등 다양한 상품이 팔린다.

- 인천광역시 강화군 강화읍 중앙로 17-13
- 강화풍물시장상인회 032-930-7042

(배문사 사진제공(인천광역시청 관광진흥과))

- 08:00~20:00 – 첫째, 셋째 주 월요일 휴무
- 강화군청에서 강화시외버스터미널 지나 동문로 우회전 후 2.4km 이동. 동막해수욕장 방면으로 좌회전 후 6.5km 이동.

강화화문석문화관 고려 시대부터 가내수공업으로 발달했던 강화도의 특산물 화문석과 관련된 자료와 전시물을 볼 수 있는 곳이다. 화문석 공예가 최초로 시작되었던 양오리에 있다. 화문석의 역사와 재료에 관한 이야기, 왕골의 재배 방법과 화문석 제작과정 등이 전시된다. 또한 직접 화문석 제작 체험을 해볼 수 있는 프로그램도 마련되어 있다.

- 인천광역시 강화군 송해면 장정양오길 413
- 강화화문석문화관 032-930-9922
- 어른(1천원), 어린이(5백원), 청소년, 군인(7백원), 체험료(1인 5천원)
- 09:00~18:00
- 양오2리마을회관 부근
- http://www.ghss.or.kr

광성보 초지진, 덕진진 등과 함께 고려 시대 강화를 지키던 중요한 요새. 1871년 신미양요 때 치열한 격전을 벌였던 격전지로 유명하다. 광성보 안에는 당시 전사했던 용사의 무덤과 어재연 장군의 쌍충비각 등이 자리하고 있다.

- 인천광역시 강화군 불은면 덕성리 833
- 광성보 매표소 032-930-7070
- 어른(1천1백원), 중고생, 어린이(7백원)
- 09:00~18:00
- 갑곶돈대에서 덕진진 방향으로 직진하면 좌측

대한성공회강화성당 1839년에 일어난 기해박해 이후 외국인 선교사 밀입국하는 통로가 되었던 곳으로, 국내 최초의 한옥 성당이다. 한국에 서양 건축이 도입되던 시기의 초기 건축으로, 외관은 한옥의 형태지만, 실내는 서양의 바실리카 양식을 따랐다. 그리스도교의 한국 토착화를 뚜렷하게 상징하는 듯하다.

- 인천광역시 강화군 강화읍 관청길27번길 10
- 성공회강화성당 032-934-6171
- 10:00~18:00 – 연중무휴
- 강화군청에서 동문안길20번길 직진하다 심도파출소 끼고 우회전 후 209m 이동. 관청길 7시 방향 좌회전 후 226m 이동
- https://www.ganghwa.go.kr/open_content/tour/around/sights.jsp

동막해수욕장 강화도 최남단에 자리한 해수욕장으로, 강화 여행에서 빼놓을 수 없는 곳이다. 세계 5대 갯벌 중 하나로 꼽힐 만큼 썰물 때 광활한 갯벌이 펼쳐져 갯벌 체험장으로 인기가 많다. 분오리돈대에서 바라보는 낙조 풍경이 아름답기로도 유명하다.

- 인천광역시 강화군 화도면 동막리
- 동막해수욕장 관리사무소 032-937-4445
- 가천대학교 강화캠퍼스에서 해안가 따라 후포항 방향으로 직진
- http://www.dongmak.co.kr

마니산 강화도에서 가장 높은 산으로, 단군왕검이 산 정상에 있는 참성단에서 하늘에 제사를 지냈다는 이야기가 전해진다. 마니산 등산로는 계단로와 단군등산로로 나뉘는데, 9백여 개의 돌계단으로 이어지는 계단로가 유명하다.

- 인천광역시 강화군 화도면
- 마니산 관리사무소 032-930-7068
- 어른(2천원), 중고생(1천원), 어린이(7백원)
- 09:00~18:00
- 화도공용버스터미널 인근

마니산_사진제공(인천광역시청 관광진흥과)

옥토끼우주센터_사진제공(인천광역시청 관광진흥과)

보문사 석모도 내에 있는 사찰로, 우리나라 3대 관음성지로 통한다. 신라 선덕여왕 때 회정대사가 절을 세웠다고 전해지며 어부가 바닷가에서 나한상과 불상을 낚아 올려 우측 석굴에 봉안했다고 한다. 절 뒤편에 있는 마애석불에서 보는 서해 풍광과 봄철 벚꽃이 아름답기로 유명하다.

- 인천광역시 강화군 삼산면 삼산남로828번길 44
- 032-933-8271
- 어른(2천원), 중고생(1천5백원), 어린이(1천원)
- 석모도 내, 강화도에서 석모대교 건넌 후 좌측 길을 따라 상봉산 방향으로 직진
- http://www.bomunsa.me

석모도 인천에서 강화도를 거쳐 석모대교를 건너면 섬 속의 섬, 석모도에 도착한다. 아름다운 서해 풍광과 조용한 섬이 어우러져 분위기가 좋으며 서울에서도 멀지 않은 곳에 있어 당일치기 여행지로도 인기가 많다. 우리나라 3대 관음성지로 통하는 보문사를 비롯해 석모도자연휴양림 등을 둘러보면 좋다. 영화 〈시월애〉의 배경이 된 곳으로도 유명하다.

- 인천광역시 강화군 삼산면 석모도
- 삼산면사무소 032-930-4510
- 외포리선착장에서 배 타고 입도 또는 석모대교 건너 입도

연미정 모양이 제비 꼬리를 닮았다 하여 이름 붙은 누각. 정확히 언제 지어졌는지는 알 수 없으나 고려 고종 때 이곳에서 학생을 가르쳤다는 기록이 남아 있다. 누각에 오르면 김포의 문수산과 북한의 개풍군이 한눈에 보인다.

- 인천광역시 강화군 강화읍 월곳리
- 강화군청 문화관광과 032-930-3627
- 갑곶돈대에서 해안가를 따라 월곳리 방향으로 직진하면 우측

옥토끼우주센터 3만여 평의 대지 위에 조성된 우주센터로, 우주과학박물관과 야외 테마공원으로 이루어져 있다. 우주과학박물관에는 우주와 태양계와 관련된 자료를 비롯해 우주엘리베이터, 중력가속도 체험 등의 시설이 있어 다채로운 체험을 즐길 수 있다. 여름에는 야간불빛축제를 개최한다고 하니 참고할 것.

- 인천광역시 강화군 불은면 강화동로 403
- 032-937-6917
- 어른, 중고생(1만5천원~1만6천원), 어린이(1만6천원~1만7천원)
- 10:00~17:30 | 주말 09:30~19:00
- 불은면사무소에서 전등사 방향으로 직진하면 우측
- http://www.oktokki.com

전등사 우리나라의 현존하는 사찰 중 가장 오래된 사찰로, 381년(고구려 소수림왕 11년)에 창건되었다고 전해진다. 전등사 안에 있는 정족사고에 〈조선왕조실록〉을 오랫동안 보관해 왕실의 보호를 받는 사찰이었다. 전통 불교문화를 체험할 수 있는 템플스테이도 진행하고 있으니 관심 있다면 신청해보자.

- 인천광역시 강화군 길상면 전등사로 37-41
- 032-937-0125
- 어른(3천원), 중고생(2천원), 어린이(1천원)
- 길상면사무소에서 정족산 방향으로 직진
- http://www.jeondeungsa.org

초지진 바다로 침입하는 적군을 막기 위해 구축한 요새로, 1656년 조선 효종 때 만들어졌다. 병인양요와 신미양요, 운양호사건 등이 벌어진 격전지이며 초지돈대 옆 소나무에는 그때의 포탄 흔적이 아직도 남아 있다.

- 인천광역시 강화군 길상면 초지리 624
- 초지진 매표소 032-930-7072
- 어른(7백원), 중고생, 어린이(5백원)
- 09:00~18:00
- 덕진진에서 강화초지대교 방향으로 직진하면 좌측

초지진_사진제공(인천광역시청 관광진흥과)

경기도

대표적인 서울 근교 여행지 **가평**
신한류의 중심, 대표적인 예술문화의 거리 **고양**
사람과 풍요로운 문화가 한데 어우러진 곳 **과천**
밝은 빛을 지닌 재생의 도시 **광명**
아름다운 자연과 역사가 숨 쉬는 곳 **광주**
역사와 자연이 공존하는 곳 **구리**
한강을 끼고 있는 천혜의 지역 **남양주**
도심 속 테크노밸리 **성남**
아름다운 성곽의 도시 **수원**
근교 섬 나들이 **안산**
문화예술의 고장 **안성**
자연을 벗 삼은 유원지 **양주**
짙푸른 녹음과 수려한 산악경관 **양평**
모두의 피크닉 **여주**
힐링과 평화의 도시 **연천**
온 가족이 즐기는 테마관광지 **용인**
쌀과 도자기의 고장 **이천**
예술이 숨 쉬는 도시 **파주**
여유로움이 주는 아름다움 **포천**
바다와 육지를 넘나드는 도시 **화성**

대표 서울 근교 여행지
가평

북한강을 따라 춘천 방향으로 달리다 보면 가평이 나온다. 서울에서 멀리 떨어지지 않은 곳에 있으면서도 여행 온 느낌을 충분히 낼 수 있는 곳이 바로 가평이다. 강촌과 함께 대학생들의 MT 1순위 장소로 꼽히기도 하는 가평은 뒤로는 연인산의 수려한 산세가, 앞으로는 시원한 북한강이 펼쳐진다. 특히 우리나라 대표 여행지로 꼽히는 남이섬과 재즈페스티벌이 열리는 자라섬. 아름다운 꽃과 나무가 있는 아침고요수목원, 그리고 쾌적한 시설을 갖춘 오토캠핑장 등이 여럿 있어 다양한 매력을 뽐낸다. 그런가 하면 드라마 촬영지, 사진 촬영 명소로 꼽히는 테마파크도 있다. 아기자기한 쁘띠프랑스와 스위스의 한적한 마을 분위기를 느낄 수 있는 에델바이스스위스테마파크 등은 이국적이면서도 동화 같은 공간으로 사랑받고 있다.

계절마다 달라지는 정원의 풍경 **아침고요수목원**

축령산 자락에 있는 수목원으로, 약 3백여 종의 백두산 자생식물을 포함해 총 5천여 종의 식물을 보유하고 있다. 하경정원, 에덴정원, 아침광장, 하늘길 등 원예학적인 특성에 맞게 정원을 꾸며놓은 것이 특징. 계절마다 달라지는 풍경을 감상하는 재미도 있다. 봄에는 야생화전과 봄꽃축제가 열리며 여름에는 아이리스 축제, 수국 전시회, 가을에는 단풍축제와 국화 전시회가, 겨울에는 형형색색의 오색별빛정원전이 열린다.

경기도 가평군 상면 수목원로 432　☎ 1544-6703　어른(9천5백원), 중고생(7천원), 어린이(6천원)　08:30~19:00
청평터미널에서 켄싱턴리조트 방향으로 직진. 리조트 지나 좌측 길로 진입　http://www.morningcalm.co.kr

자연의 물줄기 그대로! **용추계곡**

연인산 깊은 산자락에 자리한 계곡으로, 깊은 곳에 있는 만큼 자연의 모습을 그대로 간직하고 있다. 아홉 마리의 용이 하늘로 승천했다는 전설이 있으며 와룡추, 무송암, 고실탄 등의 뛰어난 9개의 절경지가 있어 용추구곡이라고도 불린다. 주변에 잣나무가 우거져 있으며 여름철 물놀이를 즐기기 위해 찾는 행랑객이 많다. 계곡 하류에는 펜션촌이 조성되어 하루 숙박하며 시원한 계곡 물놀이를 즐기는 것을 추천한다.

경기도 가평군 가평읍 승안리　☎ 031-582-9068　가평군청에서 용추계곡유원지 지나 직진

가평사계절썰매장 아름다운 자연경관 속에 설치된 가평썰매장은 인근 조종천과 백옥같은 계곡이 즐비한 곳으로 여름에는 물썰매장, 겨울에는 눈썰매장을 운영하며 매년 다양한 체험 프로그램도 준비하고 있다.

- 경기도 가평군 상면 깃대봉길 5-20
- 070-4060-0815
- 중학생이상(7천7백원), 어린이(5천5백원)
- 10:00~17:00 - 명절 휴무
- 염소골 유원지 인근
- http://www.gp4s.co.kr

가평영양잣마을 축령산의 우거진 잣나무 숲과 운악산 자락의 수려한 자연환경 및 경관을 보유하고 있는 곳. 자연 문화 농촌자원을 최대한 활용하여 건강 음식인 슬로푸드 잣 음식을 개발하고 농촌체험프로그램과 자연생태 환경교육 등 도시민의 요구에 적합한 농촌 마을을 조성한 가평영양잣 슬로푸드 마을이다.

- 경기도 가평군 상면 축령로 70
- 031-585-6969
- 예약제 운영
- 석불암 옆 가평군 축령산 잣 영농조합
- http://koreanut.co.kr

나인포레스트이화원 자라섬 내에 있는 나비생태관으로, 2015년 이화원에서 나인포레스트이화원으로 이름을 바꾸었다. 유자, 비파, 대나무, 커피나무 등 아홉 개의 섹션으로 되어 있다. 전문 해설사의 설명을 들으면서 나비를 만날 수 있다.

- 경기 가평군 가평읍 자라섬로 64
- 031-581-0228
- 어른(7천원), 중고생, 어린이(5천원)
- 3~10월 09:00~18:00 | 11~2월 09:00~17:00 - 월요일 휴장
- https://www.instagram.com/ewhawon1

남이섬짚와이어 남이섬 가평선착장에 설치된 아시아 최대규모의 와이어 라이딩 시설로, 하강하면서 느껴지는 스피드와 짜릿함이 온몸에 전율을 느끼게 한다.

- 경기도 가평군 가평읍 북한강변로 1034
- 031-582-8091

남이섬짚와이어_사진제공(김지호)-한국관광공사

- 남이섬입장요금+선박이용요금+짚와이어(1인 4만4천원)
- 동절기 09:00~18:00 | 하절기 09:00~19:00 - 연중무휴
- http://www.zipwire.co.kr

명지산 경기도에서 화악산 다음으로 높은 산으로, 산세가 크고 웅장하다. 정상을 향하는 능선에는 굴참나무 군락. 전나무, 고사목 등이 한데 어우러져 계곡과 천연림의 조화가 아름답다. 가을이면 붉게 물든 단풍이 절경이다.

- 경기도 가평군 북면 도대리
- 관리사무소 031-582-0103
- 북면 도대리 명지산 주차장에서 등산로 따라 등반

쁘띠프랑스 국내 유일의 프랑스 테마파크로, 알프스의 한적한 전원 마을을 옮겨 놓은 듯한 이국적이면서도 동화 같은 공간이 인상적이다. 어린왕자길을 비롯해 생텍쥐페리 기념관, 오르골하우스, 앤티크 도자기 전시관, 숙박시설 등 다양한 시설을 갖추고 있다. 드라마 촬영지로도 유명하다.

- 경기도 가평군 청평면 호반로 1063
- 031-584-8200
- 어른(1만원), 중고생(8천원), 어린이(6천원)
- 09:00~18:00
- 청평터미널에서 391번 지방도 따라 가평 방향으로 직진하면 좌측
- http://www.pfcamp.com

쁘띠프랑스_사진제공(가평군청 관광사업단)

에델바이스스위스테마파크 스위스의 작은 마을 축제를 주제로 한 테마파크. 아름다운 스위스의 건축물과 풍경, 숲을 그대로 재현한 곳이다. 스위스의 역사와 문화를 배우는 공간부터 스위스의 환상적인 경치를 한눈에 볼 수 있는 디오라마 테마관, 박물관 등의 시설을 갖추고 있다. 드라마 촬영지와 웨딩 촬영지로도 주목받고 있으며 주말과 공휴일에 한해 설악버스터미널과 청평역에서 출발하는 셔틀버스를 이용할 수 있다.

- 경기도 가평군 설악면 다락재로 226-57
- 031-581-9400
- 어른, 중고생(각 8천원), 어린이(6천원)
- 10:00~18:00 | 주말 09:00~18:00
- 가평 마이다스밸리GC 맞은편
- http://www.swissthemepark.com

호명호수_사진제공(가평군청 관광사업단)

연인산다목적캠핑장
해발 1,000m가 넘는 연인산 자락에 자리한 캠핑장으로, 인근에 시원한 계곡물이 흐르는 백둔계곡이 있어 캠핑을 즐기기 최적화된 곳이다. 사방이 산으로 둘러싸여 있어 캠핑족의 사랑을 받고 있다. 운치있는 카빈하우스를 비롯해 자유롭게 텐트를 치고 캠핑할 수 있는 오토캠핑장 등이 있으며 홈페이지를 통해 사전 예약해야 이용할 수 있다.

- 경기도 가평군 북면 백둔로 441
- 031-8078-8068
- 백둔리 연인산 등산로 입구
- http://www.gpyeonin.co.kr

자라섬
남이섬 바로 옆에 자리한 섬으로, 남이섬과 마찬가지로 청평댐 건설로 주변에 물이 차면서 생긴 섬이다. 자라처럼 생긴 언덕이 바라보고 있는 섬이라 하여 자라섬이라 부르게 되었다고 한다. 오토캠핑과 카라반 시설을 갖춘 오토캠핑장이 있어 캠핑객의 꾸준한 사랑을 받고 있다. 선선한 바람이 부는 가을밤, 눈과 귀를 황홀하게 하는 자라섬 국제재즈페스티벌도 빼놓을 수 없다. 아름다운 자연과 어우러져 와인과 함께 아름다운 재즈 선율에 몸을 맡겨보자.

- 경기도 가평군 가평읍 자라섬로 60
- 자라섬캠핑장 031-8078-8028
- 가평역 앞
- http://www.jarasum.net

자라섬캠핑장
2008년 FICC 가평 세계캠핑캐라바닝대회의 개최지로, 환경 훼손을 최소화하고 지리적 특성을 그대로 살린 자연 친화적 캠핑장이다. 가을에는 캠핑장 옆에서 재즈페스티벌도 열려 낭만적인 시간을 보낼 수 있다.

- 경기도 가평군 가평읍 자라섬로 60
- 031-8078-8029
- 오토캠핑장(1만5천원), 카라반사이트(2만5천원~8만원)
- 14:00~익일 12:00
- 자라섬 내
- https://www.jaraisland.or.kr/jara/main/main.php

청평호수
청평호수는 1944년 청평댐이 준공됨으로써 이루어진 곳으로 호수면적은 만수시에 580만 평에 달하는 대단위 수면이다. 호수 양편으로 호명산이 높이 솟아 청결한 호수와 잘 어우러져 있다. 청평호수는 여름철의 피서객을 비롯하여 4계절 계속하여 관광객의 발길이 끊이지 않고 있다. 호수를 이용한 수상스키 장소로도 널리 알려진 곳이며 매년 내수면 사업의 일환으로 치어를 방류하여 낚시터로서도 각광을 받고 있다. 또 북한강변을 연결하는 청평호반은 1일 드라이브 코스로서 매우 아름답고 비교할 곳이 없을 만큼 훌륭한 곳이다.

- 경기도 가평군 설악면 회곡리
- 031-580-2066
- 청평호 낚시터 일대

호명호수
저수지로 조성된 호수로, 호명산의 수려한 산세와 어우러져 백두산 천지를 연상케 한다. 산 아래로 길게 펼쳐진 계곡은 호명호수와 더불어 훌륭한 휴식처다. 매년 겨울에는 방문객 안전을 위해 출입이 제한되며 상천역부터 호명호수 정상을 오가는 버스가 운행된다.

- 경기도 가평군 청평면 호명리
- 031-580-2062
- 경춘선 상천역 뒤편 호명산 내

신한류의 중심, 대표적인 예술문화의 거리
고양

도심 속 휴양공간인 일산호수공원은 자전거 코스와 연인들의 데이트 코스로 오랫동안 사랑받아온 고양 특구의 명물이다. 고양시는 신한류 문화관광벨트인 K-스트리트를 조성 중이며 킨텍스 – 한류월드 – 호수공원 – 라페스타 – 웨스턴돔 일대를 고양 관광 특구로 지정해 다양한 음악회, 축제, 전시회 등의 행사가 개최된다. 유네스코 세계문화유산에 등재된 서오릉을 비롯해 아름다운 행주산성 등 문화유적지도 여행의 즐거움을 더한다.

전국 산책코스 1위로 선정된 도심 속 휴양공간
일산호수공원

동양 최대의 인공 호수로, 꽃과 호수의 도시라는 고양시의 상징이기도 하다. 세계 각국의 정원을 재현해 놓은 주제정원과 조각공원이 있으며 길을 따라 조형물, 인공 시냇물, 고사 분수, 일산의 새로운 명물인 노래하는 분수대 등 다양한 볼거리가 있다. 4월부터 10월까지는 노래하는 분수대의 환상적인 공연이 펼쳐지며 12월부터 1월까지는 고양호수꽃빛축제를 열어 밤하늘을 아름답게 수놓은 야경이 펼쳐진다. 매년 4월 말이면 30개국, 300여 개의 화훼 관련 기관, 단체, 업체가 참가하는 고양 국제꽃박람회가 열린다. 박람회 기간동안 꽃향기 머금은 불빛 정원, LED 퍼포먼스, K-POP 공연 등 흥겨운 부대 행사도 진행된다. 박람회 기간에 맞춰 방문해 다채로운 공연, 체험행사와 꽃 문화 행사를 즐겨 보는 것을 추천한다.

📍 경기도 고양시 일산동구 호수로 731 (장항동)
☎ 일산호수공원 종합관리사무소 031-8075-4347
🕐 4월~10월 05:00~22:00 | 11월~3월 06:00~20:00
🔍 일산 MBC드림센터 뒤편

능선에 둘러싼 아름다운 산성 행주산성

1593년(조선 선조 16년) 권율의 전적지로서 임진왜란 3대 대첩 중 하나인 행주대첩으로 유명하다. 권율 장군의 영정을 모시는 행주산성 내 충장사에서는 행주대첩이 이루어진 2월 12일을 기려 매년 3월 14일 행주대첩제를 개최한다. 7월부터 9월까지는 야간에도 개장하여 눈부신 야경을 감상할 수 있다. 특히 정월대보름에는 달이 바로 앞에 있는 것처럼 가까워 최고의 달맞이 장소로 꼽힌다. 행주산성 한 바퀴를 돌아보는데는 1시간 30분 정도가 소요되며 울창한 나무 사이에서 호젓한 시간을 보내기 좋다.

📍 경기도 고양시 덕양구 행주내동 산26-1 ☎ 031-974-7237 ⏰ 3월~10월 09:00~18:00 | 11월~2월 09:00~17:00 – 월요일 휴관 🔍 행주나루터 인근

렛츠런팜원당 푸른 초원에서 풀을 뜯는 말의 모습을 볼 수 있는 경마장. 커피프린스1호점과 모래시계 등 드라마 촬영지로 이용되면서 알려지게 되었다. 목장의 진입로 가로수길의 경치가 드라이브 코스로 좋다.
📍 경기도 고양시 덕양구 서삼릉길 233-112
☎ 02-509-2672
⏰ 3~10월 09:00~17:00 | 11~2월 09:00~16:00 – 월, 화요일, 명절 휴무
🌐 http://www.kra.co.kr

서삼릉 텍효릉, 희릉, 예릉을 아울러 일컫는다. 본래는 130만여 평에 이르는 광대한 면적이었으나, 지금은 여러 곳으로 분할되어 약 7만여 평이 남았으며 이 중 절반가량이 비공개 지역으로 지정되어 있다. 이곳에는 3기의 능 이외에도 태실. 공주·옹주묘, 소경원, 효창원 등이 있다.
📍 경기도 고양시 덕양구 서삼릉길 233-126
☎ 031-962-6009
🎫 19~24세(1천원)
⏰ 3월~10월 06:00~18:30 | 11월~2월 06:30~17:30 – 월요일 휴무
🔍 농협대학 뒤편

서오릉 조선 왕조의 다섯 능, 즉 경릉, 창릉, 익릉, 명릉, 홍릉을 일컫는 명칭이다. 동구릉 다음으로 큰 규모를 자랑하며, 조선왕조 왕실의 족분이 잘 보존되어 있다. 유교적, 풍수적 전통을 근간으로 한 독특한 건축과 조경 양식으로

서오릉_사진제공(이동욱)-한국관광공사

세계 유산적 가치가 충분히 인정되어 유네스코 세계문화유산으로 등재되었다.
- 경기도 고양시 덕양구 서오릉로 334-32 (용두동)
- 서오릉관리소 02-359-0090
- 어른(1천원), 중고생, 어린이(무료)
- 2월~5월, 9월~10월 06:00~18:00 | 6월~8월 06:00~18:30 | 11월~1월 06:30~17:30 – 월요일 휴관
- 대성고등학교 인근

쥬라리움_사진제공(쥬라리움)

아쿠아플라넷일산 대형 메인홀의 전면이 수조로 되어 있는 것이 특색인 아쿠아리움. 심해어존, 젤리피쉬, 펭귄 담수존, 터널수조, 터치풀 등의 공간에서 수많은 해양동물을 볼 수 있다. 그뿐만 아니라 재규어, 원숭이, 당나귀 등의 육지 동물도 함께 볼 수 있다. 수중퍼포먼스와 물범쇼 등의 프로그램도 진행된다.
- 경기도 고양시 일산서구 한류월드로 282 (대화동)
- 031-960-8500
- 어른, 중고생(2만9천원), 어린이(2만6천원)
- 10:00~18:00
- 현대백화점킨텍스점 인근
- http://www.aquaplanet.co.kr/ilsan

킨텍스 국내 최대 규모의 무역 전시장으로, 한국을 대표하는 세계적인 수준의 국제 전시장으로 자리매김하고 있다. 유명 가수의 콘서트, 공연, 페스티벌 등 다양한 문화체험 행사가 열리는 복합문화전시 공간이다.
- 경기도 고양시 일산서구 킨텍스로 217-60 (대화동)
- 031-810-8114
- 홈페이지 참조
- 홈페이지 참조
- 대화역 1번 출구에서 우회전 후 직진
- http://www.kintex.com

쥬라리움 테마동물원쥬쥬가 리모델링을 거쳐 쥬라리움으로 이름을 바꿨다. 다양한 동물을 가까이서 보고, 먹이를 주는 등 다채로운 체험을 즐길 수 있다. 물범공연, 복화술공연 등의 다양한 공연프로그램도 운영하고 있다.
- 경기도 고양시 덕양구 원당로458번길 7-42 (관산동)
- 031-962-4500
- 주간권(2만원), 야간권(1만3천원)
- 10:00~18:00 | 주말 및 공휴일 10:00~19:00 – 월요일 휴관
- 벽제교삼거리 인근
- http://zoorarium.com

킨텍스_사진제공(라이브스튜디오 김학리)-한국관광공사

사람과 풍요로운 문화가 한데 어우러진 곳

과천

과천의 북서쪽으로는 경기 5악 중 하나인 관악산이 자리 잡고 있으며 동남쪽으로는 맑고 울창한 산림을 자랑하는 청계산이 그 수려함을 자랑한다. 한여름이면 시원한 물줄기가 흐르는 계곡을 중심으로 피서객이 많이 찾는다. 청계산 주변의 마을은 아직 옛 마을 그대로의 모습으로 정취를 한결 더해준다. 더불어 국립현대미술관은 종합문화공간으로서의 역할을 다하고 있으며 서울대공원과 서울랜드는 도심 속 놀이공원으로, 연인, 가족, 친구끼리 방문해 시간을 보내기 좋다.

국내 최초의 테마파크
서울랜드

서울대공원 안에 조성된 국내 최초의 테마파크 형식의 놀이공원이다. 매년 튤립, 벚꽃, 국화 등 화려한 꽃축제와 함께 다양한 놀이시설 및 공연, 전시 이벤트 등을 즐길 수 있다. 지하철 4호선으로 연결되어 서울에서의 접근성이 좋아 가족 1일 나들이 코스로 인기가 높다. 야간개장 때는 레이저쇼를 볼 수 있으며 다양한 특별 행사를 개최하여 볼거리를 더한다. 서울대공원에서 서울랜드를 연결하는 코끼리열차를 10~15분 간격으로 운행하고 있으며 서울랜드 풍경이 내려다보이는 언덕에 장미테마정원이 조성되어 있다.

- 경기도 과천시 광명로 181 (막계동)
- 02-509-6000
- 어른(주간 4만6천원, 야간 3만9천원), 중고생(주간 4만원, 야간 3만6천원), 어린이(주간 4만원, 야간 3만3천원)
- 홈페이지 참조
- 대공원역 2번 출구에서 직진하면 좌측
- http://www.seoulland.co.kr

사진제공(서울랜드)

국내 최고의 미술관 국립현대미술관

한국 근·현대 미술과 세계 미술의 맥을 짚어보는 국내 최고의 미술관으로, 총 여덟 개의 전시실과 어린이 미술관을 갖추고 있다. 4천3백여 점의 현대회화, 조각, 공예작품이 체계적으로 전시되어 있으며, 백남준, 이중섭, 천경자, 김환기, 박수근 등 국내 거장의 작품도 만나볼 수 있다. 야외 조각 전시장에는 60여점의 조각품이 전시되어 있다. 이 밖에도 미술강좌, 사이버미술관, 찾아가는 미술관 등 다양한 기획전시가 열려 다채로운 볼거리를 제공한다. 미술관 건물은 1986년에 건축가 김태수가 설계했으며, 주변 자연 경관과 어우러져 아름답다.

📍 경기도 과천시 광명로 313 (막계동) ☎ 02-2188-6000 🎫 홈페이지 참조 🕐 10:00~18:00 – 월요일 휴관 🔍 대공원역 2번 출구에서 직진 🌐 http://www.mmca.go.kr

자연과 하나되는 생태문화공원 서울대공원

수려한 산세를 자랑하는 청계산 자락에 자리 잡은 곳으로, 드넓은 초원에서 뛰노는 각종 동물과 야자수, 식물 등을 직접 보고 즐길 수 있는 대규모 공원이다. 1984년 개장했으며, 창경궁 복원사업의 일환으로 창경궁의 동물원과 놀이시설을 이곳으로 이전하면서 개원하게 되었다. 동·식물원 외에도 청계산과 어우러진 치유숲을 비롯해 장미원, 꽃무지개원 등이 있는 테마가든, 캠핑장, 산림욕장 등의 시설을 갖추고 있어 다양한 체험을 즐길 수 있다. 지하철 4호선과 바로 연결되어 교통편이 좋은 것도 장점.

📍 경기도 과천시 대공원광장로 102 ☎ 서울대공원 관리사무소 02-500-7335 🎫 어른(5천원), 중고생(3천원), 어린이(2천원) 🕐 3~4월, 9~10월 09:00~18:00 | 5~8월 09:00~19:00 | 11월~2월 09:00~17:00 🔍 대공원역 2번 출구에서 직진
🌐 http://www.grandpark.seoul.go.kr

경기소리전수관
서울과 경기지방에서 부르던 잡가와 민요를 통틀어 부르는 경기소리를 공연하고, 교육하는 전수관이다. 기와를 올린 건축물은 한국의 미와 전통을 담았다. 전수관 내의 전통 국악 교실에서 소리를 배울 수 있으며, 시민들을 위해 무료로 공연을 열기도 한다.

- 📍 경기도 과천시 문원로 40-2
- ☎ 02-507-5824
- 🎫 홈페이지 참조
- 🕘 09:00~18:00 | 토요일 10:00~18:00
- 🔍 과천역 3번 출구에서 약 850m
- 🌐 http://www.gsih.or.kr

관악산
서울과 경기도 과천에 걸쳐 있는 산으로, 갓 모양을 닮은 바위산이다. 산세가 다소 가파르고 험한 편이므로 등산할 때 주의해야 한다. 기암절벽에 자리한 암자인 연주대와 기도 사찰인 연주암, 보광사 등의 명소가 있다.

- 📍 경기도 과천시 중앙동
- 🔍 과천향교에서 등산로 따라 진입

국립과천과학관
생활 속에 숨겨진 과학원리를 이해할 수 있는 과학문화의 전당이다. 전시품의 절반 이상을 첨단 연출 매체를 이용해 만들었으며 여섯 개 상설전시관과 특별전시관, 옥외전시 시설 및 천체 관측시설을 갖추었다. 전면 광장에는 과학광장, 과학문화광장과 조각공원 등이 조성되어 있다.

- 📍 경기도 과천시 상하벌로 110 (과천동)
- ☎ 02-3677-1500
- 🎫 어른(4천원), 중고생, 초등생(2천원)
- 🕘 09:30~17:30 – 월요일 휴관
- 🔍 대공원역 5번 출구 앞
- 🌐 http://www.sciencecenter.go.kr

렛츠런파크서울
서울대공원과 서울랜드 북쪽에 접해 있는 국제 규모의 경마장. 한국마사회가 운영하는 경마장과 4만 평 부지의 서울승마공원, 마사박물관, 승마훈련장 등의 시설을 갖추고 있다. 경주로 내에는 천연잔디구장, 자전거 전용도로, 어린이 놀이터, 원두막 등이 있어 나들이 코스로도 주목받고 있다.

- 📍 경기도 과천시 주암동 685

렛츠런파크서울 사진제공(김지호, 한국관광공사)

- ☎ 1566-3333
- 🎫 비경마일(월~목요일) – 무료 | 경마일(금~일요일) – 2천원
- 🕘 홈페이지 참조
- 🔍 경마공원역 3번 출구에서 직진
- 🌐 http://park.kra.co.kr

연주대
의상대사가 참선하던 곳이라서 의상대라 불리다가 조선 시대에 와서 연주대라 불리게 되었다. 고려의 수도 송악을 바라보면서 망국의 한을 달래던 충신의 애틋한 사연이 깃든 곳이다. 입구에 영험하기로 소문난 마애여래입상이 있어 소원을 빌기 위해 찾아오는 사람이 많다.

- 📍 경기도 과천시 자하동길 62 (중앙동)
- ☎ 과천시청 문화체육과 관광팀 02-3677-2476
- 🔍 관악산 정상, 연주암 인근

청계산
경기도 과천과 서울시 서초구에 걸쳐 있는 산으로, 관악산과 마주하고 있다. 등산로가 잘 정비되어 있고 가파르지 않아 초보 등산객도 무리 없이 등산할 수 있다. 서초구 청계산입구역에서 등산로를 따라 오를 수도 있다.

- 📍 경기도 과천시 막계동
- 🔍 청계사에서 등산로 따라 진입

추사박물관
조선 후기 명필가 추사 김정희의 모든 것을 볼 수 있는 박물관으로, 추사가 꽃피웠던 학문과 예술의 정수를 널리 알리기 위해 개관했다. 어린 시절부터 노년기까지의 작품을 전시하고 있으며 과지초당에서 초사가 읊는 시를 영상 연출을 통해 느낄 수 있도록 꾸몄다.

- 📍 경기도 과천시 추사로 78 (주암동)
- ☎ 02-2150-3650
- 🎫 어른(2천원), 중고생(1천원), 초등생(5백원)
- 🕘 09:00~18:00 – 월요일 휴관
- 🔍 양재IC에서 렛츠런파크서울 방향으로 직진하면 좌측
- 🌐 http://www.chusamuseum.go.kr

한국카메라박물관
사설 카메라 전문 박물관으로 3개의 전시실로 이루어져 있다. 카메라의 원조인 '카메라 옵스큐라'를 비롯하여 3,000여 점 이상의 카메라, 6,000여 점의 렌즈 등 전체 15,000여 점의 전시품을 소장하고 있다. 일반에 공개되는 전시품은 소장품의 10% 수준으로, 미공개 소장품은 매년 4~6회 특별전 개최를 통하여 순환 전시된다.

- 📍 경기도 과천시 대공원광장로 8 (막계동)
- ☎ 02-502-4123
- 🎫 어른(5천원), 청소년, 경로(4천원), 어린이(3천원)
- 🕘 3월~10월 10:00~18:00 | 11월~2월 10:00~17:00 – 월요일, 명절 휴무
- 🔍 지하철 4호선 대공원역 4번 출구로 나와 왼편
- 🌐 http://www.kcpm.or.kr

밝은 빛을 지닌 재생의 도시
광명

광명은 서울 근교에 자리 잡고 있는 지역으로 광명시가 도시개발로 복합문화관광단지를 조성하고 있어 떠오르고 있는 여행지 중 하나다. 폐광되어 창고로 쓰이던 동굴이 관광명소로 재탄생한 광명동굴이 유명하며, 전통시장이 있는 음식 거리와 광명하면 빠질 수 없는 이케아와 같은 쇼핑 거리가 많다. 도심 속 생태를 체험할 수 있는 안터생태공원에서 아이들과 시간 보내기에도 더없이 좋다. 광명역의 야경 또한 사진 찍기에 좋은 명소다.

문화예술 공간으로 재탄생한 동굴 **광명동굴**

사진제공(이범수)-한국관광공사

일제강점기 징용 현장으로 쓰인 후 폐광되었으나, 2011년 광명시가 매입해 역사, 문화 관광지로 재개발했다. 동굴 예술의전당 등 곳곳에 수많은 예술가와 협업한 작품이 있으며, 빛과 뉴미디어를 활용한 공간, 와인 동굴, 황금길 등을 통해 수많은 관광객을 끌어들이고 있다. 광명동굴 후문(주차장)에서 제2 매표소 앞까지 코끼리차 '아이샤'도 운행한다.

- 경기도 광명시 가학로85번길 142
- 070-4277-8902
- 어른(6천원), 중고생(3천5백원), 초등생, 유아(2천원)
- 09:00∼18:00 – 월요일 휴관
- KTX광명역에서 서독터널 방향으로 직진
- www.gm.go.kr/cv

광명시장 1970년대 초반부터 자생적으로 형성되었으며, 지금은 400여 개의 점포로 전국 7위의 손꼽히는 대표적인 전통시장이 되었다. 한군데서 생활의 모든 것을 해결할 수 있는 만능의 공간으로 탈바꿈해. 광명시민뿐 아니라 서울시 등 이웃 도시의 주민들도 애용하는 곳.

- 경기도 광명시 광이로13번길 17-5
- 02-2614-0006
- 이용료
- 10:00∼21:00
- 광명종합운동장 부근

안터생태공원 금개구리를 비롯한 멸종 위기 생태계를 복원한 도심 속의 내륙 습지. 물의 순환을 원활히 하기 위해 실개울을 조성해 다양한 생물 종을 보존하며, 주변에는 자생초 화원이 조성되어 있다. 공원 내에는 안터생태공원의 역사와 생물 등을 전시한 전시관과 교육센터가 있고, 생태체험 프로그램을 예약제로 운영 중이다.

- 경기도 광명시 안재로1번길 27 (하안동)
- 02-2619-1050
- 09:00∼18:00
- 광명종합운동장 인근
- http://www.anteopark.or.kr

오리서원 오리 이원익 관련 자료의 연구·수집·보존·관리·전시를 주요 업무로 하고 있다. 이원익의 청백리 정신을 선양하고 전통문화의 계승 발전을 위한 사회 교육, 관내 초, 중, 고등학교 학생들과 주민을 대상으로 역사 현장 체험 교육 프로그램이 마련되어 있다.

- 경기도 광명시 오리로 287 (소하동)
- 02-898-6306
- 09:00∼17:00 / 토요일 10:00∼17:00 – 일요일, 공휴일 휴관
- 충현중학교 맞은편
- http://www.오리서원.com

아름다운 자연과 역사가 숨 쉬는 곳
광주

삼국의 패권을 결정지었던 주요 요충지인 남한산성을 비롯해 한강의 상류인 팔당호가 있어 아름다운 자연을 느낄 수 있다. 또한 조선 시대의 관요인 백자 도요지 등이 남아 있어 지금도 흔적을 살펴볼 수 있으며 전통 도자기를 전시하고 있는 경기도자박물관에서 조선 도자기의 아름다움을 느껴보는 것도 좋겠다. 서울에서도 가까워 산행을 가기에도 좋으며, 전용도로가 잘 정비되어 있어 자전거를 타기에도 좋다.

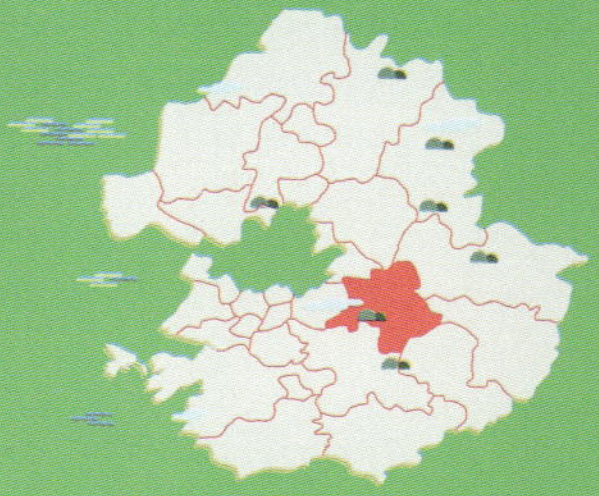

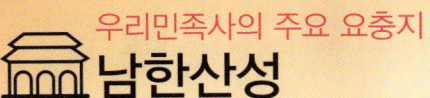

우리민족사의 주요 요충지
남한산성

한강과 더불어 삼국의 패권을 결정 짓는 주요 거점이었던 산성. 잘 정돈된 산길을 따라 이십여 분간 걸어 올라가면 아름답게 둘러쳐진 야트막한 성곽을 만날 수 있다. 오늘날의 남한산성은 1624년(조선 인조 2년)부터 축성되어 1626년에 완공되었으며, 산성 내에는 행궁을 비롯한 숭열전, 청량당, 지수당, 연무관 등이 들어서 있다. 조선의 선비정신과 불교의 호국정신이 함께 어우러진 유서 깊은 사적. 남한산성 내에 만해 한용운의 자취와 정신을 연구하는 곳인 만해사상연구소가 있어 함께 둘러보는 것을 추천한다. 남한산성은 2014년 6월 22일 세계문화유산으로 지정되어 전 세계적 인류 문화유산으로 관리되고 있다.

- 경기도 광주시 중부면 산성리
- 031-743-6610
- 남한산성행궁 – 어른(2천원), 중고생, 어린이(1천원)
- 4월~10월 10:00~18:00 | 11월~3월 10:00~17:00 – 월요일 휴궁
- 남한산 내

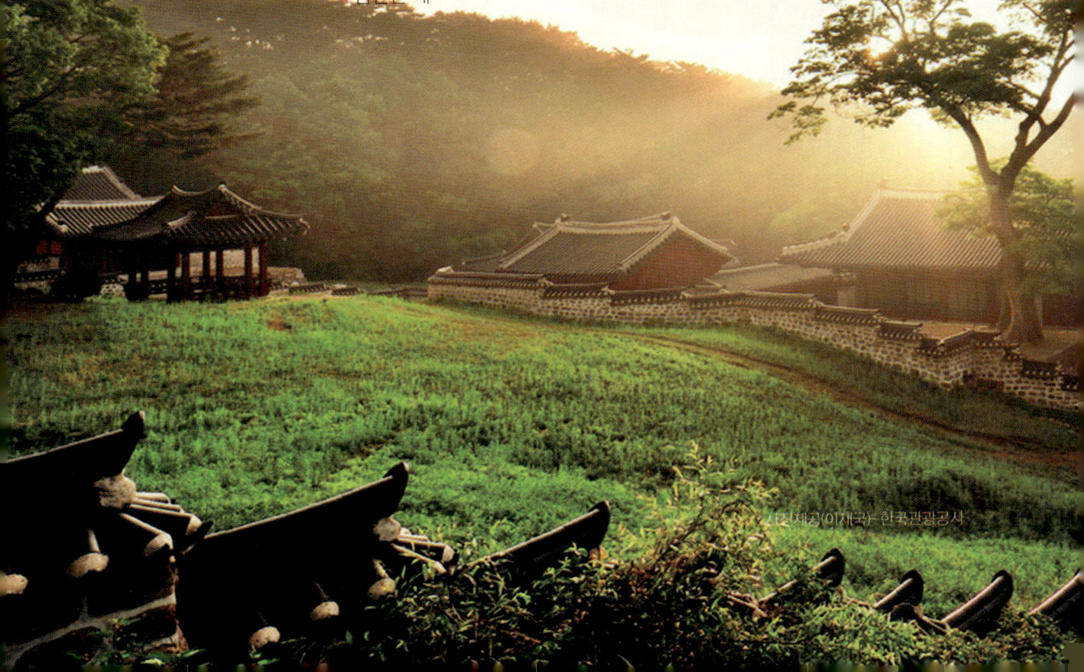

탁 트인 호수를 바라보며 즐기는 드라이브 **팔당호**

팔당호

수도권 시민의 식수원 역할을 하는 인공 호수. 퇴촌면과 남종면 일대 팔당호 주변 도로는 호수를 휘돌아 조성되어 수려한 풍광을 자랑하며 드라이브 코스로 인기를 끌고 있다. 도로의 벚나무 가로수는 봄이면 환상적인 벚꽃길을 연출하며 물안개가 피어오르는 팔당호의 풍경을 보기 위해 이른 아침부터 많은 사람들이 찾는다. 팔당전망대에서는 망원경을 통해 족자도, 남한강과 북한강, 예봉산까지 아름다운 전경을 감상할 수 있다.

📍 경기도 광주시 퇴촌면 ☎ 광주시청 문화관광과 031-760-2692 🔍 남종면사무소 인근

경기도자박물관_사진제공(김지호)-한국관광공사

경기도자박물관 조선왕실용 도자기를 생산해왔던 관요의 고장 광주에 자리한 도자박물관이다. 2개의 대형 전시실과 기획 전시실, 다목적실 등으로 이루어져 있으며 조선 500년의 역사를 이어온 순백자, 청화백자, 철화백자, 분청사기 등 조선 관요에서 생산된 전통 도자기와 그 전통을 계승하는 현대작가의 작품을 상설 전시하고 있다.

📍 경기도 광주시 곤지암읍 경충대로 727
☎ 031-799-1500
🎫 어른(3천원), 중고생, 초등생(2천원)
🕐 09:00~18:00 · 월요일 휴관
🔍 곤지암IC 인근
🌐 http://www.kocef.org/02museum/g02_01.asp

경안천습지생태공원 일 년 내내 온갖 철새가 노니는 장소로 신록과 갈대가 어우러져 운치를 더한다. 1973년 팔당댐이 건설되면서 일대 농지와 저지대가 물에 잠긴 이후 자연적으로 습지로 변한 독특한 곳이다. 다양한 수생식물과 갖가지 철새와 텃새가 서식하고 있어 조류 관찰과 자연 학습의 장으로 개인 또는 단체 관람객들이 많이 찾는다.

📍 경기도 광주시 퇴촌면 정지리 525
☎ 031-762-1039
🕐 하절기 05:00~20:00 · 동절기 07:00~18:00
🔍 팔당호반 삼태기산 부근

곤지암화담숲 화담숲의 화담은 정답게 이야기를 나눈다는 의미로 인간과 자연이 교감할 수 있는 공간을 지향한다. 자연을 사랑하는 누구나 편하게 찾을 수 있는 생태공간으로 꾸며져 있다. 진달래원, 소나무정원, 추억의 정원 등 17여 개의 테마정원과 자생식물, 도입식물 약 4천3백 종을 전시하고 있다. 국내 최대 규모의 이끼정원도 있으며 5km의 숲속 산책길 전체를 경사가 완만한 데크길로 조성하여 남녀노소 누구나 찾기 좋다

📍 경기도 광주시 도척면 도척윗로 278-1
☎ 031-8026-6666
🎫 4~10월 어른(8천원~1만원), 중고생(8천원), 어린이(6천원) | 11~3월 어른(1만원), 중고생(1만원), 어린이(8천원)
🕐 3월~8월 09:00~17:00 | 9월~11월 08:30~16:00 | 12월~2월 10:00~16:30
🔍 곤지암리조트 옆
🌐 http://www.hwadamsup.com

망월사 남한산성 내 사찰 중 가장 오래된 곳으로, 조계사의 말사다. 옛 망월사는 모두 타버려 옛 절터만 남아 있으며 1990년부터 중창 불사를 일으켜 현재에 이르렀다. 대웅전 동쪽에 토끼 모양의 바위가 있고, 남쪽에는 달 모양의 월봉(月峰)이 있는데, 토끼가 달을 바라보는 모습을 하고 있

청경사

망월사

다고 하여 망월사라는 이름이 붙었다. 놀라운 규모의 전각과 자연 지형을 활용한 조화로운 사찰이며 사시사철 아름다운 풍광을 자랑한다.
- 경기도 광주시 남한산성면 남한산성로 680
- 031-747-3212
- 남한산성 동문 옆길로 진입
- http://www.mangwolsa.or.kr

영은미술관 1992년에 개관한 미술관으로, 동시대 현대미술 작품을 소장, 전시하고 있는 현대미술관과 창작스튜디오로 구성되어 있다. 회화와 조형 작품 등이 전시되어 있으며 야외조각공원에서 기획 전시가 펼쳐진다. 창작스튜디오에 입주한 작가들의 릴레이 개인전도 볼거리 중 하나.
- 경기도 광주시 청석로 300 (쌍령동)
- 031-761-0137
- 어른(8천원), 중고생(6천원), 어린이(4천원)
- 10:00~18:00 - 월, 화요일 휴무
- 광주종합터미널에서 경안제1교 지나 좌회전, 쌍령교 방향으로 직진하면 우측
- http://www.youngeunmuseum.org

장경사 남한산성 내에 있는 사찰 중 당시의 모습이 남아 있는 유일한 사찰이다. 축성 뒤에도 승군을 주둔시켜 전국의 승군을 훈련시키는 곳이었다. 1682년에 만들어진 동종이 일제의 사찰파괴를 피해 서울 봉은사로 옮겨졌다가 110년 만에 다시 돌아오게 되면서 장경사가 널리 알려졌다.
- 경기도 광주시 남한산성면 남한산성로 676
- 031-743-6548
- 남한산성 동문 옆길로 진입. 첫 번째 갈림길에서 우회전
- http://www.jangkyungsa.org

팔당전망대 수도권 주민 생명수의 근원인 팔당호의 이미지를 부각해 물 환경에 대한 중요성 인식을 확산하고, 수질 개선을 위한 경기도의 노력을 홍보하기 위하여 개관하였다. '시간여행으로 만나는 팔당호'를 주제로 하여 도입의 장, 팔당호의 자연, 물의 중요성 등을 알리는 교육의 장, 팔당호의 역사, 주변 조망 등을 알 수 있는 홍보의 장으로 나누어져 있다. 이와 함께 취수와 정수 과정, 일상에서 사용하는 물의 양, 팔당호에 서식하는 동식물 등에 관한 자료도 전시하고 있다.
- 경기도 광주시 남종면 산수로 1692
- 031-8008-6915
- 팔당수질개선본부 신청사 9층
- 무료
- 09:00~18:00 - 1월1일, 명절 당일, 설날, 추석

역사와 자연이 공존하는 곳
구리

구리시는 아차산을 경계로 서울시 인근에 접해 있고, 남양주시 인근에도 접해 있는 지역이다. 고구려의 역사가 간직된 관광도시로, 도심 속 휴양지인 동구릉은 우리나라 최대 규모로 20만 명의 관광객이 방문하고 있는 대표 명소다. 구리농수산물도매시장도 일 년 내내 신선한 수산물을 맛볼 수 있는 곳이며 구리타워의 전망도 뛰어나다.

고구려대장간마을
아차산 4보루에서 발견된 간이 대장간을 바탕으로 제작한 유적지 테마공원으로, 유적전시관과 야외전시물로 나누어져 있다. 야외에는 회의장소 거믈촌, 대장간 등이 있고, 학교연계계프로그램들이 있다. 드라마 태왕사신기, 선덕여왕 등의 촬영지로 국내외 관광객에게 인기 있는 곳이다.

- 경기도 구리시 우미내길 41 (아천동)
- 031-557-1010
- 무료
- 3월~10월 평일 09:00~18:00 | 주말 09:00~19:00 | 11월~2월 09:00~17:00
- 쉐라톤 워커힐 호텔 뒤편
- https://www.guri.go.kr

곤충생태관
환경사업소 내에 있으며 사계절 살아 있는 나비와 여러 곤충을 볼 수 있다. 100평 규모의 유리온실과 70평 규모의 표본전시실 및 영상실로 되어 있다. 각양각색의 나무와 꽃, 나비류, 수서곤충류, 장수풍뎅이를 비롯한 육상곤충류가 서식하고 있다. 수질오염의 지표가 되는 각종 민물고기와 수생식물, 식충식물 등이 어우러져 있으며 관람객을 대상으로 '환경지킴이'라는 서약서도 만들어 준다.

- 경기도 구리시 검배로 200 (수택동)
- 031-551-8816
- 3월~10월 10:00~17:00 | 11월~2월 10:00~17:00(11월~2월은 16:00까지 입장) - 월요일, 신정, 명절 휴무
- 강동대교 건너 왼편 구리하수처리장 내
- http://www.guribugs.go.kr

구리타워
구리자원 회수시설에서 만든 것으로, 혐오 시설로만 여겼던 소각장의 굴뚝을 이용하여 지상 100m 높이에 전망대와 레스토랑을 설치하였다. 타워 전망대에서 바라보는 한강과 주변 산줄기, 도시의 야경은 구리타워에서만 볼 수 있는 풍경이다. 전망대에서 망원경을 통해, 보다 자세하게 주변 경관을 감상할 수 있다.

- 경기도 구리시 왕숙천로 49 (토평동)
- 구리타워 031-550-2880
- 무료
- 10:00~24:00
- 강동대교 부근 구리 생활체육회 옆
- http://guritower.guri.go.kr

구리한강시민공원
시원한 강바람이 초록의 싱그러움을 더하는 구리 한강시민공원에서 어린이는 자연의 소중함을 배우고, 어른은 도심을 벗어나 휴식을 취할 수 있다. 5월에는 유채꽃, 9월에는 코스모스가 피어나는 드넓은 꽃단지가 소개되면서 코스모스 공원이라고 불리기도 한다. 서울 근교 자전거 여행 코스로 인기를 얻고 있다.

- 경기도 구리시 토평동
- 031-550-2107
- 24시간
- 강동대교 넘어 좌측 강변북로 타고 가는 길가

동구릉
"동쪽에 아홉 개의 왕릉이 있다." 하여 이름 붙여진 우리나라 최대 규모의 왕릉군이다. 약 60만 평의 넓은 대지 위에 조선 시대 왕과 왕비 17위의 유택이 마련되었다. 능에는 소나무, 참나무 등 수십 종의 나무가 울창한 숲을 이루고 있어 도심 속의 휴양지 역할을 하며, 해마다 평균 20만 명의 사람들이 이곳을 찾고 있다.

- 경기도 구리시 동구릉로 197
- 031-563-2909
- 어른(1천원), 중고생, 초등생, 유아(무료)
- 2월~5월, 9월~10월 06:00~18:00 | 6월~8월 06:00~18:30 | 11월~1월 06:30~17:30
- 구리역에서 퇴계로 방향으로 약 2km
- http://royaltombs.cha.go.kr

장자호수공원
토평지구에 있는 장자못을 정비해서 만든 호수공원이다. 아파트 단지 사이에 있어서 도시와 자연의 어울림을 제대로 느낄 수 있다. 3.6km의 산책로로 조성된 하천의 제방에 수목을 심는 등 자연과 생태환경을 가꿔 시민의 몸과 마음을 편하게 하며, 동·식물이 서식하고 있어 아이들이 자연 생태를 체험할 수 있다.

- 경기도 구리시 교문동 537
- 구리시청 공원녹지과 031-550-2474
- 무료
- 24시간 - 연중무휴
- 구리고등학교 맞은편

한강을 끼고 있는 천혜의 지역
남양주

남양주는 한반도 역사의 중심에 자리하여 수많은 문화유산을 간직하고 있는 지역이다. 수도권 동북부, 경기도 중앙부에 자리하며 천마산을 중심으로 수락산, 불암산, 운길산이 둘러싸고 있다. 특히 서울에서도 접근성이 좋은 수락산은 등산하기에도 좋아 인기가 많다. 남양주시 전역에 걸쳐 있는 다산길도 빼놓을 수 없다. 남양주에서 나고 자란 조선 시대 실학자 다산 정약용을 기리고자 조성했으며 가볍게 트래킹을 즐기기 좋다. 남한강변의 아름다운 자연을 벗 삼아 달리는 자전거길도 인기가 많다.

사시사철 특색있는 매력
수락산

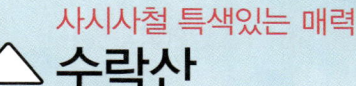

계절에 상관없이 언제 찾아도 특색있는 산이다. 638m의 높이로 산길이 험하지 않아 부담없이 등산하기 좋으며 금류, 은류 등의 폭포와 흥국사, 내원사 등의 사찰 명소가 있다. 지하철 4호선 당고개 역 앞에서 시작하여 학림사와 용굴암을 경유하는 코스는 접근성이 좋아 관광객이 많이 찾는 등산 코스 중 하나다. 수락산의 진면목을 감상하고 싶다면 청학리에서 시작되는 코스를 추천한다. 매년 4~5월이면 별내면 시민의 번영과 안녕을 기원하는 의례이자 사라져가는 우리 전통문화유산을 계승하고자 하는 목적으로 수락산 산신제를 개최한다.

📍 경기도 남양주시 별내면
☎ 남양주시청 산림녹지과 031-590-2344
🔍 당고개역, 수락산역, 청학리 숫돌고개 출발점

터널과 철교를 지나는 이색 자전거 코스 남한강자전거길

▶ 사진제공(김지호)-한국관광공사

남한강변의 아름다운 자연환경과 양서면 두물머리, 세미원, 옥천냉면마을, 양평 5일장 등과 연계한 친환경적 자전거길로, 팔당에서 출발해 양평을 거쳐 충주 탄금대까지 약 140km 정도 이어진다. 수도권과 가깝고 이용객을 위한 쉼터, 주차장, 자전거 대여등 편의시설이 잘 갖추어져 있으며 경사가 완만하고 위험요소가 없어 누구나 이용하기 쉽다. 팔당역~양평 간 27km의 구간은 옛 중앙선 철길을 자전거 길로 꾸몄으며 기차가 다니던 터널은 색색의 아름다운 조명으로 꾸며 다양한 볼거리와 재미를 준다. 기차가 다니던 터널 아홉 개를 통과하는 재미도 남다르다. 특히 터널은 아름다운 조명으로 꾸며 볼거리가 다채롭다.

📍 경기도 남양주시 조안면 능내리 🔍 팔당대교~충주댐

한국의 유니버설스튜디오 남양주종합촬영소

우리나라의 유명 영화와 드라마를 제작하는 종합 촬영소로, 아시아 최대 규모의 시설이다. 대규모의 야외 세트장을 비롯해 규모별로 여섯 개의 실내 세트장, 녹음실 등을 갖추고 있다. 촬영부터 후반 작업까지 모두 진행할 수 있으며, 〈서편제〉, 〈쉬리〉, 〈공동경비구역 JSA〉, 〈실미도〉 등이 이곳에서 촬영되었다. 미니어처체험전시관, 법정세트, 의상실, 소품실 등도 있어 영화 속 주인공이 되는 체험도 해볼 수 있으니 놓치지 말 것. 촬영소 내 극장에서 매달 한국영화 한 편씩을 무료로 상영한다.

사진제공(김지호)-한국관광공사

📍 경기도 남양주시 조안면 북한강로855번길 138 ☎ 종합안내실 031-579-0605 🎫 어른(3천원), 중고생(2천5백원), 초등생(2천원) 🕐 3월~10월 10:00~17:00 | 11월~2월 10:00~16:00 🔍 팔당대교 봉인터널 중 다섯 번째 터널 지나 첫 번째 램프에서 빠져서 직진. 운길산 지나 좌회전 🔍 http://studio.kofic.or.kr

광릉 세조와 정희왕후의 능. 좌측 능선의 봉분이 세조의 능이며, 오른쪽 봉분이 정희왕후의 능이다. 최초의 동원이 강 형식의 능으로, 두 언덕을 한 정자각으로 묶는 새로운 배치는 후세의 무덤 제도에 영향을 끼쳤다.
- 경기도 남양주시 진접읍 광릉수목원로 354
- 031-527-7105
- 어른(1천원)
- 3월~10월 09:00~18:30 | 11월~2월 09:00~17:30 – 월요일 휴무
- 남양주 국립수목원 부근
- http://gwang.cha.go.kr

남양주역사박물관 팔당역사 옆에 자리 잡은 역사박물관. 남양주의 역사, 전통문화, 기록문화 등을 전시하여 남양주의 정체성과 독특성을 알리기 위해 설립하였다. 제1·2전시실과 체험실, 야외공연장 등으로 이루어져 있다.
- 경기도 남양주시 와부읍 팔당로 121
- 031-576-0558
- 무료
- 09:00~18:00
- 팔당역 옆
- http://www.nyjmuseum.go.kr

다산길 총 180km 길이의 길로, 13개 코스로 이루어져 있다. 가장 대표적인 코스는 다산 정약용의 생가와 묘가 있는 능내를 중심으로 펼쳐진다. 생가 주변을 공원으로 새롭게 단장하여 강변을 따라 가볍게 트래킹을 즐기기 위해 주말이면 나들이객으로 붐빈다. 가장 인기가 높은 구간은 폐선이 된 팔당역~능내역~운길산역 구간의 철길이다. 폐철로를 자전거 도로로 조성하여 한강과 북한강의 정취를 즐기기에 좋다.
- 경기도 남양주시 전역
- 남양주시청 산림녹지과 산림휴양팀 031-590-2416
- 운길산역, 능내역, 팔당역 인근
- 다산유적지, 다산생태공원

모란미술관 국내외 우수한 현대미술 작품을 전시한 공간. 제1전시실~제4전시실에는 현대 미술품이, 야외 전시공간에서는 유명 조각가의 조각이 전시되어 있다. 모란조각대상전, 모란 미술학교 등의 사업도 진행하고 있다.
- 경기도 남양주시 화도읍 경춘로2110번길 8
- 031-594-8001
- 어른(3천원), 청소년(2천원), 어린이(1천5백원)
- 3월, 10월 09:30~17:30 | 4월, 9월 09:30~18:00 | 5월~8월 09:30~18:30 | 11월~2월 09:30~17:00 – 월요일 휴무무
- 경춘선 마석역 1번 출구로 나와 그랜드힐 아파트 쪽으로 직진, 아파트 지나 우회전
- http://www.moranmuseum.org

산들소리수목원 불암산 자락을 배경으로 다양한 식물과 야생화, 허브정원등 여러 테마의 정원을 조성해놓은 복합문화공간이다. 어린이를 위한 숲놀이학교, 신기한물건박물관과 힐링프로그램 치유의 숲을 운영하고 있다. 가족 단위 나들이객의 방문이 많다.
- 경기도 남양주시 불암산로59번길 48-31 (별내동)
- 031-574-3252
- 어른(8천원), 중고생, 어린이(7천원)
- 09:30~18:00
- 삼육대학교 뒤편
- http://www.sandulsori.co.kr

스타힐리조트 천마산을 무대로 지어진 스키장으로, 여유와 낭만을 즐길 수 있는 휴식 레저 공간이다. 다양한 스키 슬로프를 보유하고 있으며 최대 6백여 명을 수용할 수 있는 숙박시설, 카페테리아, 의무실 등의 시설을 갖추고 있다. 여름에는 12개의 물놀이 코스를 운영하여 여름캠프 장소로도 사랑받고 있다.
- 경기도 남양주시 화도읍 먹갓로 96
- 031-594-1211
- 홈페이지 참조
- 천마산휴게소에서 천마성당 지나 묵현리 방향으로 직진

도심 속 테크노밸리
성남

성남은 아름다운 자연경관과 문화가 함께 어우러진 지역이다. 떠오르고 있는 판교의 카페거리에서 느긋함과 여유를 즐기기에 좋으며, 탄천생태습지원은 산책로와 자전거길이 잘 조성되어 있어 봄철 벚꽃길과 야경 명소로도 손꼽히는 곳이다. 성남에서 문화를 즐기기에 좋은 신해철거리과 모란민속장도 가볼 만하다. 도심과 자연 그 사의 경계를 즐길 수 있는 여행지로 추천한다.

도심 속 재래시장 **모란민속5일장**

매월 끝자리 4, 9일에 열린다. 하루 평균 10만여 명이 이용하는 전국에서 가장 큰 규모의 민속 오일장으로, 수도권에서는 보기 드문 규모의 전통 장이다. 꽃, 양곡, 약초, 잡화, 생선, 민물고기 등을 취급하고 있으며, 우리가 살아가면서 느끼는 생동감과 따뜻한 정을 담뿍 느낄 수 있고 옛 장터의 정취를 그대로 느낄 수 있는 곳이다.

📍 경기도 성남시 중원구 둔촌대로 68 ☎ 031-721-9905 🕘 09:00~19:00 🔍 분당선, 지하철 8호선 모란역 5번 출구
🌐 http://www.moranjang.org

동판교카페거리 신백현 초등학교와 신백현 중학교 근처 상가주택을 중심으로 여러 카페가 들어서고 있다. 세련된 멋을 풍기는 정자동 카페거리 못지않게 아기자기한 카페에서 즐기는 느긋한 시간을 동판교카페거리에서도 느껴보자.
📍 경기도 성남시 분당구 판교역로14번길 42 (백현동)
☎ 성남시 문화예술과 문화팀 031-729-2971
🔍 신백현 초등학교 주변

서판교카페거리 분당구 운중천을 중심으로 카페들이 속속 생기고 있는 서판교 카페거리는 동판교 카페거리와 함께 주목받고 있다. 이곳은 '운중동 카페거리'로도 알려졌는데 운중동 주민센터 주변 800m의 거리에 커피와 디저트, 브런치를 즐길 수 있는 다양한 콘셉트의 카페와 레스토랑들이 눈길을 사로잡는다.
📍 경기도 성남시 분당구 운중로138번길 10 (운중동)
☎ 성남시 문화예술과 문화팀 031-729-2971
🔍 운중동 주민센터 주변

성남아트센터 오페라, 연극, 음악회, 전시회, 대중공연 등 다양한 장르의 문화 예술을 접할 수 있는 전문 문화 예술 공간이다. 주요 시설로는 오페라 하우스, 콘서트 홀, 앙상블시어터, 미술관, 큐브플라자, 녹지 공간 등이 조성되어 있다.
📍 경기도 성남시 분당구 성남대로 808 (야탑동)
☎ 031-783-8000
🕘 10:00~18:00 – 월요일 휴관

🔍 하탑사거리 부근 태원고등학교 뒤편
🌐 http://www.snart.or.kr

율동공원 저수지, 잔디밭, 야산 등 원래의 자연을 최대한 살린 녹색 공간으로 경치가 아름답다. 주요 시설로는 잔디광장 세 곳과 사계절 꽃동산, 갈대밭, 분수대, 휴게소, 배드민턴장, 국궁장, 발 지압장, 책 테마파크와 조각공원이 있으며 이 밖에도 어린이 놀이터와 번지점프대를 갖추고 있다. 분당저수지를 보며 걸을 수 있게 조성된 산책로와 최고 103m까지 치솟는 분수대의 물줄기가 눈길을 사로잡는다.
📍 경기도 성남시 분당구 문정로 145 (율동)
☎ 푸른도시사업소 031-729-4388
🎫 무료
🔍 분당저수지 인근

탄천습지생태원 수정구 태평동 물놀이장 옆에 위치한다. 이곳에서는 민물고기와 물속에서 사는 다양한 수서곤충들을 만날 수 있다. 생태원 주변에는 금낭화와 쑥부쟁이와 같은 81종의 꽃들이 심어져 있어 곤충뿐만 아니라 꽃과 식물을 관찰하러 가기에도 좋다.
📍 경기도 성남시 수정구 태평동 7033-1
☎ 031-729-3152
🔍 태평동 물놀이장 옆

아름다운 성곽의 도시
수원

수원은 수원화성과 화성행궁으로 대표되는 성곽의 도시다. 정교한 아름다움으로 세계적 가치를 인정받고 있는 수원화성을 비롯해 고즈넉한 분위기가 펼쳐지는 화성행궁에서 수원의 매력을 만끽해보자. 특히 조명이 켜지는 밤에 찾아가면 색다른 야경을 즐길 수 있다. 이 외에도 수원박물관, 수원화성박물관, 수원시립아이파크미술관 등 다채로운 문화 공간에서 시간을 보내는 것도 추천한다.

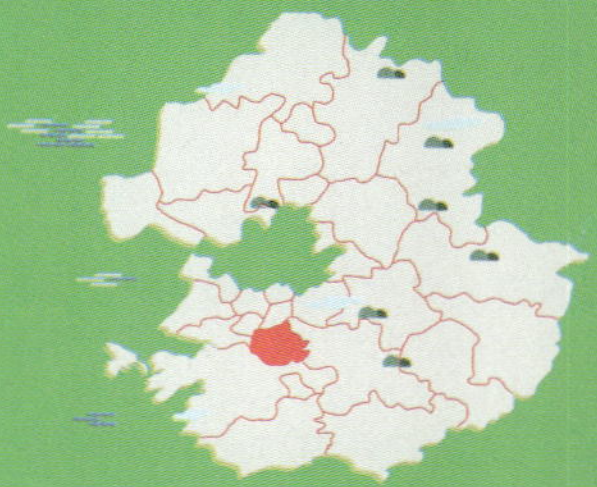

조선 성곽 건축의 꽃
수원화성

조선 시대 건축의 꽃이라 불리는 성곽으로, 유네스코 세계문화유산으로 등록되었다. 거주지로서의 읍성과 방어용으로의 산성을 합하여 계획하에 만들어진 성곽 도시로, 전통적인 축성기법에 과학적인 기술을 활용했다. 북수문(화홍문)을 통해 흐르던 수원천이 현재에도 그대로 흐르고 있고, 팔달문과 장안문, 화성행궁과 창룡문을 잇는 가로망이 현재에도 도시 내부 가로망 구성의 주요 골격을 유지하고 있는 등 2백년 전 성의 골격이 그대로 현존하고 있어 주변 지형에 맞춰 자연스럽게 조성한 아름다움을 볼 수 있다. 팔달산 정상의 서노대에 오르면 성곽을 비롯해 네 곳의 출입문과 주요 군사시설, 화성행궁과 사람들이 살았던 지역까지 한눈에 내려다 볼 수 있다. 연무대에서 출발해 팔달산에 종착하는 화성열차도 운행하고 있으니 열차를 이용하는 것도 좋은 방법이다. 매년 가을이면 수원화성문화제를 개최해 국내외 방문객의 발길이 끊이지 않는다.

- 경기도 수원시 장안구 영화동 190
- 031-290-3600
- 어른(1천원), 중고생(7백원), 어린이(5백원)
- 3월~10월 09:00~18:00 | 11월~2월 09:00~17:00
- 수원화성박물관에서 수원천 따라 직진
- 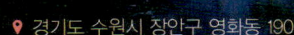 http://www.swcf.or.kr

사진제공(김지호)-한국관광공사

왕의 노후를 위한 행궁 화성행궁

사진제공(수원문화원)

정조대왕이 1804년 양위 후 장차 화성에 내려와 노후를 보내기 위해 세운 곳으로, 그 어떤 행궁보다도 대규모로 건설되었다. 화성행궁은 다양한 공연 예술과 위민행사가 치러진 중심 무대였으나 일제강점기에 의도적으로 파괴되었다. 이후 1996년부터 복원사업을 시작하여 2003년 공개되었다. 전기로 운행하는 자전거 벨로택시를 타고 넓은 화성행궁을 둘러보는 것도 좋은 방법. 매월 마지막 주 토요일은 차 없는 거리로 운영하니 여유롭게 천천히 걸으며 행궁길을 둘러보자.

경기도 수원시 팔달구 정조로 825 (남창동) ☎ 수원문화재단 031-290-3600 ⏰ 09:00~18:00 🎫 어른(1천5백원), 중고생(1천원), 어린이(7백원) ⏰ 3월~10월 09:00~18:00 | 11월~2월 09:00~17:00 🔍 수원 종로사거리 인근 🌐 http://swcf.or.kr

---

갤러리아백화점(광교점) 한화백화점이라는 이름으로 오픈한 6층 규모의 백화점이었으나, 추후에 갤러리아백화점으로 이름을 변경하고, 두 개 층을 더 쌓아 8층으로 증축하여 지금의 모습에 이르렀다. 인근의 백화점과는 차별화된 명품관을 지향하고 하고 있다.
📍 경기도 수원시 영통구 광교중앙로 124
☎ 031-5174-7114
⏰ 10:30~20:00 | 금요일, 주말 10:30~20:30
🔍 광교중앙(아주대)역 4번 출구에서 540m
🌐 http://dept.galleria.co.kr/store-info/gwanggyo
📌 광교호수공원, 앨리웨이광교

광교호수공원 위락시설과 숙박시설이 난립하던 옛 원천유원지가 도심 속 호수공원으로 변신했다. 안개분수를 비롯해 숲, 가족캠핑장, 잔디광장, 인공암벽장 등의 다양한 시설이 있다. 밤이 되면 호수와 광교신도시가 어우러진 야경이 멋스럽게 펼쳐진다.
📍 경기도 수원시 영통구 하동 1023
☎ 070-8800-2460
🔍 매원초등학교 인근
🌐 http://www.gglakepark.or.kr
📌 앨리에이광교, 갤러리아백화점

나혜석거리 수원이 낳은 한국의 대표적인 신여성이자 독립운동가, 최초의 여성 서양화가인 나혜석의 업적을 기리기 위해 팔달구 인계동 효원공원부터 서쪽 600m 거리에 조성한 문화거리이다. 조각상, 그림, 전시물, 조형물 등 이색적인 작품들이 거리를 더욱 생동감 넘치게 한다. 다양한 행사와 축제를 즐길 수 있는 문화공간 사이로 각종 상점이 즐비하고 볼거리, 먹거리도 다양해 언제 찾아도 젊음의 활기가 넘쳐난다.

- 경기도 수원시 팔달구 인계동
- 수원시청 인근

만석공원 수원의 대표적인 시민공원으로, 주변에 수원제2야외음악당과 수원시미술전시관 등이 자리하고 있어 나들이를 겸한 문화생활도 누릴 수 있다. 수변 경관이 아름다운 일왕저수지와 자연생태학습장, 산책로와 무지갯빛 음악분수도 만석공원의 또 다른 매력.

- 경기도 수원시 장안구 송죽동 248
- 031-228-2408
- 정조로 만석공원 방면으로 우회전 후 196m 이동. 정조로 1053번길 좌회전 후 64m 이동. 우회전 후 6m 이동

삼성이노베이션뮤지엄 삼성전자의 역사와 전자 산업의 역사, 제품들을 개괄적으로 보여주는 박물관이다. 삼성전자의 최신 제품들 뿐만 아니라 타사의 전자 제품들도 전시하고 있다. 사물인터넷의 원리체험, 반도체 연구소체험 등 어린이, 청소년을 위한 다양한 프로그램도 운영 중이다.

- 경기도 수원시 영통구 삼성로 129 (매탄동)
- 031-200-3113
- 무료
- 평일 10:00~18:00 / 토요일 09:00~17:00
- 삼성 디지털시티 홍보관 내
- http://www.samsunginnovationmuseum.com

수원박물관 수원시에서 운영하는 박물관으로, 선사 시대부터 근현대까지의 수원의 역사와 문화를 살펴볼 수 있다. 수원역사박물관과 한국서예박물관, 기획전시실, 문화교육관 등의 시설이 있으며 어린이체험실에서 다양한 체험을 즐길 수 있다.

- 경기도 수원시 영통구 이의동 1088-10
- 031-228-4150
- 어른(2천원), 중고생(1천원), 어린이(무료)
- 09:00~18:00 – 월요일 휴관
- 경기대학교, 수원외국어고등학교 인근
- http://swmuseum.suwon.go.kr

수원시립아이파크미술관 수원 화성행궁 인근에 자리한 미술관으로, 도시와 전통을 잇는다는 콘셉트로 꾸몄다. 다섯 개의 전시실과 교육실, 미술관, 라이브러리, 카페테리아 등의 시설이 있다. 카페테리아에서는 곡선으로 둥글게 이어진 창문을 통해 쏟아지는 햇빛을 즐기며 여유로운 시간을 보낼 수 있다.

- 경기도 수원시 팔달구 정조로 833 (신풍동)
- 031-228-3800
- 어른(4천원), 중고생, 초등생(2천원), 유아(1천원)
- 3월~10월 10:00~19:00 / 11월~2월 10:00~18:00 – 월요일 휴관
- 화성행궁 앞
- http://sima.suwon.go.kr

광교호수공원_사진제공(수원문화원)

수원화성박물관 세계문화유산 수원화성을 국내외에 널리 알리기 위해 조성한 박물관으로, 화성의 전반적인 축성과정을 볼 수 있다.
- 경기도 수원시 팔달구 창룡대로 21 (매향동)
- 031-228-4242
- 어른(2천원), 중고생(1천원), 어린이(무료)
- 09:00~18:00 – 첫째 주 월요일 휴관
- 팔달구청 옆
- http://hsmuseum.suwon.go.kr

아담스기념관 1923년에 건립된 삼일학원의 교사로, 미국 아담스교회의 도움을 받아서 아담스기념관이란 이름이 붙여졌다. 삼일학원은 1903년 미국인 선교사 W. 스웨어러(W. Swearer:1871~1916, 한국명 서원보)가 15명의 소년들을 모아 시작한 교회부설학교로, 처음에는 자체 건물 없이 중포산 기슭의 교회 건물을 빌려 사용했으며 수원 지방 감리사였던 목사 W.A. 노블(W.A. Noble)이 이 사정을 미국 아담

스교회에 알려 교인들로부터 건립기금 2만 엔을 기부받아 건물을 지었다.
- 경기도 수원시 팔달구 수원천로 342
- 031-259-0700
- 매향여자정보고등학교 내

앨리웨이광교 광교호수공원과 인접한 자연 친화적 환경을 기반으로 만드는 라이프스타일 센터. 고즈넉하게 즐기는 일상 속의 예술과 동네 문화 골목을 느낄 수 있다.
- 경기도 수원시 영통구 광교호수공원로 80
- 031-215-2691
- 11:00~21:00
- 원천호수 인근
- https://www.alleyway.co.kr

월화원 정갈한 한옥과는 색다른 매력을 품은 월화원은 중국 광동지역의 전통 건축 양식을 따라 지은 중국식 정원

이다. 가을이 되면 울긋불긋 물든 단풍이 인공호수에 비치는 풍경이 특히 아름다우며, 계절마다 무럭무럭 자라는 수목이 이국적인 월화원과 조화를 이룬다. 〈달의 연인 보보경심 려〉, 〈각시탈〉 등 시대극의 촬영지로 활용되기도 했다.

- 경기도 수원시 팔달구 동수원로 399
- 031-228-4184
- 무료
- 09:00~18:00 – 연중무휴
- 효원공원 내
- https://www.ggtour.or.kr/enjoy

팔달문 화성의 남문. 문 앞에는 옹성(甕城)이 있어 둥글게 감싸고 있고 성문의 우측 벽돌에는 성문을 축조한 관계자 이름과 인원이 새겨져 있다. 팔달문은 다른 성문들과는 달리 도시 한복판에 떨어져 있다. 도시화가 진행되면서 팔달문 일대가 번화가로 변했고, 그리하여 주변시설이 복구되지 못했기 때문이다.

- 경기도 수원시 팔달구 정조로 780
- 팔달문 매표소 031-228-2765
- 하절기 09:00~18:00 | 동절기 09:00 ~ 17:00 – 연중무휴
- 수원중앙신협 인근

플라잉수원 본계류식 헬륨 기구로, 150m 상공에서 헬륨 기구를 타고 아름다운 수원 화성 전체를 조망할 수 있는 관람시설이다. 최대 30명이 탑승할 수 있으며 훈련된 파일럿이 동승해 안전하게 비행할 수 있다. 야간에 바라보는 수원 화성의 모습이 아름답기로 유명하다. 기상조건에 따라 운행 여부가 결정되니 방문 시 참고하자.

- 경기도 수원시 팔달구 지동 261-100
- 031-247-1300
- 어른(1만8천원), 중고생(1만7천원), 초등생(1만5천원), 유아(1만2천원)
- 11:00~20:30 | 주말, 공휴일 11:00~21:00
- 창룡문 인근
- http://www.flyingsuwon.com

해우재 가장 큰 화장실 조형물로 미스터 토일렛 심재덕의 화장실에 대한 철학과 신념을 살펴볼 수 있는 이색 박물관이다. 해우재는 사찰에서 화장실 명칭으로 쓰이는 해우소에서 비롯된 말로, 과거에서 현재까지의 화장실 문화와 화장실 혁명이 새로운 가치로 떠오르게 하는 곳이다.

- 경기도 수원시 장안구 장안로458번길 9
- 031-271-9777
- 무료
- 10:00~17:00 – 월요일, 신정, 명절 휴관
- 동원고등학교 인근
- www.haewoojae.com

해우재_사진제공(이범수)_한국관광공사

행궁길갤러리 행궁길 초입에 자리 잡은 갤러리로, 화성사업소 건물 1층에 있다. 다양한 작품이 전시되어 있으며, 작가의 창작활동공간으로 활용된다. 〈아름다운 행궁길 예술마당 갤러리〉에는 다양한 사람들이 다양한 직업군, 다양한 모습으로 어우러져 살아가고 있다.

- 경기도 수원시 팔달구 행궁로 18
- 수원역 관광안내센터 031-228-4672
- 하절기 10:00~18:00 | 동절기 10:00~17:00 – 월요일 휴관
- 수원시 화성사업소 옆옆
- https://www.suwon.go.kr/web/visitsuwon/index.do

효원공원 효(孝)를 테마로 한 공원으로, 다양한 조각상과 기념물을 세워 어린이들에게 효를 일깨워준다. 자매도시인 제주시를 상징하는 제주거리와 중국 전통 정원인 월화원, 배드민턴장, 족구장, 농구장 등의 체육시설을 갖추어 산책과 운동, 여가생활을 즐기기에 좋다. 특히 이곳 화장실은 도내에서 쾌적하고 아름다운 화장실로 손꼽힌다.

- 경기도 수원시 팔달구 동수원로 397
- 031-228-7042
- 수원시청역 10번 출구에서 538m
- https://www.suwon.go.kr/web/visitsuwon/index.do
- 월화원

근교 섬 나들이
안산

안산은 서울에서 멀지 않은 곳에 자리하고 있어 근교 나들이 장소로 인기가 많다. 특히 빼어난 경치를 간직하고 있는 대부도를 비롯해 갈대가 우거진 시화호, 대부도 인근에 있는 작은 섬 제부도까지. 근교 여행지로 꾸준히 사랑받는 여행지로 가득하다. 특히 오이도와 대부도를 잇는 시화방조제는 환상적인 드라이브 코스로 꼽히니 놓치지 말 것

시원한 바닷바람과 함께

대부도

서울에서 차로 한 시간 거리에 있는 섬으로, 경치가 빼어나 당일 여행으로 많이 찾는 곳이다. 큰 언덕이라는 뜻의 대부도는 오이도와 시화방조제로 연결돼 사실상 육지가 되어버렸지만, 여전히 섬의 낭만을 간직하고 있다. 이곳을 찾는다면 대부도 해안선을 따라 조성된 74km 길이의 해솔길을 놓치지 말자. 소나무숲길, 염전길, 바닷길 등 테마에 따라 일곱 구간으로 나뉘어 있으며 경사가 완만해 트래킹을 즐기기 좋다. 대부도의 명소인 탄도와 누에섬은 썰물 때 하루에 두 번, 네 시간씩 바닷길이 열린다. 전망대 꼭대기에 올라 탁 트인 바다를 만끽해보는 것도 좋겠다. 재미있는 갯벌체험도 추천할 만하다.

- 경기도 안산시 단원구 대부남동
- 대부도 관광안내소 1899-1720
- 오이도에서 시화방조제 지나 직진

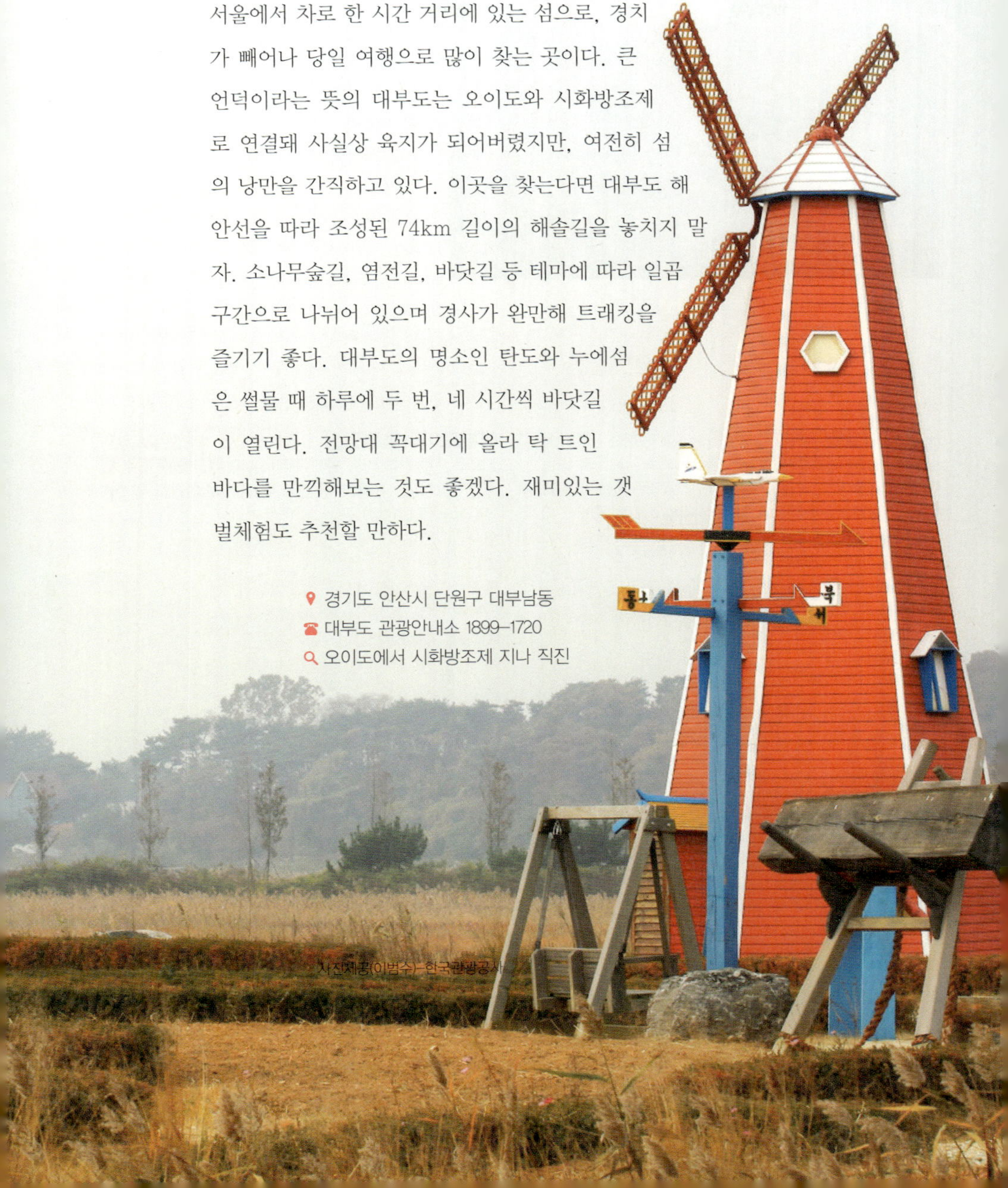

사진제공(이범수)-한국관광공사

대부도 가는 길 **시화방조제**

사진제공(김지호)-한국관광공사

시흥시 오이도와 안산시 대부도를 잇는 길로, 11.2km에 이른다. 우리나라 최초의 조력발전소를 위해 건설되었으며 바다와 어우러진 다양한 풍경을 볼 수 있는 곳이다. 시화방조제를 달리다 보면 티라이트(t-light) 공원, 시화호 조력문화관, 달 전망대 등을 만나게 된다. 탁 트인 바다와 조화롭게 조성된 티라이트 공원을 둘러본 후 75m 높이의 25층 달전망대에 올라가면 유리를 통해 조력발전소, 인천 송도 신도시를 한눈에 조망할 수 있다. 해 질 무렵의 서해 낙조 또한 장관이다.

- 경기도 안산시 단원구 대부북동 ☎ 대부도 관광안내소 1899-1720 ⏰ 달 전망대 10:00~22:00 | 전시관 09:30~17:30 - 월요일 휴관 🔍 오이도에서 대부도 가는 길 📍 시화호

구봉도해솔길
대부도를 도는 74km에 달하는 대부해솔길 중 한 코스다. 대부해솔길은 총 7코스로 나누어져 있는데, 구봉도를 도는 구봉도해솔길이 으뜸으로 통한다. 시원한 바닷가 옆으로 산책로가 잘 조성되어 있으며, 2012년 10월에 개통되었다.
- 경기도 안산시 단원구 대부북동
- ☎ 안산시청 관광과 031-481-3408
- T 무료
- 🔍 정왕IC에서 정왕톨게이트 지나 정왕교차로에서 북동삼거리

대부도아라뜰캠핑장
유리섬 인근에 조성된 오토캠핑장으로, 자동차를 바로 옆에 주차해놓고 캠핑을 즐길 수 있다. 주변에 있는 유리섬박물관과 베르아델승마클럽, 말부흥선착장도 볼 만하다.
- 경기도 안산시 단원구 부흥로 232-21 (대부남동)
- ☎ 010-3922-9141
- T 캠핑비(금, 일요일 4만5천원, 토요일 5만원)
- ⏰ 입실 13:00 | 퇴실 12:00
- 🔍 유리섬박물관 인근
- 🌐 https://cafe.naver.com/araddeul

사진제공(김지호)-한국관광공사

오이도_사진제공(이범수)-한국관광공사

시화호 시흥시, 안산시, 화성시에 둘러싸인 인공 호수로, 방조제 완공 후 해수가 유입되었다. 세계적 희귀조인 장다리물떼새, 큰고니 등을 비롯한 천연기념물 조류가 많이 서식해 생태계의 보고로 불린다. 넓은 갈대밭으로도 유명하다. 안산천에서 반달섬을 거쳐 방아머리 선착장에 이르는 시화호뱃길 공사가 2021년 5월에 완료되어 시화호를 관광 유람선으로 즐길 수 있게 되었다.

📍 경기도 안산시 단원구 대부남동
☎ 안산시청 관광과 031-481-2105
🔍 대부도 인근
🌐 http://www.shihwaho.kr

쌍계사 안산시 유일의 전통 사찰로, 1689년(조선 숙종 15년) 이전부터 있었던 것으로 추정된다. 조용하고 한적한 풍경을 자아내며 사찰 우측 구석에 있는 기이한 형태의 바위가 볼거리로 꼽힌다. 아미타 화상도와 현황도를 비롯해 조선 후기 불상인 목조여래좌상도 있다.

📍 경기도 안산시 단원구 대부황금로 1171 (대부북동)
☎ 032-886-2110
🔍 시화방조제를 건너서 약 3km 직진하면 우측
🌐 http://www.ssangkyesa.com

안산갈대습지공원 시화호로 유입되는 지천의 수질 개선을 위하여 조성한 공원이다. 갈대 같은 수생식물을 이용한 자연정화 처리식 하수처리 시설물로 면적 314,000평의 국내 최초 대규모 인공습지다. 자연과 접하기 어려운 도시민의 휴식은 물론 생태계를 이루는 생물들이 어떻게 서식하는지 관찰하고 학습할 수 있는 자연학습장으로 유명하다. 학습관에는 시화호를 배경으로 한 그림, 사진 등이 전시되어 있으며, 2층 옥상에는 전망대가 있어 철새들을 관찰할 수 있다.

📍 경기도 안산시 상록구 갈대습지로 56 (사동)
☎ 031-419-0504
🎫 무료
🕐 3월~10월 10:00~18:00 | 11월~2월 10:00~16:30 – 월요일 휴장
🌐 http://wetland.ansan.go.kr

안산다문화거리 한국 최대 외국인 밀집 지역으로 다국적 생필품과 음식이 즐비하다. 외국인 근로자들의 일자리가 안산 주변으로 형성되어 있어 다문화음식거리가 자연스럽게 생겨났다.

📍 경기도 안산시 단원구 원곡동 870
🔍 안산역 인근

오이도 시흥시에 속해 있는 섬으로, 일제강점기 때 염전으로 이용되면서 육지화되었다. 섬 전체에 걸쳐 패총이 분포하고 있으며 서울, 경기 지역에서 멀지 않은 곳에 있어 근교 여행지로 사랑받고 있다. 푸른 바다와 어우러진 빨간 등대에서 낭만을 만끽해보자.

📍 경기도 시흥시 정왕동 오이도
☎ 오이도 어촌계 031-498-5671
🔍 오이도역에서 시화방조제 방향으로 직진

문화예술의 고장
안성

안성맞춤의 대명사인 안성시. 안성의 유기는 안성의 전통 중 빼놓고 말할 수 없다. 국내 최대 규모인 안성팜랜드에서 레저와 휴식을 즐길 수 있고, 고려 시대 문화재를 보유 중인 칠장사의 단풍 경치가 장관이다. 도깨비 촬영지로 알려진 석남사의 설경은 세월의 무게를 느껴지게 하며 웅장하게 한다. 생태환경과 경관이 뛰어난 안성시는 호수 개발에 추진하고 있으니 용설호수캠핑장에 가보는 것도 색다른 체험이 될 것이다.

안성팜랜드_사진제공(라이브스튜디오)-한국관광공사

경기도

안성맞춤유기공방
안성유기는 '안성맞춤'의 대명사로 통한다. 중요무형문화재 77호인 유기장 김근수옹이 1946년에 시작한 공방으로, 지금은 아들 김수영씨가 그 맥을 잇고 있다. 현재 안성 제2공단 내에서 유기를 생산하고 있다. 공방에서는 유기가 만들어지는 과정을 전통 방법 그대로 재현하고 있는 모습과 반 기계화하여 작업하는 것을 볼 수 있다. 여러 가지 형태의 유기도 구입할 수 있다.

- 경기도 안성시 중앙로 448 (봉남동)
- 031-675-2590
- 09:00~18:00 – 일요일 휴무
- 안성시청 앞 교차로에서 한경대쪽으로 가다 왼편
- http://www.yugimall.com

안성팜랜드
아름다운 목장 경관 속에서 가축들과 함께 즐기는 국내 최대 규모의 체험형 놀이 목장이다. 동물을 만지고 먹이 주기, 목장 길 걷기, 푸른 초지에서 야외승마 즐기기 등 다채로운 오감체험과 함께 전국 유명브랜드의 축산물도 저렴하게 구매할 수 있다.

- 경기도 안성시 공도읍 대신두길 28
- 031-8053-7979
- 어른(1만2천원), 중고생, 초등생(1만원), 놀이기구와 승마체험은 별도 요금
- 3월~11월 10:00~18:00 | 12월~2월 체험목장(눈썰매장) 10:00~17:00, 중앙광장, 승마센터 10:00~18:00 – 월요일 휴무
- 농협안성교육원 인근
- http://www.nhasfarmland.com

용설호수캠핑장
안성 죽산 용설호수 앞. 캠핑과 낚시 허브농원체험, 연극 공연, 둘레길산책, 농촌체험 등을 즐길 수 있는 곳. 야경이 정말 좋다. 이제 막 캠핑 도구를 사기 시작한 캠핑족들에게 알맞을 듯한 장소.

- 경기도 안성시 죽산면 용설호수길 234
- 010-8502-2863
- 1박 3만5천원, 연박 시 5만5천원
- 입실 13:00 | 퇴실 12:30
- 용설저수지 옆

칠장사
선덕여왕 때, 자장율사가 창건했다는 전설이 담긴 사찰. 오불회괘불탱과 삼불회괘불탱 등 국보와 보물을 볼 수 있고, 우리나라에 3개밖에 없는 철당간이 전시되어 있다. 벽초 홍명희의 소설 '임꺽정'에서 정암 조광조가 병해대사를 찾아가 토론한 장소가 바로 칠장사다.

- 경기도 안성시 죽산면 칠장로 399-18
- 031-673-0776
- 산직동 마을회관 인근
- http://www.chiljangsa.kr

자연을 벗 삼은 유원지
양주

경기도 의정부 위쪽에 자리한 양주에는 자연을 벗 삼아 어우러진 유원지가 많다. 휘황찬란한 풍경을 자랑하는 송추계곡 인근에 조성된 송추유원지와 다양한 시설을 갖춘 장흥유원지가 바로 그것. 서울과 경기도에 걸쳐 있는 북한산국립공원도 해마다 많은 등산객이 찾는 명산이다. 이 외에도 조선 최대 규모의 왕실 사찰인 회암사지의 유물을 전시한 박물관과 미술관 등의 문화 공간도 다채롭다.

도심 속 푸른 허파
북한산국립공원

북한산국립공원은 세계적으로 드문 도심 속의 자연공원으로, 우리나라의 15번째 국립공원으로 지정되었다. 서울시와 경기도에 걸쳐 있으며 남쪽의 북한산 지역과 북쪽의 도봉산 지역으로 구분된다. 산 전체가 거대한 화강암으로 이루어진 주요 암보 사이로 수십 개의 맑은 계곡이 형성되어 그 조화가 아름답다. 오랜 역사가 담긴 북한산성을 비롯한 수많은 역사와 문화가 산재해 있으며 자연 휴식처로 사랑받고 있다. 북한산 둘레길 코스는 소나무 숲길, 순례길, 흰구름길 등 총 21개의 길로 이루어져 있어 트래킹을 즐기기도 좋다.

📍 경기도 양주시 장흥면 호국로550번길 102-187
📞 북한산국립공원 관리사무소 031-826-4559
🔍 송추유원지 인근
🌐 http://bukhan.knps.or.kr

사진제공(양주시청 뉴미디어팀)

양주시립장욱진미술관_사진제공(양주시청 뉴미디어팀)

송추유원지 북한산 자락을 타고 조성된 유원지로, 수려한 북한산과 시원하게 뻗은 4km 길이의 송추계곡이 어우러진다. 수영장, 낚시터, 놀이시설, 식당 등의 각종 편의시설을 갖추고 있다.
- 경기도 양주시 장흥면 호국로785번길 33-13
- 송추역에서 송추계곡 방향으로 직진
- http://ok.yangjusarang.com

양주시립장욱진미술관 한국 근현대 미술을 대표하는 장욱진의 업적과 정신을 기리기 위해 조성한 미술관이다. 후대 작가의 기획 전시도 선보이며 다양한 전시와 교육 프로그램, 미술창작스튜디오 등을 운영하고 있다.
- 경기도 양주시 장흥면 권율로 193
- 031-8082-4245
- 어른(5천원), 중고생, 어린이(1천원)
- 10:00~18:00 - 월요일 휴관
- 장흥관광지 옆
- http://www.yangju.go.kr/changucchin/index.do

오봉산 도봉의 북쪽 지맥에 솟아 있는 봉우리로, 북한산국립공원에 포함된 산이다. 오랜 세월 동안 비바람에 깎인 암석의 모양이 용의 승천을 보는 듯하며, 닭 벼슬의 모양을 닮은 봉우리는 하늘을 향해 우뚝 솟아 있다. 자연의 비경을 찾는 사람들의 발걸음이 1년 내내 끊이지 않는다.
- 경기도 양주시 장흥면 교현리
- 북한산국립공원 인근

장흥관광지 서울과 수도권에서 가까워 연인들의 데이트 장소와 가족 여행지로 주목받는 관광지. 기산유원지에서 일영유원지까지 연결되어 있으며 숲과 계곡, 문화유적, 양주리조트와 자동차극장 등 다양한 볼거리로 가득하다.
- 경기도 양주시 장흥면 권율로 193
- 장흥관광지 관리사무소 031-828-9727
- 09:00~18:00
- 가나아트파크 옆

장흥아트파크 파리의 국제예술공동체 '시테 데 자르'와 중국 베이징 예술특구 '타산즈798'을 벤치마킹한 복합문화센터로, 30개의 갤러리가 아틀리에를 중심으로 기획전시

장흥관광지_사진제공(양주시청 뉴미디어팀)

장흥자생수목원 사진제공(양주시청 뉴미디어팀)

장 및 갤러리, 공동전시장, 조각공원, 어린이체험장, 공연 및 이벤트장으로 구성되어 있다. 장흥의 수려한 자연경관을 즐기며 다양한 문화체험 프로그램을 경험할 수 있는 국내 최초의 복합문화공간이다.

- 경기도 양주시 장흥면 권율로 117
- 031-877-0500
- 평일 10:30~18:00 | 주말 10:30~19:00 – 월요일 휴관
- 장흥면사무소에서 기산저수지 방향으로 가다 왼편
- http://www.artpark.co.kr

장흥자생수목원 장흥관광지 내에 조성되어 있는 수목원으로, 기존 산림의 모습을 최대한 살린 자연생태학습장이다. 2천여 종의 야생화를 볼 수 있으며 계절테마원, 계류원, 창포원 등 테마에 따라 다양한 공간으로 꾸며놓았다.

- 경기도 양주시 장흥면 권율로309번길 167-35
- 031-826-0933
- 어른, 중고생(6천원), 어린이(5천원)
- 4월~9월 09:00~19:00 | 10월~3월 09:00~17:30
- 장흥관광지 내
- http://www.sumokwon.net

조명박물관 조명 전문 제작업체인 필룩스에서 운영하는 조명 박물관. 세계 최초의 조명 전문 박물관으로, 조명과 관련된 모든 것을 알아볼 수 있는 공간이다. 조명역사관을 비롯해 빛과 예술, 기술이 어우러진 라이트아트 전시장, 조명놀이터 등의 공간을 갖추고 있다. 스탠드, 도자기초롱 만들기 등 조명 만들기 체험 프로그램도 인기다.

- 경기도 양주시 광적면 광적로 235-48
- 070-7780-8911
- 어른(5천원), 중고생, 어린이(4천원)
- 예약제로 운영
- 광적119안전센터에서 광석사거리 지나 직진. 섬말교차로에서 좌회전하면 좌측
- http://www.lighting-museum.com

청암민속박물관 민속 유물을 전시한 박물관으로, 세개의 실내전시관으로 이루어져 있다. 전통 농기구와 생활용품을 비롯해 민속품, 공예품 등이 전시되어 있으며 야외 정원과 산책로가 운치를 더한다.

- 경기도 양주시 장흥면 일영리 36-3
- 031-855-5100
- 어른, 중고생(5천원), 어린이(3천원)
- 10:00~18:00
- 구 장흥역에서 가나아트파크 방향으로 직진
- http://www.cheong-am.kr

회암사지박물관 회암사지 발굴조사에서 출토된 유물들의 보관하고 연구, 전시하기 위해 건립한 박물관. 회암사는 조선 최대 규모의 왕실 사찰로, 지금은 터만 남아 있다. 출토 유물과 기록, 모형, 영상 등을 통해 회암사의 역사와 위상을 짐작해볼 수 있다.

- 경기도 양주시 회암사길 11 (율정동)
- 031-8082-4187
- 어른(2천원), 중고생(1천5백원), 초등생(1천원)
- 3월~10월 09:00~18:00 | 11월~2월 09:00~17:00 – 월요일, 명절 당일 휴관
- 회천4동주민센터에서 회암사지 방향으로 직진
- http://www.yangju.go.kr/museum/index.do

회암사지박물관_사진제공(양주시청 뉴미디어팀)

짙푸른 녹음과 수려한 산악경관

양평

양평은 산악지대와 강이 어우러지는 지역이다. 이 때문에 곳곳에 숙박시설과 레저시설이 많아 청소년 야영이나 대학생 MT 장소로 인기가 많다. 남한강과 북한강이 만나는 지점인 두물머리는 풍광이 아름다워 주말이면 가족, 연인의 나들이 장소로 사랑받고 있다. 강바람을 가르며 드라이브를 즐기기 위한 사람들로 인산인해를 이룬다. 길이 평탄하게 잘 닦여 있어 자전거와 모터사이클을 즐기는 이들이 즐겨 찾기도 한다. 경기도 내에서 가장 높은 산인 용문산은 산세가 가파른 바위산으로, 계곡의 경관이 빼어나 피서지로 유명하다. 짙은 관목 숲이 우거져 있으며 바위 사이로 흘러내리는 물이 매우 시원하다. 더불어 자연을 활용한 수목원이나 공원 등이 잘 조성되어 있어 산림욕을 즐기기에도 안성맞춤이다

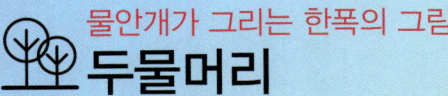

물안개가 그리는 한 폭의 그림
두물머리

북한강과 남한강이 만나 하나가 되는 곳으로, 남한강과 북한강의 두 물줄기가 합쳐지는 곳이라는 뜻에서 두물머리라 불린다. 4백 년의 수령을 자랑하는 느티나무와 황포돛배가 운치를 더하며 일교차가 심한 봄과 가을 새벽에 피어오르는 물안개가 아름답기로 유명하다. 물안개 못지않게 일출도 아름다워 황금빛 일출을 보기 위해 찾아오는 이들이 많다. 아름다운 경관으로 영화, 드라마 촬영 장소로도 사랑받고 있으며 특히 액자 포토존에서 멋스러운 사진을 남기는 것도 잊지 말자. 여름이 되면 인근 세미원에 수련이 만발하니 두물머리에서 세미원까지 이어지는 수변 산책로를 걸어보는 것도 좋다.

📍 경기도 양평군 양서면 양수리
☎ 양평군청 문화관광과 031-773-5101
🔍 운길산역에서 양수대교 건너 우회전

사진제공(김지호)-한국관광공사

더그림_사진제공(김지호)-한국관광공사

구둔역
예스러움을 고스란히 간직하고 있는 자그마한 역으로, 일제강점기에 개통되었다가 새로운 철도길이 열리면서 현재는 폐역이 되었다. 옛 정취와 모습이 그대로 남아있어 낭만적인 데이트 코스로 사랑받고 있으며 영화〈건축학개론〉의 촬영지로 입소문이 났다. 눈꽃빙수, 추억의 도시락 등을 판매하는 카페테리아가 있어 함께 둘러보면 좋다.
- 경기도 양평군 지평면 일신리 1336-2
- 농업회사법인 꿈동산 031-771-2101
- 일신보건진료소에서 우측 길로 진입

더그림
2005년부터 드라마, 영화, CF촬영지로 이름난 곳으로, 약 40편의 드라마를 이곳에서 촬영했다. 웨딩 촬영, 프러포즈 장소로도 인기가 많을 만큼 멋진 분위기를 자랑한다. 입장권을 구매하면 음료로 교환해준다고 하니 방문 시 참고할 것.
- 경기도 양평군 옥천면 사나사길 175
- 070-4257-2210
- 어른, 중고생(7천원), 어린이(5천원)
- 10:00~일몰 시 | 주말 09:30~일몰 시 - 수요일 휴무
- 용천2리마을회관 인근
- http://www.thegreem.com

들꽃수목원
강변의 정취와 꽃의 아름다움을 동시에 즐길 수 있는 곳이다. 수목원 내 자연생태박물관에는 1급수에서만 산다는 금강모치 등의 어류와 다양한 곤충 표본 등이 전시되어 있다. 허브정원을 비롯해 야생화전시원, 열대온실 등을 갖추고 있다. 남한강변을 따라 이어지는 산책로를 걸어보면 좋다.
- 경기도 양평군 양평읍 수목원길 16
- 031-772-1800
- 어른(8천원), 중고생(6천원), 어린이(5천원)
- 4월~11월 09:30~18:00 | 11월~3월 09:30~17:00
- 오빈역 1번 출구에서 직진
- http://www.nemunimo.co.kr

물소리길
보여행객을 위해 조성한 총 다섯 구간의 트래킹 코스다. 들꽃수목원, 고들빼기마을, 양평오일장, 천년 역사의 은행나무와 용문사 등의 명소를 지난다. 길이 잘 조성되어 있어 남녀노소 누구나 걸을 수 있으며 자연 친화적인 아름다움을 느낄 수 있다.
- 경기도 양평군 양평읍 역전길 30
- 물소리길 협동조합 031-770-1003
- 양수역~양평역
- http://mulsorigil.modoo.at

세미원
'물을 보면서 마음을 아름답게 하라'라는 뜻의 세미원은 상류에서 내려오는 부유물로 쓰레기장이나 다름없던 곳을 지역주민과 환경단체의 노력으로 아름다운 연꽃정원으로 조성한 곳이다. 한국미를 담아낸 전통정원으로, 우리나라 옛 정원의 모습도 볼 수 있다. 연꽃이 만개하는 6월에서 8월에는 세미원 연꽃 문화제가 열린다.
- 경기도 양평군 양서면 양수로 93
- 031-775-1835
- 어른(5천원), 중고생, 어린이(3천원)
- 4~11월 09:30~18:00 | 11~3월 09:30~17:00
- 양서문화체육공원 옆
- http://www.semiwon.or.kr

소나기마을 소설 〈소나기〉의 배경을 재현한 곳으로, 소설의 의미를 되새길 수 있도록 꾸민 테마파크다. 지상 3층 규모의 문학관이 있으며 문학관에는 황순원 작가의 작품을 전시하고 있어 친필원고와 만년필을 볼 수 있다. 소설 속 주인공처럼 원두막으로 비를 피하거나 징검다리를 건너는 등의 체험을 해볼 수도 있다.

- 경기도 양평군 서종면 소나기마을길 24
- 031-773-2299
- 어른(2천원), 중고생(1천5백원), 어린이(1천원)
- 3월~10월 09:30~18:00 | 11월~2월 09:30~17:00 – 월요일 휴관
- 서종면사무소에서 수능1리마을회관 방향으로 직진
- http://www.yp21.go.kr/museumhub

쉬자파크 용문산 산자락에 자리한 공원으로, 관찰데크 로드를 따라 걸으며 산림욕을 즐기기 좋다. 야생화정원, 동물농장, 다목적문화공간 초가원 등의 시설이 조성되어 있으며 야외암벽, 숲속 아트마켓을 표방한 트리마켓 등의 프로그램이 있다. 흙놀이, 통나무 오르기 등을 체험할 수 있는 유아숲 체험원 프로그램은 예약제로 운영한다.

- 경기도 양평군 양평읍 쉬자파크길 193
- 031-770-1009
- 어른(2천원), 중고생, 초등생(1천원)
- 3월~10월 09:00~18:00 | 11월~2월 09:00~17:00
- 양평시외버스터미널에서 쉬자파크길 따라 직진
- http://swijapark.com

용문사 신라 신덕왕 때, 대경대사가 창건하였다는 전설이 담겼으며, 경순왕이 행차하여 창사하였다고 전해지는 사찰. 지방유형문화재 제172호인 금동관음보살좌상과 천연기념물 1000년인 은행나무가 있으며, 템플스테이 체험이 가능하다.

- 경기 양평군 용문면 용문산로 782
- 용문사관광지안내사무실 031-773-0088
- 어른(2천5백원), 중고생(1천7백원), 어린이(1천원)
- 10:00~16:00
- http://www.yongmunsa.biz

용문산관광지 용문산 최고의 자연환경을 벗삼아 휴식을 취할 수 있는 관광지. 곳곳에 착시효과 벽화마을이 있어 사진을 촬영하며 둘러보는 재미도 쏠쏠하다. 옛날교복을 입어보는 체험을 할 수 있는 청춘뮤지엄도 인기가 좋다. 봄철이면 향긋한 제철 나물 향으로 가득한 산나물 축제도 개최된다. 아이들이 물놀이를 즐기기 좋은 얕은 계곡도 있어서 여름철 피서를 즐기기 위한 가족 단위 방문객이 많이 찾는다.

- 경기도 양평군 용문면 신점리 515-2
- 용문산 관광안내소 031-773-0088
- 어른(2천5백원), 중고생(1천7백원), 어린이(1천원)
- 용문사나들목에서 용문사 이정표 따라 좌회전. 중원산 입구에서 신점리 방향으로 직진

세미원_사진제공(김지호)-한국관광공사

모두의 피크닉
여주

가을이면 온통 샛노란색으로 물드는 은행나무길로 유명한 강천섬은 여주의 대표적인 나들이 장소다. 남한강 주변의 수려한 풍경을 보기 위한 사람들의 발길이 끊이지 않는다. 신륵사도 빼놓을 수 없다. 울창한 숲이 우거져 있으며 마당 앞으로는 남한강이 유유히 흐르고 있어 장관이다. 특히 가을 은행나무 단풍이 아름답기로 유명하다. 세종대왕의 능인 영릉을 비롯해 명성황후생가 등의 문화유적도 놓치지 말자.

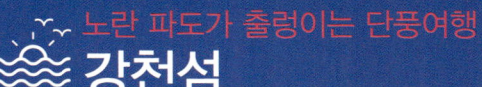

노란 파도가 출렁이는 단풍여행

강천섬

한강8경 중 하나로 꼽힐 만큼 경치가 아름다운 곳. 강천섬을 연결해주는 강천교는 오직 자전거와 도보만으로 통행이 가능하며 드넓게 펼쳐진 잔디밭과 끝없이 이어지는 은행나무 길이 평화로운 정취를 더한다. 환경부 지정의 멸종위기 야생식물 2급인 단양쑥부쟁이 서식지로도 유명하며 생태관찰과 체험공간의 명소로 꼽힌다. 강천섬 남한강 자전거길은 굴암교와 강천교 사이 종주노선을 따라 이어진다. 강천섬 전반에 걸쳐 산책로가 잘 조성되어 있어 트래킹을 즐기기도 좋다. 언제 방문하더라도 아름답지만, 은행나무가 노랗게 물드는 가을녘에 찾아가는 편을 추천한다.

- 경기도 여주시 강천면 강천리 608
- 031-882-7588
- 남한강교 인근

사진제공(검지호)-한국관광공사

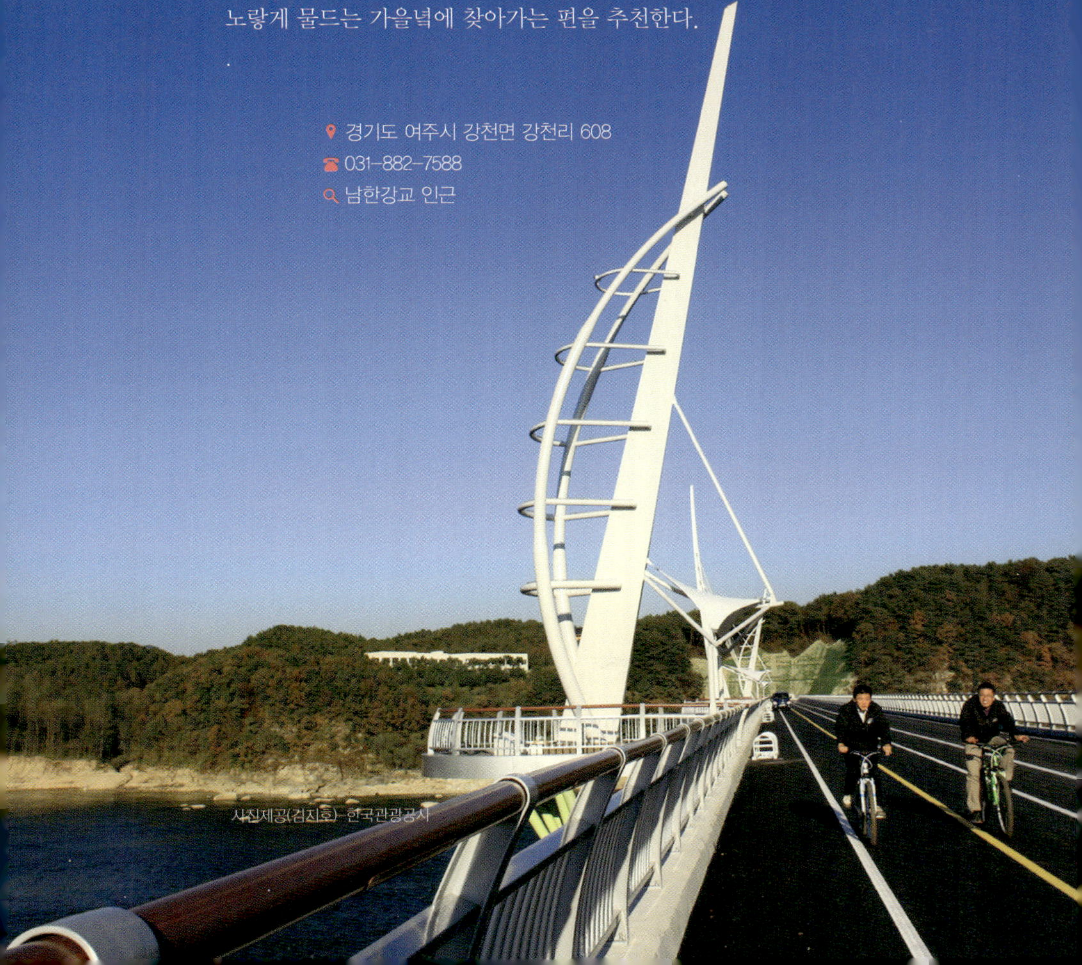

명성황후생가_사진제공(여주시청 문화관광과)

명성황후생가 조선 제26대 고종황제의 비인 명성황후가 출생하여 8세까지 살던 집이다. 왜곡된 역사를 바로세워 올바른 역사관을 정립하기 위해 건립된 명성황후기념관을 비롯해 철거 위기에 처했던 감고당을 복원했다. 전통적인 조선 후기 사대부 가옥을 잘 보여주고 있다. 다도교실, 전래놀이교실, 역사교실, 전통예절교실 등의 체험프로그램도 다채롭게 운영하고 있다.

- 경기도 여주시 명성로 71 (능현동)
- 031-880-4021
- 3월~10월 09:00~18:00 | 11월~2월 09:00~17:00 - 월요일, 명절 당일 휴관
- 여주IC삼거리에서 우회전 후 접봉천 따라 직진
- http://www.yjcf.or.kr/main/empressmyungseong

목아박물관 무형문화재 제108호, 목조각장인 목아 박찬수 선생이 수집한 6,000여 점의 불교 관계 유물과 불교용품을 전시한 박물관. 지하 1층과 지상 3층의 전시관에는 불화, 불상 등의 유물과 함께 불교관계 목공예 작품들이 전시되어 있고, 야외 조각공원에는 미륵삼존대불을 비롯한 다양한 불상과 석탑이 조화롭게 자리를 잡고 있다. 소장품 중에는 보물 3점이 있으며, 불교 사찰에서 전해오는 갖가지 유물이 소장되어 있어, 불교의 문화와 미술을 널리 알리고 있다.

- 경기도 여주시 강천면 이문안길 21
- 031-885-9952
- 어른(5천원), 청소년(4천원), 어린이(3천원)
- 하절기 09:00~18:00 동절기 09:00~17:00
- 이호삼거리에서 우회전, 약 200m 직진
- http://www.moka.or.kr

세종천문대 여주수련원. 세종천문대 여주수련원이라고도 한다. 세종천문대 외에 도자기 실습장, 양초 공예장, 영농체험장, 대운동장, 극기체험장, 수영장, 서바이벌 게임장 등의 시설을 보유하고 있다. 사설 천문대로는 최대 규모의 시설과 다양한 프로그램을 보유하고 있다. 천체관측 및 별자리 공부를 할 수 있으며, 섬강을 접하고 있기 때문에 래프팅을 즐길 수도 있다. 주로 청소년을 대상을 하고 있으나, 기업 및 일반단체, 가족을 위한 프로그램도 있다.

- 경기도 여주시 강천면 부평리 472-2
- 031-886-2200
- 당일체험(1만원)
- 하절기 19:30~20:30 | 동절기 19:00~20:00 - 토요일 운영
- http://www.xn--vk1bw9mu5o.kr

신륵사 남한강변에 자리한 사찰로, 신라 진평왕 때 원효대사가 창건하였다고는 하나 정확한 바는 알 수 없다. 특히 신륵사의 절경은 가을에 빛을 발한다. 노란 은행나무 단풍이 아름다워 사진을 찍기 위해 찾는 이들도 많다.

- 경기도 여주시 신륵사길 73 (천송동)
- 031-885-2505

신륵사_사진제공(여주시청 문화관광과)

- 어른(3천원), 중고생(2천2백원), 어린이(1천5백원)
- 여주도자세상 내
- http://www.silleuksa.org

여주박물관 여주의 역사와 유물과 관련된 자료를 살펴볼 수 있는 박물관으로, 1997년에 여주군향토사료관으로 문을 열었으며 2010년에 여주박물관으로 명칭을 바꾸었다. 여주역사실, 남한강수석전시실, 조선왕릉실 등에서 상설 전시가 열리며 주기적으로 기획 전시가 다채롭게 펼쳐진다. 야외전시장에 전시되어 있는 문학비, 시비 등도 빼놓을 수 없는 볼거리.

- 경기도 여주시 신륵사길 6-8 (천송동)
- 031-887-3583
- 3월~10월 09:00~18:00 | 11월~2월 09:00~17:00 - 월요일 휴관
- 여주도자세상 옆
- http://www.yeoju.go.kr/main/museum

영릉 세종대왕과 소헌왕후 심씨의 합장릉으로, 조선 최초로 하나의 봉분에 왕과 왕비를 합장한 능이기도 하다. 정문에 들어서면 세종대왕의 업적을 기리기 위하여 건립한 유물전시관 세종전이 있으며 야외유물전시장에서는 세종 대에 만든 과학 기구를 한눈에 볼 수 있다.

- 경기도 여주시 능서면 왕대리 산83-1
- 세종대왕유적 관리소 031-885-3123
- 25세~64세(5백원)
- 2월~5월, 9월~10월 09:00~18:00 | 6월~8월 09:00~18:30
- 11월~1월 09:00~17:30 - 월요일 휴관
- 여주시청에서 여주보 방향으로 직진
- http://sejong.cha.go.kr

파사성 파사산을 둘러싸고 있는 석축산성으로, 삼국 시대에 축조되었다. 입구에서 약 800m 정도 걸어 올라가야 정상에 다다르며 길이 완만하게 이어져 있어 천천히 산책하며 둘러보기 좋다. 정상에서 바라보는 이포보와 남한강 정경이 아름답기로 유명하다.

- 경기도 여주시 대신면 천서리 산9
- 여주시청 문화관광과 문화재팀 031-887-3566
- 천서리막국수촌에서 송촌초등학교 방향으로 직진

폰박물관 오갑산 중턱에 자리한 폰박물관은 1877년 모스코드를 송수신하는 무선전신기부터 130년전 벽걸이 교환기를 비롯한 무선전화기, 시티폰, 공중전화, 아날로그와 디지털 휴대폰까지 전화기의 역사와 1천 6000여점의 다양한 전화기를 한 눈에 볼 수 있는 이색박물관이다.

- 경기도 여주시 강변유원지길 105
- 031-887-3548
- 어른(3천원), 중고생(2천5백원), 어린이(2천원)
- 3월~10월 09:00~18:00 | 11~2월 09:00~17:00 - 월요일, 신정, 명절 당일 휴관
- http://www.phonemuseum.go.kr

영릉_사진제공(여주시청 문화관광과)

힐링과 평화의 도시
연천

연천의 대표적인 지질 명소 중 하나가 재인폭포다. 자연 속에서 힐링을 느낄 수 있는 곳으로 경원선 철길 폐터널에 형성된 역고드름도 절경이다. 가족들과 추억을 쌓기에 좋은 여행지로는 고대산 자락에 자리 잡은 고대산캠핑리조트가 있고, 구석기 시대 문화를 엿볼 수 있는 전곡선사박물관도 아이들과 함께 교육 체험 해보는 것도 추천하는 곳이다.

고대산캠핑리조트_사진제공(한반도관광센터 비켄)-한국관광공사

고대산캠핑리조트
고대산 자락에 넓게 자리를 잡은 오토캠핑장. 쾌적하고 깔끔한 시설에서 편안한 하루를 보낼 수 있어, 입소문이 났다. 여름에도 시원한 산바람이 불어 쾌적하고, 시설도 깔끔하여 캠핑을 사랑하는 이들 사이에서 입소문이 난 곳이다. 카라반과 글램핑, 텐트사이트를 선택할 수 있으며, 샤워장과 취사장, 그리고 스포츠 레저시설을 최신식으로 갖추고 있다. 온라인 예약제로 운영된다.

- 경기도 연천군 신서면 고대산길 84-12
- 031-932-8188
- 글램핑(8만원~12만원), 카라반(8만원~16만원)
- 신탄리역 인근
- http://www.campmecca.com/yccamp

연천코스모스둘레길
연천 차탄교 인근의 둘레길로, 가을이 되면 코스모스가 길가에 만발해 특히 아름답다. 옹기종기 모여 있는 알록달록한 코스모스를 보며 한껏 여유 부리기에 좋다. 인근에 파고라, 운동기구 등이 마련되어 있는 옥산근린공원이 있어, 가족 단위 관광객의 나들이 코스로도 좋다.

- 경기도 연천군 연천읍 차탄리
- 연천군 문화관광과 031-839-2061
- 무료
- 연천구청 인근

전곡선사박물관
동아시아 최초의 아슐리안형 주먹도끼 발견으로 유명한 전곡리 구석기유적에 건립된 박물관이다. 화석인류를 복원해 전시한 코너, 동물 박제로 그 시대를 재현한 코너 등 다양한 주제의 유물들이 전시되어 있다. 3D영상관람과 가이드투어는 온라인으로 예약을 받는다.

- 경기도 연천군 전곡읍 평화로443번길 2
- 031-830-5600
- 어른(4천원), 중고생, 초등생(2천원), 유아(무료)
- 1월~6월, 9월~12월 10:00~18:00 | 7월~8월 10:00~19:00
  - 월요일, 신정, 명절 당일 휴관
- 한탄강역 인근
- http://jgpm.ggcf.kr

전곡선사박물관_사진제공(김지호)-한국관광공사

한탄강오토캠핑장
현무암질의 용암이 형성한 바위 절경과 모래사장을 눈앞에 두고 하룻밤을 보낼 수 있는 캠핑장. 캠핑장 인근에 물놀이장과 산책로, 오리배 선착장 등 가지각색의 여가시설이 즐비해 특별한 추억을 쌓기에 좋은 곳이다.

- 경기 연천군 전곡읍 선사로 76
- 031-833-0030
- 홈페이지참조
- 예약제로 운영
- 한탄강역에서 좌회전
- https://www.yccs.or.kr

온 가족이 즐기는 테마관광지
용인

용인에는 에버랜드, 한국민속촌 등의 유명한 테마관광지로 가득하다. 대표적인 테마파크인 에버랜드에는 스릴 넘치는 놀이기구를 비롯해 사파리월드, 카리브해를 재현한 워터파크 캐리비안베이가 있어 일 년 내내 많은 이들의 발걸음이 이어지고 있다. 특히 용인시에서 경전철인 에버라인을 운행해 기흥에서 에버랜드까지 30분이면 갈 수 있다. 전통생활상을 재현한 한국민속촌에서 다양한 민속체험을 즐겨보는 것도 좋겠다. 낭만적인 데이트 코스를 찾는다면 보정동카페거리를 추천한다. 카페, 레스토랑이 모여 있어 커피를 즐기며 여유로운 시간을 보낼 수 있다.

환상과 모험이 가득한 축제의 나라
에버랜드

일 년 내내 즐거운 축제가 열리는 테마파크로, 아이가 있는 가족이 함께 이용할 수 있는 시설물과 볼거리가 많은 것이 특징이다. 신나는 놀이기구가 모여 있는 아메리칸 어드벤처를 비롯해 아이와 어른이 함께 이용할 수 있는 이솝우화를 주제로 한 이솝빌리지, 놀이공원의 상징인 회전목마와 대관람차를 탈 수 있는 매직랜드, 일 년 내내 꽃이 피고 지는 아름다운 정원인 유러피안 어드벤처, 각종 동물을 만나볼 수 있는 사파리월드·주토피아 등 다섯 개의 테마 공간으로 나뉘어 있다. 워낙 다양한 즐길 거리가 많아 하루종일 둘러보기에도 시간이 모자를 정도다. 면적이 넓고 사람이 많기 때문에 홈페이지를 참고하여 미리 계획을 세우는 것을 추천한다.

📍 경기도 용인시 처인구 포곡읍 전대리 506-19
☎ 031-320-5000
🎫 어른(주간 5만6천원, 야간 4만6천원), 중고생(주간 4만7천원, 야간 4만원), 어린이(주간 4만4천원, 야간 3만7천원)
🔍 에버랜드역 2번 출구에서 직진
🌐 http://www.everland.com

사진제공_삼성에버랜드 홍보팀

커피 향 가득한 낭만적인 골목 데이트 **보정동카페거리**

보정동에 자리를 잡고 있는 카페 거리로, 주택가 골목을 따라 카페, 레스토랑, 전통찻집 1백여 개가 모여 있다. 특색 있는 인테리어를 자랑하는 카페와 소품숍이 즐비해 있어 구경하는 재미도 쏠쏠하다. 주말에 브런치를 즐기며 여유를 만끽해보는 것도 좋겠다. 거리를 따라 의류, 음식, 잡화 등을 판매하는 플리마켓도 소소한 재미를 선사한다. 해가 지면 분위기 있는 가로등이 켜져 낭만적인 분위기를 더한다.

경기도 용인시 기흥구 보정동 1344　보정역 1번 출구에서 직진　http://bojungdong.co.kr

역사 속으로의 여행 **한국민속촌**

우리나라 고유의 생활풍속을 보존하고 있는 전통문화테마파크로, 조선 시대 생활상을 그대로 재현해놓았다. 30만여 평의 넓은 부지에 남부, 중부, 북부, 도서지방 등 지방별로 서민, 양반 가옥을 복원해 조선 시대 옛 생활상을 체험할 수 있다. 옛 지방 행정기관인 관아를 비롯해 서원과 서당 등도 있어 각종 드라마와 영화 촬영지로도 오랫동안 사랑받고 있다. 놀이마을에서는 바이킹, 회전목마, 범퍼카 등의 놀이기구를 체험할 수 있으며 전설의고향, 귀신전 등 우리나라만의 공포를 주제로 한 놀이기구도 인기가 많다.

사진제공(한국민속촌)

경기도 용인시 기흥구 민속촌로 90 한국민속촌　031-288-0000　어른(2만5천원~3만원), 중고생(2만2천원~2만7천원), 어린이(2만원~2만4천원)　2~4월 10:00~18:30 | 5~9월 09:30~18:30 | 11월~1월 09:30~17:30　나곡초등학교 인근
http://www.koreanfolk.co.kr

고기리계곡 여름철 피서지로 가족 물놀이를 즐길 수 있는 곳으로 시민들이 많이 찾는 휴식공간이다. 계곡 따라 올라가다 보면 나오는 백숙집과 고기리막국수에서 경치를 즐기며 끼니를 해결하기 좋다.

경기도 용인시 수지구 고기동 821
풍덕천 사거리에서 승용차로 20분

백남준아트센터 세계적으로 유명한 미디어아티스트 작가이며, 미디어아트 장르를 개척한 백남준 작가의 작품을 전시한 미술관. 백남준의 작품을 다양한 방식으로 활용하고 오마쥬한 기획들을 전시하고 있다. 미술관 내에 백남준라이브러리를 운영하며, 체험, 교육프로그램도 진행한다.

경기도 용인시 기흥구 백남준로 10
031-201-8500

- 어른(4천원), 중고생, 초등생(2천원), 유아(무료)
- 1월~6월, 9월~12월 10:00~18:00 | 7월~8월 10:00~19:00
  - 월요일, 신정, 명절 당일 휴관
- 신갈고등학교 맞은편
- http://www.njpartcenter.kr/

양지파인리조트스키장
서울에서 가까워 스키 시즌에 많은 이들이 찾는다. 완만한 경사에서 급경사에 이르기까지 10개 슬로프와 선키드를 갖추고 있다. 스키 마니아를 위한 모굴스키, 눈썰매장 등의 시설도 있다.

- 경기도 용인시 처인구 양지면 남평로 112
- 031-338-2001
- 홈페이지 참조
- 홈페이지 참조
- 영동고속도로 양지나들목으로 나와 이정표 따라 직진
- http://www.pineresort.com

와우정사
연화산의 48개 봉우리가 마치 병풍처럼 둘러쳐진 사찰로, 주변의 경관 또한 아름답기로 유명하다. 실향민인 김해근(해곡 삼장법사)이 부처의 공덕으로 민족 화합을 이루기 위해 세운 호국 사찰이다. 특히 거대한 크기의 불두와 와불이 감탄을 자아내게 한다.

- 경기도 용인시 처인구 해곡동 224-4
- 031-339-0101
- 용인공용버스터미널에서 용담저수지 방향으로 직진
- http://www.wawoo-temple.org

용인자연휴양림
모현읍 정관산 자락에 자리 잡고 있어 수려한 자연경관에 숙박시설과 야영장, 패러글라이딩, 숲속 체험관, 어린이놀이숲 등이 갖추어진 체류형 휴양림. 숲길 따라 사색과 여유를 즐길 수 있는 산책로를 즐기기 좋다.

- 경기도 용인시 처인구 모현읍 초부로 220
- 031-336-0040
- 어른(2천원), 중고생(1천원), 어린이(6백원)
- 09:00~17:00 – 둘째 주 수요일 휴무
- https://yonginforest.foresttrip.go.kr

캐리비안베이
국내 최대 규모의 워터테마파크로, 커다란 어트랙션을 두루 갖춘 세계적인 수준의 워터파크다. 중

캐리비안베이 사진제공_삼성에버랜드 홍보팀

세 에스파냐 항구의 형태를 따라 설계했으며, 곳곳에 각종 아열대 식물과 난파선 등을 배치해, 해적선이 등장할 것 같은 이국적인 분위기를 느낄 수 있다.

- 경기도 용인시 처인구 포곡읍 에버랜드로 199
- 031-320-5000
- 홈페이지 참조
- 홈페이지 참조
- 에버랜드 내
- http://www.everland.com/caribbean

한국등잔박물관
점차 사라져가는 등잔의 역사를 보전하고 재현하기 위해 마련된 민간설립 박물관으로, 수원성 형태를 따라 건립되었다. 1층에는 과거에 사용하던 등잔을 전시하고 있으며, 2층의 제 5전시실에는 시대와 역사, 자료, 그리고 형태로 구분한 등잔을 전시하고 있다.

- 경기도 용인시 처인구 모현읍 능곡로56번길 8
- 031-334-0797
- 어른(4천원), 노인, 어린이~대학생(2천5백원)
- 10:00~17:00 – 월, 화요일 휴관
- 능평교차로에서 문형교차로 방향으로 가다 우회전, 직진하다 오른편
- http://www.deungjan.or.kr

한택식물원
이택주 원장이 개원한 식물원으로, 30만여 평 규모를 자랑한다. 희귀·멸종위기 식물을 비롯해 자생식물, 외래종 등 8천여 종의 식재를 관리하고 있는 국내 최대 규모의 식물원이다. 전체를 다 둘러보려면 약 1시간 30분 정도 소요된다.

- 경기도 용인시 처인구 백암면 한택로 2
- 031-333-3558
- 어른(12~3월 6천원 4월~11월 9천원), 중고생, 어린이(12월~3월 5천원 4월~11월 6천원)
- 09:00~일몰 시
- 죽산시외버스터미널에서 죽산우체국 지나 직진. 상산 방향으로 우회전 후 직진
- http://www.hantaek.co.kr

호암미술관
우리나라 최초의 사립미술관으로, 삼성그룹 창업주인 고 호암 이병철 선생이 30여 년에 걸쳐 수집한 한국미술품 1천 2백여 점을 바탕으로 개관하였다. 용인 가실리의 수려한 자연경관 깊숙한 곳에 전통한옥 형태의 본관 건물과 2만여 평에 이르는 한국 전통정원희원, 프랑스 근대 조각의 거장 부르델의 대형 조각 작품들이 전시된 부르델 정원 및 수변 광장, 석인의 길로 이루어져 있다.

- 경기도 용인시 처인구 포곡읍 에버랜드로562번길 38
- 031-320-1801
- 성인(4천원), 청소년, 어린이(3천원)
- 10:00~18:00 – 월요일 휴관
- 용인 에버랜드 부근
- http://www.hoammuseum.org

쌀과 도자기의 고장
이천

이천은 명실상부한 쌀과 도자기의 도시다. 매년 가을이면 설봉공원 일대에서 이천 쌀문화 축제가 열려 즐거움을 더한다. 다양한 도예가 작품을 볼 수 있는 이천도예마을과 도자예술테마공원인 이천세라피아는 도자기의 도시 이천에서만 만날 수 있는 이색 여행지다. 독일식 온천으로 꾸민 이천테르메덴과 스키어의 성지로 통하는 지산포레스트리조트도 놓치지 말자.

도예가의 마을
이천도예마을

이천을 대표하는 도예업체가 밀집한 도예마을이다. 이 지역은 옹기를 굽던 칠기가마가 밀집해 있던 곳으로, 지금은 여러 도예가의 작품을 만나볼 수 있는 공간으로 자리매김했다. 700명이 넘는 도예가가 3백여개의 요장을 이끌어 나가고 있다. 도예촌 안으로 들어가면 양쪽으로 저마다 특색있는 상점들이 자리하고 있다. 상점마다 취급하는 도자기의 종류와 가격이 천차만별이어서 도자기를 구경하는 재미가 쏠쏠하다. 또한 입구에 있는 한국도자관에서 물레를 이용하여 도자기를 빚어보는 체험을 할 수도 있는데, 완성된 도자기는 가마에 구워 택배로 받을 수 있다.

📍 경기도 이천시 신둔면 수광리 317-3
☎ 이천민속도자기조합 031-633-6381
🔍 이천시청에서 신둔도예촌역 방향으로 직진

사진제공(이천시청 문화관광과)

세라믹유토피아 이천세라피아

사진제공 (이천시청 문화관광과)

세라피아는 세라믹(ceramic)과 유토피아(utopia)의 합성어로, 도자로 만들어진 유토피아라는 콘셉트의 도자예술테마공원이다. 2년에 한 번 세계도자비엔날레를 개최하는 곳이기도 하며 예술가들이 창작활동을 하는 공작소도 있어 작품 시연을 볼 수도 있다. 세라피아의 핵심 콘텐츠인 세라믹스 창조센터는 다양한 전문도자 전시뿐 아니라 예술가 창작활동에 전념할 수 있는 창작레지던시와 공작소, 체험시설까지 겸비한 복합문화공간이다.

- 경기도 이천시 경충대로2697번길 167-29 ☎ 031-631-6501 ⊤ 어른(3천원), 중고생, 초등생(2천원) *비엔날레 기간에는 비엔날레 입장요금 적용 ⊙ 09:00~18:00 · 월요일 휴관 설봉공원 내 http://www.kocef.org/02museum/04.asp

덕평공룡수목원_사진제공 (이천시청 문화관광과)

덕평공룡수목원 동맥이산 자락에 자리한 수목원. 다육식물과 선인장 약 1천여 종. 다양한 나무를 전시하고 있다. 수목원 곳곳에 움직이는 공룡 모형이 있어 어린이에게 인기가 높다.
- 경기도 이천시 마장면 작촌로 296
- ☎ 031-633-5029
- ⊤ 평일 – 어른(9천원), 중고생, 어린이(6천원) | 주말 – 어른(1만원), 중고생, 어린이(7천원)
- ⊙ 09:00~18:00 | 주말 09:00~21:00
- 오천교에서 작촌천 따라 직진
- http://dinovill.com

설봉산 고려 태조 왕건이 후삼국통일의 대업을 꿈꾸던 이천의 진산으로, 험준하지는 않으나 산세가 수려하고 아름답다. 신라의 김유신 장군이 삼국통일을 위해 작전을 세웠다는 설봉산성과 설봉공원, 시립박물관 등 유익한 볼거리가 많다.
- 경기도 이천시 관고동
- ☎ 설봉종합관광안내소 031-634-6770
- 설봉공원 입구에서 등산로 따라 등반

이천산수유마을 봄이면 노란 산수유 물결이 펼쳐지는 이곳은 백사마을이라고도 불리는 산수유마을이다. 노란색으로 물든 봄의 풍경도 아름답지만, 붉은 산수유 열매가 열리는 가을의 풍경도 장관이다. 마을을 둘러싼 둘레길이 조성되어 있어, 천천히 꽃을 구경하며 산책할 수 있다.
- 경기도 이천시 백사면 도립리 786-3
- ☎ 이천백사산수유꽃축제 추진위원회 031-631-2104
- 백사면사무소에서 두산베어스파크 방향으로 직진

이천시립월전미술관 2007년 8월 14일 개관한 이천시립 월전미술관은 근·현대 한국화단의 산 역사로 전통의 맥을 이어온 선비의 풍취를 간직한 월전 장우성 선생의 대표작품과 평생 모은 국내외 고미술품 1,532점을 중심으로 월전의 예술혼을 조명하고 있다.
- 경기도 이천시 경충대로2709번길 185 (관고동)
- ☎ 031-637-0033
- ⊤ 어른(2천원), 청소년(1천원), 어린이(6백원)
- ⊙ 월요일, 신정, 명절 휴관
- 설봉공원 내
- http://www.iwoljeon.org

설봉산_사진제공(이천시청 문화관광과)

이천테르메덴 울창한 숲 속에 있어 신비스러운 분위기를 풍기는 독일식 온천으로, 대욕장과 바데풀, 실외 온천풀로 이루어져 있다. 바데풀 안에서는 수영 등 운동을 하는 동시에 온천욕도 즐길 수 있어 어린이들에게 인기다. 한편, 실외 온천풀은 따뜻한 온천수가 흘러 사계절 이용할 수 있으며, 아토피 치료에 효과적이라는 닥터피시(친친어) 전용 탕도 운영하고 있다.

- 경기도 이천시 경충대로2697번길 167-29
- 031-645-2000
- 홈페이지 참조
- 11:00~18:00 | 주말 및 공휴일 11:00~19:00 - 화, 수요일 휴관
- 남이천IC에서 하나로마트 방향으로 직진하면 우측
- http://www.termeden.com

지산포레스트리조트 서울에서 멀지 않은 곳에 있어 주중 야간 스키어들의 발길이 끊이지 않는 곳이다. 초보자부터 전문가에 이르기까지 누구나 쉽게 즐길 수 있는 여덟 개의 슬로프가 있다. 스키장 내에는 메이플콘도가 있어 숙박도 가능하다.

- 경기도 이천시 마장면 지산로 267
- 031-644-1200
- 홈페이지 참조
- 홈페이지 참조
- 덕평IC에서 CJ제일제당이천공장 지나 우회전
- http://www.jisanresort.co.kr

이천테르메덴_사진제공(이천시청 문화관광과)

예술이 숨 쉬는 도시
파주

임진강을 끼고 있는 파주의 북쪽 지역은 자연경관이 빼어나기로 유명하다. 특히 임진강변에 톱날 모양으로 깎인 바위가 늘어서 있어 경치가 아름답다. 황포돛배를 타고 여유롭게 강변을 둘러보면 좋겠다. 예술가가 모여 만든 문화예술마을인 헤이리예술마을을 비롯해 다양한 출판기업이 입주해 있어 책에 관한 모든 것을 만날 수 있는 파주출판도시 또한 빼놓을 수 없는 관광명소다. 임진각관광지와 오두산통일전망대 등도 추천 여행지.

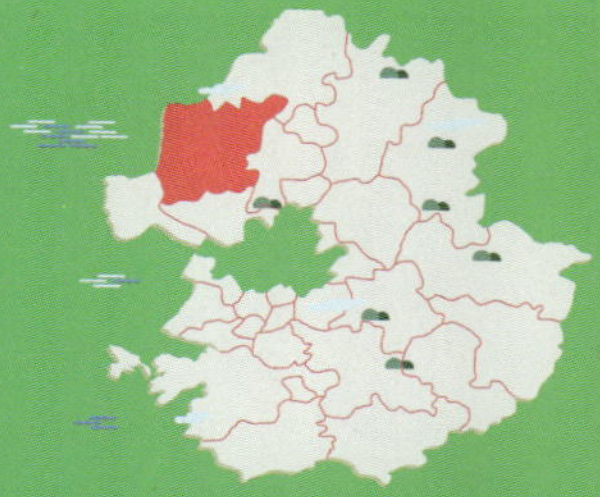

예술가의 꿈이 만든 공간
헤이리예술마을

자유로를 달려 통일전망대를 지나면 헤이리예술마을이 나온다. 미술인, 음악가, 작가, 건축가 등 380명의 예술인이 참여한 문화예술공간으로, 갤러리와 박물관, 전시장, 공연장 등 예술인의 창작공간으로 이루어져 있다. 마을 이라고 하기에는 규모가 커서 마을입구 안내소에서 코스를 알아본 후 둘러보는 것이 좋다. 페인트를 사용하지 않고, 3층 이상의 건물은 짓지 않는다는 원칙에 따라 자연친화적으로 건축물을 설계한 것이 특징. 작가의 개인 주거공간도 있으니 돌아볼 때 주의해야 한다. 어른들에게는 어린시절의 추억을 떠오르게 하는 공간이 곳곳에 있고 아이들이 좋아할만한 테마공간도 있어 가족 나들이 코스로 손색이 없다. 길을 따라 천천히 산책하듯 둘러보며 문화 사색을 즐겨보는 것도 좋다. 대체로 월요일에 휴관인 공간이 많으니 방문 시 참고하자.

📍 경기도 파주시 탄현면 헤이리마을길 93-120
📞 031-946-8551
🕙 10:00~18:00
📍 신세계프리미엄아울렛파주점 인근
🌐 http://heyri.net

사진제공(파주시청 문화관광과)

책과 함께 하는 산책 **파주출판도시**

출판사, 인쇄소, 디자인사와 저작권중개사 등 250여 개의 출판관련 기업이 입주해 있는 곳으로, 40여 곳의 문화공간에서 다양한 책 관련 프로그램을 운영한다. 책을 기획하는 단계부터 편집, 인쇄, 제책과정을 거친 후 출판물 종합유통센터를 통해 전국의 독자들에게 공급되기까지 일련의 출판 과정을 모두 체험할 수 있는 견학프로그램도 있다. 아름다운 건축물도 많아 천천히 산책하며 구경하는 재미가 쏠쏠하다. 매년 가을이면 파주출판도시 일대에서 파주북소리축제가, 매년 봄에는 국내 최대 어린이 테마 축제인 어린이책잔치가 개최된다. 넓은 공간에 천장까지 책으로 들어찬 지혜의 숲도 빼놓을 수 없는 명소다. 책으로 가득 찬 장관이 펼쳐지며 원하는 책을 자유롭게 읽을 수 있다. 출판 관련 문화행사가 다채롭게 열리기도 한다.

📍 경기도 파주시 문발동 524-3 출판도시문화재단 ☎ 031-955-0050
🔍 장월IC에서 롯데프리미엄아울렛파주점 방향으로 직진 🌐 http://www.pajubookcity.org

통일을 염원하는 공간 **임진각관광지**

사진제공(파주시청 문화관광과)

1972년 실향민을 위해 조성한 관광지로, 임진각을 비롯해 북한기념관, 평화센터 등이 조성되어 있다. 3층 전망대에 오르면 망원경으로 북한의 모습을 보다 가까이서 살펴볼 수 있다. 전망대를 구경하고 난 뒤에는 옆으로 광활하게 조성된 평화누리공원을 구경하는 것도 잊지 말자. 탁트인 언덕이 푸른 하늘과 어우러지며 거대한 조형물과 바람개비가 볼거리를 선사한다. 주변 풍광을 벗 삼아 천천히 산책을 즐겨보자. 2016년 12월, 새로 모습을 드러낸 독개다리 스카이워크인' 내일의 기적소리'도 인기 명소 중 하나다. 6·25 전쟁 당시 폭격으로 파괴되었던 독개다리를 복원한 시설로, 민통선 내 임진강의 비경을 자유로이 조망할 수 있다.

📍 경기도 파주시 문산읍 임진각로 177 ☎ 임진각관광안내소 031-953-4744 🔍 임진강역 인근

두루뫼박물관
민속생활용구를 모아서 전시해 놓은 민속생활사 박물관이다. 원삼국, 삼국시대의 토기를 비롯하여 근래에 이른 옹기류와 목물 등 1천5백점의 민속생활용구를 전시해 놓았다.
- 경기도 파주시 법원읍 초리골길 278
- 두루뫼박물관 031-958-6101
- 성인(5천원), 중고생(4천원), 어린이(3천원)
- 10:00~18:00
- 법원도서관 옆길로 직진하다 오른편
- http://www.durumea.org

반구정(황희선생유적지)
조선 시대의 정자로, 황희 정승이 관직에서 물러난 후 여생을 보냈던 곳으로 유명하다. 호젓한 분위기에 정자에 올라 바라보는 임진강 너머의 풍경이 아름답다. 앞쪽에 황희기념관을 비롯해 영정을 모신 사당이 있어 함께 둘러보면 좋다. 반구정 인근에 모여 있는 장어집에서 장어를 맛보는 것도 추천 코스.
- 경기도 파주시 문산읍 사목리 190
- 031-954-2170
- 어른(1천원), 중고생, 어린이(5백원)
- 하절기 09:00~18:00 | 동절기 09:00~17:00 - 월요일 휴관
- 임진강역에서 문산시외버스터미널 방향으로 직진하면 우측

벽초지문화수목원
각종 희귀, 멸종위기식물, 자생식물 및 외래종을 지형에 맞게 식재하여 호숙가에 화훼정원을 갖춘 잔디공간과 주목들로 둘러싸인 잔디광장이 있다. 벽초관 건물 내에는 전시관, 카페테리아, 세미나룸이 준비되어 있어 각종 실내외 행사 개최가 가능하다.
- 경기도 파주시 광탄면 부흥로 242
- 벽초지문화수목원 031-957-2004
- 성인(9천원), 청소년(7천원), 어린이, 경로(6천원)
- 09:00~19:30
- 파주 도마산 초등학교 맞은편
- http://www.bcj.co.kr

오두산통일전망대
지상 5층, 지하 1층의 석조 전망대로, 북한과 직선거리로 460m 떨어져 있어 휴전선 중 비무장지대 폭이 가장 짧은 곳이다. 원형 전망실에서는 북한 주민의 농사짓는 모습 등을 바라볼 수 있으며 북한의 의류, 교과서, 생필품 등을 전시하고 있다. 민족분단의 실상을 올바르게 이해할 수 있는 전시공간이다.
- 경기도 파주시 탄현면 필승로 369
- 031-945-3171
- 어른(3천원), 중고생, 초등생(1천6백원)
- 3월~10월 09:00~17:00 | 11월~2월 09:00~16:30 - 월요일 휴관
- 파주NFC 맞은편
- http://www.jmd.co.kr

임진강황포돛배
조선 시대 주요 운송수단이었던 황포돛배의 원형을 그대로 복원했다. 임진강 두지리에서 거북바위 적벽을 돌아오는 나룻배 투어로, 분단 이후 50여 년간 민간인의 출입이 통제됐던 임진강의 뱃길을 따라 60만 년 전에 형성된 주상절리적벽을 감상할 수 있다.
- 경기도 파주시 적성면 율곡로 1857
- 두지나루 031-958-2557
- 어른, 중고생(9천원), 어린이(7천원)
- 10:00~18:00 - 월요일 휴장
- 두지교차로 인근
- http://www.hwangpo.modoo.at

한립토이뮤지엄
헤이리 마을 안에 있는 장난감 박물관으로, 한립토이즈가 장난감을 테마로 설립한 어린이를 위한 복합놀이문화공간이다. 유리찬장을 벗어난 다양한 장난감들이 아이들을 맞이한다.
- 경기도 파주시 탄현면 헤이리마을길 25 7
- 031-957-8470
- 홈페이지 참조
- 11:00~17:00 | 주말 11:00~18:00 - 월요일 휴무
- http://www.hanliptoymuseum.co.kr

판문점
6·25전쟁 전에는 초가집 몇 채만 있던 외딴 마을이었으나, 1953년 7월 27일, 남북 간의 휴전 협정이 이루어져 이름을 알리게 되었다. 국토 분단의 비극과 동족간의 전쟁이라는 민족의 아픔을 되새기는 산교육장이기도 한 이곳에는 휴전선 내 유일한 유엔 북한 공동경비지역이 있다.
- 경기도 파주시 진서면
- 국가정보원 111
- 전화 문의
- 전화 문의
- 파주 DMZ 내
- http://www.nis.go.kr

프로방스마을
프랑스 남부 지방의 분위기로 꾸민 테마마을로, 아기자기한 동화마을 콘셉트다. 유럽에서 시장조사를 통해 인테리어를 도입했다. 프로방스 바비큐가든과 한식당, 양식당, 베이커리, 카페 등을 갖추고 있다.
- 경기도 파주시 탄현면 새오리로 77
- 031-946-6353
- 10:00~22:00
- 성동IC 인근
- http://www.provence.town

여유로움이 주는 아름다움
포천

포천시는 자가용 없이도 편리하게 관광할 수 있는 따복버스를 운영하고 있어 도보 여행객도 주요 관광지를 편하게 둘러볼 수 있다. 국내에서 가장 오래된 학술보전림인 광릉국립수목원에서 피톤치드 가득한 전나무 숲길과 산정호수 둘레길을 걸으며 휴식의 시간을 가져보는 것도 좋다. 여름철이면 바위 사이로 차가운 물이 폭포수처럼 쏟아지는 백운계곡에서 피서를 즐기기 위한 나들이객이 몰린다. 또한 천혜의 자연환경이 어우러진 허브아일랜드와 어메이징파크는 도심 일상의 피로에 지친 마음을 풀어준다.

광릉국립수목원
몸과 마음을 치유하는 자연의 향기

온전한 원시자연을 그대로 보존한 곳으로, 국내에서 가장 오래된 학술보전림이다. 유네스코 생물권 보전지역으로 등재되어 있으며 하루 3천 명만 입장을 허용한다. 수생식물원, 약용식물원, 식용식물원 등 15개의 전문 전시원과 천연수목원, 17종의 야생 동물이 있는 산림동물원, 그리고 산림과 임업에 관한 자료가 있는 산림박물관으로 이루어져 있다. 수목원에서 가장 아름다운 숲길은 인공호수인 육림호에서 산림동물보존원까지 이어지는 전나무숲길이다. 빽빽하게 들어찬 전나무숲길을 걸으며 산림욕을 즐겨보는 것도 좋겠다. 반드시 예약해야만 입장이 가능하니 참고할 것.

- 경기도 포천시 소흘읍 광릉수목원로 415
- 031-540-2000
- 어른(1천원), 중고생(7백원), 초등생(6백원)
- 4월~10월 09:00~18:00 | 11월~3월 09:00~17:00 · 일, 월요일 휴원
- 광릉에서 광릉분재예술공원 방향으로 직진하면 좌측
- http://www.kna.go.kr

눈과 마음까지 시원해지는 여름 속 천국 **백운계곡**

사진제공(포천시청 문화관광과)

광덕산과 백운산 정상에서 흘러내린 물이 모여 이룬 계곡. 선유담을 비롯해 금광폭포, 양봉래굴, 광암정, 취선대 등의 명소가 있으며 계곡 입구에 세종의 친필이 적힌 흥룡사가 있다. 계곡의 길이는 10km에 달하며 연못과 기암괴석이 한데 어울려 절경을 이룬다. 백운산 입구쪽의 작은 용소와 1km를 더 올라가 산 우측에 자리한 큰 용소는 빼놓을수 없는 명소로 꼽힌다.

📍 경기도 포천시 이동면 도평리　☎ 031-538-3028　🔍 도평리터미널에서 흥룡사 방향으로 직진

호수 위를 산책하다 **산정호수**

사진제공(포천시청 문화관광과)

경기도 포천과 강원도 철원에 걸쳐 있는 명성산이 둘러싼 호수로, 산과 나무가 어우러진 풍광이 절경을 이룬다. 호수를 둘러싼 산책길이 있어 호수를 한바퀴 산책할 수 있다. 봄부터 가을까지는 보트나 수상스키를 즐기기 좋으며, 겨울에는 스케이트와 썰매장으로 사랑받고 있다. 오리배 타기 등의 체험도 할수 있으며 가을이면 황금빛 억새와 알록달록한 단풍이 아름답기로 유명하다.

📍 경기도 포천시 영북면 산정리 191-1　☎ 031-532-6135　🔍 산정랜드 인근　🌐 http://www.sjlake.co.kr

베어스타운리조트스키장 국내 최초로 렌탈제도를 채택하여 아무런 준비 없이도 스키를 즐길 수 있게 한 곳으로 유명해졌다. 6면의 슬로프와 선수 전용 슬로프 등 총 11면으로 이루어져 있으며 주요 레포츠시설인 스키장을 비롯해 숙박시설과 편의시설을 갖추고 있다. 완벽한 조명시설을 갖춰 야간 스키도 즐길 수 있다. 눈썰매장도 있어 가족 단위 관광객이 많이 찾는다.

📍 경기도 포천시 내촌면 금강로2536번길 27
☎ 031-540-5000

📞 홈페이지 참조
🕐 홈페이지 참조
🔍 내촌면사무소에서 내촌119안전센터 지나 직진
🌐 http://www.bearstown.com/ski

비둘기낭폭포 한탄강 용암대지가 침식하면서 형성된 폭포다. 주변에 화산이 폭발하면서 생긴 주상절리가 길고 깊은 계곡을 이루고 있다. 폭포와 주상절리 협곡은 신비롭고 아름다운 경치로 촬영지 및 관광지로 인기가 많다.

- 경기도 포천시 영북면 대회산리 415-2
- 비둘기낭 정보화마을 031-536-9668
- 한탄강야생화공원 옆

어메이징파크 소요산 산기슭에 있는 테마파크로, 어린이들이 과학을 놀이처럼 재미있게 접근할 수 있도록 과학원리를 직접 보고, 만지고, 느끼면서 탐구하도록 한 공간이다. 테마파크 내의 네이처존에는 히든브릿지와 와인딩로드를 비롯한 갖가지 이색다리를 경험할 수 있고, 사이언스존에서는 과학관과 대형분수, 솔라시스템 등 공학기구를 체험할 수 있다.

- 경기도 포천시 신북면 탑신로 860
- 031-532-1881
- 어른, 중고생, 어린이(5천5백원) | 과학관 어른, 중고생, 어린이(5천5백원) | 지피라인 어른, 중고생, 어린이(1인 1만원)
- 10:00~18:00 – 월, 화요일 휴관
- 허브아일랜드에서 금동휴양림 지나 직진
- http://www.amazingpark.co.kr

평강랜드 한의사 이환용이 자연생태 복원과 인간의 건강 회복을 위해 건립한 식물원. 전 세계 고산식물 전시장인 암석원, 50여 품종의 연과 수련이 아름답게 피는 연못정원, 습지원, 들꽃 정원 등 12가지 테마가든으로 구성되어 있다. 고층습지는 백두산의 장지연못을 생태적으로 재현해 눈길을 끈다.

- 경기도 포천시 영북면 산정리 668
- 031-532-1779
- 어른, 중고생(8천원), 어린이(7천원)
- 09:00~18:00
- 산정호수에서 산정캠프 방향으로 직진, 정항교에서 우회전 후 직진
- http://www.peacelandkorea.com

포천아트밸리 방치된 폐채석장을 친환경 문화예술공간으로 조성한 예술촌이다. 국내 최초 환경 복원 프로젝트

포천아트밸리_사진제공(포천시청 문화관광과)

의 결과물로서 기획전시, 주말공연, 기획공연 등 다양한 프로그램을 진행하고 있다. 아름다운 천주호와 돌문화전시관, 천문과학관 등 볼거리가 다채롭다.

- 경기도 포천시 신북면 아트밸리로 234
- 031-538-3483
- 어른(5천원), 중고생(3천원), 어린이(1천원)
- 09:00~19:00 | 금요일, 주말 및 공휴일 09:00~21:00 – 매월 첫 주 월요일 휴관
- 독곡마을입구교차로에서 천주사 방향으로 직진
- http://artvalley.pocheon.go.kr

허브아일랜드 세계각지의 대표적인 허브를 엄선하여 수집, 재배하는 곳이다. 허브정원을 비롯하여 허브숍과 민박 시설, 승마시설, 연못, 레스토랑, 연극무대 등이 있으며 허브를 이용한 다양한 먹거리 등도 판매하고 있다. 허브박물관에서는 허브에 대한 모든 것을 배울 수 있으며 매년 허브축제도 열린다.

- 경기도 포천시 신북면 청신로947번길 35
- 031-535-6494
- 어른, 고교생(9천원), 중학생, 어린이(7천원)
- 10:00~21:00 | 토요일, 공휴일 10:00~23:00 | 일요일 10:00~22:00 – 수요일 휴관
- 포천삼정초등학교 옆
- http://herbisland.co.kr

허브아일랜드_사진제공(포천시청 문화관광과)

바다와 육지를 넘나드는 도시
화성

화성은 '모세의 기적'이라 불리는 제부도가 유명한 곳이다. 썰물이 되면 하루에 두 번 물길이 드러나 드라이브 길로도 인기 있다. 호수를 따라 펼쳐진 동탄 신도시의 호수공원 경관이 좋다. 특색 있는 대형 공원으로 탈바꿈하기 위해 공원 한쪽에 무지개 파크를 조성할 예정에 있다. 방치된 찜질방을 개조하여 만든 소다미술관도 이색적인 여행지 중 하나다. 우리나라 최초의 한옥 구조 유리 온실이라는 우리꽃식물원에서 자연의 휴식을 향유하러 가는 것도 좋다.

소다미술관 방치되어 있던 허름한 찜질방 건물이 화성시 최초의 사립미술관으로 재탄생했다. 지붕 없는 전시장과 잔디 정원 등 공간 자체를 작품화하여, 디자인과 건축의 결합을 보여주는 테마 전시공간으로 활용되고 있다.
- 경기도 화성시 효행로707번길 30 (안녕동)
- 070-8915-9127
- 어른(9천원), 중고생, 초등생(7천원) 유아(5천원)
- 10:00~19:00 – 월요일, 명절 휴관
- 화성안녕 온천구장 인근
- http://www.surisan.kr

용주사 용이 여의주를 물고 승천했다고 하여, 용주사라는 이름이 붙은 사찰. 신라 문성왕 시대에 창건된 갈양사에서 시작되었으나, 병자호란 때 파괴된 이후 폐사되었다가, 정조가 아버지 사도세자의 능을 화산으로 옮기면서 폐사되었던 절을 다시 일으켜 오늘날에 이르렀다고 한다.
- 경기도 화성시 용주로 136 (송산동)
- 031-234-0040
- 성인(1천5백원), 중고생(1천원), 어린이(7백원)
- 07:00~18:00
- 화산저수지 인근
- http://www.yongjoosa.or.kr

융건릉 사도세자와 혜경궁 홍씨를 모신 융릉과 정조와 그의 비 김씨를 모신 건릉을 합쳐, 융건릉이라 부른다. 정조 때부터 각별히 관리해왔다고 전해지는 융건릉은, 5월이면 계절을 만나 물오른 나무들과 산책로에 피어난 철쭉을 비롯하여 갖가지 이름 모를 들꽃이 짙은 신록과 조화를 이뤄 최고의 초록 오솔길을 만든다.
- 경기도 화성시 효행로481번길 21 (안녕동)
- 031-222-0142

- 어른(1천원), 중고생, 초등생, 유아(무료)
- 2월~5월, 9월~10월 09:00~18:00 | 6월~8월 9:00~18:30 | 11월~1월 09:00~17:30 – 월요일 휴무
- 화성 용주사 옆
- http://royaltombs.cha.go.kr

제부도 썰물 때면 하루에 두 번씩 약 여섯 시간 동안 2.3km의 물길이 모습을 드러낸다. 조개껍질이 섞인 백사장이 있는 해수욕장을 비롯해 매바위 등의 볼거리가 있으며 다양한 갯벌체험도 즐길 수 있다.
- 경기도 화성시 서신면 제부리
- 화성시청 콜센터 1577-4200
- 전곡항 인근

화성시우리꽃식물원 한옥 형태의 유리온실로 만들어진 우리꽃 식물원은 우리나라에서 자생하는 꽃에 대한 이해를 돕는다. 우리나라를 대표하는 5대명산인 지리산, 백두산, 설악산, 한라산, 태백산을 바위로 표현하여 그 명산에 군락되어 있는 꽃들을 연출하였다. 다양한 체험학습을 운영중이며 자원봉사자 해설가들이 들려주는 우리꽃 식물원 이야기도 흥미롭다.
- 경기도 화성시 팔탄면 3.1만세로 777-17
- 031-369-6287
- 성인(3천원), 청소년, 군인(2천원), 어린이(1천5백원)
- 하절기(3월~10월) 09:00~18:00 | 동절기(11월~2월) 09:00~17:00
- 발안IC에서 발안톨게이트 지나 발안IC사거리로 이동. 화성우리꽃식물원 방면으로 우측도로 1km 이동. 3.1만세로 우회전 후 233m 이동
- http://botanic.hscity.net

제부도 사진제공-한국관광공사

장호항 사진제공(삼척시청 관광홍보과)

강원도

푸른 바다와 그윽한 커피 **강릉**

동해안 최북단의 절경 **고성**

시원한 풍광이 드리우는 곳 **동해**

푸른 바다와 천혜의 자연환경 **삼척**

설악산과 바다, 호수가 어우러지는 곳 **속초**

역사와 자연이 공존하는 생태계 **양구**

해오름의 고장 **양양**

신선이 노닐던 진풍경 **영월**

고즈넉한 자연의 힐링 **원주**

황태의 본고장 **인제**

폐광 터에 새롭게 울리는 정선아리랑 **정선**

한탄강이 흐르는 곳 **철원**

호반의 도시 **춘천**

백두대간의 정기가 모여드는 곳 **태백**

해발고도 700m의 행복 **평창**

맑은 공기가 있는 청정 도시 **횡성**

푸른 바다와 그윽한 커피
강릉

동해시와 속초시 중간에 있는 강릉은 계절과 상관없이 많은 관광객이 찾는 도시다. 동해안 최대 해변으로 손꼽히는 푸른 경포해변을 비롯해 해돋이 명소로 단연 첫손에 꼽히는 정동진과 그윽한 커피 내음이 풍기는 커피거리, 율곡 이이가 숨쉬고 있는 오죽헌까지. 강릉에는 빼어난 절경과 역사, 문화가 배어 있다. 2017년 12월 서울에서 강릉까지 이어지는 KTX가 개통되면서, 두 시간만에 강릉까지 이동할 수 있게 되었다.

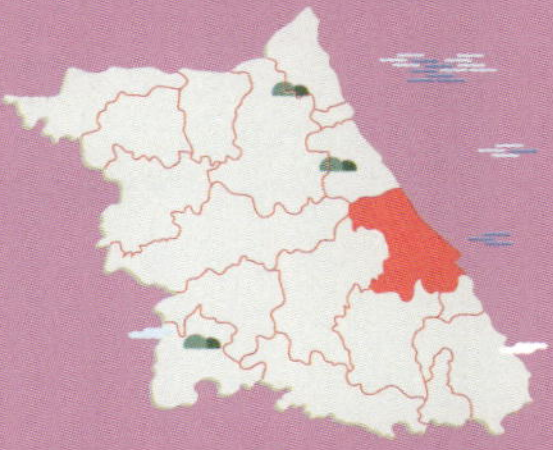

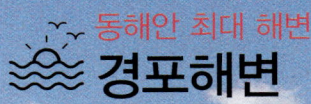

동해안 최대 해변
경포해변

계절과 상관없이 많은 관광객이 방문하는 바닷가로, 하얀 모래밭과 그 주변을 둘러싼 송림병풍이 빼어난 조화를 이룬다. 해수욕장이 개장하는 시기에는 여름해변축제와 관노가면극, 야간 버스킹 등 다채로운 문화행사가 펼쳐져 피서지의 열기를 달군다. 스포츠레저 애호가를 위한 시설도 다양하다. 경포해변과 강문해변, 사근진해변 등을 이동하는 모터보트와 바나나보트, 스킨스쿠버 등도 잘 갖추고 있어 다양한 레저를 즐길 수 있다.

📍 강원도 강릉시 강문동 산1-1
☎ 강릉시청 관광과 033-640-4901
🔍 경포대초등학교 앞
🌐 http://www.gntour.go.kr

사진제공(강릉시청 문화관광과)

해변을 바라보며 즐기는 커피 강릉커피거리

강릉시는 커피의 도시로 유명한 만큼 국내 지방자치단체 중 최초로 커피 축제를 개최한 지역이다. 1세대 바리스타인 커피 명장의 이름을 건 카페, 커피 박물관, 바리스타 아카데미 등 커피와 관련된 다양한 시설이 안목해변을 따라 늘어서 있다.

📍 강원도 강릉시 창해로14번길 20-1
☎ 강릉시 종합관광안내소 033-640-4531
🔍 안목해변 인근
🌐 http://ggcoffeestreet.modoo.at

전국 해돋이 명소 정동진역

사진제공(강릉시청 문화관광과)

전국적인 해돋이 명소로 꼽히는 곳으로, 세계에서 바다와 가장 가까운 역으로 기네스북에 올라가 있다. 1994년 방영되었던 SBS 드라마 〈모래시계〉 촬영이후 전국적으로 유명세를 타게 되었다.' 모래시계 소나무'라 불리는 소나무는 기념 촬영 장소로도 꾸준히 인기를 끌고 있다.

📍 강원도 강릉시 강동면 정동역길 17-1
☎ 1544-7788
🔍 정동진해수욕장 인근
‼ 모래시계공원, 정동진시간박물관

경포대&경포호 경포대는 경포호 북안에 있는 누각으로, 관동팔경 중의 하나다. '여름밤의 밝은 달과 담소의 맑은 물이 아름다운 경관을 이룬다.'라 하여 경포대라 부르게 되었다고 한다. 매년 봄이면 경포대 인근에서 벚꽃축제가 열려 관광명소로 사랑받고 있다.

📍 강원도 강릉시 경포로 365 (저동)
☎ 강릉시청 문화예술과 033-640-5420
🔍 강릉에서 7번 국도 타고 속초 방향으로 직진하면 우측

대관령옛길 신사임당이 아들 율곡의 손을 잡고 한양길로 올랐다는 이야기로 유명한 대관령옛길은 오래전부터 영동과 영서를 잇는 중요한 도로였다. 대관령의 수려한 자연경관과 더불어 주변 계곡과 옛길의 원형이 잘 보존된 편이다. 대관령의 중간에 있는 반정에서 내려가는 코스와 대관령박물관이나 가마골로 올라가는 코스가 있다. '강릉 바우길' 2구간에 속하며, 옛길은 산세가 완만해 가족 단위로 등산하는 모습을 자주 볼 수 있다.

📍 강원도 강릉시 성산면 어흘리
☎ 강릉국유림관리소 033-660-7705
🔍 강릉시청에서 대관령양떼목장 방향으로 직진하면 좌측. 국립대관령자연휴양림 인근
🌐 http://www.baugil.org

모래시계공원 1999년에 새천년을 기념하고자 조성한 공원이다. 모래시계공원 내에 있는 모래시계는 지름 8.06m, 폭 3.20m, 무게 40톤, 모래 무게 8톤으로 세계최대 크기이며, 시계 속에 있는 모래가 모두 아래로 떨어지기까지 꼬박 1년이 걸린다. 매년 1월 1일 0시에 반 바퀴 돌려 위 아래를 바꿔 새롭게 시작한다. 모래시계의 둥근모양은 시간의 무한성을 나타낸다.

- 강원도 강릉시 강동면 정동진리 6-2
- 모래시계 관리사무소 033-640-4533
- 정동진해수욕장 내

선교장 99칸의 전형적인 사대부가 상류 주택으로, 300여 년 동안 원형이 잘 보존되어 있다. 전통 음식문화 체험과 민속놀이 체험, 예절 체험 등 갖가지 전통 체험 프로그램과 한옥 체험을 즐길 수 있는 곳이다.

- 강원도 강릉시 운정길 63 (운정동)
- 033-648-5303
- 어른(5천원), 중고생(3천원), 어린이(2천원)
- 3월~10월 09:00~18:00 | 11월~2월 09:00~17:00
- 경포동주민센터에서 경포가시연습지 방향으로 직진
- http://www.knsgj.net

씨마크호텔 경포해변이 눈 앞에 펼쳐지는 곳에 자리한 호텔로, 세계적인 건축가 리처드 마이어가 설계해 화제를 모았다. 경포해변의 랜드마크로 자리매김했으며 최고급시설과 서비스를 즐길 수 있다. 제철 식재료로 요리를 만드는 다이닝 레스토랑을 비롯해 바다를 품은 객실, 고급레저시설 등도 훌륭하다.

- 강원도 강릉시 해안로406번길 2 씨마크호텔
- 033-650-7000
- 경포해변에서 강문해변 방향으로 직진하면 우측
- http://www.seamarqhotel.com

오죽헌&오죽헌시립박물관 오죽헌은 1536년(중종31년) 율곡 이이 선생이 탄생한 곳으로, 우리나라 주거 건축 중 가장 오래된 것 중 하나이다. 강릉 12명향 중의 한 명인 최치운이 건립하여 조선 시대 양반가옥의 별당 사랑채로 사용되었다. 오죽헌 내에 영동지방의 민속 자료와 향토 유물을 수집, 보관하고 있는 시립박물관이 있다.

- 강원도 강릉시 율곡로3139번길 24 (죽헌동)
- 오죽헌시립박물관 033-660-3301
- 어른(3천원), 중고생(2천원), 초등생(1천원)
- 08:00~18:00
- 강릉원주대학교에서 춘천지방법원 강릉지원 방향으로 직진
- http://www.gn.go.kr/museum

정동진해안단구 본국내 최대 규모의 해안단구 지형으로, 높이 솟아오른 암벽과 해안가 갯바위에 부딪혀 부서지는 파도가 아름다운 곳이다. 해안단구를 따라 약 2km의 탐방로가 조성되어 있어, 탐방로를 따라 거닐며 경치를 만끽할 수 있다.

- 강원도 강릉시 강동면 정동진리
- 강릉시청 문화예술과 033-640-5119
- 정동진에서 심곡리 방향으로 직진, 썬크루즈리조트 인근

주문진항 5백여 척의 어선이 정박할 수 있는 연안항으로, 연간 1만5천여 톤의 오징어, 양미리, 명태 등을 잡고있다. 어항을 중심으로 대규모 회센터가 자리 잡고 있어 싱싱한 회를 맛볼 수 있다. 바다낚시를 할 수 있는 어선도 30여 척 정도 있으며 배를 타고 해상에서 직접 가자미, 우럭 등을 잡아 맛볼 수도 있다.

- 강원도 강릉시 주문진읍 주문리
- 주문리 어촌계 033-662-4347
- 주문진읍사무소사거리 지나 회센터로 직진
- http://jumunjinport.co.kr

주문진해수욕장 강릉 최북단에 있는 해수욕장으로, 넓은 백사장에 수심이 낮아 가족 단위로 피서하기에 좋다. 울창한 해송은 시원한 그늘을 만들어 준다. 솔밭 안에는 체육공원 넓은 주차장, 오토캠핑장과 어린이 놀이시설 등의 편의시설이 있다.

- 강원도 강릉시 주문진읍 주문북로 210
- 033-662-3639
- 강원도 교직원수련원 앞

하슬라아트월드 종합예술공원을 표방하는 곳으로, 강릉의 옛 지명인 '하슬라'를 따서 지었다. 자연 훼손을 최소화하기 위하여 비탈면과 산 높이를 그대로 활용한 설치미술 작품들을 둘러볼 수 있다. 자연을 가장 아름답게 볼 수 있는 각도로 길을 내고 예술 정원을 꾸몄다. 미술관을 비롯해 다양한 체험 프로그램 등도 갖추고 있다.

- 강원도 강릉시 강동면 율곡로 1441
- 033-644-9411
- 자유관람권(어른, 중고생 1만2천원, 어린이 1만1천원), 도슨트관람권(어른, 중고생 1만6천원, 어린이 1만5천원)
- 09:00~18:00
- 정동진역에서 등명락가사 방향으로 직진하다 좌측
- http://museumhaslla.com

허난설헌생가 조선 시대의 대표적인 여류 시인 허난설헌(1563~1589)이 태어난 집터로 알려졌으나 정확한 사실과 건립 연대는 미상이다. 안채와 사랑채, 곳간채가 'ㅁ'자 배치를 하고 있으며 외부를 둘러싼 담이 있다. 사랑마당, 행랑마당, 뒷마당을 담으로 넓게 나누어 놓아 한국의 아름다운 조경을 볼 수 있다. 주변의 소나무 숲이 전통적인 한옥의 멋을 더한다.

- 강원도 강릉시 난설헌로193번길 1-16 (초당동)
- 033-640-4798
- 09:00~18:00 - 월요일 휴관
- 허균허난설헌공원 내

동해안 최북단의 절경
고성

고성을 설명할 때 빼놓을 수 없는 말이 최북단이다. 속초에서 북쪽으로 7번 국도를 타고 달리면 나오는 고성은 동해안 최북단에 자리하고 있으며 하나의 군이 휴전선을 사이에 두고 남북으로 나뉘었다. 민간인이 출입하지 못하는 DMZ가 인접해 있고 군사적 이유로 개발이 더딘 지역이기도 하지만, 그만큼 훼손되지 않은 자연경관이 보존되어 있는 곳이기도 하다. 맑은 동해의 바닷가를 비롯해 금강산의 천혜 절경을 볼 수 있는 통일전망대, 최고의 명태 어장으로 꼽히는 거진항 등 보고 즐길거리가 많다. 속초에서도 차로 30분이면 갈 수 있어 함께 둘러보면 좋다.

동해안 최북단 해수욕장
화진포해수욕장

남한 최북단에 있는 고성, 그곳에서도 가장 북쪽에 있는 해수욕장으로 이름을 떨치고 있는 곳으로, 수만 년 동안 조개껍데기와 바위가 부셔져 만들어진 백사장이 아름답다. 바닷물이 깨끗하고 수심이 얕으면서도 경사가 완만해 해수욕을 즐기기 좋은 곳이다. 바로 옆에는 모래톱으로 바다와 분리된 화진포호수가 있다. 72만 평에 달하는 광활한 호수 주위에 울창하게 송림이 우거져 있어 멋진 절경을 자아낸다.

📍 강원 고성군 현내면 초도리 99
📞 고성군청 관광문화체육과 033-680-3356
🔍 대진고등학교에서 해양박물관 방향으로 직진

사진제공(김지호) - 한국관광공사

명태축제가 열리는 그곳 **거진항**

▲사진제공(고성군청 관광문화체육과)

북한과 가까운 접적 지역이라는 지역적 특수성으로 인해 오지 어촌으로만 여겨졌던 곳이지만, 한때 전국의 명태 어획량 중 70% 정도가 나온다고 할 만큼 명태로 유명한 곳이다. 매년 10월에는 명태와 어촌문화를 체험할 수 있는 고성명태축제가 열린다.

- 강원도 고성군 거진읍 거진리
- 고성군청 해양수산과 033-682-2782
- 거진종합버스터미널 앞

물 맑고 깨끗한 모래해변 **송지호해수욕장**

송지호를 끼고 있는 해수욕장으로, 수심이 낮고 백사장이 깨끗하다. 백사장 앞바다에는 기암괴석과 대나무가 어우러진 죽도가 수려한 경관을 뽐낸다. 주변 송지호와 울창한 송림이 어우러져 풍광이 수려할 뿐만 아니라 숙박시설도 잘 갖추고 있어 피서지로 주목받고 있다.

▲사진제공(고성군청 관광문화체육과)

- 강원도 고성군 죽왕면 오호리
- 죽왕면사무소 033-680-3356
- 해양연구원총수연구센터 옆
- http://www.songjihobeach.co.kr
- 송지호오토캠핑장

고성통일전망대 1983년 문을 연 전망대로, DMZ와 휴전선 너머의 금강산, 해금강 등을 한눈에 바라볼 수 있다. 금강산의 구선봉과 해금강이 지척에 보이고, 맑은 날에는 신선대, 옥녀봉, 채하봉, 일출봉, 집선봉 등 천하절경의 금강산을 선명하게 볼 수 있다. 통일전망대는 민간인 출입이 금지된 민통선 안에 있기 때문에, 통일안보공원에 있는 출입신고소에서 신고서를 작성한 후 들어갈 수 있다.

- 강원도 고성군 현내면 금강산로 481
- 033-682-0088
- 어른(3천원), 초중고생(1천5백원)

- 3월~7월 14일, 8월 21일~10월 31일 09:00~16:20 | 7월 15일~8월 20일 09:00~17:30 | 11월 1일~2월 28일 09:00~15:50
- 통일안보공원에서 7번 국도 타고 북쪽으로 10km 직진
- http://www.tongiltour.co.kr

김일성별장/이기붕별장/이승만별장 아름다운 풍광의 화진포해수욕장 인근에 있는 별장으로, 옛 정치인의 별장이 나란히 모여 있다. 세 별장은 화진포역사안보전시관으로 꾸며 다양한 사진 자료와 유품을 재현한 모형물

등이 전시되어 있다. 통합입장권을 구매하면 세 별장을 비롯해 생태박물관까지 한 번에 둘러볼 수 있다.
- 강원도 고성군 거진읍 화포리
- 화진포역사안보전시관 033-680-3677
- 어른(3천원), 중고생, 어린이(2천3백원)
- 하절기 09:00~18:00 | 동절기 09:00~17:30
- 거진종합버스터미널에서 화진포해수욕장 방향으로 직진

송지호철새관망타워_사진제공(이범수)-한국관광공사

델피노리조트 아쿠아월드
푸른 동해 바다와 장대한 설악산 절경이 감싸는 곳에 있는 4성급 리조트. 푸른 소나무가 둘러싼 골프장을 비롯해 몸과 마음의 휴식을 제공하는 온천 시설도 갖추고 있다. 2017년 원암온천지구로 지정되어 온천리조트로서의 역할도 톡톡히 해내고 있다.
- 강원도 고성군 토성면 미시령옛길 1153
- 1588-4888
- 원암저수지 인근
- http://www.daemyungresort.com/dp

삼포해수욕장
1977년 개장한 해수욕장으로, 동해에서도 가장 깨끗한 해수욕장 중 하나로 꼽힌다. 우는 모래라는 뜻의 명사라고 불리는 고운 모래로 이루어진 모래사장은 1km에 이를 만큼 넓으며 해당화와 울창한 송림이 빼어난 경관을 자아낸다. 수심이 낮아 가족 단위의 피서객이 많이 찾는 곳이다.
- 강원도 고성군 죽왕면 삼포리
- 고성군청 관광문화과 033-680-3356
- 오호초등학교 앞
- http://sampobeach.co.kr

송지호철새관망타워
4층 규모의 관망 타워로, 송지호에서 떼 지어 이리저리 날아드는 철새들의 군무가 한눈에 내려다보여 자연생태학습관으로 큰 인기를 얻고 있다. 주변에 송지호해수욕장과 왕곡마을, 오토캠핑장, 해양심층수단지 등 다양한 볼거리와 즐길 거리가 있다.
- 강원도 고성군 죽왕면 동해대로 6090
- 033-680-3556
- 어른(1천원), 중고생, 어린이(8백원)
- 09:00~16:40
- 송지호쉼터 내

왕곡마을
전통 가옥이 온전히 보존되어 있는 마을로, 고려 말 조선 초의 양근 함씨 후손들이 대대로 터전을 잡은 집성촌이다. 수백 년의 얼이 담겨 있는 곳으로, 왕곡마을의 전체 가옥이 국가 지정 중요민속자료 235호로 지정되었다. 홈페이지를 통해 예약하면 전통 가옥 숙박을 체험할 수 있다.
- 강원도 고성군 죽왕면 오봉리
- 왕곡마을 보존회 033-631-2120
- 송지호 뒤편
- http://www.wanggok.kr

하늬라벤더팜
라벤더 밭이 끝없이 광활하게 펼쳐지는 농원으로, 매년 6월이면 고성라벤더축제가 열린다. 축제기간에는 음악회를 비롯해 라벤더와 관련된 강연, 사진전, 시화전 등 다양한 행사가 개최된다.
- 강원도 고성군 간성읍 꽃대마을길 179-13
- 033-681-0005
- 어른(4천원), 중고생(3천원), 초등생(2천원)
- 10:00~18:00 | 6월 09:00~19:00 - 화요일 휴원(단, 6월 제외)
- 어천보건진료소 인근

고성통일전망대_사진제공(고성군청 관광문화체육과)

시원한 풍광이 드리우는 곳
동해

삼척과 강릉 사이에 자리한 동해를 떠올리면 머릿속에 시원한 풍광이 스친다. 동해안을 대표하는 해수욕장 중 하나인 망상해수욕장은 여름 피서지로 꾸준한 인기를 끌고 있는 곳이며 인근에 있는 망상오토캠핑리조트는 캠핑객의 애정을 듬뿍 받는 명소다. 그런가 하면 빼어난 절경으로 소문난 추암해수욕장도 있다. 바다 위로 뾰족하게 솟아오른 촛대바위와 깎아지른 듯한 기암괴석이 독특한 분위기를 자아낸다.

동해안 대표 해수욕장
망상해수욕장

울창한 송림 너머 해안선을 따라 펼쳐진 깨끗한 백사장과 맑고 얕은 수심으로 인기가 높은 곳이다. 특히 바다와 어우러진 곳에 망상오토캠핑리조트가 있어 여름 휴양지로 더없이 좋다. 자연 친화적으로 조성된 오토캠핑장과 쾌적한 시설을 갖춘 카라반, 캐빈하우스 등의 시설이 있으며 최근에는 전통 한옥 숙박시설도 있어 취향에 따라 선택할 수 있다. 해수욕장 뒤쪽에 영동선 철도와 동해고속도로가 있어 교통 역시 편리하다.

📍 강원도 동해시 망상동 393-16
☎ 망상 종합관광안내소 033-530-2800
🔍 동해그랜드호텔 뒤편

사진제공(동해시청 관광과)

새하얀 등대와 푸른 바다가 있는 곳 **묵호항**

묵호항_사진제공(동해시청 관광과)

과거에 석탄을 실어나르던 배가 다니던 곳이라 물이 검은빛을 띤다고 하여 이름 붙여진 곳. 묵호항 활어회 판매센터가 유명한데, 구매한 해산물을 이곳에서 바로 회를 떠서 먹을 수 있다. 2010년에 신축 건물이 들어서 쾌적한 분위기에서 식사할 수 있게 되었다. 항구 앞 산중턱에는 유인등대인 묵호등대가 있다.

- 강원도 동해시 묵호진동
- 묵호항연안여객선터미널 033-534-8899
- 묵호역에서 발한삼거리 방향으로 직진

논골담길 묵호등대마을 인근에 조성된 길로, 아기자기한 벽화와 정겨운 달동네의 정경이 어우러진다. 논골 1, 2, 3길로 나뉘어 있으며 묵호등대까지 이어져 있다. 바람의 언덕에 오르면 푸른 바다와 묵호항이 한눈에 들어온다.

- 강원도 동해시 묵호진동 2-294
- 동해시청 관광과 033-530-2311
- 묵호치안센터~묵호등대
- http://묵호등대.com

망상명사십리 매년 6~700만 명의 관광객이 찾는 동해안 제1의 해변. 시원하게 펼쳐진 4km의 백사장과 청정한 해수의 에메랄드 빛 바다 위로 수많은 갈매기 떼가 날아가며, 인근에 관광호텔과 숙박시설, 각종 편의시설이 확충되어 있어 가족 단위 관광객들의 단골 피서지다.

- 강원도 동해시 망상동 393-16
- 동해시 관광진흥과 033-530-2481
- 망상역에서 도보 15분

망상오토캠핑리조트 망상해수욕장 인근에 조성된 캠핑 리조트로, 원목 하우스인 캐빈하우스를 비롯해 이국적인 숙박동 등을 갖추고 있다. 이 외에도 카라반이나 자동차를 댈 수 있는 오토캠핑사이트가 있어 캠핑객의 사랑을 받고 있다. 편의 시설도 쾌적하게 갖추고 있어 캠핑을 즐기기 좋다. 최근에는 망상한옥타운이 들어서, 한옥 스테이를 즐길 수도 있다.

- 강원도 동해시 동해대로 6370 (망상동)
- 033-539-3600
- 홈페이지 참조
- 홈페이지 참조
- 망상해수욕장에서 옥계역 방향으로 직진하면 우측
- http://www.campingkorea.or.kr

무릉계곡 두타산과 청옥산을 배경으로 호암소에서 용추폭포까지 이르는 4km의 계곡으로, 신선이 노닐었다 하여 일명 무릉도원이라 불린다. 풍류객이 커다란 바위에 글자를 새겨놓은 무릉반석은 수많은 기암괴석과 어우러져 절경이 장관을 이룬다. 계곡 인근에 두타산성과 삼화사, 용추폭포 등 볼거리가 많아 함께 둘러보면 좋다.

- 강원도 동해시 삼화로 538 (삼화동)
- 무릉계곡 관리사무소 033-539-3700
- 어른(2천원), 중고생(1천5백원), 어린이(7백원)
- 06:00~20:00 7~8월 08:00~17:00 11~2월
- 두타산 삼화사 인근

무릉계곡_사진제공(동해시청 관광과)

천곡황금박쥐동굴 국내에서 유일하게 시내 중심지에 있는 높이 10m, 연장 1.4km 규모의 천연 석회석 동굴이다. 천정용식구, 석순과 석주 등이 광범위하게 분포하고있어, 학술적 가치는 물론 관광지로서의 가치도 높은 동굴이다. 실제 동굴 안에 황금박쥐가 서식하고 있다고 알려져 있다.

- 강원도 동해시 동굴로 50 (천곡동)
- 033-539-3630
- 어른(4천원), 중고생(3천원), 어린이(2천원)

무릉계곡_사진제공(동해시청 관광과)

🕐 08:00~20:00 여름 성수기 09:00~18:00
🔍 천곡초등학교 맞은편

추암촛대바위 본애국가 첫 소절의 배경화면으로도 유명한 바위로, 촛대처럼 하늘을 향해 우뚝 솟아 있다. 능파대라고불리며 동해안의 대표적인 일출 명소로 명성이 자자하다. 주변에 있는 부부바위, 코끼리바위, 형제바위, 거북바위 등의 기암괴석과 어우러져 절경을 선사한다.
📍 강원도 동해시 추암동
📞 동해시청 관광진흥과 033-530-2801
🔍 추암역에서 바닷가 방향으로 직진

추암해수욕장 삼척과 동해의 경계에 있는 해변으로, 맑은 물과 잘게 부서진 백사장이 아름다운 곳이다. 해안절벽과 바다 위로 뾰족 솟아오른 촛대바위 등 크고 작은 바위섬이 장관을 이룬다. 경치가 뛰어나 '동해의 해금강'이라 불릴 정도였다고 한다. 인근에 추암조각공원과 해암정이 있고 삼척해수욕장도 지척에 있어 함께 둘러보기 좋다.
📍 대금굴강원도 동해시 북평동
📞 동해시청 관광과 033-530-2801
🔍 추암역 인근

천곡동굴_사진제공(동해시청 관광과)

푸른 바다와 천혜의 자연환경
삼척

강원도 동남쪽에 자리한 삼척은 푸른 바다를 바라보며 즐길 수 있는 것들로 가득한 곳이다. 해안가를 따라 이어지는 해양레일바이크는 푸른 바다 전망과 시원한 바닷바람을 벗 삼아 경치를 즐길 수 있는 최고의 레저 시설이다. 뿐만 아니라 '한국의 나폴리'라 불리는 작은 항구, 장호항도 있다. 아무렇게나 카메라를 들이대도 이국적이고 멋스러운 풍광이 담기는 곳으로, 출사지로도 유명하다. 스노클링, 투명카누 등의 체험을 즐길 수 있어 인기가 뜨겁다.

국내 최대의 석회동굴
환선굴

약 5억 3천만 년 전에 생성된 국내 최대의 석회동굴로, 천연기념물로 지정되었다. 다양한 모양의 종유석과 석순이 형성되어 있으며 고대의 신비를 간직한 동굴이다. 특히 동굴 입구의 만리장성과 도깨비 방망이, 마리아상, 종유폭포 등이 빠질 수 없는 볼거리다. 예전에는 매표소에서 표를 구매한 후 환선굴 입구까지 걸어 올라가야 했으나, 매표소와 환선굴 입구를 이동하는 모노레일이 개통되어 편하게 이동할 수 있게 되었다.

📍 강원도 삼척시 신기면 환선로 800
📞 대이동굴관리소 033-541-9266
🎫 어른(4천5백원), 중고생(3천원), 초등생(2천원) | 모노레일 이용요금 어른, 중고생(편도 4천원, 왕복 7천원), 초등생(편도 2천원, 왕복 3천원)
🕐 11월~2월 09:00~16:00 | 3월~10월 09:00~17:00 — 매월 18일 휴관
🔍 신기역에서 관음굴 방향으로 직진

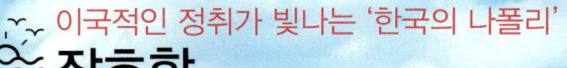

이국적인 정취가 빛나는 '한국의 나폴리'
장호항

'한국의 나폴리'라 불리는 곳으로, 에메랄드빛 바다가 자아내는 이국적인 풍경과 한국의 어촌마을이 빚어대는 독특한 분위기를 느낄 수 있다. 투명하고 푸르른 바다를 온몸으로 체험할 수 있는 스포츠 레저도 빼놓을 수 없는 즐길 거리다. 스노클링을 비롯해 투명한 바닷속을 볼 수 있는 투명 카누, 다이빙 등 다양한 레저를 즐길 수 있어 인기가 뜨거운 곳. 인근에 카라반과 오토캠핑장, 컨테이너하우스 등을 갖춘 장호비치캠핑장이 있어 일정을 계획할 때 참고하면 좋다.

- 강원도 삼척시 근덕면 장호리
- 삼척시청 문화관광과 033-572-2011
- 신남항에서 용화해수욕장 방향으로 해안가 따라 직진

사진제공(삼척시청 관광홍보과)

깨끗한 백사장과 울창한 송림 삼척해수욕장

사진제공(삼척시청 관광홍보과)

연장 1.2km, 폭 100m의 넓은 백사장이 있는 해수욕장으로, 삼척시에서 가장 큰 해변이다. 울창한 송림이 깨끗한 백사장을 둘러싸고 있으며 삼척 시내에서도 가까워 많은 이들이 찾는 곳이기도 하다. 수심이 얕아 남녀노소 모두가 수영을 즐기기 좋으며 각종 부대시설 및 편의시설도 비교적 잘 갖추고 있다. 그늘이 드리운 송림에서 캠핑의 자유를 만끽해보는 것도 좋겠다. 동해의 푸른 바다와 풍광을 한눈에 담고 싶다면 바다열차를 이용하는 것도 추천한다. 56km의 아름다운 동해안 해안선을 따라 달리며 푸른 바다를 만끽할 수 있으며, 정동진에서 묵호, 동해, 추암을 거쳐 삼척까지 이어진다.

📍 강원도 삼척시 교동 ☎ 삼척시청 관광정책과 033-570-4401 🔍 삼척해변역 뒤편

시원한 바닷바람을 맞으며 즐기는 레일바이크 삼척해양레일바이크

곰솔과 기암괴석으로 어우러진 레일을 따라 운행하는 해양레일바이크로, 궁촌해수욕장과 용화해수욕장을 연결해준다. 궁촌해수욕장과 용화해수욕장 정거장에서 각각 운행하며 전체 구간이 5.4km에 이른다. 운행 소요시간은 대략 1시간 정도. 기암괴석이 어우러진 절경을 감상하고, 울창한 곰솔 숲 사이로 시원한 바닷바람을 맞으며 달리다 보면 화려한 조명의 은하수 터널, 루미나리에 터널, 해저 터널을 만날 수 있다. 1시간 정도 바이크

를 탄 후 무료 셔틀버스를 타고 다시 출발지점으로 돌아온다. 궁촌역 지점에 무인 포토존이 설치되어 있어 자동으로 사진 촬영이 되며, 촬영된 사진은 확인 후 구매할 수도 있다.

📍 강원도 삼척시 근덕면 공양왕길 2 ☎ 033-576-0656
🎟 2인승(2만원), 4인승(3만원) ⏰ 09:00~16:00 - 둘째, 넷째 주 수요일 휴장
🔍 궁촌해수욕장 인근 🌐 http://www.oceanrailbike.com

삼척장미공원_사진제공(김지호)-한국관광공사

대금굴 인근에 있는 환선굴, 관음굴과 비슷한 시기에 형성된 동굴로, 천연기념물 제178호로 지정되었다. 과거 동굴 입구가 노출되어 있지 않아 접근할 수 없었지만 장기간 탐사 노력을 통해 동굴이 개방되었다. 내부 보존이 잘되어 있으며 많은 양의 동굴수와 크고 작은 폭포, 동굴호수가 형성되어 있다. 환선굴과 달리 대금굴을 보기 위해서는 사전에 인터넷으로 예약해야 한다.
- 강원도 삼척시 신기면 환선로 800
- 033-541-7600
- 어른(1만2천원), 중고생(9천원), 어린이(6천원)
- 하절기 09:00~17:00 | 동절기 09:30~16:00
- 환선굴 매표소 지나 환선굴 방향으로 직진 후 좌측
- http://samcheok.smartix.co.kr

맹방해수욕장 평균수심 1~2m정도의 맹방해변은 맑은 물과 깨끗한 백사장, 울창한 송림을 보유하여, 여름이면 가족 단위 관광객의 발걸음이 끊이지 않는 피서지다. 인근에는 6홀 규모의 골프 연습장도 있어, 스포츠 레저와 바캉스를 함께 즐길 수 있다.
- 강원도 삼척시 근덕면
- 근덕면사무소 033-572-3011
- 동해고속도로 동해 종점에서 삼척 방면, 한치 방면에서 맹방해수욕장
- 맹방명사십리

삼척동굴신비관 삼척세계동굴엑스포를 대표하는 전시관으로, 세계의 이름 난 동굴과 영화 속에 등장했던 동굴, 동굴의 문화연출 등 갖가지 동굴의 모양과 역사, 그리고 쓰임을 전시하고 있다. 특히, 동굴 내에 서식하는 박쥐의 생태와 일생을 쉽고 재미있게 확인할 수 있어, 남녀노소 모두 즐거운 추억을 쌓을 수 있는 곳이다. 3, 4층의 주제영상관에서는 대형 I-MAX영상으로 환상의 동굴을 체험할 수 있어 인기다.
- 강원도 삼척시 엑스포로 69 (성남동)
- 엑스포타운관리소 033-574-6828
- 성인(3천원), 청소년, 군인(2천원), 어린이(1천5백원)
- 09:00~18:00 | 월요일 휴관
- 성남리마을회관 인근

삼척쏠비치아쿠아월드 그리스의 산토리니를 연상케 하는 하얀 외벽과 파란색 지붕이 돋보이는 리조트. 그리스 키클라딕 건축양식을 모티브로 한 것이 특징이며, 바다가 내다보이는 전망이 훌륭하여 많은 이들이 찾는 곳이다. 갖가지 편의시설을 갖춘 워터파크에서 푸른 바다를 바라보며 사계절 물놀이를 즐길 수 있다.
- 강원도 삼척시 수로부인길 453 (갈천동)
- 1588-4888
- 삼척해수욕장 인근
- http://www.daemyungresort.com/sb/sc

삼척장미공원 세계 최대의 장미 공원이 문을 열었다. 만발한 장미와 더불어 산책하기에도 그만, 자전거 광장, 맨발자갈공원, 잔디공원 등등 큰 공원임에도 지루하지 않게 즐길 수 있는 테마가 있어 만족스러운 곳이다.
- 강원도 삼척시 정상동 232
- 033-570-4067

삼척터미널 도보 5분, 삼척병원 뒤편
http://www.samcheok.go.kr/rosepark

이사부사자공원 신라 장군 이사부의 얼을 간직한 가족형 테마공원. 독도가 우리나라의 영토임을 알렸던 이사부의 정신을 바탕으로 한 상징적인 의미가 있는 곳이다. 동해안을 조망하는 전망타워와 어린이 놀이터, 사계절 썰매장, 야외공연장 및 산책로 등을 갖추고 있다.
강원도 삼척시 수로부인길 343 이사부사자공원
033-570-4616
3월~10월 09:00~22:00 | 11월~2월 09:00~21:00
증산해수욕장 인근

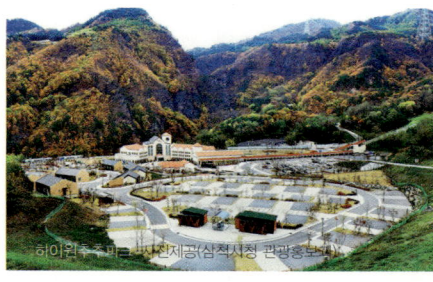

하이원추추파크 국내 최초의 철도 체험형 리조트. 산속을 지그재그로 달리는 스위치백트레인, 레일바이크 등 이색적인 기차를 체험해볼 수 있다. 레일바이크는 예약해야 하며 약 30~40분 정도 소요된다. 30동의 숙박시설과 전망대, 산책로, 포토존 등의 부대시설이 있어 하룻밤 숙박하며 시간을 보내보는 것도 좋다.
강원도 삼척시 도계읍 심포남길99
033-550-7788
레일바이크(2인승 2만8천원, 4인승 3만5천원), 스위치백트레인(1만원), 미니트레인(4천원)
09:00~17:00
동백산역에서 도계버스터미널 방향으로 직진하면 우측
http://choochoopark.com

하이원추추파크_사진제공(삼척시청 관광홍보과)

해신당공원 동해안 유일의 남근숭배민속이 전해 내려오는 곳으로, 어촌민의 생활을 느낄 수 있는 어촌민속전시관, 해학적인 웃음을 자아내는 남근조각공원 등이 있다. 공원을 따라 펼쳐지는 소나무 산책로와 푸른 바다가 어우러져 산책하기 좋다.
강원도 삼척시 원덕읍 삼척로 1852-6
033-572-4429
어른(3천원), 중고생(2천원), 초등생(1천5백원)
3월~10월 09:00~18:00 | 11월~2월 09:00~17:00 - 매월 18일 휴관
신남항 옆

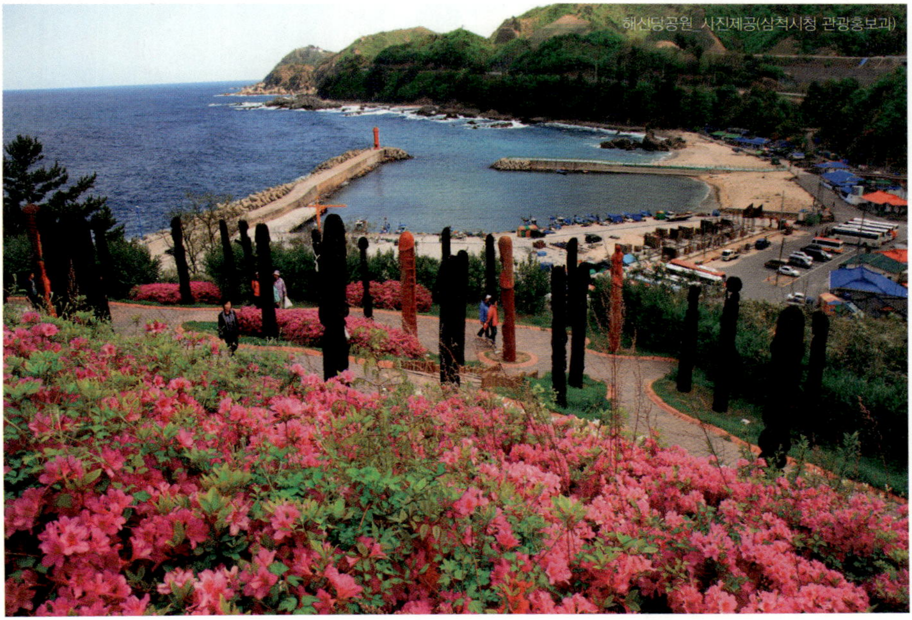
해신당공원_사진제공(삼척시청 관광홍보과)

설악산과 바다, 호수가 어우러지는 곳

속초

속초는 앞쪽으로는 푸른 동해를, 뒤쪽으로는 수려한 설악산국립공원을 품고 있는 곳이다. 우리나라의 대표적인 자연을 품에 안고 있는 만큼 다양한 매력을 느낄 수 있어 많은 관광객이 찾는다. 동해안 다른 도시와 마찬가지로 시내에서 멀지 않은 곳에 탁 트인 바닷가와 항구가 모여 있으며 모래, 자갈이 퇴적되어 형성된 사주에 의해 바닷가와 격리된 청초호와 영랑호 등의 호수가 다채로움을 더한다. 설악산국립공원을 제외하면 속초 내에 있는 웬만한 관광지는 도보로 이동해도 별 어려움이 없을 정도로 시내에서 멀지 않은 곳에 자리하고 있다. 여유롭게 속초 시내를 걸어 다니며 속초의 매력을 눈에 담아보는 것도 좋겠다.

☀ 웅장하고 빼어난 산세
⛰ 설악산국립공원

한라산, 지리산에 이어 남한에서 세 번째로 높은 산으로, 자연 생태계의 보고이자 수려한 경관자원이 있는 국립공원이다. 강원도 속초와 양양, 고성, 인제 등에 걸쳐 있는 산이며 백두대간의 중심부로 꼽힌다. 최고봉인 대청봉과 대청봉 남쪽 한계령, 북쪽 마등령, 미시령 등의 고개가 있어 험한 산세를 자랑하는 곳이기도 하다.

강원도 여러 지역에 걸쳐 있는 만큼 코스도 여러 개지만, 그중에서도 소공원에서 울산바위까지 이르는 '울산바위코스'(약 2시간)와 비룡폭포와 육담폭포, 토왕성폭포 등까지 연결되는 '비룡폭포코스'(약 1시간 30분), 그리고 케이블카를 타고 권금성까지 이르는 '권금성코스'(약 30분)가 일반적으로 많이 찾는 코스다. 다소 오르는 길이 험든 '울산바위코스'를 제외하면 나머지 코스는 비교적 평탄한 편이다.

📍 강원도 속초시 설악동
📞 설악산국립공원 관리사무소 033-801-0900
💰 어른(3천5백원), 중고생(1천원), 초등생(5백원)
🔍 대포항에서 대포동주민센터 지나 직진

사진제공(한국관광공사)

속초해수욕장
조도가 바라다 보이는 해수욕장

눈부신 백사장을 푸른 송림이 감싸고 있는 해수욕장. 속초 시내에 있으면서도 청초호, 아바이마을, 중앙시장 등 속초의 주요 관광지와도 거리가 가까워 많은 사람들이 찾는 곳이다. 해수욕장에서 바라보는 조도의 풍경도 빼놓을수 없다. 새가 많이 찾는 섬이라 하여 이름 붙은 조도는 백사장, 주변 경관과 어우러져 멋진 풍광을 자아낸다. 특히 동트는 일출 풍경이 아름답기로 유명하다.

- 강원도 속초시 조양동
- 속초시청 관광과 033-639-2027
- 속초고속버스터미널 뒤편
- http://www.sokchobeach.co.kr

사진제공(김지호) - 한국관광공사

먹거리로 가득한, 활기 넘치는 시장 속초관광수산시장(중앙시장)

사진제공(김지호)-한국관광공사

설악권에서 가장 큰 종합재래시장으로, 맛있는 음식으로 가득한 곳이다. 중앙시장 상가를 중심으로 젓갈어시장골목, 순대골목, 청과골목 등 파는 품목에 따라 골목이 나뉘어 있으며 동해안의 각종 건어물과 채소를 구매할 수 있다. 전국적인 유명세를 끌고 있는 만석닭강정을 비롯해 씨앗호떡, 어묵 등의 별미로 허기를 채워보는 것도 좋겠다.

📍 강원도 속초시 중앙로147번길 16 ☎ 033-633-3501 🔍 속초시청에서 속초우체국 지나 직진

실향민이 모여 사는 마을 속초아바이마을

6·25전쟁 이후 실향민들이 바닷가에 터를 잡고 살던 마을로, 함경도식 순대인 아바이순대와 오징어순대 등을 판매하는 음식점이 모여 있는 곳으로도 유명하다. 마을로 들어가기 위해서는 중앙시장 인근에 있는 갯배선착장에서 갯배를 타야 한다. 배를 끌어당기는 이색적인 체험을 즐길 수 있다.

사진제공(김지호)-한국관광공사

📍 강원도 속초시 청호로 122 (청호동)
☎ 속초시청 관광과 033-633-3171
🔍 갯배선착장에서 갯배 타고 진입 🌐 http://www.abai.co.kr

대포항

대포항 설악산 기슭을 끼고 있는 항구. 일제강점기 때부터 오래된 전문 어항이었으나 지금은 소형 어선이 드나드는 한적한 포구다. 인근에 설악산, 청초호 등이 있어 관광객이 많이 찾는 곳이기도 하다. 항구 양 길가에 회와 튀김 등을 판매하는 노점상이 빼곡하게 있었지만, 현재는 현대화 시설을 갖춘 상가에 수십 개의 점포가 모여 있다.

📍 강원도 속초시 대포동
☎ 속초시청 관광과 033-633-3171
🔍 속초고속버스터미널에서 설악항 방향으로 직진하면 좌측

설악케이블카_사진제공(설악케이블카)

동명항 동해에서 해가 밝아오는 항구라는 뜻의 동명항은 인근에 활어회센터가 있어 관광객이 많이 찾는 곳이다. 비교적 합리적인 가격으로 신선한 회를 맛볼 수 있는것이 장점. 동명항에서 구름다리로 연결되어 있는 영금정에서 바라보는 경치가 훌륭하며 일출 명소로도 유명하다.
- 강원도 속초시 동명동
- 속초시청 관광과 033-633-3171
- 속초국제여객터미널 옆

비룡폭포 높이 15m의 비교적 짧은 폭포지만 설악산에서 가장 짜임새 있는 폭포로 정평이 나 있다. 전설에 의하면 폭포수에 사는 용에게 처녀를 바쳐 하늘로 올려보내 심한 가뭄을 해소하였다 해서 비룡이라는 이름이 붙었다한다. 설악동 소공원에서 1시간 30분 정도의 가까운 거리에 있으면서도 설악산의 압축된 계곡미를 잘 느낄 수 있어서 관광객이 가장 많이 찾는다.
- 강원도 속초시 설악동
- 설악산국립공원 관리사무소 033-801-0900
- 설악산케이블카 옆길로 직진

설악케이블카 설악산국립공원 소공원 내에 있는 케이블카로, 해발 700m 정상 권금성까지 왕복 운행한다. 권금성 정상에서 동해와 울산바위, 토왕성폭포 등의 수려한 경관을 한눈에 내려다볼 수 있다. 시간은 왕복 30분 정도 소요된다.
- 강원도 속초시 설악산로 1085 (설악동)
- 033-636-4300
- 어른, 중고생(1만1천원), 어린이(7천원)
- 홈페이지 참조
- 대포항에서 신흥사 방향으로 직진하면 좌측
- http://www.sorakcablecar.co.kr

속초등대전망대 호젓한 정자와 동해의 파도가 어우러지는 동명항 영금정에서 계단을 따라 올라가면 등대전망대가 나온다. 죽도를 비롯해 조도, 속초항 등을 한눈에 조망할 수 있는 곳으로, 특히 일출 시각이나 어스름하게 해질 무렵에 찾아가면 더욱 좋다.
- 강원도 속초시 영금정로5길 8-28 (영랑동)
- 033-633-3406
- 하절기 06:00~20:00 | 동절기 07:00~18:00
- 동명항 인근

속초시립박물관 2005년 11월 4일 개관한 속초시립박물관은 이북 5도의 전통 가옥과 실향민의 가옥 등을 복원한 모양을 볼 수 있는 곳이며, 인근의 실향민 문화촌은 울산바위를 품에 안고 동해를 아우르는 노학동의 한옥 마을에 자리를 잡았다. 영동 북부 지역의 최대 규모를 자랑하는 박물관과 문화촌은 속초의 가치관과 역사관을 정립하는 곳이다.
- 강원도 속초시 신흥2길 16 (노학동)
- 033-639-2977
- 어른(2천원), 청소년, 군인(1천5백원), 어린이(7백원)
- 하절기 09:00~18:00 | 동절기 09:00~17:00 – 월요일, 신정 휴무
- 발해역사관 옆
- http://www.sokchomuse.go.kr

속초항_사진제공(김지호)-한국관광공사

속초항 근해에 풍부한 수산자원이 보존되어 있어 어항으로 발전했으며 양양 철광이 개발되면서 적출항의 역할도 하고 있다. 또한, 설악산과 동해 해안을 끼고 있어 관광항으로도 유명하다. 명태, 꽁치, 오징어 등을 주요 어종으로 한다.
- 강원도 속초시 동명동
- 속초시청 관광과 033-633-3171
- 속초시청 앞

영랑호 영랑호는 둘레 8km, 넓이 36만 평의 자연석호로 상쾌한 바람이 부는 봄·가을이면 하이킹을 즐기는 연인과 가족들로 정겨운 풍경을 이룬다. 영랑호는 신라의 화랑 '영랑'이 금강산에서 수련을 마치고 돌아오는 길에 이 호수를 발견하고, 그 아름다움에 빠져 오랫동안 머무르며 풍류를 즐겼다 하여 그 이후부터 '영랑호'라는 이름이 붙었다.
- 강원도 속초시 장사동
- 033-639-2690
- 속초에서 7번 국도를 따라 고성쪽으로 올라가면 왼쪽

울산바위 외설악 북쪽에 자리한 바위산. 설악산 소공원에 자리한 신흥사 옆길을 따라 올라가면 흔들바위와 계조암을 거쳐 울산바위까지 도달할 수 있다. 약 2시간 정도 소요되며 오르는 데 힘이 들기는 하지만 그만큼 빼어난 절경을 감상할 수 있다. 새벽에 정상에 오르면 동해에서 떠오르는 일출이 울산 바위를 비추는 진귀한 풍경을 볼 수 있다.
- 강원도 속초시 설악산로 1091
- 설악산국립공원 관리사무소 033-636-7700
- 설악산국립공원 내 신흥사 옆길로 직진

장사항 어선 30여 척이 옹기종기 모여 있는 아담한 어촌. 항구 주위로 횟집 및 활어판매장 들어서 있어 싱싱한 활어회를 맛보기에 안성맞춤이다. 항구와 가까운 곳에는 배 낚시를 경험할 수 있는 어장이 있어, 바다 낚시를 즐길만 한 곳이다. 매년 여름 피서철에는, 오징어를 맨손으로 잡는 장사항 오징어 맨손잡기 축제가 열려 시원한 즐거움을 더한다.
- 강원도 속초시 장사항해안길 58 (장사동)
- 속초시청 관광과 033-633-3171
- 속초시청에서 영랑교 지나 직진하면 우측

청초호 속초시 가운데 자리하고 있는 청초호는 긴 사주에 의해 동해와 격리된 석호로, 지리학적으로 희귀한 가치를 지닌다. 11월부터 이듬해 2월까지는 다양한 철새가 모여드는 도래지로도 유명하며 가을에는 억새와 갈대가 무성하게 우거진다. 인근에 호수공원이 있어 시민들의 휴식 장소로도 사랑받고 있다.
- 강원도 속초시 청호동
- 속초시청 관광과 033-633-3171
- 속초시청 인근

울산바위_사진제공(김지호)-한국관광공사

역사와 자연이 공존하는 생태계
양구

우리나라 국토의 배꼽으로 꼽히는 지역이 바로 양구다. 한반도섬의 모습이 가슴 뻥 뚫리게 해주며 파로호의 노을이 저물어갈 때면 장관이 따로 없다. 양구는 박수근 화가의 태어남과 동시에 잠든 곳으로, 그의 선한 심성만큼 조명 받고는 박수근미술관이 유명하다. 이 밖에도 백자박물관이나 선사박물관, 전쟁기념관과 같은 역사가 공존하고 있으며 자연 속에서 DMZ 둘레길 걸어보는 것도 추천한다.

광치자연휴양림
양구, 원통, 동해안을 연결하는 이동로에 있다. 산림문화휴양관, 숲속의 집, 야영장 등이 잘 갖춰져 있다.
- 📍 강원도 양구군 국토정중앙면 광치령로1794번길 265
- ☎ 033-482-3115
- 🎫 성인(2천원), 중고생(1천5백원), 어린이(1천원)
- 🕐 입실 14:00 | 퇴실 12:00
- 🔍 양구휴게소에서 광치계곡으로 가다 오른편
- 🌐 http://www.ygtour.kr
- 🍴 광치계곡

양구백자박물관_사진제공(김지호)-한국관광공사

국토정중앙천문대
국내 최대 규모의 80cm 니스미스식 반사망원경이 설치되어 있으며 그 외에도 여러 대의 망원경들을 보유하고 있다. 56석 규모의 천체투영실은 디지털 천체투영기를 이용해 환상적인 과학 영상물을 보거나 가상의 밤하늘을 보며 별자리를 볼 수 있도록 꾸며져 있다.
- 📍 강원도 양구군 국토정중앙면 국토정중앙로 127
- ☎ 033-480-2586
- 🎫 성인(2천원), 청소년, 군인, 어린이(1천원)
- 🕐 하절기 14:00~23:00 | 동절기 14:00~22:00 – 월요일, 신정 휴관
- 🔍 도촌리 마을회관에서 양구군폐기물처리장 방향으로 직진하다 왼편
- 🌐 http://www.ckobs.kr

양구백자박물관
백토가 많아 도자기 생산의 요지였던 양구지역의 백자 박물관. 국내에서 유일하게 도자기의 전 생산과정을 체험할 수 있다. 전시관에는 3천여 점의 도자기가 전시되어 있으며, 복원된 백자 가마도 3곳과 전통 가마가 설치되어있다. 백자의 발달사를 한눈에 볼 수 있고, 조선백자를 직접 만들어 볼 수도 있다. 체험은 일일체험과 3개월 과정이 있으며 사전에 예약해야 한다.
- 📍 강원도 양구군 방산면 평화로 5182
- ☎ 033-480-2664
- 🎫 무료(체험비는 별도 요금)
- 🕐 09:00~18:00 – 월요일, 신정, 명절 당일 오전 휴관
- 🔍 방산면보건지소 건너편
- 🌐 http://www.yanggum.or.kr

양구선사박물관
파로호 상류인 하리 고인돌 공원에 세워진 국내 최초의 양구 선사 박물관은 양구지역에서 출토된 신, 구석기 및 청동기 시대 유물이 전시되어 있어 한반도 중부 내륙권에 형성된 선사시대 생활문화를 이해 연구할 수 있는 산교육장이 되고 있다.
- 📍 강원도 양구군 양구읍 금강산로 439-51
- ☎ 033-480-2677
- 🎫 무료
- 🕐 하절기 09:00~18:00 | 동절기 09:00~17:00
- 🔍 강원외국어고등학교 옆
- 🌐 http://www.ygpm.or.kr

박수근미술관_사진제공(김지호)-한국관광공사

박수근미술관
우리 민속의 일상적인 모습을 따뜻한 시선으로 그려냈던 한국적인 화가 박수근의 생가터에 건립되었다. 작가의 유품, 유화, 수채화, 판화 등 작품세계를 소개하고 있으며, 근현대 주요 작가들의 작품들도 기획 전시한다. 인근에는 4,500평 규모의 동산도 조성되어 있다.
- 📍 강원도 양구군 양구읍 박수근로 265-15
- ☎ 033-480-2655
- 🎫 어른(3천원), 중고생(2천원), 초등생(1천원), 유아(무료)
- 🕐 09:00~18:00 – 월요일, 1월 1일, 명절 오전 휴관
- 🔍 박수근 마을 예술촌 옆
- 🌐 http://www.parksookeun.or.kr

전쟁기념관
6·25 당시 격전지였던 9개 양구지구 전투사를 재조명하기 위해 2000년 6월에 건립되었다. 전시실마다 치열했던 양구 지역의 전투 장면을 묘사한 디오라마와 동영상 등이 있어, 그 당시 상황을 느낄 수 있으며 전후세대들에게 호국정신과 전쟁의 교훈을 일깨워준다.
- 📍 강원도 양구군 해안면 해안서화로 35
- ☎ 033-481-9021
- 🎫 대인(3천원), 군인, 소인(1천5백원)
- 🕐 09:30~18:00
- 🔍 DMZ 펀치볼 둘레길 인근

해오름의 고장
양양

낙산사, 설악산 오색약수, 낙산해수욕장 등 이름만 들으면 누구나 알 만한 명소가 양양에 있다. 그동안은 접근성이 좋지 않아 양양을 찾아가기가 쉽지 않았다. 최단거리로 연결하는 고속도로가 없다 보니 양양을 가려면 홍천과 인제를 거쳐 굽이굽이 넘어가야만 했다. 하지만 2017년 6월 말 서울과 양양을 연결하는 서울-양양고속도로가 개통되면서 훨씬 접근성이 좋아졌다. 기존에는 서울에서 양양까지 3시간 넘게 걸렸지만, 이제는 절반에 해당하는 1시간 30분이면 양양에 갈 수 있다. 천년 고찰 낙산사와 바닷가와 어우러진 휴휴암, 하조대 등 양양의 빼어난 명소를 즐길 일만 남았다. 또한 최근에는 여름에 서핑을 즐기는 장소로도 인기가 높다.

푸른 동해가 어우러지는 천년고찰
낙산사

의상대사가 창건한 사찰로, 푸른 동해가 어우러지는 전망이 아름다운 곳으로 유명하다. 금강산, 설악산과 함께 관동 3대 명산의 하나로 손꼽히는 오봉산 자락에 자리하고 있으며 부처님 진신사리가 출현한 공중사리탑, 해수관음상, 칠층석탑 등 다양한 성보문화재를 보유하고 있는 천년고찰이다. 2005년 4월 대형 산불로 전소에 가까울 정도로 크게 훼손되었으나, 이후 복원위원회의 꼼꼼한 고증을 통해 가장 크고 장엄했던 조선 세조 때의 낙산사 모습을 복원하기에 이르렀다. 바쁜 일상에서 벗어나 여유와 자아 성찰의 시간을 가질 수 있는 템플스테이도 인기가 많다. 행정구역상으로는 양양군에 속하지만 속초와 30분도 채 걸리지 않는 가까운 곳에 자리하고 있어 속초 여행시 함께 들르는 편을 추천한다.

- 강원도 양양군 강현면 낙산사로 100
- 033-672-2447
- 어른(4천원), 중고생(1천5백원), 초등생(1천원)
- 일출 시~일몰 시
- 홍예문 인근
- http://www.naksansa.or.kr

사진제공(이범수)-한국관광공사

강원도 대표 해수욕장 낙산해수욕장

사진제공(김지호)-한국관광공사

경포해변과 더불어 매년 여름 전국 각지에서 2백만 명이 넘는 피서객이 다녀가는 강원도 대표 해수욕장 중 한 곳으로, 양양에서 첫손에 꼽는 명소다. 깨끗한 모래와 수질을 자랑해 해수욕과 일광욕을 즐기기 좋다. 특히 해수욕장 한쪽에 낙산 오토캠핑장이 조성되어 있어, 송림 사이로 우거진 그늘막에서 캠핑을 즐기는 사람들도 많다. 수상레저 마니아들에게도 최상의 장소. 바나나보트, 플라잉보트, 땅콩보트 등 다양한 수상레저를 즐길 수 있다. 인근에 관동팔경 중 하나인 낙산사와 의상대 등의 명소도 있어 함께 둘러볼 것을 추천한다.

📍 강원도 양양군 강현면 전진리   ☎ 낙산도립공원 관리사무소 033-670-2518   🔍 낙산항 옆

서핑으로 즐기는 해외 여행 서피비치

서피비치_사진제공(김지호)-한국관광공사

이국적인 해변, 트로피컬 음악이 흐르는 곳. 서핑 강습을 받을 수 있고, 5~10월에 운영되는 선셋바에서 애프터파티를 즐길 수 있다. 선셋바 2층에 있는 루프탑에서 내려다보는 해변 전경이 아름다우며, 빈백에 누워 여유와 포근함을 만끽할 수 있다. 파도 소리와 음악 소리를 함께 들을 수 있어 속이 뻥 뚫리는 여행지로 더할 나위 없이 짜릿한 곳. 한국의 발리를 느낄 수 있는 여행지로 추천한다.

📍 강원도 양양군 현북면 하조대해안길 119   ☎ 라온서피리조트 033-672-0695   🌐 홈페이지 참조   🕘 09:00~20:00
🔍 중광정해수욕장 인근   🌐 http://www.surfyy.com/

남애항 삼척 초곡항, 강릉 심곡항과 함께 강원도 3대 미항 중 한 곳으로 꼽히는 곳으로, 아름다운 경관을 자랑한다. 푸른 바다와 빨간 등대가 어우러진 정경이 아름다우며 영화 <고래사냥>의 촬영지로도 유명하다. 배낚시 출조지로도 인기가 많은 곳.
📍 강원도 양양군 현남면 남애리

☎ 양양군청 해양수산과 033-670-2411
🔍 남애초등학교 인근

멍비치 군사지역으로 접근이 불가했던 해변이었으나, 여름 시즌만 개장하여 운영하는 애견 전용 해수욕장. 목줄 착용 필수다.

📍 강원도 양양군 현남면 광진리 78-20
☎ 010-7588-8816
🎫 사람(1인 5천원), 강아지(7kg 이하 5천원, 7~15kg 1만원, 15kg 이상 1만5천원), 파라솔(1일 1만원)
🔍 광진해변 인근
🌐 http://cafe.naver.com/grayonhjj

설악산대청봉 이른 새벽부터 등산해야 일몰 전에 내려올 수 있는 설악산의 최고봉. 봉우리가 푸르게 보인다는 데서 유래되었다. 일출과 낙조 유명.
📍 강원도 양양군 서면 오색리
☎ 033-801-0900
🌐 http://seorak.knps.or.kr

송천떡마을 전통방식대로 떡메로 치고 손으로 직접 빚어 떡을 만드는 민속 떡 마을. 떡만들기 체험을 하면 그네타기, 널뛰기 등의 전통놀이를 무료로 할 수 있다.
📍 강원도 양양군 서면 떡마을길 107
☎ 033-673-8977
🎫 홈페이지 참조
🕐 평일 09:00~18:00
🔍 양양고인돌오토캠핑장 인근
🌐 http://songcheon.invil.org

오색그린야드호텔온천 고대 로마 시대 휴양과 건강을 위한 시설과 같은 스파 대욕장으로 2가지 온천수를 동시에 즐기는 곳이다. 특히, 세계적 저온명천인 탄산온천수는 각종 성인병 질환에 효능이 탁월하고 건강요양, 한방, 미용, 휴식, 문화공간을 모두 갖춘 복합 보양 온천이다.
📍 강원도 양양군 서면 대청봉길 34
☎ 033-670-1000
🎫 대인(9천원), 소인(5천원)
🕐 06:00~22:00
🔍 오색그린야트호텔 내
🌐 http://www.greenyardhotel.com

오색약수 설악산 계곡 주전골의 입구이자 설악산 등반의 주요 코스 중 한 곳으로 천연기념물 제529호다. 양양남대천이 지류인 오색천 개울가의 암반 위에서 솟는 약수로, 약수 맛이 특이한 것으로 유명하다. 철분이 많아 위장병이나 피부병, 빈혈 등에 효력이 있다고 한다. 오색버스터미널에서 가까우며 산채음식을 파는 식당이 한 곳에 모여 있다.
📍 강원도 양양군 서면 오색리
☎ 설악산국립공원 관리사무소 033-636-7700
🎫 무료
🔍 오색터미널 인근
🌐 http://www.daemyungresort.com/sb

하조대 늘 관광객으로 붐비는 일출 명소. 우뚝 솟은 기암 절벽과 노송이 어우러져 있어 아찔하고 아름답다. 구름 다리를 건너 10여 미터 정도 들어가다 보면, 새하얀 무인 등대가 보이며, 일출을 즐기기에 좋은 장소이다. 하조대라는 이름은, 이곳에서 만년을 보낸 조선의 개국 공신 하륜과 조준의 성을 하나씩 따 하조대라는 이름을 지었다고 전해진다.
📍 강원도 양양군 현북면 하광정리
☎ 하조대 관광안내소 033-670-2516
🔍 하조대해수욕장 인근

휴휴암 쉬고 또 쉰다라는 뜻을 가진 사찰로, 낙산사와 마찬가지로 푸른 바다를 끼고 있어 수려한 풍광을 자랑한다. 1999년에 바닷가에 바짝붙어 누워 있는 듯한 관세음보살바위가 발견되면서 전국적인 명소로 발돋움 했다. 강에서 태어나 바다에서 서식하는 황어가 떼를 지어 몰려오는 기이한 현상이 일어나는 곳이기도 하다.
📍 강원도 양양군 현남면 광진2길 3-16
☎ 033-671-0093
🔍 남애해수욕장에서 인구시외버스정류장 방향으로 직진하면 우측
🌐 http://huhuam.org

하조대_사진제공(김지호)·한국관광공사

신선이 노닐던 진풍경
영월

2006년 개봉한 영화 〈라디오스타〉는 영월의 매력을 오롯이 보여주었다. 노브레인의 신나는 노래와 대조적으로 시간이 느릿느릿 흘러가는 영월의 모습을 보고 있자면 당장에라도 영월로 향하고 싶은 마음이 든다. 영월에는 한반도 모양을 쏙 빼닮은 한반도지형과 천연기념물로 지정된 고씨동굴 등의 자연을 비롯해 단종의 가슴 아픈 삶이 녹아 있는 청령포와 장릉, 풍류 시인 김삿갓의 흔적이 묻어나는 문학관 등 역사, 문화적 공간이 다채롭게 펼쳐진다. 영월의 주요 명소를 하루 만에 돌아볼 수 있는 시티투어(아리랑 투어)도 추천할 만하다.

4억 년의 신비로움을 간직한 천연 동굴
고씨동굴

천연기념물 제219호로 지정된 고씨동굴은 임진왜란 때 고씨 일가가 왜군을 피해 은거한 데서 유래한 명칭이다. 고씨 일가가 이곳에 은거하면서 밥을 지을 때 불에 그을린 흔적, 솥을 걸었던 자리가 그대로 남아 있다. 우리나라의 대표적 석회 동굴로, 4~5억 년 전에 형성된 것으로 추정되며 종유석의 생성 과정을 한눈에 볼 수 있다. 예전에는 나룻배로 남한강을 건너야 동굴 입구에 도착할 수 있었지만, 지금은 다리로 연결되어 편하게 동굴까지 갈 수 있게 되었다. 여름철 성수기처럼 사람이 많이 붐빌 때는 15분 간격으로 인원을 50명씩 제한해 입장하므로 방문 시 참고하자.

📍 강원도 영월군 김삿갓면 진별리 산262
☎ 033-372-6871
🎟 어른(4천원), 중고생(3천원), 초등생(2천원)
🕘 3월~10월 09:00~18:00 | 11월~2월 09:00~17:00
📍 영월역에서 영월야구장 지나 남한강 따라 직진하면 우측

사진제공(영월군청 문화관광체육과)

아름다운 천문대 **별마로천문대**

사진제공(영월군청 문화관광체육과)

국내 최대 규모의 공립시민천문대. 별마로란 별과 산 정상을 뜻하는 마루, 그리고 고요할 로의 합성어로, 별을 보는 고요한 정상이라는 뜻이다. 천체 관측을 위해서는 반드시 홈페이지를 통해 사전 예약해야 한다.

- 강원도 영월군 영월읍 동강로 95-86
- 033-372-8445 어른(7천원), 중고생(6천원), 초등생(5천원) 4월~9월 15:00~23:00 | 10월~3월 14:00~22:00 - 월요일 휴관
- 봉래산 정상 http://www.yao.or.kr

볼수록 신비한 자연의 선물 **영월한반도지형**

한반도의 모습을 닮았다 하여 이름 붙은 곳으로, 동쪽의 급경사와 서쪽의 완만한 지형, 그리고 백두대간을 연상케 하는 무성한 송림, 세세한 해안선까지 한반도 지형을 빼다 닮은 모습이 신기하기만 하다. 한반도지형전망대에 올라가면 평창강과 어우러진 한반도지형을 한눈에 내려다볼 수 있다.

사진제공(영월군청 문화관광체육과)

- 강원도 영월군 한반도면 옹정리 산 180
- 한반도면사무소 033-372-6001
- 뗏목체험(어른, 중고생 6천원, 어린이 4천원)
- 한반도면 선암마을 앞

난고김삿갓문학관 김삿갓이라 불린 난고 김병연의 생애와 얼을 기리기 위해 조성된 문학관으로, 김삿갓의 발자취를 좇는 데 일생을 바친 정암 박영국 선생의 연구 자료가 전시되어 있다. 멀티미디어를 활용한 김삿갓 자료가 상영되고 있으며 매년 수많은 관광객이 찾는다. 인근에 김삿갓 묘역과 그의 시가 적힌 시비가 있어 함께 둘러보면 좋다.

- 강원도 영월군 김삿갓면 김삿갓로 216-24
- 033-375-7900
- 어른(2천원), 중고생(1천5백원), 어린이(1천원)
- 09:00~18:00 - 월요일 휴관
- 김삿갓계곡 인근
- http://www.ywmuseum.com

동강사진박물관 박물관에는 국내외 사진 작품 700여점 및 카메라 300여 점이 소장되어 있고, 현대식 시설을 갖춘 수장고와 두 개의 전시공간, 사진 관련 자료 진열실, 암실, 아트숍과 카페테리아 등이 들어있으며, 야외에는 다용도 야외공연장과 회랑(코리도) 등을 갖추고 있다.

- 강원도 영월군 영월읍 영월로 1909-10
- 033-375-4554
- 어른(2천원), 청소년, 군인(1천5백원), 어린이(1천원)
- 09:00~18:00 - 신정 휴관
- 군청사거리 부근 구세군 영월교회 뒤편
- http://www.dgphotomuseum.com

영월라디오스타박물관 영화 〈라디오스타〉의 배경이 되었던 구 KBS 영월 방송국이 라디오 방송의 제작 과정을 직접 체험할 수 있는 박물관으로 재탄생했다. 이곳에서는 한국 방송국의 역사를 소개하는 공간을 비롯해 DJ 전시관, 음악 다방, 영월 라운지, 라디오 단막극 체험 스튜디오 등 라디오를 테마로 한 갖가지 체험 공간이 마련되어 있다.

📍 강원도 영월군 영월읍 영흥리 893-1

☎ 033-372-8123
🎫 어른(3천원), 중고생, 어린이(2천원)
🕐 09:00~18:00 - 월요일 휴관
🔍 영월향교 옆
🌐 http://www.radiostar.or.kr

영월서부시장 영월군 중심에 자리한 전통시장으로, 영월서부아침시장과 영월종합상가가 함께 있다. 서부아침시장에서는 메밀전병을 비롯한 맛깔스러운 먹거리를, 종합상가에서는 식료품, 생필품 등을 판매한다.

📍 강원도 영월군 영월읍 하송리
☎ 033-372-1933
🔍 영월시외버스터미널 근처

장릉 비운의 왕인 조선 제6대 임금 단종의 능. 단종은 부왕인 문종이 일찍 죽어 12세에 왕위에 올랐으나 숙부인 수양대군에게 왕권을 빼앗기고 영월 청령포에 유배되었다가 결국 사약을 받고 승하했다. 단종의 시신을 거두는이가 없자 영월호장 엄흥도가 시신을 거두어 모신 곳이 바로 이곳 장릉이다. 장릉 주위의 소나무가 능을 향해 굽어 있어 경이로움을 불러일으킨다.

📍 강원도 영월군 영월읍 단종로 190
☎ 장릉안내소 033-374-4215
🎫 어른(2천원), 중고생(1천5백원), 초등생(1천원)
🕐 09:00~18:00
🔍 영월군청에서 능말도시숲 따라 직진

청령포 지금도 작은 배를 타고 5분 정도 들어가야 하는, 왕위에서 쫓겨난 단종의 유배지였던 곳. 지형적으로 섬은 아니나, 삼면이 강으로 둘러싸여 있고 서쪽으로는 험준한 암벽이 솟아 있어 섬과 같은 분위기를 낸다. 유배처를 중심으로 울창한 소나무가 우거져 있으며, 그중에서도 가장 오래된 소나무인 관음송은 단종이 걸터앉아 말벗으로 삼았다고 전해진다.

📍 강원 영월군 남면 광천리 산67-1
☎ 033-372-1240
🎫 성인(3천원), 청소년(2천5백원), 어린이(2천원)
🕐 09:00~18:00

청령포 사진제공(영월군청 문화관광체육과)

고즈넉한 자연의 힐링
원주

원주는 치악산 자락의 구룡사와 섬강 위의 소금산 출렁다리가 대표적인 여행지다. 간현관광지에 레일파크와 캠핑장이 있어 가족들과 즐기기에 좋고, 조선 시대 강원도 감찰사가 업무를 보던 강원감영에서 봄철에 개화하는 붉은 매화가 눈길을 사로잡는다. 자연과 함께 문화예술을 즐길 수 있는 원주로 떠나보자.

드라마 '마인' 촬영지 **뮤지엄산**

사진제공(박은경)-한국관광공사

플라워가든을 비롯해 워터가든, 스톤가든 등 강원도의 자연을 잘 살려 꾸민 정원으로 둘러싸인 박물관. 안도 타다오가 설계한 독특한 건축 양식의 박물관 안에서는 우리나라의 국보, 보물급의 문화재를 전시하고 있다. 이외에도 페이퍼 갤러리와 판화 공방, 그리고 제임스터렐관에서는 빛의 공간 체험을 비롯한 갖가지 교육 프로그램을 진행하고 있다. 박수근, 이중섭, 김환기, 백남준 등 근대에 활동했던 작가의 회화와 조각품이 다수 전시되어 있기도 하다.

📍 강원도 원주시 지정면 오크밸리2길 260 ☎ 033-730-9000 🎫 기본권(대인 1만9천원, 소인 1만1천원) ⏰ 10:00~18:00 - 월요일 휴관 🔍 오크밸리 내 🌐 http://www.museumsan.org

---

고판화박물관 우리나라에 하나밖에 없는 전 세계의 옛날 목판화를 전시하는 전문 박물관이다. 총 2,500여 점의 유물을 소장하고 있는데, 전시뿐만 아니라 목판화를 직접 새기는 현장 체험도 할 수 있는 독특한 박물관이다.
📍 강원도 원주시 신림면 물안길 62
☎ 033-761-7885
🎫 성인(5천원), 학생(4천원), 유치원, 경로(3천원)
⏰ 하절기 10:00~18:00 | 동절기 10:00~17:00 - 월요일 휴관
🔍 명주사 옆
🌐 http://www.gopanhwa.or.kr

구룡사 치악산 자락에 신라 문무왕대 의상대사가 창건한 사찰이다. 영험한 아홉 바다의 용이 구름을 푸는 형상을 한 명승지로 이름나 있다. 명상과 108배, 마음 치료가 중심이 된 템플스테이를 체험할 수 있다.
📍 강원도 원주시 소초면 구룡사로 500
☎ 033-732-4800
🎫 성인(3천원), 청소년, 학생(1천원), 어린이(5백원)
🔍 치악산 구룡사계곡 옆
🌐 http://www.guryongsa.or.kr
🍴 구룡사계곡, 구룡소

박경리문학공원 박경리 작가의 대하소설 토지를 주제로 작가의 문학세계를 탐방할 수 있는 테마공원. 공원 내에는 작가의 옛집과 직접 가꾸었던 텃밭이 있다. 주변 공원엔 토지의 배경을 옮겨놓은 평사리 마당, 홍이동산, 용두레벌을 조성해 놓았다. 공원 내엔 북카페와 특별전시장도 있다.
📍 강원도 원주시 토지길 1 (단구동)

☎ 033-762-6843
🎫 무료
⏰ 10:00~17:00 - 넷째 월요일, 공휴일, 신정, 명절 휴무
🔍 단관공원 인근
🌐 http://www.tojipark.com

소금산출렁다리 다리 길이 200m, 높이는 100m로 산악 보도교 중 가장 길고 가장 높은 출렁다리. 원주에서 많이 찾는 명소 중 한 곳으로, 다리를 건너면서 보이는 섬강의 풍경이 시원하다. 다리의 중간 지점을 건널 때쯤이면 출렁이는 다리가 아찔하다.
📍 강원 원주시 지정면 소금산길 14
☎ 033-749-4860
🎫 어른, 중고생, 어린이(3천원), 원주시민(1천원)
⏰ 11~4월 09:00~16:00 | 5~10월 09:00~17:00 - 첫째, 셋째 주 월요일 휴장
🔍 간현관광지앞 정류장에서 도보 3분

소금산출렁다리_사진제공(김지호)-한국관광공사

황태의 본고장
인제

'인제에 볼 게 많나?'라고 생각했던 이들이라면 아마 생각을 바꾸게 될지도 모르겠다. 인제는 설악산국립공원이 걸쳐 있는 지역이다. 한용운 선생이 수도한 곳으로도 유명한 백담사를 비롯해 우리나라 3대 폭포 중 하나인 대승폭포, 그리고 대승령 등산로의 출발 지점인 장수대 등 설악산의 주요 명소가 자리하고 있다. 요즘 들어 뜨거운 인기를 자랑하는 속삭이는자작나무숲 빼놓을 수 없다. 여름에는 진초록빛의 울창한 나무를 볼 수 있으며 겨울에는 흰 눈이 쌓인 설경과 어우러져 색다른 느낌이 든다.

이곳이 바로 노르웨이의 숲!
속삭이는자작나무숲

자작나무가 군락을 이루고 있는 숲으로, 총면적이 138헥타르에 달한다. 곧게 뻗은 자작나무가 울창하게 조성되어 있는 모습을 보면 노르웨이의 숲이 절로 떠오른다. 자작나무숲을 탐방하기 위해서는 숲 입구에서 방문객 이름과 주소를 남긴 후 들어가야 한다. 쭉 뻗은 자작나무가 만들어내는 청명한 공기와 서늘한 그늘이 있어 트래킹을 즐기기에도 제격이다. 20분, 30분, 1시간, 50분 정도 소요되는 다섯 가지 트래킹 코스 중 컨디션에 맞게 원하는 코스를 선택하면 된다. 곳곳에 자작나무로 만든 움집과 벤치, 쉼터, 유아숲체험원 등의 휴식 공간이 마련되어 있다. 입산 시간이 오후 2시로 정해져 있으니 방문 시 참고하자.

📍 강원도 인제군 인제읍 자작나무숲길 760
📞 033-461-9696
🕐 5월 16일~10월 09:00~18:00(마지막 입산 15:00) | 12월 16일~1월 09:00~17:00(마지막 입산 14:00) · 2월~5월 15일, 11월~12월 15일 입산 통제
🔍 인제군청에서 현리버스터미널 방향으로 직진, 피아시계곡 지나 우측 길로 진입하면 좌측

눈 쌓인 황태 덕장 **용대리황태마을**

전국 황태 생산량의 70% 이상이 바로 이 곳 용대리황태마을에서 나온다. 황태먹거리촌을 비롯해 황태를 구매할 수 있는 판매장이 조성되어 있어 언제든지 황태와 황태요리를 만날 수 있다. 특히 겨울에 눈 쌓인 황태덕장의 모습도 놓칠수 없는 볼거리다. 매년 6월에는 황태를 테마로 한 용대리 황태 축제가 열려 흥겨움을 더한다.

📍 강원도 인제군 북면 용대3리
☎ 033-462-4808   🔍 용대삼거리에서 국립용대자연휴양림 방향으로 직진하면 좌측
🌐 http://www.yongdaeri.com

대승폭포 장수대에서 북쪽으로 올라가면 나오는 폭포로, 88m의 물줄기가 장관을 이룬다. 신라 마지막 왕인 경순왕의 피서지로 전해지며 금강산의 구룡폭포, 개성의 박연폭포와 함께 우리나라 3대 폭포로 꼽힌다. 인근에 하늘을 향해 커다란 암벽이 서 있는 하늘벽과 선녀가 목욕을 했다는 옥녀탕이 있다.

📍 강원도 인제군 북면 설악로 4193
☎ 설악산국립공원 관리사무소 033-463-3476
🔍 설악산국립공원 내 장수대 인근

대암산용늪 남한에서 유일하게 해발 1300m 산 정상에 형성된 고층습원지. 국내 최초로 람사르조약의 습지보호지역으로 등록되었으며 희귀한 동식물이 많이 서식하고 있다. 대암산용늪에 방문하려면 양구생태식물원 홈페이지에서 출입허가신청서와 인적사항을 작성하여 사전에 신청해야 한다. 견학 신청부터 확인까지 약 20일 정도 소요된다.

📍 강원도 인제군 서화면 서흥리 대암산
☎ 양구생태식물원 033-480-2529
🔍 대암산 정상 인근
🌐 양구생태식물원 http://www.yg-eco.kr/plant.php

만해마을 만해 한용운의 얼을 계승하고 그의 문학 세계를 배울 수 있는 곳. 마을 내에는 만해 박물관을 비롯해 님의침묵 산책로, 만해 학교, 말년에 기거했던 심우장, 문인의 집 등이 조성되어 있다. 숙박 시설로 활용되는 문인의 집과 수련원도 있어 행사나 모임을 하기에도 좋다.

📍 강원도 인제군 북면 만해로 91
☎ 033-462-2303

대승폭포_사진제공(인제군청 문화관광과)

- 용대초등학교 인근
- https://manhae2003.dongguk.edu

방태산자연휴양림 천연 활엽수 임지이며 일부 인공조림지도 있다. 주봉인 구룡덕봉과 주억봉 계곡이 휴양림의 주된 수계를 이루고 있어 수량이 풍부하다. 특히 마당바위와 2단 폭포는 절경이라 할 수 있다. 피나무, 박달, 소나무, 참나무류 등 수종이 다양하여 계절에 따라 자연경관이 수려할 뿐만 아니라 야생동물도 다양하게 서식하고 있다.

- 강원도 인제군 기린면 방동약수로 89-53
- 033-463-8590
- 어른(1천원), 청소년(6백원), 어린이(3백원)
- 일일개장 이용 시 09:00~18:00 | 숙박시설 이용 시 15:00~ 익일 12:00
- 현리버스터미널, 방동계곡 인근
- https://www.foresttrip.go.kr

백담사 신라 진덕여왕 때 자장이 창건한 사찰. 불교계의 선구자 한용운 선생이 저서인 〈님의 침묵〉과 〈조선불교유신론〉 등을 집필하고 수도한 곳으로 유명하다. 국가지정문화재인 목조아미타불 좌성부 복장유물(보물 제182호)을 소장하고 있다. 예약하면 다양한 프로그램의 템플스테이를 체험할 수 있다.

- 강원도 인제군 북면 백담로 746
- 033-462-6969
- 설악산 내, 대승폭포에서 백담계곡 가는 길
- http://www.baekdamsa.org

십이선녀탕 인제 북면 용대리에 자리한 계곡. 폭포와 탕이 연달아 있으며 푸른 물이 구슬같이 흐른다. 계곡에는 단풍나무, 박달나무, 소나무 등의 거목이 우거져 있어 절경을 자아낸다. 계곡 상류에서는 길을 잃기 쉬우므로 주의해서 올라가야 한다.

- 강원도 인제군 북면 용대리
- 설악산사무소 백담분소 033-462-2554
- 남교리공원지킴터에서 응봉폭포 방향으로 진입

장수대 한계리 방면 설악산에 있는 산장으로, 주변의 기암괴석이 인상적인 곳이다. 1959년 인제군에 주둔한 국군 제3군단 군단장이 6·25전쟁 중 설악산전투에서 산화한 장병들의 넋을 달래기 위해 세웠다. 장수대에서 대승폭포까지는 약 40분 정도 소요된다.

- 강원도 인제군 북면 한계리 1525
- 설악산사무소 장수대분소 033-463-3476
- 한계초등학교에서 한계령 방향으로 직진하면 좌측

폐광 터에 새롭게 울리는 정선아리랑
정선

아우라지의 정선아리랑을 떠올리게 하는 정선. 억새가 아름다운 민둥산부터 강원랜드까지 다양한 볼거리와 즐길 거리가 공존하는 곳이다. 과거에는 탄광 지대로 노다지를 노리는 사람들로 북적였지만, 폐광 이후 각종 레포츠와 문화활동을 즐길 수 있는 곳으로 거듭났다. 국내에서는 유일하게 내국인이 출입할 수 있는 강원랜드 카지노에서부터 스키장, 골프장을 고루 갖춘 하이원리조트나 폐광 터를 문화적인 공간으로 조성한 삼탄아트마인 등을 돌아보며 정선의 오늘날과 과거를 둘러볼 수 있다. 정선의 자연을 만끽하고 싶다면 병방치스카이워크를 방문하거나 레일바이크를 타보는 것도 좋다. 국내 최대 규모의 양떼목장인 정선양떼목장도 빼놓을 수 없는 곳이다.

억새 물결이 넘실거리는 산
민둥산

소나무 관목과 잡목이 무성한 초입을 지나 7부 능선을 넘으면 나무를 찾아보기 힘든 완만한 구릉지대의 정상이 나타난다. 억새가 지천으로 널려 있는 정상 부근 20여만 평의 평원은 나무 한 그루 보이지 않는 억새 천국으로, 완만한 곡선이 이어져 거대한 목장 같은 느낌이 든다. 억새밭에 들어서면 사람 키보다 큰 억새에 파묻혀 주변 경치가 보이지 않을 정도여서 산악인들에게 전국 제일이란 말을 듣기도 한다. 경사가 완만하여 가족 산행에도 알맞으며, 영화 〈동승〉의 촬영지기도 하다.

📍 강원도 정선군 남면 민둥산로 12
📞 정선군 관광콜센터 1544-9053
🏫 증산초등학교 맞은편

사진제공(정선군청 문화관광과)

해발 583m에서 내려보는 동강 병방치스카이워크

사진제공(정선군청 문화관광과)

아파트 약 150층 높이인 해발 583m에서 투명한 유리바닥을 걸어볼 수 있는 전망대. 강화유리 보호를 위한 덧신을 신고 스카이워크를 거닐며 하늘에서 걷는 듯한 체험을 할 수 있다. 아래를 보면 동강이 밤섬을 휘돌아 나가며 만든 한반도 모양의 장관이 펼쳐진다.

📍 강원도 정선군 정선읍 병방치길 225 ☎ 아리힐스 033-563-4100 🎫 어른(2천원), 중고생, 초등생(각 1천원) ⏰ 3월~10월 09:00~18:00 | 11월~2월 09:00~17:00 🔍 병방산 내

정선 민속촌 아라리촌

조선 시대 정선의 옛 주거 문화를 재현한 곳이다. 전통 와가와 굴피집, 너와집, 저름집, 돌집, 귀틀집 등 전통가옥 10동이 있으며 숙박도 할 수 있다. 고즈넉한 분위기를 느낄 수 있는 곳. 그밖에 주막, 토속매점 등도 있으며 지금은 보기 드문 물레방아와 통방아, 연자방아, 서낭당, 농기구공방, 방앗간 등의 시설도 볼 수 있다. 정선아리랑을 직접 배워보는 경험도 빼놓을 수 없다.

사진제공(정선군청 문화관광과)

📍 강원도 정선군 정선읍 애산로 37 ☎ 아라리촌 관리실 033-560-3435 🎫 정선군아리랑상품권(1인 3천원 이상)을 소지한 경우에 한하여 입장 ⏰ 09:00~18:00 🔍 정선종합경기장 맞은편

가리왕산자연휴양림 주목, 구상나무, 마가목 등 희귀한 나무가 울창한 가리왕산 자락에 자리한 휴양림이다. 통나무집, 야영장, 캠프파이어장 등 각종 편의시설이 갖추어져 있어 여름관광지로 인기다. 봄에는 철쭉이, 여름에는 푸른 녹음이, 가을에는 단풍과 겨울에는 눈 내린 풍경이 아름다운 곳이다. 산삼의 주요 산지이기도 하며 조선시대 중국에 진상하던 산삼을 캐던 곳이라는 산삼봉표비가 있다.
📍 강원도 정선군 정선읍 가리왕산로 707
☎ 033-562-5833
🎫 어른(1천원), 중고생(6백원), 초등생(3백원)

⏰ 하절기 09:00~18:00 | 동절기 09:00~17:00
🔍 가리왕산 범바우골 인근

삼탄아트마인 폐광된 삼척 탄광을 문화예술단지로 복원한 곳이다. 팝아트, 큐티베어, 에코백만들기, 우드걸이만들기 등 다양한 체험프로그램을 운영하고 있으며, 다양한 특별전시가 열린다. 삼탄역사박물관, 현대미술 갤러리, 작가들이 머물며 예술활동을 하는 아트레지던시가 있다. 여름 성수기에는 휴관일 없이 매일 개장한다.
📍 강원도 정선군 고한읍 함백산로 1445-5

☎ 033-591-3001
🎫 어른(1만3천원), 중고생(1만1천원), 초등생(1만원)
🕐 3월~10월 09:00~18:00 | 7월~8월 09:00~19:00(휴관일 없음) | 11월~2월 09:30~17:30 – 월요일 휴관
🔍 고한역에서 정암사 가는 길
🌐 http://samtanartmine.com

삼탄아트마인_사진제공(정선군청 문화관광과)

정선레일바이크 구절리역에서 출발하여 아우라지역까지 이어지는 7.2km 길이의 레일바이크다. 노추산의 비경과 오장폭포를 둘러본 뒤 구절리 역 안에 있는 여치의꿈 카페에서 시간을 보낸 후 레일바이크를 타고 송천계곡을 지나며 기암절벽과 농촌풍경을 둘러보는 것이 추천 코스다. 시속 10~30km로 달릴 수 있지만 주변 풍경을 느긋하게 감상하려면 시속 15km 정도가 가장 좋다고 한다.
📍 강원도 정선군 여량면 노추산로 745
☎ 코레일관광개발(정선지사) 033-563-8787
🎫 2인승(3만원), 4인승(4만원)
🕐 하절기 | 08:40/10:30/13:00/14:50/16:40 | 동절기 08:40/10:30/13:00/14:50
🔍 구절리역(폐역) 내
🌐 http://www.railbike.co.kr

정선레일바이크_사진제공(마이픽처스)-한국관광공사

정선아리랑시장 산나물과 약초, 감자, 황기, 더덕, 마늘 등 다양한 농산물을 주로 판매하는 정선의 5일장. 매월 2일, 7일, 12일, 17일, 22일, 27일과 매주 토요일에 열린다. 약 1200여 개의 점포를 운영하며, 곤드레밥, 콧등치기국수, 메밀음식 등의 강원도 토속음식을 맛볼 수 있다. 시장 옆 문화장터 공연장에서는 정선아리랑 공연을 비롯한 장날 문화

정선양떼목장_사진제공(정선군청 문화관광과)

행사를 펼치기도 한다.
📍 강원도 정선군 정선읍 5일장길 36
☎ 033-563-6200
🕐 09:00~18:00
🔍 정선읍 내

정선양떼목장 대관령의 알프스로 불리는 곳으로, 국내최대 규모의 양떼목장이다. 양, 토끼, 공작 등 다양한 동물을 관람하고 먹이주기 체험을 할 수 있다. 인근에 해발 1,100m까지 올라갈 수 있는 등산코스와 산림욕장이 있어 편히 쉬어가기 좋다.
📍 강원도 정선군 정선읍 오반동길 470
☎ 033-562-8834
🎫 성인(6천원), 중학생, 어린이(3천원)
🕐 5월~8월 09:00~17:30 | 1월~4월, 9월~12월 09:00~16:30
🔍 정선군청 제2청사 뒤편 오반동길로 진입

하이원리조트 폐광 지역을 되살리기 위해 설립된 리조트. 강원랜드 카지노를 비롯하여 호텔, 콘도, 골프장, 스키장 등 다양한 시설을 운영하고 있다. 카지노는 내국인과 외국인 모두 출입이 가능하며, 스키장은 초보자들이 이용할 수 있는 완만한 직선 코스를 비롯해 세계스키연맹 공인 대회전 코스까지 다양하게 갖추고 있다.
📍 강원도 정선군 고한읍 고한리
☎ 1588-7789
🔍 고한역 인근

화암동굴 광산으로 활용되던 동굴이 테마형 동굴로 거듭났다. 금광을 파던 인부가 발견한 종유굴과 금광 갱도를 다듬어 조성하였다. 종유석이 자라는 행태와 동굴 안의 생태를 관찰하고, 금을 채취하고 제련하는 과정을 살펴볼 수 있어, 어린이들에게 인기다. 동굴 입구까지는 모노레일을 타고 갈 수 있다.
📍 강원도 정선군 화암면 화암동굴길 12-1
☎ 관광지운영팀 033-560-3410
🎫 어른(5천원), 중고생(3천5백원), 초등생(2천원)
🕐 09:00~18:00
🔍 각희산 내

한탄강이 흐르는 곳
철원

철원에서 유명한 직탕폭포의 광경은 넋 놓고 바라보게 되는 곳으로, 자연의 웅장함이 느껴지며 여름철 피서지로도 완벽하다. 철원은 천연기념물인 철새들의 지상 낙원인 만큼 평화와 휴식처가 되는 곳이기도 하다. 고석정이나, 삼부연폭포, 송대소와 같은 한탄강 중심으로 형성된 지질공원 명소들이 유네스코로 지정되어 자연이 형성한 아름다운 경관이 놀라움을 금치 못한다.

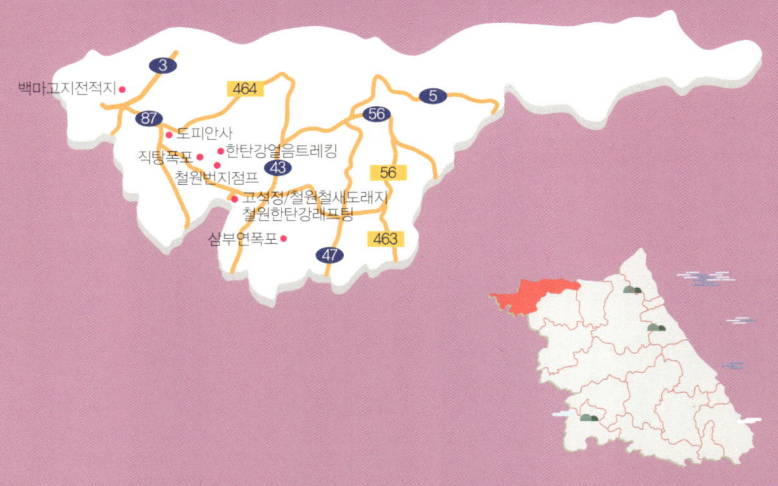

한여름 더위 사냥
철원한탄강래프팅

한탄강은 백두대간의 황선산과 화양의 철령에서 발원한 수계가 철원을 지나 임진강에 유입되는 강으로, 전장 110km에 평균 하폭 60m 규모의 강이다. 스릴 넘치는 래프팅을 경험할 수 있는 순담계곡은 현무암 지대가 침식되어 이룬 계곡으로, 그랜드캐니언을 연상케 하는 20m~30m의 협곡을 이루고 있다.

- 강원도 철원군 갈말읍 순담길 143-2
- 033-452-8006
- 홈페이지 참조
- 홈페이지 참조
- 군탄사거리, 갈말농공단지 인근
- http://www.htry.co.kr

사진제공(김지호) 한국관광공사

고석정 철원 팔경의 하나로, 강 중앙에 10m 높이의 거대한 기암이 우뚝 솟아 있다. 신라 진평왕이 세운 것으로, 석굴 암벽에 풍경을 예찬하는 시문을 새긴 흔적이 있다. 조선조 중기 임꺽정의 활동 무대로도 널리 알려진 곳이다. 지금의 정자는 한국전쟁 때 소실된 것을 1971년 철원 유지들이 재건축했다. 고석정을 찾아가는 길목에 있는 승일교는 한국전쟁 때 남과 북이 반쪽씩 건설하였다는 안타까운 역사를 지니고 있다.

- 강원도 철원군 동송읍 창동로 2386
- 철의삼각지관광사업소 033-450-5558
- 입장료 무료, 주차비 2천원
- 화요일, 신정, 명절 당일 휴무
- 문혜초등학교에서 장흥리 방향으로 직진하다 왼편
- 직탕폭포, 순담계곡

도피안사 통일신라시대에 지어진 사찰로 도선국사가 잃어버린 불상을 이곳에서 찾아 절을 짓게 되었다는 기록이 전해내려온다. 1898년(광무 2) 화재를 입어 당시의 주지 법운이 재건하였고, 1914년 다시 개수하였다. 8·15광복 후 공산치하에 들어갔다가 6·25전쟁 때 전화로 완전 폐허가 된 것을 1959년 당시 육군 제15사단에서 재건하여 군승을 두어 관리하고 있다.

- 강원도 철원군 동송읍 도피동길 23
- 033-455-2471
- 동송시외버스공용터미널에서 금학로 좌회전 후 3.6km 이동. 도피동길 도피안사 방면으로 우회전 후 243m 이동

백마고지전적지 영화 〈고지전〉의 배경이 되는 백마고지 전적지. 한국 전쟁의 최고 격전지로 알려져 있다. 예전에는 군부대의 허가를 받아야 둘러볼 수 있었지만, 현재는 자유롭게 둘러볼 수 있다. 위령비와 위령탑 등이 자리하고 있으며, 백마고지 전쟁을 설명하는 기념관도 마련되어 있다. 전망대로 올라가면, 민간 통제선 안에 위치한 실제 백마고지 땅을 볼 수 있으며, 날이 좋은 날에는 북녘 땅도 볼 수 있다.

- 강원도 철원군 철원읍 산명리 1821
- 033-450-5558
- 무료
- 두루미평화마을영농조합법인에서 백마교 방향으로 0.6km 이동

삼부연폭포 철원군청 인근의 명성산 계곡에 있는 높이 20m 폭포. 폭포의 물 떨어지는 곳이 세군데 있고 그 모양이 가마솥 같다하여 삼부연이라고 부른다. 사계절 마르지

않는 물과 기이한 바위가 주위 경관과 조화를 이룬다. 폭포 상단에는 용화 저수지가 있다. 철원군민의 상수원보호지역으로 지정되어 있어 주변에 식당이나 매점 등이 없어 주변이 청정하다.

📍 강원도 철원군 갈말읍 신철원리 산23-4
☎ 033-450-5151
🎫 무료
🔍 철원군청 인근 명성산 계곡 내

직탕폭포 너비 80m로 남한에서 가장 넓은 폭포로 꼽히는 곳으로 철원팔경 중 하나다. 직탕폭포는 다른 폭포와 다르게 옆으로 길게 퍼진 것이 특징이다. 한탄강을 가로지르며 형성된 직탕폭포는 강 전체가 폭포로 이루어져 독특하다. 규모 면에서 비교는 힘들지만 "한국의 나이아가라"라는 애칭을 지닌 폭포다.

📍 강원도 철원군 동송읍 장흥리
☎ 033-450-5365
🔍 수유리에서 신철원으로 가는 직행버스를 타고 다시 신철원에서 직탕까지 가는 시내버스 이용

철원번지점프 한국의 그랜드캐년이라 불릴 만큼 신비로운 화강암과 현무암으로 이루어진 한탄강 협곡의 빼어난 자연경관과 어우러져 있는 곳이다. 52m의 국내 최초 상설 다리형 번지점프장으로 갈말읍 상사리와 동송읍 장흥리를 잇는 태봉대교상에 설치되어 있다.

📍 강원도 철원군 동송읍 장흥리
☎ 033-452-2211
🎫 허리번지(3만5천원), 발목번지(4만원), 커플번지(10만원)
🔍 수유리 - 민락C - 구리.포천고속도로 - 신북IC - 철원 - 고석정방면 - 장흥리

철원철새도래지 철새들의 지상 낙원이라 불리는 곳. 평야를 유유히 거니는 두루미의 고고한 자태와 저수지에서 비상하는 철새들의 군무를 감상할 수 있다. 자유로이 남북을 넘나드는 철새들을 보며, 마음의 안정을 찾는 평야다.

📍 강원도 철원군 철원읍 내포리 743-32
☎ 033-450-5558

한탄강얼음트래킹 꽁꽁 언 한탄강 얼음 위를 걷는 트레킹 체험. 강 전체가 꽁꽁 얼어붙는 겨울철에만 즐길 수 있는 체험으로, 멋진 장관의 주상절리를 보며, 10여 km에 이르는 한탄강 위를 걷는다. 한국의 작은 나이아가라폭포라고 알려진 직탕폭포의 물길이 그대로 언 모습도 인상적이다. 코스가 정해져 있는 것이 아니라, 원하는 곳에서부터 시작해 가고 싶은 곳까지 이동할 수 있어, 부담 없이 즐길 수 있다.

📍 강원도 철원군 동송읍 장흥리 25-203
☎ 033-452-3600
🎫 얼음트레킹(1만원, 2만원), 체험프로그램(5천원)
🔍 고석정랜드 인근
🌐 http://www.cwgfestival.com

직탕폭포_사진제공(박성근)-한국관광공사

호반의 도시
춘천

춘천은 도심을 감싸고 도는 소양호와 의암호로 대표되는 도시다. 수도권에서 가까워 당일로도 부담 없이 다녀올 수 있으며 지하철역인 백양리역과 바로 연결되는 스키 리조트도 있어 레포츠를 즐길 수도 있다. 시원한 호수의 풍경을 느끼고 싶다면 의암호를 따라 이어진 춘천호반길을 달려보는 것도 좋다. 강원도립화목원과 구곡폭포 등 다양한 자연 풍광도 아름답다. 음식으로는 닭갈비가 특히 유명하니 춘천에 방문했다면 반드시 본토의 닭갈비를 먹어보자.

산책하기 좋은 반달 모양의 섬
남이섬

행정구역상으로는 강원도 춘천에 속하지만, 가평역 인근에 있어 서울 근교 관광지로 큰 사랑을 받고 있다. 원래 남이섬은 섬이 아니었지만, 인근에 청평댐이 만들어지면서 주위가 물에 잠겨 북한강의 섬이 되었다. 섬 주변에 있는 길 양옆으로는 다양한 나무가 줄지어 있어 마치 숲속을 산책하는 느낌을 준다. 특히 드라마 <겨울연가>의 촬영 명소로 인기를 끌고 있는 메타세쿼이아 길을 비롯해 노란 물결을 이루는 은행나무길, 벚나무길, 잣나무길 등이 있어 취향에 맞는 길을 따라 시간을 보내보면 좋겠다.

📍 강원도 춘천시 남산면 방하리 198
📞 031-580-8114
💰 어른(1만3천원), 중고생(1만원), 어린이(7천원)
짚와이어 4만4천원
🕐 07:30~21:40
🚌 가평역삼거리에서 북한강 길 따라 직진 남이섬가평 선착장에서 배 타고 입도
🌐 http://www.namisum.com

사진제공(BOKEH)-한국관광공사

시내에서 가까운 수목원
강원도립화목원

시내에서 비교적 가까운 곳에 자리한 화목원으로, 유리온실에 자리한 반비식물원을 비롯해 암석원, 토피어리원 등 30개 주제원으로 구성되어 있다. 1,800여 종의 식물과 20여 종의 멸종위기 식물을 보유하고 있으며 산림박물관, 수생식물원 등이 자리하고 있다. 손수건이나 나무 목걸이 등을 만들거나 장승, 솟대, 잠새 만들기, 황동판 인쇄 등 다양한 체험 프로그램을 운영하고 있어 가족과 함께 방문하기에도 좋다.

📍 강원도 춘천시 화목원길 24 (사농동)
📞 0507-1303-6685
🎫 어른(1천원), 중고생(7백원), 어린이(5백원)
🕐 3월~10월 10:00~18:00 | 11월~2월 10:00~17:00 – 첫째 주 월요일 휴원
🔍 신매대교 인근 강원도 청소년수련관 뒤편
🌐 http://www.gwpa.kr

사진제공(춘천시장 관광과)

아홉구비를 돌아 떨어지는 물줄기 **구곡폭포**

조선시대 봉수대가 있었던 봉화산 인근의 아홉 구비를 돌아 떨어지는 폭포라하여 구곡폭포라는 이름이 붙었다. 시원하게 떨어지는 50m 높이의 웅장한 물줄기와 하늘벽 바위 등의 기암괴석이 장관이다. 겨울철에는 빙벽 등반을 즐기는 이들이 찾기도 한다. 폭포까지 이어지는 등산로가 잘 조성되어 있으며 매표소부터 약 20분 가량 걸으면 폭포가 나온다.

📍 강원도 춘천시 남산면 강촌구곡길 254 ☎ 구곡폭포관리소 033-261-0088 🎫 입장료(2천원) 🕘 하절기 09:00~18:00 | 동절기 09:00~17:00 🔍 봉화산 내

숲속의 작은 유럽 **제이드가든**

유럽 각국의 풍경을 옮겨다 놓은 듯한 풍경을 자랑하는 곳이다. 영국식 보더가든, 이탈리안가든, 키친가든을 비롯하여 고산온실, 은행나무미로원, 마녀의집, 이끼원, 목련원, 블루베리원, 수생식물원, 아이리스가든, 피크닉가든, 재배온실 등 테마별 다양한 스타일의 정원을 만날 수 있다.

📍 강원도 춘천시 남산면 햇골길 80
☎ 033-260-8300 🎫 어른(9천5백원), 중고생(7천원), 어린이(6천원) 🔍 홈페이지 참조 🔍 제이드펠리스 골프장 옆 🌐 http://www.hanwharesort.co.kr/irsweb/resort3/tpark/tp_intro.do?tp_cd=0400

KT&G상상마당춘천
본공연장, 라이브스튜디오, 강의실, 갤러리 등을 갖춘 아트센터와 연습실, 객실, 세미나실 등을 갖춘 문화예술숙박공간 스테이 두 건물로 이루어져 있다. 호숫가를 바라보며 다양한 예술활동과 문화강의를 즐길 수 있다. 쾌적하고 깔끔한 스테이 시설에서 숙박해 보는 것도 좋겠다.

📍 강원도 춘천시 스포츠타운길399번길 22 (삼천동)
☎ 033-818-3200
🔍 의암호, 춘천MBC 옆
🌐 http://www.sangsangmadang.com/main/CC

구봉산전망대
춘천 시내에서 자동차로 약 15분 정도 떨어진 곳으로, 춘천 휴게소 맞은편에 있다. 호반의 도시 춘천을 9개의 봉우리가 병풍처럼 둘러싸고 있어 시내가 한눈에 들어온다. 시민들의 휴식공간으로 패러글라이딩과 춘천시의 야경을 감상할 수 있다.

📍 강원도 춘천시 동면 장학리
🎫 무료
🔍 구봉산 내

구봉산카페거리
1992년 구봉산중턱으로 하나둘씩 카페들이 들어서면서 이름 지어진 카페거리. 통유리창 전망을 볼 수 있는 스타벅스와 꼭대기에 스카이워크가 이어져 있는 투썸플레이스에 가볼 만하다. 산토리니 종탑에 가면 사진 찍기 좋은 명소로 훌륭한 전망을 자랑한다.

📍 강원도 춘천시 동면 순환대로 1154-113
⏰ 카페마다 영업시간 상이
🔍 구봉산 인근

구봉산카페거리_사진제공(이범수)-한국관광공사

국립춘천박물관
구석기 시대부터 현대에 이르는 강원의 귀중한 문화유산을 보존, 전시하고 연구와 문화 교육을 수행하는 복합문화공간. 네 개의 상설 전시실에서는 국보 1점과 보물 4점을 포함한 1천여 점의 유물을 전시하고 있다. 어린이문화사랑방, 도서관, 세미나실, 체험학습실 등의 시설을 갖추었다.

📍 강원도 춘천시 우석로 70 (석사동)
☎ 033-260-1500
⏰ 09:00~18:00 | 주말, 공휴일 09:00~19:00 | 4월~10월 토요일 09:00~21:00 - 월요일 휴관
🔍 춘천교대 옆

김유정문학촌
김유정의 고향인 실레마을에 조성한 문학촌으로, 김유정의 문학작품에 배경으로 등장하는 곳을 둘러볼 수 있다. 기념관을 비롯해 김유정이 태어난 생가와 디딜방아, 정자 등이 그 시대 모습대로 재현되어 있다. 천연염색이나 한복 입어보기, 도자기 만들기 등의 체험 프로그램도 운영하고 있다.

📍 강원도 춘천시 신동면 실레길 25
☎ 033-261-4650
🎫 어른, 중고생, 초등생(2천원)
⏰ 3월~10월 09:00~18:00 | 11월~2월 09:30~17:00 - 월요일 휴관
🔍 김유정역(폐역) 인근
🌐 http://www.kimyoujeong.org

소양강댐
소양강에 있는 다목적댐으로, 흙과 돌로 만들어진 사력 댐인 것이 특징이다. 댐을 포함한 호반(소양호) 주변의 경관이 아름다워 휴양지로 많이 찾는다. 소양강댐 선착장에서 호수 전체를 한 바퀴 도는 유람선과 청평사로 가는 유람선을 탈 수 있다.

📍 강원도 춘천시 신북읍 신샘밭로 1128
☎ 소양강댐 매표소 033-242-2455
🔍 신북읍 소양강 상류

소양강스카이워크
투명한 바닥 아래로 소양강을 전망할 수 있는 스카이워크 전망대. 약 170m 길이이며 소양강 처녀상과 쏘가리상을 한눈에 볼 수 있다. 밤에는 야경도 볼 만하다. 성인 기준 2천원의 입장료를 내면 춘천전통시장, 주변 상가를 이용할 수 있는 춘천사랑상품권 2천원권을 받을 수 있다.

📍 강원도 춘천시 영서로 2676 (근화동)
☎ 033-240-1695
🎫 어른, 중고생, 초등생(2천원)
⏰ 3월~10월 10:00~21:00 | 11월~2월 10:00~18:00
🔍 소양2교, 호반사거리 인근

애니메이션박물관
국내 유일의 애니메이션 박물관으로, 애니메이션에 관한 자료를 수집하여 보관 및 전시하고 있다. 애니메이션에 대한 올바른 인식과 소중함을 일깨우

고자 개관했다. 애니메이션의 기원과 탄생, 종류, 제작기법 및 과정 등을 자세하게 소개하고 있으며, 한국 애니메이션의 역사를 살펴볼 수도 있다. 입체애니메이션을 관람하거나 애니메이션 음향효과 및 더빙 제작 체험도 할 수 있다. 최근 리뉴얼해 프로그램이 더욱 다채로워졌다.

📍 강원도 춘천시 서면 박사로 854
☎ 033-245-6470
🎫 어른, 청소년, 어린이(5천원) * 토이로봇관은 별도
🕐 10:00~18:00 - 월요일 휴관
🔍 의암호 인근 강원정보문화원 내
🌐 http://www.animationmuseum.com

엘리시안강촌스키장 춘천의 새로운 명소로 자리 매김하고 있는 곳으로 초, 중, 상급별로 다양한 슬로프를 완벽하게 조성하여 즐겁고 편안하게 즐길 수 있다. 경춘선 백양리역과 가까우며 시즌 중에는 수도권 전 지역에서 리조트 단지까지 셔틀버스를 운행한다.

📍 강원도 춘천시 남산면 북한강변길 688
☎ 033-260-2000
🔍 백양리역 옆
🌐 http://elysian.co.kr

의암호 춘천시가지의 서쪽을 감싸고 있는 의암호는 북쪽으로 춘천호와 이어져 있고 동북쪽으로 소양호와 이어져 있는데 경춘국도변의 인어상과 김유정 문인비, 그리고 삼악산의 빼어난 절경과 어우러져 조화를 이룬다. 의암댐을 중심으로 펼쳐져 있는 낚시터는 자연산 잉어, 붕어 등의 낚시를 사철 즐길 수 있으며 주변의 덕두원, 붕어섬, 용늪 등의 낚시터는 잘 알려져 있다. 스카이워크에 오르면 의암호를 전망할 수 있다.

📍 강원도 춘천시 신동면 옛 경춘로 114
☎ 춘천시 관광과 033-250-3068

춘천호반길 의암호를 한 바퀴 빙 둘러보는 드라이브코스. 호반을 바라보는 풍광이 좋으며 춘천댐, 등선폭포 등이 주변에 있어 함께 둘러보기 좋다. 봄에는 벚꽃이, 여름에는 푸르른 나무가 우거진다.

📍 강원도 춘천시 의암호 일대
☎ 춘천시 관광안내소 033-250-3089
🔍 의암호 인근

토이로봇관 인간의 창의력과 상상력을 바탕으로 성장하는 로봇산업 전시관. 세계의 로봇전시, 체험, 공연, 실감영화관 및 교육프로그램을 진행하고 있다.

📍 강원 춘천시 서면 박사로 854
☎ 033-245-6460
🎫 애니메이션박물관+토이로봇관(5천원)
🕐 10:00~18:00 - 월요일, 신정, 명절 당일 휴관
🔍 춘천파크골프장 인근
🌐 http://www.animationmuseum.com/Toy/index

의암호_사진제공(김지호)-한국관광공사

백두대간의 정기가 모여드는 곳
태백

해발 800m 이상에 자리하고 있는 태백은 말 그대로 산 위의 도시로, 최고봉이 1,572m에 달하는 태백산의 정기를 느낄 수 있다. 재미있는 전설이 전해져 내려오는 황지연못은 낙동강의 발원지로도 유명하며 자연의 풍경을 만끽할 수 있는 곳이다. 이제는 사양산업이 되어버린 석탄을 주제로 한 태백석탄박물관이나 안전 체험을 주제로 하는 365세이프타운 등 체험관광지도 빼놓을 수 없는 요소다. 중부내륙순환열차(O-train)와 백두대간협곡열차(V-train)가 정차하는 지역이어서 관광열차와 연계하여 둘러보는 것도 좋다.

백두대간의 영산
태백산국립공원

한강과 낙동강, 삼척 오십천이 발원하는 한반도 이남의 뿌리 산이다. 천제단이 있는 영봉(1,560m)을 중심으로 북쪽에 장군봉(1,567m), 동쪽에 문수봉(1,517m), 영봉과 문수봉 사이의 부쇠봉(1,546m) 등으로 이루어져 있으며 최고봉은 함백산(1,572m)이다. 여름에는 숲이 울창하고 계곡물이 시원하여 피서지로도 인기며, 가을의 단풍과 겨울의 설경으로 인기가 높다. 산 정상에서 바라보는 일출이 아름다우며 맑은 날 동해바다를 볼 수도 있다.

📍 강원도 태백시 소도동
☎ 태백산국립공원 사무소 033-550-0000
🔍 제천나들목에서 영월, 태백 방향으로 내려오다 태백산국립공원 이정표 보고 직진
🌐 http://taebaek.knps.or.kr

사진제공 [태백시청 문화관광과]

낙동강의 발원지 **황지연못**

태백산, 함백산, 백병산, 매봉산 등의 물줄기가 땅으로 스며들었다가 물을 뿜어내 만들어진 연못이다. 못에서 솟아난 물은 구문소를 지나 경상도를 거쳐 남해로 흘러들어간다. 이곳에 살던 황부자가 시주를 요구하는 노승에게 시주 대신 두엄을 퍼 주자 천지가 진동하면서 집터가 연못으로 바뀌었다는 전설이 내려오고 있으며 황부자의 집터라는 뜻에서 황지라 한다. 훨씬 이전에는 하늘 못이란 뜻으로 천황이라고도 하였다.

📍 강원도 태백시 황지연못길 12 황지연못 ☎ 태백시청 관광문화과 033-550-2081 🔍 황지동우체국 인근

365세이프타운 국내 유일의 안전을 주제로 한 에듀테인먼트시설이다. 장성, 철암지역 일대에 지진, 산불, 풍수해 등의 안전체험시설과 소방학교, 특수훈련센터 및 챌린지시설 등을 조성했다. 위급한 상황, 재난을 3D, 4D로도 체험해보고 적합한 대처능력을 배울 수 있다. 2019년 1월 리뉴얼해 체험시설이 더욱 다양해졌다.

📍 강원도 태백시 평화길 15 (장성동)
☎ 033-550-3101
🎟 입장료(1만원)
🕐 09:00~18:00 · 월요일 휴관
🔍 태백기계공업고등학교 옆
🌐 http://www.365safetown.com

구와우마을 한가로운 전원의 풍경을 볼 수 있는 마을이다. 매년 여름이면 해바라기꽃이 만발해 마을을 온통 노랗게 물들인다. 7월부터 8월까지 태백해바라기축제가 개최되어 다채로운 체험을 즐길 수 있다. 인근에 멸종식물보호 식물원으로 지정된 고원자생식물원이 있어 함께 둘러보면 좋다.

📍 강원도 태백시 황지동 287-22
☎ 해바라기문화재단 033-553-9707
🎟 어른(5천원), 초중고생(3천원)
🔍 태백역에서 화전사거리 지나 가덕산 방향으로 직진 후 우측
🌐 http://www.sunflowerfestival.co.kr

매봉산바람의언덕 매봉산 해발 1,000m에 자리한 산촌 귀네미마을에 조성되어 있는 언덕으로, 끝없이 펼쳐지

태백산국립공원 일출_사진제공(태백시청 문화관광과)

는 광활한 배추밭과 거대한 풍력발전기가 어우러진 풍경이 감탄을 자아내게 한다. 귀네미마을 배추밭은 우리나라 3개 고랭지 배추밭으로 꼽히며 35만 평의 규모를 자랑한다. 붉은 일몰이 어우러지는 풍광이 특히 아름답다.

📍 강원도 태백시 창죽동 9-440
🔍 매봉산 내

태백고생대자연사박물관 전국에서 유일하게 고생대 지층 위에 건립되는 고생대를 주제로 한 전문박물관. 박물관 주변으로 고생대 퇴적침식지형과 삼엽충, 완족류 등 다양한 산출을 보이는 직운산층 등이 산재하여 박물관 전시와 살아있는 현장체험이 가능하다. 고생물학을 연구하는 배움의 터로도 이용된다.

📍 강원도 태백시 태백로 2249 (동점동)
☎ 033-581-8181
🎫 성인(2천원), 중고생, 군인(1천5백원), 어린이(1천원)
🕘 09:00~18:00
🔍 태백종합경기장 부근
🌐 https://tour.taebaek.go.kr/tpmuseum

태백고원자연휴양림 태백시에서 운영하는 태백고원자연휴양림은 "행복이 가득한 숲속에서의 하룻밤"이라는 콘셉트로 해발 700m 이상 되는 고원의 숲속에서 4계절 아름다운 자연과 편안한 쉼터의 역할을 하기 위해 만들어진 곳이다. 겨울에는 아름다운 설경을 감상할 수 있고, 여름에는 모기 등의 해충이 없는 서늘한 기후를 자랑하며 봄, 가을에는 숲속의 맑은 공기와 함께 삼림욕을 즐길 수 있다. 소요시간은 3시간 30분쯤.

📍 강원도 태백시 머리골길 153 (철암동)
☎ 휴양림 관리사무실 033-582-7238
🎫 어른(2천원), 청소년, 군인(1천5백원), 어린이(1천원)
🕘 09:00~17:000
🌐 https://foresttrip.go.kr

태백산눈축제 태백산의 겨울 설경을 만끽할 수 있는 축제로, 태백산국립공원을 비롯해 황지연못, 365세이프타운 일대에서 열린다. 거대한 눈 조각 전시를 볼 수 있으며 눈썰매 타기, 이글루 만들기 등 다채로운 체험을 즐길 수 있다. 매년 1월과 2월 사이에 개최된다.

📍 강원도 태백시 일원
☎ 태백시 축제위원회 033-550-2828
🔍 태백산국립공원, 황지연못, 365세이프타운 일대

태백석탄박물관 한국 석탄 산업의 변천사와 석탄 생성의 과정을 확인할 수 있는 박물관. 전시관은 암석과 화석을 비롯해, 총 여덟 가지 테마로 나뉘어 있다. 약 7천4백5십여 종의 소장품을 전시하고 있으며, 제 8전시실에서는 실제 상황과 비슷하게 연출된 탄광 갱도를 경험할 수 있다. 이외에도 야외전시장에는 대형 광산장비가 전시되어 있어 볼거리가 풍성하다.

📍 강원도 태백시 천제단길 195 (소도동)
☎ 033-552-7730
🎫 어른(2천원), 중고생(1천5백원), 초등생(1천원)
🕘 09:00~18:00 - 월요일 휴관
🔍 태백산국립공원 인근, 당골광장 출발점
🌐 http://www.taebaek.go.kr/coalmuseum

해발고도 700m의 행복
평창

평균 해발고도가 700m에 달하는 평창은 오대산을 비롯하여 대관령 목장이 다수 분포하여 아름다운 자연경관을 즐기기 좋은 곳이다. 수도권과 가까우며 아름다운 풍광을 자랑하는 덕분에 드라마나 영화 촬영지로 많이 등장하는 지역이기도 하다. 봄, 여름, 가을에는 목장이나 오대산, 월정사를 찾아 아름다운 자연을 감상하기 좋다. 또한 높은 해발고도 덕분에 겨울에는 레포츠를 즐기기 안성맞춤이라며 리조트 단지가 다수 자리하고 있다. 2018년 동계올림픽 개최지로도 유명하다.

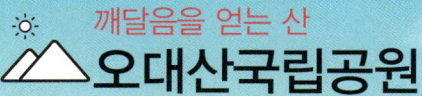

깨달음을 얻는 산
오대산국립공원

태백산맥과 차령산맥의 교차점에 자리한 오대산은 주봉인 비로봉(1,563m)을 비롯하여 호령봉, 상왕봉, 동대산, 두로봉 등의 산봉우리로 이루어져 있다. 오대(남대, 북대, 동대, 서대, 중대)가 있다 하여 오대산이라고 하며, 비로봉, 호령봉, 상왕봉, 두로봉, 노인봉을 합쳐 오대산이라고도 한다. 오대산내에 월정사와 상원사를 여러 암자가 있으며 희귀한 동식물과 약초가 많다. 상원사에서 선재길 코스를 따라 월정사 적멸보궁까지 가는 트레킹 코스가 인기가 좋으며 월정사에서 등산로를 따라 주봉인 비로봉까지 오를 수도 있다. 겨울에는 오대산국립공원 내에 자리한 계방산 산행을 많이 간다.

📍 강원도 평창군 진부면 오대산로 2
☎ 오대산국립공원 사무소 033-332-6417
🚗 진부나들목에서 오대산국립공원 방향으로 나와 월정삼거리에서 좌회전
🌐 http://odae.knps.or.kr

발왕산 힐링 명소
용평리조트

대규모 시설을 갖춘 세계적인 스키장으로 평가받는다. 레인보우 슬로프를 비롯한 31면의 다양한 슬로프, 15기의 리프트 시설, 국내 최대 스키하우스를 갖춰 스키어들의 사랑을 받고 있다. 스키 시즌이 끝나는 4월부터 11월까지는 골프장으로 이용된다. 루지 시설도 갖추고 있어 4계절 내내 관광객 사이에서 인기있는 리조트다.

📍 강원도 평창군 대관령면 올림픽로 715
☎ 033-335-5757
🔍 횡계나들목으로 나와 우회전. 용평리조트 이정표 따라 직진
🌐 http://www.yongpyong.co.kr

동양 최대의 목장 대관령삼양목장

대관령 고원지대에 있는 동양 최대 규모의 목장으로, 드넓은 대자연에 펼쳐지는 푸른 초원은 자동차로 다 돌아보기에도 버거울 정도다. 목장으로 들어가는 길은 포장되어 있지 않아 울퉁불퉁한 시골을 달리는 기분이다. 언덕 위의 하얀 풍력 발전기가 인상적이며 목장 내에 있는 동해전망대에서 동해와 드넓은 목장 전경을 한눈에 볼 수도 있다.

- 강원도 평창군 대관령면 꽃밭양지길 708-9 ☎ 033-335-5044 어른(9천원), 중고생, 어린이(7천원)
- 5월~10월 08:30~17:30 | 11월~4월 09:00~16:00 횡계초등학교에서 송천 건너 향토음식문화학교 방향으로 직진

아름다운 전나무숲이 발걸음을 재촉하는 곳 월정사

신라 선덕여왕 때 자장율사가 창건하였다고 전해지는 곳으로, 사찰 내부에 조성된 울창한 전나무숲이 유명하다. 부안 내소사, 남양주 광릉수목원과 더불어 한국의 3대 전나무숲으로 꼽힌다. 매일 오전 11시와 오후 1시에 전나무숲 자연해설 프로그램을 운영한다.

- 강원도 평창군 진부면 오대산로 374-8
- ☎ 033-339-6800
- 어른(3천원), 중고생(1천5백원), 초등생(5백원)
- 오대산국립공원 내 http://www.woljeongsa.org

대관령양떼목장_사진제공(평창군청 문화관광과)

대관령양떼목장 약 6만2천여 평의 푸른 초지에 2백여 마리의 하얀 양들이 한가로이 풀을 뜯는 목가적인 풍경을 볼 수 있는 곳이다. 초지가 자라는 봄, 여름, 가을에 찾아가면 양을 방목하는 모습도 볼 수 있으며 매표소에서 봉지에 담아 건네주는 건초를 직접 양에게 먹여주는 체험도 할 수 있다. 목장의 산책로가 특히 아름다우며 노을 지는 황혼녘에는 형용할 수 없는 비경을 볼 수 있다.

- 강원도 평창군 대관령면 대관령마루길 483-32
- 033-335-1966
- 어른(6천원), 중고생, 어린이(4천원)
- 1월~2월, 11월~12월 09:00~17:00 | 3월, 10월 09:00~17:30 | 4월, 9월 09:00~18:00 | 5월~8월 09:00~18:30
- 횡계나들목에서 우회전해서 직진. 사거리에서 대관령옛길 표지판 따라 좌회전 후 로터리에서 우회전
- http://www.yangtte.co.kr

대관령하늘목장 1974년에 조성된 대관령의 대표목장. 말, 염소, 양 등과 자연을 체험하는 자연 순응형 체험 목장으로, 젖소를 방목하여 원유를 유통하기도 한다.

- 강원도 평창군 대관령면 꽃밭양지길 458-23
- 033-332-8061
- 대인(7천원), 소인(5천원), 양떼체험(2천원), 체험승마(1만원)
- 4월~9월 하절기 09:00~17:30 | 10월~3월 동절기 09:00~18:00 – 연중무휴
- 대관령 휴게소 인근
- http://skyranch.co.kr/

백룡동굴 동강 유역의 천연 석회동굴로, 종유석, 에그프라이형 석순 등 다양한 동굴생성물이 많고 동굴에 사는 생물도 볼 수 있다. 생태학습형 체험동굴로 개발되어 동굴가

대관령하늘목장_사진제공(이범수)-한국관광공사

이드의 해설을 들으며 관람할 수 있으며 안전을 위해 동굴에서 지급하는 빨간 탐험복과 헤드랜턴을 꼭 착용해야 한다. 관람시간 회차가 정해져 있어 홈페이지에서 예약을 해야 한다.

- 강원도 평창군 미탄면 마하리 82
- 033-334-7200
- 어른(1만8천원), 어린이, 청소년(1만4천원)
- * 만 9세 이하 관람 제한
- 09:00~15:00 – 월요일 휴장
- 백운산 내
- http://cave.maha.or.kr

이효석문학관 〈메밀꽃 필 무렵〉으로 유명한 가산 이효석 선생의 생애와 작품 세계를 알 수 있는 곳. 이효석 선생의 작품 일대기와 육필원고, 유품 등을 볼 수 있다. 아름다운 외형과 귀중한 자료를 소장하고 있어 우리나라 대표할 만한 문학관으로 평가 받고 있다.

- 강원도 평창군 봉평면 효석문학길 73-25
- 033-330-2700

- 어른, 초중고생(2천원)
- 5월~9월 09:00~18:30 | 10월~4월 09:00~17:30 - 월요일 휴관
- 평창군 종합관광안내소 인근
- http://www.hyoseok.org

평창올림픽시장 1955년에 시장으로 등록된 역사 깊은 전통시장이다. 동계올림픽 개최 확정 이후, 이름을 평창전통시장에서 평창올림픽시장으로 바꿨으며 특성화시장으로 선정되었다. 60여 개의 상설시장 점포와 5일장 노점이 운영되고 있다. 5일장은 매월 5, 10, 15, 20, 25, 30일에 열리니 찾아갈 때 참고하자.

- 강원도 평창군 평창읍 평창시장1길 8-1
- 033-332-2517
- 평창버스터미널 옆
- http://olympicmarket.modoo.at

평창자연휴양림 태기산 해발고도 700m에 자리한 자연휴양림이다. 해발 700m 지점은 사람과 동물, 식물이 기압의 영향을 받지 않고 가장 이상적으로 생활하고 생장할 수 있는 환경이라고 한다. 등산로가 잘 정비되어 있고, 수목과 야생화가 어우러져 있다.

- 강원도 평창군 봉평면 팔송로 285
- 033-332-0711
- 어른(2천원), 중고생(1천5백원), 초등생(1천원)
- 흔들바위삼거리에서 우회전하여 백운교 인근
- http://forest700.or.kr:10462

허브나라농원 국내 최초로 허브를 주제로 한 관광농원이다. 1백여 종의 허브 향기가 어우러진 아름다운 자연을 감상하며 쉴 수 있는 가족 휴양지. 7개의 테마 구역으로 나뉘어 있으며 통나무로 된 레스토랑에서 오리지널 허브요리와 차를 맛볼 수 있다. 허브 관련 제품도 판매하며 원목 식의 자작나무 집에서 숙박도 할 수 있다.

- 강원도 평창군 봉평면 흥정계곡길 225
- 033-335-2902
- 5월~10월 - 어른, 중고생(8천원), 초등생(5천원) | 11월~4월 - 어른, 중고생(5천원), 초등생(3천원)
- 5~10월 09:00~18:00 | 11월~4월 09:00~17:30 - 첫째, 셋째 주 화요일 휴관
- 흥정계곡 내
- http://www.herbnara.com

휘닉스파크 스키장을 비롯하여 골프장, 챌린지어드벤처 코스, 수영장, 양궁장, 사격장 등의 시설이 있는 종합 리조트 단지다. 국내 최초로 도입된 쾌적하고 안전한 곤돌라 리프트와 다양한 보드 코스, 12개의 슬로프 코스가 있다. 곤돌라를 타고 태기산 정상에 올라 태백산맥의 장대한 경관을 즐길 수 있는 볼거리도 빼놓을 수 없다.

- 강원도 평창군 봉평면 태기로 174
- 1577-0069
- 태기산 앞
- http://www.phoenixhnr.co.kr

맑은 공기가 있는 청정 도시
횡성

흔히들 한우 하면 자연스레 횡성을 떠올린다. 산간지역이지만 예로부터 논농사가 발달해 소의 먹이인 볏짚이 풍부하고, 청정 환경을 자랑해 한우를 기르기에 최상의 조건을 갖추고 있다. 그만큼 횡성은 맑은 공기와 깨끗한 물이 있는 청정도시라 할 수 있다. 시원한 계곡과 폭포가 있는 치악산국립공원을 시작으로 청정 공기를 마음껏 누릴 수 있는 둔내자연휴양림, 겨울 스포츠 레저를 즐길 수 있는 웰리힐리파크 등에서 여행의 여유를 즐겨보자.

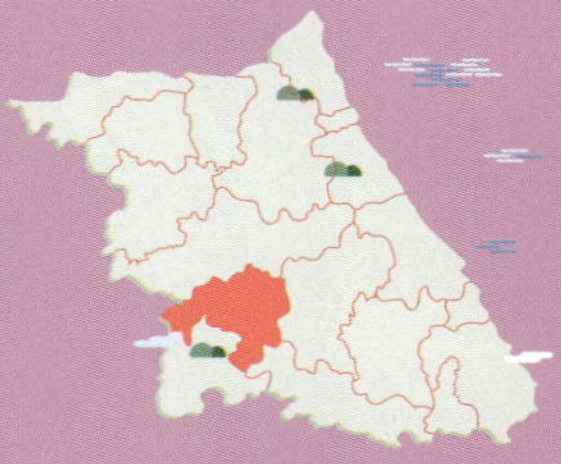

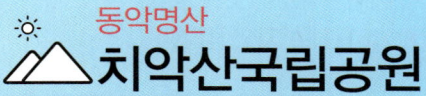

동악명산
치악산국립공원

강원도 횡성과 원주, 영월에 걸쳐 있는 국립공원으로, 기암괴석과 아름다운 계곡이 절경을 이룬다. 특히 구룡계곡, 부곡계곡, 금대계곡 등 이름난 계곡이 곳곳에 분포되어 있으며 구룡소, 세렴폭포 등의 명소가 많아 관광객과 산악인의 발길이 끊이지 않는다. 봄이면 진달래와 철쭉, 여름철에는 울창한 송림과 시원한 계곡, 가을에는 울긋불긋한 단풍과 새하얗게 눈 덮인 겨울의 설경 등 사계절 각기 다른 매력을 느낄 수 있는 곳이기도 하다.

다양한 등반 코스가 있지만, 사람들이 가장 많이 찾는 코스는 구룡탐방지원센터에서 비로봉까지 이어지는 코스다. 구룡사, 세렴폭포를 거쳐 정상인 비로봉까지 등반하는 코스로, 약 3시간 30분 정도 소요된다. 비교적 난이도가 쉬운 코스를 찾는다면 구룡탐방지원센터에서 구룡사, 세렴폭포까지만 돌아보는 편을 추천한다.

📍 강원도 횡성군 강림면 부곡리
☎ 치악산국립공원 사무소 033-732-5231
🔍 원주시청, 유교역 인근

치악산국립공원 사진제공(박성근)-한국관광공사

청태산 우거진 숲 둔내산자연휴양림

울창한 숲과 맑은 물이 흐르는 휴양림으로, 맑은 공기 속에서 휴식을 취할 수 있는 곳이다. 전나무 등의 침엽수와 잣나무, 낙엽송 등이 울창하게 우거져 있어 원시림의 정취를 즐길 수 있다. 통나무집 숙박동과 캠프파이어장, 산악자전거코스, 산책로가 조성되어있다.

📍 강원도 횡성군 둔내면 삽교리 1151 ☎ 033-343-1880 🎫 어른, 중고생(2천원), 어린이(1천원) 🔍 국립청태산자연휴양림 옆
🌐 http://www.dunnae.co.kr

강원쥬라기랜드 산악 바이크를 즐길 수 있는 레저 스포츠 시설로, 사륜오토바이의 일종인 ATV를 타고 산과 강, 계곡 등을 누빌 수 있다. 장내 체험장 체험장 코스를 비롯해 갈대숲, 계곡물, 산악투어 등을 즐길 수 있는 코스까지 다양하게 갖추고 있다. 서바이벌 체험도 인기.
📍 강원도 횡성군 서원면 유현리 433-2
☎ 010-7456-3937
🎫 코스(2만5천원~4만원)
🕐 전화 문의
🔍 유현초등학교에서 옥스필드CC 방향으로 직진하면 좌측
🌐 http://kwjrssic.com

안흥찐빵마을 찐빵을 만드는 업소 17개가 모여 있는 마을로, 전통적인 방식으로 찐빵을 제조하고 있다. 해마다 10월 9일~10일에는 찐빵축제가 열리며 주요 행사로는 주민노래자랑, 불꽃놀이등의 전야제와 찐빵빚기, 찐빵많이먹기, 찐빵제조과정 재연 등이 있다.
📍 강원도 횡성군 안흥면

☎ 안흥찐빵마을협의회 033-342-0063
🔍 횡성휴게소인천방향 인근
🌐 http://www.ahzzbb.com

웰리힐리파크 무공해 청정 지대인 술이봉 일대에 조성된 휴양 타운으로, 천혜의 자연을 바라보며 편안하게 휴식을 즐길 수 있다. 호텔식 콘도미니엄을 비롯해 유스호스텔 등의 다양한 숙박 시설을 갖추고 있으며 국제 공인 규격의 스키장도 있다. 특히 국내 최초로 익스트림 챌린지 슬로프를 운영하여 스노보드 마니아의 사랑을 받고 있다.
📍 강원도 횡성군 둔내면 고원로 451-1
☎ 1544-8833
🎫 홈페이지 참조
🔍 둔내역 인근
🌐 http://www.wellihillipark.com

웰리힐리파크_사진제공(이범수)-한국관광공사

자작나무숲미술관 원종호 관장의 스튜디오로 사용되면서 2008년부터 관람객에게 개방하여 미술관의 소장품을 전시하고 있다. 야외무대에서 공연이 진행되며 게스트 하우스도 운영한다. 지역 농산물로 만든 음료와 바리스타가 직접 로스팅하는 커피도 함께 맛볼 수 있다.
- 강원 횡성군 우천면 한우로두곡5길 186
- 033-342-6833
- 성인(2만원), 3~18세(1만원)
- 10:00~17:00 | 명절 당일 13시 개관 - 수, 목요일 휴관
- 우천일반산업단지 인근
- http://www.jjsoup.com

풍수원성당_사진제공(박은경)-한국관광공사

청태산자연휴양림 인공림과 천연림이 잘 조화된 울창한 산림을 바탕으로 한 국유림 시범단지로서 숲속에는 노루, 멧돼지, 토끼 등 온갖 야생동물이 서식하고 있어 마치 자연박물관을 찾은 기분이 든다. 여름철이면 피서객들이 잠시 쉬었다가 가기에 편리하고, 청소년의 심신 수련을 위한 숲속 교실도 마련되어 있다.
- 강원도 횡성군 둔내면 삽교리
- 033-343-9707
- 성인(1천원), 중고생(6백원), 어린이(3백원)
- 일일개장 시 09:00~18:00 | 숙박 시 15:00~익일 12:00
- https://www.foresttrip.go.kr/indvz/main.do?hmpgId=0106

풍수원성당 1801년 신유박해 이후 40여 명의 신자가 정착한 곳으로, 신자들이 직접 성당을 지었다고 한다. 우리나라에서 네 번째로 지어진 성당이자 강원도에 지어진 최초의 성당으로 의미가 크다. 성당이 아름다워 많은 드라마의 촬영지로도 사랑받고 있다.
- 강원도 횡성군 서원면 경강로유현1길 30
- 033-342-0035
- 옥스필드CC 인근

엑스포과학공원_사진제공(김지호)-한국문화관광

대전광역시

도심 문화와 자연이 어우러지는 곳
대전

대전에 사는 지인을 만나면 "대전은 살기 좋은 도시이기는 한데, 마땅히 볼 것은 없어."라는 우스갯소리를 한다. 하지만 대전의 여행지를 천천히 살피다 보면 여유 있게 자연을 벗 삼아 쉴 수 있는 곳이 많다는 것에 새삼 놀라게 된다. 피톤치드를 만끽할 수 있는 장태산자연휴양림을 비롯해 한밭수목원, 금강로하스대청공원, 그리고 뜨거운 온천수에 몸을 녹일 수 있는 유성온천 등이 있어 많은 사람들의 사랑을 받고 있다. 특히 한밭수목원 인근으로 예술의전당, 대전시립미술관, 엑스포과학공원 등의 스팟이 모여 있어 대전 시내 여행의 중심지라 할 수있다. 최근 대전광역시에서 야심 차게 추진하고 있는 원도심도 추천 여행지. 근대 건축물과 예술가의 작품이 곳곳에 있어 색다른 도심 여행을 즐길 수 있다.

대전 도심 여행의 중심

한밭수목원

중부권에서 최대 규모를 자랑하는 도심 속 인공 수목원이다. 수목원은 엑스포시민광장을 기준으로 동원과 서원으로 나뉘는데, 동원에는 화려한 장미가 만발해 있는 장미원, 상록수원, 소나무원 등이 자리하며 서원에는 야생화원, 잔디광장, 생태숲 등 숲이 우거져 있다. 198종 9천3백여 본에 달하는 열대, 아열대식물이 자생하고 있는 열대식물원도 빼놓을 수 없는 볼거리. 수목원 바로 앞으로 대전시립미술관과 예술의전당, 엑스포과학공원 등이 있어 단연 도심 속 여행의 중심지라 할 수 있다.

● 대전광역시 서구 만년동 396
☎ 042-270-8452
⊕ 4월~9월 06:00~21:00 | 10월~3월 08:00~19:00
 - 동원, 열대식물원 월요일 휴관/서원 화요일 휴관
● 정부대전청사 뒤편
⊕ http://www.daejeon.go.kr/gar/index.do

사진제공(대전광역시청, 관광산업과)

새로운 활기를 되찾은 대전 구도심
원도심

대전광역시에서 야심 차게 기획한 원도심 활성화 프로젝트. 원도심은 한때 대전에서 가장 핫한 곳이자 중심 상권으로서의 역할을 했지만, 충청남도청이 이전하고 대전 인근 신도시 지역이 개발되면서 점차 활기를 잃었다. 하지만 최근에 지역 예술가들이 대흥동 일대에 터전을 잡으면서 문화의 거리로 발돋움하며 생기를 되찾아가고 있다. 예술가가 그린 벽화는 물론이고 옛 충남도청, 옛 산업은행, 충남관사촌, 대흥동성당 등 근대 건축물이 곳곳에 있어 둘러보는 재미가 있다.

- 대전광역시 중구 대흥동~중앙동 일대
- 대전광역시청 관광진흥과 042-270-3972
- 중앙로역, 대흥동 일대

사진제공(대전광역시청 관광산업과)

대전을 아름드리 품은 둘레산길 대전둘레산길

대전의 넓은 들판을 감싸고 있는 산을 따라 걷는 산책길로, 총 133km에 달하는 길을 12개 구간으로 나누었다. 보문산을 비롯해 만인산, 계족산, 빈계산 등 대전의 명산과 대전천, 유등천, 갑천이 흘러 모이는 금강이 있어 산행의 즐거움을 더한다. 한 구간 당 10km 내외, 약 6~7시간 정도 소요되니 코스를 보고 원하는 구간을 선택해보자.

📍 대전광역시 전역 ☎ 대전광역시청 공원녹지과 042-270-5583 🔍 홈페이지 참조

메타세쿼이어 숲에서 즐기는 산림욕 장태산자연휴양림

울창한 숲이 뿜어내는 상쾌한 공기를 마시며 산림욕을 즐길 수 있는 곳. 메타세쿼이아 숲이 울창하게 조성되어 있어 이국적인 풍광을 연출한다. 하늘 위로 쭉 뻗은 나무와 그 사이로 들어오는 햇살이 보기만 해도 마음을 평안하게 한다. 쾌적한 숙박 시설도 갖추고 있으며 홈페이지를 통해 예약하면 숲 체험 프로그램도 즐길 수 있다. 형제바위 전망대에서 바라보는 낙조도 절경으로 꼽힌다.

📍 대전광역시 서구 장안로 461 ☎ 관리사무소 042-270-7883 🔍 흑석리역에서 장안저수지 지나 직진
🌐 http://www.jangtaesan.or.kr

국립대전현충원 총 100만 평 대지 위에 묘역, 현충탑, 호국분수탑, 호국관 등이 조성되어 있어 나라를 위해 생명을 바친 호국 영령의 넋을 기리고 민족 정서를 함양하는 묘역공원이다. 한 해에 2,599,219명이 방문한다.
📍 대전광역시 유성구 노은1동 현충원로 251
☎ 042-718-7114
🎟 무료
🕐 3월~10월 06:00~18:00 | 11월~2월 07:00~18:00
🔍 현충원역 3번 출구로 나와 직진하다 덕송초등학교 지나 오른편
🌐 http://www.dnc.go.kr

국립중앙과학관 다양한 과학 관련 자료를 전시하고 연구하는 과학관. 과학기술관을 비롯해 한반도 자연사를 주제로 꾸민 자연사관, 사이언스홀 등 다양한 전시관을 갖추고 있다. 국내 최대의 23m 돔 천체관과 자기부상열차를 체

금강로하스대청공원 / 사진제공(김대평)-한국관광공사

험해볼 수 있는 자기부상열차 체험관이 특히 인기다. 체험 프로그램은 사전 예약 필수.
- 대전광역시 유성구 대덕대로 481 (구성동)
- 042-601-7979
- 어른(2천원), 중고생, 어린이(1천원)
- 09:30~17:50 – 월요일 휴관
- 엑스포과학공원에서 대전지방기상청 방향으로 직진하면 우측
- http://www.science.go.kr

금강로하스대청공원 대청댐 주변에 조성한 공원으로, 대전 시민의 휴식 공간으로 사랑받고 있다. 푸른 금강을 바라보며 여유로운 시간을 보낼 수 있는 곳. 매년 봄이면 금강변을 따라 벚꽃이 흐드러지게 피며 매년 4월에 금강 로하스 축제 걷기대회가 열린다.
- 대전광역시 대덕구 대청로 607 (미호동)
- 대덕구청 공원녹지과 042-608-5373
- 신탄진역에서 금강 따라 대청댐휴게소 방향으로 직진

대전시립미술관 열린 미술 문화 공간을 지향하는 시립미술관. 대전 지역의 미술은 물론이고 우리나라 현대미술의 발전에 기여하고 그 문화를 공유하기 위해 조성되었다. 주기적으로 다채로운 전시가 펼쳐지며 어린이 교육강좌, 시민강좌 등 다양한 강좌를 진행하고 있다.
- 대전광역시 서구 둔산대로 169 (만년동)
- 042-270-7370
- 어른(5백원), 초중고생(3백원)
- 3~10월 10:00~19:00(매월 마지막 주 수요일 21:00까지) | 11~2월 10:00~18:00 (매월 마지막 주 수요일 20:00까지)

- 대전예술의전당, 한밭수목원 옆
- http://dmma.daejeon.go.kr

대전아쿠아리움 지하방공호로 활용되었던 천연동굴을 수족관으로 변화시킨 곳으로, 국내 최대 규모 담수어 아쿠아리움이다. 체험 프로, 다양한 나라의 담수어와 멸종 위기 동물까지 전시하여 각종 희귀동물을 만나볼 수 있다.
- 대전광역시 중구 보문산공원로 469
- 042-226-2100
- 어른(2만1천원), 중고생(1만9천원), 어린이(1만7천원), 악어쇼(6천원)
- 12:00~18:00 | 주말 및 공휴일 10:00~19:00
- 보문사 인근
- http://www.djaquarium.com

대전오월드 17만7천 평에 달하는 넓은 부지에 조성된 테마파크. 다양한 동식물을 만날 수 있는 동물원과 식물원. 버드랜드 등을 비롯해 장미, 허브, 야생초 등의 테마정원으로 꾸민 플라워랜드, 스릴 넘치는 놀이기구 등 다양한 시설을 갖추었다. 매년 여름밤에는 야간개장을 진행해 다양한 공연과 아름다운 불꽃놀이가 펼쳐진다.
- 대전광역시 중구 사정공원로 70 (사정동)
- 042-580-4820
- 입장권(어른 1만2천원, 중고생 7천원, 어린이 5천원) | 자유이용권(어른 2만9천원, 중고생 2만3천원, 어린이 2만원)
- 09:30~18:00
- 산성도서관에서 보문산 방향으로 진입
- http://www.oworld.kr

대전오월드_사진제공(대전광역시청 관광산업과)

동춘당공원 민속 문화재인 동춘당 일대에 조성된 공원. 동춘당은 조선 후기 기호학파의 대표적인 학자인 동춘당송 준길이 건립한 별당으로, 충청 지역에서 드문 'ㄷ'자형 구조를 하고 있다. 조선 후기 건축 양식을 잘 보여주는 문화재. 고색창연한 동춘당과 한가로운 공원의 풍경이 아름다운 조화를 이룬다.

- 대전광역시 대덕구 동춘당로 80 (송촌동)
- 대전광역시청 문화재종무과 042-270-4513
- 대전송촌중학교 옆

둔산선사유적지 우리나라에서 처음으로 구석기, 신석기, 청동기 시대의 유물이 한꺼번에 발견된 유적지. 빗살무늬토기조각을 비롯해 구석기 시대 석기, 청동기 시대 움집자리 등 귀중한 유물이 다량으로 발견되어 선사 시대 생활상을 엿볼 수 있다. 선사 시대 유적지로서는 드물게 도심 속에 있어 접근성이 좋은 것이 특징.

- 대전광역시 서구 대덕대로317번길 9
- 042-270-2418
- 정부청사역 3번 출구에서 우회전. 선사유적네거리 인근

상소오토캠핑장 상소동 산림욕장 내에 자리를 차지해 자연의 절경을 느낄 수 있는 곳이다. 오전에 피어나는 물안개는 환상적인 느낌을 더해준다.

- 대전 동구 산내로 748
- 042-273-4174
- 캠핑장(평일 2만5천원, 금, 토, 일요일, 7~8월 3만원)
- 당일 14:00~12:00(익일)
- 미달교 앞
- https://www.sangsocamping.kr:453

스카이로드(으능정이문화의거리) 중앙로역 인근 으능정이 문화의 거리에 조성된 초대형 LED 영상 아케이드 구조물. 길이 214m, 높이 20m의 규모로, 대전의 새로운 랜드마크로 떠오르고 있다. 저녁에는 높은 천장에 다양한 영상 콘텐츠와 화려한 LED 영상이 상영되어 야경명소로 사랑받고 있다. 중앙로 인근에 백화점, 지하상가, 갤러리 등이 밀집되어 있어 젊은이들의 활기가 넘친다.

- 대전광역시 중구 중앙로 170 (은행동)
- 스카이로드 운영센터 042-252-7100
- 4월~9월 19:00~23:00 | 10월~3월 18:00~22:00 - 월요일 휴장
- 중앙로역 1번 출구에서 직진, 두 번째 골목에서 우회전
- http://skyroad.or.kr

엑스포과학공원 1993년 대전세계박람회를 기념하기 위해 조성된 테마공원. 예전에는 공원 내에 더 많은 시설과 즐길 거리가 있었지만, 엑스포재창조사업 추진으로 몇몇 시설이 철거되어 현재는 일부 전시관만 관람할 수 있다. 엑스포의 기원과 역사, 그리고 대전 엑스포가 개최하기까지의 전 과정 등을 살펴볼 수 있다. 우주를 모티브로하여 만든 한빛탑전망대도 놓칠 수 없는 볼거리.

- 대전광역시 유성구 대덕대로512번길 30 (도룡동)
- 대전마케팅공사 042-250-1115
- 09:00~17:40 - 월요일 휴관
- 한국과학기술원에서 대전지방기상청 지나 직진하면 좌측
- http://www.expopark.co.kr

유성온천 유성구 봉명동 일대에 조성된 온천관광특구로, 온천탕을 비롯해 음식점, 숙박시설 등이 모여 있다. 조선 태조가 계룡산에 들렀다가 이곳에서 목욕했다고 전해지며 태종 역시 즐겨 찾았다고 한다.

- 대전광역시 유성구 봉명동
- 대전광역시청 관광진흥과 042-270-3981
- 유성온천역 7번 출구 앞

이응노미술관 한국현대미술사의 거장 고암 이응노 화백의 정신을 계승하고 그의 예술 세계를 기리기 위해 설립된 미술관. 그의 예술혼이 담긴 작품들이 전시되어 있으며 주기적으로 전시 작품을 교체한다. 이응노 화백의 작품 외에도 다른 작가의 작품도 기획 전시로 만나볼 수 있다.

- 대전광역시 서구 둔산대로 169 (만년동)
- 042-611-9800
- 어른(5백원), 초중고생(3백원)
- 3월~10월 10:00~19:00 | 11월~2월 10:00~18:00 - 월요일 휴관
- 한밭수목원 앞
- http://www.leeungnomuseum.or.kr

장동산림욕장 계족산 자락에 자리한 산림욕장으로, 계족산의 상쾌한 공기를 마시며 산림욕을 즐길 수 있다. 이곳에서 빼놓을 수 없는 것이 계족산 황톳길이다. 부드러운 촉감의 황토를 맨발로 밟으며 숲속을 걷는 이색 체험을 즐겨보자. 총 길이는 약 14km에 달하며 주기적으로 마라톤대회와 걷기대회를 개최한다.

- 대전광역시 대덕구 장동 산62
- 장동산림욕장 관리소 042-623-9909
- 장동초등학교에서 계족산 방향으로 직진

세종시

행정중심복합도시
세종

2012년 특별자치시로 출범한 세종시는 충청남도 연기군과 충청북도 청원군, 공주시 일부를 병합한 지역이다. 행정 기능을 중심으로 교육, 문화, 복지의 기능이 어우러진 복합도시이며 지역 균형 발전을 위해 만들어졌다. 정부 청사가 밀집해 있는 정부세종청사 인근으로는 시민들의 사랑을 받는 세종호수공원을 비롯해 밀마루전망대, 우주측지관측센터 등이 모여 있어 함께 둘러보는 편을 추천한다. 행정권에서 살짝 벗어나 북쪽 전동면으로 향하면 자연을 벗 삼아 여행을 즐길수 있다. 아름다운 정원이 있는 베어트리파크와 고즈넉한 풍경의 뒤웅박고을, 백제의 숨결이 남아 있는 운주산성 등 행정권에 있는 여행지와는 사뭇 다른 분위기를 느낄 수 있다.

세종시를 대표하는 도심 속 휴식 공간
세종호수공원

세종시를 대표하는 랜드마크로, 국내 최대 규모의 인공호수공원이다. 다채로운 문화 공연이 펼쳐지는 무대섬을 비롯해 축제섬, 물놀이섬, 물꽃섬, 습지섬 등 다섯 가지 테마의 섬이 조성되어 있다. 산책로를 따라 산책을 즐기며 각기 다른 분위기의 공간을 둘러보면 좋겠다. 세종시 공공자전거' 어울링'을 타고 호수공원을 누비는 것도 공원을 즐기는 방법. 밤에는 형형색색의 조명이 공원을 밝혀 야경이 아름답다.

📍 세종시 연기면 호수공원길 155
☎ 044-301-3635
🔍 정부세종청사 인근
🌐 http://www.sejong.go.kr/lake.do

사진제공(세종시청 문화체육관광과)

동물이 있는 수목원 **베어트리파크**

사진제공(박은경)-한국관광공사

동물이 있는 수목원을 콘셉트로 조성한 테마파크. 10만여 평 대지에 1천여 종, 40만여 점에 이르는 다양한 식물이 있다. 소나무와 향나무가 터널처럼 이어진 베어트리정원을 비롯해 야생화동산, 분재원 등 아름다운 정원에서 여유롭게 산책을 즐기기 좋다. 반달곰동산에서는 실제 반달곰을 가까이서 만날 수 있어 아이들에게 특히 인기다.

📍 세종시 전동면 신송로 217   ☎ 044-866-7766   🎫 어른, 중고생(1만원), 어린이(8천원)   🕘 3월~11월 09:00~일몰 시 | 12월~2월 10:00~17:00   🔍 전의역에서 전동역 방향으로 직진   http://www.beartreepark.com

---

뒤웅박고을 우리의 전통을 담은 장을 테마로 하는 마을. 전통 장을 보관하는 장독대가 늘어선 모습이 주변 경관과 어우러져 아름답다. 마을 내에 있는 전통장류박물관에서는 장의 역사와 전통을 전시하고 있으며, 동시에 고추장 만들기, 두부 만들기 등의 체험 프로그램을 진행하고 있어, 즐길거리가 풍성하다.

📍 세종특별자치시 전동면 배일길 90-43
☎ 1588-0093
🕘 세종전통장류박물관 - 3월~10월 10:00~18:00 | 11월~2월. 주말 및 공휴일 10:00~17:30 - 월요일 휴관
🔍 전동역에서 전의역 방향으로 직진. 청송농공단지에서 우회전
http://www.dweeungbark.co.kr

밀마루전망대 세종시 유일의 전망대로, 정부세종청사를 비롯해 도시 전체를 한눈에 내려다볼 수 있다. 투명하게 만든 엘리베이터를 타고 오르내릴 수 있으며 데크부가 좌우로 8.5cm 정도 흔들리도록 설계한 것이 특징이다.

뒤웅박고을_사진제공(세종시청 문화체육관광과)

비암사_사진제공(세종시청 문화체육관광과)

- 세종시 도움3로 58 (어진동)
- 044-862-8845
- 09:00~18:00
- 정부세종청사 인근 연양초등학교 맞은편

비암사 세종시를 대표하는 전통 사찰로, 정확한 창건연대는 알 수 없으나 삼국 시대에 창건되었다 전해진다. 사찰 입구에는 수령 800년이 훌쩍 넘은 장대한 느티나무가 자리하고 있어 삼층석탑과 어우러진 풍경이 아름답다. 인근에 있는 다비숲공원에서 산책을 즐기는 것도 좋다.

- 세종시 전의면 비암사길 137
- 044-863-0230
- 다비숲공원 옆

영평사 장군산 자락에 자리한 사찰. 매년 10월이면 하얀 구절초가 지천으로 피어 아름다운 풍광을 자아내며 구절초 꽃축제가 성대하게 열린다. 템플스테이도 운영하고있어 산사의 생활과 사찰 문화를 체험해보면 좋다.

- 세종시 장군면 영평사길 124
- 044-857-1854
- 이마트세종점에서 송침사거리 방향으로 직진. 한국지역난방공사 세종지사에서 우회전 후 송학교 건너 좌회전

우주측지관측센터 우리나라에서 유일하게 초정밀 우주측지기술을 갖춘 관측 센터. 지름 22m 대형 안테나를 비롯해 최첨단 관측 장비와 관측동을 갖추고 있다. 홍보관에서는 각종 영상물 등을 통해 우주측지기술을 쉽게 이해할 수 있다. 홍보관 관람은 사전 예약 필수며, 센터 출입 시 신분증을 지참해야 한다.

- 세종시 연기면 월산공단로 276-71
- 044-860-4003
- 10:00~12:00/13:00~17:00 – 주말 휴관
- 세종시청 별관 인근
- http://vlbi.ngii.go.kr

우주측지관측센터_사진제공(세종시청 문화체육관광과)

운주산성 운주산 정상부에 축조된 백제 시대의 포곡식 산성. 3,210m에 이르는 외성과 내성을 갖추고 있어 규모가 크다. 백제 토기 조각과 기와 조각, 조선 시대 백자 조각 등이 출토되어 조선 시대까지 이어져 온 산성이라는것이 밝혀졌다. 성곽을 따라 조성된 성곽길을 따라 산책을 즐길 수 있다.

- 세종시전동면 청송리 산90
- 세종시청 문화체육관광과 044-861-2114
- 전의역에서 고산사 방향으로 직진

충청남도

흥미진진 백제 역사 탐방 **공주**

백제 시대의 군사 요충지 **논산**

서해안의 아름다운 바다 일출과 일몰 **당진**

서해안 최고의 피서지 **보령**

고즈넉한 백제의 도시 **부여**

수려한 자연경관이 있는 문화재 여행 **서산**

금강과 아름다운 서해가 있는 도시 **서천**

온천의 고장 **아산**

느긋함의 미학 **예산**

독립 정신이 숨 쉬는 곳 **천안**

고추와 구기자의 고장 **청양**

해수욕장 천국 **태안**

과거와 미래를 잇는 쉼터 **홍성**

흥미진진 백제 역사 탐방
공주

'흥미진진 공주'라는 슬로건처럼, 공주는 백제 문화의 숨결을 느낄 수 있는 흥미로운 도시다. 계룡산에 있는 절을 제외하면 웬만한 관광지는 도보로 20~30분 내외로 이동할 수 있어 당일치기 여행을 즐기기 좋다. 금강과 어우러지는 웅장한 공산성을 비롯해 무령왕릉과 송산리고분군 등을 둘러보며 찬란한 백제의 흔적을 따라가 보자. 고즈넉한 산사의 여유를 느끼고 싶다면 계룡산에 자리한 갑사나 마곡사, 신원사 등의 사찰을 추천한다.

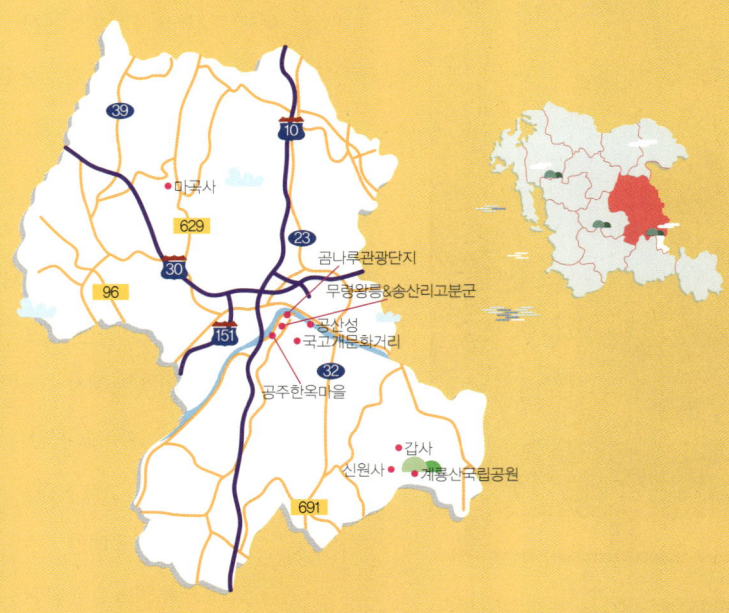

성곽길 산책과 찬란한 야경

공산성

백제 시대 도읍지인 공주를 방어하기 위해 축성한 산성으로, 백제 때에는 웅진성으로 불렸다가 고려 시대 이후 공산성으로 불리었다. 성벽을 따라 조성된 산책길을 따라 걷다 보면 탁 트인 금강과 짙은 녹음을 만날 수 있다. 1~2시간 내외면 산성 전체를 둘러볼 수 있으며 주말이면 매시 정각에 금서루에서 수문병교대식이 펼쳐진다. 단, 6월에서 8월까지 이어지는 혹서기에는 교대식이 열리지 않으니 참고할 것. 공산성의 색다른 매력을 느끼고 싶다면 밤에 찾아가 보자. 조명을 한껏 받은 공산성의 모습이 아름다우며 저녁 8시 30분과 9시 30분 두 차례에 걸쳐 성벽을 스크린 삼아 대형 미디어 파사드가 펼쳐진다.

- 충청남도 공주시 웅진로 280 (금성동)
- 041-840-2266
- 어른(1천2백원), 중고생(8백원), 어린이(6백원)
- 09:00~18:00
- 공주시내버스터미널에서 금강교 방향으로 직진하면 우측

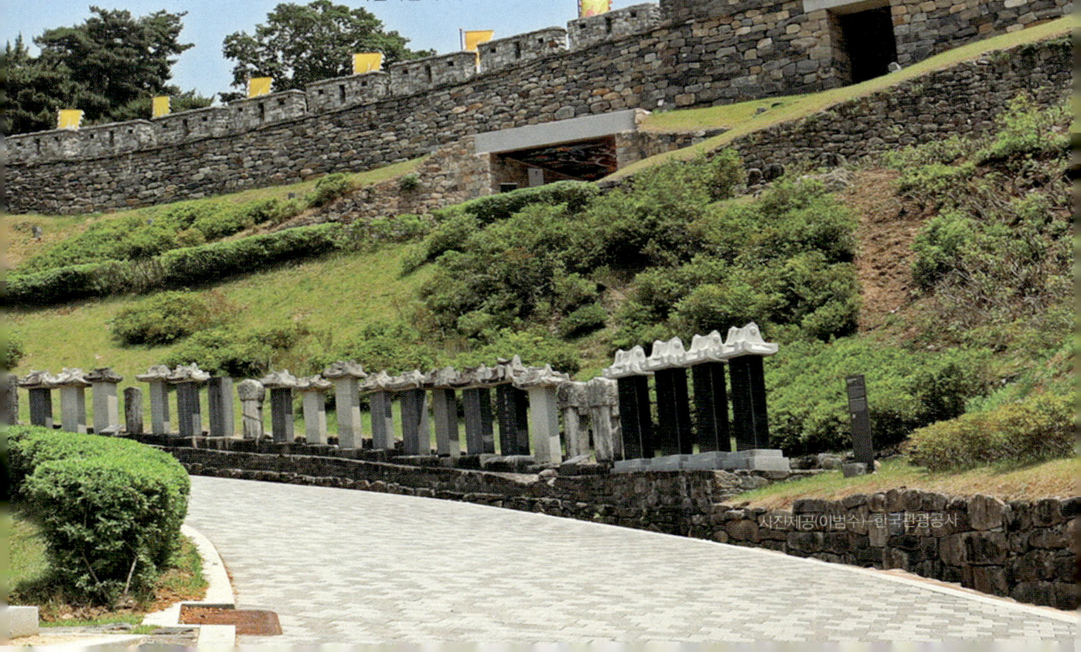

사진제공(이범수)-한국관광공사

고즈넉한 멋이 살아 있는 한옥마을 **공주한옥마을**

친환경 건축 자재인 소나무와 삼나무로 지은 한옥을 체험할 수 있는 곳. 사이사이 골목길을 천천히 걸으면 시간 여행을 하는 것 같은 기분이 들기도 한다. 마을 내에는 숙박 시설을 비롯해 야외무대, 공예 체험을 할 수 있는 공방이 모여 있으며 숙박객을 위한 야외 바비큐장도 갖추고 있다. 사람들이 많이 찾는 주말에는 숙소 예약이 다 차기도 하므로 서둘러 예약하는 편을 추천한다.

📍 충청남도 공주시 관광단지길 12 ☎ 041-840-8900 🔍 곰나루교차로에서 무령왕릉 방향으로 직진하면 좌측
🌐 http://hanok.gongju.go.kr

갑사_사진제공(공주시청 문화관광과)

갑사 계룡산 서북쪽 중턱에 자리한 사찰. '춘마곡, 추갑사'라'라는 말이 있을 정도로 울긋불긋한 가을 단풍이 어우러진 가을 경치가 아름답기로 유명하다. 절 주위에 용문폭포, 갑사계곡, 천진보탑 등의 수려한 명승지가 모여 있으며 산행 코스를 통해 갑사에서 동학사까지 트래킹을 즐길 수도 있다.

📍 충청남도 공주시 계룡면 갑사로 567-3
☎ 041-857-8981
🎫 어른(3천원), 중고생(1천5백원), 초등생(1천원)
🕐 05:30~20:00
🔍 계룡저수지에서 계룡산 갑사분소 방향으로 직진
🌐 http://www.gapsa.org

계룡산국립공원 충청남도를 대표하는 명산으로, 우리나라에서 두 번째로 국립공원으로 지정되었다. 산세가 가파르지 않고 아늑하면서도 충청남도 주요 도시에서 가까워 일 년 내내 등산객으로 인산인해를 이룬다. 계룡산 내에 갑사, 동학사 등 유명 사찰이 있어 둘러보면 좋다.

📍 충청남도 공주시 반포면 동학사1로 327-6
☎ 계룡산국립공원 사무소 042-825-3002
🔍 계룡저수지에서 갑사 방향으로 등산로 따라 직진

곰나루관광단지 소나무숲이 우거져있고 각종 편의시설이 갖추어져 있어 나들이 장소로 인기이다. 매년 7~8월 주말 밤이면 대중적인 문화예술축제인 곰나루 시민 마당이 열린다.

📍 충청남도 공주시 백제큰길 2110-16
☎ 041-850-7700
🔍 국립공주박물관 뒤편

국고개문화거리 버드나무길 교차로에서 충남역사박물관과 중동성당을 지나 옛 공주읍사무소에 이르는 약 1.2km의 구간이다. 공주 도시재생사업의 일환으로 조성된 거리로, 충청남도의 역사와 문화를 느낄 수 있는 충남역사박물관과 소담하게 자리한 중동성당을 둘러보는 코스다. 인근에 분위기 있는 카페가 여럿 있어 느긋하게 시간을 보내보는 것도 좋겠다.

📍 충청남도 공주시 중동
☎ 공주관광안내소 041-856-7700
🔍 공주대학교 옥룡캠퍼스 인근 버드나무길 교차로

마곡사 신라 시대 고승 자장율사가 창건한 천년 고찰. 마곡사 일대를 산책할 수 있는 산책 코스가 있어 천천히 산사의 여유를 누릴 수 있다. 고즈넉한 산사에서 불교 문화를 체험할 수 있는 템플스테이도 운영하고 있으며 홈페이지를 통해 예약하면 된다.

📍 충청남도 공주시 사곡면 마곡사로 966

☎ 041-841-6221
🎫 어른(3천원), 중고생(1천5백원), 초등생(1천원)
🔍 공주장승조각공원에서 마곡초등학교 지나 직진
🌐 http://www.magoksa.or.kr

무령왕릉&송산리고분군 백제 시대의 고분 7기가 모여 있는 송산리고분군에는 백제 25대 무령왕과 왕비를 합장한 무령왕릉이 있다. 벽돌을 구워 정교하게 쌓은 점이 독특하며, 송산리고분군 중 유일하게 도굴되지 않아 108종 2천9백여 점에 달하는 유물이 출토되었다. 현재는 고분 안으로 출입이 금지되어 있어 고분모형전시관에서 무덤 내부 모습을 살펴볼 수 있다. 출토된 유물은 인근에 있는 국립공주박물관에 전시하고 있다.

📍 충청남도 공주시 금성동 산5-18

☎ 무령왕릉 관광안내소 041-856-3151
🎫 어른(1천5백원), 중고생(1천원), 초등생(7백원)
🕘 09:00~18:00
🔍 곰나루교차로에서 공주종합운동장 지나 직진하면 좌측

신원사 651년(백제 의자왕 11년)에 보덕 화상이 창건한 사찰로, 여러 번의 중창을 거쳐 오늘날에 이르고 있다. 신라 말 고려 초기의 석탑 양식을 띠고 있는 신원사오층석탑이 고색창연함을 더한다. 전원에 둘러싸인 소담한 사찰이며 봄에는 벚꽃이 흐드러지게 펴 아름답다.

📍 충청남도 공주시 계룡면 신원사동길 1
☎ 041-852-4230
🎫 어른(3천원), 중고생(1천5백원), 초등생(1천원)
🔍 양화저수지에서 신원사사거리 지나 직진

백제 시대의 군사 요충지
논산

딸기 재배 지역인 논산은 매년 2월 딸기 축제가 열리고 최대 생산량을 자랑하는 곳이다. 백제 시대의 군사적 요충지이기도 했던 논산은 계백 장군의 유적지가 있는 백제군사박물관에서 역사를 학습하고 입체적으로 체험할 수 있는 문화 공간으로 거듭나고 있다. 강경 근대역사문화거리도 가볼 만하다. 근대식 건물이 보존되어 있어 시대상 역사 상황을 엿볼 수 있다. 드라이브 코스로 탑정호 역시 방문객들의 발걸음이 끊이지 않고 있다. 탑정호의 출렁다리에서 짜릿함을 느껴보자.

강경근대역사문화거리
강경은 근대에 포구를 중심으로 상권이 형성되어 번성했던 고장으로, 군산항이 개항하면서 상업적 기능을 잃었다. 현재는 외관이 보존되어 근대 시대의 역사를 둘러볼 수 있고 옛 백화점 건물을 활용하여 작은 사진전을 열고 있다. 강경근대거리의 현재와 과거를 오가는 시간 여행으로 매력적인 곳이다.

- 충청남도 논산시 강경읍 중앙리 53-7
- 논산시청 관광체육과 041-746-5403
- 계백장군유적지, 백제군사박물관 인근
- http://www.nonsan.go.kr/tour

개태사
고려 태조가 후백제의 신검을 무찌르고 삼국을 통일한 것을 기려 창건했다는 사찰로, 대한불교조계종 관할에 있다. 천호산 기슭의 수목과 사찰의 모습이 조화로워, 여유롭게 산책하기에 좋다. 사찰에는 보물 제 219호인 사지석불입상을 비롯해 다양한 문화재가 소장되어 있어, 볼거리도 풍성하다.

- 충청남도 논산시 연산면 계백로 2614-11
- 041-734-8730
- 개태사역 맞은편

계백장군유적지
김유신과 신라의 5만 대군과 맞서 싸우다, 장렬한 최후를 맞았던 계백 장군을 기리는 유허지로, 계백 장군이 전투한 황산벌의 인근에 있다. 계백 장군의 묘와 더불어, 장군의 동상과 기념 표지석을 볼 수 있다. 유허지 내에는 작은 호수공원이 조성되어 있어, 가볍게 산책하기에도 좋다.

- 충청남도 논산시 부적면 신풍리 4
- 041-746-8432
- 09:00~18:00 – 월요일 휴관
- 백제군사박물관 옆

관촉사
논산 시내에서 3km 남짓 떨어진 반야산 기슭에 있다. 이 사찰에는 고려 광종 19년(967)에 착공하여 38년 후에야 완공된 석조미륵보살입상(보물 제218호), 은진미륵, 석등(보물 제232호), 배례석(충남유형문화재 제53호) 등이 있다.

- 충청남도 논산시 관촉로1번길 25 (관촉동)
- 041-736-5700
- 어른(2천원), 중고생(1천5백원), 어린이(1천원)
- 08:00~20:00
- 천안논산간고속도로 서논산IC에서 논산시내 방면 진행.

논산돈암서원
조선 인조 때 1634년 인근에 세워졌다가 고종 때 현재 자리로 옮겨졌다. 김장생을 주향으로 하여 김집 송준길 송시열 선생 등 문묘에 배향된 네 분만을 모시고 있는 보기 드문 서원이다. 호서 명문 사족가문의 유적으로서, 아직도 후손들이 매년 제사를 지내고 있다.

- 충청남도 논산시 연산면 임3길 26-10
- 041-736-0096

관촉사_사진제공(박은경) 한국관광공사

- 무료
- 07:00~18:00 – 신정, 명절 당일 휴관
- 충남인터넷고등학교 인근

도정딸기마을
마을 진입로에 딸기 비닐하우스가 늘어서 있다. 일교차가 큰 도정에서 생산된 딸기는 달고 맛이 좋아 딸기따기체험을 하려는 관광객들의 발길이 끊기지 않고 있다. 딸기따기체험 이외에도 딸기인절미만들기, 딸기잼만들기, 밤고구마캐기, 곶감만들기 체험을 즐길 수 있다.

- 충청남도 논산시 양촌면 황산벌로380번길 15
- 041-741-5454
- 농산물산지유통센터 인근

탑정호
탑정호는 최대 3천만여 톤의 담수를 저장할 수 있으며 물이 맑고 깨끗하여 잉어, 쏘가리 등 담수어족이 풍부하다. 낚시는 물론 윈드서핑과 수상스키 등 수상레포츠를 즐기기에도 적합한 곳이다. 충남에서 두 번째로 크다는 탑정호는 4개 면에 걸쳐 있어 찾아가는 길도 다양해 접근성이 용이하다. 지금은 탑정호를 일주하는 도로가 완공되어 드라이브 코스로도 많은 사랑을 받고 있다.

- 충청남도 논산시 부적면 신풍리
- 탑정관리소 041-741-2590
- 계백장군묘소/군사박물관(신풍리방면)에서 하차, 약 300m

탑정호_사진제공(논산시청 홍보담당관)

서해안의 아름다운 바다 일출과 일몰

당진

서해안고속도로가 개통되고 경기도 평택과 충청남도를 연결하는 서해대교가 생기면서 당진을 찾는 방문객도 늘어가고 있다. 당진은 서해안의 북동쪽으로 튀어나와 있어서 동해안 못지않은 바다 일출과 아름다운 일몰을 한 장소에서 즐길수 있는 유일한 곳이다. 특히 가장 북쪽에 자리한 왜목마을에서 최고의 일출, 일몰을 만끽할 수 있다. 휘황찬란한 불빛이 어우러진 서해대교 야경도 놓칠 수 없는 볼거리! 일출, 일몰 시각에 잘 맞춰 태양이 빚어낸 장관을 만끽해보는 것도 좋겠다.

아름다운 일몰과 다채로운 놀이기구
삽교호관광지

삽교천방조제 인근에 조성된 관광지로, 최고의 야경을 자랑하는 서해대교를 비롯해 호수와 바다를 한눈에 감상할 수 있다. 특히 방조제에서 바라보는 서해 일몰 장관이 아름답기로 유명하다. 관광지 내에는 동양 최초의 군함 테마공원이자 우리나라 해군의 역사를 살펴볼 수 있는 삽교호함상공원이 있으며 대관람차, 바이킹, 디스코팡팡 등의 놀이기구를 즐길 수 있는 놀이동산이 자리하고 있다.

📍 충청남도 당진시 신평면 삽교천3길 100
☎ 삽교호 상가번영회 041-363-6680
🎫 삽교호함상공원 : 어른(6천원), 중고생, 어린이(5천원) / 삽교호놀이동산 : 어른, 중고생(4천5백원), 어린이(3천5백원)
🕘 3월~5월, 9월~10월 09:00~18:30 | 11월~2월 09:00~18:00 | 6월~8월 09:00~19:30
🔍 삽교호버스터미널 맞은편

사진제공(이범수)-한국관광공사

난지도해수욕장 도비도선착장에서 20분 정도 배를 타면 대난지도에 도착한다. '서해의 동해'라 불릴 만큼 청정 바다를 자랑하며 고운 모래와 붉은 해당화가 아름답기로 유명하다. 썰물 때면 조개 캐기 등의 갯벌 체험을 즐길 수 있어 가족 단위로 찾기에도 좋다.
- 충청남도 당진시 석문면 난지도리
- 당진시청 문화관광과 041-350-3592
- 어른(8천4백원), 중고생(7천6백원), 어린이(4천2백원)
- 도비도선착장에서 배 타고 대난지도 입도

도비도 당진시와 서산시를 잇는 대호방조제가 완공되면서 육지가 된 섬. 섬과 육지의 특징을 고루 가지고 있어 농촌체험과 갯벌체험 등을 한 곳에서 즐길 수 있다. 도비도 전망대에 오르면 난지도를 비롯해 크고 작은 섬을 한눈에 내려다볼 수 있다.
- 충청남도 당진시 석문면 난지도리
- 도비도항 인근

서해대교 충남 당진과 경기도 평택을 연결하는 다리로, 서해안고속도로 구간 중 일부다. 행담도휴게소에서 보는 서해대교 야경이 아름답기로 유명하며 교각 사이로 보이는 일출, 일몰 광경이 장관을 이룬다. 행담도휴게소 내 서해대교관리소 1층에 자리한 서해대교홍보관에서는 세계각국의 대형 교량을 비롯해 서해대교의 역사, 영상물 등을 볼 수 있다.
- 충청남도 당진시 신평면 매산리
- 서해대교 관리소 041-413-6688
- 당진 송악읍~평택항

솔뫼성지 우리나라 최초의 신부인 김대건 신부가 태어난 곳. 김대건 신부가 살았던 생가를 복원해놓았으며 동상과 기념관, 성당, 유적지 등이 조성되어 있다. 전시관 내에 들어가면 유품을 비롯해 유골, 가톨릭 역사 등을 살펴볼 수 있다.
- 충청남도 당진시 우강면 송산리 산45-3
- 041-362-5021
- 10:00~17:00
- 합덕공용버스터미널에서 우강우체국 지나 직진, 창리교차로에서 좌회전 후 솔뫼교차로에서 우회전
- http://www.solmoe.or.kr

아그로랜드태신목장 국내 최초로 낙농체험목장 인증을 받은 목장으로, 넓은 푸른 초원에서 다양한 가축을 구경할 수 있다. 젖소를 비롯해 양, 말, 라마 등을 방목하고 있으며 야생화정원과 조각공원, 갈대밭 등이 곳곳에 있어 다채로운 볼거리를 더한다. 송아지 우유주기, 치즈 만들기, 우유짜기 등의 체험은 아이들에게 특히 인기다. 행정구역상으로는 예산군에 속하지만, 당진과 가까워 찾아가기 좋다.
- 충청남도 당진시 면천면 면천로 1092-135
- 041-356-3154
- 어른(1만1천원), 중고생, 어린이(8천원)
- 3월~10월 10:00~18:00 | 11월~2월 10:00~17:00
- 당진면천농공단지 옆
- http://www.agroland.co.kr

아미미술관 전체 3,000평에 달하는 농촌 폐교를 활용한 사립미술관으로, 서양화가 박기호 관장과 설치미술가 구현숙 작가가 설립했다. 갤러리, 작업 공간, 작가 숙소 등으로 나뉘어 있으며, 소나무가 울창하게 자라 있는 미술관

서해대교_사진제공(당진시청 관광기획팀)

왜목마을_사진제공(당진시청 관광기획팀)

뒷산과 잘 어우러진다. 내부 인테리어가 독특해서 촬영 장소로도 쓰인다.

- 충청남도 당진시 순성면 남부로 753-4
- 041-353-1555
- 어른(6천원), 중고생, 어린이(4천원)
- 10:00~18:00
- 당진터미널시청 방면에서 순성합덕 방면으로 7km 직진
- http://amiart.co.kr

왜목마을 서해 최북단에 자리한 한적한 어촌 마을로, 동해안이 아닌 서해안에서 바다 일출을 볼 수 있는 곳으로 유명하다. 동해의 장엄한 일출과는 달리 서정적인 분위기의 서해 일출을 볼 수 있어 낭만적인 정취를 느끼기에 손색이 없다. 아름다운 일출을 담기 위해 사진가들의 발걸음이 끊이지 않으며, 낚시 스팟으로도 유명해 낚시 애호가들도 많이 찾는다.

- 충청남도 당진시 석문면 왜목길 26
- 왜목마을 번영회 010-7369-1279
- 왜목항 옆
- http://www.waemok.org

한진포구 당진을 대표하는 포구 중 하나로, 서해대교 교각 사이로 보이는 일출, 일몰 광경이 아름답다. 서해안고속도로가 개통되고 서해대교가 연결되면서 태양이 빚어낸 장관과 한적한 포구를 보기 위해 찾는 방문객이 많아지고 있다. 매년 5월 경이면 바지락갯벌체험축제를 개최한다.

- 충청남도 당진시 송악읍 한진포구길 23
- 당진시청 문화관광과 041-350-3592
- 한진1리마을회관 인근

한진포구_사진제공(당진시청 관광기획팀)

서해안 최고의 피서지

보령

보령 하면 물밀 듯이 밀려오는 사람들로 인산인해를 이루는 대천해수욕장과 보령머드축제가 떠오른다. 그만큼 보령 여행의 중심은 고운 모래와 시원한 바닷물이 있는 해수욕장이라 할 수 있다. 연간 1천만 명이 넘는 사람들이 방문하는 대천해수욕장은 보령머드축제가 열리는 장소이기도 하며 적당한 수심과 고운 모래가 어우러진 최고의 해수욕장으로 꼽힌다. 최근에는 바다 위를 날아가는 짚트랙과 스카이바이크 등의 레저 시설물이 등장해 이색적인 즐길 거리로 사랑받고있다. 매월 음력 전후로 바닷길이 열리는 무창포해수욕장도 인기 스팟 중 하나로, 자연의 신비로움을 몸소 체험할 수 있다.

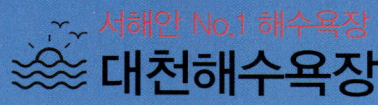

서해안 No.1 해수욕장
대천해수욕장

연간 1천만 명이 넘는 방문객이 오가는 해수욕장으로, 서해안 해수욕장 중 가장 인기가 좋은 곳이다. 여름철이면 전국 각지에서 젊은 청춘들이 모여들어 뜨거운 열기를 뿜어낸다. 동양 유일의 조개껍데기 백사장으로, 조개껍데기가 오랜 세월 동안 잘게 부서져 부드러운 모래로 변해 해수욕을 즐기기 최적의 환경이다. 매년 7월 말이면 대천해수욕장 일대에서 보령머드축제가 열려 다채로운 체험을 즐길 수 있다. 인근에 짚트랙과 스카이바이크 등의 스포츠 레저 시설은 물론이고 신선한 해산물을 맛볼 수 있는 수산시장이 있으니 함께 둘러보자.

📍 충청남도 보령시 신흑동 2267-3
☎ 대천관광협의회 041-933-7051
🔍 대천역에서 대천연안여객선터미널 방향으로 직진
🌐 http://daecheonbeach.kr

사진제공(이범수)·한국관광공사

개화예술공원_사진제공(보령시청 관광과)

개화예술공원 성주산 자락에 자리한 공원으로, 총 5만여 평의 대지에 조성된 종합예술공원이다. 계절과 상관없이 다양한 허브와 식물을 볼 수 있는 허브랜드를 비롯해 문인의 시비를 세운 시 공원 등 테마별로 다양한 공간을 갖추고 있다.

📍 충청남도 보령시 성주면 개화리 177-2
📞 041-931-6789
🎫 어른(5천원), 중고생, 어린이(3천원)
🕐 3월~10월 09:00~18:00 | 11월~2월 09:30~17:00
🔍 개화초등학교 인근
🌐 http://www.gaehwaartpark.com

대천해수욕장스카이바이크 짚트랙과 함께 대천해수욕장에서 핫하게 떠오르고 있는 레저 시설물. 해안선을 따라 지상 2~3m에 설치된 레일을 따라 왕복 2.3km를 오가며 서해안의 절경과 백사장 풍경을 만끽할 수 있다. 정오부터 오후 2시 사이에는 발권을 하지 않으니 시간을 잘 맞춰가는 것이 좋다.

📍 충청남도 보령시 해수욕장10길 79
📞 보령시 시설관리공단 041-931-1180
🎫 2인(2만2천원), 3인(2만6천원), 4인(3만원)
🕐 10:00~12:00/14:00~18:00
🔍 대천해수욕장 백사장에서 공주대학교수련원 방향으로 직진

무창포해수욕장 일명 '신비의 바닷길'이 열리는 해수욕장으로, 조수간만의 차로 무창포해수욕장과 석대도 섬 사이 1.5km에 달하는 바닷길이 열린다. 매월 음력 보름날과 그믐날을 전후해 바닷길이 열리며 조개, 소라, 낙지 등의 해산물을 잡는 재미가 쏠쏠하다. 무창포구와 어우러진 낙조 풍경이 아름답기로 유명해 사진작가들이 즐겨 찾는 곳이기도 하다.

📍 충청남도 보령시 웅천읍 열린바다1길 10
📞 무창포관광협의회 041-936-3561
🔍 무창포항 옆
🌐 http://www.moochangpo.com

무창포해수욕장_사진제공(보령시청 관광과)

스카이바이크_사진제공(보령시청 관광과)

상화원
죽도 내에 있는 한국식 정원으로, '조화를 숭상한다'라는 의미처럼 자연과 조화를 이루고 있다. 수백 년 된 소나무와 물, 바람, 그리고 고즈넉한 돌담과 한옥, 전통빌라 단지가 조화롭게 펼쳐진다. 특히 죽도 전체를 둘러싼 1km의 지붕형 산책로 회랑이 연결되어 있어 날씨에 구애받지 않고 정원을 둘러볼 수 있다.

- 충청남도 보령시 남포면 월전리 844-15
- 041-933-4750
- 입장료(6천원)
- 4월~11월 10:00~17:00 (금, 토, 일요일, 법정 공휴일에만 개방) - 11월~3월 휴원
- 남포방조제 인근 월전죽도 내
- http://www.sanghwawon.com

오천항
천수만에 인접해 있는 작은 항구로, 예로부터 보령의 주요 항구 역할을 했던 곳이다. 천수만에서 나오는 키조개 대다수가 이곳에 모이기 때문에 신선한 키조개가 맛있기로 유명하다. 배낚시를 즐기기도 좋아 낚시 애호가의 사랑을 받고 있다.

- 충청남도 보령시 오천면 소성리
- 보령시 관광안내소 041-932-2023
- 보령방조제 인근

오천항

짚트랙코리아
52m 높이에서 바다 위를 활강하는 레저 시설로, 짜릿한 스릴감을 경험할 수 있다. 국내 최초로 네 명이 동시에 이용할 수 있으며 하늘을 날아가는 기분을 만끽할 수 있다.

- 충청남도 보령시 신흑동 2210-1
- 041-934-3003
- 어른, 중고생, 초등생(1만8천원), 유아(1만5천원)
- 09:00~18:00 | 성수기 09:00~19:30
- 대천해수욕장 백사장에서 공주대학교수련원 방향으로 직진
- http://www.ziptrek.co.kr

천북굴단지
보령을 대표하는 굴 단지로, 바닷가를 따라 약 70여 개의 굴 전문점이 늘어서 있다. 가을을 거쳐 겨울이 되면 최상의 굴을 맛볼 수 있으며 생 굴을 비롯해 굴구이, 굴찜, 굴칼국수 등 굴을 활용한 별미를 즐길 수 있다. 매년 12월이면 굴단지 일대에서 천북굴축제가 성대하게 개최된다.

- 충청남도 보령시 천북면 장은리 1069
- 보령방조제에서 홍성방조제 방향으로 직진

고즈넉한 백제의 도시
부여

부여는 백제의 찬란한 문화를 느낄 수 있는 동시에 백제 왕조의 쇠락한 마지막 모습이 남아 있는 도시다. 또 다른 수도였던 공주와는 다른 매력을 느낄 수 있으며 공주와 부여를 함께 묶어 1박 2일로 여행하기에 적당하다. 부여에서 단연 추천할 만한 곳은 백제문화단지다. 2010년에 완공되었으며 광활한 부지 위에 찬란한 백제 역사와 문화를 고스란히 재현해놓았다. 부여 시내 쪽으로 나오면 도보 10~20분 거리에 가볼 만한 관광지가 인접해 있다. 낙화암, 고란사 등이 있는 부소산성을 트래킹하는 것도 좋고, 백제 깃발이 위엄 있게 펄럭거리는 황포돛배를 타고 백마강을 둘러보는 것도 좋겠다. 여름에 방문할 예정이라면 연꽃이 아름답게 연못을 뒤덮는 궁남지를 빼놓지 말 것.

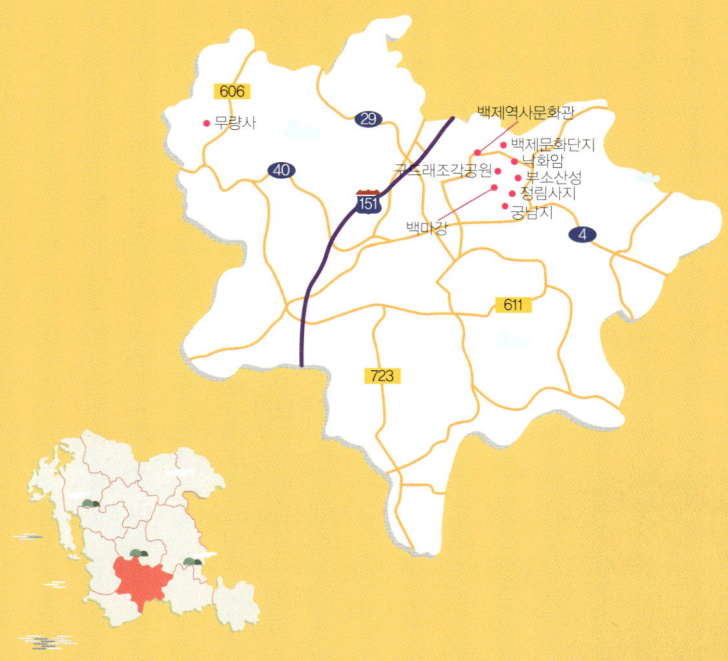

찬란한 백제의 문화와 역사
백제문화단지

찬란한 꽃을 피운 백제 역사와 문화의 우수성을 세계에 알리고자 조성한 문화단지로, 1994년부터 2010년까지 총 17년에 걸쳐 완성되었다. 삼국 시대 중 왕궁의 모습을 최초로 재현한 사비궁을 비롯해 부처님의 사리를 모시던 곳인 능사5층목탑을 철저한 고증에 따라 재현했다. 뿐만 아니라 사비 시대 귀족 계층의 고분을 모아놓은 고분공원과 백제인의 생활 풍습을 파악할 수 있는 생활문화마을, 외적의 침입을 막기 위해 축성한 위례성 등 다채로운 볼거리를 선사한다. 다 둘러보는 데만 2~3시간이 걸릴 만큼 볼거리가 다양해 여유를 가지고 둘러보는 편을 추천한다. 인근에 롯데부여리조트와 롯데아울렛이 있으니 여행 동선을 짤 때 참고하자. 시기에 따라 야간개장을 할 때도 있으며 홈페이지에서 확인할 수 있다.

- 충청남도 부여군 규암면 백제문로 455
- 041-408-7290
- 어른(6천원), 중고생(4천5백원), 초등생(3천원)
- 3월~10월 09:00~18:00 | 11월~2월 09:00~17:00 – 월요일 휴관
- 부여 시내에서 백마강교 지나 롯데리조트 방향으로 직진

사진제공 (여봄수) 한국관광공사

백제의 마지막이 살아 숨 쉬는 곳 **부소산성**

백제의 수도를 웅진에서 사비로 옮긴 시기에 왕궁을 수호하고자 축조한 산성. 산책하기 좋은 길을 따라 올라가다 보면 백제의 슬픈 역사를 간직하고 있는 낙화암과 고란사 등을 만날 수 있다. 한 번 마실 때마다 3년씩 젊어진다는 고란사 약수도 꼭 마셔볼 것. 부소산성의 마지막 코스는 고란사선착장에서 타는 황포돛배와 유람선이다. '꿈꾸는 백마강' 노래를 배경 삼아 펼쳐지는 백마강 풍경이 운치 있다.

- 충청남도 부여군 부여읍 부소로 31 ☎ 부소산성 관광안내소 041-830-2884
- 어른(2천원), 중고생(1천1백원), 초등생(1천원) 3월~10월 ⓘ 08:00~18:00 | 11월~2월 09:00~17:00
- 부여시외버스터미널에서 성왕로터리 방향으로 직진, 로터리에서 우회전 후 직진하면 좌측

구드래조각공원 휴식 공간으로 사랑받는 야외조각공원으로, 구드래는 '큰 나라', 즉 백제를 뜻한다. 백제 시대 나루터로 일본, 중국과의 교역 중심지 역할을 했던 곳이기도 하다. 조각공원에는 1999년 국제현대조각 심포지엄에 참가한 국내외 유명 작가의 작품이 전시되어 있어 다채로운 볼거리를 선사한다. 벚꽃과 코스모스 등 꽃이 화사하게 피어 있어 꽃놀이를 즐기기에도 좋은 곳.

- 충청남도 부여군 부여읍 백강로 148
- ☎ 부여관광안내소 041-830-2330
- 부여시외버스터미널에서 성왕로터리 방향으로 직진, 로터리에서 금강 방향으로 직진

궁남지 궁궐 남쪽에 있다 하여 이름 붙은 곳으로, 우리나라에서 현존하는 가장 오래된 인공 연못이다. 백제 무왕(서동)과 선화공주의 사랑 이야기가 전해지는 곳이기도 하며 여름이면 다양한 연꽃이 연못 전체를 뒤덮는 장관이 펼쳐진다. 연못 가운데 포룡정이라는 정자가 호젓하게 자리하고 있으며 버드나무가 우거져 고즈넉한 분위기를 자아낸다. 연꽃이 만발하는 매년 7월 초에 서동연꽃축제가 성대하게 열리니 참고하자.

- 충청남도 부여군 부여읍 동남리 117
- ☎ 부여관광안내소 041-830-2330
- 부여시외버스터미널에서 부여군청 지나 직진

낙화암 백마강변에 있는 바위 절벽으로, 사비성이 나당연합군에게 점령되자 백제의 여인들이 백마강에 몸을 던졌다는 이야기가 전해진다. 절벽에 새겨진 낙화암이라는 글씨는 조선 시대 학자 우암 송시열 선생이 썼다고 하며 원혼을 추모하기 위해 세운 백화정이라는 정자가 남아 있다. 인근에 있는 고란사선착장에서 유람선이나 황포돛배를 타면 낙화암 절벽을 가까이서 볼 수 있다.

- 충청남도 부여군 부여읍 쌍북리
- ☎ 부소산성 관광안내소 041-830-2884
- 부소산성 입장료 – 어른(2천원), 중고생(1천1백원), 초등생(1천원)
- 3월~10월 08:00~18:00 | 11월~2월 09:00~17:00
- 부여시외버스터미널에서 성왕로터리 방향으로 직진, 로터리에서 우회전 후 직진하면 좌측. 부소산성 내

낙화암_사진제공(이범수)-한국관광공사

무량사 신라 문무왕 때 범일국사가 창건한 사찰로, 만수산 기슭에 자리하고 있다. 부여에서 가장 규모가 큰 사찰이며 극락전을 비롯해 5층 석탑, 석등, 그리고 김시습의 초상화 등 귀중한 문화재가 남아 있다. 지친 일상에서 벗어나 마음의 안정을 찾고 싶다면 무량사에서 운영하는 템플스테이를 체험해보는 것도 좋겠다.

- 충청남도 부여군 외산면 무량로 203
- 041-836-5066
- 어른(3천원), 중고생(1천5백원), 초등생(1천원)
- 07:00~19:00
- 외산면사무소에서 만수천 따라 오르면 좌측
- http://www.muryangsa.net

백마강 부여를 감싸 돌며 곳곳을 적시는 어머니와 같은 강. 비단결 같은 강물이 흐른다고 하여 금강이라고 불리다가 부여에 이르러 백마강으로 불리운다. 강을 따라 천정대, 낙화암, 구드래강변, 왕흥사지, 수북정, 자온대 등으로 이어진다.

- 충청남도 부여군 부여읍

백마강_사진제공(전형준)-한국관광공사

- 부여군청 041-830-2114
- 구드래 조각공원 인근
- 백마강유람선, 낙화암

백제역사문화관 백제문화단지 내에 조성된 역사문화관으로, 출토 유물을 전시하는 것에서 벗어나 첨단 영상기법과 전시 매체를 활용하여 백제 시대의 중요 유적과 자료를 그래픽과 영상으로 표현하고 있다. 백제문화단지입장권을 구매하면 무료로 백제역사문화관도 관람할 수 있다.

- 충청남도 부여군 규암면 백제문로 374
- 041-830-3466
- 어른(1천5백원), 중고생(1천2백원), 어린이(8백원)
- 3월~10월 09:00~18:00 | 11월~2월 09:00~17:00
- 부여 시내에서 백마강교 지나 롯데리조트 방향으로 직진, 백제문화단지 내
- https://www.bhm.or.kr/html/kr/visit/visit_02_01.html

정림사지 부여의 중심부에 자리한 사찰인 정림사가 있던 터로, 백제 명운을 상징하는 곳이다. 국내에서 발견된 백제 유일의 석탑인 5층 석탑과 고려 시대에 만들어진 석불좌상이 자리를 지키고 있다. 발굴 당시 출토된 장식 기와와 연못 터, 벼루, 토기 등의 유물은 정림사지박물관에 전시되어 있으니 함께 둘러보기를 추천한다.

- 충청남도 부여군 부여읍 동남리 254
- 041-830-3460
- 어른(2천원), 중고생(1천5백원), 초등생(1천원)
- 3월~10월 09:00~18:00 | 11월~2월 09:00~17:00
- 부여군청에서 궁남사거리 방향으로 좌회전 후 직진
- http://www.jeongnimsaji.or.kr

수려한 자연경관이 있는 문화재 여행
서산

상서로운 산이라는 뜻의 서산은 내륙과 바다를 모두 품고 있는 지역이다. 조선시대 산성의 원형을 가장 잘 보존하고 있는 해미읍성을 비롯해 신비로운 간월암, 개심사, 유기방가옥 등 자연과 어우러진 문화재를 살펴볼 수 있다. 그런가하면 백제의 수도였던 공주와 부여가 인접해 있어 서산마애삼존불상 같은 백제문화권의 불교 유적도 남아 있다. 문화재 탐방을 떠나기에도 부족함이 없는 곳. 우리나라 최대의 겨울 철새 도래지인 천수만 인근에서 철새 떼가 빚어내는 풍광도 놓칠 수 없는 볼거리다. 서산 구석구석을 오롯이 느껴보고 싶다면 서산아라메길 도보 여행을 떠나보는 것은 어떨까. 서산의 수려한 자연경관을 벗 삼아 트래킹을 즐길 수 있다.

조선 시대 대표 읍성
해미읍성

고창읍성, 낙안읍성과 함께 조선 시대를 대표하는 읍성으로, 옛 형태가 장 잘 보존되어 있다. 조선 시대 충청도의 군사 중심지였으며 조선 후기에는 1천여 명의 천주교 신자가 처형되었던 역사적인 순교 성지이기도 하다. 매년 10월이면 읍성 일대에서 서산해미읍성축제가 개최되며 흥이 절로 나는 난장 공연을 비롯해 전통문화체험과 민속놀이체험 등 다양한 프로그램을 운영한다.

- 충청남도 서산시 해미면 남문2로 143
- 해미읍성 관리사무소 041-660-2540
- 3월~10월 05:00~21:00 | 11월~2월 06:00~19:00
- 해미면사무소 옆

사진제공(서산시청 관광산업과)

간월암_사진제공(서산시청 관광산업과)

간월암 간월도 끝자락에 자리한 암자로, 조선 시대 초무학대사가 창건했다고 전해진다. 밀물 때는 섬이 되었다가 썰물 때 바닷길이 열려야 들어갈 수 있는 신비스러운 암자로, 바다 위에 떠 있는 듯한 모습을 연상케 한다. 특히 붉게 물든 해 질 녘 풍경이 아름답기로 유명하니 놓치지 말 것.
- 충청남도 서산시 부석면 간월도1길 119-29
- 041-668-6624
- 서산A지구방조제에서 간월교차로 방향으로 직진, 간월교차로에서 좌측으로 직진

개심사 충남 4대 사찰 중 하나로, 654년(백제 의자왕 14년)에 혜감국사가 창건했다고 전해진다. 신창저수지에서 돌계단을 따라 상왕산 숲속을 따라 올라가면 만날 수 있으며 건축 양식이 수려함을 자랑한다. 4월이면 흐드러지게 핀 벚꽃과 고즈넉한 산사가 어우러진 풍경이 아름답다.
- 충청남도 서산시 운산면 개심사로 321-86
- 041-688-2256
- 신창저수지 인근

문수사 상왕산 자락에 자리한 사찰로, 정확한 창건연대는 알 수 없지만 발원문으로 미루어볼 때 고려 시대 때 창건된 사찰이라 추정된다. 산사의 풍경을 만끽하고 싶다면 벚꽃이 피는 4월에 방문하는 편이 좋다. 분홍빛 겹벚꽃이 양쪽에 늘어서 있어 벚꽃터널이 펼쳐진다.
- 충청남도 서산시 운산면 문수골길 201
- 041-663-3925
- 운신초등학교에서 명종대왕태실 지나 상왕산길로 직진

문수사_사진제공(서산시청 관광산업과)

삼길포항 서산에서 가장 규모가 큰 항구로, 대호방조제와 이어져 있다. 삼길포항의 명물 '회 뜨는 선상'도 놓칠 수 없는 볼거리. 항구에 여러 척의 어선이 정박해 있는데, 바로 나가 잡아 온 활어를 어선에서 직접 손질해서 내준다.
- 충청남도 서산시 대산읍 삼길포1로 71
- 삼길포 관광안내소 041-662-0819
- 삼길포해수욕장 옆

서산동부시장 1956년부터 이어져 온 재래시장으로, 충남 서북부 시장 중 최대 규모를 자랑한다. 200여 개가 넘는 점포가 성업 중이며 현대화된 아케이드 시설을 갖추고 있어 쾌적하게 시장을 둘러볼 수 있다. 신선한 제철 해산물과 다양한 농수산물을 저렴한 가격에 구매할 수 있다.
- 충청남도 서산시 동문동 900
- 갯마을 협동조합 041-669-5475
- 서산공용버스터미널 인근
- http://www.seosanmarket.co.kr보

서산마애삼존불상
백제 후기의 작품으로, 우리나라에서 발견된 마애불 중 가장 뛰어난 형태를 자랑한다. 얼굴 가득히 피어오르는 자애로운 미소 덕분에 '백제의 미소' 라는 이름으로 불리기도 하며, 빛이 비치는 방향에 따라 웃는 모습이 달라진다.
- 충청남도 서산시 운산면 마애삼존불길 65-13
- 관리사무소 041-660-2538
- 09:00~18:00
- 고풍저수지에서 보원사 방향으로 직진

서산버드랜드
세계적인 철새도래지인 서산천수만을 중심으로 조성한 테마파크. 천수만에 서식하는 200여 종의 다양한 철새 표본과 영상자료 등을 볼 수 있는 철새박물관을 비롯해 4D 영상관, 미로정원, 산책로 등의 시설을 갖추고 있다.
- 충청남도 서산시 부석면 천수만로 655-73
- 041-664-7455
- 어른(3천원), 중고생(2천원), 초등생(1천5백원)
- 3월~10월 10:00~18:00 | 11월~2월 10:00~17:00 - 월요일 휴관
- 창리포구 인근
- http://www.seosanbirdland.kr

서산아라메길
바다의 고유어 '아라'와 산의 우리말인 '메'를 합친 말로, 서산의 바다와 산을 배경 삼아 산책할 수 있는 트래킹 코스다. 최소 3km부터 최대 22km 구간까지 다양한 코스가 구성되어 있는데, 유기방가옥에서 출발해 해미읍성과 마애삼존불상, 개심사 등의 주요 관광지를 한 번에 돌아볼 수 있는 1구간을 추천한다.
- 충청남도 서산시 전역
- 서산시청 문화관광과 041-660-2373
- 서산시 전역
- http://www.aramegil.kr

용현계곡(강당골)
깨끗한 물과 수려한 산세가 어우러진 계곡으로, 여름철 피서지로 인기가 뜨겁다. 계곡 인근에는 용현자연휴양림이 조성되어 있어 휴양림을 따라 산책을 즐기거나 숙박 시설에서 하룻밤 묵는 것도 추천한다.
- 충청남도 서산시 운산면 용현리
- 용현관광안내소 041-662-2113
- 고풍저수지에서 국립용현자연휴양림 지나 직진

유기방가옥
일제강점기의 전통 가옥으로, 서해안 지역의 전통적인 한옥의 모습을 잘 보여주고 있다. 봄에 방문하면 야트막한 야산에 수선화가 흐드러지게 핀 모습을 구경할 수 있다. 서산의 아름다운 풍경을 트래킹할 수 있는 서산아라메길 1구간의 시작점이기도 하다.
- 충청남도 서산시 운산면 이문안길 72-10
- 041-663-4326
- 입장료(3천원)

금강과 아름다운 서해가 있는 도시
서천

서천은 금강과 아름다운 서해가 만나는 길목에 자리한 도시다. 사시사철 다채로운 매력을 뽐내는 곳이지만, 계절마다 특히 빛을 발하는 관광지가 있다. 꽃 피는 4월에는 붉은 동백이 숲 전체를 수놓는 마량리동백나무숲을 단연 추천한다. 산책로를 따라 한적하게 산책을 즐기며 꽃을 구경할 수 있다. 여름에는 고운 모래 백사장이 있는 춘장대해수욕장에서 무더위를 피해 보는 것도 좋겠다. 가을에는 광활한 대지에 황금빛 물결이 펼쳐지는 신성리갈대밭이 인기며 겨울에는 금강하굿둑에 모여드는 철새가 떼를 지어 장관을 연출한다.

서천의 맑은 바다
춘장대해수욕장

서해안을 따라 이어진 해수욕장으로, 울창한 해송과 아카시아 나무 숲이 우거져 아름다운 풍광을 자랑한다. 수심이 얕은 편이어서 가족 단위로 피서를 즐기기에도 제격. 울창한 숲에 오토캠핑장 시설을 갖추고 있어 야영을 즐기기에도 좋다. 하늘을 수놓는 갈매기 떼가 많이 모여드는 곳이기도 하며 멋진 일몰 광경도 놓치지 말아야 할 볼거리로 통한다.

📍 충청남도 서천군 서면 춘장대길 20
☎ 춘장대운영협의회 사무실 041-953-3383
🔍 춘장대역에서 장안해수욕장 방향으로 직진
🌐 http://www.chunjangdae.or.kr

사진제공 (서천군청 문화관광과)

영화 〈JSA공동경비구역〉 속 갈대밭 **신성리갈대밭**

사진제공(서천군청 문화관광과)

가을이면 갈대가 장관을 이루는 곳으로, 6만여 평의 대지에 광활하게 펼쳐진 갈대밭이 인상적이다. 초록빛을 띠는 여름철 갈대숲의 모습도 이색적인 풍광을 자랑한다. 일부 산책로를 제외한 나머지 지대는 생태보존구역으로 지정해 관리하고 있다. 영화 〈JSA공동경비구역〉과 드라마 〈추노〉의 촬영지로 더욱 유명하다.

- 충청남도 서천군 한산면 신성리 125-1
- 신성리갈대밭 사무실 041-951-6564
- 한산공용터미널에서 금강 방향으로 직진

국립생태원 기후에 따른 생태계 변화를 연구하는 국가 산하 연구소. 실내 전시관에는 열대관, 사막관, 지중해관 등 5대 기후에 따른 생태계를 그대로 재현해놓았다. 다양한 동식물을 직접 만지며 체험할 수 있는 야외전시구역도 인기. 홈페이지를 통해 생태해설프로그램을 예약하면 알찬 설명을 함께 들을 수 있다.

- 충청남도 서천군 마서면 금강로 1210
- 041-950-5300
- 어른(5천원), 중고생(3천원), 어린이(2천원)
- 3월~10월 09:30~18:00 | 11월~2월 09:30~17:00 | 7월~8월 09:30~19:00 – 월요일 휴관
- 장항역 앞
- http://www.nie.re.kr

국립생태원_사진제공(이범수)-한국관광공사

국립해양생물자원관 우리나라 해양 생물 자원에 대한 자료를 수집하고 연구, 전시하는 곳. 다양한 해양 생물과 미래해양산업을 살펴볼 수 있는 전시실을 비롯해 입체 안경을 쓰고 다이내믹한 영상을 체험할 수 있는 4D 영상실 등 다양한 시설을 갖추고 있다.

- 충청남도 서천군 장항읍 장산로101번길 75
- 041-950-0600
- 어른(3천원), 중고생(2천원), 어린이(1천원)
- 3월~10월 09:30~18:00 | 11월~2월 09:30~17:00 – 월요일 휴관
- 장항송림산림욕장 옆
- http://www.mabik.re.kr

금강하구철새도래지 충남 서천과 전북 군산 사이의 금강하구둑에 있는 철새도래지. 철새의 낙원이라 불릴 만큼 매년 겨울이 되면 50여만 마리의 철새 떼를 볼 수 있다. 인근에 있는 조류생태전시관에 마련된 전망대에서 철새가 빚어내는 풍경을 보다 가까이서 감상할 수 있다.

- 충청남도 서천군 마서면 장산로 916
- 서천군청 생태관광과 041-950-4015
- 조류생태전시관 – 어른, 중고생(1천5백원), 초등생(1천원)
- 10:00~18:00 – 월요일 휴관
- 금강생태공원 일대

마량리동백나무숲 500년이 넘는 수령의 동백나무가 군락을 이루고 있는 숲으로, 매년 4월이면 붉은 동백꽃이 숲 전체를 물들인다. 숲 사이로 산책로가 잘 조성되어 있어 여유롭게 산책하기도 좋으며 오력도와 어우러지는 낙조 경관도 가히 장관이다.

- 충청남도 서천군 서면 서인로235번길 103
- 동백나무숲 관광안내소 041-952-7999
- 어른(1천원), 중고생(7백원), 초등생(5백원)
- 3월~10월 09:00~18:00 | 11월~2월 09:00~17:00
- 서천해양캠핑장에서 우측 길로 진입

금강하구철새도래지_사진제공(서천군청 문화관광과)

서천특화시장 서천 앞바다에서 잡은 신선한 수산물을 판매하는 시장. 아케이드 형식으로 꾸며놓아 쾌적한 환경에서 쇼핑을 즐길 수 있는 것이 장점이다. 1층에서 신선한 해산물을 구매한 후 2층에 있는 식당에서 맛볼 수도 있다.

- 충청남도 서천군 서천읍 충절로 42
- 서천특화시장상인회 041-951-1445
- 서천터미널에서 군사교차로 방향으로 직진

장항스카이워크 소나무가 울창하게 우거진 장항송림 산림욕장 내에 조성된 스카이워크. 높이가 15m에 달하며 아름다운 서해와 송림이 어우러진 절경을 바라볼 수 있다. 밀물 때는 찰랑찰랑한 바다 위를, 썰물 때는 갯벌 위를 걷는 다채로움을 느낄 수 있다. 해 질 녘 시간에 잘 맞춰 가면 아름답게 물든 낙조 풍경을 만끽할 수 있다. 입장료가 있기는 하지만, 서천 내에서 사용할 수 있는 2천원 상품권을 함께 주니 사실상 입장료는 무료!

- 충청남도 서천군 장항읍 송림리 산58-48
- 041-956-5505
- 입장료(2천원)
- 3월~10월 09:00~18:00 | 11월~2월 09:00~17:00 - 월요일 휴관
- 장항송림산림욕장 내

마량리동백나무숲 사진제공(서천군청 문화관광과)

온천의 고장
아산

일본에 온천으로 유명한 유후인이 있다면, 우리나라를 대표하는 온천 지역으로는 아산이 있다. 수도권에서 지하철로 연결되어 있다 보니 접근성이 좋아 당일치기 온천 여행을 즐기기도 좋다. 도고온천, 온양온천, 스파비스 등이 특히 인기. 따뜻한 온천에 몸을 담그며 일상에서 쌓인 피로를 말끔하게 풀어보자. 온천 외에도 고즈넉한 풍경이 어우러지는 공세리성당을 비롯해 이국적인 지중해마을도 핫한 여행지로 통한다. 영인산자연휴양림, 세계꽃식물원 등에서 자연을 벗삼아 산책을 즐겨보는 것도 좋겠다.

최고급 온천과 워터파크
파라다이스스파도고(도고온천)

온천으로 유명한 아산에서 오랫동안 사랑받고 있는 온천으로, 스파와 물놀이를 모두 즐길 수 있는 곳이다. 국내 온천 중 최고 수질을 자랑하며 아쿠아요가, 아쿠아로빅 등을 할 수 있는 실내 바데풀을 비롯해 다양한 테마로 꾸민 실외유수풀, 자연을 벗 삼아 노천탕에서 휴식을 취할 수 있는 아웃도어 스파 등의 워터파크 시설도 다양하게 갖추고 있다.

- 충청남도 아산시 도고면 도고온천로 176
- 041-537-7100
- 온천대욕장 - 어른, 중고생(평일 1만1천원, 주말 1만3천원), 어린이(평일 9천원, 주말 1만원) | 스파 - 어른, 중고생(6만2천원), 어린이(5만2천원)
- 온천대욕장 - 평일 08:00~20:00 | 주말 07:00~22:00 | 스파 - 평일 09:00~19:00 | 주말 09:00~21:00
- 도고면사무소에서 도고천 방향으로 직진, 가곡교 건너면 정면
- http://www.paradisespa.co.kr

사진제공(아산시 문화관광과)

CF속 한 장면이 눈 앞에! 공세리성당

고색창연한 성당의 모습이 아름다운 곳으로, CF나 영화, 드라마 촬영지로도 사랑을 받고 있다. 120년이 넘는 역사를 품고 있으며 오래된 거목이 성당의 아름다움을 더한다. 야트막한 언덕을 올라 주변으로 나 있는 산책길을 둘러보며 아름다운 풍경을 감상해보자. 특히 봄이면 형형색색의 철쭉이 성당 주변을 둘러싸 더욱 운치 있다.

📍 충청남도 아산시 인주면 공세리성당길 10 ☎ 041-533-8181 🔍 인주면사무소에서 인주초등학교 지나 직진하면 우측
🌐 http://www.gongseri.or.kr

산토리니가 이곳에! 지중해마을

그리스 산토리니를 모티브로 한 마을로, 마을 전체를 유럽 지중해풍으로 조성해 이국적인 멋을 풍긴다. 지중해마을에 자리한 모든 건물의 1층에는 옷가게, 카페, 식당 등의 상업 시설이 자리하고 있으며 2, 3층에는 실제 마을 주민이 거주하고 있다. 사람들이 모이는 주말에는 마을 곳곳에서 플리마켓과 신나는 버스킹 공연이 열려 재미를 더한다.

📍 충청남도 아산시 탕정면 탕정면로8번길 55-7 ☎ 041-547-2246 🔍 탕정면사무소 인근

세계꽃식물원 국내 최대 규모의 실내 온실 식물원으로, 3천여 종의 식물을 관람할 수 있다. 다양한 테마별로 공간을 꾸며 놓았으며 계절별로 꽃 축제가 열리기도 한다. 분갈이체험, 꽃 손수건 염색 등 다채로운 체험 프로그램을 즐겨보는 것도 추천한다. 식물원에서 나갈 때 입장권을 주면 다육 식물로 교환해주니 놓치지 말 것.

📍 충청남도 아산시 도고면 아산만로 37-37
☎ 041-544-0746
🎫 어른, 중고생(8천원), 어린이(6천원)
🕘 09:00~18:00

🔍 금산리교차로에서 봉농리 방향으로 직진하면 우측
🌐 http://liat.kr

신정호 도심 속 휴양공간으로 사랑받는 호수 공원으로, 드넓은 신정호와 자연이 어우러진다. 야외음악당을 비롯해 야외수영장, 잔디광장, 생활체육공원 등을 갖추고 있으며 호수 둘레에 조성된 둘레길을 따라 천천히 산책을 즐겨보는 것도 추천한다.

📍 충청남도 아산시 신정로 616 (방축동)
☎ 신정호 관리사무소 041-540-2518

영인산자연휴양림_사진제공(아산시 문화관광과)

🔍 신정호 옆
🌐 http://www.asan.go.kr/sinjungho

아산스파비스 깨끗한 온천수와 함께 스파와 워터파크 시설을 즐길 수 있는 테마 온천이다. 대욕탕은 층고가 높고 천장 일부를 유리로 꾸며 하늘을 바라보며 온천을 즐길 수 있다. 이 외에도 아쿠아플레이, 슬라이드, 파도풀 등의 스릴 넘치는 물놀이 시설도 단연 인기.

📍 충청남도 아산시 음봉면 아산온천로157번길 67
☎ 041-539-2000
🎟 어른, 중고생(평일 3만7천원, 주말 4만4천원), 어린이(평일2만8천원, 주말 3만3천원)
🕐 홈페이지 참조
🔍 영인저수지에서 음봉면사무소 방향으로 직진하면 좌측
🌐 http://www.spavis.co.kr

영인산자연휴양림 영인산에 조성된 휴양림으로, 울창한 숲속에서 산림욕을 즐기기 좋다. 숲 사이로 조성된 산책로를 따라 산 정상에 오르면 온양 시가지와 서해, 아산만방조제, 삽교천 등의 풍경이 한눈에 들어온다. 시간 여유가 있다면 숙박동 숲속의 집에서 하룻밤 지내보는 것도 추천한다. 숙박시설은 사전 예약 필수.

📍 충청남도 아산시 영인면 아산온천로 16-26
☎ 041-538-1958
🎟 어른(2천원), 중고생(1천5백원), 초등생(1천원)
🔍 영인중학교에서 영인산수목원 방향으로 직진
🌐 http://forest.asanfmc.or.kr

온양온천(온양관광호텔) 우리나라의 대표적인 온천 관광지 중 한 곳. 백제 시대부터 이 일대에서 온천을 즐겼다는 기록이 남아 있으며 조선 시대에는 왕실의 치유와 보양을 위해 온양온천 인근에 행궁을 짓고 온천 문화를 즐겼다고 한다. 깨끗한 수질을 자랑하는 대온천탕을 비롯해 대나무 향이 은은하게 나는 노천탕, 발열실 등의 쾌적한 시설을 갖추고 있다. 인근에 있는 전통시장에서 오이장이 열리니 함께 둘러보면 좋겠다.

📍 충청남도 아산시 온천대로 1459 (온천동)
☎ 041-540-1000
🎟 어른, 중고생(8천원), 어린이(4천5백원)

🕐 06:00~22:00
🔍 온양온천역 인근 관광호텔사거리 앞
🌐 http://www.onyanghotel.co.kr

온양온천시장 아산을 대표하는 전통시장으로, 장날 없이 매일 문을 여는 상설시장이다. 닭전, 닭강정, 건어물 전 등 맛깔스러운 음식을 판매하고 있으며 이곳의 명물 소머리국밥집이 모여 있는 소머리국밥촌도 꼭 들러봐야 한다.

📍 충청남도 아산시 온천동 240
☎ 온양온천시장 상인회 041-534-2008
🔍 온양온천역 1번 출구 앞
🌐 http://blog.naver.com/onmarket

외암민속마을 충청도 고유의 고택 형식과 초가, 돌담 등이 잘 보존되어 있는 민속 마을로, 약 5백 년 전에 마을에 정착한 예안 이씨 일가가 주류를 이루며 살고 있다. 옛 풍경이 그대로 남아 있어 고즈넉한 분위기를 자아내는 곳. 홈페이지에서 예약하면 초가, 기와집 등의 민박에서 하룻밤 묵을 수도 있다.

📍 충청남도 아산시 송악면 외암리 84
☎ 041-541-0848
🎟 어른(2천원), 중고생, 초등생(1천원)
🕐 3월~10월 09:00~18:00 | 11월~2월 09:00~17:00
🔍 송악면사무소 인근 외암사거리

피나클랜드 친환경 테마 공원으로, 아산만방조제 매립을 위해 채석장으로 쓰인 부지를 가꿔 조성했다. 주제별로 테마 정원을 꾸며 놓아 산책로를 따라 천천히 걸으며 정원과 꽃을 다채롭게 즐길 수 있다. 최근에는 아름다운 정원을 배경으로 야외 결혼식을 올리는 사람들도 많다.

📍 충청남도 아산시 영인면 월선길 20-42
☎ 041-534-2580
🎟 어른, 중고생(8천원), 어린이(7천원)
🕐 3월~9월 10:00~18:30 | 10월~11월 10:00~17:30 | 12월~2월 10:00~17:00 - 월요일 휴원
🔍 영인중학교에서 아산만방조제 방향으로 직진
🌐 http://www.pinnacleland.net

현충사 충무공 이순신 장군을 모신 사당으로, 1967년에 그의 정신과 위업을 기리기 위해 세웠다. 충무공이 살았던 고택을 비롯해 말을 타고 활을 쏘던 활터 등이 남아 있다. 이순신과 관련된 자료가 궁금하다면 바로 옆에 있는 기념관을 찾아보자. 이순신 장군의 생애와 주요 해전 자료를 살펴볼 수 있는 전시관과 4D 영상시설이 있다.

📍 충청남도 아산시 염치읍 현충사길 126
☎ 041-539-4600
🕐 3월~10월 09:00~18:00 | 11월~2월 09:00~17:00 - 월요일 휴관
🔍 송곡초등학교 인근
🌐 http://hcs.cha.go.kr

충청남도

느긋함의 미학
예산

윤봉길 의사를 기린 충의사는 예산을 대표하는 명소라고 해도 과언이 아니다. 충의사로 올라가는 계단에 펄럭이는 태극기를 보면 애국정신을 솟아나게 한다. 추사고택도 김정희 선생의 예술적 세계 또한 엿볼 수 있는 곳으로, 4월이면 가득 피는 수선화가 추사 김정희 선생의 유일한 친구였다는 설이 전해진다. 예당저수지는 낚시하기 좋고 산책하기도 더없이 좋다. 예산에 가면 느려도 좋으니 천천히 구석구석 둘러보도록 하자.

광시한우거리 충남 예산군 광시면 광시소길에 들어서면 한우 고깃집들이 즐비하다. 300m 도로변에 약 30개의 고깃집이 있는데 대부분 식당과 정육점을 겸한다. 직접 도축을 하거나 인근에서 한우 암소를 가져오기 때문에 육질이 좋고 신선해 믿을 만하다.
- 충청남도 예산군 광시면 예당로 165-16
- 예산군청산림축산과 041-339-7636
- 광시한우테마공원에서 사장대 삼거리방면으로 예당로를 따라 약 400m 이동

수덕사 백제 문화의 향기가 그윽하고 유서 깊은 사찰로, 호서의 소금강인 덕숭산자락에 있어 우거진 숲과 아름다운 경관으로 신비경을 이룬다. 유서 깊은 선사들의 수도장으로 정취 깊은 곳이다.
- 충청남도 예산군 덕산면 수덕사안길 79
- 041-330-7700
- 성인(3천원), 중고생(2천원), 초등생(1천원)
- 덕숭산 내
- http://www.sudeoksa.com

예당관광지국민여가캠핑장 예당 저수지와 예당 출렁다리를 마주보고 있어, 야경 뷰가 아름다운 캠핑장이다. 하절기 오후에는 음악 분수와 레이저 영상쇼가 인근에 열려, 다채로운 즐거움을 느낄 수 있다.
- 충청남도 예산군 응봉면 예당관광로 123
- 041-339-8299
- 국민여가캠핑장(2만원~3만원)
- 첫째 주 수요일 휴장
- 예당호조각공원에서 약 200m
- https://camping.yesan.go.kr/main.do

예당관광지 맑고 늘 푸른 예당저수지는 중부권 최대의 낚시터로, 낚시 애호가의 사랑을 받고 있다. 720m에 이르는 산책로와 정자 2개소, 식당, 여관, 주차장 등 각종 편의시설이 들어서 있다.
- 충청남도 예산군 응봉면 예당관광로 148
- 관리사무소 041-339-8281
- 무료
- 응봉사거리에서 평촌 초등학교 방면으로 직진
- 예당관광지국민여가캠핑장

예당호출렁다리 국내 최장의 출렁다리로, 402m의 길이를 자랑한다. 넓은 예당호를 가로지르는 출렁다리의 전경은 예당호와 조각공원이 조화를 이루어 아름답다. 금요일과 주말, 공휴일에 방문하면 호수에 설치된 가장 넓은 음악분수로 한국기록원 공식 기록에 오른 음악분수의 LED 불빛 공연을 관람할 수 있다.
- 충청남도 예산군 응봉면 예당관광로 161
- 041-339-8282
- 무료

예당호출렁다리_사진제공(라이브스튜디오)-한국관광공사

- 3월~11월 09:00 ~ 22:00 | 12월~2월 09:00 ~ 20:00 - 첫째 월요일 휴장
- 예당 관광지 인근
- http://www.yesan.go.kr/bridge.do

윤봉길의사기념관 윤봉길 의사의 독립운동의 행적을 디오라마와 매직비전 형식으로 재현하는 전시관. 윤봉길의 사적지인 충의사 내에 있는 이 전시관에는 보물 제 568호인 윤봉길의 지갑과 중국 화폐, 회중시계와 도장을 비롯해, 의거에 활용되었던 물통형 폭탄과 도시락 폭탄 등 갖가지 유품이 전시되어 있다. 인근에는 윤봉길 의사의 사당이 있으니, 들러보는 것도 좋겠다.
- 충청남도 예산군 덕산면 덕산온천로 183-5
- 041-339-8232
- 하절기 09:00~18:00 | 동절기 09:00~17:00
- 충의사 내
- http://www.yesan.go.kr/ystfo/index.do

추사고택 추사체라는 서체로 이름을 날린 명필 김정희가 태어나고 어린 시절을 보냈던 집이다. 시대를 거치면서 원래 모습에서 많이 변한 것을 다시 복원하여 옛집의 운치를 즐길 수 있게 하였다. 고택에 들어서면 서예 사상 지고의 경지와 금석학, 실학의 대가인 추사 김정희 선생의 체취가 느껴진다.
- 충청남도 예산군 신암면 추사고택로 261
- 041-339-8248
- 무료
- 09:00~18:00
- 신암중학교 인근

충의사 면적 14만 7,802㎡로 윤봉길의 영정을 봉안한 본전, 출생 이후 4세 때까지 살던 생가(광현당), 중국으로 망명하기 전 23세 때까지 살던 성장가(저한당) 지역으로 나누어져 있다.
- 충청남도 예산군 덕산면 덕산온천로 183-5
- 041-339-8233
- 무료
- 3~10월 09:00~18:00 | 11월~2월 09:00~17:00
- 매헌 무궁화공원 인근

독립 정신이 숨 쉬는 곳
천안

천안 하면 고소한 호두과자와 함께 독립만세운동이 가장 먼저 떠오른다. 독립운동가의 정신을 떠올려보고 싶다면 독립기념관과 유관순열사유적지를 찾아보자. 자연을 벗 삼아 역사와 문화를 다시 한번 마음에 새길 수 있는 시간이 될 것이다. 이 외에도 다양한 테마 정원으로 꾸민 자연누리성을 비롯해 다양한 문화재를 고스란히 간직한 천안삼거리공원 등을 함께 둘러보면 좋다.

독립기념관
우리 민족의 독립 정신이 담긴 그곳

독립운동과 관련된 자료를 수집, 전시한 곳으로, 1987년 국민모금운동으로 모은 국민의 성금으로 조성되었다는 점에서 의미가 크다. 민족의 자주와 독립을 위해 투쟁한 애국지사의 정신을 기리고 있으며 시대별, 주제별로 전시관을 나누어 다채로운 볼거리를 선사한다. 홈페이지를 통해 예약하면 해설을 들으며 알차게 전시를 관람할 수 있다.

📍 충청남도 천안시 동남구 목천읍 독립기념관로 1
☎ 041-560-0114
🕐 3월~10월 09:30~18:00 | 11월~2월 09:30~17:00 - 월요일 휴관
🔍 우정힐스CC 인근
🌐 http://www.i815.or.kr

사진제공(IR스튜디오) - 한국관광공사

각원사 태조산 기슭에 자리한 사찰로, 거대한 규모의 아미타불좌상과 성종이 있는 곳으로 유명하다. 단연 시선을 끄는 아미타불좌상은 높이 12m, 둘레 30m로 동양 최대규모를 자랑한다. 거대한 크기의 태양의 성종도 볼거리 중 하나이며 아침저녁으로 울려 퍼지는 종소리가 고즈넉한 산사의 경치와 무척 잘 어울린다.
- 충청남도 천안시 동남구 각원사길 245 (안서동)
- 041-561-3545
- 천호저수지에서 호서대학교 천안캠퍼스 지나 직진
- http://www.gakwonsa.or.kr

광덕사호두나무 우리나라 호두나무 시배지로 불리는 오래된 호두나무. 약 400년 정도의 삶을 살아온 이 호두나무는 약 20m의 높이로 웅장함을 뽐낸다. 전설에 의하면, 고려 때, 유청신 선생이 원나라에 방문하여 어린 호두나무와 열매를 가져와 어린나무는 광덕사 안에 심고, 열매는 유청신 선생의 고향 집 뜰 안에 심었다고 전해진다.
- 충청남도 천안시 동남구 광덕면 광덕사길 30
- 041-567-0050
- 광덕사 내

미나릿길벽화마을 중앙동행정복지센터 인근에 조성된 벽화마을로, 낭만적인 데이트 코스로 사랑받고 있다. 약 800m의 길을 따라 정겨우면서도 옛 추억을 불러일으키는 벽화가 펼쳐진다. 생동감 있는 트릭아트도 볼거리 중 하나.
- 충청남도 천안시 동남구 원성천1길 17 (영성동)
- 중앙동행정복지센터 인근

아라리오조각광장 천안터미널 앞에 조성된 야외 조각 공원으로, 세계적인 작가의 예술성 높은 조각 작품을 전시하고 있다. 주변 환경과 조화를 잘 이루고 있으며 도심 한 가운데에 자리하고 있어 한결 친숙하게 현대 미술을 즐길 수 있다. 더 많은 작품을 감상하고 싶다면 바로 옆에 있는 아라리오갤러리를 찾아가 보자.
- 충청남도 천안시 동남구 만남로 43 (신부동)
- 아라리오갤러리 041-551-5100
- 아라리오갤러리 – 어른(3천원), 중고생, 어린이(2천원)
- 아라리오갤러리 11:00~19:00
- 천안 신세계백화점 앞
- http://www.arariogallery.com

유관순열사유적지 유관순 열사의 정신을 후세에 전하기 위해 조성한 유적지. 아우내독립운동 당시의 모습을 형상화한 동상을 비롯해 영정을 모시고 있는 추모각, 유관순 열사의 생애를 볼 수 있는 기념관 등이 조성되어 있다. 1km 남짓한 곳에 떨어져 있는 생가를 함께 둘러보는 것을 추천.
- 충청남도 천안시 동남구 병천면 유관순길 38
- 유관순열사기념관 041-564-1223
- 3월~10월 09:00~18:00 | 11월~2월 09:00~17:00
- 아우내실내체육관 옆
- 유관순생가

자연누리성 1만여 평의 부지에 조성된 아름다운 정원으로, 계절마다 다양한 꽃이 피어 사시사철 다른 모습을 드러낸다. 봄에는 영산홍 군락이, 여름에는 연꽃이 아름드리 피어나며 가을에는 구절초가 피어난다. 특히 7~9월에는 백

각원사 사진제공(전형준)-한국관광공사

천안삼거리공원

련, 홍련, 수련 등 다양한 연꽃 축제가 열려 다양한 체험프로그램을 즐길 수 있다.
- 충청남도 천안시 동남구 광덕면 차령고개로 449
- 041-552-7119
- 천안추모공원 옆
- http://www.자연누리성.com

천안삼거리공원 민요 '흥타령'으로 유명한 천안삼거리를 기념하기 위해 조성한 공원. 호젓한 분위기를 자아내는 영남루를 비롯해 삼용동삼층석탑 등의 문화재가 남아 있다. 매년 9~10월경이면 천안삼거리공원과 시내 일대에서 흥타령춤축제가 개최된다.
- 충청남도 천안시 동남구 삼룡동 133-1
- 천안시청 공원관리팀 041-521-6342
- 천안여고 인근

천안종합휴양관광지 천안의 8경이자 중부권 최대 휴양관광단지. 단지 내에 있는 소노벨 리조트에서는 워터파크를 운영 중이며, 예술의전당과 시립미술관에서 각종 공연과 전시를 즐길 수 있다. 가을철이 되면 독립기념관 인근에 붉게 물든 단풍 산책로를 즐길 수 있다. 현재 관광단지 조성 계획 중이다.
- 충청남도 천안시 동남구 성남면 종합휴양지로 200
- 041-906-7000
- 목천IC 부근

천안흥타령관 천안삼거리 공원 내에 있는 전시관으로, 천안의 술과 춤을 주제로 하고 있다. 전통 술과 전통 춤을 계승 발전시키고자 건립되었으며 기획전시실을 비롯해 전통주전시관, 춤체험전시관 등의 시설을 갖추었다. 야외공원에 조성된 이색 조형물도 놓칠 수 없는 볼거리.
- 충청남도 천안시 동남구 충절로 410 (삼룡동)
- 041-521-2893
- 3월~10월 09:00~18:00 | 11월~2월 09:00~17:00 – 월요일 휴관
- 천안삼거리공원 내

천호지 일명 '단대호수'라 불리는 곳으로, 단국대학교캠퍼스 앞에 펼쳐진 아름다운 호수다. 호수를 따라 산책로가 펼쳐져 있어 천천히 거닐며 사색하기에 좋다. 여름에는 아름다운 연꽃이 펼쳐지며 저녁 야경이 아름답다.
- 충청남도 천안시 동남구 안서동 503-1
- 단국대학교 천안캠퍼스 앞

천호지

고추와 구기자의 고장
청양

충남의 알프스라 불리는 칠갑산 알프스마을은 겨울이 되면 얼음 축제를 개최하여 얼음 분수, 얼음 조각, 눈썰매 등을 즐길 수 있다. 여름철이 되면 조롱박 축제가 열리기도 한다. 전국의 장승이 재현된 장승공원도 가볼 만하며 희귀 식물 종이 많은 고운식물원도 힐링 장소로 조화로운 곳이다. 청양고추의 유래를 알 수 있는 고추문화마을은 관광벨트의 중심 중 하나.

천장호출렁다리_사진제공(청양군 문화관광과)

고운식물원 총 6,000여 종의 다양한 수목과 꽃들을 식재하여 향토식물자원보전과 자연생태관광 및 자연학습을 위한 산림문화공간이다. 식물 내에는 작은 개울이 흐르고 관람객이 편히 쉬어갈 수 있는 쉼터가 있어 산책하기에도 좋은 곳이다. 식물원에는 산양, 사슴, 염소, 반달곰, 공작, 오리 등 약간의 동물을 사육하는 곳도 있다. 다양한 체험프로그램도 마련되어 있다.
- 충청남도 청양군 청양읍 식물원길 398-23
- ☎ 041-943-6245
- 성인(8천원), 학생, 경로(5천원)
- 09:00~17:00
- 청양고추랜드 인근
- http://www.kohwun.or.kr

장곡사 칠갑산 등산로에 자리한 절로, 850년(신라 문성왕 12) 보조선사 체징이 창건한 것으로 전해진다. 다른 사찰에서 찾아볼 수 없는 상·하 대웅전을 가지고 있는 것이 특징이며 약사여래기도 도량으로 유명하다. 800년 묵은 고목과 귀중한 문화재를 많이 소장하고 있는 천년고찰이다.
- 충청남도 청양군 대치면 장곡길 241
- ☎ 041-942-6769
- 무료
- 칠갑산 도립공원 내

천장호출렁다리 청양의 명물이며 예능 1박2일 팀이 방문한 곳이기도 하다. 총 길이 207m의 국내 최장 출렁다리다. 청양을 상징하는 구기자와 고추 모형의 16m 탑을 통과한 후 천장호수를 가로지르며 자연경관을 즐길 수 있는 이색명물이다. 또한, 용과 호랑이 조형물이 설치된 다리 건너편에는 칠갑산 등산로와 연결된다.
- 충청남도 청양군 정산면 천장호길 24-23
- ☎ 041-940-2723
- 무료
- 09:00~18:00
- 칠갑산 도립공원 천장호 내

칠갑산도립공원 수려한 수목의 경관으로 충남의 알프스로 불리는 산. 산의 남쪽 기슭에 자리를 잡은 천년 고찰 장곡사와 정혜사와 동편의 천장호수가 잘 어우러져 있어 화려한 중에 고즈넉함이 있다. 이른 봄에는 산에 핀 벚꽃이 특히 아름답다.
- 충청남도 청양군 대치면 광대리
- 칠갑광장 관리사무소 041-635-7690
- 대치면사무소에서 8m 직진, 칠갑산로 좌회전 후 1.9km 이동. 판동 방면으로 우회전 후 1.1km 이동

칠갑산오토캠핑장 충청남도의 '알프스'라 불리는 칠갑산 자락을 휘감고 있는 곳에 조성된 오토캠핑장이다. 자연을 벗 삼아 편하게 캠핑을 즐길 수 있으며 캠핑카의 일종인 카라반과 일반 자동차를 위한 사이트가 따로 있다.
- 충청남도 청양군 대치면 까치내로 710
- ☎ 041-940-2700
- 성수기(6~9월, 금, 토, 공휴일 전일 2만5천원~3만5천원), 비수기(2만원~2만5천원)
- 14:00~익일 12:00
- 작천계곡 인근
- https://camping.cheongyang.go.kr

해수욕장 천국
태안

태안반도를 끼고 있는 지역으로, 서해안을 대표하는 해수욕장이 모여 있는 곳이다. 만리포해수욕장을 비롯해 동양 최대의 해안 사구인 신두리사구가 있는 신두리해수욕장, 몽산포해수욕장 등 유명한 해수욕장이 태안 내륙에 자리하고 있다. 안면대교를 건너면 안면도가 나온다. 서해에서 즐길 수 있는 모든 것이 집대성되어 있다. 아름다운 서해 낙조 풍광이 어우러지는 꽃지해수욕장을 비롯해 총 14개의 해수욕장이 안면도에 모여 있으며 세계에서 가장 아름다운 수목원으로 꼽힌 천리포수목원, 바다 위에 떠 있는 듯한 안면암 등 다채로운 볼거리가 여행의 재미를 더한다.

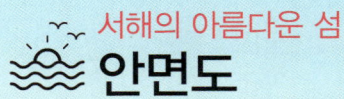

서해의 아름다운 섬
안면도

우리나라에서 여섯 번째로 큰 섬으로, 태안반도 남쪽에 자리하고 있다. 안면대교를 통해 육지와 연결되어 있으며 해 질 무렵 낙조가 아름답기로 유명하다. 서쪽으로는 열네 개의 해수욕장이 모여 있을 정도로 가볼 만한 해수욕장이 많으며 백사장항과 같은 운치 있는 항구도 볼거리 중 하나다. 백사장항부터 황포항까지 서쪽 해안선을 따라 조성된 해변길을 따라 걸으며 안면도를 온몸으로 즐겨보는 것도 좋겠다.

📍 충청남도 태안군 안면읍
☎ 안면읍 행정복지센터 041-673-3081
🔍 태안군청에서 77번 국도 따라 안면대교 지나 직진
🌐 http://mf24.net
👣 꽃지해수욕장, 백사장항, 안면도수산시장, 안면도자연휴양림, 안면암

세계의 아름다운 수목원 천리포수목원

천리포해수욕장 인근에 자리한 수목원으로, 국내에서 가장 많은 1만5천여 종류의 다양한 식물을 수집하여 보존하고 있다. 우리나라 최초의 사립 수목원이자 세계적인 명성을 자랑하고 있다. 최근에는 '세계의 아름다운 수목원'으로 선정되기도 했다. 아름다운 식물과 서해의 풍광이 어우러지며 테마별로 꾸민 산책길을 따라 수목원을 둘러보자.

📍 충청남도 태안군 소원면 천리포1길 187 ☎ 041-672-9982
🎫 12월~2월 - 어른(6천원), 중고생(5천원), 어린이(4천원), | 3월~11월 - 어른(9천원), 중고생(6천원), 어린이(5천원) 🕘 11월~3월 09:00~17:00 | 4월~10월 09:00~18:00 🔍 천리포해수욕장 인근 🌐 http://www.chollipo.org

태안의 시원한 바다 만리포해수욕장

만리포해수욕장_사진제공(이범수)-한국관광공사

1955년 개장한 해수욕장으로, 대천해수욕장, 변산해수욕장과 함께 서해안 3대 해수욕장으로 손꼽힌다. 끝없이 펼쳐진 백사장과 고운 모래, 울창한 송림과 깊지 않은 수심 덕분에 해수욕을 즐기기에 좋다.

📍 충청남도 태안군 소원면 모항리 ☎ 태안군청 관광진흥과 041-670-2772 🔍 천리포해수욕장에서 만리포항 방향으로 직진

꽃지해수욕장_사진제공(이범수)-한국관광공사

꽃게다리 드르니항과 안면도 백사장항을 이어주는 해상 인도교로, 꽃게가 많이 잡히는 드르니항 쪽에는 꽃게 조형물이, 백사장항 쪽에는 대하 조형물이 자리한다. 한적한 포구와 어우러지는 풍경이 인상적이며 밤에는 색색의 조명이 빛을 발해 야경이 아름답다.
- 충청남도 태안군 남면 신온리 802-5
- 태안군청 관광진흥과 041-670-2772
- 드르니항 옆

꽃지해수욕장 안면도에서 가장 큰 해수욕장으로, 해당화가 많이 피어서 꽃지라는 이름이 붙였다. 슬픈 전설이 깃들어 있는 할배바위와 할매바위를 배경으로 펼쳐지는 서해의 낙조가 아름답다. 신선한 해산물을 판매하는 좌판도 있어 바다를 배경 삼아 맛보는 것도 추천.
- 충청남도 태안군 안면읍 승언리
- 태안군청 관광진흥과 041-670-2772
- 안면시외버스정류장에서 안면도자연휴양림 방향으로 직진, 방포초등학교에서 우회전

네이처월드 마검포해수욕장 근처에 자리한 테마공원으로, 1년 내내 축제가 열리는 장소로 유명하다. 매년 4월과 5월 사이에는 세계튤립꽃축제가 개최되며 여름철에는 만개한 백합을 볼 수 있는 백합꽃축제가 열린다. 계절과 상관없이 매일 저녁에 색색의 조명이 수를 놓는 태안빛축제가 열려 볼거리가 풍성하다.
- 충청남도 태안군 남면 마검포길 200
- 041-675-9200
- 어른(9천원), 중고생, 어린이(7천원)
- 태안빛축제 - 19:30~23:00 | 태안세계튤립꽃축제 4월 중순~5월 중순 09:00~23:00
- 삼성초등학교에서 마검포해수욕장 방향으로 직진
- http://www.ffestival.co.kr

드르니항 '들르다'라는 순우리말에서 따온 항구로, 한적한 포구의 모습을 간직하고 있다. 소규모 어선이 포구에 정박해 있는 모습과 갈매기가 노니는 모습을 보면 시간이 느리게 가는 듯하다. 대하랑꽃게랑인도교를 통해 안면도의 백사장항까지 건너갈 수 있다.
- 충청남도 태안군 남면 신온리

- 태안군청 관광진흥과 041-670-2772
- 태안군청에서 77번 국도 타고 안면대교 방향으로 직진, 안면대교 건너기 직전 신온삼거리 우측 길로 진입

리솜오션캐슬아쿠아월드 꽃지해변 끝자락에서 2km 정도 들어가면 리솜오션캐슬이다. 숙박은 회원만 가능하지만, 이곳에서 운영하는 스파숍은 누구나 이용할 수 있다. 아쿠아월드는 파라디움, 노천선셋스파, 유황해수사우나로 구성되어 있다. 아름다운 꽃지해변이 한눈에 들어와 저녁이면 로맨틱한 분위기를 만끽할 수 있다. 주말, 공휴일, 여름 성수기에는 1시간씩 연장하여 운영한다고 한다.
- 충청남도 태안군 안면읍 꽃지해안로 204
- 041-671-7060
- 스파(대인 3만5천원, 소인 2만5천원), 사우나(대인 1만원, 소인 7천원)
- 해수사우나(평일 06:00~20:00, 주말 06:00~21:00) | 선셋스파(평일 10:00~19:00, 주말 10:00~20:00)
- 꽃지해수욕장 인근
- http://www.resom.co.kr/island

몽산포해수욕장 태안군내에서 가까운 곳에 자리한 해수욕장으로, 드넓게 펼쳐진 백사장과 깊지 않은 수심 덕분에 가족 단위의 여행객이 많이 찾는다. 울창한 송림이 우거져 있어 야영을 즐기려는 캠핑객의 사랑을 받고 있다. 다양한 갯벌체험까지 할 수 있는 곳.
- 충청남도 태안군 남면 신장리
- 몽산포번영회 041-672-2971
- 몽산포항 인근
- http://www.mongsanpo.or.kr

백사장항 안면도 초입에 자리한 항구로, 바다를 에워싸듯이 횟집이 자리 잡고 있으며 소규모의 어선이 한적한 분위기를 더한다. 봄부터 여름까지는 꽃게잡이가, 가을부터는 대하잡이가 활발하게 이루어진다. 대하랑꽃게랑인도교를 통해 육지의 드르니항과 연결된다.
- 충청남도 태안군 안면읍 창기리
- 태안군청 관광진흥과 041-670-2772
- 백사장해수욕장 인근

백사장항_사진제공(김지호)-한국관광공사

신두리해수욕장_사진제공(김지호)-한국관광공사

신두리해수욕장 고운 모래로 이루어진 드넓은 백사장이 인상적인 해수욕장. 수온이 높고 수심도 깊지 않아 가족 단위로 방문하기에도 좋다. 오른쪽으로는 동양 최대규모의 모래 언덕인 신두리사구가 있어 사막에 온 듯한 느낌이 든다. 탐방로를 따라 걸으며 신두리사구가 빚어내는 장엄한 모습을 둘러보자.
- 충청남도 태안군 원북면 신두리
- 태안군청 관광진흥과 041-670-2772
- 충원저수지 인근
- http://www.sinduribeach.co.kr

안면도수산시장 5일장이었던 재래시장이 현대화 사업에 맞춰 쾌적한 시장으로 바뀌었다. 합리적인 가격으로 신선한 해산물을 맛볼 수 있으며 특히 대하와 꽃게가 유명하다. 매주 금, 토요일에는 야시장이 열리며 조개구이, 스테이크, 닭꼬치 등의 먹거리를 즐길 수 있다.
- 충청남도 태안군 안면읍 승언리 1249
- 041-673-0136
- 안면시외버스정류소 인근
- http://www.amdmarket.co.kr

안면도자연휴양림 국내 유일의 소나무 천연림으로, 수령 1백 년 내외의 소나무가 울창하게 군락을 이루고 있다. 피톤치드 공기를 들이켜며 기분 좋은 산림욕을 즐길 수 있는 곳. 산책로를 따라 올라가다 보면 산림전시관을 만나게 되는데, 산림문화 사료와 주요 식물의 표본이 전시되어 있다.
- 충청남도 태안군 안면읍 안면대로 3195-6
- 041-674-5019
- 어른(1천원), 중고생(8백원), 초등생(4백원)
- 3월~10월 09:00~18:00 | 11월~2월 09:00~17:00
- 안면시외버스정류장에서 남쪽으로 직진하면 좌측
- http://www.anmyonhuyang.go.kr

안면암 이국적이고 신비스러운 모습의 사찰로, 안면도 해변가에 자리하고 있다. 대웅전에서 조금 내려가다 보면 바다 위에 떠 있는 부교가 나오는데, 부상탑이 있는 여우섬까지 연결되어 있다. 물이 차 있을 때는 바다 위를 걷는 이색적인 경험을 할 수 있으며 썰물 때는 걸어서 여우섬 안쪽까지 들어갈 수 있다.
- 충청남도 태안군 안면읍 정당리 178-7
- 041-673-2333
- 안면대교 건너 안면읍사무소 방향으로 직진, 좌측 안면암 팻말 따라 직진
- http://www.anmyeonam.org

안흥성 안흥진성으로도 불리는 안흥성은 옛날 조선을 방문한 중국 사신을 모시던 장소인 동시에, 해안 방어를 담당했던 성이다. 효종 때에 완성되었으나, 동학농민운동으로 인해 성내의 건물이 일부 소실되었다. 현재는 출입구와 뒤편의 태국사만 남아있다.
- 충청남도 태안군 근흥면 정죽리 1155-1
- 041-670-2114
- 안흥항 인근

연포해수욕장 서해안에 자리한 해수욕장 중 비교적 한적한 곳으로, 푸른 바다와 고운 모래는 동해의 해수욕장을 연상케 한다. 난류의 영향으로 수온이 높아 해수욕장 개장 기간이 전국에서 가장 긴 곳으로도 유명하다.
- 충청남도 태안군 근흥면 도황리
- 연포번영회 041-674-0909
- 연포항에서 채석포항 방향으로 직진
- http://www.yeonpo.net

청포대해수욕장 백사장이 끝없이 펼쳐진 해수욕장으로, 울창한 송림과 어우러져 여유로운 풍광을 풍긴다. 송림 인근으로 오토캠핑장이 조성되어 있어 자유롭게 캠핑을 즐

길 수 있으며 조개잡이체험을 하며 시간을 보내기도 좋다.
- 충청남도 태안군 남면 원청리 512-89
- 태안군청 관광진흥과 041-670-2772
- 달산포해수욕장 남쪽

코리아플라워파크 태안의 낙조를 품은 화훼 테마공원으로, 계절별로 튤립, 여름꽃, 가을꽃으로 전시하여 운영한다. 포토존을 위한 조형물들이 많아 사진 찍기도 좋다. 개화 시기에 따라 운영 시간과 입장료가 상이하니 홈페이지 확인해보고 갈 것.
- 충청남도 태안군 안면읍 꽃지해안로 400
- 041-675-5533
- 튤립박람회(어른 1만2천원, 중고생, 어린이 각 9천원), 여름꽃박람회(어른 9천원, 중고생, 어린이 각 7천원), 가을꽃박람회(어른 9천원, 중고생, 어린이 각 7천원)
- 홈페이지 참조
- 꽃지해수욕장 인근
- http://www.koreaflowerpark.com/

태배전망대 태안의 트래킹코스로 숨겨진 명소인 곳. 태배는 중국의 유명한 문장가인 이태백이 조선을 유람하던 시절 '태백' 지역 해안가의 커다란 바위에 한시를 적고 갔다 하여 붙여진 이름이다. 해안을 따라 펼쳐진 기암절벽과 모래사장의 경치가 아름답다. 노을 지는 모습도 장관.
- 충청남도 태안군 소원면 의항리 산2
- 구름포해수욕장 인근

팜카밀레허브농원 국내 최대 규모의 허브 농원으로, 국내 최초로 허브차를 수입, 판매하고 있는 ㈜허브라에서 운영한다. 1백여 종의 허브와 5백여 종의 야생화 등이 펼쳐지며 로즈가든, 라벤더가든, 캐모마일가든 등 테마에 따라 다양한 정원을 조성해놓았다.
- 충청남도 태안군 남면 우운길 56-19
- 041-675-3636
- 3월~11월 어른, 중고생(8천원), 초등생(5천원), 유아(4천원) | 12월~2월 어른, 중고생(6천원), 초등생(3천원), 유아(2천원)
- 하절기 09:00~19:00 | 동절기 09:00~17:30
- 태안군청에서 안면도 방향으로 직진. 평화과수원삼거리에서 우측 길로 진입
- http://kamille.co.kr

학암포오토캠핑장 태안해안 국립공원 안에 자리를 차지한 야영장으로, 글램핑과 자동차 야영이 모두 가능한 곳이다. 애견 동반이 가능하고 인근에 바닷가가 있어 산책하기에도 좋다.
- 충청남도 태안군 원북면 옥파로 1152-37
- 070-7601-4033
- 자동차야영장(비수기 1만5천원, 성수기 1만9천원)
- 예약제로운영
- 태안해안국립공원 내

학암포해수욕장 물이 빠졌을 때 바위의 모습이 학을 닮았다 하여 이름 붙은 해수욕장. 기암괴석이 자리한 해안과 넓은 백사장, 맑은 바닷물이 어우러져 멋진 풍광을 자아낸다. 갯바위에는 굴과 게, 조개 등이 서식하고 있어 자연체험을 즐길 수도 있다.
- 충청남도 태안군 원북면 방갈리
- 태안군청 관광진흥과 041-670-2772
- 구례포해수욕장에서 학암포항 방향으로 직진

코리아플라워파크_사진제공(김지원)-한국관광공사

과거와 미래를 잇는 쉼터
홍성

우리 민족의 혼이 담겨 있는 김좌진 장군과 한용운 생가지가 있는 곳. 고암 이응노 생가 기념관에서 다양한 기획 전시를 개최하며, 예술을 매개로 한 체험프로그램이 제공되고 있다. 천년 역사가 깊은 홍주읍성을 거닐어 보는 것도 좋다. 홍성에서는 12월부터 이듬해 2월까지 잡히는 살이 통통한 새조개를 꼭 맛보아야 한다.

홍주읍성_사진제공(김지호)-한국관광공사

만해한용운선생생가지 일제강점기의 독립운동가이자, 승려, 시인으로 활동했던 한용운 선생이 태어난 생가. 작은 초가집 모양을 한 생가 앞에는 한용운 선생의 애국정신을 전하고자 표석이 설치되어 있다. 곳곳에 난 감나무와 꽃나무가 운치를 더해주며, 인근에는 한용운 사당과 체험관이 있어 여유롭게 돌아볼 수 있다.

- 충청남도 홍성군 결성면 만해로318번길 83
- 041-630-9231
- 무료
- 09:00~17:00 – 월요일, 신정, 명절 휴관
- 민족시비공원 옆

백야김좌진장군생가지 백야 김좌진 장군이 태어나 성장하였던 곳으로, 현재 충청남도 기념물 제76호로 지정되어 있다. 1991년부터 성역화 사업을 추진하여 본채와 문간채, 사랑채를 복원하고 관리사 및 전시관, 사당 등을 건립하였다.

- 충청남도 홍성군 갈산면 백야로546번길 12
- 역사문화시설관리사업소 – 041-634-6952
- 무료
- 09:00~17:00
- 갈산교차로에서 백야교 건너 직진

상황오토캠핑장 천수만 권역 내에 있는 캠핑장. 6월이면 푸른 청보리밭을 바라보며 하루를 보낼 수 있다. 어린이를 위한 물놀이장과 놀이터를 갖추고 있어, 어린이와 함께 방문하기에 좋다.

- 충청남도 홍성군 서부면 서부서길 633-60
- 041-631-6160
- 캠핑장 4인 기준(1박 3만5천원, 1박 추가 3만원)
- 14:00~익일 12:00
- 상황 정류장에서 도보 5분
- https://cs.mautocamping.com

천수만농어촌테마공원 천수만의 간척지를 따라 길게 조성된 테마공원으로, 홍성의 특산물 천북굴을 테마로 하는 굴단지를 비롯해, 갖가지 조형물과 쾌적한 산책로가 조성되어 있다. 하절기에는 담수호에서 잉어 낚시를 할 수 있으며, 동절기에는 여러 종류의 철새가 서식하여 철새 연구 장소로도 활용되고 있다. 특히, 11월이 되면 제철을 맞은 굴을 맛볼 수 있는 행사가 열리는데, 통통하고 싱싱한 굴을 맛보기 위한 관광객의 발걸음이 끊이지 않는다.

- 충청남도 홍성군 서부면
- 홍성군 문화관광과 041-630-1224
- 홍성군 서부면 일대, 간월도와 궁리항 사이

홍주읍성 우리나라의 아문 중 가장 크고 특이한 형태를 지녀, 조선 관아의 구조를 살필 수 있는 자료로 사용되고 있는 문이 있는 읍성이다. 약 2,000m의 성벽 중 약 800m만 남아있지만, 조선 초기의 새로운 건축 형식을 확인할 수 있다는 점에서 의의가 있는 곳이다.

- 충청남도 홍성군 홍성읍 아문길 20-1
- 041-630-1226
- 홍주성 역사공원 내
- http://tour.hongseong.go.kr

충청남도

홍성

보은 원정리 느티나무, 사진제공(용재경-한국관광공사)

충청북도

느티나무 그늘 아래 **괴산**

남한강과 충주호가 어우러지는 명승지 **단양**

장엄한 속리산을 품고 있는 곳 **보은**

금강이 빚어내는 운치 **옥천**

유익한 볼거리로 가득한 고장 **음성**

청풍명월의 풍류 **제천**

고려가 숨 쉬는 곳 **진천**

문화재의 도시 **청주**

삼국 시대의 문화가 있는 고장 **충주**

느티나무 그늘 아래
괴산

괴산 자랑으로 빼놓을 수 없는 산막이옛길은 자연의 수려함을 꿰차고 있는 관광 명소다. 쌍곡구곡의 산수 또한 아름다워 조선 시대 문인들의 소요지로 사랑받던 곳이다. 3단 폭포로 멋스러운 절경을 이루는 수옥폭포도 선덕여왕의 촬영지로 알려져 있다. 여름철 피서지를 찾고 있다면 소나무숲이 울창한 조령산자연휴양림에 가서 무더위를 시원하게 날려보자.

화양구곡 사진제공(김지호) 한국관광공사

각연사 연못 속의 돌부처를 보고 깨달음을 얻었다고 하여 '각연'이라는 이름이 붙은 사찰. 칠보산과 보배산, 그리고 덕가산이 삼면을 둘러싸고 있어, 연못에 절이 솟아 있는 듯한 모습을 지녔다. 보물 제 433호로 지정된 석조자나불좌상이 사찰을 지키고 있다.
- 충청북도 괴산군 칠성면 각연길 451
- 043-832-6148
- 연풍 IC 나와 직진 후 34번 국도, 태성리 태성교에서 좌회전
- http://www.49제.kr/index.html

괴강유원지 화양동, 쌍곡계곡과 함께 괴산의 대표 휴양지로 주목받고 있는 유원지. 괴산 시내를 벗어나 연풍 방향으로 가다 보면, 산과 강의 절경을 느낄 수 있는 유원지가 나온다. 여름이 되면 시원한 산바람과 차가운 강의 물줄기로 피서객의 발걸음이 끊이지 않는다.
- 충청북도 괴산군 괴산읍 괴강로느티울길 8-2
- 괴산군 문화관광과 043-830-3454
- 괴강삼거리에서 달천 건너 왼편

산막이옛길 산이 장막처럼 에워싸고 있어, 산막이라는 이름을 가지게 된 옛길. 옛부터 산막이 마을 사람들이 걷던 길을 복원해 조성한 10리 길이의 산책로다. 구간의 대부분을 친환경 공법으로 조성하여 자연의 미를 여과없이 보여주며, 사계절이 아름다운 길로 불리기도 한다.
- 충청북도 괴산군 칠성면 사은리 546-1
- 속리산국립공원화양동분소 043-830-3221
- 외사리 보건 진료소 부
- http://sanmaki.goesan.go.kr

수옥폭포 옥을 씻어낼 정도의 맑은 물이 쉴 새 없이 떨어지는 폭포. 깎아지르는 듯한 바위 절벽에서 낙하하는 폭포의 모습과 폭포수 아래의 작은 소, 그리고 등에 업은 시국산의 비경이 조화롭고 신비스럽다.
- 충청북도 괴산군 연풍면 수옥정1길 19

- 043-830-3604
- 원풍저수지 인근

쌍곡구곡 산수가 아름다워 퇴계 이황, 송강 정철 등 많은 유학자와 문인들이 즐겨 찾던 곳이다. 주위에 산행을 즐길 수 있는 명산이 많이 있으며, 울창한 노송 숲과 기암계곡 사이로 흐르는 맑은 물이 쌍곡구곡의 아름다움을 더한다.
- 충청북도 괴산군 칠성면 쌍곡로 245
- 속리산국립공원쌍곡분소 043-832-5550
- 증평 나들목으로 나와 괴산 지나 34번 국도로 15분 남짓 내려오면 쌍곡구곡으로 연결된 517번 지방도 타고 직진

조령산자연휴양림 아름드리 소나무 숲 속에 자리를 잡은 휴양림. 통나무로 만든 숙박시설과 임간수련장, 그리고 각종 편의시설을 갖추고 있어 쾌적하고 편리한 하루를 보낼 수 있다. 사계절 내내 썰매를 즐길 수 있는 눈썰매 겸 물썰매장이 마련되어 있어 어린이와 함께하기에도 좋다. 인근에는 문경새재도립공원을 비롯한 다양한 문화관광지가 있어, 둘러보기에 부족함이 없다.
- 충청북도 괴산군 연풍면 새재로 1700
- 휴양림관리사무소 043-833-7994
- 조령산 내
- http://jof.cbhuyang.go.kr

화양구곡 조선 중기 우암 송시열이 효종 임금을 잃은 슬픔을 간직하고 계곡에서 은거하였다는 곳으로, 중국의 무이구곡을 흠모하여 화양구곡이라고 이름 지었다고 한다. 넓게 펼쳐진 반석 위로 맑은 물이 흐르고, 주변의 울창한 숲이 장관을 이룬다. 우암 송시열이 산수를 사랑하여 은거한 곳으로 그와 관련된 유적이 많아 볼거리가 넉넉하다.
- 충청북도 괴산군 청천면 화양동길 202
- 속리산국립공원화양동분소 043-832-4347
- 우암송시열유적 부근

남한강과 충주호가 어우러지는 명승지
단양

강원도에 관동팔경이 있다면 충청도에는 단양을 중심으로 펼쳐져 있는 단양팔경이 있다. 굽이굽이 이어지는 남한강과 넓디넓은 충주호, 깎아지른 듯한 기암괴석이 어우러지는 단양은 그 자체만으로도 커다란 명승지다. 단양 제일의 명승지로 꼽히는 도담삼봉은 보고만 있어도 절로 시 한 수가 나올 만큼 감탄을 자아내며 삼선구곡의 중심을 이루는 하선암, 중선암, 상선암 등도 수려한 장관으로 사랑받고 있다. 고수동굴, 천동동굴에서 시원한 바람을 맞으며 이색적인 피서를 즐겨보는 것도 추천. 드라마와 영화 속 공간을 사랑하는 이라면 각종 사극 드라마의 단골 촬영지인 온달관광지와 영화 〈내부자들〉 속 책방 새한서점도 빼놓지 말자.

단양 제일의 절경
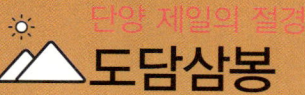 도담삼봉

단양을 상징하는 명승지로, 남한강 한가운데에 우뚝 솟은 세 봉우리를 말한다. 깎아지른 듯한 봉우리와 탁 트인 남한강 풍경이 보는 것만으로도 감탄을 자아낸다. 호를 '삼봉'이라 할 만큼 도담삼봉에 각별한 사랑을 보였다는 조선 개국공신 정도전의 이야기가 전해지는 곳이기도 하다. 유람선이나 모터보트를 타고 도담삼봉을 가까이서 즐겨보는 것도 추천. 도담삼봉이 보이는 액자 프레임의 포토존에서 사진을 남기는 것도 잊지 말자.

- 충청북도 단양군 매포읍 삼봉로 644-13
- 도담삼봉 관광안내소 043-422-3037
- 09:00~18:00
- 단양군청에서 도담역 방향으로 직진

사진제공(단양군청 기획감사실 홍보팀)

우리나라 최고의 석회동굴
 고수동굴

우리나라를 대표하는 석회동굴 중 하나로, 약 2백만 년 전에 형성되었다고 예측되는 깊은 역사를 지닌 동굴이다. 동굴의 길이는 1.4km에 달하며, 그 중 약 1km 만이 일반인에게 개방되고 있다. 갖가지 형태의 석순과 종유석, 석주와 박쥐 등 신비로운 자연의 세상을 만끽할 수 있으며, 특히 희귀 종유석 중 하나인 아라고나이트도 있어 볼거리가 풍성하다. 2016년에는 종유석을 제외한 동굴 내 모든 인공구조물을 철거해 동굴 내부 생성물의 미학을 최대한 살려냈다고 한다.

- 충청북도 단양군 단양읍 고수동굴길 8
- 043-422-3072
- 어른(1만1천원), 중고생(7천원), 어린이(5천원)
- 4월~10월 09:00~18:30 | 11월~3월 09:00~18:00
- 단양시외버스터미널에서 고수교 건너 직진
- http://www.gosucave.co.kr

사진제공(단양군청 기획감사실 홍보팀)

푸른 강산 **구담봉**

구담봉 사진제공(단양군청 기획감사실 홍보팀)

단양팔경 중 하나로, 기암절벽이 물에 비친 모습이 거북이를 닮았다 하여 구담봉이라 불린다. 계란재에서 등산로를 따라 정상에 오르면 깎아지른 듯한 바위와 충주호의 모습을 한눈에 볼 수 있다. 산행에 자신이 없다면 충주호 유람선을 타고 구담봉의 절경을 만끽해보자.

📍 충청북도 단양군 단성면 장회리 산32 ☎ 단양관광안내소 043-422-1146 🔍 단성역에서 장회리 방향으로 직진. 계란재에서 등산로 따라 진입

충청북도

구인사 사진제공(단양군청 기획감사실 홍보팀)

구인사 소백산 자락에 자리한 사찰로, 대한불교 천태종의 총본산이다. 현대식 콘크리트조로 지은 이색적인 건물이며 웅장하고 장엄한 풍채가 인상적이다. 좁은 산세를 따라 가람을 배치한 것이 특징이며 우리나라 전통 사찰과는 다른 이국적인 분위기를 풍긴다. 매년 부처님 오신 날이면 연등회가 성대하게 펼쳐진다.
📍 충청북도 단양군 영춘면 구인사길 73
☎ 043-423-7100
🔍 구인사공용정류장 인근

다누리아쿠아리움 국내 최대의 민물어류 아쿠아리움으로 현재 82개 수조에 851톤의 수족관이 있으며 메인수조는 수심 8m, 수량 650톤에 달한다. 국내 민물어류와 홍룡, 피라쿠르 등 아마존강, 메콩강 등에 서식하는 해외 민물어류 145종, 1만 5천여 마리를 전시하고 있다.
📍 충청북도 단양군 단양읍 수변로 111
☎ 043-423-4235
🎫 성인(1만원), 청소년(7천원), 어린이, 노인(6천원)
🕘 09:00~18:00 - 월요일 휴관

🔍 단양시외버스터미널 옆
🌐 https://www.danyang.go.kr/aquarium/1383

단양구경시장 매달 1일과 6일에 열리는 단양의 5일장. 먹거리 천국으로 소문난 곳이다. 단양군에서 가장 규모가 큰 재래시장으로, 관광객들이 늘어난 만큼 장날이 아니어도 항상 열려있다. 쏘가리매운탕이 특화되어 있으며 마늘이 특산품인 훈이네마늘빵도 인기가 좋다.
📍 충청북도 단양군 단양읍 도전5길 31
☎ 043-422-1706
🕐 일출 시 ~ 19:00
🔍 단양군청에서 약 2km

단양레저 단양시내가 훤히 내려다보이는 양방산 정상에 자리한 단양활공장에서는 하늘 아래 단양을 마음껏 품기 위해 활짝 날개를 펼친 행글라이더와 패러글라이더들의 모습을 만날 수 있다.
📍 충청북도 단양군 단양읍 수변로 71-1
☎ 043-423-4123
🎫 1인(7만5천원)
🕐 07:30~19:30
🔍 양방산 정상 활공장

만천하스카이워크 남한강 절벽 위에서 소백산 연화봉을 내려다볼 수 있는 스카이워크로, 하늘길을 걸으며 아름

상선암_사진제공(단양군청 가족검사실 홍보팀)

다운 전경과 함께 아찔함을 체험할 수 있다.
📍 충청북도 단양군 적성면 옷바위길 60-186
☎ 043-421-0014
🎫 전망대(3천원), 짚와이어(3만원), 알파인코스터(1만5천원)
🕐 하절기 09:00~18:00 동절기 10:00~17:00 – 월요일 휴장
🔍 적성삼거리에서 적성 방면으로 우회전, 옷바위길 방면으로 우회전
🌐 http://www.mancheonha.com

상선암 상선암, 중선암, 하선암 세 바위가 선암계곡을 이루고 있다. 크고 웅장한 바위가 시원한 계곡과 어우러져 있으며, 너럭바위에 적힌 상선암이라는 이름은 우암 송시열의 수제자 수암 권상하가 지었다고 한다. 출렁다리를 건너 계곡을 돌아볼 수 있는 중선암과 큼지막한 부처바위가 자

단양레저_사진제공(우재용)-한국관광공사

리한 하선암을 함께 둘러보는 편을 추천한다.

- 충청북도 단양군 단성면 상선암길 36-5
- ☎ 단양관광안내소 043-422-1146
- 🔍 단성역에서 소선암유원지 지나 직진

새한서점 1976년 서울 고려대학교 앞에서 영업하던 헌책방으로, 2002년 현재의 위치로 책방을 이전했다. 겉보기에는 허름한 창고에 아무렇게나 책을 꽂아둔 것 같지만 장장 13만 권의 서적이 종류별로 잘 분류되어 있다. 깊은 산속에 자리하지만 고즈넉한 책의 향수를 느끼고 싶다면 한번쯤 들러 구경하면 좋다. 영화 <내부자들>의 촬영지로 유명한 곳이기도 하다.

- 충청북도 단양군 적성면 현곡본길 46-106
- ☎ 010-9019-8443
- 🕘 09:00~19:00
- 🔍 적성면사무소에서 적성대교 방향으로 직진
- 🌐 http://shbook.co.kr

석문 단양팔경 중 하나로, 도담삼봉에서 상류로 거슬러 올라가면 우뚝 서 있는 석문을 볼 수 있다. 석회 동굴 천장의 일부가 구름다리 모양으로 형성된 것으로 추정되며 남한강줄기와 석문이 어우러진 풍경이 아름답다.

- 충청북도 단양군 매포읍 삼봉로 644-33
- ☎ 도담삼봉 관광안내소 043-422-3037
- 🕘 09:00~18:00
- 🔍 단양군청에서 도담역 방향으로 직진. 도담삼봉관광지 내

양백산전망대 양백산(양방산) 정상에 세운 전망대로, 남한강이 굽이쳐 돌아가는 단양 전경을 한눈에 바라볼 수 있다. 단양 시내 위를 날아가는 패러글라이딩 활공장으로도 유명하다.

- 충청북도 단양군 단양읍 양방산길 350
- ☎ 단양관광안내소 043-422-1146
- 🔍 단양 시내에서 고수교 건너 직진. 고수2교에서 우측 길로 직진

옥순봉 행정구역상으로는 제천에 있지만 지리적으로는 단양과도 가까워 단양팔경과 제천십경에 모두 속하는 절경이다. 웅장한 기암괴봉이 충주호와 어우러져 아름다운 장관이 펼쳐진다. 등산로를 따라 트래킹을 해 옥순봉 정상까지 올라가는 것도 좋고 충주호 유람선을 타고 아름다운 경치를 즐겨보는 것도 좋겠다.

- 충청북도 단양군 단성면 장회리 14-2
- ☎ 월악산국립공원 단양분소 043-422-5062
- 🔍 단성역에서 장회리 방향으로 직진. 계란재에서 등산로 따라 진입하다가 구담봉 좌측 등산로 따라 직진

온달관광지 고구려 온달 장군과 평강공주의 이야기를 주제로 조성한 테마파크. 사극 드라마 <천추태후>, <태왕사신기>, <연개소문> 등의 촬영지로도 유명하다. 세트장 외에

온달관광지_사진제공(단양군청 기획감사실 홍보팀)

도 신비스러움을 간직하고 있는 온달동굴과 온달산성, 온달전시관 등 볼거리가 풍성하다.

- 충청북도 단양군 단성면 장회리 14-2
- ☎ 043-423-8820
- 🎫 어른(5천원), 중고생(3천5백원), 어린이(2천5백원)
- 🕘 3월~11월 09:00~18:00 | 12월~2월 09:00~17:00
- 🔍 영춘면사무소에서 구인사 방향으로 직진하면 우측

천동동굴 진회색 빛의 석회암으로 구성된 천연 동굴로, 종유석, 석순, 석주 및 포도알처럼 생긴 포도상구상체 등을 살펴볼 수 있다. 약 4억5천만 년 전에 생성되었다고 전해지며 '꽃 쟁반'이라 불리는 희귀한 석회암도 색다른 볼거리 중 하나다.

- 충청북도 단양군 단양읍 천동리 산17-1
- ☎ 043-422-2972
- 🎫 어른(6천원), 중고생(4천원), 어린이(3천원)
- 🕘 09:00~17:30
- 🔍 천동국민관광지 인근

천동동굴_사진제공(단양군청 기획감사실 홍보팀)

장엄한 속리산을 품고 있는 곳

보은

보은에는 사시사철 수려한 장관을 뽐내는 속리산국립공원이 있다. 우리나라를 대표하는 국립공원이자 산악인의 사랑을 듬뿍 받는 곳으로, 귀한 문화재를 보유하고 있는 법주사를 비롯해 시원한 물이 흐르는 화양계곡, 서원계곡 등을 품고있다. 그런가 하면 보은에는 유독 웅장한 거목이 많다. 보고만 있어도 입이 떡 벌어지는 서원리소나무를 비롯해 아무렇게나 찍어도 멋진 사진을 건질 수 있는 원정리느티나무 등이 그것. 사진 명소로 떠오르고 있어 카메라를 들고 보은 여행을 떠나보는 것도 좋겠다.

아름다운 자연의 보고
속리산국립공원

충청북도 보은과 괴산, 경상북도 상주에 걸쳐 있는 국립공원으로, 소백산맥 줄기 가운데에 자리하고 있다. 높게 뻗어 있는 봉우리와 깊은 계곡이 가히 장관을 이루며 천년고찰 법주사를 비롯해 정이품송, 하늘다람쥐 등 볼거리가 다채롭다. 등산로는 총 10가지 코스로 나뉘어 있는데, 법주사에서 속리산 최고봉인 천왕봉까지 오르는 천왕봉 코스를 추천할 만하다.

📍 충청북도 보은군 속리산면 법주사로 84
☎ 속리산국립공원 사무소 043-542-5267
🔍 속리산터미널 인근
🌐 http://songni.knps.or.kr

사진제공(김지호)-한국관광공사

귀중한 문화재를 보유한 사찰 **법주사**

사진제공(이범수)-한국관광공사

속리산 자락에 자리한 사찰로, 553년(신라 진흥왕 14년)에 의신조사가 창건했다. 특히 법주사는 국보 3점과 보물 12점을 비롯해 다양한 문화재가 있는 곳으로도 유명하다. 신라 시대 석조예술품중 가장 뛰어난 걸작이라고 평가받는 쌍사자석등을 비롯해 현존하는 유일한 목탑인 팔상전, 석연지 등 귀중한 문화유산이 둘러보는 재미를 더한다. 자연을 벗 삼아 마음을 수양할 수 있는 템플스테이 프로그램도 운영하고 있으니 관심있다면 참여해보자.

📍 충청북도 보은군 속리산면 법주사로 405 ☎ 043-543-3615 🎫 어른(4천원), 중고생(2천원), 초등생(1천원)
🔍 속리산터미널 인근 🌐 http://beopjusa.org

보은우당고택 조선 말기의 전통 주택으로, 보은 선씨가문의 고택이다. 전통적 건축기법에서 벗어나 건물의 칸이나 높이를 크게 지은 것이 특징. 후손이 직접 거주하며 고택을 관리하고 있으며, 예약하면 한옥스테이를 즐기거나 종가의 음식을 맛볼 수도 있다.
📍 충청북도 보은군 장안면 개안길 10-2
☎ 043-543-7177
🔍 장안면사무소 맞은편
🌐 http://blog.daum.net/sammanpyung

삼년산성 신라 시대에 쌓은 산성으로, 백제를 공격하기 위한 최전방기지로 삼았다고 전해진다. 야트막하지만 정상에 오르면 보은 시내가 한눈에 내다보인다. 봄에는 보랏빛 철쭉이 피어 더욱 아름다운 풍광을 뽐낸다.
📍 충청북도 보은군 보은읍 성주1길 104
☎ 삼년산성 관리사무소 043-542-3384
🔍 보은군청에서 보은정보고등학교 옆길을 따라 직진

서원계곡 속리산 천왕봉에서 흘러나오는 물이 삼가천과 삼가저수지를 거쳐 서원계곡을 이룬다. 아름다운 산수와 어우러져 멋진 절경을 뽐내며 제2의 화양계곡이라 불리기도 한다. 수심도 적당해 물놀이를 즐기기에도 제격. 취사가 가능한 계곡 중 한 곳이어서 인기를 끌고 있다. 단, 속리산 국립공원 안쪽으로 들어가면 취사가 금지되니 주의하자.

보은우당고택_사진제공(김지호)-한국관광공사

원정리느티나무_사진제공(충재경)-한국관광공사

- 충청북도 보은군 장안면 서원리
- 보은군청 문화관광과 043-540-3391
- 장안면사무소에서 속리초등학교 지나 직진

서원리소나무 신령스러운 기운이 깃든 소나무로, 천연기념물로 지정되었다. 입이 딱 벌어질 정도로 웅장함을 자랑하며 수령은 약 6백년이라 추정된다. 유전자를 영구보존하기로 결정할 만큼 우수한 소나무로 손꼽힌다.

- 충청북도 보은군 장안면 서원리 49-4
- 보은군청 문화관광과 043-540-3391
- 장안면사무소에서 삼가저수지 방향으로 직진

솔향공원 소나무를 주제로 꾸민 테마공원으로, 사시사철 푸른 소나무를 둘러볼 수 있다. 공원 내에 조성되어 있는 전시관에는 소나무와 관련된 사료가 전시되어 있으며, 바로 맞은편에 있는 식물원에서는 속리산에서 자생하고있는 다양한 식물을 살펴볼 수 있다. 최근 스카이바이크가 설치되어 공원을 재미있게 둘러보는 것도 좋겠다.

- 충청북도 보은군 속리산면 속리산로 600
- 043-540-3774
- 속리산터미널에서 장재저수지 방향으로 직진

원정리느티나무 드라마 〈로드넘버원〉의 촬영지로 알려지면서 전국적인 사진 명소로 인기를 끌고 있다. 느티나무의 웅장한 자태가 단연 시선을 끌며 계절마다 색다른 모습을 드러낸다. 특히 은하수를 배경으로 한 느티나무 야경과 희뿌연 아침 안개가 어우러진 풍경이 아름답다.

- 충청북도 보은군 마로면 원정리 500
- 보은군청 문화관광과 043-540-3391
- 원정삼거리에서 원정교 건너면 우측

정이품송 세조가 자신의 병을 치료하고자 속리산에 행차한 당시, 나무가 스스로 나뭇가지를 들어 세조의 가마가 무사히 통과하도록 하여 세조가 나무에 정이품의 벼슬을 내렸다는 전설이 전해지는 소나무다. 600이 넘는 세월동안 굳건하게 자리를 지킨 노거수로, 현재는 쇠 막대기에 의지하고 있지만, 여전히 위엄을 간직한 채 속리산의 상징수로 남아있다.

- 충청북도 보은군 속리산면 법주사로 84
- 보은군 문화관광과 043-540-3394
- 조자용민문화관 인근

서원리소나무_사진제공(김지호)-한국관광공사

금강이 빚어내는 운치
옥천

옥천은 금강이 빚어내는 아름다운 자연 풍광과 더불어 문학이 살아 숨쉬는 지역이다. 그중에서도 경부고속도로 금강휴게소 인근에 있는 금강유원지는 많은 이들이 찾는 곳이다. 입소문을 타면서 자연스레 형성된 유원지로, 보고 있기만 해도 마음이 절로 힐링된다. 독특한 형태의 기암괴석인 부소담악도 꼭 봐야 할 스팟 중 하나며 장령산자연휴양림에서 여유롭게 산림욕을 즐겨보는 것도 좋겠다. 옥천 하면 정지용 시인을 빼놓을 수 없다. 매년 봄이면 옥천 곳곳에서 그의 문학 정신을 기리는 문학제가 열릴 정도. 원형에 가깝게 복원한 정지용 생가와 문학관에서 시 세계를 돌아보며 시구를 읊어보는 것은 어떨까.

금강에서 만끽하는 휴식
 금강유원지

경부고속도로가 개통되고 금강변에 금강휴게소가 생기면서 유명해진 유원지. 발전소 둑이 강을 오갈 수 있는 잠수교 다리 역할을 하게 되었다. 험준한 산과 맑은 금강이 만들어내는 풍광이 아름다우며 낚시 명소로도 유명하다. 카페 야외 테라스에서 금강을 바라보며 시간을 보낼 수도 있으며, 오리보트, 모터보트 등의 스포츠 레저도 즐길 수 있다. 전망이 탁 트여 있어 차박 캠핑으로도 좋고, 휴게소에서 요깃거리 하기도 좋다. 연인 혹은 아이들과 유유자적한 시간을 보내며 강가의 정취를 느낄 수 있는 곳이다.

📍 충청북도 옥천군 동이면 금강로 596
📞 옥천군청 문화관광과 043-730-3401
🔍 금강휴게소 부산 방향 인근

수생식물학습원

독락정 1607년(조선 선조 40년)에 중추부사 벼슬을 지낸 주몽득이 세운 정자다. 주변 경관이 아름다워 풍류를 즐기기 위한 선비들이 자주 찾았다고 전해진다. 정자에 오르면 아름다운 금강이 눈앞에 펼쳐진다.
- 충청북도 옥천군 안남면 연주리
- 옥천군청 문화관광과 043-730-3401
- 안남면사무소 인근

둔주봉한반도지형 험하지 않은 산길을 따라 둔주봉 정상에 오르면, 둔주봉정이라는 작은 정자와 나무 데크로 꾸며진 전망대가 나온다. 전망대 위에 올라서서 밑을 내려다보면, 에메랄드빛 강줄기가 한반도 지형을 감싸고 있는 풍경이 한눈에 담긴다. 한반도를 축소해놓은 듯한 자연의 모습이 경이로움을 자아내며, 휘몰아치는 금강과 어우러진 풍광이 아름답다.
- 충청북도 옥천군 안남면 연주리
- 안남면사무소 인근

부소담악

마로니에숲 장찬저수지가 한눈에 보이는 곳에 자리한 캠핑장. 사전 예약 시 펜션 이용도 가능하다.
- 충청북도 옥천군 이원면 장찬리 145
- 010-8259-2346
- 1인캠핑(2만원~3만원), 2인캠핑(5만원), 가족캠핑(6만원)
- 14:00~익일 12:00
- 장찬저수지 인근
- https://m.cafe.naver.com/ca-fe/marronierforest

부소담악 부소무늬마을 앞 대청호에 펼쳐진 기암절벽으로, 대청호 가운데를 가로지르는 듯한 모양이 운치를 자아낸다. 둘레길을 따라 산행을 할 수 있으며, 추소정에 오르면 부소담악의 경치를 더욱 제대로 감상할 수 있다.
- 충청북도 옥천군 군북면 환산리 518
- 옥천군청 문화관광과 043-730-3401
- 추소리 부소무늬마을 앞

수생식물학습원 다섯 가구의 주민이 공동으로 수생식물을 재배하기 시작하면서 조성된 학습원으로, 우리나라에서 서식하는 수생식물과 열대지방의 수생식물인 파피루스 등 다양한 식물이 전시되어 있다. 정원과 연못을 따라 조성된 산책로를 따라 자연을 만끽할 수 있는 곳. 관람하고 싶다면 사전에 인터넷을 통해 예약해야 한다고 하니 방문 시 참고하자.
- 충청북도 옥천군 군북면 방아실길 248 수생식물학습원
- 043-733-9020
- 어른(6천원), 중고생(4천원), 어린이(무료~4천원)
- 10:00~12:00/13:00~18:00 (예약제로 운영)

용암사

🔍 증약초등학교 대정분교장에서 금강 따라 직진
🌐 http://www.waterplant.or.kr

용암사 신라 시대, 진흥왕 때에 의신조사가 창건한 사찰. 보물로 지정된 쌍삼층석탑을 비롯해 용암사마애불, 목조아미타여래좌상 등의 다양한 문화재를 보유하고 있다. 용암사에서 내려다보는 옥천 일대 경관이 아름다우며 장엄한 운해 일출이 아름답기로 유명하다.

📍 충청북도 옥천군 옥천읍 삼청2길 400
☎ 043-732-1400
🔍 옥천역에서 소정저수지 지나 장령산 방향으로 직진

장계관광지 금강과 대청호를 중심으로 조성된 관광지로, 산책로를 따라 자연을 벗 삼아 시간을 보낼 수 있다. 정지용 시인의 시 세계를 표현한 시비와 야외 조각물이 곳곳에 놓여 있어 둘러볼 만하며 향토전시관에서는 향토유물을 관람할 수도 있다. 옥천읍에서 관광지로 향하는 도로는 아름다운 드라이브코스로도 유명하다.

📍 충청북도 옥천군 안내면 장계1길 57-1
☎ 043-730-3070
🕐 하절기 09:00~17:30 | 동절기 09:00~17:00 – 월요일 휴관
🔍 옥천군청에서 안내면사무소 방향으로 직진

장령산자연휴양림 해발 656m의 산으로, 자연경관이 수려하고 아름답기로 소문나 있다. 산책로를 따라 걸으며 산림욕을 즐길 수 있으며, 인근에 금천계곡이 자리해 여름철 피서지로도 인기 있다. 홈페이지를 통해 예약하면 숙박시설을 이용할 수 있다.

📍 충청북도 옥천군 군서면 장령산로 519
☎ 043-733-9615
🔍 군서면사무소에서 장령산 방향으로 직진
🌐 http://www.oc.go.kr/jrhuyang/index.do

정지용생가 정지용 시인이 태어난 곳으로, 1974년에 허물어진 초가를 1996년에 최대한 원형에 가깝게 복원했다. 생가 옆에는 문학관이 조성되어 있어 정지용의 생애와 문학 세계를 공부할 수 있다. 매년 봄이면 옥천 일대에서 정지용문학제가 펼쳐진다.

📍 충청북도 옥천군 옥천읍 향수길 56 정지용생가
☎ 정지용문학관 043-730-3408
🔍 옥천성모병원에서 구읍우편취급국 방향으로 직진하면 우측

장계국민관광지

유익한 볼거리로 가득한 고장
음성

충청북도 내륙에 자리한 도시로, 1987년 중부고속도로가 개통되면서 많은 기업체가 입주하여 산업단지를 이루고 있다. 그래서인지 철 박물관, 한독의약박물관 등 기업체와 관련된 박물관이 많아 유익한 시간을 보낼 수 있다. 이국적인 풍광을 자아내는 감곡성당과 거대한 지장보살상이 있는 미타사 등도 한 번쯤 둘러보면 좋은 곳. 요즘 핫한 크래프트 맥주를 양조하는 브루어리도 음성에 있다. 맥주 만드는 모습을 구경하며 시원한 맥주 타임을 즐겨보면 어떨까.

감곡성당 프랑스인 임가밀로 신부가 세운 성당으로, 충청북도 최초의 성당이다. 이국적이면서도 중후한 아름다움이 느껴지는 본당은 고딕 양식으로 지어졌다. 감곡성당 뒤편으로 연결되어 있는 매산에는 임가밀로 신부의 가묘와 성모광장, 산상십자가 등이 있어 함께 둘러보면 좋다.

📍 충청북도 음성군 감곡면 성당길 10
☎ 043-881-2808
🔍 감곡공용정류장에서 극동대학교 방향으로 직진하면 우측
🌐 http://www.maegoe.com

감곡성당_사진제공(이범수)-한국관광공사

미타사 신라 진덕여왕 때에 원효대사가 창건했다는 전설이 내려오는 사찰로, 가섭산 중턱에 자리를 잡고 있다. 병자호란 때 의병의 요충지가 되어 그 공로를 인정받고 중건 수되었으나, 영조 때에 불타 폐사되었다고 전해진다. 근대에 들어, 다시 세워진 것이 오늘날에 이르렀다고 하며, 장엄한 자태를 뽐내는 지장보살상과 천연암벽에 새겨진 마애여래입상 등 고즈넉한 분위기와 다양한 볼거리로 방문객을 맞이하는 사찰이 되었다.

📍 충청북도 음성군 소이면 소이로61번길 164
☎ 043-872-0522
🔍 음성군청에서 주덕역 방향으로 직진 후 비산사거리에서 좌회전
🌐 http://www.mitasa.co.kr

백야자연휴양림 울창한 천연림의 아름다운 경관을 살려 조성한 휴양림. 아이들이 즐겁게 놀 수 있는 물놀이장을 비롯해 숙박할 수 있는 숲속의 집, 오토캠핑장 등 다양한 시설을 갖추고 있다. 숙박 시설은 홈페이지를 통해 예약해야 이용할 수 있으니 참고할 것.

📍 충청북도 음성군 금왕읍 백야리 산13
☎ 043-878-2556
🔍 용계저수지 인근
🌐 http://www.eumseong.go.kr/forest/index.do

원남테마공원 충청북도 최대 규모의 저수지인 원남저수지 인근에 조성된 테마 공원. 여름이면 연못 주위로 연꽃이 아름답게 피워 장관을 연출한다. 캠핑 마니아라면 무료로 운영되는 캠핑장도 놓치지 말자. 쾌적한 시설을 갖추고 있으며, 저수지에서 낚시를 즐길 수도 있다.

📍 충청북도 음성군 원남면 조촌리 961
☎ 원남테마공원 캠핑장 043-871-3923
🔍 원남저수지 인근

음성큰바위얼굴조각공원 문명의 흥, 흉이나 소멸에 영향을 끼쳐 역사의 흐름을 바꾼 세계 180여 개국의 인물의 조각이 모여 있는 곳이다. 과학자, 탐험가, 예술가, 정치가, 혁신가, 노벨상 수상자 등 각기 다른 분야의 인물을 보면서 누가 누구인지 맞히는 재미도 있다.

📍 충청북도 음성군 생극면 관성리 9-1
☎ 043-882-4111
🎫 대인(6천원), 경로, 국가유공자(5천원), 소인(3천5백원)
🕘 09:00~18:00 | 주말 08:00~18:00
🔍 관성체험학교 오토캠핑장 옆
🌐 http://www.largeface.com

철박물관 철을 주제로 꾸민 박물관. 철의 역사부터 철이 어떻게 만들어지는지, 철의 재활용, 철로 만든 예술품 등을 주제로 상설전시가 열린다. 야외공원에는 조선 시대에 만들어진 것으로 추정되는 제철 유적과 철로 만든 조각품 등이 전시되어 있다. 금, 토, 일요일에만 문을 여는 곳이니 요일을 잘 맞춰 방문하자.

📍 충청북도 음성군 감곡면 영산로 360
☎ 043-883-2321
🕘 10:00~17:00 – 일, 월요일, 명절 휴관
🔍 감곡공용정류장에서 주천저수지 방향으로 직진, 좌측 이정표 따라 직진
🌐 http://www.ironmuseum.or.kr

한독의약박물관 한독약품 회사 창립 10주년을 기념해 조성한 박물관으로, 우리나라 최초의 기업박물관이다. 세계 각국의 의약 기구를 전시한 국제관을 비롯해 한독약품의 창업자가 기증한 유물이 전시되어 있는 제석홀, 우리나라 주요 의약 기구와 의서를 전시한 한국관 등의 공간으로 꾸며놓았다.문

📍 충청북도 음성군 대소면 대풍산단로 78
☎ 043-530-1004
🕘 09:00~17:00 – 월요일 휴관
🔍 대소버스공동정류장에서 광혜원리 방향으로 직진, 공단삼거리에서 좌회전하면 우측
🌐 http://handokmuseum.modoo.at

청풍명월의 풍류
제천

청풍명월의 고장 제천은 예로부터 자연 속에서 즐기는 풍류의 도시로 손꼽혀 왔다. 동양의 알프스라 불리는 월악산국립공원을 비롯해 가장 오래된 저수지인 의림지 등이 대표 여행지다. 청풍호를 둘러싼 드라이브코스도 빼놓을 수 없다. 청풍호 반길을 따라 청풍랜드, 모노레일, 문화재단지 등을 둘러볼 수 있으며, 유람선이나 모노레일을 타고 풍경을 즐겨보는 것도 추천한다.

동양의 알프스
월악산국립공원

월악산은 우리나라 5대 악산에 속하는 명산으로, 제2의 금강산, 또는 동양의 알프스라 불린다. 덕주사 마애불, 신륵사 3층 석탑을 비롯하여 많은 문화유산이 분포되어 있으며, 송계계곡, 용하구곡, 구담봉, 옥순봉 등 뛰어난 자연경관과 아름다운 호반의 정취를 간직하고 있다. 사계절 관광지로 손색이 없는 곳. 주변에 의림지와 청풍문화재단지 같은 관광자원이 많아 함께 둘러보면 좋다.

📍 충청북도 제천시 한수면 미륵송계로 1647
☎ 월악산국립공원 사무소 043-653-3250
🔍 덕주사 인근

사진제공(김지호) - 한국관광공사

최고의 저수지 의림지

사진제공(김지호)-한국관광공사

우리나라에서 가장 오래된 저수지 중 하나로, 삼국 시대에 축조되었다. 저수지 주변으로 수백 년 된 소나무와 수양버들, 30m의 자연폭포와 수경분수, 솔밭 공원과 유원지 시설 등이 어우러져 있어 휴식처로 인기가 좋다. 겨울철에는 빙어 낚시를 즐기는 사람들이 많이 찾는다. 가야 시대 우륵이 가야금을 타던 우륵대 바위도 볼 만하며 밤에는 조명을 켜 놓아 야경이 아름답다.

- 충청북도 제천시 모산동 241 ☎ 043-651-7101 Q 의림파크랜드 옆

다채로운 볼거리 청풍문화재단지

문화재가 많은 청풍호 주변 지역이 충주댐 건설로 수몰 위기에 처하자 문화재와 고택을 이전하여 복원해 문화재단지를 조성했다. 문화재단지 입구에는 팔영루가 있고, 망월루에서는 단지를 한눈에 내려다볼 수 있다. 사극의 배경이 되는 SBS 촬영장도 있어 볼거리가 풍성하다. 특히 울긋불긋한 가을 단풍이 아름답기로 유명하다.

사진제공(엔젤미 김진규)-한국관광공사

- 충청북도 제천시 청풍면 청풍호로 2048
- ☎ 제천시청 문화예술과 043-641-5531
- 어른(3천원), 중고생(2천원), 어린이(1천원) ⊙ 3월~10월 09:00~18:00 | 11월~2월 09:00~17:00
- Q 청풍면사무소에서 청풍대교 방향으로 직진

금수산 비단에 수를 놓은 듯 수려한 산세와 기암절벽이 절경을 이루는 산으로, 사시사철 관광객의 발걸음이 끊이지 않는 곳이다. 높이 30m의 용담폭포와 선녀탕이 유명한 볼거리 중 하나다. 봄철의 꽃, 여름철의 녹음, 가을철의 단풍, 겨울철의 설경 등 계절마다 다른 매력을 뽐낸다. 산 정상에서 내려다보이는 청풍팔경의 모습이 아름답다.

- 충청북도 제천시 수산면 상천리
- ☎ 제천시 관광안내소 043-641-6731
- Q 적성저수지 인근

박달재 충청북도 제일의 고갯길로, 원박리와 평동리 경계에 있다. 박달 도령과 금봉 낭자의 슬픈 사랑이야기가 전해 내려오는 곳이며, 대중가요 '울고 넘는 박달재'의 소재로도 잘 알려져 있다. 터널 개통 이후 접근성이 높아져 연인과의 드라이브 코스로 사랑받고 있다.

- 충청북도 제천시 백운면 평동리
- ☎ 제천시 관광안내소 043-641-6731
- Q 리솜포레스트제천 인근

배론성지 1801년 신유박해 때 황사영 순교자를 비롯한 천주교인의 은둔생활지였던 곳이다. 우리나라 최초의 근대식 학교인 성요셉 신학교가 있던 곳이기도 하다. 한국역사에서 중요한 의미가 있는 성지이기 때문에 신자가 아니더라도 들러볼 만하다. 순례 미사는 오전 11시 30분에 열린다.
- 충청북도 제천시 봉양읍 배론성지길 296
- 043-651-4527
- 구학역에서 배론성지삼거리로 직진, 배론교 건너 직진
- http://www.baeron.or.kr

정방사 금수산 자락의 신선봉 능선에 우뚝 서 있는 사찰. 신라 문무왕 때, 의상대사가 창건했다고 전해지는 이 사찰은 의상이 던진 지팡이가 꽂힌 자리에 세워졌다고 한다. 깎아지른 듯한 바위 절벽을 등에 업은 사찰은 이른 아침이면 안개가 자욱히 껴, 신선의 세계에 온 듯한 분위기를 낸다.
- 충청북도 제천시 수산면 옥순봉로12길 165
- 043-647-7399
- 클럽이에스 제천리조트에서 조가리봉 방향으로 직진

정방사_사진제공(이범...)

청풍랜드 청풍호반 만남의 광장에 조성된 익스트림 레저스포츠타운. 국내에서 가장 높은 62m 높이의 번지점프를 비롯해 추락하는 비행기에서 탈출하는 느낌을 살린 이젝션 시트, 청풍호수를 향해 반원을 그리는 빅스윙과 와이어의 의지한 채 청풍호 상공을 건너갈 수 있는 케이블코스타 등 스릴 넘치는 레저시설이 있다. 레저시설 외에도 인공폭포, 산책로, 조각공원, 분수 등이 갖춰져 있어 즐길 거리가 다양하다.
- 충청북도 제천시 청풍면 청풍호로50길 6
- 043-648-4151
- 집라인(3만5천원), 빅스윙(2만원), 이젝션시트(2만원, 예약 운영), 번지점프(4만원)
- 홈페이지 참조
- 제천시관광정보센터 인근

청풍호관광모노레일 비봉산에 설치된 왕복 3km의 관광 모노레일. 비봉산 정상까지 모노레일을 타고 갈 수 있으며, 정상에서 바라보는 청풍호 주변의 비경이 장관이다. 왕복하는 데 약 50분 정도 소요되고 모노레일 1대당 6명까지 탈 수 있다.
- 충청북도 제천시 청풍면 청풍명월로 879-17
- 043-653-5120
- 어른, 중고생(1만2천원), 어린이(9천원)
- 4월~5월, 9월~11월 10일 10:00~18:00 | 6월~8월 09:30~19:00 | 11월 11일~11월 30일, 3월 10:00~17:00 - 12월~2월 휴장
- 비봉산 아래

청풍호반길 탁 트인 청풍호를 바라보며 달리는 드라이브 코스. 바다처럼 푸른 청풍호의 멋진 풍광이 장관이며 봄에는 벚꽃이 줄지어 있어 절경을 연출한다. 인근에 기암괴석 금월봉을 비롯해 청풍랜드, 모노레일 등이 있다.
- 충청북도 제천시 신리리
- 제천시 관광안내소 043-641-6731
- 금성면 소재지에서 청풍면 소재지에 이르는 길

청풍호반케이블카 2019년 3월에 개통한. 계절마다 옷을 바꿔 입는 산과 호수를 파노라마로 감상할 수 있는 케이블카이다. 기상 상황에 따라 운영 시간이 변경되기도 하니, 확인 후 방문할 것을 추천한다.
- 충청북도 제천시 청풍면 문화재길 166
- 043-643-7301
- 일반캐빈(성인 1만5천원, 소인 1만1천원), 크리스탈캐빈(성인 2만원, 소인 1만5천원)
- 10:00~18:00
- 청풍 우체국 앞에서 우회전
- https://www.cheongpungcablecar.com

청풍호유람선 유람선을 타고 청풍호반의 풍경을 즐길 수 있다. 청풍나루부터 장회나루까지는 편도 45분, 왕복1시간 반이 걸린다. 호반을 달리다 보면 계절마다 고운 빛깔을 담아내는 아름다운 금수산의 기암 절벽이 한 폭의 동양화처럼 펼쳐지고 옥순대교를 지나 마주하는 옥순봉과 구담봉에서 절정을 이룬다.
- 충청북도 제천시 청풍면 읍리
- 043-647-4566
- 청풍나루↔장회나루(어른, 중고생 1만5천원, 어린이 1만원) | 청풍나루↔충주나루(어른, 중고생 1만3천원, 어린이 7천원)
- 4월~10월 09:00~17:00 | 11월~3월 10:00~16:00
- 청풍문화재단지 인근 청풍나루터
- http://www.chungjuho.com

탁사정 원주에서 제천으로 들어오는 국도변에 한 폭의 그림처럼 자리 잡고 있는 계곡. 아름답고 묘한 계곡과 청량한 물빛이 만나 낮은 폭포를 이루며 노송 숲과 조화를 이룬 경관이 일품이다. 여름철에는 맑은 물을 찾아 전국 각지에서 온 피서객으로 붐빈다.
- 충청북도 제천시 봉양읍 구학리
- 봉양읍사무소 043-641-4335
- 구학역에서 배론성지삼거리 지나 직진

고려가 숨 쉬는 곳
진천

고려 시대의 흔적이 남아있는 진천에는 보탑사와 농다리가 유명하다. 농다리는 가장 오래되고 긴 돌다리로, '한국의 아름다운 하천 100선'에 선정된 명소다. 농다리 주변에는 하천 따라 산책로도 있어 새소리와 물소리가 어우러진 자연을 만끽할 수 있다. 세계에서 인정받고 있는 종박물관에 가면 우리나라만의 과학적인 요소들로 내는 신비한 종소리가 울려 퍼진다.

길상사 삼국을 통일한 김유신 장군의 영정을 봉안한 사당. 1975년에 충청북도 지방기념물 제1호로 지정되어 지방문화재로 관리하고 있다. 바깥 뜰에는 신성비와 사적비가 있다.
- 충청북도 진천군 진천읍 문진로 1411-38
- 043-539-3835
- 진천군청 인근

김유신장군탄생지 김유신 장군이 태어나고 자란 생가. 김유신 장군이 어릴 적 무술 연습을 했다고 전해오는 투구바위와 치마대가 있어, 김유신 장군의 어린시절을 확인할 수 있다. 인근의 태령산 정상의 석축 안에는 봉분 형태의 김유신 장군 태실이, 길상사에는 김유신 장군의 영정을 모시고 있는 등 김유신 장군의 발자취가 담긴 문화관광지가 진천 곳곳에 있어, 둘러보기에 좋다.
- 충청북도 진천군 진천읍 김유신길 170-4
- 진천군 문화체육과 043-539-3621
- 연곡저수지 인근

배티성지 신유박해부터 병인박해까지 이어진 천주교 박해 때, 조선의 천주교인들이 박해를 피해 숨어들었던 골짜기이다. 많은 순교자의 종교 정신을 기리고 기도하는 장소와 피정의 집으로 활용되었으나, 십자가와 묵주만이 남아 천주교 박해의 정도를 가늠케 한다. 현재는 신자들이 생업을 영위하던 옹기점과 무명순교자의 묘만 남아 있다.
- 충청북도 진천군 백곡면 배티로 663-13
- 043-533-5710
- 백곡면에서 안성 중앙CC 방향으로 313번 지방도 타고 이정표 따라 진행
- http://www.baeti.org

보탑사 고려 시대 때 세워졌다 사라진 절의 터로 전해지는 곳에 비구니 스님인 지광, 묘순,스님이 다시 창건한 사찰이다. 사찰 내에는 자그마한 3층 목탑과 팔만대장경 번역본을 안치한 윤장대, 보물 제404호로 지정된 고려 석비인 진천 연곡리 석비가 있다.
- 충청북도 진천군 진천읍 김유신길 641
- 043-533-0206
- 무료
- 연곡저수지 근처 보령산 내

진천농다리 고려 시대 때 건축된 것으로 추측되는 독특한 모양의 석교이다. 작은 돌을 물고기 비늘처럼 쌓아 올린 후, 지네 모양을 본떠 길게 늘여 만들었다고 한다. 폭이 1m도 되지 않는 다리이지만, 천 년 넘게 그 자리를 지키고 있어, 고려 시대 건축 기술의 우수성이 드러나는 소중한 문화유산 중 하나이다.
- 충청북도 진천군 초평면 화산리
- 진천군 문화체육과 043-539-3621
- 진천 나들목에서 좌회전 후 지석마을 지나 우회전하여 안내판 따라 직진

진천종박물관 진천 역사테마공원 내에 있는 종 박물관. 오랜 역사를 지니고 있는 한국 종을 연구하고 수집하는 연구소이기도 하다. 박물관 바깥에 두 개의 대형종을 전시해 놓아, 누구든지 타종해볼 수 있도록 해 놓았으며, 박물관 내에는 종을 전시하고 보존하여, 한국 종의 우수성을 알리기 위해 노력하고 있다. 상설 전시실에서는 통일신라 시대부터 근대에 이르기까지의 종 유물과 종의 과학적 원리를 확인할 수 있고, 특별 전시에서는 세계의 다양한 종을 확인할 수 있다.
- 충청북도 진천군 진천읍 백곡로 1504-12
- 043-539-3847
- 일반(1천5백원), 중고생(1천원), 어린이(5백원)
- 10:00~18:00 - 월요일, 1월 1일, 명절 휴관
- 백곡저수지 가에 있는 진천 역사테마공원 내

진천농다리, 사진제공(진천군 문화체육과)

문화재의 도시
청주

청주는 문화재의 도시답게 다양한 문화재가 남아 있는데, 상당산성과 양성산성이 대표적이다. 산성의 원형이 잘 보존되어 있어 역사적 가치가 높다. 성곽에서 청주 시내를 내려다보는 운치가 있다. 아름다운 대청호를 중심으로 조성된 문의문화재 단지도 놓칠 수 없는 여행지. 일제 시대까지 읍성이었던 성안길은 젊은이의 문화 거리로 사랑받고 있다. 6·25전쟁 이후로 달동네였던 수암골은 현재 벽화마을로 변신해 인기를 끌고 있다. 버스 노선이 잘 갖춰져 있어 소소한 여행의 즐거움을 느끼기에 부족함이 없다.

산책하기 좋은 산성
상당산성

산성의 원형이 잘 보존된 산성으로, 삼국 시대 때 처음 토성을 쌓은 후, 조선 숙종 때 대대적으로 개축공사를 하여 오늘에 이른다. 산 능선을 따라 쌓은 포곡식 산성이며 4.2km의 성벽을 따라 1시간 반 가량 걸으면 산성의 다양한 모습을 즐길 수 있다. 성곽에 오르면 청주 시내를 한눈에 볼 수 있으며, 특히 야간 산행의 운치가 뛰어나다. 산성 내에는 전통음식을 파는 식당이 한옥마을에 모여 있어 산행을 즐긴 후 요기를 하기에 좋다.

- 충청북도 청주시 상당구 용담 명암 산성동
- 상당산성 관리소 043-200-2227
- 산성제2터널 인근

사진제공(용감포) 한국관광공사

문의문화재단지_사진제공(김지호)-한국관광공사

대청댐전망대 푸른 대청호와 금강의 전경을 한눈에 내다볼 수 있는 곳. 대청호의 절경을 바라보며 쉴 수 있도록 쉼터와 같은 전망대를 조성해 놓았다. 초봄에 벚꽃이 필 무렵에는 염티재부터 전망대까지 연분홍빛의 벚꽃길이 이어져 구경하며 드라이브하기에 좋으며, 인근에 대청댐 물문화관이 있어 함께 둘러보기에 좋다.
- 충청북도 청주시 상당구 문의면 대청호반로 206
- 청주시청 관광과 043-201-2043
- 팔각정휴게소 인근

대청호미술관 대청호가 내려다보이는 곳에 있는 미술관으로, 문의문화재단지 내에 자리를 잡았다. 청운 이보영이 청원군에 기증한 작품 118점을 비롯해 다양한 장르의 작품을 소장하고, 각양각색의 미술 전시가 열려 볼거리가 넉넉하다. 미술관 내에는 라운지룸과 전망대가 있어 여유롭게 작품을 감상할 수 있으며, 야외에는 열아홉 점의 조각품으로 꾸민 조각공원이 조성되어 있어 연인들의 데이트 코스로 각광받고 있다.
- 충청북도 청주시 상당구 문의면 대청호반로 751-27
- 043-251-4062
- 성인(1천원), 청소년(8백원), 어린이(5백원)
- 하절기 10:00~20:00 | 동절기 10:00~18:00 - 월요일, 1월 1일, 명절 휴관
- 문의문화재단지 내
- http://museum.puru.net

문암생태공원 다양한 여가활동을 즐길 수 있는 생태공원으로 가족공원, 웰빙공원, 생태공원으로 나뉘어있다. 가족공원은 게이트볼장, 그라운드골프장, 야외공연장, 캠핑장이 있으며, 웰빙공원은 농구장과 배구장, 웰빙 숲으로 꾸며져 있다. 생태공원은 생태계를 직접 체험하고 가까이서 느낄 수 있으며, 산책로가 잘 조성되어 있다.
- 충청북도 청주시 흥덕구 문암동 122-2
- 청주시청 문화관광과 043-200-2232
- 무료
- 문암생태공원캠핑장 옆
- http://munam.cheongju.go.kr/

문의문화재단지 지역의 향토문화유적을 전승, 보전하기 위해 대청호반에 조성되었다. 옛 객사인 문산관을 비롯해 양반가옥, 주막집, 토담집 등 다양한 옛집이 그대로 복원되어 선조의 생활사를 한눈에 볼 수 있다. 한쪽에는 기와 전시관과 대청호 미술관이 있는데, 미술관에서 보는 대청호 전망이 장관이다. 주말에는 대장간에서 직접 쇠를 다루며 공연 행사도 다채롭게 열린다.
- 충청북도 청주시 상당구 문의면 대청호반로 751-27
- 043-201-0915
- 어른(1천원), 중고생(8백원), 초등생(5백원)
- 하절기 09:00~20:00 | 동절기 09:00~18:00 - 월요일 휴관
- 청남대 인근

미동산수목원 중부권 최대의 수목원으로, 900여 종 70만 본의 식물이 자라고 있다. 야생초 화류원을 비롯해, 유실 수원과 침엽 수원 등 총 10개 구역의 전문 수목원을 갖추고 있다. 그밖에 충북 산림과학박물관과 목재문화체험장, 수목 산야초 전시원, 곤충 생태원 등 갖가지 볼거리와 즐길 거리가 풍성하여, 자연 친화적인 웰빙 휴식 공간으로 주목받고 있다.
- 충청북도 청주시 상당구 미원면 수목원길 51
- 043-220-6101

🕐 하절기 09:00~18:00 | 동절기 09:00~17:00 – 매주 월요일, 1월 1일, 명절 휴원
📍 충북 산림환경 연구소 내
🌐 http://forest.cb21.net/

상수허브랜드 550여 종의 희귀한 허브를 보유하고 있는 전시장에 들어서면 향긋한 허브 향에 마음이 편안해진다. 허브를 만져보고, 향과 맛을 음미하면서 감상할 수 있으며, 아로마테라피와 꽃밥 시식 등 즐거운 체험거리가 가득하다.
📍 충청북도 청주시 서원구 남이면 부용외천길 18
☎ 043-277-6633
🎫 어른(5천원), 중고생, 초등생, 유아(4천원)
🕐 3월~11월 09:00~19:00 | 12월~2월 09:30~17:30
📍 외천삼거리 인근
🌐 http://www.sangsooherb.co.kr

성안길 청주시의 대표적인 상권지역이다. 지금은 성곽이 있던 자리가 도로로 변했지만, 일제시대 전에는 청주시내 한가운데에 청주읍성이 있었고 당시 읍성의 문을 연결했던 길이 지금의 성안길이 되었다. 차 없는 거리로 지정되어 있어 걸어 다니기에 편리하며 젊음의 거리, 패션과 문화의 거리로 손꼽힌다. 매주 토요일에 플리마켓이 열린다.
📍 충청북도 청주시 상당구 성안로 18-2 (북문로1가)
☎ 성안길 상인회 043-223-5200
📍 충청북도청 인근

육거리종합시장 조선 시대부터 역사가 이어져 오는 청주의 대표적인 재래시장으로, 시골에서 직접 생산한 농산물과 각종 공산품을 구매할 수 있다. 새벽시장(도깨비 시장)이 열려 볼거리가 다양하다.
📍 충청북도 청주시 상당구 석교동 131
☎ 육거리종합시장 번영회 043-222-6696
📍 석교육거리 인근

청남대 '남쪽에 있는 청와대'라는 의미의 청남대는 대통령 전용 별장이다. 일반인에게는 철저히 비공개였지만 노무현 전 대통령의 취임 이후 2003년 충청북도로 이관되면서 개방되었다. 본관 건물을 비롯해 정원과 낚시터, 미니골프장 등의 시설이 있고 야생화단지, 오각정, 초가정 등에서 대청호반을 바라보며 산책을 즐길 수 있다. 승용차 이용객은 별도로 홈페이지에서 예약해야 한다.
📍 충청북도 청주시 상당구 문의면 청남대길 646
☎ 043-257-5080
🎫 어른(5천원), 중고생(4천원), 초등생(3천원)
🕐 09:00~18:00 | 12~1월 09:00~17:00 – 월요일, 명절 당일 휴관관
📍 문의체육공원 옆
🌐 http://chnam.chungbuk.go.kr

청주고인쇄박물관 1972년 유네스코에서 세계 최초의 금속활자로 공인한 직지심체요절을 찍어낸 흥덕사지에 조성된 박물관. 목판 인쇄술에서 금속활자에 이르기까지 우리나라의 인쇄발달 과정과 세계인쇄문화의 발달사를 일목요연하게 전시하고 있다. 금속활자의 제작과정을 재현한 모형을 전시해 이해를 돕고 있으며, 금속활자 인쇄 체험장이 있어 학생들의 교육 장소로 인기가 높다.
📍 충청북도 청주시 흥덕구 직지대로 713 (운천동)
☎ 043-201-4266
🕐 09:00~17:00 – 월요일 휴관
📍 흥덕초등학교 옆
🌐 http://jikjiworld.cheongju.go.kr

청주백제유물전시관 우리나라에서 가장 큰 백제인의 무덤군에 세워진 전시관이다. 신봉동의 백제고분군을 중심으로 하여, 청주 일대의 유적들과 정원의 송대리, 주성리의 유적들을 소장하고, 보존하고 있다. 특히, 청주의 초기 역사를 확인할 수 있는 갖가지 유물들이 전시되어 있으며, 고분의 내부 조각과 기마, 보명 등 토성의 축조 과정, 그리고 신봉동 집터의 모습 등을 재현하여, 당시의 역사를 좀 더 가까이에서 살펴볼 수 있도록 구성되어 있다.
📍 충청북도 청주시 흥덕구 1순환로438번길 9 (신봉동)
☎ 043-201-4255
🎫 무료
🕐 09:00~17:00 – 월요일 휴관
📍 청주 신봉동 백제고분군 내
🌐 http://www.cjbaekje.net

초정약수터 일반인에게 탄산수로 널리 알려진 초정약수는 세계 3대 광천수로 꼽힌다. 예부터 약수의 효험을 보려는 사람들이 많이 몰리고 있으며, 인근 지역에 광천수를 이용한 목욕시설이 있다. 1972년까지 사용되었던 초정약수의 원탕은 초정영천이라 부르며 보호각을 지어 보존하고 있다.
📍 충청북도 청주시 청원구 내수읍 초정약수로 851
☎ 청주시청 관광정책과 043-201-2042
📍 초정삼거리 인근

청남대_사진제공(김지호)-한국관광공사

삼국 시대의 문화가 있는 고장

충주

충주는 국토 중앙에 있어 고구려, 백제, 신라의 지배를 차례로 받는 바람에 삼국의 문화가 모두 남아 있는 지역이다. 신라 시대에 우륵이 가야금을 타던 탄금대와 탄금정에 가면 옛 가야금 소리가 들리는 듯하다. 아래로 내다보이는 남한강의 풍경도 운치 있다. 탑평리칠층석탑과 인근에 있는 충주박물관을 둘러보면 충주의 역사에 대해 더 깊게 이해할 수 있고 충주고구려비를 보며 장수왕의 기상을 느껴보는 것도 좋겠다. 또한, 충주댐과 충주호가 있어 탁 트인 자연을 둘러보기에도 좋다. 충주호유람선을 타면 월악산, 금수산 등의 단양 8경을 제대로 감상할 수 있다. 편안하게 휴식을 즐기고 싶다면 왕의 온천이라 불리는 수안보온천도 좋은 선택지 중 하나.

가야금 소리가 들리는 곳
탄금대

우륵이 가야금을 타던 곳이자 임진왜란 때 신립 장군이 배수진을 치고 싸웠던, 역사적 의미가 깊은 곳이다. 탄금대에서 가야금을 타면 오묘한 소리가 강을 따라 퍼졌고 그 소리에 끌린 사람들이 모여 강변에 많은 마을이 생겼다고 한다. 탄금대에는 신립 장군전적비와 〈감자꽃〉의 시인 권태응의 문학비, 충주문화원, 야외음악당 등이 있다. 탄금정에 오르면 소나무 사이로 보이는 남한강의 풍경을 감상할 수 있다.

📍 충청북도 충주시 탄금대안길 33-1 (칠금동)
☎ 탄금공원 관리사무소 043-850-2246
🔍 탄금대공원 내

라바랜드 충주세계무술공원 내에 조성된 테마파크로, 실내 키즈카페와 야외 놀이동산을 동시에 즐길 수 있는 공간이다. 애니메이션 캐릭터인 라바를 주제로 꾸몄으며 교육 체험 프로그램, 이벤트 공연과 다양한 복합시설을 즐길 수 있다.
- 충청북도 충주시 남한강로 24 (금릉동)
- 043-854-7721
- 어른, 중고생(6천원), 어린이(1만2천원)
- 3~11월 10:00~19:00 | 12~2월 홈페이지 참조 – 월요일 휴관
- 충주세계무술공원 내
- http://www.cjlarvaland.co.kr

호), 거북바위 등이 남아 있다.
- 충청북도 충주시 수안보면 미륵리 52-2
- 충주시청 문화체육과 043-850-5983
- 충주시 수안보면 미륵리 일원

미륵리사지_사진제공(충주시청 관광과)

미륵대원지 망국의 한을 품은 마의태자가 금강산으로 가던 중에 꿈에서 관세음보살로부터 계시를 받고 이곳에 석불을 만들었다는 전설이 전해진다. 거대한 돌을 이용해 쌓은 석굴, 석불입상(보물 제96호)과 5층 석탑(보물 제95

수안보온천 우리나라에서 가장 먼저 온천관광지로 개발된 곳. 조선 시대 왕의 온천이라 불렸으며 인체에 유익한 원적외선과 광물질 성분을 풍부하게 함유하고 있다. 온천 숙박시설이 잘 발달해 있고 조령삼관문, 미륵리사지, 월악산 등 주변에 둘러볼 관광지가 많아 여행과 휴식을 겸한 웰빙투어에 적합하다.
- 충청북도 충주시 수안보면 수안보로 321-36 한화리조트
- 043-855-8400
- 수안보상록호텔 앞
- http://www.suanboland.co.kr

충주탑평리칠층석탑_사진제공(충주시청 관광과)

충주호관광선_사진제공(충주시청 관광과)

수주팔봉야영지
수주팔봉은 493m의 봉우리로, 나지막한 산세에 험준한 바위봉을 등에 업고 있다. 송곳바위, 중바위, 칼바위 등 깎아지른 듯 뾰족한 바위봉이 작은 산을 떠받친다. 전 구역이 상수원 보호구역으로 지정되어 팔봉교 하류 일부 구간에서만 피서를 허용하고 있다. 야영장을 갖추고 있으며, 조용한 자연 속에서 하루를 보내고자 하는 사람들에게 인기가 많다.

- 충청북도 충주시 살미면 토계리
- 충주시청 문화관광과 043-850-6730
- 팔봉교 인근

충주고구려비
우리나라에 남아 있는 유일한 고구려비. 장수왕이 남한강 유역의 여러 성을 공략하여 개척한 후 세운 기념비로, 2012년 충주 고구려비 전시관으로 옮겨졌다. 비문에는 당시의 고구려와 신라, 백제의 관계를 엿볼 수 있는 내용이 많아 귀한 가치를 지닌다.

- 충청북도 충주시 가금면 용전리 280-11
- 충주관광안내소 043-842-0531
- 입석삼거리 인근

충주세계무술공원
남한강변의 제방을 따라 조성된 공원으로, 세계무술박물관을 비롯해 민속촌, 야외공연장 등이 조성되어 있다. 푸른 잔디가 깔린 축구장도 있어 스포츠와 여가 생활을 즐길 수 있다.

- 충청북도 충주시 금릉동 598
- 충주관광안내소 043-842-0531
- 충주시민운동장 인근

충주탑평리칠층석탑
중앙탑으로도 불리는 탑평리 칠층석탑은 통일신라 시대에 나라의 중앙을 표시하고자 세워진 석탑으로, 현존하는 신라 석탑 중 가장 높아 국보로 지정되기도 하였다. 탑이 남한강 변에 우뚝 서 있어 수변과 조화를 이루고, 탑 주변으로 공원이 조성되어 있어 고즈넉한 분위기를 느끼며 산책하기에 좋다. 인근에는 탄금호와 충주박물관, 수석전시관이 있어 둘러볼 만 하다.

- 충청북도 충주시 중앙탑면 탑평리 12
- 충주관광안내소 043-842-0531
- 충주박물관 맞은편

충주호관광선
호수 주변으로 월악산 국립공원과 금수산, 옥순봉, 구담봉 등 단양 팔경의 비경을 간직하고 있어 사계절 충주호의 아름다움을 다채롭게 만날 수 있다. 청풍대교, 청풍문화재단지까지 한 번에 둘러볼 수 있는 것이 장점이다.

- 충청북도 충주시 동량면 지등로 882
- 043-851-7400
- 충주나루↔장회나루(어른, 중고생 2만6천원, 어린이 1만8천원) | 충주나루↔청풍나루(어른, 중고생 2만1천원, 어린이 1만3천원) | 충주나루↔월악나루(어른, 중고생 1만3천원, 어린이 9천원)
- 4월~10월 09:00~17:00 | 11월~3월 10:00~16:00
- 충주댐나루에서 관광선 이용
- http://www.chungjuho.com

광주광역시

역사, 예술이 공존하는 빛고을
광주

빛고을이라는 별칭으로 불리는 광주는 자연과 역사, 예술이 공존하는 도시다. '등급조차 매길 수 없다'는 무등산 일대의 아름다운 자연이 있으며 학생항일운동, 5·18민주화운동 등 근현대 역사의 자취가 그대로 남아 있다. 그런가 하면 2년마다 열리는 국제 미술전람회인 광주비엔날레가 열려 예술의 흥취를 느낄수 있다. 최근에는 양림동을 중심으로 서양 선교사, 기독교 유적지가 조명을 받으면서 많은 여행객이 찾고 있다. 자연과 역사, 예술이 공존하는 도시, 광주로 떠나보자.

무등산국립공원
남도인의 정신이 담긴 산

광주를 비롯해 담양, 화순에 걸쳐 있는 산으로, 2013년 21번째로 국립공원으로 지정되었다. '높이를 헤아리기 어렵고 견줄 상대가 없어 등급조차 매길수 없다'라는 의미에서 무등산이라는 이름이 붙었다. 봄철이면 연분홍빛 철쭉과 진달래가 만발하고, 가을에는 단풍과 억새가 절경이다. 무등산의 최고봉인 천왕봉 일대는 서석대, 입석대라고 불리는 수직 절리상이 치솟아 장관을 이룬다. 산 아래에는 놀이시설과 편의시설이 들어서 있으며 우리나라에서 손꼽히는 명찰인 증심사도 무등산 관광에서 빼놓을 수 없는 요소다.

- 광주광역시 북구 무등로 1550 (금곡동)
- 무등산국립공원 관리사무소 062-227-1187
- 하절기 04:00~16:00 | 동절기 04:00~17:00
- 학운초등학교에서 중심사 방향으로 직진, 산길 따라 진입
- http://mudeung.knps.or.kr

한국 민주화 운동의 역사 5 · 18기념공원

사진제공(이범수)-한국관광공사

5·18민주화운동의 명예를 회복하고 교훈을 올바르게 계승, 발전하기 위해 조성한 공원으로, 기념문화관, 조각, 추모 공간 등 다양한 시설물과 휴게 공간을 갖추고 있다. 5·18민주화운동학생기념탑과 공원 정상에 자리한 3층 누각인 오월대가 대표적인 시설이다. 울창한 나무 사이로 산책로가 잘 정비되어있으며 자연공원으로 조성한 공간에는 전통 연못을 비롯해 다양한 수목이 있어 자연학습장으로도 많이 찾는다. 공원내에 조성되어 있는 5·18기념문화센터에서는 상설전시를 비롯해 사진전 등의 기획전시가 열려 5·18민주화운동의 수많은 기록과 의미를 가까이서 느낄 수 있다.

광주광역시 서구 내방로 152 (쌍촌동) ☎ 5·18기념문화센터 062-376-5197 KBS광주방송국 옆

광주 근현대 100년의 역사 양림역사문화마을

1백 년 전 광주 근대 유적이 남아 있는 곳. 광주 5대 부자들이 살았던 곳이자 서양인 선교사들이 모여 사는 곳이기도해 전통문화와 서양문화가 결합된 근대역사마을이다. 양림문화마을 여행의 이정표가 되는 양림교회에서 시작해 오웬기념각, 우일선 선교사 사택, 수피아 여자 중고등학교의 수피아홀, 윈스브로우홀 등 일제강점기 국내에서 활동했던 선교사가 남긴 기독교 유적을 만날 수 있다. 최승효 가옥, 이장우 가옥 등 전통가옥 또한

양림역사문화마을 사진제공(이범수)-한국관광공사

잘 보존되어 있다. 둘째, 넷째 주 토요일에는 통기타 선율이 어우러진 거리공연이 펼쳐지며, 정기적으로 저녁음악회, 국제재즈페스티벌 등도 개최된다. 월요일에는 관광안내소가 쉬는 날이므로 찾아갈 때 참고할 것.

광주광역시 남구 양림동 202-38 ☎ 양림동 관광안내소 062-676-4486
광주천 금교에서 양림파출소 지나 두 번째 골목길로 우회전 http://visityangnim.kr

광주시립미술관_사진제공(김지호)-한국관광공사

1913송정역시장 1913년 매일송정전시장으로 시작된 곳으로, 100여 년 간 한 자리를 지켜온 36개 상점이 전통의 모습을 보존하고 있다. 시장 규모는 그리 크지 않지만 옛날 느낌이 물씬 풍겨 마치 촬영 세트장 같은 분위기를 풍긴다. 날이 어두워지면 야시장도 운영하며 역에서 거리가 가까워 여행객이 많이 찾는다.

- 광주광역시 광산구 중산동 990-18
- 062-942-1914
- 11:00~22:00 | 금요일, 주말 11:00~23:00 –둘째, 넷째 주 월요일 휴무
- 광주송정역 2번 출구에서 좌회전 후 직진, 두 번째 골목 내
- http://1913songjungmarket.modoo.at

광주공원 광주시에서 가장 처음으로 생긴 공원으로, 옛날에는 구동공원이라고 불렸다. 시민회관을 비롯해 어린이 놀이터, 매점 등의 제반 시설을 잘 갖추고 있어 시민들이 휴식을 위해 찾는 근린공원이다. 매년 4월 중순이면 벚꽃이 만발해 꽃놀이 하기 좋고 공원 옆에 포장마차 거리가 있어 새벽까지 경쾌한 분위기를 즐길 수 있다.

- 광주광역시 남구 중앙로107번길 15 (구동)
- 062-672-0660
- 빛고을시민문화관 앞

광주시립미술관 지방 공립 미술관으로는 처음 개관한 곳으로, 광주비엔날레를 관장하는 곳이기도 하다. 남도 미술의 참모습을 볼 수 있으며 호남 지역에 연고를 둔 작가의 작품 560여 점을 소장하고 있다. 호남 지역 동·서양화단의 양대산맥인 의재 허백련 기념관과 오지호 기념관, 하정웅 기념관 등 상설 전시실이 있다.

- 광주광역시 북구 하서로 50 (운암동)
- 062-613-7100
- 10:00~18:00 | 마지막 주 수요일 10:00~20:00 – 월요일 휴관
- 중외공원 내
- http://www.artmuse.gwangju.go.kr

광주폴리 폴리(Folly)란 본래의 기능을 잃고 장식적 역할을 하는 건축물을 의미한다. 그러나 광주폴리는 공공공간 속에서 장식적인 역할뿐만 아니라 기능적인 역할까지 아우르며 시민참여정신으로 채우는 도심재생 건축프로젝트다. 국내·외 유명 건축가와 예술가의 참여로 1차 폴리 11개, 2차 폴리 8개가 광주의 옛 읍성터, 광주역, 교통섬, 광주천변 등 광주 역사의 중심축을 바탕으로 설치되어 있다.

- 광주광역시 북구 비엔날레로 111 (용봉동)
- 062-608-4260
- 광주역사민속박물관 옆
- http://gwangjufolly.org/

국립5·18민주묘지 5·18 영령의 묘 700여 기를 모신 묘역. 해마다 5월이면 추모식을 비롯해 다양한 행사가 열리며, 인권단체의 방문이 이어져 민주화의 성지로 자리매김하고 있다. 묘지 중앙에 자리하고 있는 5·18민주화운동추모탑은 우리나라의 전통 석조물인 당간지주를 현대적으로 형상화한 것으로, 새로운 생명의 부활과 희망을 의미한다.

- 광주광역시 북구 민주로 200 (운정동)
- 062-268-0518
- 09:00~18:00
- 망월공원 묘지 옆
- http://518.mpva.go.kr

국립광주박물관 호남지방 선사 시대 유물과 삼국, 고려, 조선 시대에 걸친 불교 미술품과 도자기 등을 전시하고 있다. 신안 앞바다에 600여 년간 묻혀 있다 인양된 무역선에서 나온 해저유물도 살펴볼 수 있으며 전 세계적으로 고고학적 가치를 인정받고 있다.

- 광주광역시 북구 하서로 110 (매곡동)
- 062-570-7000
- 10:00~18:00 | 3~10월 토요일, 마지막 주 수요일 10:00~21:00 | 일요일 10:00~19:00
- 한국도로공사 광주지사 맞은편
- http://gwangju.museum.go.kr

국립아시아문화전당
아시아의 과거, 현재의 문화 예술을 살펴보고 미래지향적인 결과물을 생산하기 위해 건립된 예술기관이자 문화교류기관. 예술과 기술을 결합해 문화예술의 새로운 콘텐츠를 제시하고자 건립되었다. 결과물을 바탕으로 전시, 공연 및 다양한 프로그램을 운영한다.
- 광주광역시 동구 문화전당로26번길 지하 7 (광산동)
- 1899-5566
- 내부시설 10:00~18:00 | 외부시설 3 월~11 월 06:00~22:00 /12월~2월 07:00~22:00 – 월요일 휴관
- 문화전당역 5번 출구 앞
- http://www.acc.go.kr

남광주밤기차야시장
1960년대 남광주역에 정차하던 밤기차의 추억을 주제로 열리는 야시장. 테마를 살리기위해 시장 내에 자리하고 있는 이동 매대가 모두 기차 모양을 하고 있는 것이 특징이다. 공연무대에서 다양한 공연이 열리며, 이동 매대와 푸드트럭 등에서 한식, 중식, 양식, 일식 외에 독특한 창작 요리를 만나볼 수 있다.
- 광주광역시 동구 양림로 117 (학동)
- 운영위원회 062-226-1101
- 금, 토요일 18:00~22:00
- 남광주역 3번 출구 앞. 남광주시장 내

대인예술야시장
시내에 자리한 재래시장으로, 한때 활기를 잃고 침체된 공간이었으나 2008년 광주 비엔날레의 복덕방 프로젝트를 통해 예술가들이 모여 새로운 공간으로 재탄생시켰다. 비어 있는 점포에 예술작품이 전시되고, 곳곳에 공방이 들어서면서 상인과 예술가가 공존하는 공간이 되었다. 매주 토요일에 저녁에는 예술야시장 등의 다양한 행사가 열린다.
- 광주광역시 동구 제봉로194번길 7-1 (대인동)
- 대인예술야시장 기획사무국 062-233-1420
- 둘째, 넷째 주 일요일 휴무(점포마다 상이)
- 금남로4가역에서 직진 후 한미쇼핑사거리에서 좌회전하면 맞은편 골목
- https://daeinmarket.modoo.at

사직전망타워
삼국시대부터 이어져 온 나라의 풍년을 기원하기 위하여 제사를 지내던 사직단이 있던 곳이 1894년 폐지되고 1960년 동물원이 들어서면서 사직단의 흔적이 없어졌으나 1990년대 들어 사직단을 복원해야 한다는 움직임이 들어 다시 복원하여 생긴 공원이다. 사직공원 전망대는 남구에 위치하나 전망대에 오르면 전망대에 올라가면 금남로, 충장로등 광주 구도심과 남구의 모습까지도 한눈에 들어온다. 밤이 되면 광주광역시의 야경을 바라 볼 수 있어 밤의 사진공원을 찾는 사람도 많다.
- 광주광역시 남구 사직동 사직길 49-1
- 062 - 942-6160
- 문화전당역 3번 출구에서 1,226m
- http://tour.gwangju.go.kr/

송산유원지
황룡강에 홀연히 떠 있던 섬에 조성한 유원지로, 광주의 보물섬이라 불린다. 낭만적인 분위기의 플라타너스숲을 비롯해 잔디광장, 생태연못 등이 조성되어 있으며 오리보트를 타고 연못을 누빌 수도 있다. 여름에는 연꽃이, 가을에는 갈대가 우거져 분위기를 더한다. 인공다리를 건너 유원지까지 들어갈 수 있으며 취사가 가능한 곳이어서 피크닉 장소로도 인기가 많다.
- 광주광역시 광산구 박호등임로 43-1 (송산동)
- 광산구청 공원녹지과 062-960-8711
- 동명고등학교 인근

예술의거리
광주를 대표하는 거리로, 화방, 표구점, 골동품점, 전통찻집, 소극장, 고서화점 등 호남 지방의 상징적인 예술작품을 전시, 판매하는 매장이 모여 있다. 한국화, 서예, 남도창 등 남도 예술의 진수를 접할 수 있다. 토요일에는 예술의 거리 전체가 차 없는 거리로 운영되며 다양한 문화행사가 펼쳐진다
- 광주광역시 동구 궁동 52-4
- 문화전당역 4번 출구에서 직진 광주동부경찰서 인근

예술의거리_시장재공이범(주)-한국관광공사

월봉서원
조선 중기의 성리학자인 고봉 기대승 선생을 기리는 곳. 고봉 기대승은 퇴계 이황과의 사단칠정을 주제로 펼친 논쟁을 통해 한국 유학을 한층 더 높은 수준으로 끌어올렸다고 평가받는 대표적인 성리학자다. 지금도 제향의식과 전통적인 서당교육이 이루어지고 있다. 전통적인 서원의 형태와 규모를 그대로 갖추고 있으면서 실제로 서원으로서 기능하는 몇 안 되는 서원 중 하나다.
- 광주광역시 광산구 광곡길 133 (광산동)
- 광산구청 문화체육과 062-960-8272
- 임곡역에서 옥정역(폐역) 방향으로 직진하다가 월봉서원입구 버스정류장 앞에서 우회전
- http://www.wolbong.org

조선대학교장미원
조선대학교 의대 동문이 조성한 꽃밭으로, 늦은 봄부터 가을까지 다양한 색채와 아름다운 형태를 자랑하는 세계 각국의 장미가 끊임없이 피어난다. 227종, 총 1만8천여 송이의 장미로 가득해 장미 명소로 꼽힌다. 매년 5월 하순에는 장미 축제가 열려 다양한 행사를

즐길 수 있다.
- 광주광역시 동구 서석동 375
- 062-230-6223
- 조선대학교 내

청춘발산마을 광주의 대표적인 달동네 중 하나로, 1970~80년대에 방직공장이 생기면서 여공이 모여 살았다고 한다. 90년대 이후 방직공장이 쇠퇴하면서 마을이 쇠락했지만, 2014년 시작된 프로젝트를 통해 활기를 되찾고 있다. 담장에 알록달록한 벽화가 그려져 있으며 감성 넘치는 문구가 재미를 더한다. 독특한 조형물이 있는 발산마을 전망대에 오르면 광주 시가지를 한눈에 내려다볼 수 있다.
- 광주광역시 서구 천변좌로 12-16
- 070-4910-0340
- 유스퀘어광주버스터미널에서 광천1교교차로 지나 광주천 따라 직진
- http://www.balsanvillage.com

충장로거리 광주의 명동 거리라고도 불리는 곳으로, 광주에서 가장 번화한 거리다. 다양한 맛집과 패션몰, 의류매장 등이 줄지어 들어서 광주의 최신 유행을 한눈에 볼수 있다. 임진왜란 당시 의병장이었던 충장공 김덕령 장군의 충절을 기리고자 그의 시호를 붙여 충장로라고 부른다. 매년 10월 전후로 충장로 일대에서는 7~80년대를 주제로 약 일주일간 축제가 열려 추억 가득한 분위기를 느낄 수 있다.
- 광주광역시 동구 충장로1가 22-2
- 문화전당역 3번 출구 앞

충장로거리

전라남도

남도 답사 1번지 **강진**
나로호의 탄생지 **고흥**
섬진강이 흐르는 아름다운 마을 **곡성**
섬진강변을 따라 즐기는 꽃 여행 **광양**
산수유 꽃 피는 마을 **구례**
역사와 현대가 어우러진 도시 **나주**
초록에 물든 대나무의 도시 **담양**
맛과 낭만의 항구 도시 **목포**
백련이 주는 힐링 **무안**
한국 최대의 녹차 산지 **보성**
아시아 생태문화의 중심지 **순천**
다도해의 아름다움 **신안**
물이 아름다운 도시 **여수**
굴비의 고장 **영광**
기암괴석의 장 **영암**
천천히 누리는 삶 **완도**
고불매를 품은 사찰 **장성**
자연 치유 도시 **장흥**
신비의 바닷길이 열리는 곳 **진도**
우리나라 땅끝 **해남**
화합을 이루는 천혜의 적벽 **화순**

남도 답사 1번지
강진

강진은 단연 남도 답사 여행의 중심지라 할 수 있다. 찬란한 문화유산을 필두로 아름다운 사찰과 정원 등 둘러봐야 할 곳이 상당하다. 대표적인 답사 여행지는 다산초당을 중심으로 한 만덕리 일대다. 조선 후기 실학을 집대성한 정약용 선생이 유배 생활을 하며, 지냈던 다산초당이 고즈넉한 분위기를 풍긴다. 그가 종종 찾아가 차를 마시며 사색을 즐겼다는 백련사가 근방에 있어 다산초당길을 따라 함께 둘러보면 좋다. 그런가 하면 강진은 아름다운 시어로 오랫동안 사랑받고 있는 김영랑 시인의 고향이기도 하다. 그가 태어난 생가와 시비를 둘러보며 낭만적인 문학 산책을 즐겨보자. 자연을 벗 삼아 시간을 보내고 싶다면 호남 3대 정원으로 꼽히는 백운동정원과 드넓은 강진다원(월출산차밭), 주작산자연휴양림 등을 추천한다.

정약용의 정신이 살아 있는 곳
다산초당

만덕산 기슭에 자리한 고택으로, 다산 정약용 선생이 유배 생활을 하며 살았던 곳이다. 이곳에서 〈목민심서〉, 〈경세유표〉를 비롯해 6백여 권에 달하는 책을 저술했으며 조선 후기 실학을 집대성한 곳이다. 노후로 붕괴했던 것을 1957년 원형에 가깝게 복원했다. 다산초당에서 백련사까지 다산초당길이 조성되어 있어 천천히 산책을 즐기며 정약용 선생의 숨결을 느껴면 좋을 것이다.

📍 전라남도 강진군 도암면 만덕리 339-1
☎ 다산기념관 061-430-3911
🔍 만덕호에서 다산기념관 지나 직진
🍴 다산초당길

사진제공(강진군청 문화관광과)

동백나무숲이 아름다운 사찰 **백련사**

만덕산에 자리한 사찰로, 통일신라시대 말기에 무염스님이 창건했다고 전해진다. 고려 시대 8국사와 조선 시대 8대사를 배출한 유명 사찰 중 하나. 백련사는 특히 동백나무숲이 아름다운 곳으로 유명하다. 3월 초부터 개화하기 시작해 3월 말~4월 초에 꽃이 지는데, 길 양옆으로 핀 붉은 동백꽃이 운치를 더한다. 특히 숲길을 따라 다산 정약용과 초의선사가 사색을 즐기기도 했다고. 다양한 템플스테이를 진행하고 있다.

📍 전라남도 강진군 도암면 백련사길 145 ☎ 061-432-0837 🔍 백련사입구교차로에서 만덕산 방향으로 직진
🌐 http://www.baekryunsa.net

가우도 강진에 있는 섬 가운데 사람이 사는 유일한 유인도. 신기리 인근의 망호출렁다리와 저두리에 있는 출렁다리를 통해 섬으로 들어갈 수 있다. 가우도 바닷가를 따라 둘레길이 조성되어 있어 트래킹을 즐기기도 좋으며 청자타워에서 저두리까지 연결되는 짚트랙도 이색 체험으로 인기가 많다.

📍 전라남도 강진군 도암면 신기리 28-2
☎ 강진군청 문화관광과 061-430-3114
🔍 용흥저수지에서 신기보건진료소 지나 직진 후 출렁다리 건너면 진입

강진다원(월출산차밭) 최적의 차 재배지 조건을 갖춘 월출산 자락에 자리를 잡은 다원. 아모레퍼시픽에서 운영하고 있으며, 이곳에서 생산된 차는 떫은 맛이 적고 강한 향이 나는 것이 특징이다. 시골 풍경과 어우러져 평화로운 분위기를 느낄 수 있는 곳.

📍 전라남도 강진군 성전면 백운로 93-25
☎ 061-432-5500
🕐 일출 시~일몰 시
🔍 월남소류지 인근

고바우전망대 해 질 녘 노을이 아름답기로 유명한 전망대로, 수평으로 늘어선 형태다. 가우도와 해남, 완도군을 내다볼 수 있으며, 전망대에는 연인을 위한 하트 조형물과 사랑의 자물쇠가 설치되어 있다. 전망대 옆으로 나있는 강진바다둘레길을 따라 바다 산책을 즐겨보는 것도 추천.

📍 전라남도 강진군 대구면 청자로 1606다산초당
☎ 분홍나루 카페테리아 070-4249-8316

🕐 08:30~21:00
🔍 대구면사무소에서 미산삼거리 지나 직진하면 좌측

다산초당길 다산 정약용 선생이 유배 기간 중 머물렀던 흔적을 따라 조성된 남도유배길 2코스에 해당하는 길. 다산수련원에서 다산초당을 거쳐 백련사까지 이어지며 녹음이 우거진 숲길을 따라 산책하기 좋다.
📍 전라남도 강진군 도암면 다산초당길 68-35
☎ 강진군청 문화관광과 061-430-3114
🔍 다산수련원~백련사

무위사 월출산 자락에 자리한 천년고찰로, 신라 시대 원효대사가 창건했다. 극락보전은 세계적인 건축물로 의미가 큰데, 내부에 새겨진 벽화는 조선 시대 최고의 걸작으로 꼽힌다. 이 외에도 선각대사 편광탑비, 3층 석탑 등 융성했던 불교 문화를 느낄 수 있는 문화재로 가득하다. 템플스테이도 운영하고 있으니 참고할 것.
📍 전라남도 강진군 성전면 무위사로 308
☎ 061-432-4974
🔍 금릉경포대에서 백운동정원 지나 직진

백운동정원 담양 소쇄원, 완도 부용동정원과 함께 호남의 3대 정원이라 불리는 별서 정원. 조선 중기 처사 이담로가 꾸몄으며 우리나라 전통 원림의 원형을 잘 보여준다. 다산 정약용이 이곳의 풍경을 시로 지은 〈백운첩〉이 발견되면서 더욱 유명해졌다.
📍 전라남도 강진군 성전면 월하안운길 100-63
☎ 강진군청 문화관광과 061-430-3342
🔍 금릉경포대에서 무위사 방향으로 직진

세계모란공원 모란을 주제로 꾸민 테마 공원으로, 1만 5천 평 부지에 세계 각국의 모란이 식재되어 있다. 시인 김영랑의 '모란이 피기까지는' 시비와 함께 모란을 소재로 쓴 세계 각국의 시비가 있어 둘러보는 재미가 있다. 밤에는 야간 조명이 더해져 아름다운 야경을 볼 수 있다.
📍 전라남도 강진군 강진읍 서성리 200
☎ 강진군청 문화관광과 061-430-3342
🔍 강진군청 인근, 영랑생가 옆

영랑생가 현대 서정시의 새로운 지평을 열었던 영랑 김윤식 선생의 생가. 원형 그대로 보존, 관리하고 있으며, 철거되었던 문간채는 고증을 통해 복원했다. 마당 한쪽에 모란, 동백나무, 장독대 등 시에 등장하는 주요 소재가 남아 있으며, 대표적인 시를 새긴 시비를 둘러보는 재미가 있다.
📍 전라남도 강진군 강진읍 영랑생가길 15
☎ 강진군청 문화관광과 061-430-3342
🔍 강진군청 옆

와보랑께박물관 옛 농기구 등의 민속품을 전시한 박물관. 조상들이 사용했던 민속생활용품과 6~70년대 추억의 물건 3천여 점을 진열해놓고 있다. 박물관 곳곳에 걸린 구수한 전라도 사투리가 정답게 느껴진다.
📍 전라남도 강진군 병영면 장강로 804-6
☎ 061-432-1465
🎫 어른(3천원), 중고생(2천5백원), 어린이(2천원)
🕐 09:00~20:00
🔍 병영상업고등학교에서 도룡제 방향으로 직진
🌐 http://와보랑께.kr

전라병영성 조선조 6백여 년간 왜적의 침입을 막았던 산성으로, 초대 병마절제사 마천목 장군이 축조했다. 1998년부터 복원을 시작해 지금도 공사 중에 있으며, 매년 4월이면 전라병영성축제가 개최된다. 맞은편에 하멜기념관이 있어 함께 둘러보는 편을 추천한다.
📍 전라남도 강진군 병영면 병영성로 175
☎ 강진군청 문화관광과 061-430-3342
🔍 병영상업고등학교에서 하나로마트 지나 직진하면 좌측

주작산자연휴양림 주작산 자락에 자리한 휴양림으로, 다도해 청정 해역인 강진만과 넓은 들녘, 가우도 풍경이 한눈에 들어온다. 숲속의 집, 한옥펜션, 야영장 등 다양한 숙박시설을 갖추고 있으며, 홈페이지를 통해 예약해야 이용할 수 있다.
📍 전라남도 강진군 신전면 수양리 산 65-1
☎ 061-430-3306
🔍 봉양제 인근
🌐 http://www.jujaksan.com

나로호의 탄생지
고흥

고흥은 아름다운 다도해해상국립공원과 여러 섬을 품고 있는 지역이다. 2013년 우리나라 최초의 우주 발사체인 나로호가 성공적으로 발사되면서, 우리나라 항공 과학, 우주 과학의 중심지로 자리 잡았다. 그래서인지 고흥 곳곳에서 우주 과학과 천체를 체험할 수 있는 시설을 만나볼 수 있다. 나로우주센터우주과학관을 비롯해 우주천문과학관, 국립청소년우주센터, 우주발사전망대 등을 둘러보며 나로호와 우주 과학이 선사하는 감동을 느껴보면 좋겠다. 요즘 인기 여행지로 떠오르는 곳으로는 힐링파크쑥섬쑥섬이 있다. 애도 섬 전체를 민간인이 정원으로 가꾸고 있는데, 한적하게 섬을 둘러보며 산책하기 좋다. 우리나라에서 가장 아름다운 숲으로 선정된 금탑사비자나무숲도 놓칠 수 없는 여행지다.

우리나라 우주 과학의 중심지
나로우주센터우주과학관

우리나라 우주 과학의 중심지인 고흥에 조성된 우주 과학관. 우주에 관한 기본 원리와 로켓, 인공위성, 우주탐사 등을 주제로 꾸민 상설 전시관을 비롯해 4D 돔 영상관, 야외 전시장 등 다양한 체험 시설을 갖추고 있다. 특히 야외 전시장에는 1, 2단형 로켓과 나로호의 실물 크기 로켓 모형을 전시해 다채로운 볼거리를 선사한다.

📍 전라남도 고흥군 봉래면 하반로 490 우주과학관
📞 061-830-8700
🎫 어른(3천원), 중고생, 초등생(1천5백원)
🕐 10:00~17:30 – 월요일 휴관
🔍 나로도 내 예내지 인근
🌐 http://www.kari.re.kr/narospacecenter

사진제공(김지호)-한국관광공사

거금도 우리나라에서 7번째 큰 섬인 거금도는 소록도와 연결된 거금대교를 이용해 드나들 수 있다. 섬 한복판에 적대봉(해발 592m)이 우뚝 솟아있기 때문에, 자연스레 바다 가까이 도로가 만들어졌으며 그 도로를 따라 주변 경치를 즐길 수 있다. 1960~70년대 박치기로 유명했던 프로레슬러 故 김일 선생의 고향으로도 잘 알려져 있다.
- 전라남도 고흥군 금산면
- 061-830-5605
- 소록도 인근
- http://ggdo.com/zxe/

고흥우주천문과학관 천체를 관측할 수 있는 천문과학관으로, 최첨단 800mm 주 망원경을 비롯해 보조망원경을 다양하게 갖추고 있다. 주관측실에서는 태양의 흑점과 주요 행성, 별 등을 관측할 수 있으며, 천체투영실에서는 최첨단 3D 영상을 통해 가상 별자리 여행을 즐길수있다.
- 전라남도 고흥군 도양읍 장기산선암길 353
- 061-830-6691
- 어른(3천원), 중고생(1천5백원), 어린이(1천원)
- 14:00~22:00 · 월요일 휴관
- 용정저수지 인근
- http://star.goheung.go.kr

국립청소년우주센터 청소년을 위한 우주 과학 특성화 체험시설. 다양한 체험시설을 비롯해 천체투영관, 로켓발사장, 나노챌린지 등 다양한 시설을 갖추고 있다. 하룻밤 숙박하며, 체험할 수 있는 숙박형과 당일 체험형으로 나뉘며 방학 시즌에는 특성화 캠프를 운영한다.
- 전라남도 고흥군 동일면 덕흥양쪽길 200
- 061-830-1500
- 당일체험(5천원), 숙박비(5만원)
- 홈페이지 참조
- 남성해수욕장에서 나로도 방향으로 직진, 덕흥리 덕흥해수욕장 인근
- https://nysc.kywa.or.kr

금탑사비자나무숲 신라 선덕여왕 때 원효대사가 세운 금탑사 주변으로 펼쳐진 비자림. 천연기념물로 지정되었으며 2016년 대한민국 아름다운 숲으로 선정되었을 만큼 아름다운 풍광을 자랑한다. 사계절 울창하게 숲이 우거져 있다.
- 전라남도 고흥군 포두면 봉림리 700
- 금탑사 061-832-5888
- 금사제 인근

소록도 한센병 환자들의 애환이 깃든 섬으로, 섬의 모양이 아기 사슴과 비슷하다고 하여 소록도라 불린다. 현재도 7백여 명의 환자와 의료진, 자원봉사자가 살아가고 있으며, 소록대교를 통해 육지와 연결되어 방문이 더욱 쉬워졌다. 섬 내에서는 숙박이 금지되어 일몰 이전에 육지로 돌아와야 한다.
- 전라남도 고흥군 도양읍 소록리
- 소록도 관광안내소 061-830-5689
- 녹동버스공용정류장에서 소록대교 건너 진입

국립청소년우주센터_사진제공(김지호)-한국관광공사

금탑사비자나무숲_사진제공(김지호)-한국관광공사

소록도 사진제공(김지호)-한국관광공사

아기사슴성당(소록도성당) 한센인의 가슴 아픈 역사를 품은 소록도에 자리한 성당. 한 폭의 그림처럼 펼쳐진 성당 풍경이 아름다우며 병원 직원이 이용하는 1번지관사성당과 한센인이 이용하는 2번지 병사성당으로 나뉘어 있다. 관사성당 뒤 정원에서 바라다보는 녹동항 경치가 훌륭하다.

📍 전라남도 고흥군 도양읍 소록리 7-8
☎ 061-844-0528
🔍 소록도 내, 녹동초등학교 소록도분교장 인근
🌐 http://www.sorok.org

우주발사전망대 한국 최초의 우주 발사체 발사기지인 나로우주센터를 조망할 수 있는 전망대. 남열해돋이해수욕장 옆에 조성되어 있으며, 나로우주센터와 탁 트인 바다를 한눈에 내려다볼 수 있다. 7층 전망대에서는 다도해 절경을 조망할 수 있으며, 1층에는 우주도서관과 우주체험 공간이 마련되어 있다.

📍 전라남도 고흥군 영남면 남열리 산76-1
☎ 061-830-5870
🎫 어른(2천원), 중고생(1천5백원), 초등생(1천원)
🕐 09:00~18:00 | 7월~8월 09:00~19:00 | 12월~1월 09:00~17:00 – 월요일 휴관
🔍 남열해돋이해수욕장 인근

팔영산 고흥군에서 가장 높은 산으로, 전라남도에서는 보기 드물게 다이내믹한 산행을 즐길 수 있다. 아주 높은편은 아니지만 산세가 변화무쌍해 스릴 있는 등산을 할 수 있어 산악인의 사랑을 받고 있다. 정상에 오르면 드넓은 다도해해상국립공원의 풍경이 파노라마처럼 펼쳐진다.

📍 전라남도 고흥군 점암면 성기리
☎ 팔영산 고흥분소 061-835-7828
🔍 영남면사무소에서 등산로 따라 진입

힐링파크쑥섬쑥섬 외나로도항에서 5분 정도 배를 타고 들어가는 작은 섬 애도 일대를 말한다. 김상현, 고채훈 부부가 꽃씨를 심고 가꾼 해상 정원으로 꾸며져 있으며, 전라남도 1호 민간정원으로 등재되었다. 조용하고 한적한 섬 마을을 누비며 아름다운 정원을 둘러보자. 탐방비는 5천원이며 마을 입구에 있는 '양심 돈통'에 자발적으로 넣으면 된다.

📍 전라남도 고흥군 봉래면 사양리 794
☎ 010-8672-9222
🎫 탐방비(6천원), 배웅임(2천원) – 매월 20일 휴장
🔍 외나로도항에서 배 타고 입도
🌐 http://www.ssookseom.com

섬진강이 흐르는 아름다운 마을
곡성

곡성은 섬진강이 유유히 흐르는 지역으로, 시원한 강줄기와 주변 산세가 어우러져 평화로운 분위기가 절로 느껴진다. 가볼 만한 관광지도 섬진강 인근으로 밀집해 있어 짧은 시간에 여러 곳을 둘러볼 수 있다. 대표 관광지는 역시 섬진강기차마을. 옛 증기기관차를 타고 섬진강 풍경을 감상할 수 있는데, 어른에게는 추억을, 아이에게는 색다른 체험을 선사한다. 캠핑 마니아라면 섬진강 인근에 조성된 야영장을 찾아보는 것도 좋겠다. 운치 있는 압록유원지와 최근에 개장한 청계동솔바람야영장이 특히 인기. 특별한 추억을 만들고 싶다면 야간에 섬진강 천문대를 찾아보는 것은 어떨까. 밤하늘 위로 쏟아지는 별을 바라보며 낭만 가득한 시간을 보낼 수 있을 것이다.

증기기관차를 타고 떠나는 추억 여행
곡성섬진강기차마을

옛 곡성역 인근에 조성된 테마파크로, 구 전라선(곡성역~가정역) 10km 구간을 오가는 관광용 증기기관차를 운영하고 있다. 옛 느낌이 나는 증기기관차를 타면 교련복을 입은 판매원이 먹거리 수레를 끄는 등 정감어린 풍경이 펼쳐진다. 섬진강변을 따라 철로 위를 달리는 레일바이크도 인기 코스 중 하나. 현장에서 표를 발권할 수도 있지만 사람이 붐빌 수 있으므로 홈페이지를 통해 예약하고 가는 편을 추천한다.

- 전라남도 곡성군 오곡면 기차마을로 232
- 061-363-9900
- 어른, 중고생(5천원), 어린이(4천5백원)
- 09:30~19:00 — 월요일, 1월 1일, 명절 당일 휴관
- 곡성역 앞
- http://www.gstrain.co.kr

사진제공(곡성군청 관광과)

섬진강도깨비마을_사진제공(곡성군청 관광문화과)

대황강자연휴식공원 대황강변에 자리한 공원으로, 사시사철 아름다운 풍경을 자랑하지만 가장 으뜸은 초가을 녘이다. 보랏빛 코스모스가 공원 전체를 아름답게 수 놓는다. 매년 9월이면 코스모스와 음악을 주제로 하는 석곡코스모스음악회가 개최되어 볼거리를 더한다.
- 전라남도 곡성군 석곡면 석곡리
- 석곡면사무소 061-360-8604
- 석곡정류소에서 석곡교 건너자마자 좌회전

도림사 신라 무열왕 때에 원효대사가 화엄사로부터 이주하여 지었다고 전해지며, 사찰 내에는 보물 제1341호인 괘불과 전라남도 유형문화재 제271호인 보광전 삼존불 등이 소장되어 있다.
- 전라남도 곡성군 곡성읍 도림로 175
- 061-362-2727
- 도림사계곡 인근

도림사계곡 동악산 자락에 자리한 계곡으로, 풍부한 수량을 자랑한다. 호쾌하게 흐르는 계곡물이 자연과 어우러져 장관을 이루며 특히 너른 바위를 미끄럼틀 삼아 물놀이를 즐기는 것도 좋다. 여름이면 무더위를 피하기 위한 피서객으로 인산인해를 이룬다. 인근에 신라 시대 사찰인 도림사가 있어 함께 둘러보면 좋다.
- 전라남도 곡성군 곡성읍 월봉리 295-1
- 곡성군 관광안내소 061-360-8379
- 어른(2천원), 중고생(1천5백원), 어린이(1천원)
- 곡성역에서 곡성버스터미널 지나 직진, 도림사국민관광단지에서 우회전

섬진강도깨비마을 우리나라 도깨비를 주제로 꾸민 테마 마을로, 도깨비를 다양한 콘텐츠로 활용하고 있다. 마을 곳곳에 도깨비 조각이 있어 여유롭게 산책하며, 시간을 보내기 좋다. 아이들을 위한 재미있는 인형극과 동요 공연, 다양한 체험학습을 즐길 수 있는 프로그램이 있어 가족 단위 방문객이 많이 찾는다. 체험프로그램은 홈페이지를 통해 예약해야 당일에 즐길 수 있다.
- 전라남도 곡성군 곡성 중앙로 58-1
- 061-362-2954
- 입장료(5천원)
- 동절기 10:00~17:00 | 하절기 10:00~18:00 - 월, 화요일 휴관
- 곡성역에서 섬진강 따라 가정역 방향으로 직진
- http://www.dokaebi.co.kr

도림사_사진제공(김지호)-한국관광공사

압록유원지_사진제공(곡성군청 관광문화과)

섬진강자연생태공원 섬진강변에 있어 경관이 아름답다. 이곳 운동장에서 섬진강 마라톤 대회가 개최된다. 아스라이 보이는 지리산 준봉과 키 큰 갈대숲 사이를 고인듯 흐르는 섬진강 그 좁다란 강둑길로 들어서 걸어간다.

- 전라남도 곡성군 곡성읍 장선리
- 곡성군 관광과 061-360-8224
- 무료
- 읍내교차로에서 17번 도로따라 직진. 상수도 취수장 지나 우회전

압록유원지 섬진강과 보성강이 합쳐지는 지점으로, 시원스레 펼쳐진 강줄기와 주변 풍광과 어우러진다. 무더운 날 물놀이를 즐기기에도 제격이며 반월교와 철교가 나란히 강을 가로질러 운치를 더한다. 인근에 있는 오토캠핑장에서 강바람을 맞으며 캠핑을 즐겨보는 것도 좋겠다.

- 전라남도 곡성군 죽곡면 섬진강로 1012
- 061-360-8308
- 압록역 앞

아산조방원미술관 아산 조방원 화백이 평생 동안 수집한 미술품 6,801점을 기증하면서 설립된 미술관이다. 미술관 외관은 전통 한옥을 본따 만들어 고풍스러운 분위기가 풍긴다. 상설전시 외에도 매년 다른 기획 전시를 열어 다채로운 전시를 즐길 수 있다.

- 전라남도 곡성군 옥과면 미술관로 288
- 061-363-7278
- 3월~10월 10:00~18:00 | 11월~2월 10:00~17:00 - 월요일 휴관
- 옥과시외버스터미널에서 성륜사 방향으로 직진
- http://www.okart.org

청계동계곡&청계동솔바람야영장 약 4km 정도 이어지는 계곡으로, 큼지막하고 평평한 바위가 많아 잠시 앉아 쉬어가거나 물놀이를 즐기기에 좋다. 계곡을 따라 이어지는 산책로도 험하지 않아 여름철에는 가족 단위 피서객이 모이는 곳이기도 하다. 취사장, 데크캠핑장 등을 갖춘 솔바람야영장에서는 자연을 벗 삼아 캠핑을 즐길 수 있다.

- 전라남도 곡성군 곡성읍 신기리
- 청계동솔바람야영장 061-884-7000
- 어른(3천원), 중고생(2천5백원), 초등생(2천원)
- 곡성군청에서 섬진강 따라 입면사무소 방향으로 직진
- http://www.ckdcamp.kr/camp

아산조방원미술관_사진제공(곡성군청 관광문화과)

섬진강변을 따라 즐기는 꽃 여행

광양

구례에서 섬진강변을 따라 드라이브를 정신없이 즐기다 보면 어느새 광양에 도달하게 된다. 유유히 흐르는 섬진강과 시간이 잠시 멈춘 듯한 남도의 풍경은 특히 꽃 피는 봄에 빛을 더한다. 구례 산수유마을에서 산수유꽃을 만끽하고, 하동의 십리 벚꽃길을 거쳐 광양으로 넘어와 매화꽃까지 보고 나면 '봄꽃 순례'가 마무리된다. 남도에는 꽃만 있는 것이 아니다. 꼭 한 번 가볼 만한 스팟도 여럿 있다. 장엄한 자태를 뽐내는 화엄사와 천은사 등의 사찰과 천혜의 절경을 볼 수 있는 지리산 노고단, 고즈넉한 고택의 정병욱가옥, 운조루 등을 둘러보며 남도 여행을 즐겨보자.

남도에서 가장 먼저 봄을 알리는 곳
홍쌍리청매실농원

매실 박사이자 대한민국 식품 명인 홍쌍리씨가 운영하는 농원. 봄이 되면 넓은 농원 전체가 흰 이불을 덮은 듯 매화 물결을 이룬다. 매실장아찌를 담가 보관하고 있는 수십 개의 장독대와 매화꽃이 만들어내는 풍경이 운치 있다. 꽃구경을 즐기며 매실 아이스크림과 매실조청한과를 맛보는 것도 놓칠 수 없는 재미. 한쪽에서는 매실 고추장, 장아찌 등 매실 관련 제품을 판매하고 있다.

○ 전라남도 광양시 다압면 지막1길 55
☎ 061-772-4066
○ 진상역에서 섬진강 따라 구례 방향으로 직진
🔗 http://www.maesil.co.kr

광양5일장 1일, 6일 열리는 재래시장으로, 사람사는 냄새와 이웃간의 정을 느낄 수 있는 재래시장이다. 1964년 개장되었고, 2010년대에 이르러 노후화된 시설을 새롭게 단장하여 현대식 건물의 전통시장으로 재탄생했다.
- 전라남도 광양시 광양읍 백운로 3 광양5일장
- 광양5일시장고객센터 061-761-7671
- 유당공원 건너편
- http://www.xn--5-oe6e809ctpcg4cch.kr/

광양기독교선교100주년기념관 전남동부지역 기독교 최초 발원지이다. 한국기독역사관, 대예배실, 식당, 기념관, 순교자 유품전시관 및 숙소가 있으며, 한국 및 광양시 기독교 역사를 한눈에 볼 수 있다.
- 전라남도 광양시 진상면 성지로 399
- 061-772-7441
- 하동군청에서 황죽리 방면으로 약 11km 이동

광양매화마을 백운산 자락을 수놓으며 섬진강을 안고 도는 매화마을의 봄은 하얗게 만개한 매화가 때 아닌 눈꽃을 뿌려놓은 듯 눈부신 풍경을 연출해낸다. 3대에 걸친 노력과 정성으로 94년 처음으로 매실의 뛰어난 효능을 상품화하여 그 명성이 전국으로 널리 알려진 청매실농원에 들르면 다양한 매실제품들을 접할 수 있다. 또한 청매실농원 주변은 영화촬영장으로 각광을 받고있다.
- 전라남도 광양시 다압면 지막1길 55 일원
- 061-797-3333
- 섬진강변
- http://www.maehwa.invil.org/

구봉산전망대 옛 봉화산이라는 뜻을 지닌 구봉산은 봉수대가 현 봉화산으로 옮겨 가기 전에 봉수의 역할을 한 산이다. 호남정맥의 끝인 백운산에서 남하하는 주능선의 하나로, 포스코 광양제철소와 여수국가산업단지, 광양항, 패러글라이딩 활공장, 산책로, 포토존 등 각종 편의시설이 갖추어져 있다.
- 전라남도 광양시 용장길 369-155
- 061-791-7627
- 구봉산 내
- http://www.gwangyang.go.kr

느랭이골 울창한 편백나무 숲과 시원한 계곡 사이에 있어 신비로운 분위기를 내는 쾌적한 글램핑장. 밤에는 형형색색의 LED 별빛축제가 열려 더욱 아름답다. 글램핑장 곳곳에 테마정원을 비롯한 사계절 테마계곡, 트래킹 코스 등 다양한 산책로가 조성되어 있어 여유롭게 걷기에도 좋다.
- 전라남도 광양시 다압면 토끼재길 119-32
- 1588-2704
- 어른(1만원), 중고생, 어린이(각 8천원)

광양매화마을_사진제공(라이브스튜디오)-한국관광공사

구봉산전망대_사진제공(라이브스튜디오)-한국관광공사

- 11~4월 09:00~21:00 | 5~10월 09:00~21:00
- 진상역에서 8km
- http://www.neuraengigol.com/

백운산자연휴양림 백운산 울창한 숲속에서 피톤치드 성분을 느끼며 걷기 좋은 곳. 삼나무, 편백, 소나무 등이 잘 조성되어 치유의 공간으로 좋은 휴양지. 백운산에 자생하는 희귀식물을 관찰할 수 있는 식물생태숲과 황톳길이나 카라반, 오토캠핑장 같은 야영 시설을 이용할 수 있다.

- 전라남도 광양시 옥룡면 백계로 405
- 061-763-8615
- 어른(1천원), 청소년, 군인(6백원), 어린이(3백원)
- 09:00~18:00
- 백운산 내
- https://bwmt.gwangyang.go.kr/bmt/

섬진강재첩정보화마을 광양시에서 첫 번째로 조성된 정보화 마을로, 깨끗한 수질을 자랑하는 섬진강과 온난다습한 기후, 풍부한 일조량, 사질 양토의 우량 토양 등으로 시설 원예 재배의 최적지로 손꼽힌다. 2002년 정보화마을 평가에서 최우수마을로 선정되었으며 2003년 전라남도지사 표창, 2007 행정자치부장관상 등을 수상했다.

- 전라남도 광양시 진월면 섬진강매화로 830
- 061-772-4698
- 광양 남산 인근
- http://sw.invil.org

월드마린센터 지하 1층, 지상 19층 규모로 여수광양항만공사는 물론 CIQ기관, 해운항만관련업체, 금융기관, 국제회의장 등이 입주해 있어 항만물류에 관한 원스톱 서비스를 제공한다. 광양항의 랜드마크로, 광양항이 편리하고 친환경적이며 동북아 물류중심으로 발전해 나가는데 중요한 역할을 하고 있다. 월드마린센터 앞의 드넓은 부지에 펼쳐진 해바라기 꽃밭이 관광 명소로 유명하다.

- 전라남도 광양시 황금동 1390
- 061-797-4581
- 황길역에서 광양IC 방면으로 이동

윤동주유고보존정병욱가옥 故 정병욱 전 서울대학교 국문학과 교수의 가옥으로, 윤동주 시인의 친필 유고〈하늘과 바람과 별과 시〉이 보관되었던 곳이다. 윤동주 시인의 원고를 후배 정병욱이 보관하고 있다가 일제의 감시를 피해 1948년에 간행되었다. 현재 유고 원본은 연세대학교 윤동주기념관에 전시되어 있으며, 정병욱가옥에는 사본을 전시하고 있다.

- 전라남도 광양시 진월면 망덕길 249
- 광양시청 문화관광과 061-797-2731
- 진월면사무소에서 섬진강 따라 태인대교 방향으로 직진

산수유 꽃 피는 마을
구례

매년 산수유꽃 축제가 열리는 구례군. 화엄사의 사계절은 색다른 경치를 즐길 수 있는 곳이다. 매월 3일, 8일에 열리는 구례오일장은 지역의 특산품을 판매하며 상인들의 후한 인심을 느낄 수 있다. 조선 후기의 건축 양식인 운조루의 고즈넉함을 즐기기에도 좋다. 별이 빛나는 곡성섬진강천문대도 아이들에게 꿈을 실어줄 여행지로 추천한다.

지리산을 대표하는 아름다운 사찰
화엄사

544년(백제 성왕 22년)에 연기 조사가 창건했다고 전해지는 사찰. 사찰 내에는 국보 4점, 보물 8점 등의 귀한 문화재가 보존되어 있으며, 20여 동의 부속 건물이 있다. 특히 우리나라에서 가장 오래된 올벚나무가 있는 지장암도 빼놓지 않고 둘러봐야 할 곳. 매년 3월이면 붉은홍매화가 흐드러지게 펴 고즈넉한 사찰 풍경과 잘 어우러진다.

📍 전라남도 구례군 마산면 화엄사로 539
☎ 061-783-7600
🎫 어른(3천5백원), 중고생(1천8백원), 어린이(1천3백원)
🕐 07:00~19:00
🚗 구례군청에서 마산면사무소 지나 직진
🌐 http://www.hwaeomsa.com

사진제공(IR스튜디오)-한국관광공사

봄을 알리는 산수유꽃마을 **지리산산수유마을**

사진제공(구례군청 문화관광과)

매년 3월이면 산수유나무에서 만개한 산수유꽃이 마을 전체를 노랗게 물들인다. 산수유꽃은 섬진강변의 벚꽃보다 한 달가량 먼저 피어나는 꽃으로, 가장 먼저 봄을 알리는 전령이다. 노란 산수유꽃과 소담한 마을의 풍경이 어우러져 보기만 해도 마음이 편안해진다. 상위마을에서 지리산온천관광지구 일대를 천천히 산책하며, 꽃 구경을 즐겨보자. 3월 중순에는 산수유꽃축제가 열려 다양한 체험을 할 수 있다.

📍 전라남도 구례군 산동면 산수유꽃길로 227 ☎ 061-783-9114 🔍 지리산온천랜드에서 산동수원지 방향으로 직진, 상위마을 내 🌐 http://www.sansuyu.net

---

곡성섬진강천문대 섬진강변에 자리 잡은 천문대로, 섬진강을 배경으로 아름다운 별빛 풍경을 바라볼 수 있다. 한국천문연구원에서 순수과학기술로 제작한 600mm반사 망원경을 갖추고 있으며, 다양한 체험프로그램을 운영한다. 별을 제대로 보기 위해서는 야간에 방문하는 편을 추천. 행정구역상으로는 구례군에 있지만 곡성 가정역 바로 앞에 있어 곡성 여행 시 함께 둘러볼 만하다.

곡성섬진강천문대_사진제공(김지호)-한국관광공사

📍 전라남도 구례군 구례읍 섬진강로 1234 곡성섬진강천문대
☎ 061-363-8528
🎫 어른(3천원), 중고생(2천원), 어린이(1천원)
🕐 14:00~22:00 · 월요일, 1월 1일, 명절 당일 휴관
🔍 기정녹색농촌체험마을 인근
🌐 http://gokseong.go.kr/star

노고단_사진제공(IR스튜디오)-한국관광공사

노고단 천왕봉, 반야봉과 함께 지리산 3대 주봉 중의 하나. 노고단 정상에서 보는 신비스러운 운해 풍경은 산행의 고단함을 말끔하게 잊게 해준다. 노고단을 탐방하려면 반드시 예약해야 하며, 탐방 시간이 엄격하게 정해져 있으니 반드시 입산 시간을 지킬 것.
- 전라남도 구례군 산동면
- 노고단대피소 061-783-1507
- 05:00~16:00
- 천은사에서 등산로 따라 진입
- http://reservation.knps.or.kr

사성암 원래는 오산암이라 불리다가 이곳에서 의상대사와 원효대사, 도선국사, 그리고 진각선사가 수도하였다 하여 사성암이라 부르게 되었다고 전해진다. 바위 사이에 박혀 있는 사성암은 그리 웅장하지는 않으나, 멋스러움이 있어 명승 제 111호로 지정되기도 하였다.
- 전라남도 구례군 문척면 사성암길 303
- 061-781-4544
- 구례읍 남쪽 2km 오산 내

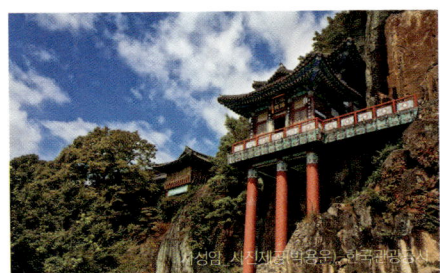

섬진강대나무숲길 섬진강변을 따라 500m 정도 뻗어 있는 대나무 숲길로, 한동안 방치되어 있던 숲을 정돈해 새로 단장해 낸 길이다. 울창한 대나무 숲 사이로 하늘과 섬진강이 보여 산책하기 좋은 코스로 알려져 있다.
- 전라남도 구례군 구례읍 원방리 1
- 구례군청 인근, 섬진강변 내

섬진강래프팅 섬진강에서 즐기는 래프팅. 섬진강 물살이 아주 센 편이 아니어서 부담 없이 래프팅을 즐길 수 있다. 3km 하프 코스와 7km 풀 코스로 나뉘며 현지 셔틀버스 금액과 보험료가 금액에 모두 포함되어 있다.
- 전라남도 구례군 토지면 피아골로 11
- 061-782-2977
- 하프코스(2만5천원), 풀코스(3만5천원)
- 토지면사무소에서 섬진강 따라 화개터미널 방향으로 직진
- http://www.sgrt.co.kr

운조루 조선 영조 때에 삼수부수와 낙안군수를 지냈던 유이주가 세운 집이다. 금환락지라 불리는 명당 자리에 99칸의 집을 지어, 일가가 모두 모여 살았다고 한다. 운치를 품은 사랑채는 예약하면 하룻밤 묵어볼 수 있으며, 고풍스러움이 남아 있는 고택 구석구석을 누비며 다양한 체험프로그램을 즐길 수도 있다.
- 전라남도 구례군 토지면 운조루길 59
- 061-781-2644
- 어른(1천원), 중고생(7천원), 어린이(무료)
- 09:00~18:00

역사와 현대가 어우러진 도시
나주

나주는 전라남도 전남평야 중심에 위치한 도시로, 옛 유적이 많이 남아 있는 고장으로 알려져 있다. 옛날 마한 문화의 진수를 보여주는 나주대안리고분군이 대표적인 유적지. 일제강점기 당시에 침탈 기지로 쓰이던 영산포 선창 일대는 근대역사의거리로 다시 태어났다. 일본식 가옥과 나주의 명물 영산포홍어거리가 볼거리를 선사하며, 영산포 등대 앞 선착장에서 황포돛배를 타고 강을 유람할 수 있다. MBC 드라마 〈주몽〉의 촬영지인 나주영상테마파크에서는 고구려의 숨결을 느껴볼 수 있다. 나주는 현대적인 경관 또한 어우러진 곳이다. 특히 빛가람혁신도시의 휘황찬란한 야경이 아름답기로 유명하다. 6만 평 규모의 인공호수에 조성된 빛가람호수공원에서 모노레일을 타고 도시를 전망할 수 있고 전라남도산림자원연구소에서는 자연을 벗 삼아 여유를 만끽할 수 있다.

고구려 역사 체험공간
나주영상테마파크

드라마와 영화의 촬영지로 유명한 테마파크. MBC 드라마 〈주몽〉과 tvN 드라마 〈도깨비〉 등의 촬영지로 쓰인 실내세트장 내부를 관람할 수 있다. 졸본부여궁, 국내성 등 삼국 시대 건축물도 실제 크기로 재현해 과거를 여행하는 느낌이 든다. 고구려 역사를 살펴볼 수 있는 역사문화전시관이 조성되어 있으며, 전통 복식을 입고 사극 주인공처럼 궁궐을 활보해보는 색다른 체험을 할 수 있다. 전통공방체험관에서는 도자기 공예와 천연염색 공예를 배워볼 수 있으니 참고할 것.

📍 전라남도 나주시 공산면 덕음로 450
☎ 061-335-7008
🎟 어른(2천원), 중고생(1천5백원), 어린이(1천원)
🕐 3월~10월 09:00~18:00 | 11월~2월 09:00~17:00 – 월요일 휴장
🔍 백사보건진료소 인근

자연과 문화가 어우러진 곳 **나주호**

사진제공(나주시청 관광문화과)

나주시의 영산강 지류를 막아 농업용수로 사용하려고 만든 저수지로, 단풍이 물드는 가을 정취가 특히 아름답다. 인근 야산에 고라니, 꿩 등의 야생동물이 서식하고 있으며, 호수에는 붕어, 잉어, 뱀장어 등 담수어종이 많아 낚시터로 인기가 좋다. 특히 낚시 손맛이 좋기로 유명한 배스 낚시 스팟으로 유명해 많은사람들이 찾는다. 또한 인근에 불회사, 운흥사 등의 불교 유적도 많아 함께 둘러보면 좋다.

📍 전라남도 나주시 다도면   ☎ 나주시청 문화관광과 061-339-8592   🔍 다도면사무소 인근

나주시민의 자연휴식공간 **전라남도산림자원연구소**

산림자원에 대한 연구 사업을 진행하는 산림 연구소. 산림환경과 산림병해충 예찰 등 자연생태계 보전을 위한 시험 연구를 진행하는 연구소지만, 나주수목원이라는 별칭이 붙을 만큼 수많은 나무들이 있어 관광지로서도 손색이 없다. 특히 봄과 여름에는 초록빛의 숲이 아름다움을 선사하며, 가을에는 울긋불긋한 단풍이, 겨울에는 눈 덮인 풍경이 아름답다. 어느 계절에 방문하더라도 멋진 풍경을 만날 수 있는 곳. 나주시민이 애용하는 자연휴

식공간으로, 가족단위 관광객을 위한 숲해설 프로그램을 운영하고 있어 교육적 효과도 높다. 연구소 내에 조성되어 있는 메타세쿼이아길도 빼놓을 수 없다. 한적하고 소담한 매력이 있으며, 포토존으로도 인기가 많으며 드라마나 CF 촬영지로도 사랑받고 있다. 산책로를 따라 산림욕을 즐겨보는 것도 좋겠다.

📍 전라남도 나주시 산포면 산제리 산 23-7   ☎ 061-336-6300 09:00~18:00   🔍 국립나주병원 옆
🌐 http://jnforest.jeonnam.go.kr

나주대안리고분군_사진제공(나주시청 관광문화과)

나주대안리고분군 삼국 시대 고분군이 모여 있는 곳. 영산강 유역에만 분포하는 독특한 묘제인 대형옹관(항아리관) 고분 수십 기가 분포하고 있으며, 영산강 지역의 고대마한 문화를 잘 보여준다. 금동관, 금동신발, 환두대도 등 최고 권력자의 위상을 나타내는 유물이 출토된 곳이기도 하다.

- 전라남도 나주시 반남면 대안리 103
- 나주시청 문화관광과 061-330-8107
- 반남면사무소를 중심으로 대안리, 신촌리, 덕산리 일대

빛가람호수공원 나주의 미래형 혁신도시 빛가람에 조성된 호수공원. 6만 평 규모의 인공호수 경관이 아름다우며 호수 중앙에 자리한 빛가람전망대에서 호수공원을 조망할 수 있다. 베메산을 한 바퀴 도는 순환산책로와 안전장비를 착용한 채 전망대입구까지 내려갈 수 있는 돌미끄럼틀, 모노레일 등도 있다. 밤에는 음악분수가 볼 만하다.

- 전라남도 나주시 빛가람동
- 빛가람전망대 061-333-1501
- 나주부영CC 옆 베메산

영산포홍어거리 나주의 대표적인 특산물 거리. 나주홍어는 흑산도에서 잡은 홍어가 영산포구까지 오는 데 걸리는 시간이 삭히는 데 가장 알맞은 시간이어서 맛있기로 유명하다. 홍어거리 일대에 홍어 전문점이 모여 있으며, 매년 4월이면 홍어축제가 개최된다.

- 전라남도 나주시 영산동
- 영산강황포돛배 나루터 인근

영산포홍어거리_사진제공(나주시청 관광문화과)

중흥골드스파리조트 휴식과 레저를 즐길 수 있는 스파리조트, 동양 유일의 토네이도, 국내 최대 규모의 워터롤러코스터가 구비되어 있는 테마물놀이시설과 수상스키를 비롯한 수상레포츠를 즐길 수 있다. 골프장과 숙박시설도 갖추고 있다.

- 전라남도 나주시 다도면 방산리 1449-4
- 061-339-5500
- 나주호 인근
- http://www.jhgoldresort.co.kr

한수제_사진제공(나주시청 관광문화과)

한수제 저수지를 따라 산책로가 길게 둘러져 있고, 봄이면 벚꽃이 활짝 피어 매년 벚꽃축제가 열린다. 주위에 금성산이 있어 등산하면서 둘러보기에도 좋다.

- 전라남도 나주시 경현동
- 나주시청 문화관광과 061-330-8107
- 나주향교에서 한수교 건너편

초록에 물든 대나무의 도시
담양

전라남도의 대표적인 힐링 장소로 각광받고 있는 도시. 담양의 대표적인 관광지로 죽녹원을 빼놓을 수 없다. 온통 초록으로 물든 대나무숲에서 죽림욕을 체험할 수 있으며, 근처 식당에서 대나무통에 밥을 지은 대통밥과 떡갈비를 맛볼 수 있다. 길게 뻗은 가로수가 장관을 이루는 메타세쿼이아가로수길도 빼놓을 수 없는 명소. 8.5km에 이르는 길이 나무로 빽빽하게 채워져 있고, 계절에 따라 색다른 모습을 볼 수 있어 더욱 운치 있다. 포토존과 데이트장소로 인기가 좋으며 여러 CF와 드라마 등의 촬영지로도 인기가 많다.

대나무 향기에 취하는
죽녹원

31만 평의 죽녹원은 대나무숲과 담양의 정자 문화를 볼 수 있는 시가문화촌으로 조성되어 있다. 시가문화촌은 조선 중기 가사문학의 산실을 꽃피운 송강 정철 등 문인을 기념하기 위해 만들어진 공간이다. 한옥체험장과 아름다운 정자, 연못 등이 있으며, 대나무 사이로 부는 바람이 청량감을 준다. 여덟 가지 테마로 구성된 산책로가 있어 몸에 좋은 죽림욕도 즐길 수 있다. 드라마와 CF 촬영지로도 꾸준히 사랑받고 있는 곳.

📍 전라남도 담양군 담양읍 죽녹원로 119
📞 061-380-2680
🎫 어른(3천원), 중고생(1천5백원), 초등생(1천원)
🕐 3월~10월 09:00~19:00 | 11월~2월 09:00~18:00
🔍 전남도립대학교 옆
🌐 http://juknokwon.go.kr

사진제공(김지호) 한국관광공사

가장 아름다운 길 **담양메타세쿼이아랜드**

담양의 대표적인 명소. 8.5km 길이의 가로수길로, 양 옆으로 메타세쿼이아 나무가 길게 늘어져 있어 장관을 이룬다. 2006년 건설교통부 선정 '한국의 아름다운길 100선' 최우수상을 수상하기도 했다. 여름철 드라이브하기에 특히 좋으며 나무에서 뿜어져 나오는 특유의 향기에 취할 수 있는 힐링 공간이다. 메타세콰이아가 우거진 가로수길 가운데에서 사진을 찍어보는 것도 좋다.

📍 전라남도 담양군 담양읍 학동리 633 ☎ 담양군청 관광레저과 061-380-3149
🎫 어른(2천원), 중고생(1천원), 초등생(7백원) 🕐 3월~10월 09:00~19:00 | 11월~2월 09:00~18:00
🔍 담양군에서 24번 도로 타고 금성면 방향으로 직진, 학동교차로에서 우회전하여 직진

관방제림 은단풍과 느티나무 등 우리에게 익숙한 활엽수를 비롯해, 푸조나무, 팽나무, 음나무, 개서어나무, 곰의말채나무, 벚나무 등 각양각색의 낙엽성 활엽수가 숲을 이룬 곳이다. 나무의 크기도 가슴 높이에서, 줄기 둘레가 1m에서 5.3m에 이르는 것까지 다양하다. 울창한 나무가 그늘을 이루어 여름철에도 시원하다.

📍 전라남도 담양군 담양읍 객사7길 37
☎ 061-380-2812
🔍 객사사거리 인근

대나무골테마공원 울창한 대나무숲으로 삼면이 둘러싸여 있는 공원. 약 3만 평의 부지에 야영시설, 체육시설 및 캠프파이어 시설이 있어 청소년의 정서함양활동, 자연체험활동, 가족단위 야영장으로 활용되고 있다. 각종 CF와 드라마 촬영지이기도 하다.

📍 전라남도 담양군 금성면 비내동길 148
☎ 061-383-9291
🕐 09:00~18:00
🎫 어른(2천원), 중고생(1천5백원), 초등생(1천원)
🔍 금성면사무소에서 석현교 지나자마자 우회전

메타프로방스 담양 관광객을 위한 복합문화관광단지로, 메타세쿼이아가로수길에 자리하고 있다. 패션거리 및 디자인공방과 체험관, 상업공간 등으로 나뉘어 있다. 이국적인 유럽풍 테마로 꾸며져 있고 거리공연예술도 다채롭게 펼쳐진다.

📍 전라남도 담양군 담양읍 메타프로방스1길 17
☎ 061-383-1710

관방제림_사진제공(담양군청 관광레저과)

🔍 메타세쿼이아가로수길 인근
🌐 http://www.metaprovence.co.kr

소쇄원 조선 시대 민간정원으로 이름난 곳으로, 자연과 인공의 조화가 아름답다. '물맑을 소, 깨끗한 쇄'라하여 이름이 붙었다. 문인 조광조가 기묘사화로 죽음을 당하자 제자 양산보가 자연에서 살고자 고향에 지었다고 한다.

📍 전라남도 담양군 가사문학면 소쇄원길 17
📞 061-381-0115
🎫 어른(2천원), 중고생(1천원), 초등생(7백원)
🕘 3월~4월, 9월~10월 09:00~18:00 | 5월~8월 09:00~19:00 | 11월~2월 09:00~17:00
🔍 전라남도교육연수원 옆
🌐 http://www.soswaewon.co.kr

죽화경 대나무의 고장으로 이름을 알린 담양의 이미지를 표현하고자 조성된 민간 정원으로, 대나무와 꽃이 조화를 이루는 모양이 고고하고 아름답다. 미니정원 만들기와 퀼트DIY 프로그램, 식물 심기 등 식물과 관련된 다양한 체험 프로그램을 운영하고 있으며, 천연비누 만들기, 천연 염색하기, 천연 향주머니 만들기 등도 체험할 수 있다. 매년 5~6월에 데이지장미축제가 개최되어 볼거리도 풍성하다.

📍 전라남도 담양군 봉산면 유산길 11-7
📞 010-8665-7884
🎫 어른(2천원), 중고생, 어린이(1천5백원)
🕘 09:30~18:00 - 월요일 휴원
🔍 고창담양고속도로에서 영산강 인근
🌐 http://www.bambooflower.co.kr

한국대나무박물관 전국 유일의 대나무 주산지이며 전통적 죽제민예품의 명산지인 담양에 죽제품을 보존, 전시, 시연, 판매, 체험 등 종합기능을 수행할 수 있는 공간. 죽세문화의 전통 계승과 공예진흥을 위해 건립하였다.

📍 전라남도 담양군 담양읍 죽향문화로 35
📞 061-380-3479
🎫 어른(2천원), 청소년, 군인(1천원), 어린이(7백원)
🕘 09:00~18:00 - 연중무휴
🌐 http://www.damyang.go.kr/museum/index.damyang

소쇄원_사진제공(담양군청 관광레저과)

맛과 낭만의 항구 도시
목포

목포에서 유명한 유달산 해상케이블카를 타면 목포 9경 중 유달산, 목포대교, 다도해 전경을 한 번에 볼 수 있다. 다도해가 금빛으로 물드는 낙조와 야경이 감동을 준다. 물, 음악, 빛 3요소가 더해져 춤을 추는 바다 분수의 장관도 환상적이다. '호텔델루나' 촬영지로 유명한 목포근대역사관도 가볼 만하다. 1관으로 올라서면 멋스러운 외관과 목포 구시가지 전망이 펼쳐져 있다. 낭만과 역사가 가득한 목포, 가족여행으로 추억을 쌓아보자!

국내 최장 케이블카
목포해상케이블카

서해안의 다도해와 금빛 낙조를 감상하며 하늘을 날아갈 수 있는 케이블카다. 북항 승강장에서 출발해서 유달산 스테이션을 경유하여 고하도 승강장까지 도착한다. 크리스탈 캐빈 케이블카에 탑승하면 유리 바닥 아래로 보이는 풍경이 하늘 위를 나는 듯하다. 고하도 전망대에 올라서면 낙조의 붉은 빛 경관이 아름답다. 목포 앞바다를 가로질러 섬으로 날아가기에, 목포 시내의 전경과 유달산, 그리고 바닷길을 시원한 파노라마로 즐길 수 있어 가족 단위 관광객이 많이 찾는다. 유달산의 야경도 아름다우니 죽기 전에 가볼 만한 여행지로 추천하는 곳.

📍 전라남도 목포시 고하도안길 186
📞 061-244-2600
🎫 어른, 중고생(각 1만8천원~2만7천원), 어린이(1만2천원~2만1천원)
🕐 10:00~22:00 | 주말 09:00~23:00
🚶 서부초등학교에서 도보 10분
🌐 http://www.mmcablecar.com/main/main.html

사진제공(이범수)-한국관광공사

갓바위문화타운
갓바위와 어우러진 바다의 야경이 아름다운 곳. 목포 문화와 생활사를 살펴볼 수 있는 곳으로 도자박물관, 자연사박물관, 문예역사관 등 다양한 전시공간이 함께 자리 잡고 있다.
- 전남 목포시 남농로 135
- 목포 달맞이 공원 인근
- 갓바위공원

김대중노벨평화상기념관
대한민국 제15대 대통령이며 한국인 최초로 노벨평화상을 수상한 故 김대중 대통령의 생애를 다양한 자료를 통해 살펴볼 수 있다. 지상 2층 규모로 전시동, 컨벤션동으로 구성되어 있다.
- 전라남도 목포시 삼학로92번길 68 (산정동)
- 061-245-5660
- 09:00~18:00 – 월요일, 1월 1일 휴관
- 이난영공원 내
- http://kdjnpmemorial.or.kr/main.htm

목포근대역사관
대한제국 시기, 국제 무역항으로 개방되었던 근대 목포의 모습을 확인할 수 있는 전시관. 동양척식주식회사를 비롯한 일본의 침탈을 기억하고, 보존하고 있다. 역사적 가치를 인정받아 1999년 11월 20일 전라남도 기념물 제 174호로 지정되었으며, 최근에는 동양척식회사 복원한 것을 기념하여 일제의 침략사와 항일운동 그리고 목포의 옛 모습을 담은 특별 전시회를 열고 있다.
- 전라남도 목포시 번화로 18 (중앙동2가)
- 061-270-8728
- 어른(2천원), 중고생(1천원), 어린이(5백원)
- 09:00~18:00 – 월요일, 1월 1일 휴관
- 목포근대역사문화공간 인근
- http://mokpo.go.kr/tour

목포요트마리나
선박의 유지와 관리를 위한 인양기가 설치되어 있어 서남권 최고의 마리나 시설로 평가받고 있는 요트 마리나. 요트 32척을 수용할 수 있는 해상계류장과 요트 25척을 수용할 수 있는 육상계류장이 교육실과 세미나실 등 각종 편의시설을 갖추고 있는 클럽하우스를 중심으로 모여 있다. 이외에, 전시 판매 시설물이 곳곳에 있어 볼거리도 넉넉하다. 요트 체험은 예약제로 운영되니, 확인 후 방문할 것을 추천한다.
- 전라남도 목포시 삼학로 88-56
- 061-243-9911
- 홈페이지 참조
- 홈페이지 참조

목포춤추는바다분수_사진제공(목포시 관광기획과)

목포요트마리나_사진제공(이범수)-한국관광공사

목포외항부두 인근
 http://www.mokpo-marina.com/

목포춤추는바다분수 목포 평화광장 앞 바다에 춤추는 바다분수가 이색적인 볼거리를 연출한다. 수반길이 150m, 최대 분사 높이 70m 규모의 세계 최대 초대형 바다분수로, 목포항을 형상화한 분수대의 모양이 독특하다. 점검일인 월요일을 제외한 매일 저녁 2~3차례 음악 분수 쇼가 열린다. 형형색색의 조명과 아름다운 선율이 즐거움을 더한다.

 전라남도 목포시 평화로 82
 061-270-8580
 무료
 4월~5월/9월~11월 일,화,수,목 20:00, 20:30 / 금, 토 20:00, 20:30, 21:00 | 6월~8월 20:00, 20:30, 21:00 – 매주 월요일 휴무
 평화광장 내
 http://seafountain.mokpo.go.kr

삼학도근린공원 자전거를 타거나 가벼운 산책을 하기 좋다. 화려한 장식이 있지는 않으나 조명과 삼학도를 모두 다리로 이어놔서 은은한 분위기를 자랑하며, 편하게 데이트를 즐길 수 있는 다소 조용한 장소이다.

 전라남도 목포시 산정동 1455
 목포시원도심사업과 061-270-3684
 목포 삼학도 내
 http://www.mokpo.kr/

유달산 '호남의 개골' 이라고도 하는 유달산에는 대학루, 달성각, 유선각 등등의 5개의 정자가 자리하고 있으며, 산 아래에는 가수 이난영이 부른 '목포의 눈물' 기념비 등이 있다. 1982년 발족된 추진위원회의 범시민적인 유달산 공원

유달산_사진제공(목포시 관광기획과)

화 사업으로 조각작품 41점이 전시된 조각공원과 난공원 등이 조성되어 볼거리가 많으며 산 주변에 개통된 2.7km의 유달산 일주도로를 타고 달리며 목포시가와 다도해 전경을 감상할 수 있다.

 전라남도 목포시 죽교동 산27-3
 061-270-8359
 목포역에서 도보 20분
 http://www.mokpo.go.kr/tour/attraction

평화광장 바다와 어깨를 맞대고 있는 자연 친화적 광장으로, 널따란 부지 덕에 길 위는 인라인 스케이트와 자전거를 즐기는 사람들의 활기로 가득하다. 춤추는 바다분수를 비롯해, 레포츠 문화공간과 가족문화 공간, 야외공연장 등이 마련되어 있어, 남녀노소 즐거운 추억을 쌓을 수 있는 복합 문화 공간으로 활용되고 있다.

 전라남도 목포시 평화로 82 (상동)
 목포시관광기획과 061-270-8430
 25호광장 교차로에서 삼향교 건너 좌회전하여 평화로 따라 직진하면 좌측
 http://www.mokpo.go.kr/

평화광장_사진제공(목포시 관광기획과)

백련이 주는 힐링
무안

여름철 백련이 활짝 피는 무안백련축제는 전라남도의 대표적인 여름 축제다. 람사르습지로 등록된 무안황토갯벌에도 다양한 즐길 거리가 있어 여행객들의 방문이 이어지고 있다. 송편 만들기, 도자기 만들기 등 다양한 농촌 체험프로그램도 즐길 수 있는 약초골한옥마을과 팔방미인마을이 있어 여름휴가에 아이들과 추억 쌓기도 좋다. 톱머리해수욕장도 바닷물이 깨끗하여 피서지로 추천.

무안황토갯벌랜드 검은 비단이라 불리는 갯벌이 끝없이 펼쳐지는 리아스식 해안에 자리를 잡은 테마공원이다. 전국 최초 갯벌습지보호구역으로 지정된 이곳에는 이색자전거, 황토찜질방 등 다채로운 즐길거리가 넘쳐난다.
- 전라남도 무안군 해제면 만송로 36
- 061-450-5636
- 어른(4천원), 중고생(3천원), 어린이(2천원)
- 09:00~18:00 – 월요일, 1월 1일, 명절 당일 휴관
- 무안 용산마을회관 인근
- https://www.muan.go.kr/getbol

영산강자전거길 석영정 인근의 몽탄대교에서 시작해 남쪽의 소댕이나루까지 영산강 자전거길은 12km에 이른다. 가족과 함께 자전거를 타면서 영산강 물길을 따라 아름다운 경관을 경험할 수 있다.
- 전라남도 무안군 몽탄면
- 무안군관광문화과 061-450-5473
- 몽탄역 인근
- https://www.bike.go.kr/

초의선사탄생지 초의 선사는 조선 후기 불교계에 돌풍을 일으킨 선승으로, 한국의 다도를 중흥시켰다. 그의 다도 정신을 배울 수 있는 초의선사 유적지. 초의생가, 다문화관, 초의기념관등을 비롯한 차와 관련된 여러가지 시설이 갖추어져 있어 여유를 갖고 즐길 수 있다.
- 전라남도 무안군 삼향읍 초의길 30
- 061-285-0303
- 09:00~18:00 – 월요일, 1월1일, 설날 추석 당일 휴관
- 봉수산 자락

톱머리해수욕장 무안 국제공항과 무안 컨트리클럽과 인접해 있는 탁 트인 해변. 끝없는 백사장 위에는 길게 늘어선 울창한 해송림이 있어 이국적인 분위기를 느낄 수 있으며, 해수욕장을 따라 횟집들이 많아, 신선한 회도 함께 즐길 수 있다.
- 전남 무안군 망운면 피서리
- 061-450-5706
- 6월 말~8월 개장
- 무안국제공항 인근
- https://tour.muan.go.kr/tour/travel/5tour/tommeori_beach

회산백련지 일제강점기 때, 농업용수를 공급하고자 조성한 저수지이다. 대부분의 저수지가 산비탈 혹은 계곡을 막아 담수하고 있으나, 회산백련지는 주민들이 평야를 삽과 가래로 직접 축조하였다고 한다. 후에 영산강의 풍부한 물이 농업용수로 공급되면서 저수지의 기능이 퇴색되어가다가, 인근의 주민이 백련 12주를 구해다 심은 이후 동양 최대의 백련 자생지가 되었다고 한다. 환경부 지정 멸종위기 보호식물인 가시연꽃의 집단군락지이자 150여 종 이상의 희귀한 수생식물이 자생하고 있어 생태교육 장으로 주목받고 있다.
- 전라남도 무안군 일로읍 산정리
- 061-285-1323
- 09:00~18:00 – 10~6월 월요일 휴장
- 일로 나들목으로 나와 일로읍사무소 방향으로 가다 용산삼거리에서 우회전
- http://tour.muan.go.kr/lotus

회산백련지_사진제공(김지호)-한국관광공사

한국 최대의 녹차 산지
보성

보성은 녹차의 고장으로 유명하다. 기후가 온화하고 강수량이 충분해 조선 시대기록에도 차의 자생지로 나와 있을 만큼 차 재배지로 제격이다. 봄이면 보성녹차밭의 풍성한 찻잎이 관광객을 유혹한다. 한국차박물관은 다례교육의 명소로 자리 잡았고 5월에는 녹차대축제가 열리기도 한다. 조정래 작가의 대하소설인〈태백산맥〉의 배경이 되는 공간도 빼놓을 수 없다. 복합문화공간으로 꾸민 보성여관과 태백산맥문학관에서 문학의 향취에 취해보는 것도 좋겠다.

보성의 자랑
보성녹차밭(대한다원)

보성의 자랑은 역시 차밭이다. 한국 최대의 차 생산지인 만큼, 보성녹차밭은 국내뿐 아니라 해외관광객 사이에서도 관광명소로 꼽힌다. 밭 아래로 굽이굽이 펼쳐지는 차밭이 득량만의 싱그러운 바다를 아우르며 온 산을 뒤덮는 풍경이 무척 아름답다. 매년 봄이면 보성녹차축제가 열려 직접 찻잎을 따고 우리는 등 다양한 체험행사가 개최된다. 녹차로 만든 간식과 상품을 구매할 수 있으며, 대나무숲길을 산책할 수 있다.

📍 전라남도 보성군 보성읍 녹차로 763-67
📞 대한다원 061-852-4540
💰 어른(4천원), 중고생, 초등생(3천원)
🕐 3월~10월 09:00~18:00, 11월~2월 09:00~17:00
📍 보성군청소년수련원 천문과학관 옆
🌐 http://www.dhdawon.com

보성비봉공룡공원_사진제공(보성군청 문화관광과)

득량역추억의거리 70~80년대 분위기로 꾸민 거리로, 1930년 개통했던 경전선 전철을 개조한 곳이다. 추억다방, 이발관, 롤러장, 구멍가게 등이 조성되어 있다. 행운다방에서 쌍화차 한 잔은 필수코스.
- 전라남도 보성군 득량면 오봉리 909-35
- 061-749-2507
- 득량역 내
- http://tour.boseong.go.kr

보성비봉공룡공원 공룡알 화석지가 있는 보성에 조성한 공룡공원. 전시홀에는 지질시대별 특징과 공룡 화석 실물이 전시되어 있고 공연장에서는 3D 영상과 대형 공룡 로봇이 공룡쇼를 펼친다. 다이노카페, 다이노숍, 공룡알 부화시키기 체험 등 어린이들이 좋아할 만한 요소가 많다.
- 전라남도 보성군 득량면 공룡로 822-51
- 1833-8777
- 입장료 - 어른(6천원), 중고생(5천원), 어린이(4천원) | 공룡쇼 (평일 1만2천원, 주말 1만4천원)
- 비봉리 비봉공룡알화석지 인근
- http://bibongdinopark.com

보성여관 작가 조정래의 대하소설 <태백산맥> 속 남도여관으로 알려진 보성여관. 해방 이후 5성급 호텔 규모였던 보성여관은 등록문화재 제132호로 지정되었으며 복원사업을 거쳐 재개관해 운영 중이다. 벌교와 보성여관의 역사를 담고 있는 전시장과 전통차를 마실 수 있는 카페, 소극장, 숙박 시설 동으로 이루어져 있다.
- 전라남도 보성군 벌교읍 태백산맥길 19

- 061-858-7528
- 어른(1천원), 중고생(8백원), 초등생(5백원)
- 10:00~17:00
- 벌교역 인근 벌교초등학교 옆
- http://www.boseonginn.org

보성여관_사진제공(보성군청 문화관광과)

봇재 봇재는 보성읍과 회천면 사이의 고개를 말한다. 무거운 봇짐을 내려놓고 쉬어간다는 의미로 복합문화공간을 조성했다. 보성역사문화관에서는 역사, 판소리, 녹차 등을 다루고 있고, 무형문화재와 유형문화재 장인의 행사가 개최되기도 한다. 에코파빌리언은 보성의 생태를 전시한 체험형 전시관으로, 어린이를 위해 캐릭터와 영상 중심으로 재미있게 보여준다. 보성 농특산물을 구매할 수 있으며, 녹차카페에서 시간을 보내기도 좋다.
- 전라남도 보성군 보성읍 녹차로 750
- 061-850-5955

- 어른(2천원), 중고생(1천5백원), 어린이(1천원)
- 09:00~18:00 - 월요일 휴관
- 대한다원, 보성녹차리조트 인근
- http://tour.boseong.go.kr/botjae

보성명량다원(봇재다원) 보성지역의 차밭 중에 대한다원이 가장 유명하지만, 대한다원과는 또 다른 매력의 보성명량다원도 있다. 대한다원에 비하여 편의시설이 부족하다는 단점이 있지만 소박한 아름다움이 묻어나며 다원 그대로의 아름다움과 넓은 다원의 시원한 풍경을 내려다보는 맛이 있다.

- 전라남도 보성군 회천면 녹차로 745-4
- 봇재휴게소 건너편

웅치일림산철쭉군락지 일림산에는 두 개의 큰 계곡이 있는데, 습지대에서 바위 암반을 따라 흐르는 물이 마치 용이 승천하는 것처럼 굽이쳐 장관을 이룬다. 봄철 산을 물들이는 철쭉이 일림산의 자랑. 매년 5월 초가 되면 철쭉군락 앞에서 일림산철쭉제가 열린다.

- 전라남도 보성군 웅치면
- 보성군청 문화관광과 061-850-5213
- 덕산1제 인근 일림산 내

율포솔밭해수욕장 1930년대 남해안에서 가장 먼저 개발된 해수욕장으로, 맑은 물, 푸른 숲, 은빛 모래사장을 자랑한다. 또한, 전국 최초로 지하 120m의 해수를 끌어올린 해수풀장과 해수, 녹차온천탕도 즐길 수 있다.

- 전라남도 보성군 회천면 우암길 24
- 보성군청 문화관광과 061-850-5213
- 회천면사무소 인근

태백산맥문학관 소설가 조정래의 소설 〈태백산맥〉의 향기를 느낄 수 있는 문학관이다. 조정래의 육필원고와 집필과정을 시기별로 전시하고 있다. 이 외에도 작가가 직접 머무르며 집필활동을 하는 작가의 방과 누구나 책을 볼 수 있는 문학사랑방 등의 공간이 있다.

- 전라남도 보성군 벌교읍 홍암로 89-19
- 061-850-8653
- 어른(2천원), 중고생(1천5백원), 초등생(1천원)
- 하절기 09:00~18:00 | 동절기 09:00~17:00
- 벌교버스공용터미널 인근
- http://www.boseong.go.kr/tbsm

한국차박물관 보성 차와 더불어 한국 차에 대한 모든 것을 함께 나눌 수 있는 공간이다. 지하 1층, 지상 5층 규모로, 수장고와 전시실을 갖추었다. 차 문화실, 시대별 차도구 전시실인 차 역사실, 체험 공간인 차 생활관으로 구성되어 있다. 다례교육 체험 프로그램도 운영한다.

- 전라남도 보성군 보성읍 녹차로 775
- 061-852-0918
- 어른(1천원), 중고생(7백원), 초등생(5백원)
- 10:00~17:00 - 월요일 휴관
- 대한다원 보성녹차밭 인근
- http://www.boseong.go.kr/tea

봇재다원_사진제공(보성군청 문화관광과)

아시아 생태문화의 중심지
순천

순천은 이색적인 풍경과 볼거리로 가득해 한국 최고의 관광지 중 하나로 꼽히는 곳이다. 대표적인 여행지로 생태문화의 중심지 순천만습지가 있다. 순천 시내에서 차로 10분 거리에 있는데, 여수반도와 고흥반도로 둘러싸인 천혜의 풍경을 자랑한다. 갈대밭과 갯벌 위로 떨어지는 낙조가 유명하며 람사르협약 보호 지역으로 지정된 곳이기도 하다. 풍요로운 문화유산인 천년고찰 선암사와 송광사, 조계산도 있다. 조선 시대 민속마을 낙안읍성과 순천오픈세트장 드라마촬영지도 볼거리가 많기로 유명한 곳. 그 시대의 생활상을 그대로 간직하고 있다.

생태계와 갈대밭의 보고
순천만습지

2006년 우리나라 최초로 람사르협약에 등록된 순천만습지는 계절에 따라 색다르게 변화하는 모습을 감상할 수 있는 명소다. 흑두루미를 비롯해 순천만에만 서식하는 희귀한 생물과 자연의 아름다움을 볼 수 있으며, 시민의 휴식공간과 자연생태학습장으로 사랑받고 있다. 공원 내 자연생태관은 순천만을 대표하는 갯벌, 갈대, 조류 등을 체험하는 생태학습장이며 해설 프로그램을 운영하고 있다. 순천만천문대와 역사관 또한 추천할 만하다. 갈대밭 위로 떨어지는 노을이 특히 아름다우니 시간을 맞춰 가는 것이 좋다.

📍 전라남도 순천시 순천만길 513-25 (대대동)
📞 061-749-6052
🎟 어른(8천원), 중고생(6천원), 초등생(4천원)
🕐 1월, 10월~12월 08:00~17:00 | 2월 08:00~17:30 | 3월, 9월 08:00~18:00 | 4월 08:00~18:30 | 5월~8월 08:00~19:00
🔍 순천문학관 인근

조선 시대 생활상을 그대로 간직한 낙안읍성

조선 시대 성, 동헌, 객사, 초가가 원형대로 보존한 마을. 성과 마을이 국내 최초로 사적 제302호에 지정되었고 주민이 실제로 살고 있는 유일한 민속마을이기도 하다. 1397년(조선 태조 6년) 왜구가 침입하자 김빈길 장군이 의병을 일으켜 토성을 쌓아 방어했고, 인조 대에 임경업 장군이 낙안군수로 부임하여 현재의 석성으로 중수했다. 해마다 음력 정월 대보름민속한마당 큰잔치, 낙안민속문화축제 등 다채로운 민속체험을 할 수 있으며, 초가에서 민박을 해보는 것도 추천한다. 남문 서쪽 성벽 전망대에서 읍성의 아름다운 모습을 한눈에 볼 수 있다.

📍 전라남도 순천시 낙안면 동내리 437-1 ☎ 061-749-8831 🎫 어른(3천원), 중고생(2천원), 초등생(1천5백원)
🕐 1월, 11월~12월 09:00~17:30 | 2월~4월, 10월 09:00~18:00 | 5월~9월 08:30~18:30 🔍 낙안초등학교 인근
🌐 http://www.suncheon.go.kr/nagan

생태적 가치 풍부한 순천만국가정원

순천만국가정원_사진제공(두드림)-한국관광공사

2013 순천만국제정원박람회장이 휴식과 함께 다양한 체험을 할 수 있는 공간으로 거듭났다. 습지의 생태적 가치를 공부할 수 있는 순천만국제습지센터, 한국정원, 한방체험관, 호수정원 등이 마련되어 있다. 봉화 언덕에서 내려다보이는 순천호수정원의 풍경이 장관이며 5월이 되면 장미와 작약꽃이 피어나 싱그러운 힐링을 누릴 수 있다. 하늘 정원 가는 길에 알록달록한 한글 벽화는 포토 스팟으로 인기. 다채로운 경관을 즐길 수 있는 여행지로 추천한다.

📍 전라남도 순천시 국가정원1호길 47 ☎ 061-749-2738 🎫 성인(8천원), 청소년, 군인(6천원), 어린이(4천원)
🕐 08:30~20:00 🔍 청암대학교에서 직진하다 서문삼거리에서 우회전 🌐 https://scbay.suncheon.go.kr/garden

고인돌공원 주암호반에 조성된 공원으로, 주암댐 건설로 인해 수몰지역에 있던 선사 유적을 옮겨 복원해둔 곳이다. 고인돌 140여 기를 비롯하여 선사 시대 움집, 구석기 시대 집, 남북방식 모형 고인돌 등을 다양하게 둘러볼 수 있다. 야외전시장 외에도 고인돌에서 출토된 유물을 전시해놓은 유물전시관, 묘제전시관 등이 있다.
- 전라남도 순천시 송광면 고인돌길 543
- 061-755-8363
- 어른(1천원), 중고생(7백원), 초등생(5백원)
- 09:00~18:00
- 운덕버스정류장에서 18번 국도 따라 송광사 방향으로 직진
- http://www.dolmenpark.kr

선암사 신라 헌강왕 때에 도선대사가 창건했다고 전해지는 사찰로, 많은 선승을 배출한 태고종의 본산으로 불린다. 무지개 모양의 승선교와 삼층 석탑도가 주변 경관과 어우러져 빼어나게 아름답다. 사찰 주변에는 수령이 백년이 넘는 상수리나무와 동백나무, 단풍나무가 위엄을 풍기며 서 있고, 가을이 되면 알록달록한 색동옷을 입어 특히 아름답다.
- 전라남도 순천시 승주읍 죽학리 802
- 061-754-5247
- 어른(2천원), 중고생(1천5백원), 어린이(1천원)
- 선암사계곡 인근
- http://www.seonamsa.net

선암사_사진제공(이범수)-한국관광공사

송광사 16국사를 비롯하여 많은 고승대덕을 배출한 승보종찰로, 통도사, 해인사와 함께 한국 삼보사찰(三寶寺刹)로 불린다. 사찰 중 가장 많은 33점의 사찰 문화재를 보유하고 있어 역사적 가치가 높다. 절 내 박물관에서 목조삼존불감, 고려고종제서, 국사전 등의 국보를 비롯해 많은 보물과 지방문화재를 만나볼 수 있다. 물길이 절을 둘러싸고 있어 사계절 내내 풍경이 매우 아름답다.
- 전라남도 순천시 송광면 송광사안길 100
- 061-755-0107
- 입장료(2천원)
- 하절기 06:00~19:00 | 동절기 07:00~18:00
- 주암호에서 조계산도립공원 방향으로 직진

순천왜성 정유재란 때 만들어진 왜성으로, 호남 지방을 공략하기 위한 전진기지 겸 최후 방어기지로 삼기 위해 세워졌다. 현재 전라도 지역에서 유일하게 남아 있는 왜성으로 의미가 깊다. 일출이 아름다워 해돋이 숨은 명소로 통하기도 한다.
- 전라남도 순천시 해룡면 신성리 산1
- 순천역 관광안내소 061-749-3107
- 현대제철순천공장 인근

순천전통야생차체험관 자연 속에 자리한 아늑한 체험관으로, 향기 가득한 차를 직접 만들고 시음하며 산방, 명상 체험을 할 수 있다. 다도체험, 한옥체험 등의 프로그램도 운영하고 있다.
- 전라남도 순천시 승주읍 선암사길 450-1
- 061-749-4500
- 다례체험(3천원), 차만들기체험 – 어른(1만원), 중고생(7천원), 어린이(5천원)
- 09:00~18:00 – 월요일 휴관
- 선암사계곡에서 선암사 가는 길 우측

와온해변 해양수산부가 지정한 어촌체험 관광마을인 와온마을에 있는 해변. 동쪽으로는 여수, 남서쪽으로는 고흥반도와 순천만에 인접한다. 갯벌이 넓고 구불구불한 리아스식 해안선이 발달해 있어 크고 작은 섬을 감상할 수 있다. 특히 일몰이 아름답기로 유명하며, 지역주민이 뻘배를 타고 꼬막을 채취하는 장면을 볼 수 있어 운치가 있다.
- 전라남도 순천시 해룡면 상내리 와온해변
- 순천역 관광안내소 061-749-3107
- 유룡저수지 인근

청춘창고 쌀을 보관하던 양곡창고를 개조하여 만든 복합문화공간. 청년들의 창업 점포와 작품 전시 등 다양한 문화를 즐길 수 있는 공간으로 재탄생했다.
- 전라남도 순천시 역전길 34
- 061-746-9697
- 11:30~22:00 – 수요일 휴장
- 순천역에서 도보로 10분
- https://www.suncheon.go.kr/tour/food/0024/0006

화포해변 광활한 갯벌과 리아스식 해안선이 펼쳐진 해변으로, 산과 바다가 어우러진 아름다운 해돋이를 감상할 수 있다. 갯가와 나란히 이어지는 해안도로를 지나면 자연 그대로의 모습을 한눈에 조망할 수 있다.
- 전라남도 순천시 별량면 학산리
- 순천역 관광안내소 061-749-3107
- 원창역(폐역)에서 바닷가 방향으로 직진

다도해의 아름다움
신안

신안은 수많은 섬으로 이루어진 특별한 지역이다. 1,004개의 섬이 산재해 있으며, 그 중 91곳 만이 사람이 사는 유인도. 2016년 유네스코에서 지정한 생물권 보전 지역이기도 하며 맑은 다도해의 다채로운 매력을 느낄 수 있다. 대표적인 섬인 홍도는 섬 전체가 천연기념물로 지정되어 있어 유람선을 타고 신비로운 장관을 관람할 수 있다. 한편, 흑산도는 특산물 홍어의 고장이자 정약용의 형 정약전이 유배생활을 하며 〈자산어보〉를 집필한 섬으로 유명하다. tvN 예능프로그램 〈삼시세끼〉 촬영지로 잘 알려진 만재도는 태고의 아름다움을 간직한 섬으로, 수려한 절경과 여유로운 분위기를 만끽할 수 있다.

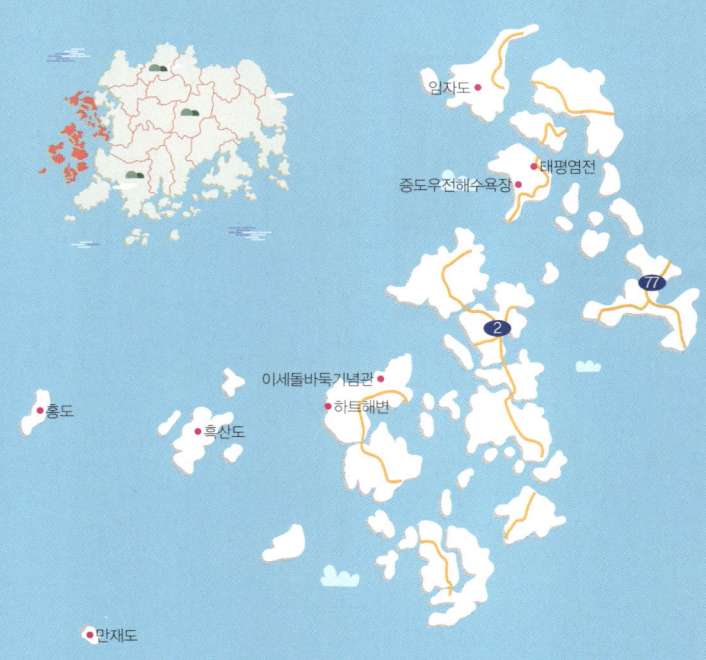

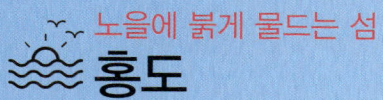

노을에 붉게 물드는 섬
홍도

홍도는 해마다 수십만 명의 관광객이 몰려드는 아름다운 섬이다. 해가 질 무렵이면 섬이 붉게 물들어 홍도라는 이름이 붙었으며 섬 전체가 천연보호구역과 다도해해상국립공원으로 지정되었다. 섬 주위에 펼쳐진 크고 작은 무인도와 다양한 전설을 간직한 기암괴석, 깎아지른 듯한 절벽이 아름다운 절경을 이루고 있다. 물이 맑고 투명해 바람이 없는 날에는 신비로운 바닷속 경관을 볼 수 있다. 유람선 관광과 탐방로 산책을 통해 홍도를 가까이서 즐겨보는 것을 추천. 목포에서 2시간 이상 쾌속선을 타야 홍도에 다다른다.

📍 전라남도 신안군 흑산면 홍도리
☎ 홍도 관리사무소 061-246-3700
🔍 목포연안여객선터미널에서 배 타고 입도

사진제공(신안군청 문화관광과)

육지와 떨어진 미지의 섬 만재도

사진제공(신안군청 문화관광과)

태초의 아름다움을 그대로 간직한 듯한 미지의 섬. 재물을 가득 실은 섬, 해가 지고 고기가 많이 잡힌다 해서 만재도라는 이름이 붙었다. 깎아놓은 듯한 주상절리와 동백나무가 우거진 숲, 물속에서 노니는 물고기가 그대로 비쳐 보일 정도로 맑은 바닷물이 감탄을 자아낸다. 트래킹과 낚시 장소로도 인기가 많다. 목포연안여객선터미널에서 5시간 30분정도 배를 타면 가거도를 거쳐 만재도에 도착한다.

- 전라남도 신안군 흑산면 만재도리 ☎ 신안군청 문화관광과 061-271-1004 목포연안여객선터미널에서 배 타고 입도

이세돌바둑기념관 이세돌의 고향으로 유명한 비금도에 조성된 기념관. 초등학교를 리모델링했으며 이세돌이 바둑을 두던 대국장과 전시실, 추억의 공간을 볼 수 있다. 2층은 바둑선수를 위한 펜션동으로 꾸몄다.
- 전라남도 신안군 비금면 비금북부길 573-1
- ☎ 신안군청 문화관광과 061-271-1004
- 3월~10월 09:00~18:00 | 11월~2월 09:00~17:00 - 월요일 휴관
- 목포연안여객선터미널에서 배 타고 입도, 비금도 내 명사십리해수욕장 인근

- 전라남도 신안군 임자면
- ☎ 임자면사무소 061-275-3004
- 지도읍 점암선착장에서 배 타고 입도

임자도_사진제공(김지호)-한국관광공사

임자도 사막의 지형을 고스란히 갖춘 섬으로, 지도읍에서 배를 타고 20분 정도 들어가야 한다. 해안가를 따라 이어지는 자전거 코스가 이색적이며 매년 4월이면 신안튤립축제가 이곳에서 성대하게 열린다.

중도우전해수욕장_사진제공(신안군청 문화관광과)

증도우전해수욕장 슬로우시티 증도에 자리한 해수욕장. 우리나라 최대의 소금 생산지인 태평염전 인근에 있어 함께 둘러보면 좋다. 무인도가 점점이 떠 있는 수평선이 특히 아름다우며 주변에 울창한 소나무 숲이 있어 시원하게 휴양을 즐길 수 있다.

- 전라남도 신안군 증도면 우전리 우전해변
- 증도면사무소 061-240-4003
- 지도읍에서 증도대교 건너 증도 진입. 805번 지방도 따라 직진하면 우측

태평염전 넓이 460만㎡의 염전으로, 국내 최대 규모를 자랑한다. 증도 내에 자리하고 있으며, 옛날 방식 그대로 천일염을 생산하고 있다. 자연과 인간이 빚어낸 경이로운 풍경을 감상할 수 있으며, 유네스코 생물권보전지역으로 지정되기도 했다. 인근에 있는 소금박물관에서 염전의 역사에 대해 자세히 살펴볼 수 있다.

- 전라남도 신안군 증도면 증동리
- 061-275-1596
- 지도읍에서 지도대교와 증도대교 건너 증도 진입. 증도항 방향으로 직진하면 우측
- http://www.saltvillage.co.kr

하트해변 사시철 물결이 고요하고 망망대해가 바다로 보이는 비금도의 대표 명소 중 하나로, KBS 드라마 〈봄의 왈츠〉에서 하트 모양의 해변으로 등장한 뒤 이름을 알리기 시작하였다. 주변의 기암절벽과 섬이 함께 어우러진 모양이 조화롭고 아름답다. 개발이 금지된 국립공원 지역으로 대중교통과 숙박, 음식점 등이 들어설 수 없어, 불편함은 감수해야 한다.

- 전라남도 신안군 비금면 내월리 602-1
- 비금면사무소 061-275-5231
- 목포연안여객선터미널에서 배 타고 입도

흑산도 조선 시대 문인 정약용의 형 정약전이 자산어보를 집필했던 유배지. 영산팔경을 비롯하여 가거도, 만재도 등 수많은 섬과 밤 늦도록 바닷가를 밝히는 예리항 등을 볼 수 있다. 흑산도 철새전시관이 조성되어 있으며, 특산물 홍어 외에 전복, 가리비와 성게 등 다양한 먹거리도 맛볼 수 있다.

- 전라남도 신안군 흑산면
- 흑산면 관광안내소 061-240-8520
- 목포연안여객선터미널에서 배 타고 입도

흑산도_사진제공(이창용)-한국관광공사

물이 아름다운 도시
여수

'물이 좋다'라는 뜻의 여수는 수심이 깊고 항만이 넓으며 수많은 섬을 조망할 수 있는 아름다운 항구 도시다. 2012년 여수엑스포가 열린 이후로 세계적인 관광지로 거듭났다. 여수 엑스포역 앞바다에 있는 오동도는 여수를 상징하는 섬으로, 동백꽃이 아름답기로 유명하다. 육로로 차를 타고 들어갈 수 있으며, 동백열차를 타고 섬을 둘러볼 수도 있다. 유람선을 타면 돌산대교와 거북선대교, 하멜등대 등의 주요 관광지와 여수의 풍경을 감상할 수 있다. 여수해상케이블카도 빼놓을 수 없는 관광코스. 케이블카를 타고 다도해를 건너면서 여수의 모습을 한눈에 담을 수 있다. 해돋이가 아름다운 향일암, 돌산대교 등도 추천 여행지.

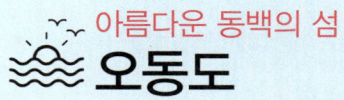

아름다운 동백의 섬
오동도

멀리서 보면 섬 모양이 오동잎을 닮았고, 오동나무가 많다고 하여 오동도라는 이름이 붙었다. 동백이 피는 3월에는 붉은 동백이 섬을 뒤덮고 이때에 맞춰 동백꽃 축제가 열린다. 섬 곳곳에 있는 산책로는 데이트 코스로 인기가 높으며 동백열차나 유람선을 타면 오동도의 색다른 풍경을 경험할 수 있다. 화려한 조명과 함께 시원한 물줄기를 뿜는 음악분수도 새로운 명물로 자리 잡았다.

📍 전라남도 여수시 수정동 산1-11
☎ 오동도 관리사무소 061-659-1819
🔍 여수엑스포공원에서 오동도 방파제 지나 직진

사진제공[여수시청 관광과]

국내 최초로 바다 위를 건너는 **여수해상케이블카**

사진제공(여수시청 관광과)

아시아에서는 홍콩, 싱가포르, 베트남에 이어 네 번째로 바다 위를 날아가는 해상케이블카로, 국내 최초의 해상케이블카다. 돌산(섬)과 자산(육지)을 연결하며 여수 바다의 아름다운 절경을 느낄 수 있다. 강화유리 바닥을 통해 아래를 내려다볼 수 있는 크리스털 캐빈과 일반 캐빈 중에서 선택할 수 있다. 총 소요시간은 편도 13분, 왕복 25분 정도이며 돌산공원과 자산공원에서 탑승할 수 있다. 카페나 식당 등의 편의시설도 잘갖추고 있어 여행객의 발길이 끊이지 않는다.

📍 전라남도 여수시 돌산읍 돌산로 3600-1　☎ 061-664-7301　🎫 일반캐빈 – 어른, 중고생(1만3천원), 어린이(1만1천원) | 크리스탈캐빈 – 어른, 중고생(2만2천원), 어린이(1만7천원)　🕘 09:00~21:30　🔍 돌산공원 내 놀아정류장 또는 자산공원 내 해야정류장　🌐 http://yeosucablecar.com

해돋이 축제가 열리는 곳 **향일암**

사진제공(여수시청 관광과)

전국 4대 관음 기도처 중 하나로, 644년(신라 선덕여왕 13년)에 원효대사가 창건한 사찰이다. 한 가지 소원을 빌면 꼭 이루어진다는 이야기가 전해질 정도. 향일암이라는 이름은 금오산의 울창한 동백이 일출과 어우러져 장관을 이룬다는 의미로 따왔으며, 이름만큼이나 해돋이가 무척 아름답다. 매년 1월 1일에 열리는 향일암 일출제도 볼거리 중 하나. 기암괴석으로 둘러싸인 암자에서 해돋이를 바라보고 있노라면 절로 마음이 들뜬다. 향일암 뒤편 금오산에 있는 왕관바위, 부처바위 등이 기암괴석도 놓치지 말자.

📍 전라남도 여수시 돌산읍 향일암로 1　☎ 향일암 종무소 061-644-4742　🎫 어른(2천원), 중고생(1천5백원), 초등생(1천원)　🔍 향일암항 인근

거문도_사진제공(여수시청 관광과)

거문도 거문도는 본섬인 고도, 동도, 서도를 비롯하여 삼부도, 백도 등 여러 섬으로 이뤄져 있다. 동도, 서도, 고도 세 개의 섬이 병풍처럼 둘러져 있고, 그 가운데에 천연 항만이 형성되어 있어 큰 배도 드나들 수 있으며, 역사가 오래된 거문도 등대로 가는 길은 동백나무가 빼곡하여 걸어 보기에도 좋다. 1885년 거문도 사건 당시 영국군 묘지, 만해김양록의 사당 서산사 등의 역사 유적이 있으며, 갯바위 낚시터로도 유명하다.

📍 전라남도 여수시 삼산면 거문리
☎ 삼산면사무소 061-659-1261
🔍 여수연안여객선터미널에서 배 타고 입도

금오도 다도해 해상국립공원의 일환으로, 거대한한 자라를 닮았다고 하여 금오도라는 이름이 붙었다. 숲이 울창하고 특히 국활나무와 산삼이 많이 분포하고 있다. 우리나라 최대의 감성돔 산란처 중 한 곳이며, 참돔, 돌돔 등의 수산

금오도_사진제공(여수시청 관광과)

물도 많이 서식하여 낚시 애호가들이 즐겨 찾는 곳이다.

📍 전라남도 여수시 남면 우학리
☎ 남면사무소 061-690-2605
🔍 여수연안여객선터미널에서 배 타고 입도

돌산공원 돌산대교를 비롯해 여수시를 한눈에 조망할 수 있는 공원. 산책로와 쉼터 등의 시설을 갖추고 있으며, 한쪽에는 드라마세트장도 있다. 돌산대교와 여수의 전경, 야경을 촬영하기에 좋은 포토 스팟이며, 여수해상케이블카 탑승장이 있는 곳이기도 하다.

📍 전라남도 여수시 돌산읍 돌산로 3578-35
🔍 돌산대교 건너 돌산도 초입

돌산대교 돌산을 상징하는 마스코트인 돌산대교는 진도 대교에 이은 두 번째 사장교로, 밤이면 50가지 빛의 색상으로 옷을 갈아입으며 내뿜는 찬란한 위용이 아름다운 다리다. 인근에는 왜군의 침략을 막으려고 쌓은 장군도도 있어, 함께 둘러보기에 좋다.

📍 전라남도 여수시 남산동
☎ 061-644-8431
🔍 돌산공원 앞

디오션리조트워터파크 워터파크를 갖춘 관광 리조트로, 호기심을 자극하는 어드벤처 시설, 온천수를 이용한 전문 건강욕 등 다양한 시설이 갖춰져 있다. 실내에서 편하게 즐길 수 있어 가족 단위 관광객에게 인기가 높다.

📍 전라남도 여수시 소호로 295

디오션리조트워터파크_사진제공(여수시청 관광과)

☎ 1588-0377
🆃 홈페이지 참조
🕐 홈페이지 참조
🔍 여수시청에서 소호초등학교 지나 직진, 디오션리조트 내
🌐 http://theoceanresort.co.kr

만성리검은모래해변
검은 모래 백사장이 독특한 풍경을 선사하는 곳. 검은 모래는 원적외선의 방사열이 높아 모세혈관을 확장시켜 혈액순환을 돕고, 땀의 분비를 촉진시켜 신경통이나 각종 부인병에 효과가 있다. 매년 음력 4월 20일이면, 검은 모래찜질 체험이 펼쳐지며, 버스커버스커의 노래 '여수 밤바다'의 배경이 되는 곳이기도 하니 노래를 들으며 해수욕장을 거닐어보자.

📍 전라남도 여수시 만흥동 85-3
☎ 여수시 관광마케팅팀 061-659-3875
🔍 여수엑스포역에서 마래터널 지나 만성역(폐역) 방향으로 약 3km 직진

미남크루즈해양관광
아름다운 한려해상의 풍광을 감상할 수 있는 유람선. 유람하는 데 왕복 1시간30분 가량 소요되며, 여수엑스포여객선터미널을 출발해 오동도, 거북선대교, 이순신광장, 장군도 등을 거쳐 돌아온다. 대형홀과 레스토랑, VIP세미나룸, 바다전망대를 갖추고 있다.

📍 전라남도 여수시 덕충동 1998 여수엑스포 여객선터미널
☎ 061-641-1000
🆃 어른(1만8천9백원), 중고생(1만7천1백원), 어린이(9천2백원)
🕐 11:00~12:30/14:00~15:30/16:00~17:30
🔍 여수엑스포여객선터미널
🌐 http://www.minamcruise.com

방죽포해수욕장
은빛백사장이 300m에 걸쳐 펼쳐진 해수욕장. 2백여 년 수령의 소나무숲이 울창하게 조성되어 아늑한 경치를 이룬다. 수심과 경사가 낮아 가족 단위 피서객이 주로 찾는다.

📍 전라남도 여수시 돌산읍 죽포리
☎ 여수시청 관광마케팅과 061-690-2114
🔍 여수죽포우체국에서 바닷가 방향으로 직진

아쿠아플라넷여수
6천 톤, 3백여 종의 어류를 보유한 아쿠아리움으로, 러시아 흰 고래가 서식하고 있다. 다양한 어류를 감상할 수 있을 뿐만 아니라 수중 싱크로나이즈 쇼, 벨루가 생태설명회, 바다사자 공연 등 다양한 프로그램을 운영하고 있다.

📍 전라남도 여수시 수정동 774-1
☎ 061-660-1111
🆃 어른(2만3천원), 중고생(2만1천원), 어린이(1만9천원)
🕐 10:00~19:00
🔍 엑스포해양공원 내
🌐 http://www.aquaplanet.co.kr/yeosu

돌산대교_사진제공(여수시청 관광과)

여수세계박람회장 2012 여수세계박람회를 기념하기 위해 조성한 공간으로, 세계박람회의 역사, 2012 여수세계박람회 관련 자료와 준비 과정, 해양지식과 미래변화 등의 다양한 자료가 전시되어 있다. 기념관 외에도 테디베어뮤지엄, 스카이타워전망대, 빅오쇼 등의 볼거리가 풍부하다.
- 전라남도 여수시 박람회길 1
- 1577-2012
- 09:00~21:00 | 월요일 09:00~20:00
- 오동도 내
- http://www.expo2012.kr

영취산 진달래가 아름답기로 유명한 산. 매년 4월 초가 되면 온통 진분홍 진달래꽃밭이 된다. 키가 낮은 30~40년생 진달래가 군락을 이루고 있어 4월이면 진달래꽃이 만개하고, 특히 산 중턱에서 정상까지 꽃으로 뒤덮여 장관을 연출한다.
- 전라남도 여수시 상암동
- 영취산진달래축제 추진위원회 061-691-3104
- 상암초등학교 인근에서 등산로 따라 진입

영취산_사진제공(여수시청 관광과)

유월드루지테마파크 안심산 중턱에 자리를 잡아 자연 암벽과 드넓은 바다를 감상할 수 있는 레저파크. 경사면을 따라, 중력만을 활용해 내려오는 루지를 다양한 테마공간을 오가며 체험할 수 있어, 가족 단위 관광객의 발걸음이 끊이지 않는 곳이다.
- 전라남도 여수시 소라면 안심산길 155
- 061-810-6000
- 대인(초등이상 1만3천원), 소인(미취학아동 4천원)
- 10:00~19:00 - 연중무휴
- 단양관광호텔 인근
- http://u-world.kr

이사부크루즈호 8백 명이 동시에 승선할 수 있는 대형 유람선이다. 돌산대교를 출발하여 장군도, 거북선대교, 오동도, 여수세계박람회장 인근을 경유해 돌산대교로 기항한다. 왕복 1시간 30분 가량 소요되며 환상의 불꽃쇼를 볼 수 있다. 1층에서는 공연장 즐길 수 있고, 2층은 다이닝 데크로 꾸몄다.
- 전라남도 여수시 돌산읍 돌산로 3617-18
- 1588-0890
- 홈페이지 참조
- 홈페이지 참조
- 돌산대교 우두리항
- http://www.gcruise.kr

이순신광장 이순신 동상, 상징 조형물, 주차장, 야간 조명시설, 친수시설, 육교형 전망대 등이 들어서 있으며, 임진왜란과 이순신 장군 관련 유적들이 마련되어 있다. 이순신광장에서 채 3분도 되지 않는 거리에 전라 좌수영의 본영인 진남관이 있으며, 진남관 앞 육교인 좌수영다리를 건너면 천사벽화건물과 벽화골목길이 바로 보인다.
- 전라남도 여수시 선어시장길 6
- 061-661-1746
- 중앙선어시장 인근

이순신광장_사진제공(김지호)-한국관광공사

전라남도해양수산과학관 19개의 크고 작은 수족관에 약 1백여 종, 1천 5백여 마리의 다양한 어류가 서식하고 있다. 어패류와 갑각류를 비롯해 어업의 발달사와 해양 과학의 미래를 한눈에 살필 수 있다.
- 전라남도 여수시 돌산읍 돌산로 2876
- 061-644-4136
- 어른(3천원), 중고생(2천원)
- 09:00~18:00 - 월요일 휴관
- 여수에서 17번 도로 타고 무슬목해수욕장 방향으로 직진
- http://www.jmfsm.or.kr

진남관 이순신 장군이 전라좌수영의 본영으로 삼았던 진해루 터에 세운 객사다. 정유재란 때 진해루가 소실되자 삼도수군통제사로 부임한 이시언이 75칸의 웅장한 객사를 지었다고 전해진다. 조선 수군의 본거지로 이용되었던 역사 깊은 곳으로, 국보로 지정되었다. 뜰에 세워져 있는 사람 모양의 석인상도 놓칠 수 없는 볼거리.
- 전라남도 여수시 동문로 11 (군자동)
- 061-659-5711
- 충무동로타리교차로에서 여수항교 지나 직진하면 우측

굴비의 고장
영광

영광에서 불교가 처음 들어와 건립된 불갑사는 템플스테이가 가능한 곳으로 외국인 방문객들도 많이 찾는 곳이다. 전남에서 가장 높은 칠산타워의 전망대에 오르면 금강산도 식후경이라는 말이 절로 나온다. 백수해안도로를 달리다 보면 탁 트인 바다와 낙조의 전경이 아름답고 길 따라 활짝 핀 해당화가 운치를 더해준다. 영광에 간다면 백제불교최초도래지 가는 길에 굴비 정식을 맛볼 수 있는 식당들이 많으니 법성포 굴비는 꼭 먹어볼 것.

백제불교최초도래지_사진제공(영광군 문화관광과)

백제불교최초도래지 우리나라에 불교가 처음 들어온 도래지로, 인도의 승려 마라난타가 중국의 동진을 거쳐 백제로 들어올 때 최초로 발을 디딘 곳이라고 한다. 법성면의 이름 또한 불교와 마라난타를 기념하기 위해 지은 이름이며, 부용루와 간다라 유물전시관, 4면 대불상 등을 건립하여 이를 기억하고자 하였다. 특히 부용루의 벽면에는 석가모니의 일생을 간다라 조각 기법에 따라 담은 23개의 원석이 있어 꼭 둘러볼 것을 추천한다.

📍 전라남도 영광군 법성면 진내리 828
☎ 061-356-6008
🔍 법성진내근린공원 인근

법성항 고려초에 개설된 부용창(현 법성항)은 영산창과 함께 전라도 2자 조창의 하나였다. 현재는 1종항으로 수로 준설 및 선착장 조성으로 옛 영화를 재현시킬 계획이다. 고려초엽에 개설된 부용창(현 법성항)은 영산창과 함께 전라도 2대 조창의 하나였다.

📍 전라남도 영광군 법성면 법성리 1127-1
☎ 061-353-3701
🔍 영광 굴비거리 내
🌐 https://www.jindo.go.kr/tour/main.cs

불갑사 불갑산 기슭에 자리를 잡은 사찰. 백제 침류왕 때에 인도의 승려 마라난타가 백제에 불교를 전파하며 처음 지은 도량으로, 우리나라 불교의 시작이 되는 곳이다. 돌계단을 올라 처음 마주하게 되는 천왕문 안에는 사천왕상이 모셔져 있으며, 대부분의 불상들이 건물 정면에 앉아 있으나, 불갑사의 부처는 대웅전의 왼쪽에 동향을 하고 있는 것이 특징이다. 사찰 뒤편에는 천연기념물로도 지정된 참식나무 군락이 있어, 걸어보기에도 좋다.

📍 전라남도 영광군 불갑면 불갑사로 450
☎ 불갑사 061-352-8097
🔍 불갑저수지 인근 불갑사관광지 내
🌐 http://www.bulgapsa.org/

영광굴비홍보전시관 영광굴비의 역사와 전통을 확인할 수 있는 전시관. 전국 최대 크기의 조기가 전시되어 있기도 하다. 전시관 외부에는 옛 방식 그대로 굴비를 말리는 장면과 어선의 모형이 재현되어 있으며, 전시관 내에는 굴비의 역사를 단정하게 꾸며 놓았다.

📍 전라남도 영광군 법성면 연우로 47-7
☎ 061-356-5657
🕘 09:00~17:00
🔍 법성진성 인근

불갑사_사진제공(영광군 문화관광과)

기암괴석의 장
영암

월출산의 12대 기암 바위야말로 영암의 살아있는 절경이다. 저마다 기암 바위 조각의 모습이 마치 손오공, 삼장법사, 사오정, 저팔계 등을 닮아있어 생동감이 전해지는 예술품에 가깝다. 4월이 되면 피는 월출산 유채꽃밭의 풍경도 제주도 부럽지 않다. 우리나라의 전통 문화유산이 살아 숨 쉬는 구림마을도 풍광이 좋으며 역사적 설화가 담겨있어 잠깐 들러 휴식을 취하기 좋다. 월출산기찬랜드도 영암의 가볼 만한 곳. 인근에 한국트로트가요센터와 가야금산조기념관, 곤충박물관 등 이색 박물관들이 모여있어 아이들과 손잡고 구경해 보는 것 추천.

구림전통마을 삼한시대부터 시작된 오랜 역사를 간직하는 전통 마을. 백제의 왕인박사와 신라 말의 도선국사, 그리고 고려의 최지몽 선생을 배출했다고 하여 자부심이 가득한 곳이다. 고려청자와 조선 백자의 시원이 되는 황토자기의 발상지이기도 하다.

- 전라남도 영암군 군서면 서구림리
- 061-470-2224
- 군서터미널에서 8km, 10분 소요
- http://ygurim.namdominbak.go.kr/

영암100리벚꽃길 4월이면 영암읍에서 독천까지 이르는 100리 벚꽃길은 온통 연분홍 벚꽃으로 치장된다. 군서사거리에서 도갑사에 이르는 길도 수십 년 된 벚꽃 나무가 터널을 이루고 있어 하늘을 볼 수 없을 정도다. 벚꽃이 지기 시작할 때 바람이라도 불면 꽃잎이 마치 눈가루처럼 하얗게 흩어져 보는 이의 마음을 설레게 한다.

- 전라남도 영암군 영암읍 남풍리
- 061-470-2114
- https://www.yeongam.go.kr/home/tour

영암F1오토캠핑장 F1국제자동차경주장 관람석 후면 도시 숲 조성공간에 고정식 캐러밴 6면, 이동식 캐러밴 4면 텐트 사이트 40면이 1.0km에 걸쳐 형성되어 있다. 캠핑도 하고 모터스포츠도 관람하며 직접 체험도 할 수 있는 카트장, 4륜 오토바이 체험장 등이 있어 캠핑에 즐거움을 더 할 수 있다.

- 전라남도 영암군 삼호읍 삼포리 1894
- 070-4227-7788
- 홈페이지 참조
- 홈페이지 참조
- 국제자동차경주장 내
- https://www.koreacircuit.kr:442/web?site_id=1&menu_id=86

왕인박사유적지 구림마을의 동쪽 문필봉 기슭에 자리잡은 왕인유적지는 왕인이 새롭게 조명되면서 그의 자취를 복원해 놓은 곳이다. 왕인 박사의 탄생지인 성기동에는 박사가 마셨다고 전해오고 있는 냇가와 왕인 박사를 기리는 유허비가 세워져 있다.

- 전라남도 영암군 군서면 왕인로 440
- 061-470-2559
- 성기동관광지 내
- http://historicalsite.yeongam.go.kr/

월출산국립공원 소백산맥이 목포 앞 바다로 뻗어가다 평지에 돌출된 잔구 형태의 월출산은 천황봉을 중심으로 이루어진 국립공원으로 산 전체가 수석의 전시장이라 할 만큼 기암괴석으로 이루어져 있다. 백제의 왕인박사와 신라말 도선국사의 탄생지이기도 하며, 호남의 소금강이라 불리기도 하는 산이다.

- 전라남도 영암군 영암읍 천황사로 280-43
- 월출산국립공원사무소 061-473-5210
- 광주에 도착하여 종합버스터미널에서 영암행 시외버스를 이용
- http://www.knps.or.kr/front/portal/visit/visitCourseMain.do?parkId=121700&menuNo=7020098

월출산국립공원_사진제공(김한중)-한국관광공사

천천히 누리는 삶
완도

완도는 '천천히 사는 삶'을 실천할 수 있는 지역이다. 265개의 섬이 군도를 이루고 있으며, 리아스식 해안으로 갯벌과 해조류가 풍부한 점이 특징이다. 매년 완도국제해조류박람회가 열릴 정도다. 해안도로를 따라 일주하면 장도청해진유적지, 완도항, 완도수목원 등의 주요 관광지를 볼 수 있다. 청해진 유적지 장도는 신라 시대 해상왕 장보고의 유적이 발견된 곳이다. KBS 드라마 〈해신〉, 영화 〈명량〉 등을 찍은 청해포구촬영장이 인기를 끌고 있으며, 고운 모래가 반짝이는 신지명사십리해수욕장의 야경도 볼 만하다. 완도에서 배를 타고 갈 수 있는 청산도는 다도해 최남단 섬으로, 아시아 최초 슬로시티로 선정되었다. 섬 주변을 천천히 트래킹하며 느림의 여유를 만끽해보는 것도 좋겠다.

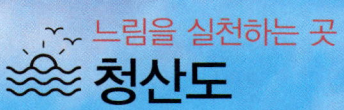

느림을 실천하는 곳
청산도

느리지만 행복한 삶을 추구하는 슬로시티 청산도는 완도에서 배를 타고 1시간 정도 가면 만날 수 있는 섬이다. 신선이 노닐 정도로 아름답다 하여 청산도라 불린다. 누렁소가 밭을 가는 구들논과 문화재로 등록된 상서마을의 돌담길, 물질하는 해녀가 있는 풍경을 볼 수 있다. 봄이면 유채꽃이 길가에 가득 피고, 주민들이 마을에서 마을로 이동하던 트래킹길인 '슬로길'이 있어 천천히 산책하기도 좋다. 청산도는 영화, 드라마 촬영지로도 사랑 받고 있는데, 영화 〈서편제〉 촬영지와 KBS 드라마 〈봄의왈츠〉 세트장이 있어 함께 둘러보면 좋다. 섬 주민이 신성하게 여기는 범바위 전망대에 올라가면 청산도를 한 눈에 볼 수 있다.

- 전라남도 완도군 청산면
- 완도연안여객선터미널 1666-0950
- 완도연안여객선터미널에서 배 타고 입도
- http://www.cheongsando.co.kr
- 봄의왈츠촬영지, 서편제촬영지

사진제공(김지호)-한국관광공사

모래 소리가 들리는 곳 신지명사십리해수욕장

사진제공(김지호)-한국관광공사

미네랄 등 해수에 포함된 기능성 성분이 전국에서 가장 풍부한 해수욕장으로, 빼어난 아름다움을 자랑한다. 모래 우는 소리가 십리 밖까지 들린다 하여 울모래 또는 명사십리라 불리기도 한다. 반짝이는 모래를 밟으며 해변을 거닐기에 좋으며 밤에는 신지대교의 조명이 어우러져 야경이 아름답다.

- 전라남도 완도군 신지면 명사십리길 85-105
- 관리사무소 061-550-6921
- 완도에서 신지대교 건너 신지도 내

장보고의 활동지 장도청해진유적지

완도군청이 있는 장좌리 앞바다에 장도가 있다. 장도는 장보고가 828년(신라 흥덕왕 3년)에 청해진을 설치했던 지역으로, 중국과 신라, 일본을 잇는 삼각 무역을 펼쳤던 우리나라 최초의 무역전진기지이자 군사 요충지였다. 방어를 위한 목책과 빗살무늬맷돌, 토성 등이 남아 있으며, 최근 발굴 결과를 토대로 고대, 중문, 남문 등이 복원되어 있다. 장도 꼭대기에는 상록수 숲이 있으며, 장보고의 위패를 모신 당집이 있다.

사진제공(김지호)-한국관광공사

- 전라남도 완도군 완도읍 장좌리 809 완도군   관광종합안내소 061-550-5151
- 완도대교로 진입하여 13번 국도 타고 완도군청 방향으로 직진하면 좌측

보길도 본조선 시대 문인 고산 윤선도가 배를 타고 제주도로 가던 중 심한 태풍을 피하고자 이곳에 들렀다가 수려한 산수에 매료되어, 10여 년을 머물렀던 곳으로 유명하다. 세연정, 낙서재 등 건물 25채 등이 남아 있고 〈어부사시사〉 등의 주옥같은 한시를 남겼다.
- 전라남도 완도군 보길면
- 보길도 관광안내소 061-553-5177
- 완도화흥포여객선터미널에서 배 타고 입도

보길도윤선도원림 조선 시대의 대표적인 별서 정원으로, 보길도 내에 자리하고 있다. 윤선도가 직접 조성한 생활공간이자 놀이공간이다. 병자호란 때 은거를 결심한 윤선도가 제주도로 가던 중 보길도의 수려한 경관에 매료되어 머물렀던 곳이다. 조선 시가 문학을 대표하는 〈어부사시사〉가 이곳에서 탄생했다.
- 전라남도 완도군 보길면 부황길 57
- 보길도 관광안내소 061-553-5177
- 3570어른(2천원), 중고생(1천5백원), 초등생(1천원)

⏰ 3월~10월 09:00~18:00 | 11월~2월 09:00~17:00
📍 보길도 내, 보길초등학교 인근

봄의왈츠촬영지
매년 봄이면 10만여 평의 보리밭과 푸른 바다를 배경으로 한 유채꽃이 장관을 이루는 곳. 드라마 장면 대부분이 청산도에서 촬영되었다. 주변에는 영화 〈서편제〉와 KBS 드라마 〈해신〉이 촬영되었던 당리 돌담길과 화랑포해변, 범바위가 있다.

📍 전라남도 완도군 청산면 당락리 323-2
☎ 완도군청 관광정책과 061-550-5412
📍 완도연안여객선터미널에서 배 타고 입도, 청산도 내

부용동정원
호남의 3대 정원이라 불리는 곳. 조선시대 문인 윤선도가 이곳에 정착하며 집과 정원을 만들었다. 정원은 살림집인 낙서재 주변, 건너 산허리 바위에 집을 지은 동천석실 주변, 동리 입구 세연정 주변 세 구역으로 나뉜다. 세연정은 원형이 가장 잘 남아 있으며, 해변에 인접한 곳에 인공 물길을 지어 연못과 정자를 지어 놓았다.

📍 전라남도 완도군 보길면 부황리
☎ 완도군 관광종합안내소 061-550-5151
📍 보길도 내, 고산윤선도문학체험공원 인근

서편제촬영지
우리나라 최초로 100만 관객을 돌파했던 영화 〈서편제〉가 촬영된 곳이다. 유봉 일가가 황톳길을 내려오며 진도아리랑을 부르는 명장면을 촬영한 곳으로 유명하다. 바로 옆에는 송화가 득음을 위하여 소리 공부를 하던 초가가 복원되어 있다.

📍 전라남도 완도군 청산면 청산로 132
☎ 완도군청 관광정책과 061-550-5412
📍 완도연안여객선터미널에서 배 타고 입도, 청산도 내

완도수목원
전라남도에서 운영하는 공립수목원. 국토의 최남단이라는 지리적 특성으로 사계절 푸르른 희귀 난대식물이 분포하는 난대림 자생지와 다도해의 경관이 어우러진 자연조건을 갖고 있다. 아열대온실, 학습탐방로, 산림박물관, 산림환경교육관, 전망대 등을 갖추고 있다.

📍 전라남도 완도군 군외면 초평1길 156
☎ 061-552-1544
🎫 어른(2천원), 중고생(1천5백원), 초등생(1천원)
⏰ 3월~10월 09:00~18:00 | 11월~2월 09:00~17:00 · 첫째 주 월요일 휴관
📍 전남청소년수련원 옆
🌐 http://www.wando-arboretum.go.kr

완도군어촌민속전시관
완도 어촌의 생활상과 어류 등을 한눈에 살펴볼 수 있는 전시관. 세계적으로 희귀한 어류 100여 종 박제를 전시하고 있는 상징홀과 기획전시실, 어업 변천사와 어선 제조기술 등을 알기 쉽게 설명하고 있는 전시실 등이 있다.

📍 전라남도 완도군 완도읍 정도리 960

☎ 061-550-6911
🎫 어른(1천원), 초중고생(5백원)
⏰ 3월~10월 09:00~18:00 | 11월~2월 09:00~17:00 - 월요일 휴관
📍 화흥초등학교에서 화흥포항 방향으로 직진

완도청해포구촬영장
최인호의 역사소설 〈해신〉을 원작으로 한 KBS 드라마 〈해신〉과 영화 〈명량〉의 촬영지다. 약 1만5천 평의 규모를 자랑하며 청해진 본영을 비롯해 객사, 저자거리, 양주·청해포구, 양주일각, 해적 본거지인 진월도 등 59동의 건물과 촬영용 대형 목선이 전시되어 있다.

📍 전라남도 완도군 완도읍 청해진서로 1161-8
☎ 061-555-4500
🎫 어른(5천원), 중고생(3천원), 초등생(2천원)
⏰ 3월~10월 07:30~19:30 | 11월~2월 08:00~18:00
📍 소세포저수지 옆
🌐 http://www.wandoro.co.kr

완도타워
76m 높이의 타워로, 지상 2층과 전망 층으로 되어 있다. 전망 층에는 다도해의 아름다운 모습을 촬영한 영상모니터와 전망쌍안경이 설치되어 있어 볼거리가 다채롭다. 야간에는 완도타워의 경관 조명이 켜지고 매일 환상적인 레이저 쇼가 열린다. 모노레일과 짚라인도 설치되어 재미를 더한다.

📍 전라남도 완도군 완도읍 장보고대로 330
☎ 061-550-6964
🎫 어른(2천원), 중고생(1천5백원), 초등생(1천원)
⏰ 5월~9월 09:00~22:00 | 10월~4월 09:00~21:00
📍 완도연안여객선터미널 맞은편

장보고기념관
장보고의 고향 청해진 완도에 조성한 기념관으로, 장보고의 업적을 기리기 위해 만들어졌다. 전시실은 체험형 입체 관람시스템을 갖추고 있어 놀이하듯 즐겁게 볼 수 있다.

📍 전라남도 완도군 완도읍 청해진로 1455
☎ 061-550-6931
🎫 어른(3천원), 중고생(2천원), 초등생(1천5백원)
⏰ 09:00~18:00 · 월요일 휴관
📍 청해초등학교 인근

장보고기념관_사진제공(김지호)/한국관광공사

고불매를 품은 사찰
장성

한국의 4대 매화인 고불매가 유명한 장성의 백양사는 3월이 되면 아름다운 자태를 뽐낸다. 옐로우시티로 거듭나고 있는 장성호 수변길은 사람과 자연이 공존하는 관광지 중 하나다. 홍길동테마파크를 방문하면 문화적 가치가 보존되어 있어 이색적인 체험을 즐길 수 있고, 축령산 편백숲도 피톤치드의 향 내음이 있어 삼림욕 하기 최적의 장소다. 머리를 식히고 싶다면 자연친화도시로 도약하고 있는 장성으로 떠나보자.

백양사_사진제공(두드림)-한국관광공사

백양사 노령산맥 백암산 자락에 있는 사찰로 백제 무왕 33년(632)에 창건하였다고 전해진다. 여늬 절처럼 산속에 자리하고 있으나, 커다란 계곡과 연못을 끼고 있는 것이 특징이다. 봄에는 벚꽃, 여름에는 초록이 흐르는 신록, 가을에는 백암산의 오색단풍, 겨울에는 눈 덮인 산사가 사계절 사람들의 발길을 향하게 한다.

📍 전라남도 장성군 북하면 백양로 1239
☎ 백양사 061-392-7502
🔍 장성호에서 약사암 입구 방향으로 직진
🌐 http://www.baekyangsa.com

축령산자연휴양림 축령산의 울창한 숲과 절벽, 그리고 계곡의 조화를 즐길 수 있는 곳. 전망대에 오르면, 축령산의 절경을 한눈에 담을 수 있다. 휴양림 내에는 쾌적히 하루를 보낼 수 있는 통나무집과 야영장이 넓게 조성되어 있으며, 어린이를 위한 물놀이장과 놀이터도 있어 가족 단위 관광객의 발걸음이 끊이지 않는다.

📍 경기도 남양주시 수동면 축령산로 299
☎ 031-8008-6690
🎫 어른(1천원), 중고생(6백원), 어린이(3백원)
🕖 07:00~19:00
🔍 축령산 내
🌐 https://www.foresttrip.go.kr

홍길동테마파크 소설 속의 주인공으로 알려진 홍길동을 주제로 한 테마파크이다. 역사적 고증을 거쳐, 생가터와 생가를 보존하고 홍길동 전시관을 조성하였다. 장성 홍길동 테마파크에는 모두 데크로 이루어진 캠핑장도 있다.

📍 전라남도 장성군 황룡면 홍길동로 431
☎ 061-394-7242
🎫 홈페이지 참조
🕑 14:00~24:00
🔍 청백마을새뜸공동체 인근
🌐 https://www.jangseong.go.kr

홍길동테마파크_사진제공(김지호)-한국관광공사

축령산자연휴양림_사진제공(김지호)-한국관광공사

자연 치유 도시
장흥

서울의 정남쪽 바닷가, 정남진이 있는 도시다. 남해안의 다도해를 볼 수 있고 해산물이 풍부해 식도락여행을 떠나기에도 좋다. 따뜻한 남쪽 지방인 만큼 봄이 오면 철쭉과 동백 등 꽃이 가장 먼저 핀다. 또한 장흥에는 공장이 없어 때묻지 않은 자연을 자랑하며, 깨끗한 물과 숲을 체험할 수 있다. 특히 산책로를 따라 걷기만 해도 절로 치유가 되는 정남진편백숲우드랜드가 자연 휴양지로 인기가 많다.

치유의 숲
정남진편백숲우드랜드

40년생 이상 아름드리 편백나무가 숲을 이룬 건강휴양소이다. 편백나무에서 내뿜은 피톤치드가 심신 안정, 스트레스 해소에 도움을 주며 아토피 치료 효과가 있는 '숲' 치유 프로그램과 편백소금찜질을 즐길 수 있다. 목재문화체험관, 목공건축체험장을 운영하고 있어 체험과 휴양을 동시에 즐기기 좋은 곳.

📍 전라남도 장흥군 장흥읍 우드랜드길 180
📞 061-864-0063
🎟 어른(3천원), 중고생(2천원), 어린이(1천원)
🕗 08:00~18:00
📍 억불산 내
🌐 http://www.jhwoodland.co.kr

사진제공(장흥군청 문화관광과)

먹거리 즐길거리로 가득한 정남진장흥토요시장

장흥토요시장은 주5일 근무제에 맞춰 국내 최초로 매주 토요일 10시에 열리는 시장이다. 먹거리, 볼거리, 즐길 거리로 가득한 코스. 민속광장 토속음식점에서는 최고의 품질을 자랑하는 장흥산 키조개와 표고버섯을 함께 먹는 삼합을 비롯해 옛 시골장터의 계절별 음식과 신선한 농수축산물을 저렴하게 맛볼 수 있다.

- 전라남도 장흥군 장흥읍 예양리 158-2
- 장흥군청 마케팅과 061-864-7002
- 장흥서초등학교 인근

보림사 대한불교조계종 제21교구 본사인 송광사의 말사이다. 국보로 지정된 보림사 삼층석탑 및 석등, 철조 비로자나불 좌상이 있고 보물인 보조선사 창성탑 등의 문화재를 보유하고 있다.
- 전라남도 장흥군 유치면 보림사로 270-54
- 061-864-2055
- 유치면 봉덕리교차로 인근

소등섬 전라남도에서 일출 명소로 손꼽히는 섬. 썰물 때 바닷물이 빠지면, 육지와 섬이 이어지는 길이 열려 섬으로 걸어 들어갈 수 있다.
- 전라남도 장흥군 용산면 상발리 산225
- 장흥군문화관광과 061-860-0224
- 장흥 남포마을 내
- http://www.jangheung.go.kr/tour

제암산_사진제공(장흥군청 문화관광과)

정남진전망대 서울 광화문을 기준으로 정남쪽에 자리한 정남진에 조성된 전망대. 전망대 모양은 태양과 구름, 황포돛대를 형상화해 만들어졌다. 전망대에 오르면 평화로운 남해 풍경이 한눈에 들어온다. 야외 옥상에 설치된 스카이워크를 통해 스릴 넘치는 경험을 즐길 수도 있다. 이 외에도 북카페, 추억여행관, 푸드홍보관, 트릭아트 포토존 등 다양한 시설을 갖추었다.

- 전라남도 장흥군 관산읍 삼산리 1544-9
- 061-867-0399
- 어른(2천원), 중고생(1천5백원), 초등생(1천원)
- 3월~10월 09:00~20:00 | 11월~2월 09:00~19:00 – 월요일 휴관
- 관산남초등학교에서 우산저수지 지나 직진

제암산 호남정맥의 한 줄기로, 완만한 능선과 기암괴석이 조화를 이룬다. 다양한 등산로, 소나무와 철쭉, 그리고 다양한 산야초가 자생하고 있어 등산인 사이에서 인기가 높다. 4월 하순부터 5월 중순까지 피어오르는 화려한 진분홍빛 자생 철쭉은 제암산의 자랑이다.

- 전라남도 장흥군 장흥읍 금산리
- 장흥군청 문화관광과 061-860-0224
- 장흥바이오식품산업단지 인근

천관사 신라 애장왕 때 영통화상이 세운 승보사찰 송광사의 말사이다. 예전에는 화엄사라 불리기도 했으며 1천 여명의 승려가 모여 수도했던 곳이다. 폐찰되었다가 1963년 극락보전을 다시 세우고 요사채와 종각 등을 짓고 천관사라 하였다. 천관산의 절경과 함께 많은 전설이 서려 있어 등산객과 신도의 발길이 끊이지 않는다.

- 전라남도 장흥군 관산읍 칠관로 1272-473
- 061-867-2954
- 천관산 내

천관산 억새밭과 기암괴석, 화려한 단풍, 탁 트인 다도해가 조화를 이루는 천관산은 지리산, 내장산, 월출산, 변산과 함께 호남 5대 명산 중 하나로 꼽힌다. 능선에 오르면 전남 일원의 모든 산과 멀리 제주도까지 보일 정도로 조망이 뛰어나다. 가을에는 억새가 산을 뒤덮어 장관을 연출한다.

- 전라남도 장흥군 관산읍 천관산길 147
- 천관산 관리사무소 061-867-7075
- 방촌유물전시관 인근

천관산_사진제공(장흥군청 문화관광과)

신비의 바닷길이 열리는 곳
진도

진도는 우리나라에서 제주도, 거제도 다음으로 규모가 큰 섬이다. 다도해해상국립공원 중 한 구역이며 유인도 49개와 무인도 212개로 이루어진 도서 지역이라 할 수 있다. 진도의 대표적인 볼거리로는 단연 신비의 바닷길이 있다. 매년 4월경 정해진 시간에만 모습을 드러내는 바닷길을 보기 위해 문전성시를 이룬다. 푸른 송림과 기암괴석이 어우러지는 관매도 등도 가족 단위 관광객에게 인기가 많다.

현대판 모세의 기적
진도신비의바닷길

진도에는 '현대판 모세의 기적'으로 불리는 곳이 있다. '신비의 바닷길'이라 불리는 이 길은 1975년 주한 프랑스 대사 피에르 랑디가 진도로 관광을 왔다가 이 현상을 목격하고 귀국 후 프랑스 신문에 소개하면서 세계적으로 알려지게 되었다. 매년 4월경에 한 시간 정도 모습을 드러내는 장관을 보기 위해 국내외 관광객 수십만 명이 찾아온다. 전 세계적으로 일시적인 현상을 보려고 가장 많은 인파가 몰려드는 곳으로 알려졌다.

📍 전라남도 진도군 고군면 금계리
☎ 진도군청 관광문화과 061-544-0151
🔍 고군면 회동리와 의신면과 금계리 사이 바닷길

사진제공(진도군청 관광문화과)

송림이 우거진 해안가 관매도

사진제공(김지호)-한국관광공사

진도 서남쪽 끝 팽목항에서 배를 타고 1시간 20분 가량 서남해상 동북쪽으로 가면 나오는 섬이다. 해안을 따라가면 관매8경이 펼쳐지는데, 방아섬, 하늘다리, 관매도해수욕장 등의 볼거리가 있다. 방아섬 근처에 모래사장과 우거진 대나무 숲이 있어 거닐기 좋고, 관매도해수욕장의 송림은 3만여 평에 이른다. 기암절벽과 숲이 우거져 절경을 이루는 길을 트래킹하거나 자전거를 타는 것도 좋겠다.

📍 전라남도 진도군 조도면 관매리 ☎ 진도군청 관광문화과 061-540-3417 🔍 진도 팽목항에서 배 타고 입도
🌐 http://www.gwanmaedo.co.kr

소전미술관 추사 김정희 이래 서예 대가로 추앙받을 정도로 우리나라 서예계에 뚜렷한 발자취를 남긴 서예계의 거목인 소전 손재형 선생의 작품과 소장품이 전시되어 있으며, 그의 제자 양진이, 서희환 등의 작품과 의재 허백련 선생의 작품 등이 전시되어 있다.

📍 전라남도 진도군 진도읍 철마길 29
☎ 061-540-6283

🎫 어른(1천5백원), 중고생(8백원), 어린이(5백원)
🕘 09:00~17:30 - 월요일 휴관
🔍 진도군청 인근
🌐 https://www.jindo.go.kr/tour/main.cs

운림산방 산골 속 깊은 안개가 신비롭고 아름다운 곳. 조선 시대 남화의 대가였던 소치 허련이 스승 김정희가 타

운림산방_사진제공(진도군청 관광문화과)

계하자 고향에 내려와 지은 당호이다. 이후에 허련의 후손들이 이를 보존하고 전통 남화를 이끌었으며, 인근에는 남종문인화의 맥을 이어오고 있는 현존작가 130여 명의 작품을 전시되어 있는 소치기념관과 진도역사관 등이 있다.
- 전라남도 진도군 의신면 운림산방로 315
- 061-540-6291
- 어른(2천원), 중고생(1천원), 어린이(8백원)
- 하절기 09:00~17:30 | 동절기 09:00~16:30 - 월요일 휴관
- 운림예술촌 인근

진도대교 정유재란 때 충무공 이순신 장군이 12척의 배로 왜선 330여 척을 무찌른 명량대첩지인 울돌목 위에 놓인 다리로, 우리나라 최초의 사장교다. 1984년 준공되었으며, 2005년 제2진도대교가 완공되었다.
- 전라남도 진도군 군내면 녹진리
- 진도군청 관광문화과 061-544-0151
- 우수영국민관광지 인근

진도타워 이순신 장군의 명량대첩 승전을 기념하기 위해 망금산 정상에 건립되었다. 60m 높이의 타워에는 전망대, 진도홍보관, 역사관, 특산물 판매장을 비롯해 휴식공간 등이 있다. 7층 전망대에서는 울돌목, 세방낙조, 영암 월출산과 해남 두륜산까지 조망할 수 있다.
- 전라남도 진도군 군내면 만금길 112-41
- 061-542-0990
- 입장료(1천원)
- 3월~10월 09:00~18:00 | 11월~2월 09:00~17:00 - 월요일 휴관
- 진도대교 건너 울돌목 인근

우리나라 땅끝
해남

국토의 최남단에 있는 군으로, 육지의 끝이라는 낭만적인 기분을 느낄 수 있는 곳이기도 하다. 땅끝마을 인근 사자봉 정상에 있는 땅끝마을전망대에서는 다도해의 아름다운 풍광과 섬을 한눈에 볼 수 있다. 매년 연말과 연초에 해넘이, 해돋이 축제가 열려 전국에서 많은 관광객이 찾아오며 매월리낙조전망대에서 바라보는 낙조도 환상적이다. 또한 이순신 장군의 격전지로 유명한 명량해협을 접하고 있으며, 우수영국민관광지에서 이순신과 관련된 자료를 다양하게 살펴볼 수 있다. 차 문화의 성지로 꼽히는 대흥사 산책도 빼놓을 수 없는 여행 코스.

국토순례의 시발지
해남땅끝마을

한반도의 남쪽 끄트머리이자 대륙의 시발점인 곳으로, 땅끝이라는 상징성 때문에 관광객의 발길이 끊이지 않는다. 이곳에서 새로운 각오를 다지기 위한 순례길을 떠나는 사람이 많아 '국토순례의 시발지'라고도 한다. 소백산맥에서 내리 솟은 마지막 봉우리인 사자봉 정상에 전망대가 있어 다도해의 풍경을 조망할 수 있다. 땅끝 일대에는 송호, 사구미해수욕장, 땅끝해양자연사박물관, 땅끝조각공원, 모노레일카 등이 조성되어 있어 볼거리가 다채롭다. 땅끝에서 북평과 북일면을 잇는 해변도로도 환상적인 드라이브코스로 알려졌으며 매년 마지막 날과 새해의 첫날에는 해넘이와 해맞이 행사가 성대하게 열린다.

📍 전라남도 해남군 송지면 송호리
☎ 땅끝전망대 061-530-5544
🔍 송지면사무소에서 송호리 방향으로 직진

사진제공_해남군 문화관광과

차 문화의 성지 대흥사

사진제공(해남군청 문화관광과)

두륜산 중턱에 자리한 사찰. 절에서 배출한 13 대종사 중 한 명인 초의선사가 차 문화를 널리 전파한 곳으로 알려졌다. 천 개의 옥불을 모신 천불전과 서산대사의 유품이 보관된 표충사, 차의 성지 일지암 구역 등이 있다. 대흥사까지 오르는 길은 난대림 숲터널이라 가벼운 산행코스로 적합하다.

- 전라남도 해남군 삼산면 대흥사길 400
- 061-534-5502 어른(3천원), 중고생(1천5백원), 초등생(1천원) 두륜산 내
- http://www.daeheungsa.co.kr

고산윤선도유적지 〈어부사시사〉로 유명한 조선조의 문신이자 대표적인 시조 시인 윤선도의 유적지다. 고택의 기품이 살아 있는 녹우당과 국보인 공재 윤두서 자화상 등 해남 윤씨 집안의 유물을 전시해 둔 유물관이 있다.

- 전라남도 해남군 해남읍 녹우당길 135
- 해남군청 문화예술과 고산문학팀 061-530-5548
- 어른(2천원), 중고생(1천5백원), 어린이(1천원)
- 09:00~18:00 – 월요일 휴관
- 백련지 인근

두륜미로파크 2016년 개장한 미로테마파크. 건물 안에는 거울미로숲과 트릭아트, 미로역사관 등이 있으며, 밖으로 나오면 미로를 온몸으로 체험할 수 있는 야외미로파크가 있다. 곳곳에 있는 아기자기한 조형물이 재미를 더한다. 아이와 함께 가족 단위로 찾기 좋은 곳이다.

- 전라남도 해남군 삼산면 대흥사길 88-11
- 061-532-0234
- 어른(3천원), 중고생(2천원), 어린이(1천5백원)
- 09:00~18:00 – 월요일 휴관
- 대흥사쉼터에서 두륜산케이블카 탑승장 방향으로 직진

두륜산_사진제공(해남군청 문화관광과)

미황사_사진제공(김지호)-한국관광공사

두륜산 해남을 대표하는 명산. 북서쪽으로 경사가 완만하고 빼어난 경관을 이루며 산행코스가 험하지 않아 2~3시간 정도면 가련봉 정상에 오를 수 있다. 두륜산케이블카는 국내에서 가장 긴 코스로, 전망대에 오르면 월출산, 무등산, 다도해까지 볼 수 있다.
- 전라남도 해남군 삼산면 구림리
- 해남군 관광안내소 061-532-1330
- 삼산초등학교에서 대흥사쉼터 방향으로 직진

미황사 우리나라 불교 해로유입설을 뒷받침하는 고찰로, 옛날에는 크고 작은 가람이 20여 동이나 있었던 거찰이다. 미황사의 대웅전은 보물 제947호로 지정되었으며 규모나 정교함이 훌륭하다.
- 전라남도 해남군 송지면 미황사길 164
- 061-533-3521
- 달마산 내
- http://www.mihwangsa.com

우수영국민관광지_사진제공(해남군청 문화관광과)

송호해수욕장 모래가 곱고 수심이 얕아 가족단위 피서객이 즐기기에 좋은 해수욕장. 수백 년 된 해송이 제방을 따라 약 1km가량 이어져 있어 송림 아래에서 야영하기에 적합하다. 땅끝마을 해남에서 따와 땅끝송호해변이라고 부르기도 한다.
- 전라남도 해남군 송지면 송호리
- 땅끝관광지 관리사무소 061-532-8942
- 송호초등학교 앞

우수영국민관광지 13척의 어선으로 133척의 왜선을 물리친 울돌목의 기적. 이순신의 명량대첩 역사가 살아있는 곳이다. 기념공원 내에 있는 전망대에 서면, 명량해협과 진도대교를 비롯한 객사, 토성, 전적지 등 당시의 전투 상황을 알 수 있는 상징물이 한눈에 들어온다. 주변에 충무사, 울돌목, 진도대교 등의 관광지가 있어 둘러보기 좋다.
- 전라남도 해남군 문내면 학동리 1021
- 관리사무소 061-530-5541
- 어른(2천원), 중고생(1천5백원), 어린이(1천원)
- 09:00~18:00 - 월요일 휴관
- 해남우수영여객선터미널에서 진도대교 방향으로 직진. 다리 건너기 직전에 좌회전

해남공룡박물관 천연기념물 제 394호인 우항리 공룡화석 자연사 유적지에 건립된 박물관이다. 공룡박물관에는 국내 최초로 공개되는 알로사우루스 진품 화석, 세계에서 세 번째로 공개된 조바리아 등 공룡 전신화석 45점이 전시되어 있다. 당시의 다양한 생물군의 모습을 한자리에서 쉽고 재미있게 살펴볼 수 있어, 어린이와 함께하기에 좋은 박물관이다.
- 전라남도 해남군 황산면 공룡박물관길 234
- 061-530-5949
- 어른(4천원), 중고생(3천원), 초등생(2천원)
- 09:00~18:00 | 7월~8월 주말, 공휴일 09:00~19:00 - 월요일 휴관(7월, 8월은 매일 개관)
- 영산사거리에서 월평교차로 지나 직진
- http://uhangridinopia.haenam.go.kr

화합을 이루는 천혜의 적벽
화순

천혜의 보고라 불리는 화순적벽은 풍화작용으로 절리를 이루어 가을철 단풍이 물들면 절경이 장관이다. 다산 정약용과 방랑시인 김삿갓 등 시인들의 발길이 닿았던 곳으로 유명하다. 선사시대의 기념물인 고인돌 유적지는 특히 전라도에 밀집되어 있으며 세계문화유산에 등재된 곳으로 역사탐방 하기에도 좋다. 천불천탑의 전설이 담긴 운주사에 가면 석탑과 석불들이 즐비하며 운주사 순례길 따라 올라가면 누워있는 와불이 흥미롭다.

쌍봉사_사진제공(김제호)-한국관광공사

운주사_사진제공(김지호)-한국관광공사

쌍봉사 신라 경문왕 때, 산수의 수려함을 보고 창건했다고 전해지는 사찰이다. 임진왜란으로 소실되었어, 후에 중건되어 오늘날에 이르렀다. 사찰 곳곳에 병풍처럼 대나무숲이 펼쳐 있으며, 사찰 내에 있는 철감선사탑과 철감선사탑비는 그 모습이 매우 정교하여 생동감이 있다.
- 전라남도 화순군 이양면 쌍산의로 459 쌍봉사
- 061-372-3765
- 망건봉 인근
- http://www.ssangbongsa.org/

운주사 천불 천탑으로 알려진 사찰로, 여느 사찰에서는 발견할 수 없는 독특한 형태의 석불을 간직하고 있는 곳이다. 남쪽을 향해 누워있는 석불은 운주사를 창건한 도선국사가 천불 천탑을 세운 후, 와불을 마지막으로 일으키려 하였으나, 새벽 닭이 운 탓에 누워있던 형태 그대로 두었다는 전설을 담고 있다.
- 전라남도 화순군 도암면 천태로 91-44
- 061-374-0660
- 도암면용강리 삼거리에서 왼쪽으로 진입
- http://www.unjusa.kr

화순고인돌유적 대신리 일대에 분포한 고인돌 유적은 그 가치가 인정되어, 2000년 유네스코 세계문화유산에 등재된 우리나라 대표 고인돌 유적지다. 이곳에는 지표 조사를 통해 확인된 고인돌 총 124기가 분포되어 있으며, 하부가 묻힌 석재나 상석의 형태를 보이는 것이 적어도 200여 기 이상으로, 원래 고인돌이거나 고인돌 상석으로 사용하기 위한 것은 더욱 많았을 것이라 추정된다.
- 전라남도 화순군 도곡면 고인돌1로 186
- 061-379-3933
- 지동 마을 뒤편
- http://www.hwasun.go.kr/

화순치즈체험학교 직접 치즈를 만들어볼 수 있는 치즈만들기 체험을 비롯해 피자만들기, 송아지 우유주기, 레일썰매타기, 동물농장 등 다양한 체험 활동이 마련되어 있는 체험학습장. 치즈 재료를 단기간 보관하는 것을 원칙으로 해, 신선한 치즈와 재료를 맛볼 수 있는 곳이다.
- 전라남도 화순군 백아면 백아로 2038
- 061-373-6380
- 홈페이지 참조

고인돌유적_사진제공(김지호)-한국관광공사

전주 전주향교_사진제공(전주시청 관광산업과)

전라북도

아름다운 청보리밭과 선사 유적 **고창**

호젓하게 즐기는 근대문화산책 **군산**

평화로운 지평선 마을 **김제**

사랑이 꽃피는 도시 **남원**

반딧불이와 덕유산의 고장 **무주**

풍요로운 도시 **부안**

고추장의 고장 **순창**

완전한 고을 **완주**

백제 문화가 숨 쉬는 그곳 **익산**

치즈의 고장 **임실**

우리 전통의 참맛 **전주**

내장산을 품은 고장 **정읍**

마이산과 홍삼의 도시 **진안**

아름다운 청보리밭과 선사 유적
고창

전라북도 서남쪽에 자리한 고창은 청보리밭으로 유명한 지역이다. 매년 4월이면 드넓은 밭이 초록 물결을 이루며 청보리밭축제를 보기 위해 전국 각지에서 찾아오는 발길이 많다. 그런가 하면 대표적인 선사 유적인 고인돌도 빼놓을 수 없다. 다양한 형식의 고인돌 유적이 발견되어 의미가 크다. 천년고찰 선운사와 고창읍성 등도 둘러볼 만한 코스. 청소년수련장과 취사장 등 관광단지가 개발되어 있는 선운산은 가족 단위 여행객에게 인기가 많다.

청보리밭축제가 열리는 곳
보리나라학원농장

봄에는 수십만 평의 완만한 구릉 지대에 펼쳐진 청보리밭으로, 가을에는 구름이 내려앉은 듯한 하얀 메밀꽃밭으로 유명하다. 청보리가 가장 푸른 시기는 여름이 들어선다는 입하 전후이며, 메밀 꽃은 9월 초부터 피기 시작하여 9월 말까지 이어진다. 자연을 벗 삼아 한가로운 시간을 보낼 수 있는 곳. 매년 4월에는 고창청보리밭축제가 성대하게 열리며 드라마 〈사춘기메들리〉와 〈도깨비〉 촬영지로도 유명하다.

📍 전라북도 고창군 공음면 학원농장길 154
☎ 063-564-9897
🕐 일출 시~일몰 시
🔍 예전저수지 인근
🌐 http://borinara.co.kr

사진제공(고창군청 문화관광과)

고창고인돌유적 사진제공(고창군청 문화관광과)

고창고인돌유적
한반도와 동북아시아에서 고인돌이 가장 조밀하게 분포되어 있는 유적으로, 약 2천여 기의 고인돌이 산재해 있는 곳이다. 우리 눈에 익숙한 탁자형 고인돌을 비롯해, 바둑판형, 지상성곽형 등 각양각색의 고인돌이 분포되어 있어 그 가치를 인정받아 유네스코 세계문화유산으로 지정되기도 하였다.
- 전라북도 고창군 고창읍 죽림리 669-1
- 063-560-8666
- 고창고인돌박물관에서 고인돌교 지나 직진
- http://www.gochang.go.kr/dolmen

고창읍성
조선 단종 때에 왜적의 침입을 막고자, 호남권의 백성들이 직접 축성한 자연 성곽이다. 봄이 되면 읍성을 따라 빨간 철쭉이 만개하여 특히 아름다우며, 2021년에는 고창읍성을 직접 체험할 수 있는 관람시설의 건립이 예정되어 있기도 하다.
- 전라북도 고창군 고창읍 읍내리 125-9
- 063-560-8055
- 어른(2천원), 중고생(1천2백원), 어린이(8백원)
- 09:00~22:00
- 고창군청에서 고창읍성앞거리 방향으로 직진

구시포해수욕장
고창군 최대의 해수욕장으로, 넓은 백사장과 울창한 소나무숲을 끼고 있다. 야영을 하기에도 좋으며 오토캠핑을 즐기는 사람들이 많이 찾는다. 해수욕장 인근에 있는 가막도는 바다낚시로 유명하며 서해안 낙조가 아름답다.
- 전라북도 고창군 상하면 자룡리
- 구시포항 인근

문수사
백제 의자왕 때에 창건되었다고 전해지는 사찰로, 사찰 입구에서부터 길게 늘어져 있는 단풍나무숲이 아름답기로 유명하다. 숲에는 몇백 년이 넘는 세월을 살아 내어 천연기념물로 지정된 단풍나무 500여 그루 자리를 지키고 있어, 가을이면 울긋불긋한 단풍을 보기 위한 사람들로 인산인해를 이룬다.
- 전라북도 고창군 고수면 칠성길 135
- 063-562-0502
- 고수면사무소에서 고수초등학교 지나 직진, 조산저수지에서 좌회전

미당시문학관
미당 서정주의 문학적 가치와 예술을 살펴볼 수 있는 문학관. 호남의 내금강이라 불리는 선운산과 인접해 있어, 선운사를 찾아오는 관광객과 문학순례자의 발길이 이어지고 있다.
- 전라북도 고창군 부안면 질마재로 2-8
- 063-560-8058
- 3월~10월 09:00~18:00 | 11월~2월 09:00~17:00 - 월요일 휴관
- 선운리삼거리 인근
- http://www.gochang.go.kr/seojungju

선운사
겨울의 끝자락에 붉은 동백꽃이 만개하는 선운사는, 백제 위덕왕 때에 검단선사와 신라의 의운국사가 창건했다고 전해지는 사찰이다. 사찰 내에는 보물 제 290호로 지정된 대웅전과 보물 제 279호로 지정된 금동보살좌상 등, 다섯 점의 보물을 비롯하여 19점의 문화재가 있어 둘러보기에 좋다.
- 전라북도 고창군 아산면 선운사로 250

고창읍성_사진제공(고창군청 문화관광과)

선운사_사진제공(고창군청 문화관광과)

☎ 063-561-1422
🎫 어른(3천원), 중고생(2천원), 어린이(1천원)
🔍 선운산 내
🌐 http://www.seonunsa.org

선운산 도솔산이라고도 불리는 산으로, 불도를 닦는 산이라는 뜻이다. 곳곳에 기암괴석이 봉우리를 이루고 있어 경관이 빼어나고 숲이 울창하다. 산 내에는 천년고찰 선운사가 자리하고 있다.

📍 전라북도 고창군 아산면 선운사로 242-86
☎ 선운산 관리사무소 063-560-8681
🔍 삼인종합학습원에서 등산로 따라 진입
🌐 http://www.gochang.go.kr/seonpark

신재효고택 판소리를 집대성한 명인, 동리 신재효 선생이 살던 집이다. 부엌과 방 사이에 쌍여닫이문을 만든점과 대청 양쪽 방으로 연결하는 문을 달지 않은 점이 특이하다. 인근에 판소리박물관이 있어 함께 둘러보면 좋다.

📍 전라북도 고창군 고창읍 동리로 100
☎ 신재효고택 동리국악당 063-560-8065
🕘 09:00~일몰 시
🔍 고창판소리박물관 옆

신재효고택_사진제공(고창군청 문화관광과)

운곡람사르습지 우수한 생물다양성과 경관 가치를 인정받고 있으며, 현재 생태계의 놀라운 회복과정을 거쳐 원시 습지 형태로 자연 복원되어 유휴농지의 습지 복원사례로 잘 알려진 지역이다. 국내에서는 찾아보기 어려운 산지형 저층 습지로 환경부 멸종 위기 야생 동식물이 자생한다.

📍 전라북도 고창군 아산면 운곡리
☎ 063-560-2456
🔍 아산면 운곡리 일원
🌐 http://www.ungokmall.com

호젓하게 즐기는 근대문화산책
군산

군산은 일제강점기의 흔적인 근대건축물이 남아 있는 항구도시다. 이를 묶어 관광지로 개발한 근대문화역사거리가 화제되면서 관광객의 발길이 더욱 잦아졌다. 일본식 적산 가옥인 히로쓰가옥을 비롯해 여미랑(구 고우당), 근대역사박물관 등 다채로운 볼거리로 가득하다. 또한 옛 철길과 판자집이 남아 있는 경암동철길과 임피역사는 핫한 사진 스팟으로도 인기가 많다. 영화 〈8월의 크리스마스〉와 〈장군의 아들〉 촬영지가 곳곳에 있으니 영화 속 주인공이 되어 산책을 즐겨보는 것도 좋겠다. 절경을 자랑하는 선유도도 빼놓을 수 없는 여행 코스.

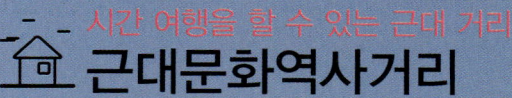

시간 여행을 할 수 있는 근대 거리
근대문화역사거리

군산 구도심에 있는 근대건축물을 묶어 역사 거리로 조성했다. 마치 시간이 멈춘 듯한 분위기이며 근대로 시간 여행을 떠나는 기분이 들기도 한다. 군산근대역사박물관을 비롯해 근대미술관, 조선은행 건물을 활용한 근대건축관 등의 건축물을 둘러보는 재미가 있다. 이 거리 일대 스팟에 비치된 스탬프를 모으며 스탬프 투어를 즐겨보는 것도 좋겠다.

- 전라북도 군산시 장미동 일대
- 군산시청 문화예술과 063-454-3310
- 군산시 구도심
- 고우당, 군산근대역사박물관, 신흥동일본식가옥(히로쓰가옥), 이영춘박사가옥

사진제공(군산시청 문화관광과)

신선이 노니는 섬 **선유도**

사진제공(군산시청 문화관광과)

신시도, 무녀도, 방축도 등과 더불어 고군산군도를 이루고 있는 군도의 중심 섬이다. 선유도라는 이름은 두 신선이 마주앉아 바둑을 두고 있는 것처럼 보이는 선유봉에서 유래되었다. 63개의 섬이 천혜의 경관을 연출하는 고군산군도 중 가장 빼어난 절경을 자랑한다. 자전거도로가 잘 되어 있으며, 해안절벽과 잔잔한 해변이 운치있다.

📍 전라북도 군산시 옥도면 선유도리　☎ 옥도면사무소 063-454-7280　🔍 군산항연안여객터미널에서 배 타고 입도

경암동철길 옛 군산화물역에서 페이퍼코리아까지 약 2.5km 이어지는 철길. 옛날에 철길 양옆에 오밀조밀 모여 있던 집 사이로 기차가 지나다녔던 자리. 기차 운행은 중단되었지만, 철로를 사이에 두고 마주보는 판자집이 옛 정취를 간직하고 있다.
📍 전라북도 군산시 경암동
☎ 군산관광안내소 063-453-4986
🔍 군산화물역(폐역)~페이퍼코리아

군산근대역사박물관 해상 물류 유통의 중심지였던 옛 군산의 모습과 근대문화자원을 전시한 박물관. 해양물류역사관, 독립유공자들의 삶을 전시한 독립영웅관, 근대생활관, 기획전시실, 어린이체험관으로 구성되어 있다.
📍 전라북도 군산시 해망로 240 (장미동)
☎ 063-454-7870
🎫 어른(2천원), 중고생(1천원), 어린이(5백원)
🕙 3~10월 09:00~18:00 | 11월~2월 09:00~17:00 – 월요일, 1월 1일 휴관
🔍 한국전력공사 인근
🌐 http://museum.gunsan.go.kr

금강철새조망대 철새의 낙원인 금강하구둑의 자연을 보존하고 체험할 수 있는 생태공원. 철새와 금강을 관찰할 수 있도록 망원경을 설치해 한눈에 조망할 수 있다. 인근에 금강조류공원, 철새신체탐험관 등의 시설이 있으며, 어린이를 위한 교육 프로그램도 운영한다.
📍 전라북도 군산시 성산면 철새로 120
☎ 063-454-5680
🎫 어른(2천원), 중고생(1천원)

🕙 10:00~18:00
🔍 금강습지생태공원 내
🌐 http://gmbo.gunsan.go.kr

동국사 일제강점기에 지어져 현재까지 남아 있는 유일한 일본식 사찰이다. 창문이 많고 우리나라 처마와 달리 처마에 아무런 장식이 없다는 것이 특징이다. 절 뒤쪽에는 대나무숲이 있어 독특한 풍경을 자랑한다.
📍 전라북도 군산시 동국사길 10 (금광동)
☎ 063-462-5366
🔍 군산반석신용협동조합 본점 인근
🌐 http://www.dongguksa.or.kr

선유스카이SUN라인 선유도 해수욕장 인근에 있는 짚라인 체험장. 군산 바다에서 최장 길이로 선유도의 전경을 한눈에 보면서 바다 위를 가로지르는 짜릿함을 느낄 수 있다.
📍 전라북도 군산시 옥도면 선유북길 136
☎ 063-471-9800
🎫 어른, 중고생(1회 2만원), 어린이(1회 1만6천원)
🕙 하절기 09:00~19:00 | 동절기 09:00~18:00
🔍 선유도 내

신흥동일본식가옥 일제강점기 대규모 포목상이었던 일본인 히로쓰가 건축한 전형적인 일식가옥이다. 건립 당시의 모습을 그대로 유지하고 있어 건축사적 가치가 크며 마당에 일본식 정원이 조성되어 있다. 영화 〈장군의 아들〉과 〈타짜〉의 촬영지로 유명하다.
📍 전라북도 군산시 구영1길 17 (신흥동)

금강철새조망대_사진제공(군산시청 문화관광과)

신흥동일본식가옥_사진제공(군산시청 문화관광과)

☎ 군산시청 문화예술과 문화재계 063-454-3923
🕐 3월~10월 10:00~18:00 | 11월~2월 10:00~17:00 - 월요일 휴관
📍 군산여자고등학교 맞은편, 월명공원 인근

여미랑(구 고우당) 일제강점기 일제식 건축물을 보수 및 정비한 곳. 본래 고우당이라는 이름의 숙박시설이었던 이곳은 아픈 역사를 잊지 말고 하룻밤 묵으며 만든 추억도 함께 잊지 말자는 뜻을 담아 여미랑으로 이름을 바꾸었다. 숙박을 체험할 수 있는 공간과 선술집, 카페, 식당 등 갖가지 편의시설과 역사교육관, 건축재생관 등을 갖춘 근대역사문화체험공간이다.

📍 전라북도 군산시 구영6길 13
☎ 063-442-1027
📍 신흥동일본식가옥, 천주교월명교회 인근
🌐 http://www.yeomirang.com

은파유원지 조선 시대 이전에 쌓은 농업용 저수지였던 곳으로, 1985년 저수지와 인근의 산을 국민관광지로 지정했다. 순환도로가 완공된 이후로 자동차를 타고 은파관광지 주변을 모두 구경할 수 있다. 봄철 화사한 벚꽃 길로 유명해 친구, 가족, 연인의 사랑을 받고 있다. 만남의 광장에서 시작되는 산책로에는 밤나무가 우거져 있다.

📍 전라북도 군산시 은파순환길 84
☎ 군산시 관광진흥과 063-462-8760
📍 은파삼거리 인근

이영춘박사가옥 일제강점기 농장 대지주 구마모토가 지은 별장으로, 서구식과 일본식, 한식의 절충 양식 건물이다. 해방 후 국내 1호 의학박사인 이영춘 박사가 거주하며 이영춘 가옥이라 불리게 되었다. 영화와 드라마 촬영장소로도 많이 쓰였고, 건물 벽난로 주위에는 고종황제가 사용한 침대와 소파가 있다.

📍 전라북도 군산시 개정동
☎ 063-462-8884
🕐 10:00~17:00
📍 군산간호대학교 옆

임피역사 1936년 군산선의 철도역사로 건립된 곳. 호남지역 농산물을 일본으로 반출하는 교통로였으며 수탈의 아픈 역사를 지니고 있다. 농촌 지역 간이역사의 전형적 건축양식을 보인다. 당시 임피역사의 손님 모형, 포스터 등을 객차전시관에 전시해 놓았다.

📍 전라북도 군산시 임피면 서원석곡로 2-5
☎ 군산관광안내소 063-453-4986
📍 술산초등학교 인근

진포해양테마공원 고려말 최무선 장군이 최초로 화포를 사용하여 왜구를 물리친 진포대첩을 기념하기 위해 조성한 공원이다. 당시 전투현장이었던 내항 일대에 해군함정, 장갑차 등 육, 해, 공군의 퇴역장비 13종 16대를 전시하고 있다.

📍 전라북도 군산시 내항1길 12 (장미동)
☎ 근대역사박물관 063-454-7870
🎫 어른(1천원), 중고생(7백원), 어린이(3백원)
🕐 하절기 09:00~18:00 | 동절기 09:00~17:00 - 월요일 휴관
📍 내항사거리 인근

평화로운 지평선 마을
김제

김제는 우리나라에서 손에 꼽는 평야 지대로, 매년 가을철 지평선 축제를 개최하며 용 두 마리가 있는 벽골제가 유명하다. 지역 주민이라면 한 번만 가본 사람은 없다는 금산사와 귀신사에도 가볼 만하다. 부처님 오신 날 화려한 연등행사가 열리며, 여름에는 물썰매를 타고 겨울에는 눈썰매를 탈 수 있는 모악랜드도 가족 단위 여행지로 추천할 만하다.

금산사_사진제공(김제시 문화홍보축제실)

금산사 후백제를 세운 견훤이 건립했다고 전해지는 사찰. 사찰 내에는 신라 말부터 고려까지의 석조건축물이 다수 보존되어 있다. 임진왜란 때, 왜군에 의해 사찰이 소실되었다가 재건되었으며, 드라마 〈태조왕건〉의 촬영지로 활용되기도 하였다. 겨울이 되면, 나무마다 새하얀 눈꽃이 핀 모습과 사찰의 운치가 조화를 이루어 특히 아름답다.

- 전라북도 김제시 금산면 모악15길 1
- 063-548-4441
- 어른(3천원), 청소년, 군인(2천원), 어린이(1천원)
- 모악산 도립공원 내
- http://www.geumsansa.org

김제지평선마린리조트 시원한 저수지에서 갖가지 수상 레포츠를 즐길 수 있는 곳. 인근에 리조트가 있어, 숙박하기에도 편리하다. 모터보트를 비롯해 제트스키와 수상스키, 플라이피시, 바나나보트 등 웨이크보트 등의 수상 레포츠 시설이 운영되고 있으며, 전라북도에서 유일하게 수상동력 레저 기구 조종면허시험장이 들어서 있어, 수상 레저 조종면허시험을 볼 수 있는 곳.

- 전라북도 김제시 만경읍 만경리 100
- 063-548-7774
- 전화 문의
- 전화 문의
- 능제 저수지 내

망해사 대한불교조계종 제 17교구 본사인 금산사의 말사다. 망해사는 신라의 경덕왕 때에 통장법사가 창건한 후, 오랜 역사 동안 명맥을 이어가다, 광해군 때 진묵대사가 중창하였다고 전해진다. 사찰 내의 낙서전 앞에서는 황해와 군산군도를 한눈에 담을 수 있으며, 사찰 뒤편의 전망대에서 바라보는 서해의의 낙조가 수려하여, 꼭 찾아볼 만하다.

망해사_사진제공(김지호)-한국관광공사

- 전라북도 김제시 진봉면 심포10길 94
- 김제시 문화관광 063-540-3031
- 심포관망대 인근

모악랜드 눈썰매장과 수영장, 놀이기구 등을 갖춘 유원지로, 사계절 내내 가족 단위 여행지로 적합하다. 근처에 모악산이 있으며, 모악산유스호스텔은 금산사 문화 유적지, 드넓은 금산사 계곡 일원의 모험 활동장 등이 있어 관광과 휴양을 동시에 즐길 수 있다.

- 전라북도 김제시 금산면 모악로 460-20
- 063-548-3001
- 썰매장(일반 1만3천원, 초등생 이하 1만2천원), 놀이기구3종 (일반 8천5백원, 초등생 이하 7천원)
- 하절기 10:00~18:00 | 동절기 09:00~17:00
- 모악산 도립공원 내
- http://land.moakyh.co.kr

사랑이 꽃피는 도시
남원

남원은 우리나라 3대 명산으로 꼽히는 지리산이 둘러싸고 있는 지역으로, 지리산의 각종 봉우리와 천년고찰이 가까이 자리하고 있다. 약 10~20km 길이로 나뉘어 있는 지리산둘레길을 트래킹하며 지리산의 기운을 느껴보자. 특히 지리산 뱀사골 계곡 일대는 가을에 단풍을 보기 위해 수많은 행랑객이 찾아올 정도로 아름다운 풍경을 자랑한다. 그런가 하면 남원은 〈춘향전〉의 배경이 되는 도시이기도 하다. 대표 관광지인 광한루원에는 춘향과 몽룡이 만났다는 오작교와 정자가 있으며, 주변 풍광이 아름답기로 유명하다. 영화 〈춘향뎐〉의 촬영지인 춘향테마파크도 함께 둘러보면 좋다.

풍요로운 산
지리산국립공원

1967년 우리나라 최초의 국립공원으로 지정된 지리산은 광활하고 빼어난 산수와 수많은 문화유적이 있는 명산이다. 해발고도 1,500m 넘는 봉우리가 20여 개나 되는 큰 산으로, 예로부터 수많은 도인이 도를 닦아오며 신성시되었다. 화엄사, 쌍계사 등 지리산을 대표하는 천년고찰도 꼭 들러봐야할 코스. 피아골, 칠선계곡 등의 계곡도 빼놓을 수 없는데, 특히 뱀사골계곡은 길이가 12km로 가장 길고 깊은 곳으로 이름나 있다.

📍 전라북도 남원시 산내면 와운길 10
☎ 지리산국립공원 전북사무소 063-630-8900
🚌 반선시외버스터미널에서 반선교 방향으로 직진, 뱀사골탐방안내소 인근
🌐 http://jiri.knps.or.kr
📌 뱀사골계곡, 지리산둘레길, 지리산바래봉, 지리산허브밸리

춘향의 사랑 이야기가 깃든 광한루원

사진제공(남원시청 문화관광과)

조선 중기의 누각으로, 정면 5칸, 측면 4칸의 팔작지붕건물이다. 우리나라의 독특한 조경 문화를 상징하는 곳으로 의미가 깊다. 누각 앞에는 커다란 연못이 있고 오작교가 놓여 있는데, 춘향전에서 춘향과 이 도령이 만나는 장소로 유명해졌다. 오작교를 건너면 부부간 금슬이 좋아지고 자녀가 복을 받는다고 한다. 따뜻한 봄날 춘향전의 이야기를 떠올리며 산책을 즐겨보자.

- 전라북도 남원시 요천로 1447 (천거동) ☎ 063-625-4861 🎫 어른(3천원), 중고생(2천원), 어린이(1천5백원) ⏰ 4월~10월 08:00~21:00 | 11월~3월 08:00~20:00 | 토요일 08:00~18:00 🔍 춘향테마파크 맞은편 🌐 http://www.gwanghallu.or.kr

남원만인의총
정유재란 때 왜적을 맞아 남원 성을 지키다가 순절한 민·관·군 1만여 의사를 합장한 무덤이다. 전쟁이 끝난 뒤 피난에서 돌아온 백성들이 시신을 한 무덤에 모시고 충렬사를 건립한 후 위패를 모셨다. 매년 9월 26일 만인의총에서 만인의사에 대한 제향을 올려 숭고한 뜻을 기리고 있다.

- 전라북도 남원시 만인로 3 (향교동)
- ☎ 만인의총 관리소 063-636-9321
- ⏰ 09:00~18:00 - 월요일 휴관
- 🔍 남원중학교 옆
- 🌐 http://www.cha.go.kr/manin

남원예촌
켄싱턴호텔에서 운영하는 전통 숙박시설로, 한옥 명장들이 자연에서 얻은 재료를 사용해 전통 방식대로 지은 명품 한옥호텔이다. 22개 객실이 독채 형식으로 꾸며져 있고, 스위트룸 객실은 누마루를 갖추고 있다. 한복 빌려 입기, 한지 부채 만들기 등 체험행사를 할 수 있으며, 주말에는 판소리와 가야금 수업을 진행한다.

- 전라북도 남원시 만인로 3 (향교동)
- ☎ 063-636-8001
- 🔍 광한루 옆
- 🌐 http://www.namwonyechon.com

남원항공우주천문대
천문과학과 항공우주, 두 분야를 동시에 체험할 수 있는 시립과학관이다. 태양 관측, 천체 관측 등을 할 수 있는 관측실을 비롯해 실물 전투기를 체험할 수 있는 항공체험실 등을 갖추고 있다.

- 전라북도 남원시 양림길 48-63 (노암동)
- ☎ 063-620-6900
- 🎫 어른(4천원), 중고생(3천원), 어린이(2천원)
- ⏰ 4월~10월 10:00~22:00 | 11월~3월 10:00~21:00
- 🔍 춘향테마파크 뒤편
- 🌐 http://spica.namwon.go.kr

뱀사골계곡
지리산을 대표하는 계곡으로, 맑고 깨끗한 물이 기암괴석을 감돌며 흐른다. 경사가 완만하고 너른암반이 있어 가족 단위 관광객에게도 인기가 많다. 매년 10월 말에 뱀사골단풍제가 열린다.

- 전라북도 남원시 산내면 지리산로 1331
- ☎ 지리산국립공원 전북사무소 063-630-8900
- 🔍 지리산국립공원 내

지리산둘레길 운봉-인월구간
전라북도 남원시 운봉읍 동천리와 남원시 인월면 인월리를 잇는 10km의 지리산 둘레길이다. 왼쪽으로 바래봉, 고리봉을 잇는 지리산 서북 능선을 조망하고 오른쪽으로는 고남산, 수정봉으로 이어지는 백두대간을 바라보며 운봉고원을 걷는다.

- 전라북도 남원시 운봉읍 동천리
- ☎ 사단법인숲길 055-884-0750
- 🔍 운봉읍~서림공원~북천마을~신기마을~비전마을~군화동~흥부골자연휴양림~월평마을~인월안내센터 (9.9km, 4시간)
- 🌐 http://jirisantrail.kr

지리산둘레길 인월-금계구간
전라북도 남원시 인월면 인월리와 경상남도 함양군 마천면 의탄리를 잇는 19km의 둘레길. 등구재를 중심으로 지리산 주능선을 조망하고, 넓게 펼쳐진 다랑논과 6개의 산촌을 지나 엄천강으로 이어지는 길이다.

📍 전라북도 남원시 인월면 인월리
☎ 사단법인숲길 055-884-0850
🔍 인월면~중군마을~수성대~배너미재~장항마을~장항교~삼신암삼거리~등구재~창원마을~금계마을 (20.5km, 8시간)
🌐 http://jirisantrail.kr

지리산둘레길 주천-운봉구간
전라북도 남원시 주천면 장안리 외평마을과 남원시 운봉읍 서천리를 잇는 14km의 지리산 둘레길. 지리산 서북 능선을 조망할 수 있으며, 해발 500m의 운봉고원의 너른 들과 6개의 마을을 잇는 옛길과 제방길로 조성되어 있다.

📍 전라북도 남원시 운봉읍 서천리
☎ 사단법인숲길 055-884-0850
🔍 주천면~내송마을~구룡치~회덕마을~노치마을~가장마을~행정마을~양묘장~운봉읍 (14.7km, 6시간)
🌐 http://jirisantrail.kr

지리산바래봉
승려의 밥그릇인 바리와 모양이 비슷하게 생긴 데에서 유래한 이름이다. 봄철 산철쭉이 아름답기로 유명하며 매년 4월과 5월 흐드러지게 핀 산철쭉 축제가 열린다. 인근에 실상사, 화엄사, 천은사 등의 고찰이 있으며, 뱀사골계곡, 한신계곡 등의 시원한 계곡이 있다.

📍 전라북도 남원시 운봉읍 화수리
☎ 지리산국립공원 전북사무소 063-630-8900
🔍 지리산허브밸리에서 등산로 따라 진입

지리산허브밸리
지리산 웰빙 허브산업특구로 지정된 곳으로, 봄과 가을에 남원허브축제가 개최된다. 수많은 꽃과 허브 사이에 풍차와 뽀로로 캐릭터 모형 등이 세워져 있다. 허브밸리 카페테리아에서는 허브비누 만들기 등의 체험도 할 수 있고, 허브관련 제품도 판매하고 있다.

📍 전라북도 남원시 운봉읍 바래봉길 214
☎ 063-636-4000
🎫 어른(3천원), 중고생(2천원), 어린이(1천5백원)
🔍 바래봉 자락 운봉읍사무소 인근
🌐 http://www.jirisanherbvalley.com

춘향테마파크
춘향전을 주제로 한 관광지로, 광한루 건너편 남원관광지 내에 있다. 임권택 감독의 영화 <춘향뎐>과 KBS 드라마 <쾌걸춘향>의 촬영지이기도 하다. 영화 <춘향뎐>의 촬영 세트장을 비롯해 월매집 등이 있으며, 판소리를 체험할 수 있는 공간이 마련되어 있다.

📍 전라북도 남원시 양림길 14-9 (어현동)
☎ 063-620-5799
🎫 어른(3천원), 중고생(2천5백원), 초등생(2천원)
🕐 4월~10월 09:00~22:00 | 11월~3월 09:00~21:00
🔍 광한루 맞은편 남원관광단지 옆
🌐 http://www.namwontheme.or.kr

혼불문학관
소설가 최명희의 대작 <혼불>을 기념하기 위해 만든 문학관. 노봉마을 입구에는 '꽃 심을 지닌 땅'과 '아소 님하'를 새긴 한 쌍의 장승이 나란히 세워져 있으며, 마을 내에는 양반집의 모습을 그대로 간직한 종가를 복원해 놓았다. 문학관 내부의 전시 시설에는 혼불을 소개하는 디오라마 10점과 매직비전, 작가 최명희의 집필실 재현장과 인월댁 베 짜기 체험 시설이 있다.

📍 전라북도 남원시 사매면 노봉안길 52
☎ 063-620-6788
🕐 09:00~18:00 – 월요일 휴관
🔍 서도리 새사도교회 지나 사매3터널 인근
🌐 http://www.honbul.go.kr

지리산둘레길 인월-금계구간_사진제공(남원시청 문화관광과)

반딧불이와 덕유산의 고장
무주

무주는 덕유산을 품고 있는 지역이다. 덕유산은 정상인 향적봉을 중심으로 4개군에 걸쳐 있을 만큼 산세가 크고 웅장하며 산에 오르면 청정한 산 공기를 마음껏 마실 수 있다. 무주를 상징하는 반딧불이도 놓칠 수 없는 볼거리. 무주에는 세 종류의 반딧불이가 서식하고 있으며, 무주반디랜드에서 다양한 체험을 즐길 수 있다.

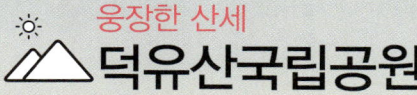

웅장한 산세
덕유산국립공원

덕유산은 태백산맥에서 갈라진 소백산맥이 서남쪽으로 뻗으면서 지리산으로 가는 도중 만들어진 명산이다. 정상은 향적봉이며 백두대간의 한 줄기를 이루고 있다. 예로부터 구천동계곡이 아름답기로 유명하며 눈이 소복하게 쌓인 겨울 설경이 장관으로 꼽힌다. 향적봉 코스, 횡경재 코스, 종주 코스 등 총 12개의 덕유산 탐방 코스가 다양하게 개발되어 있어 등산하는 재미도 남다르다. 무주덕유산리조트에서 덕유산 곤돌라를 타면 설천봉까지 편하게 올라갈 수 있다.

📍 전라북도 무주군 설천면 구천동1로 159
☎ 덕유산국립공원 사무소 063-322-3174
🔍 무주 구천동 관광특구 뒤편
🌐 www.knps.or.kr/front
📍 무주구천동계곡, 무주덕유산리조트

사진제공(김지호)-한국관광공사

덕유산자연휴양림 무주구천동계곡 인근에 있는 자연휴양림으로, 자연을 벗 삼아 휴식을 즐기기 좋은 곳이다. 숲속의 집을 비롯해 산림문화휴양관, 숲속수련장 등의 숙박 시설이 있으며, 홈페이지를 통해 예약할 수 있다. 특히 가을이면 아름다운 단풍이 우거져 정취를 더한다.
- 전라북도 무주군 무풍면 삼거리 산1
- 063-322-1097
- 어른(1천원), 중고생(6백원), 어린이(3백원)
- 09:00~18:00 - 화요일 휴원
- 무주덕유산리조트 인근
- http://www.huyang.go.kr/comforestmain.action

라제통문(나제통문) 암벽을 뚫어 만든 석굴 문. 옛 신라와 백제의 경계관문으로, 언어와 풍습이 서로 다른 두 나라의 문화가 공존하며, 동서 문화의 교류가 활발했던 장소라 알려져 있다. 그러나 이 굴이 삼국시대가 아닌, 일제강점기에 뚫린 문이라는 주장도 있다.
- 전라북도 무주군 설천면 소천리
- 무주군청 문화관광과 063-322-0665
- 설천공용터미널 인근

머루와인동굴 무주 수양발전소를 건설할 때 작업용 터널로 사용했던 곳을 와인동굴로 조성했다. 와인을 숙성하고 저장하고 있는 저장고를 구경할 수 있으며, 와인시음, 와인 족욕 등 다양한 프로그램을 운영하고 있다.
- 전라북도 무주군 적상면 산성로 359
- 063-322-4720
- 입장료(2천원)
- 4월~10월 10:00~17:30 I 11월~3월 10:30~16:30 - 월요일 휴장
- 적상산 내
- http://tour.muju.go.kr/cave

무주구천동계곡 9천 번을 굽이친다고 해서 이름 붙은 구천동계곡은 심산유곡의 대명사로 자리할 만큼 구불구불한 계곡이다. 수려한 자연경관이 어우러져 아름답다. 무더운 여름이 아니더라도 울긋불긋한 가을 단풍이 우거질 때 방문해도 좋다.
- 전라북도 무주군 설천면 장덕리
- 덕유산국립공원 사무소 063-322-3174
- 설천공용터미널 인근

무주덕유산리조트 덕유산국립공원 내에 있는 종합 휴양지로, 수려한 자연경관과 더불어 최고의 조건을 갖춘 스

무주덕유산리조트

태권도원

포츠레저의 명소다. 세계적인 수준의 스키장과 골프장을 비롯해 키즈랜드, 워터파크, 호텔, 콘도미니엄, 컨벤션센터 등의 부대시설이 있다. 거리와 건물을 오스트리아풍으로 꾸며 마치 유럽에 온 듯한 느낌이 든다.

- 전라북도 무주군 설천면 만선로 185
- 063-322-9000
- 덕유산국립공원 내
- http://www.mdysresort.com

무주반디랜드

무주반디랜드 본반딧불이를 체험하고 학습할 수 있는 곳. 희귀한 곤충을 볼 수 있는 곤충박물관과 반딧불이 연구소, 반딧불이 서식지 등의 시설을 갖추고 있는 체험 공간이다. 반디랜드 내에 있는 반디별 천문과학관에서는 우주의 탄생과 역사, 별자리 등을 배울 수 있다.

- 전라북도 무주군 설천면 무설로 1324
- 063-324-1155
- 어른(5천원), 중고생(4천원), 어린이(3천원)
- 3월~10월 09:00~18:00 | 11월~2월 09:00~17:00 - 월요일 휴장
- 설천면사무소에서 설천공용터미널 지나 직진하면 좌측
- http://tour.muju.go.kr/bandiland

안국사 대한불교조계종 제17교구 본사 금산사의 말사다. 고려 말에 월인 스님이 창건한 후 조선 초 무학 대사가 중건했다고 전해진다. 임진왜란과 정유재란 때 승병들의 거처로 이용되기도 했다.

- 전라북도 무주군 적상면 산성로 1050
- 063-322-6162
- 어른(2천원), 중고생(1천원), 어린이(5백원)
- 적상산 내

태권도원 우리나라의 자랑스러운 문화유산인 태권도의 정신과 가치를 세계에 알리기 위한 곳. 태권도 경기가 열리는 경기장을 비롯해 태권도박물관, 체험관 등이 있다. 기초체력체험, 겨루기체험 등 다양한 체험을 할 수 있다.

- 전라북도 무주군 설천면 청량리 산19-11
- 063-320-0114
- 어른(4천원), 중고생(3천5백원), 어린이(3천원)
- 3월~10월 10:00~18:00 | 주말 10:00~19:00 | 11월~2월 10:00~17:00 | 주말 10:00~18:00 - 월요일 휴관
- 설천공용터미널에서 무주반디랜드 방향으로 직진
- http://www.tpf.or.kr/t1

풍요로운 도시
부안

부안은 변산반도에 위치한 도시로, 무주와 고창 인근에 있어 함께 묶어서 여행하기에 좋다. 특히 국내 유일의 반도공원이자 수려한 자연경관을 간직하고 있는 변산반도국립공원은 꼭 한번 가봐야 하는 여행지다. 신비로움을 품은 채석강과 천년고찰 내소사, 바다낚시와 해안드라이브코스로 유명한 위도도 빼놓지 말자. 음식에 관심이 많은 이들에게는 단연 곰소항을 추천한다. 맛깔스러운 젓갈을 판매하는 곰소젓갈단지는 주말이면 관광객으로 인산인해를 이룬다.

국내 유일의 반도공원
변산반도국립공원

국내 유일의 반도 공원으로, 수려한 경관을 자랑하며 곳곳에 각종 문화유적자원이 분포되어 있다. 해안의 외변산과 산악 쪽의 내변산으로 나뉘는데, 외변산에는 채석강과 고사포 해변 등이 있다. 고사포해변에서 격포해변으로 연결되는 해안도로를 따라 낙조를 감상하기에 좋다. 내변산에는 신선봉 등 산봉 10여 개가 둘러서 있다.

📍 전라북도 부안군 변산면 대항리
☎ 변산반도국립공원 관리사무소 063-582-7808
🔍 변산면사무소에서 중계터널 지나 직진
🌐 http://byeonsan.knps.or.kr

사진제공(부안군청 문화관광과)

자연의 신비로움 **채석강**

사진제공(부안군청 문화관광과)

부안을 대표하는 명승지. 당나라 이태백이 배를 타고 술을 마시다 달을 잡으려고 빠져 죽었다는 채석강과 흡사하다 하여 붙여진 이름이다. 퇴적암의 성층으로, 바닷물의 침식에 의해 마치 수만 권의 책을 쌓아 올린 듯한 와층을 이루고 있어 자연의 신비로움이 절로 느껴진다. 하루 두 번 물이 빠져야 들어갈 수 있어 물때를 잘 확인해야 한다. 여름에는 해수욕을 즐기기 좋다.

- 전라북도 부안군 변산면 격포리 301-1 ☎ 변산반도국립공원 관리사무소 063-582-7808 격포해변 인근
- http://www.ibuan.co.kr/tour01

격포해수욕장 격포 해수욕장은 채석강과 적벽강 사이에 자리하고 있어 그 어느 해수욕장보다 경관이 빼어나고 물이 맑고 깨끗하여 계절과 관계없이 관광객들의 발길이 붐비는 곳이다. 휴양소, 음식점, 숙박업소, 상가, 주차장, 전기, 통신 등 편의시설이 비교적 잘 갖추어져 있다.
- 전라북도 부안군 변산면 격포리 228-18
- ☎ 국립공원 사무소 063-582-7808
- 채석강 주변 일대
- 격포항

고사포해수욕장 곱고 넓은 백사장과 완만한 경사, 맑은 물이 해수욕장의 조건을 잘 갖추고 있다. 또한, 2km에 걸쳐 이어지는 소나무숲이 울창하게 우거져 있어 피서 장소로 인기가 많다.
- 전라북도 부안군 변산면 운산리 441-7
- ☎ 변산반도국립공원 관리사무소 063-582-7808
- 원광대학교 임해수련원 인근
- http://www.ibuan.co.kr/tour03

곰소항 전북에서 군산항 다음으로 큰 항구다. 항구 북쪽에 50ha에 달하는 드넓은 염전이 있어 소금생산지로도 유명하다. 근해에서 나는 싱싱한 어패류를 사용하여 만든 각종 젓갈을 생산하는 대규모 젓갈단지도 둘러볼 만하다. 주말이면 젓갈 쇼핑을 겸한 관광객들로 붐빈다.
- 전라북도 부안군 진서면 곰소리
- 변산중학교 인근

궁항전라좌수영세트장 드라마 〈불멸의 이순신〉의 촬영지. 건물이 바다와 인접해 있어 세트장에서 바라다보는 낙조 경관이 매우 뛰어나다. 동헌, 내아, 병고, 군관청, 외삼문을 비롯해 총 19동의 건물이 들어서 있다.
- 전라북도 부안군 변산면 궁항영상길 91
- 부안군청 문화관광과 문화예술 063-580-4361
- 09:00~18:00
- 궁항에서 봉화봉 방향으로 직진

내소사 백제 무왕 때에 창건된 유서 깊은 사찰로, 빼어난 단청과 연꽃 문양으로 조각된 대웅보전의 꽃살문이 아름답다. 입구의 전나무숲이 운치를 더하며, 사찰 내에는 고려동종과 법화경절본사본, 설선당과 요사, 삼층 석탑 등 많은 문화재를 보존하고 있어 여유롭게 둘러보기에 좋다.
- 전라북도 부안군 진서면 석포리 266-1
- ☎ 063-583-7281
- 어른(3천원), 중고생(1천5백원), 어린이(5백원)
- 일출 시~일몰 시
- 석포삼거리에서 석포야영장 지나 직진
- http://www.naesosa.kr

모항해수욕장 울창한 소나무 숲을 끼고 있는 아담한 해수욕장. 해수욕장 뒤편의 갑남산이 빼어난 산세를 자랑하고 있고, 그 아래 도로변에는 천연기념물 호랑가시나무군락지가 있다. 주변 곳곳에 갯바위 낚시터가 있어 낚시마니아의 사랑을 받고 있다.
- 전라북도 부안군 변산면 도청리 203-1

모항해수욕장_사진제공(부안군청 문화관광과)

☎ 부안군청 문화관광과 관광개발 063-580-4738
🔍 모항마을 입구

변산해수욕장 1930년대에 개장한 유서 깊은 해수욕장. 모래가 부드럽고 수심이 알맞아 가족 단위 피서지로 적합하다. 인근에 부안호와 변산온천, 직소폭포, 채석강 등 부안의 명승지가 많아 볼거리와 즐길 거리가 풍성하다.

📍 전라북도 부안군 변산면 대항리 567
☎ 변산해수욕장 야영장 1566-6895
🔍 변산반도국립공원 내

부안누에타운 누에를 테마로 한 곤충탐사과학관. 누에를 치고 명주실을 뽑는 도구와 양잠 관련 민속 물품을 전시한 전시관 등이 있다. 전 세계 120여 개국에서 수집한 다양한 누에나방을 전시하고 있다.

📍 전라북도 부안군 변산면 참뽕로 434-20
☎ 063-580-4082
🎫 어른(3천원), 중고생, 어린이(1천5백원)
🕘 09:00~18:00 — 월요일, 1월 1일, 명절 당일 휴무
🔍 유유재 인근
🌐 http://www.buan.go.kr/nuetown

부안댐 주로 부안군민과 고창군민의 상수원 역할을 하고 있다. 빼어난 주변 경관을 자랑하며 도시민의 휴식공간이자 연중 많은 관광객이 방문하는 명소로 주목받고 있다.

📍 전라북도 부안군 변산면 중계리
☎ 부안댐물문화관 063-580-3210
🔍 변산반도국립공원 내

부안영상테마파크 조선 중기 시대를 재현한 왕궁을 비롯해 사대부가, 한방촌, 도자기촌, 공방촌, 시전거리 등 오픈 촬영시설을 갖춘 사극종합촬영장이다. .

📍 전라북도 부안군 변산면 격포로 309-64
☎ 063-581-0975
🎫 어른(4천원), 중고생(3천원), 어린이(2천원)
🔍 격포교차로 인근

소노벨변산오션플레이 변산반도 격포해수욕장 바로 옆에 자리한 지상 8층, 지하 3층 규모의 리조트, 프랑스 북부의 노르망디 해안을 모티브 삼아 유럽풍으로 꾸며졌다. 아쿠아월드에서 바다를 바라보며 노천욕과 물놀이를 즐길 수 있으며, 야외 파도풀과 슬라이드는 물론 아쿠아풀, 노천탕, 남녀 사우나 등의 시설을 갖추고 있다.

📍 전라북도 부안군 변산면 변산해변로 51
☎ 1588-4888
🏠 홈페이지 참조
🏠 홈페이지 참조
🔍 격포해수욕장 인근
🌐 https://www.sonohotelsresorts.com

새만금방조제 새만금간척사업의 1단계 사업으로, 2010년 19년 만에 준공되었다. 최고의 드라이브코스로도 꼽히며 특히 낙조가 아름답기로 유명하다.

📍 전라북도 부안군 변산면 대항리 서두터
☎ 새만금전시관 063-584-6822
🔍 변산해수욕장~군산

위도 격포항에서 여객선으로 40분 거리에 있는 섬. 진리, 대리, 식도, 치도, 거륜도, 왕등도 등 여덟 개 리로 이루어진 도서 면이다. 서해 3대 어장 중의 하나인 칠산어장의 중심지이며 영광굴비의 산지로도 유명하다. 낚시인의 동경 대상인 섬이기도 하다.

📍 전라북도 부안군 위도면
☎ 위도면사무소 063-580-3764
🔍 격포항여객터미널에서 배 타고 입도

줄포만갯벌생태공원_사진제공(부안군청 문화관광과)

줄포만갯벌생태공원 람사르습지로 지정된 줄포만 갯벌과 자연생태환경을 보존하기 위해 조성한 생태공원. 갈대숲길, 갯벌관찰로, 갯벌습지 일원 등 다양한 시설이 있으며, 갯벌 생물 탁본 등의 체험프로그램도 즐길 수 있다.

📍 전라북도 부안군 줄포면 생태공원로 38
☎ 063-580-3171
🎫 어른, 중고생, 초등생(2천원), 유아(1천원)
🕘 3월~10월 09:00~18:00 | 11월~2월 09:00~17:00
🔍 줄포면사무소 인근
🌐 http://julpoman.buan.go.kr

고추장의 고장
순창

호남의 소금강이라 불리는 강천산은 단풍 명소로 손꼽는 여행지다. 강천산에 오르면 등산객들의 눈을 즐겁게 해주며, 메타세콰이어길을 끼고 오르는 산행길의 풍경이 장관이다. 고추장으로도 유명한 순창은 장인들의 비법이 꾸준히 이어져 많은 사랑을 받고 있으며 고추장 민속 마을이라는 관광지로 탈바꿈하게 되었다. 조상의 지혜를 엿볼 수 있는 좋은 여행지다.

순창의 전통 순창전통고추장민속마을

순창전통고추장민속마을_사진제공(순창군 문화관광과)

고려말 이성계가 스승인 무학 대사가 기거하고 있던 순창군 구림면 만일사를 찾아가는 도중, 어느 농가에 들러 고추장에 점심을 맛있게 먹고 그 맛을 잊지 못하여 조선을 창건, 등극한 후 이를 진상토록 하여 천하일미의 전통 식품으로 유명해졌다. 지금까지 그 명성과 비법이 이어져 오고 있다.

📍 전라북도 순창군 순창읍 백산리 265-66 ☎ 063-653-0703 🅣 고추장만들기체험(1만원) ⏰ 체험 09:00~18:00 | 방문 09:00~19:00 🔍 순창군청에서 백산리 방향으로 가다가 고추장단지교차로 부근 🌐 http://sunchang.invil.org/

강천산 섬진강과 영산강의 근원이 되는 계곡의 물줄기가 관통하는 산. 산등성이에 걸터앉은 현수교에 오르면, 계곡과 우거진 수목, 그리고 기암괴석이 어우러진 비경을 한눈에 담을 수 있다. 특히, 강천산에는 애기단풍이 숲을 이루고 있어, 가을이 되면 붉게 물든 산의 모습이 장관이며 산 입구를 지키고 있는 폭포는, 그 물줄기에 몸을 씻으면 지나간 잘못이 씻겨 내린다는 전설을 담고 있기도 하다.

📍 전라북도 순창군 팔덕면 강천산길 97
☎ 순창군 문화 관광과 공원 관리담당 063-650-1672
🔍 담양호 뒤편

국립화문산휴양림 다양한 활엽수종이 자라는 우거진 우림 사이로 시원한 계곡물이 흐르는 휴양림. 특히 계곡수가 아홉 굽이를 돌아 시원스레 떨어지는 구룡폭포는 보기만 해도 더위가 사라진다. 여름에도 시원한 산바람이 불어와, 피서객들의 발걸음이 끊이지 않는 곳이다.

📍 전라북도 순창군 구림면 안심길 295

☎ 063-653-4779
🅣 홈페이지 참조
⏰ 09:00~18:00 - 화요일 휴무
🔍 화문산 내
🌐 https://www.foresttrip.go.kr

순창장류박물관 전국 최초로 장류를 테마로 조성한 박물관으로, 전통장류의 본 고장인 순창을 홍보하는 대표적인 문화공간이다. 사라져가는 향토 민속자료 및 장류 관련 유물 906점을 전시하여 전통 장류의 맥을 이어가고 있다.

📍 전라북도 순창군 순창읍 장류로 43
☎ 063-650-1627
⏰ 11월~2월 09:00~17:00 (매월 마지막주 수요일 2시간 연장) | 3월~10월 09:00~18:00 (매월 마지막 주 수요일 2시간 연장) - 월요일 휴무, 1월1일 휴관
🔍 순창전통고추장민속마을 앞 고추장단지 교차로 부근
🌐 http://tour.sunchang.go.kr

순창향교 조선 초기에 건립된 것으로 추정되는 향교. 수려한 외삼문을 지나면, 유학도들이 공부하던 명륜당을 비롯해 아기자기한 가옥들이 모여 있다. 가장 안쪽에 자리를 잡은 대성전에서는 유교 성현을 위한 제사를 지내는 곳으로, 매월 1일과 15일에 삭망 분향례를 행하고 봄과 가을에는 석전제를 올린다.

📍 전라북도 순창군 순창읍 교성1길 13
☎ 063-652-0649
🔍 순창군청에서 24m 직진. 경천로 좌회전 후 83m 이동. 우회전 후 93m 이동. 경천1로 우회전 후 335m 이동

완전한 고을
완주

문화 예술 산업을 활성화 되고 있는 완주에 정원이 있는 대형카페와 각종 문화 체험 공간이 생겨나고 있다. 고즈넉한 한옥의 풍경을 볼 수 있는 아원고택은 BTS 촬영지로 유명하며, 자연의 풍광을 즐기기 좋다. 봄이 되면 송광천 따라 피어있는 벚꽃길이 아름다우며, 송광사 보리수나무 아래 연못도 절경이다. 과거에 제지산업의 터전이었던 삼례 산속등대는 복합문화예술공간으로 탈바꿈하여 다양한 볼거리와 즐길 거리가 있으니 완주에 가면 여행코스로 꼭 방문해 볼 것.

우뚝 솟은 산 대둔산

사진제공(김지호)-한국관광공사

호남의 소금강으로 불리며 기암괴석 등 웅장한 형태를 지닌 대둔산은 옛부터 절찬을 받을 만큼 수려한 자연경관을 지닌 명산이다. 특히 수락계곡은 한여름에도 차가운 물이 흐르고 아름다운 비경이 곳곳에 숨어있어 산행에 나선 이들에게 최고로 꼽힌다. 시선을 사로잡는 비경들을 뒤로 하고 수락계곡에서 대둔산 정상인 마천대까지는 약 2시간 정도 소요된다.

📍 전라북도 완주군 운주면 대둔산공원길 23 ☎ 대둔산도립공원공원관리 063-263-9949 🎫 무료
🕐 07:00~18:30 🔍 전주시 차량등록사업소에서 17번 국도 이용

공기마을편백나무숲 1976년에 조성된 10만 그루의 편백나무 숲을 만날 수 있다. 편백나무에서 뿜어내는 피톤치드는 스트레스 해소와 아토피 등 피부염 치료에 효과가 있다고 알려졌다.
📍 전라북도 완주군 상관면 죽림리 산214-1
☎ 완주군 문화관광 관광진흥담당 063-240-4224
🎫 입장료(5천원)
🔍 공기마을 내

대아수목원 참나무류를 중심으로 한 층층나무, 비목, 이팝나무 등 교목과 고추나무, 싸리, 화살나무 등 관목류로 자연림이 형성되어 있고 다양한 지피식물이 자생하고 있다. 아이들의 자연 학습 공간으로도 인기이다.
📍 전라북도 완주군 동상면 대아수목로 348
☎ 063-243-1951
🎫 무료
🕐 3월~10월 09:00~18:00 | 11월~2월 09:00~17:00 – 신정, 명절 당일 휴원
🔍 대아저수지 인근
🌐 http://www.daeagarden.kr

삼례문화예술촌 비주얼미디어아트미술관, 디자인뮤지엄, 김상림목공소, 책박물관과 책공방으로 구성된 문화예술촌. 김상림 목수학교, 나만의 책 만들기 등 여러 전시회와 체험행사를 진행해 일반인들에게 예술을 가까이 느낄 수 있는 기회를 마련한다.
📍 전라북도 완주군 삼례읍 삼례역로 81-13

☎ 070-8915-8121
🎫 무료
🕐 10:00~18:00 – 월요일, 신정 휴관
🔍 방촌마을에서 방촌길 따라 삼례성당 앞길을 지나서 위치
🌐 http://www.samnyecav.kr

송광사 신라 경문왕 때 도의선사가 창건했고, 조선시대 양란 때 전소되었지만 광해군 대에 중건된 사찰. 봄에는 연분홍빛의 벚꽃이 만개하고, 초여름에는 수려한 연꽃이 피는 것으로 유명하다. 사찰 내의 아미타여래좌상은 국가에 나쁜 일이 생길 때 땀을 흘린다는 전설을 간직하고 있으며, 사찰을 돌아보는 템플스테이도 체험할 수 있다.
📍 전라북도 완주군 소양면 송광수만로 255-16
☎ 063-243-8091
🔍 송광초등학교 인근
🌐 http://songgwangsa.or.kr

아원 고즈넉한 한옥이 옹기종기 모여있는 곳. 갤러리에는 한국의 미를 담은 미술품들이 전시된다. 멀리 보이는 산이 한옥의 운치와 조화를 이루며, 울창한 대나무숲 사이로 오솔길이 나 있어 여유롭게 걷기에도 좋다.
📍 전라북도 완주군 소양면 송광수만로 516-7
☎ 063-241-8195
🎫 입장료(1만원)
🕐 11:00~17:00
🔍 오성풍류학교 인근
🌐 http://www.awon.kr

백제 문화가 숨 쉬는 그곳
익산

익산은 예로부터 마한, 백제 문화권의 중심인 도시다. 만경강을 끼고 평야로 둘러싸여 비옥한 농토가 많아 한 나라의 왕도가 되기 위한 조건을 갖췄다. 백제 문화를 상징하는 미륵사지를 비롯해 왕궁리오층석탑, 익산쌍릉, 연동리석불좌상 등 백제 시대의 유물이 모여 있어 백제인의 문화를 엿볼 수 있다. 2015년 충남 공주와 부여, 전북 익산을 아우르는 백제역사유적지구가 유네스코 세계문화유산에 등재된 후 관광지로 더욱 각광받고 있다. 백제 무왕과 선화공주 이야기가 곳곳에 서려 있는 서동공원도 빼놓을 수 없는 볼거리. 보석의 도시이기도 한 익산에는 전국 유일의 보석박물관과 보석판매센터가 있어 함께 둘러보면 좋다.

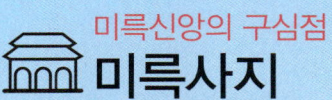

미륵신앙의 구심점
미륵사지

백제 무왕 때 창건된 사찰로, 국보 제11호로 지정되었다. 동양 최대 규모의 사찰이었다고 전해지며 현재는 절 터만 남아 있다. 〈삼국유사〉에 따르면 무왕과 선화공주가 길을 가던 중 큰 연못에서 미륵삼존이 나타나 그 자리에 절을 세웠다고 한다. 한국 최초의 석탑인 미륵사지석탑과 미륵사지 당간지주, 복원된 동탑, 유물전시관 등이 있어 백제인의 신앙 사상을 엿볼 수 있다.

📍 전라북도 익산시 금마면 기양리 32-2
☎ 미륵사지 유물전시관 063-830-0900
🔍 전북과학고등학교 인근

사진제공(익산시청 문화관광과)

나바위성당 우리나라 최초의 신부인 김대건 신부를 기념하기 위해 건립한 성당으로, 우리나라 건축 양식과 서구식 성당 건축 양식이 조화를 이루는 건물이다. 고즈넉한 성당 건물이 무척이나 운치 있다. 인근에 김대건 신부 순교비를 비롯해 아름다운 정자 망금정 등이 있어 함께 둘러보는 편을 추천한다.
- 전라북도 익산시 망성면 나바위1길 146
- 063-861-9210
- 논산 강경역에서 용안면사무소 방향으로 직진하면 우측
- http://www.nabawi.kr

만경강 전북 익산, 완주, 군산 일대를 흐르는 강이다. 만경강과 동진강 하구 일대에 새만금간척사업이 진행되고 있는데, 군산에서 고군산군도와 부안에 이르는 지역을 연결하는 대규모 간척사업이다.
- 전라북도 익산시 춘포면
- 익산, 군산 일대

보석박물관 세계 각국에서 수집한 10만여 점의 진귀한 보석을 전시하고 있으며 야외에는 보석광장, 칠선녀상의 조형물이 있다. 화석전시관에는 시대별 화석과 실물 모형의 대형 공룡이 있어 볼거리가 다양하다. 매년 4월이면 보석대축제가 개최되어 보석과 관련된 다양한 체험을 즐길 수 있다.
- 전라북도 익산시 왕궁면 호반로 8
- 063-859-4641
- 어른(3천원), 중고생(2천원), 초등생(1천원)
- 10:00~18:00 · 월요일 휴관
- 왕복초등학교 뒤편
- http://jewelmuseum.go.kr

서동공원 860여 평의 잔디광장과 미륵광장, 수변 광장, 야외무대 등 꽃과 나무가 어우러진 공원으로, 익산의 대표적인 나들이 장소이자 데이트 장소다. 서동공원 분수는 물 높이를 최대 5m까지 올릴 수 있으며 분수에 조명 시설도 갖추고 있어 밤에는 색다른 아름다움을 느낄 수 있다.
- 전라북도 익산시 금마면 고도9길 41-14
- 서동공원 관리사무소 063-836-7461
- 금마저수지 인근

서동공원_사진제공(익산시청 문화관광과)

왕궁리오층석탑 국보 제289호로, 높이 8.5m의 장중한 탑이다. 탑 주변 지대는 마한 또는 백제의 궁궐터였다고 전해오는 왕궁평이다. 석탑 옆에는 왕궁리유적전시관도 있어 들러볼 만하다.

만경강_사진제공(익산시청 문화관광과)

보석박물관_사진제공(이범수)-한국관광공사

📍 전라북도 익산시 왕궁면 왕궁리 산80-1
☎ 왕궁리유적전시관 063-859-4631
🔍 왕궁리유적전시관 뒤편
🌐 http://iksan.go.kr/wg

왕궁리오층석탑_사진제공(익산시청 문화관광과)

익산고도리석조여래입상 우뚝 서 있는 석불 두 기가 익산천을 200여 미터의 거리를 두고 마주 보고 있다. 견우와 직녀처럼 음력 12월 마지막 날 자정에만 잠깐 만남을 이루었다가 제자리로 돌아간다는 사랑 이야기가 전해진다. 고려 시대에 절제되면서도 거대한 석상이 많이 만들어졌는데, 이 시기에 만들어진 것으로 추정된다.

📍 전라북도 익산시 삼기면 진북로 273
☎ 익산시청 문화관광과 063-859-5797
🔍 금마면사무소에서 왕궁리오층석탑 방향으로 직진

익산교도소세트장 국내 유일의 교도소 세트장. 영화 〈7번방의 선물〉, 〈더킹〉, 〈내부자들〉을 비롯해 교도소가 나오는 드라마와 영화는 주로 이곳에서 촬영했다. 취조실, 다인실, 독방, 면회실에 들어가보는 체험도 할 수 있다.

📍 전라북도 익산시 성당면 함낭로 207
☎ 063-859-3236
🕐 10:00~18:00 | 동절기 09:00~17:00 - 월요일, 촬영일 휴장
🔍 익산시청 북부청사에서 하와사거리 지나 직진하면 우측

익산쌍릉 대왕릉과 소왕릉으로 이루어진 두 개의 능으로, 부여 능산리 굴식 돌방무덤과 같은 형식의 판석제 굴식 돌방무덤이다. 백제 7세기 전반기에 나타나는 무덤 양식으로, 백제 무왕과 그 부인인 선화공주의 무덤으로 추정하고 있다. 주위에 소나무 숲이 있어 산책하며 역사를 느끼기에 좋다.

📍 전라북도 익산시 석왕동 산55
☎ 익산시청 문화관광과 063-859-5797
🔍 익산공설운동장에서 금마면사무소 방향으로 직진하면 좌측

익산쌍릉사진제공(익산서청 문화관광과)

익산토성 오금산 중턱에 있는 포곡식 산성으로, 백제시대에 축조된 것으로 추정된다. 백제 사비 시대의 유물을 비롯해 통일신라 시대, 고려 시대에 이르기까지 다양한 유물이 출토되었다. 새롭게 계단 데크 길이 조성되어 천천히 산책하기 좋으며 전망대에 오르면 익산쌍릉과 왕궁리유적 등이 한눈에 보인다.

📍 전라북도 익산시 금마면 서고도리
☎ 익산시청 문화관광과 063-859-5797
🔍 익산쌍릉에서 금마면사무소 방향으로 직진. 오금산 내

치즈의 고장
임실

섬진강 상류에 있는 임실은 특산물인 치즈로 유명하다. 1967년, 임실성당에 부임한 벨기에 출신 지정환 신부가 가난한 주민을 돕기 위해 서양에서 산양 두 마리를 들여오고 치즈 만드는 비법을 배워온 것이 시초가 되었다. 치즈를 테마로한 체험형 관광지 임실치즈테마파크가 대표적인 여행지이며 유럽풍 단지 안에서 피자나 치즈를 직접 만들 수 있다. 치즈의 원리와 역사를 다룬 전시도 진행하고 있으니 함께 둘러보면 좋다. 출사지로 이름 높은 옥정호를 비롯해 아름다운 사선대관광지도 놓치지 말 것.

옥정호_사진제공(강경오)-한국관광공사

국사봉전망대 아름다운 출사지로 꼽히는 옥정호를 한 눈에 내려다볼 수 있는 전망대. 앞쪽으로는 물안개가 핀 옥정호와 붕어섬의 풍경이 펼쳐지고 뒤쪽으로는 수려한 국사봉이 펼쳐진다. 옥정호를 끼고 있는 호반도로를 따라 드라이브를 즐겨보는 것도 좋겠다.

- 전라북도 임실군 운암면 국사봉로 624
- 063-644-7766
- 운암면사무소에서 국사봉 방향으로 직진

덕치구담마을 섬진강변에 형성된 마을로, 봄이면 매화가 만개하여 장관을 이루고, 마을 곳곳에 소나무 탐방로와 느티나무 군락이 자리를 잡고 있어 볼거리가 풍성하다. 매실을 많이 생산하기에, 매실과 관련된 갖가지 체험 프로그램을 운영하고 있어 심심할 틈이 없다.

- 전라북도 임실군 덕치면 천담리
- 063-644-9051
- 섬진강수련원, 금성사 인근

사선대관광지 사선녀와 사신선의 전설이 깃든 명승지로, 빼어난 풍광, 수풀, 맑은 물이 어우러져 한 폭의 그림을 연상케 한다. 호숫가 절벽 위에 자리한 운서정이 운치를 더한다.

- 전라북도 임실군 관촌면 사선2길 68-7
- 사선대관광지 관리사무소 063-640-2923
- 관촌역에서 병암교차로 지나 직진, 섬진강변에서 우회전

세심자연휴양림 원통산 중턱에 자리를 잡은 휴양림. 입구에서부터 부동 경계면을 따라 흐르는 풍부한 수량의 망둥골 계곡을 중심으로 좌우 산세가 급하며, 곳곳에 크고 작은 폭포와 늪이 있다. 침엽수와 활엽수가 잘 어울려 조화를 이루고 있으며, 리기다소나무 조림 지역이 분포되어 있어 산책하며 구경하기에 좋다.

- 전라북도 임실군 삼계면 임삼로 485
- 010-5119-1265

- 홈페이지 참조
- 14:00~익일 12:00
- https://site.onda.me/69138/reservations

오수의견공원 고려 시대 때 자고 있는 주인을 위해 불길을 진압하고 죽은 충견의 넋을 기리기 위해 조성했다. 매년 4월 의견문화제를 개최하고 있으며, 반려견과 함께 산책하기 좋은 명소로 통한다.

- 전라북도 임실군 오수면 충효로 2096-16
- 063-640-2941
- 임실군 문화체육센터 옆

옥정호 섬진강 상류의 다목적댐 건설로 만들어진 인공호수. 봄, 가을에는 호수 위로 몽롱하게 피어오르는 물안개 풍경이 아름답기로 유명하다. 전국 각지에서 몰려든 사진작가들이 옥정호의 아름다운 풍경을 카메라에 담으려고 장사진을 이루곤 한다.

- 전라북도 임실군 운암면 입석리 458
- 임실군청 문화관광산림과 063-640-2345
- 국사봉전망대 인근

임실치즈테마파크 치즈의 도시 임실의 대표적 관광지. 치즈 체험장, 홍보관, 유가공 공장, 특산물 판매장 등 다양한 시설을 갖추고 있으며 명실상부 임실 치즈의 모든 것을 만날 수 있는 곳이다. 드넓은 초지와 유럽풍의 경관이 시선을 끌며 피자 만들기, 치즈 만들기 등의 체험 프로그램도 운영해 어린이 체험 학습 명소로 자리 매김했다.

- 전라북도 임실군 성수면 도인2길 50
- 063-643-2300
- 치즈체험(A코스 2만1천원, B코스 1만6천원, C코스 2만7천원, P코스 3만6천원, S코스 3만7천원)
- 09:00~18:00 – 월요일 휴관
- 임실IC교차로 인근
- http://www.cheesepark.kr

우리 전통의 참맛

전주

유네스코가 선정한 음식창의도시 전주. 맛의 고장답게 비빔밥, 막걸리 등 맛깔나는 음식이 많아 남녀노소 관광객을 사로잡고 있다. 특히 전주 맛 탐방을 하고 싶다면 남부시장을 추천한다. 1층에는 전통적인 전주 음식을 판매하는 식당이 있고, 2층 청년몰에서는 젊은이들이 다양한 먹거리와 소품을 판매한다. 전주 하면 멋스러운 한옥마을도 빼놓을 수 없다. 전국에서 가장 큰 규모의 한옥마을로, 한복을 입고 골목골목을 구경하다 보면 우리 전통의 참맛을 느낄 수 있다. 매년 전주단오제, 전주국제영화제, 비빔밥축제가 열리며 판소리의 고장답게 10월에는 세계소리축제도 열린다. 한옥마을 인근에 경기전, 전동성당, 전주객사 등이 모여 있어 한번에 둘러보기 좋다.

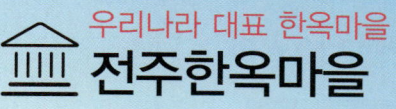

우리나라 대표 한옥마을
전주한옥마을

전주시 풍남동과 교동 일대에 걸쳐 600여 채의 한옥으로 이루어진 마을이다. 1977년 한옥마을보존지구로 지정되어 전통의 가옥 양식을 그대로 간직하고 있다. 한옥마을에서 가장 높은 곳에 있는 오목대에 오르면 고즈넉하고 멋스러운 한옥마을이 한눈에 들어온다. 한옥마을 입구에는 고풍스러운 전동성당이 상징처럼 서 있고, 태조 이성계의 어진(보물 제317호)을 모신 경기전과 어진박물관 등의 볼거리가 곳곳에 있다. 최명희문학관, 공예품전시관, 부채문화관, 카메라박물관 등도 추천하며 문화해설사와 한옥마을 투어를 함께 할 수도 있다.

- 📍 전라북도 전주시 완산구 교동
- ☎ 전주한옥마을 관광안내소 063-282-1330
- 🔍 풍남문에서 태조로 지나 직진
- 🌐 http://tour.jeonju.go.kr
- 📌 경기전, 오목대, 전동성당

고즈넉한 분위기 경기전

사진제공(전주시청 관광산업과)

조선 태조 이성계의 어진(영정)을 봉안하기 위해 1410년(조선 태종 10년)에 창건했다. 왕조의 발상지인 전주에 세웠으며 정유재란 때 소실되었다가 1614년(광해군 6년)에 중건하였다. 전주 이씨의 시조인 이한과 시조비 경주 김씨의 위패를 봉안한 조경묘가 자리하고 있다. 〈조선왕조실록〉을 보관한 전주 사고와 구이태실 마을에서 옮겨온 예종 태실비도 빼놓을 수 없는 볼거리. 주변 경관이 수려해 사극 드라마 촬영지로도 사랑받고 있으며, 전주한옥마을 내에 있어 함께 둘러보기 좋다.

📍 전라북도 전주시 완산구 태조로 44 ☎ 경기전 관광안내소 063-287-1330 🎫 어른(3천원), 중고생(2천원), 어린이(1천원)
🕐 3월~10월 09:00~19:00 | 11월~2월 09:00~18:00 🔍 전주한옥마을 입구 전동성당 맞은편

우리나라에서 제일 아름다운 성당 전동성당

사진제공(전주시청 관광산업과)

전주한옥마을 입구에 자리한 성당으로, 프랑스인 보드네 신부가 부지를 사들이고 프와넬 신부가 설계하여 1914년에 준공되었다. 1791년 신유박해 때 처형이 이루어진 순교 터로, 순교자의 숭고한 뜻을 받들어 세워졌다. 비잔틴 양식과 격식을 갖춘 로마네스크 양식을 절충하여 지은 건물로, 전형적인 초기 천주교 성당 건물로 의미가 깊다. 동서양이 융합된 곡선미가 아름답기로 유명해 건축학적 의미도 뛰어나다. 우리나라에서 가장 아름다운 성당으로 꼽힐 정도. 봄철 벚꽃이 필 때쯤 방문하면 더욱 아름다우며 고즈넉한 분위기의 겨울 설경도 볼 만하다. 전주 여행의 중심지인 전주한옥마을 입구에 있어 한옥마을과 함께 경기전, 오목대 등의 여행지를 함께 둘러보는 편을 추천한다.

📍 전라북도 전주시 완산구 태조로 51 (전동) ☎ 063-284-3222 🔍 전주한옥마을 경기전 맞은편
🌐 http://www.jeondong.or.kr

아름다운 도시 공원 전주덕진공원

전주의 대표적인 도시 공원으로, 4만3천㎡에 이르는 연꽃자생지와 호반을 가로지르는 연화교 등이 있다. 곳곳에 시인의 시비가 있으며 덕진호에서 펼쳐지는 음악분수도 볼거리 중 하나다. 호수 주변에 창포 꽃이 피어 단옷날에는 목욕하고 머리를 감는 풍습이 있었다고 하며, 현재도 매년 6월에 전주단오제가 열린다.

📍 전라북도 전주시 덕진구 권삼득로 390 (덕진동1가) ☎ 관리사무소 063-239-2607 🔍 전북대학교 전주캠퍼스 옆

국립전주박물관 전라북도에서 출토된 고고 유물을 비롯하여 각종 불교미술품, 도자기, 금속공예, 서화, 민속자료 등 3만여 점을 소장하고 있다. 이 중 1천2백여 점의 소장품을 다섯 개의 전시실과 야외전시장에 상설전시하고 있으며, 다양한 주제의 기획전시를 개최하여 전라북도의 문화와 역사를 깊이 있게 소개하고 있다.

📍 전라북도 전주시 완산구 쑥고개로 249 (효자동2가)
☎ 063-223-5651
🕘 09:00~18:00 | 주말, 공휴일 09:00~19:00 | 3월~10월 토요일 09:00~21:00 – 월요일 휴관
🔍 전주역사박물관 옆
🌐 http://jeonju.museum.go.kr

삼천동막걸리골목 전주에 있는 막걸리 골목 중 가장 규모가 큰 골목. 막걸리 한 주전자당 안주가 한상 가득 나와 푸짐하고 정겨운 인심을 느낄 수 있다. 전라도의 좋은 물로 빚은 막걸리와 남도음식을 다양하게 맛보기에 좋다.

📍 전라북도 전주시 완산구 거마산로 16-1 일대 (삼천동1가)
🔍 삼천남초등학교 인근

오목대 태조 이성계가 남원 황산에서 왜적을 무찌르고 돌아가던 길에, 그의 선조가 살았던 이곳에 들러 여러 종친을 모아 잔치를 베풀었다고 한다. 이를 증명하기 위해 이성계가 머무른 곳을 뜻하는 "태조 고황제 주필유지"라는 고종황제의 어필을 비에 새겨 봉안하였다. 이곳에 오르면 전주한옥마을의 고즈넉한 풍경이 한눈에 들어온다.

📍 전라북도 전주시 완산구 기린대로 55
☎ 전주한옥마을 관광안내소 063-282-1330
🔍 한옥마을 태조로 따라 직진하면 우측

자만벽화마을 전주한옥마을 뒤편 언덕에 자리한 곳으로, 원래는 달동네였지만 녹색 둘레길 사업의 일환으로 다양한 벽화를 그렸다. 전주 시내를 한눈에 볼 수 있는 옥상 정원과 카페, 게스트하우스, 식당이 자리하고 있다.
- 전라북도 전주시 완산구 교동 50-158
- 한벽교에서 오목대 방향으로 직진

전주남부시장 전주의 대표적인 재래시장. 콩나물국밥, 순대국밥 등의 음식이 맛있기로 유명하다. 젊은 감각으로 중무장한 상점이 모여 있는 2층 청년몰도 놓칠 수 없다. 다양한 소품가게와 상점, 벽화가 시장에 색다른 활력을 불어넣으며 젊은 관광객을 끌어들이고 있다.
- 전라북도 전주시 완산구 풍남문1길 19-3
- 전주남부시장 번영회 063-284-1344
- 전주성심여자중학교 맞은편
- http://jbsj.kr

전주객사 옛 전라감영의 권위를 상징하는 건물로, 주로 관원과 외국 사신의 숙소, 또는 연회장으로 사용되었다. 주관 정면에는 '풍패지관'이라는 현판이 걸려 있는데, 이는 이성계의 본향지인 전주가 조선왕조의 발원지라는 뜻이다.
- 전라북도 전주시 완산구 충경로 59 (중앙동3가)
- 전주시청 전통문화유산과 문화재담당 063-281-5127
- KT전주지사 인근

전주동물원 1978년에 개원한 동물원으로, 지방 동물원으로는 유일하게 호랑이, 사자, 기린 등 대동물 외에 희귀 동물인 반달가슴곰, 얼룩말, 재규어 등을 보유하고 있다. 동물원 내에 드림랜드 놀이 시설이 있어 어린이들이 마음껏 즐길 수 있다. 영화 〈화려한 휴가〉의 촬영지로도 유명하다.
- 전라북도 전주시 덕진구 소리로 68 (덕진동1가)

☎ 063-281-6759
🎫 어른(1천3백원), 중고생(6백원), 어린이(4백원)
🕐 3월~10월 09:00~18:00 | 11월~2월 09:00~17:00
🔍 덕진체련공원 옆
🌐 http://zoo.jeonju.go.kr

전주전통술박물관 호남 유일의 전통 술 박물관으로, 전통 가양주에 대한 다양한 유물이 전시되어 있다. 조선시대의 가양주 문화를 재현하고 보급하는 것을 목적으로 하며 가양주와 관련된 다양한 강좌와 연구사업, 체험프로그램, 건전한 음주문화 형성을 위한 향음주례 등을 진행하고 있다.

📍 전라북도 전주시 완산구 한지길 74 (풍남동3가)
☎ 063-287-6205
🕐 09:00~18:00 – 월요일 휴관
🔍 전주 코아리베라호텔 뒤편
🌐 http://urisul.net

전주향교 고려 시대에 창건되었다고 전해지고 있으나 현재의 건물은 조선 선조 때 건립되었다. 향교 중 가장 보존이 잘 되어 있으며 성균관과 유사하게 중국 유학자 7인과 우리나라 18현 등 총 51인을 배향하고 있다. 일반 방문객을 위해 일요학교와 어린이 예절학교를 운영하고 있다.

📍 전라북도 전주시 완산구 향교길 145-22 (교동)
☎ 전주시청 전통문화과 문화재담당 063-288-4548
🕐 하절기 09:00~18:00 | 동절기 09:00~17:00
🔍 전주전통문화연수원 옆
🌐 http://www.jjhyanggyo.or.kr

팔복예술공장 90년대 초반까지 카세트 테이프를 생산하던 폐공장이 복합예술문화공간으로 재탄생했다. 매번 새로이 기획되는 전시들과 문화예술을 배워볼 수 있는 창작예술학교 등 다채로운 문화를 경험할 수 있는 곳이다.

📍 전라북도 전주시 덕진구 구렛들1길 46
☎ 063-211-0288
🕐 10:00~18:00 – 월요일, 명절 당일 휴관
🔍 팔복예술공간 정류장에서 하차
🌐 http://www.palbokart.kr

풍남문 전주부성 4대문 가운데 하나로, 남쪽에 자리하고 있으며 서울에 있는 남대문과 같은 형태적 특징을 보이고 있다. 1905년에 동, 서, 북문은 철거되고 남문만이 남아 오늘에 이르고 있으며 현재의 모습은 1978년에 복원하였다.

📍 전라북도 전주시 완산구 풍남문3길 1 (전동)
☎ 전주시청 전통문화유산과 문화재담당 063-281-5127
🔍 전주한옥마을 전동성당 길 맞은편

한벽당 조선 개국공신인 월당 최담이 지은 누각으로, 전주 8경 중 하나이기도 하다. 앞에 흐르는 전주천과 정면의 남고산을 바라보는 풍광은 운치 있는 한 폭의 그림을 연상케 한다. 많은 시인과 묵객에 이곳을 찾아 시를 지었다고 한다. 전주의 풍류를 느낄 수 있는 곳.

📍 전라북도 전주시 완산구 교동 15
☎ 전주시청 전통문화유산과 문화재담당 063-281-5127
🔍 오목대 앞 한벽교 인근

풍남문_사진제공(전주시청 관광산업과)

내장산을 품은 고장
정읍

정읍은 화려하지는 않지만 은은하고 고즈넉한 매력을 지닌 도시다. 정읍의 대표 여행지로는 내장산국립공원이 있다. 호남의 금강산이라 불릴 만큼 산세가 수려하며 특히 가을 단풍이 아름답기로 유명하다. 국립공원 내에 백제 시대 사찰인 내장사가 있어 함께 둘러보면 좋다. 이 외에도 운치 있는 피향정과 백제 가요인〈정읍사〉를 테마로 한 정읍사공원 등도 놓칠 수 없는 볼거리다.

가을 단풍이 아름다운
내장산국립공원

원래는 영은산이라고 불렸지만, 산 안에 숨겨진 것이 무궁무진하다 하여 내장산이라고 불리게 되었다. 예로부터 조선 8경의 하나로 이름날 만큼 아름다운 산으로, 매해 봄마다 철쭉과 벚꽃이, 가을에는 단풍이 둘러싸는 비경이 장관을 이룬다. 고풍스러운 사찰인 백양사와 내장사를 비롯해 전봉준 장군이 체포되기 전 마지막으로 들른 입암산성이 자리하고 있다. 산 전체에 천연기념물과 야생동물이 많아 자연 그대로를 느껴볼 수 있다.

📍 전라북도 정읍시 내장산로 936 (내장동)
☎ 내장산국립공원 사무소 063-538-7875
🔍 내장터미널 인근
🌐 http://naejang.knps.or.kr
🍴 내장사

사진제공(김지호) - 한국관광공사

내장사_사진제공(이범수)-한국관광공사

내장사 636년(백제 무왕 37년)에 영은조사가 창건한 사찰로, 50여 동의 대가람을 세웠다. 그 후 조선 시대부터 6·25전쟁 때까지 소실과 중창을 거듭했다. 조선 시대 고종 때까지 영은사로 불렸지만, 이후에 내장산의 이름을 따서 내장사로 바꿔 부르게 됐다. 1979년에는 인도에서 석가모니의 진신사리를 받아 봉안했다.

- 전라북도 정읍시 내장산로 1253 (내장동)
- 063-538-8741
- 내장산국립공원 내
- http://www.naejangsa.org

동학농민혁명기념관_사진제공(김지호)-한국관광공사

동학농민혁명기념관 동학농민군의 최초 전승지인 황토현전적지 인근에 개관한 기념관. 여러 자료와 전시물을 통해 동학농민혁명의 역사를 한눈에 볼 수 있다. 동학농민혁명에 관련된 무기, 생활용품, 전적류를 전시·보존하고 있다.

- 전라북도 정읍시 덕천면 하학리 산9-1
- 063-536-1894
- 3월~10월 09:00~19:00 | 11월~2월 09:00~18:00 – 월요일 휴관
- 황토현전적지 인근
- http://www.1894.or.kr

송참봉조선동네 조선 시대의 일반적인 마을을 재현하여 꾸며놓은 체험형 관광지. 전통 숙박을 체험할 수 있는 숙박동을 비롯해 민속전시관, 학습관, 농기구보관창고 등이 마련되어 있어, 이색적인 하루를 보낼 수 있는 곳이다. 마을을 둘러보는 것은 예약을 통해 가능하니, 확인 후 방문할 것을 추천한다.

- 전라북도 정읍시 이평면 영원로 1290-118
- 063-532-0054
- 예약제로 운영

송참봉조선동네_사진제공(박은영)-한국관광공사

- 영원면사무소에서 청량길 방향으로 약 3km 직진
- http://folkvillage.co.kr

옥정호구절초테마공원 2003년에 망경대체육공원으로 조성되었다가 2006년부터 구절초를 심기 시작하여 구절초테마공원으로 바뀌었다. 가을이 되면 소나무가 듬성듬성 심어진 솔숲 전체가 하얀 구절초 천지가 된다. 도시민들의 휴식처로 인기가 높은 곳이다.
- 전라북도 정읍시 산내면 매죽리 산186-5
- 정읍시청 농업정책과 063-539-6171
- 어른(5천원), 중고생, 어린이(3천원)
- 옥정호 상류 인근

전설의쌍화차거리 정읍시청 인근에 조성된 거리로, 쌍화차를 테마로 꾸몄다. 제대로 된 한약재를 넣어 만든 전통 쌍화차를 파는 곳 10여 개가 모여 있으며 30년 전통을 자랑하는 찻집도 있다. 쌍화탕 외에도 떡이나 과일을 함께 내기도 한다.
- 전라북도 정읍시 장명동
- 정읍시청, 정읍여자중학교 인근

정읍사공원 가요 〈정읍사〉 탄생의 현장에 6만7천여 평의 공원을 조성하여 망부상과 정읍사 사우, 정읍사노래비를 건립했다. 정읍사예술회관, 정읍사국악원, 시립도서관, 야외공연장, 체육시설 등이 들어서 있어 향토색 뚜렷한 수준 높은 지방 문화를 살펴볼 수 있다.

- 전라북도 정읍시 정읍사로 541
- 정읍시청 도시과 063-539-6414
- 정읍중학교 뒤편

정읍천변벚꽃길 4월이면 정읍천변의 40년이 넘은 벚꽃나무 약 2천 그루가 만개해 연분홍빛의 장관을 이룬다. 1 벚꽃 터널이 아름답게 펼쳐지는 끝없는 벚꽃 터널을 여유롭게 거닐며 산책하기에도 좋다. 해마다 공연, 예술제 등의 축제가 열려, 특별한 추억을 쌓아보는 것도 좋겠다.
- 전라북도 정읍시 초산동
- 정읍종합관광안내센터 063-536-6776
- 정읍시청에서 초산동주민센터 방향으로 직진, 정읍천변 일대

피향정 호남 지방의 대표적인 정자 중 하나로, 신라의 최치원이 태산군수로 있을 때 정자에 들렀다고 전해진다. 피향정이라는 이름은 동서 양쪽에 파놓은 연못의 연꽃 향기가 주위에 가득하다는 의미에서 지어졌다. 지금의 정자는 조선 현종 때 중수한 것이며 여름이면 정자 뒤편에 있는 연못이 연잎으로 뒤덮인다.
- 전라북도 정읍시 태인면 태산로 2951
- 정읍종합관광안내센터 063-536-6776
- 피향제 앞

옥정호구절초테마공원_사진제공(이범수)-한국관광공사

마이산과 홍삼의 도시
진안

진안은 해발고도가 높은 고원 지대로, 높이 솟아 오른 마이산이 대표적인 관광지다. 두 개의 봉우리가 말의 귀처럼 솟아오른 모양을 하고 있으며 신라 시대부터 나라에서 제항을 올리던 신성한 산이었다. 개인이 돌을 쌓아 탑 108기를 만든 탑군도 특이한 볼거리. 인근에는 용담댐과 인공호수 용담호가 있어 아침 물안개가 신비로운 광경을 선사한다.

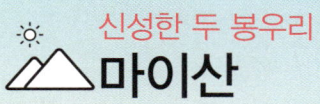

신성한 두 봉우리
마이산

해발 400~500m의 고원 지대에 말의 귀 모양으로 두 봉우리가 뾰족하게 솟은 산. 특이한 모양 때문에 신라 시대 때부터 신성한 산으로 불리며 제향 장소로 쓰였다. 남쪽 기슭의 탑군 또한 신비의 극치를 이룬다. 탑군은 1860년에 태어난 이갑룡이라는 사람이 기도하는 마음으로 돌을 차곡차곡 쌓아 108기의 탑을 만든 것이 지금에 이르렀고 현재는 80여 기가 남아 있다. 마치 송곳같은 정교함이 인상적이며 인간의 위대함이 느껴지는 조형물이다.

📍 전라북도 진안군 진안읍 단양리 마이산도립공원
☎ 마이산도립공원 관리소 063-433-3313
🔍 금당사에서 등산로 따라 진입
🌐 http://maisan.jinan.go.kr

사진제공(진안군청 기획실 홍보팀)

☎ 063-290-6993
🔍 장수군청에서 단평제 지나 직진, 신암제에서 우회전
🌐 http://forest.jb.go.kr/demisaem

메타세쿼이아길 모래재를 돌아 올라오면 메타세쿼이아길이 1.6km 가량 펼쳐진다. 드라이브 코스로 유명하며 각종 CF, 영화, 드라마 촬영지로도 인기가 많다. 나무에서 뿜어 나오는 향기가 매력적인 곳이다.
📍 전라북도 진안군 부귀면 세동리 69-3
🔍 장승초등학교에서 모래재터널 방향으로 직진

백운동계곡 덕태산 내에 자리하고 있는 계곡으로, 너른 바위를 따라 시원한 계곡물이 쏟아진다. 시원하게 흘러내리는 점진폭포를 비롯해 선녀탕 등이 있어 발을 담그거나 여름철 물놀이를 즐기기에도 좋다.
📍 전라북도 진안군 백운면 백암리
🔍 백운면사무소에서 덕태산 방향으로 직진

용담댐 국내에서 다섯 번째로 큰 댐. 용담댐 건설로 인공호수 용담호가 조성되었으며 일대 경관이 아름다워 둘러보기 좋다. 댐 주위로 새로 난 도로는 환상의 드라이브 코스로 통한다.
📍 전라북도 진안군 안천면 삼락리 1136-3
☎ 063-430-4262
🔍 송풍삼거리 13번 도로 따라 다리 건너 우회전 후 직진

데미샘자연휴양림 본섬진강의 발원지인 데미샘 동쪽에 자리한 휴양림으로, 약 200ha에 달하는 넓은 부지에 다양한 휴양시설을 갖추었다. 숲속의 집을 비롯해 한옥, 데미샘휴양관 등의 숙박 시설이 있으며 산책로가 잘 조성되어 있어 산림욕을 즐기기도 좋다.
📍 전라북도 진안군 백운면 데미샘1길 17

운일암반일암_사진제공(진안군청 기획실 홍보팀)

운일암반일암 깊은 골짜기에 자리한 계곡으로, 웅장한 바위와 시원한 물줄기가 어우러진다. 여름철 더위를 피하기 위해 많은 사람이 방문한다.
- 전라북도 진안군 주천면 동상주천로 1926
- 063-432-8748
- 노적봉쉼터 옆

운장산자연휴양림 운장산에 있는 휴양림으로, 갈거계곡 인근에 자리하고 있다. 7km에 이르는 시원한 계곡과 함께 울창한 원시수림 등이 있어 풍광이 멋지다. 자연경관이 잘 보존되어 있어 자연 그대로를 만끽할 수 있다. 휴양림 내에는 숲속의 집, 숲속수련장, 야영장, 등산로 등의 시설이 있다.
- 전라북도 진안군 정천면 휴양림길 77
- 063-432-1193
- 어른(1천원), 중고생(6백원), 어린이(3백원)
- 구봉산 내, 갈거계곡 인근
- http://www.huyang.go.kr

은수사 은수사는 누가 언제 창건하였는지 분명하지 않다. 태조 이성계가 이곳에서 물을 마시고 물이 은(銀)과 같이 맑고 깨끗하다고 하여 유래된 이름으로 전해지지만, 이것도 분명하지 않다. 은수사의 마당에는 천연기념물로 지정된 청실배나무가 있으며, 태조 이성계가 심었다는 이야기가 전해진다.
- 전라북도 진안군 마령면 마이산남로 406
- 063-433-2502
- 마이산도립공원에서 마이산남로 1.7km 직진

진안가위박물관 마이산 북부에 자리한 세계 유일의 가위박물관. 전 세계의 시대를 망라한 희귀 가위 1천 5백여 점을 전시하고 있으며 용담댐 수몰 지역에서 출토된 고려시대의 대표적인 철제가위도 만나볼 수 있다. 가위를 활용한 어린이 체험 프로그램도 운영한다.
- 전라북도 진안군 진안읍 마이산로 258
- 063-432-3232
- 어른(4천원), 중고생(3천원), 어린이(2천원)
- 10:00~18:00 - 월요일 휴관
- http://www.scissormuseum.kr

탑영제 마이산 탑사 아래 남부 주차장 쪽으로 내려오면 맑은 날에는 마이산이 거울처럼 비치는 호수가 나오는데 그곳이 탑영제이다. 탑영제를 끼고 도는 산책로가 조성되어 있다.
- 전라북도 진안군 마령면 동촌리 마이산 내
- 진안IC에서 진안톨게이트 지나 진안IC교차로로 이동. 남원 방면으로 좌회전 후 4.9km 이동. 화전삼거리에서 마이산남로 마이산 방면으로 우측도로 3.5km 이동

화엄굴 마이산 숫마이봉 중턱에 있는 동굴이다. 사시사철 맑은 석간수가 흘러나오며 아무리 가물어도 마르지 않기로 유명하다. 이 약수를 마시고 정성을 다하여 기도를 드리면 정기를 받아 아들을 얻을 수 있다는 전설이 전해진다.
- 전라북도 진안군 마령면 마이산남로 367
- 마이산 공원관리사무소 063-433-3313
- 09:00~18:00
- 마이산 내

광안대교_사진제공(최영근)-한국관광공사

부산광역시

······················

부산 여행의 중심 **해운대/기장**

부산의 정겨운 분위기가 물씬! **남포동**/서면

부산 여행의 중심
해운대/기장

부산 여행의 핵심은 단연 해운대권역이라 할 수 있다. 이름만 들어도 알 만한 부산의 유명 관광지가 바로 이곳에 모여 있으니 말이다. 해운대해수욕장과 광안리해수욕장, 송정해수욕장 등 전국적인 인기를 자랑하는 '전국구 해수욕장'이 있어 여름철이면 엄청난 인파로 인산인해를 이룬다. 해운대해수욕장 서쪽에 있는 동백섬도 인기 코스 중 하나. 젊은 트렌디함을 느껴보고 싶다면 동백섬 내에 있는 복합공간 더베이101이나 달맞이길 인근으로 가보자. 트렌디한 카페와 레스토랑이 모여 있어 멋진 경치를 바라보며 시간을 보낼 수 있다.

우리나라 No.1 해수욕장
해운대해수욕장

매년 전국 관광지 방문객 1위를 독차지할 정도로 단연 우리나라 제일의 해수욕장으로 꼽힌다. 탁 트인 바다와 주변 자연경관이 조화롭게 어우러져 있으며 도심에서 가장 가까운 해변이기도 하다. 특히 여름철이면 무더위를 피하기 위해 전국 각지에서 피서객이 몰려들어 뜨거운 열기를 뿜어낸다. 해수욕장 인근에 특급호텔과 레스토랑, 리조트, 쇼핑센터 등이 자리하고 있어 즐길거리가 다채로운 것도 장점. 매년 5월이면 전 세계의 작가들이 만든 모래 조각을 비롯해 다양한 모래 체험행사를 즐길 수 있는 해운대모래축제가 열린다.

- 부산광역시 해운대구 해운대해변로 264 (우동)
- 해운대구 관광시설사업소 051-749-7616
- 해운대역 5번 출구에서 직진
- http://sunnfun.haeundae.go.kr

젊은 청춘이 모여드는 뜨거운 해수욕장 **광안리해수욕장**

광안리해수욕장

매년 1천만 명 이상의 인파가 모여드는 곳으로, 해운대해수욕장과 함께 우리나라를 대표하는 인기 해수욕장이다. 아름다운 백사장과 코발트블루빛 맑은 바닷물이 어우러져 있으며 여름에는 야외무대에서 흥겨운 축제와 공연이 열린다. 해변을 따라 독특한 레스토랑과 핫한 카페 등이 줄지어 있어 분위기를 더한다. 해수욕장 끝에 있는 민락회센터에서 신선한 회를 맛볼 수 있으며 회를 포장해 민락수변공원에서 광안대교 야경을 바라보며 먹는 것도 추천한다.

- 부산광역시 수영구 광안해변로 219 (광안동) ☎ 여름 행정봉사실 051-610-4841 🔍 광안역 3번 출구에서 직진
- http://www.suyeong.go.kr/gwangalli

F1963 고려제강의 수영공장이었던 곳이 2016년, 복합문화공간으로 재탄생했다. 기획전시를 비롯해, 문화공연, 도서관, 카페 등 예술과 문화가 결합된 공간이 형성되어 있으며, 야외 대나무숲과 정원이 있어 도심 속에서 숲을 느낄 수 있다.
- 부산광역시 수영구 구락로 123번길 20
- ☎ 051-756-1963
- 홈페이지 참조
- 09:00~24:00
- http://www.f1963.org/ko/
- 🔍 코스트코 부산광역시점 옆

광안대교 총연장 7.42km의 현수교로, 부산 수영구와 해운대구를 연결해준다. 바다를 가로지르는 국내 최대의 해상복층 교량으로, 광안리해수욕장과 해운대 동백섬, 달맞이길이 어우러져 주변 경관이 아름답다. 특히 화려한 조명 시스템을 갖추고 있어 밤이 되면 환상적인 야경을 선사한다.
- 부산광역시 수영구 광안동~해운대구 우동
- ☎ 광안대교사업단 051-780-0077
- 경차(5백원), 소형(1천원), 대형(1천5백원)
- 🔍 부경대학교 대연캠퍼스~해운대 벡스코
- http://gwanganbridge.bisco.or.kr

기장대변항 기장군에 자리한 한적한 항구로, 멸치로 유명하다. 항구 인근에 있는 식당에서 멸치찌개와 멸치회, 멸치무침 등 신선한 멸치 요리를 즐길 수 있다. 매년 4월 멸치 철이 되면 대변항 일원에서 기장멸치축제를 개최해 인산인해를 이룬다.
- 부산광역시 기장군 기장읍 대변리 274-17
- ☎ 기장군청 해양수산과 051-709-4501
- 🔍 기장우체국에서 대변초등학교 방향으로 직진

누리마루APEC하우스 동백섬 내에 자리한 건축물로, 2005년 부산 APEC 정상회의가 개최된 곳이다. 한국 전통 건축인 정자를 현대식으로 표현한 것이 특징이며 해운대의 수려한 절경과 조화롭게 어우러진다. 정상회의장을 비롯해 오찬장, 기념관 등을 동선에 따라 관람할 수 있다.
- 부산광역시 해운대구 동백로 116 (우동)
- ☎ 051-744-3140
- 09:00~18:00 · 첫째 주 월요일 휴관
- 🔍 동백역 1번 출구에서 동백사거리 지나 직진, 동백섬 내
- http://www.busan.go.kr/nurimaru

달맞이길 해운대해수욕장에서 송정해수욕장까지 이어지는 길로, 부산에서 가장 인기 있는 드라이브 코스다. 봄이면 길 양옆으로 벚나무가 흐드러지게 피어 더욱 아름답다. 달맞이라는 이름에도 느껴지듯이 달이 떠오르는 월출 풍광이 운치를 자아낸다. 인근에 분위기 좋은 레스토랑과 카페가 여럿 있으니 여유롭게 시간을 보내보자.
- 부산광역시 해운대구 중동
- ☎ 해운대 관광안내소 051-749-5700
- 🔍 해운대구청~송정어귀삼거리

더무빙카라반 바다가 보이는 곳에서 이색적인 하루를 보낼 수 있는 카라반 캠핑장. 카라반은 작은 편이지만 아늑하고, 바다를 눈앞에서 볼 수 있어 인기며, 인근에 웨이브온커피가 있어, 커피 한 잔 하기에 좋다. 캠핑장 내 화장실과 샤워시설은 공용으로 이용 가능하니, 참고하는 것이 좋겠다.

- 부산광역시 기장군 장안읍 해맞이로 290
- 1577-8446
- 홈페이지 참조
- 예약제로 운영
- 웨이브온커피 인근
- http://www.themoving.kr/

더베이101 동백섬 입구를 지키고 있는 더베이 101은 밤이 깊어질수록 아름다운 해운대 마린시티의 전경을 눈에 담을 수 있는 부산 최고의 야경 명소 중 하나다. 갖가지 길거리 음식을 사들고 야외 테이블에 앉아 부산 앞바다와 형형색색의 불빛을 즐기는 특별한 추억을 쌓을 수 있다.

- 부산광역시 해운대구 우동 747-7
- 051-726-8888
- 요트투어 - 어른, 중고생(2만원, 야간 3만원), 어린이(1만5천원, 야간 2만원)
- 동백역 1번 출구에서 동백사거리 지나 직진, 동백섬 내
- http://www.thebay101.com

동백섬 해운대해수욕장 서쪽에 자리한 섬으로, 이름처럼 동백나무가 지천으로 피어 아름다움을 더한다. 누리마루 APEC하우스를 비롯해 핫 플레이스 더베이101이 자리하고 있어 많은 사람이 찾고 있다. 바닷가를 따라 조성된 산책로가 해운대해수욕장까지 연결되어 바다 경치를 즐기며 산책을 즐길 수 있다.

- 부산광역시 해운대구 우동 710-1
- 해운대 관광시설 관리사업소 051-749-7621
- 동백역 1번 출구에서 동백사거리 지나 직진

롯데시그니엘부산 드넓은 해운대의 백사장과 앞바다, 그리고 동백섬과 광안대교까지 한눈에 즐길 수 있는 해운대의 랜드마크 중 하나. 호텔 야외에 인피니티 풀과 작은 워터파크가 마련되어 있어 해운대의 절경을 여유로이 감상할 수 있다. 체크인 시 제공되는 웰컴 티와 다과와 함께 아늑한 객실에서 편안한 하루를 보낼 수 있다.

- 부산광역시 해운대구 중동 달맞이길 30
- 051-922-1000
- 홈페이지 참조
- 홈페이지 참조
- 해운대 엘시티 내
- https://www.lottehotel.com/busan-signiel/ko.html

부산시립미술관 부산 최초의 시립 미술관으로, 1998년 개관했다. 시민에게 폭넓은 미술 문화를 제공하기 위해 장르별로 다채로운 미술 작품과 자료를 전시하고 있다. 2년에 한 번씩 부산비엔날레가 개최되어 다채로운 예술을 체험할 수 있는 것이 특징. 지하 1층에는 어린이 전용 미술관이 있어 가족이 함께 방문해도 즐겁게 시간을 보낼 수 있다.

- 부산광역시 해운대구 APEC로 58 (우동)
- 051-744-2602
- 10:00~18:00 | 토요일 10:00~21:00 - 월요일 휴관
- 벡스코역 5번 출구에서 직진
- http://art.busan.go.kr

더베이101_사진제공(김지호)-한국관광공사

영화의전당_사진제공(위브부산)-한국관광공사

부산아쿠아리움 본최첨단 시설을 갖춘 아쿠아리움으로, 해운대해수욕장 내에 있어 접근성이 좋다. 각기 다른 테마로 꾸민 여덟 개의 테마존과 270°로 펼쳐지는 해저터널 등을 갖추고 있으며 250종 1만여 마리에 이르는 다양한 해양생물을 보유하고 있다. 바닥을 투명한 유리로 만든 투명보트를 타고 상어를 가까이서 볼 수 있는 상어투명보트도 이색 체험으로 인기.

- 부산광역시 해운대구 해운대해변로 266 (중동)
- 051-740-1700
- 어른, 중고생(2만9천원), 어린이(2만3천원)
- 10:00~20:00
- 해운대해수욕장 내
- https://www.busanaquarium.com

센텀시티 해운대 일대에 조성된 미래 복합형 도시로, 해운대의 랜드마크로 자리 잡았다. 신세계백화점, 센텀시티몰, 롯데백화점 등의 복합상업시설을 비롯해 컨벤션센터인 벡스코, 영화의전당 등 다양한 문화 시설이 들어서 있다. 하늘을 향해 뻗어 있는 스카이라인과 밤이 되면 빛을 발하는 휘황찬란한 야경이 볼거리를 더한다.

- 부산광역시 해운대구 우동 일대
- 센텀시티역 앞

아난티코브 부산 앞바다와 마주하고 있어 전망이 좋은 곳. 호텔 내에서 편의점, 수영장 등의 부대시설을 이용할 수 있으며, 지하에는 이연복 셰프의 중식당이 있어, 식사하기에도 좋다.

- 부산광역시 기장군 기장읍 기장해안로 268-31
- 051-509-1111
- 동암후문 정류장에서 도보 7분
- http://www.theananti.com/kr/cove/

아난티힐튼 2017년 7월 기장 바닷가에 조성한 특급호텔로, 천혜의 자연경관과 바다가 한눈에 내다보이는 환상적인 전망을 자랑한다. 시원하게 펼쳐진 오션뷰와 해안절경이 호텔의 품격을 더한다. 또한 모든 객실에 프라이빗한 발코니가 있어 자연을 즐기며 휴식을 취할 수 있다.

- 부산광역시 기장군 기장읍 시랑리 704-1
- 051-509-1111
- 송정해수욕장에서 해안도로 따라 대변항 방향으로 직진하면 우측
- http://hiltonbusan.co.kr

영화의전당 해운대구 센텀시티 산업단지 내에 위치한 영화의 전당. 3개의 전용 상영관과 영화를 비롯한 뮤지컬, 콘서트 등을 열 수 있는 다목적 공연장 시설을 갖추고 있다. 부산 국제 영화제 개·폐막식이 열리는 야외공연장, BIFF 사무실 등이 입주하는 비프힐 등을 갖추어 부산 국제 영화제를 세계에 더욱 알리는 공간으로 자리 잡고 있다.

- 부산광역시 해운대구 수영강변대로 120 (우동)
- 051-780-6000
- 홈페이지 참조
- 롯데백화점 센텀시티점 인근
- http://www.dureraum.org

죽성성당 아름다운 부산 바닷가를 바로 옆에 두고 있는 성당. 드라마의 촬영을 위해 건설된 곳으로, 부산 바다의 풍경과 어우러져 이국적인 정취를 풍긴다. 해 질 녘 노을이 진 모습이 아름답기로 유명하다.

- 부산광역시 기장군 기장읍 죽성리 134-7
- 죽성초등학교 인근

파라다이스호텔부산 해변 측 객실에 부산 특1급 호텔 중 유일하게 발코니 시설을 갖추고 있어 해운대 바다를 한눈에 내려다볼 수 있다. 곳곳에 비치된 예술품과 조각품, 드넓은 조경 공간에서 파라다이스만의 차별화된 이미지를 느낄 수 있다.

- 부산광역시 해운대구 해운대해변로 296 파라다이스호텔 부산
- 051-742-2121
- 해운대역에서 도보 8분
- http://www.busanparadisehotel.co.kr/

파크하얏트호텔부산 바람이 실린 돛을 형상화한 디자인이 특징인 호텔로, 광안대교와 부산 앞바다의 경관을 즐길 수 있는 곳이다. 피트니스 센터와 사우나, 실내 수영장 등의 다양한 부대시설을 갖추고 있기도 하다.

- 부산광역시 해운대구 마린시티1로 51
- 051-990-1234
- 동백역 3번 출구에서 약 1km
- https://www.hyatt.com

해동용궁사 다른 사찰과 달리 바닷가 기암괴석 위에 지어진 독특한 절이다. 시원하게 파도치는 바닷가의 풍경과 어우러져 독특한 분위기를 낸다. 동해 위로 떠 오르는 해돋이가 예쁘기로 유명하다.

- 부산광역시 기장군 기장읍 용궁길 86
- 051-722-7744
- 무료
- 05:00~일몰시까지 – 연중무휴
- 국립수산과학원 옆
- http://www.yongkungsa.or.kr

해운대유람선 오륙도와 동백섬, 더베이 101 등 부산 앞바다의 빼어난 경관을 즐길 수 있는 미포항의 유람선이다. 특히 일출과 일몰의 광경이 아름다우며, 인근에는 자연산 횟집이 많아 데이트 코스로도 인기다.

- 부산광역시 해운대구 달맞이길62번길 33-1
- 051-742-2525
- 어른, 중고생(각 2만2천원), 어린이(1만3천원)
- 09:00~21:00
- 중동역 7번 출구에서 약 1km
- http://www.mipocruise.co.kr

해운대포장마차촌 낮에는 주차장이었던 곳이 밤에는 포장마차촌으로 둔갑한다. 각종 해산물과 신선한 랍스터를 맛볼 수 있어 늘 관광객으로 붐빈다.

- 부산광역시 해운대구 해운대해변로 236
- 해운대역 5번 출구에서 도보로 11분 소요

해운대해변열차 미포정거장에서 출발해, 송정까지 왕복으로 운행하는 낭만적인 해변열차다. 동부산의 아름다운 해안경관을 감상하며 짧지만 즐거운 여행을 즐길 수 있다.

- 부산광역시 해운대구 청사포로 116 청사포정거장
- 051-701-5548
- 자유이용(1만3천원), 해변열차(1회 7천원, 2회 1만원)
- 11~4월 09:30~18:30 | 5~6월, 9~10월 09:30~19:30 | 7~8월 09:20~21:30
- 미포방파제 인근
- https://www.bluelinepark.com/

부산의 정겨운 분위기가 물씬!
남포동/서면

해운대권역이 요즘 핫한 신시가지라면, 남포동과 서면 일대는 옛날부터 꾸준히 사랑받는 여행지로 가득한 지역이다. 자갈치시장, 부평깡통시장, 국제시장 등이 모여 있는 남포동과 멋진 해안 절경을 감상할 수 있는 태종대유원지 등 부산 특유의 분위기와 문화를 만끽할 수 있는 곳이다. 뜨거운 젊음이 느껴지는 서면특화거리와 오륙도스카이워크, 송도해수욕장, 이기대도시자연공원 등 묵직한 존재감을 뽐내는 스팟도 놓치지 않도록 하자.

굽이치는 파도와 기암괴석이 만들어내는 절경
태종대유원지

부산을 대표하는 명승지로, 깎아 세운 듯한 절벽과 기암괴석, 그리고 굽이치는 파도가 환상적인 절경을 빚어낸다. 부산의 넓은 해안 경치를 볼 수 있는 남항조망지를 비롯해 기암괴석을 가까이서 볼 수 있는 신선바위, 해안선 절벽에 서 있는 전망대 등 볼거리가 다채롭다. 특히 신선바위에 신선한 해산물을 즉석에서 손질해 판매하는 좌판이 있어 절경을 감상하며 분위기를 내보는 것도 좋겠다. 태종대 입구에서 출발하는 다누비 열차를 타고 태종대를 한바퀴 둘러보는 편을 추천.

- 부산광역시 영도구 전망로 258 (동삼동)
- 051-405-8745
- 다누비열차 — 어른(3천원), 중고생(2천원), 어린이(1천5백원)
- 3월~10월 04:00~24:00 | 11월~2월 05:00~24:00 | 다누비열차 09:00~18:30
- 영도구청에서 한국해양대학교 지나 직진

사진제공(김지호) 한국관광공사

알록달록, 기분 좋은 벽화마을 감천문화마을

사진제공(김지호)-한국관광공사

산자락 아래 계단식으로 집이 옹기종기 모여 있는 마을. 알록달록한 집과 아기자기한 벽화, 지역 예술가의 조형 작품을 골목 곳곳에서 만날 수 있다. 어린왕자 포토존을 비롯해 전망대, 아기자기하게 꾸민 카페, 공방 등이 있어 다양한 체험을 할 수 있다.

- 부산광역시 사하구 감내2로 203 (감천동)
- 안내센터 051-204-1444
- 토성역 8번 출구에서 직진. 은천교회 지나 좌측 언덕길로 직진
- http://www.gamcheon.or.kr

젊은 사람들에게도 핫한 전통시장 국제시장

부산의 대표적인 전통시장으로, 광복 이후 일본인이 남기고 간 물건과 재외 동포들이 가져온 물건을 거래하기 위해 노점을 차린 것이 시초다. 영화 〈국제시장〉의 배경이 되면서 더욱 인기를 끌고 있으며 빈티지한 패션 아이템을 만날 수 있는 구제골목은 패션 피플의 사랑을 독차지하고 있다. 최근에는 번뜩이는 아이디어로 가득한 청년 기업이 입주한 상가인 609청년몰이 핫하다.

사진제공(전형준)-한국관광공사

- 부산광역시 중구 국제시장2길 38
- 국제시장 번영회 051-245-7389
- 09:00~20:00 – 첫째, 셋째 주 일요일 휴장
- 자갈치역 7번 출구에서 좌회전 후 직진하면 우측
- https://gukjemarket.co.kr

BIFF광장
본세계적인 영화제로 발돋움한 부산국제영화제 출범에 맞춰 조성된 광장. 유명 영화감독과 배우의 핸드프린팅을 비롯해 조형물이 설치되어 있어 보는 재미가 남다르다. 매년 부산국제영화제 전야제 행사가 이곳에서 열린다.

- 부산광역시 중구 남포동3가 15-1
- 중구청 문화관광과 051-600-4084
- 자갈치역 7번 출구에서 직진하다가 롯데리아에서 좌회전

광복로패션거리
고급패션상가와 영캐주얼브랜드, 보세거리, 구두골목, 극장가, 먹자 골목, 수입상가, 재래시장까지 밀집해 거대한 백화점 형태를 갖추었던 광복로와 창선로, 신창로 상권이 점차 확대 되어 운영되고 있다.

- 부산광역시 중구 남포동6가
- 부산시중구청 051-469-0281
- 남포동역 인근

신선한 해산물이 있는 곳 **자갈치시장**

사진제공(니오타니스튜디오)-한국관광공사

부산을 상징하는 대표적 명소로, 신선한 활어와 선어를 맛볼 수 있는 한국 최대의 수산물 종합시장이다. 현대화된 신축 건물 상가에 다양한 수산물 점포가 입점해 있어 쾌적한 환경에서 회를 즐길 수 있다.

- 부산광역시 중구 자갈치해안로 52 ☎ 051-713-8000 🔍 자갈치역 10번 출구에서 직진하다가 세 번째 골목에서 우회전
- http://jagalchimarket.bisco.or.kr

국립해양박물관 국내 유일의 국립해양박물관으로 우리나라 해양문화와 역사, 생물, 과학과 산업 등 다양한 분야의 볼거리를 제공한다. 해양과 관련된 교육프로그램, 무료 영화상영, 해양도서관, 4D 영상관 등의 시설이 있다.
- 부산광역시 영도구 해양로301번길 45
- ☎ 051-309-1900
- 무료 * 4D영상관, 특별전시는 별도 요금
- 09:00~17:00 - 월요일 휴무
- 국제크루즈터미널 내
- https://www.knmm.or.kr/

국립해양박물관_사진제공(김지호)-한국관광공사

다대포해수욕장 완만한 수심과 고운 모래사장이 어우러진 해수욕장. 해수욕장을 따라 조성된 해변공원과 몰운대유원지를 둘러보며 천천히 산책을 즐길 수 있다. 깎아지는 듯한 몰운대에서 바라보는 일몰이 특히 장관. 거대한 연을 이용해 물 위를 서핑하는 스포츠 레저 카이트보드를 즐길 수 있어 더욱 인기가 뜨겁다.
- 부산광역시 사하구 다대동
- ☎ 사하구청 051-220-4161
- 다대포해수욕장역 앞

보수동책방골목 1950년 6·25전쟁 이후 이북에서 피난 온 부부가 헌책을 팔기 시작한 것이 보수동책방골목의 시초다. 헌책방이 줄지어 있는 모습이 정겨운 풍경을 빚어내며 오래된 책 냄새가 정답게 느껴진다. 책으로 가득한 북카페도 많이 있어 함께 둘러보면 좋다.
- 부산광역시 중구 대청로 67-1
- ☎ 부산관광공사 051-780-2111
- 중앙역에서 보수사거리 방향으로 직진
- http://www.bosubook.com

보수동책방골목_사진제공(김지호)-한국관광공사

부산광역시현대미술관 2018년에 개관한 부산광역시 소속의 공공미술관으로, 현대 미술의 동향을 담은 각종 기획 전시와 미래지향적 예술 교육 프로그램을 진행하고 있다. 을숙도 내에 있어 접근성은 떨어지지만, 현대 미술의 감각을 재미있게 경험할 수 있는 곳이다.
- 부산광역시 사하구 낙동남로 1191 (하단동)
- 051-220-7400
- 10:00~18:00 - 월요일, 1월 1일 휴관
- 낙동강하굿둑 인증센터 인근
- http://www.busan.go.kr/moca

부산영화체험박물관 유네스코 영화 창의도시로 지정된 부산에서 영화의 모든 것을 느낄 수 있는 문화공간으로, 아카이브 전시실과 직접 체험도 할 수 있는 체험관, 영화를 감상할 수 있는 영상홀 등이 있다. 볼거리가 다양하니 데이트코스 혹은 아이들과 가기 좋은 곳으로 추천한다.
- 부산광역시 중구 대청로126번길 12
- 051-715-4200
- 성인(1만원), 청소년, 어린이(7천원)
- 10:00~18:00 - 월요일, 신정, 명절 당일 휴관
- 남포역 인근
- https://busanbom.modoo.at

부산타워 용두산 공원 내에 있는 타워 전망대로, 부산 시내를 한눈에 볼 수 있다. 전망대는 경주 불국사 다보탑 지붕에 얹어진 보개를 본떠 만든 것이다. 타워 내에 간단한 음료를 즐길 수 있는 카페테리아와 세계 악기를 주제로 한 박물관도 조성되어 있다.
- 부산광역시 중구 용두산길 37-30
- 051-245-5025
- 전망대(4천원), 세계악기박물관(2천5백원)
- 09:00~22:00
- 용두산공원 내
- http://www.busantower.org

부평깡통시장_사진제공(범수)-한국관광공사

부평깡통시장 부산 중심에 자리한 전통 시장으로, 국제시장, 자갈치시장과 함께 부산을 대표하는 시장이다. 비빔당면, 유부주머니, 씨앗호떡 등 입맛 사로잡는 먹거리가 명물로 통한다. 저녁부터 자정까지 이어지는 야시장도 놓쳐서는 안 되는 즐길 거리.
- 부산광역시 중구 부평1길 39 (부평동2가)
- 자갈치역에서 보수사거리 방향으로 직진하면 우측

사직야구장 사직종합운동장 내에 있는 야구장으로, 프로야구팀 롯데자이언츠의 홈구장이다. 일본의 요코하마 스타디움과 비슷한 외형을 띠고 있으며 26,600석의 관람석을 갖추고 있다. 원래는 야구 외에 축구, 럭비 등 다양한 종목의 경기를 치를 수 있는 다목도 종합경기장이었으나 현재는 야구 전용 경기장으로 활용되고 있다.
- 부산광역시 동래구 사직동 930
- 롯데자이언츠 마케팅팀 051-505-7422
- 종합운동장역 9번 출구에서 직진. 부산사직종합운동장 내
- http://www.giantsclub.com

상해거리 부산의 차이나타운이라 불리는 곳. 영화 〈올드보이〉, 〈범죄와의 전쟁〉, 〈신세계〉에서 주요하게 등장했던 중식당이 모여 있어 더욱 인기를 끌고 있다. 매년 10월이면 상해거리 일대에서 차이나타운특구문화축제가 열려 볼거리를 더한다.
- 부산광역시 동구 중앙대로196번길 10 (초량동)
- 부산역 앞

서면특화거리 부산 최대 번화가 중 한 곳인 서면에 조성된 특화 거리. 서면 쥬디스태화를 중심으로 젊음의 거리, 음식 거리, 학원 거리 등 세 가지 테마로 꾸며놓았다. 편하게 쇼핑을 즐기며 맛있는 음식과 문화를 체험할 수 있는 핫한 거리다. 젊음의 거리에서 열리는 버스킹도 빼놓을 수 없는 묘미.
- 부산광역시 부산진구 부전동
- 부산진구청 관광위생과 051-605-4521
- 서면역 2번 출구에서 직진. CGV대한점 일대

송도해상케이블카 시원한 바다 위를 날아가는 즐거움을 경험할 수 있는 케이블카로 송도해수욕장 동쪽의 송림공원에서 서쪽의 암남공원까지, 바다를 가로질러 운행한다. 송도해수욕장의 푸른 바다와 해안둘레길을 한눈에 담을 수 있다.
- 부산광역시 서구 송도해변로 171
- 051-247-9900
- 어른, 중고생(1만2천원~2만원), 어린이(9천원~1만5천원)
- 09:00~20:00 | 주말 및 공휴일 09:00~21:00
- 암남동주민센터에서 도보 5분
- http://busanaircruise.co.kr/main/main.html

송도해상케이블카_사진제공(IR스튜디오)-한국관광공사

송도해수욕장 1913년 개장한 우리나라 최초의 해수욕장으로, 소나무가 많이 우거져 있다고 하여 송도라는 이름이 붙었다. 인접한 부산의 다른 해수욕장이 개발되면서 이곳을 찾는 사람이 줄어들었지만, 최근 스카이워크와 해상케이블카 등이 생기면서 많은 사람들이 다시 방문하고 있

송도해수욕장

오륙도스카이워크_사진제공(김지호)-한국관광공사

다. 해수욕장에서 거북섬까지 스카이워크로 연결되어 있으며 바다 위를 걷는 듯한 느낌이 든다.
- 부산광역시 서구 송도해변로 50 (암남동)
- 서구청 문화관광과 051-240-4081
- 송도초등학교 인근
- http://songdo.bsseogu.go.kr

암남공원 송도해수욕장 인근에 조성된 자연공원으로, 빼어난 해안 절경을 자랑한다. 군사보호구역 내에 있어 출입이 통제되었다가 1996년 민간인에게도 개방되었다. 깎아지른 듯한 기암괴석을 볼 수 있으며 산책로와 전망대 등이 있어 둘러보기 좋다. 공원 내에 송도해수욕장과 암남공원을 이어주는 송도해상케이블카 탑승장이 있다.
- 부산광역시 서구 암남동 산193
- 암남공원 관리사무소 051-240-4538
- 송도해수욕장에서 송도풍림아이원아파트 지나 해안가 따라 직진

오륙도스카이워크 오륙도를 한눈에 바라볼 수 있는 스카이워크 전망대. 해안 절벽 위에 높이 37m 규모로 설치되었으며 바닥 아래가 훤히 보이는 유리 전망대다. 스카이워크 인근으로 이기대공원까지 이어지는 해파랑길이 조성되어 있어 천천히 산책하기 좋다.
- 부산광역시 남구 용호동 산197-4
- 해파랑길 관광안내소 051-607-6395
- 09:00~18:00
- 부산성모병원에서 오륙도SK뷰아파트 방향으로 직진

용두산공원 부산 한가운데에 있는 공원으로, 부산의 역사가 살아 숨 쉬는 대표적 관광명소다. 시설이 낙후되었다는 평가를 받기도 했지만, 리모델링을 거쳐 2017년 7월에 새로운 모습을 드러냈다. 부산타워는 윈도우맵핑쇼, VR망원경 등 첨단 시설을 확충해 세련되게 바뀌었으며 팔각정에는 요즘 인기 있는 맛집이 입점하고 있다.
- 부산광역시 중구 용두산길 37-27 (광복동2가)
- 051-860-7820
- 부산타워 - 어른, 중고생(8천원), 어린이(6천원)
- 부산타워 10:00~23:00
- 중앙역 1번 출구에서 중앙동주민센터 지나 직진
- http://yongdusanpark.bisco.or.kr

이기대도시자연공원 용호동 해안 일대에 조성된 자연공원으로, 깎아지른 듯한 해안 암반의 절경을 감상하며 산책을 즐기기 좋은 곳이다. 해안 산책로를 따라 오륙도까

이기대_사진제공(위브부산)-한국관광공사

지 이어지며 시원한 바닷바람과 절경이 즐거움을 더한다. 원래는 군사 보호 지역이었으나 1993년부터 민간인 출입이 가능해지면서 산책 코스로 사랑받고 있다.
- 부산광역시 남구 용호3동 산25
- ☎ 이기대공원 관리사무소 051-607-6398
- 용호부두 인근

이슬람부산성원 부산 최초로 건립된 이슬람사원으로, 국내에서는 두 번째로 세워진 사원이다. 경남 지역의 유일한 이슬람사원으로 의미가 깊으며 사원 안으로 들어서면 아름다운 문양과 건축물이 시선을 사로잡는다.
- 부산광역시 금정구 금단로 113-131
- ☎ 051-518-9991
- 두실역 8번 출구에서 432m
- http://www.koreaislam.org/

임시수도기념관 임시수도 기간(1950~53)에 대통령 관저인 경무대로 사용하였던 곳이다. 근대건축물로 역사성이 인정되며, 야외 정원도 갖추고 있어 운치를 자랑한다. 6·25 전쟁 당시의 모습을 사실적으로 보여주기 위하여 대통령 집무실, 응접실 등을 그대로 재현하였으며 6개 전시실에 152점의 소장품이 전시되어 있다.
- 부산광역시 서구 임시수도기념로 45
- ☎ 051-244-6345
- 무료
- 09:00~18:00 - 월요일, 신정 휴무
- 동아대학교 부민캠퍼스 뒤편
- http://monument.busan.go.kr

전포카페거리 전리단길이라 불리는 커피 향 가득한 거리. 저마다 개성 있는 카페 외관과 이색적인 공간으로 많은 방문객의 발길을 끌고 있다. 전포 카페거리 축제가 열리기도 한다.
- 부산광역시 부산진구 동천로 92
- 카페 매장별 상이
- 전포성당 일대
- http://www.busanjin.go.kr/tour/index.busanjin

절영해안산책로 송도 쪽으로 열린 드넓은 바다를 벗삼아 산책할 수 있도록 조성된 길로, '절영'은 '영도'의 옛 이름이다. 3km의 해안 산책로를 2시간 정도 굽이굽이 거닐 때마다 경치가 달라진다. 곳곳에 장승과 돌탑, 뱃놀이 터 등이 있어 걷는 동안 지루함을 느낄 새가 없다.
- 부산광역시 영도구 영선동1가
- ☎ 051-419-4064
- 영선동주민센터 인근
- http://tour.yeongdo.go.kr

초량이바구길 이야기꽃이 피어났다 하여 이름 지어진 경상도 사투리의 이바구. 부산의 근현대를 만날 수 있는 거리로, 168계단을 오르내리는 모노레일이 새로운 명물이다. 168계단을 직접 걸어 오르는 마라톤 체험도 있으며, 완주하면 기록증을 주는 이벤트도 있다.
- 부산광역시 동구 초량상로
- 168계단 마라톤 참가비(1천원)
- 07:00~20:00
- http://www.2bagu.co.kr/index.bsdongg

절영해안산책로 사진제공 (권일미)- 한국관광공사

김광석다시그리기길_사진제공(김지호)_한국관광공사

대구광역시

·····························

볼거리로 가득한 도시
대구

대구 하면 중심 번화가인 동성로 정도만 알려져 있었지만, 최근에는 동성로 외에도 다양한 볼거리와 즐길 거리, 명소가 생겨나고 재조명되면서 이전과 달리 둘러볼 곳이 많아졌다. 대구에서 꼭 가봐야 할 곳은 대구의 역사와 문화를 한눈에 볼 수 있는 골목투어 코스로, 경상감영달성길, 근대골목, 패션한방길 등 대구의 역사를 테마로 엮어낸 코스가 이색적이다. 특히 대구 근대 역사를 직접 살펴보고 느낄 수 있는 대구근대골목과 김광석다시그리기길은 대구를 찾는 사람이라면 꼭 한 번 들르는 필수 코스! 구석구석 돌아보며 대구의 과거와 현재를 느껴보자.

대구 근대 문화의 발자취
대구근대골목

사진제공(김지호)-한국관광공사

대구의 근대 문화를 엿볼 수 있는 골목투어 코스. 청라언덕에서 시작해 선교사 주택, 만세운동길, 계산성당, 제일교회, 이상화·서상돈 고택, 계산예가, 약령시, 영남대로 등을 지나 진골목에서 끝나는 코스다. 곳곳에 스탬프가 설치되어 있어 스탬프 투어를 할 수도 있다. 대구광역시 중구 골목투어 홈페이지를 통해 예약하면 매주 토요일 오전 10시, 오후 2시에 진행되는 정기 투어에 참가할 수 있다. 해설사 없이 자유롭게 코스를 둘러보고 싶다면 '대구 중구 골목투어 앱'을 이용하는 것도 한 가지 방법이다.

📍 대구광역시 중구 동산동
☎ 중구청 관광개발과 053-661-2624
🔍 신남역 9번 출구에서 직진하면 좌측. 청라언덕에서 코스 시작
🌐 http://www.jung.daegu.kr

청정 수목원으로 재탄생한 쓰레기 매립지 대구수목원

사진제공(대구광역시 관광문화재과)

7만여 평의 쓰레기 매립장이었던 곳을 생태공원으로 조성한 수목원. 1천여 종의 수목이 자라고 있는 도시형 수목원이다. 침엽수원, 야생초화원, 화목원, 활엽수원, 습지원, 분재원 등 다양한 주제의 식물원이 조성되어 있다. 수목원의 환경을 지키기 위해 발생한 쓰레기는 반드시 되가져가는 것을 원칙으로 한다. 월요일은 시설물을 정비하는 날이어서 일부 시설 견학이 제한된다.

- 대구광역시 달서구 화암로 342 ☎ 053-640-4100 1월~4월, 9월~12월 09:00~18:00 | 5월~8월 08:00~19:00
- 대진중학교 맞은편 http://www.daegu.go.kr/Forestry

김광석다시그리기길 일명 김광석길로 불리는 곳으로, 김광석의 삶과 음악을 테마로 조성한 벽화 거리다. 故 김광석이 살았던 대봉동 방천시장 인근 골목에 자리하고 있으며, 벽을 따라 김광석 조형물을 비롯해 기타를 켜거나 포장마차에서 국수를 마는 등 다양한 모습의 김광석을 그린 벽화를 볼 수 있다. 시장 곳곳에 자리잡은 문화 예술가의 갤러리가 있어 잠시 들러 구경하기에도 좋다. 매년 가을에는 방천시장 일대에서 김광석 노래 부르기 경연대회를 개최해 김광석을 추억하고 있다.

- 대구광역시 중구 달구벌대로 2232-15 (대봉동)
- ☎ 053 053-218-1053
- 경대병원역 3번 출구에서 직진. 방천시장 지나 우회전

네이처파크 자연과 교감하며 즐길 수 있는 동·식물원. 울창한 숲으로 꾸민 식물원과 먹이주기 체험 등이 가능한 동물원을 비롯해 자연생태관, 나비정원, 다람쥐빌리지, 야외 놀이터인 플레이가든까지 다양한 엔터테인먼트 시설을 갖추고 있다. 야간에는 LED 조명으로 숲을 밝혀 달빛정원으로 꾸민다.

- 대구광역시 달성군 가창면 가창로 891
- ☎ 1688-8511
- 어른, 중고생(1만8천원), 어린이(1만6천원)
- 10:00~17:00 / 주말 10:00~19:00 - 월요일 휴장
- 가창면사무소에서 힐크레스트 지나 직진
- http://www.spavalley.co.kr/naturepark

달성공원 대구에서 가장 오래된 도심공원. 공원 내에 옛 토성과 관풍루가 자리하고 있으며, 호랑이와 사슴, 타조 등을 볼 수 있는 동물원도 있다. 대구향토역사관과 각종 근린시설도 들어서 있어 대구 시민의 사랑을 받고 있다. 동물원은 공원 이용시간과 별도로 운영되며 계절에 따라 운영시간이 조금씩 달라지므로 미리 확인하고 가는 것이 좋다.

- 대구광역시 중구 달성공원로 35 (달성동)
- ☎ 053-803-7350
- 05:00~21:00
- 대구서부초등학교 뒤편
- http://www.daegu.go.kr/Dalseongpark

달성공원_사진제공(대구광역시 관광문화재과)

대구문화예술회관 대구시민의 문화 예술활동을 대표하는 공간. 공연 규모에 맞게 대규모, 소규모 공연을 할 수 있는 공간과 더불어 전시관, 야외공연장 등을 갖추고 있다. 대구문화예술회관 내에 자리한 코오롱야외음악당은 단일

야외공연장으로는 국내 최대 규모다. 야외음악당 앞에는 넓은 잔디광장이 있어 휴식을 취하기에도 좋다.

📍 대구광역시 달서구 공원순환로 201
☎ 053-606-6114
🔍 두류공원 내
🌐 http://artcenter.daegu.go.kr

대구스타디움 2002년 한일월드컵 및 2003대구하계유니버시아드 대회가 열렸던 종합경기장. 한국 전통 민가지붕의 아름다운 곡선미와 지구의 이미지를 형상화한 지붕 모양이 인상적이다. 인근에는 야구장, 실내 빙상장, 승마장, 테니스장 등 다양한 체육시설이 들어서 있으며, 시설을 개방하여 시민의 체력단련과 휴식 공간으로 이용하고 있다.

📍 대구광역시 수성구 유니버시아드로42길 127 (대흥동)
☎ 053-602-2011
🔍 수성IC 인근

동성로 동성로1가의 중앙파출소에서 시작해 2가, 3가 일대를 아우르는 거리로, 대구의 중심 번화가이자 젊음의거리다. 백화점, 쇼핑몰 등을 비롯해 독특한 맛집, 카페 등이 밀집해 있어 데이트 장소로도 인기가 좋다. 귀금속거리, 떡볶이골목, 가방골목, 구제골목 등 다양한 골목상권이 들어서 있어 쇼핑을 즐기기도 좋다.

📍 대구광역시 중구 동성로1가
☎ 동성로 관광안내소 053-252-2696
🔍 중앙로역 2번 출구에서 CGV 앞골목으로 직진

두류공원 휴식, 체력단련, 문화, 관광 정보를 모두 즐길 수 있는 종합공원이다. 인근에는 다양한 공연과 전시를 관람할 수 있는 대구문화예술회관과 대구관광정보센터, 3만 명을 동시에 수용하는 국내 최대 규모의 문화예술공간 코오롱야외음악당, 그리고 대구를 한눈에 내려다볼 수 있는 83타워와 종합테마공원인 이월드가 자리 잡고 있다.

📍 대구광역시 달서구 공원순환로 7 (두류동)

☎ 관리사무소 053-803-7481
🔍 두류역 15번 출구에서 직진
🌐 http://www.daegu.go.kr/Duryupark

디아크 낙동강과 금호강이 만나는 합수 지점에 세워진 수자원박물관으로, 큰 유선형의 독특한 외관을 자랑한다. 박물관 내부에는 물에 관한 테마전시물들과 영상이 전시되어 있다. 건물 내부에 전망데크와 카페도 있다.

📍 대구광역시 달성군 다사읍 강정본길 57
☎ 053-585-0916
🕐 10:00~18:00 - 월요일, 1월 1일 휴관
🔍 죽곡산 인근 낙동강과 금호강 사이 지점
🌐 https://www.riverguide.go.kr/

비슬산자연휴양림 비슬산 자락에 자리한 휴양림으로, 봄이면 진달래꽃이, 4~5월에는 참꽃 축제가 열린다. 반딧불이 전기차라는 산악용 전기차를 운영해 비슬산 암괴류, 참꽃 군락지 등의 명소를 둘러볼 수 있다. 통나무집 등의 숙박시설과 오토 캠핑장을 갖추고 있어 가족 여행에 좋다.

📍 대구광역시 달성군 유가읍 일연선사길 99
☎ 053-614-5481
🔍 비슬산 내

서문야시장 대구에만 찾을 수 있는 독특한 먹거리부터, 스트리트푸드, 퓨전 먹거리와 다양한 살거리, 그리고 문화 공연을 선보이고 있는 서문시장의 야시장이다. 총 길이 350m에 달하는 공간과, 80여 매대의 가게로, 왁자지껄한 시장의 분위기를 느낄 수 있다.

📍 대구광역시 중구 큰장로 26길 45
☎ 053-256-6341
🕐 19:00~22:30 | 금, 토요일 19:00~23:30 - 월요일 휴장
🔍 서문시장역에서 도보 10분
🌐 http://www.nightseomun.com/html/index.php

디아크_사진제공(이범수)-한국관광공사

수성유원지_사진제공(김지호)-한국관광공사

수성유원지 일제강점기 농업용수 공급을 위해 조성된 인공못인 수성못을 중심으로 조성된 유원지. 수성못에서 보트놀이, 오리배 등을 즐길 수 있으며, 어린이놀이터와 테니스장 등 각종 근린시설을 갖추고 있다. 유원지 옆으로는 각종 놀이시설을 갖춘 수성랜드가 들어서 있으며, 인근에 먹거리 타운이 인접해 있어 가족 나들이 및 외식장소로 많이 찾는다.
- 대구광역시 수성구 두산동 512
- 053-761-0645
- 수성못역 1번 출구에서 수성못 방향으로 직진. 두산동고분군 옆

아양기찻길 폐철교가 시민문화공간으로 재탄생한 곳. 밤이 되면 색색의 불을 킨 다리에서 바라보는 대구 시내가 더욱 아름다워, 대구의 야경 명소로 손꼽히기도 한다.
- 대구광역시 동구 해동로 82
- 053-230-3310
- 아양교역 1번 출구에서 418m

앞산공원전망대 대구 시내와 앞산의 자연 경관을 한눈에 내려다볼 수 있는 전망대로, 대구도시자연공원인 앞산공원의 정상에 자리를 잡고 있다. 공원 내에는 전망대로 향하는 케이블카를 운영하고 있어 쉽게 올라갈 수 있다.
- 대구광역시 남구 대명동 산227-4
- 053-625-0967
- 케이블카 - 어른, 중고생(왕복 1만5천원, 편도 7천5백원), 어린이(왕복 7천5백원, 편도 5천5백원)
- 대구광역시앞산공원 내
- http://www.apsan-cablecar.co.kr
- 앞산케이블카

앞산공원전망대_사진제공(이범수)-한국관광공사

앞산케이블카 승전기념관이 있는 큰골자락길에 자리잡고 있는 케이블카. 앞산공원은 대구 대표의 도시 자연공원으로 산속 공기를 마시며 스트레스를 내려놓을 수 있는 활력의 여행지다.
- 대구광역시 남구 앞산순환로 454
- 053-656-2994
- 왕복(대인 1만5백원, 소인 7천5백원)
- 10:30~19:30
- 대명동 앞산공원 인근
- http://www.apsan-cablecar.co.kr/

이월드 각종 이벤트와 다양한 놀이시설이 있는 종합테마공원이다. 부메랑, 코스터 등 31종의 놀이시설과 공연장, 전시관, 편의시설과 휴식공간을 잘 갖추고 있다. 각종 이벤트가 끊임없이 펼쳐져 가족단위 방문객에게 즐거움을 선사한다. 202m 높이의 대구타워 전망대에서는 도심을 한눈에 볼 수 있어 대구를 처음 찾은 관광객이라면 꼭 한번 들르는 곳이기도 하다.

- 대구광역시 달서구 두류공원로 200 (두류동)
- 053-620-0001
- 어른(1만8천원), 중고생(1만1천원), 어린이(1만원)
- 10:00~22:00 | 월, 화요일 10:00~21:00
- 두류공원 내
- http://www.eworld.kr

청라언덕 청라언덕은 시인 이은상 선생의 가곡 동무 생각의 노랫말 배경이 된 곳으로 유명하다. 근대 선교 활동을 하던 외국인 선교사들의 주택들이 남아 있으며 선교, 의료, 교육, 역사박물관으로 사용하고 있다. 청라언덕을 오르는 길은 1919년 3.1운동 당시 대구에서도 있었던 만세운동 중에 대구의 학생들이 일본 경찰을 피해 몰래 이동한 곳으로 3.1운동 계단에서부터 동산 박물관을 지나 이어진 길이다.

- 대구광역시 중구 동산동
- 053-661-2163
- 대구제일교회 인근

파계사 팔공산 자락 아래 자리한 사찰로, 신라 시대에 창건된 역사 깊은 고찰이다. 조용하고 아늑한 분위기를 풍긴다. 조선 시대 파계사에 있던 영원선사의 백일기도로 영조대왕이 탄생하였다고 하여 영조대왕의 원찰이라고도 불리며, 경내에서 영조대왕의 도포가 발견된 바 있다. 파계사 입구에 캠핑장이 있어 가족과 함께 찾기에도 좋다.

- 대구광역시 동구 파계로 741 (중대동)
- 053-984-4550
- 어른(1천5백원), 중고생(1천원), 초등생(5백원)

- 일출 시~일몰 시
- 팔공산도립공원 내
- http://www.pagyesa.org

팔공산올레 푸른 솔숲이 사시사철 자리를 지키고, 나라를 대표하는 시인들의 육필로 새긴 시인의 길을 따라 걸을 수 있는 1코스부터, 200여 개의 나무 계단으로 이어진 깔딱 고개를 넘어가는 7코스, 시원한 나무 그늘 사이를 탐험하듯 걸을 수 있는 8코스까지 어느 하나 버릴 것 없는 특별한 올레길이다.

- 대구광역시 일대
- 대구녹색소비자연대 053-985-8030
- https://www.daegu.go.kr

팔공산케이블카 팔봉산 820m 산봉우리까지 연결된 케이블카. 장엄한 산세를 감상하며 편하게 팔공산 산봉우리까지 도달할 수 있다. 왕복 1만 1천원이라는 저렴한 가격에 즐거운 추억을 쌓을 수 있어 데이트 코스로 무리없다.

- 대구광역시 동구 팔공산로185길 51 (용수동)
- 팔공산케이블카 053-982-8801
- 성인, 중학생(각 편도 7천5백원, 왕복 1만1천원), 어린이(편도 4천원, 왕복6천원)
- 동절기(11월~2월) 09:30~17:00 | 하절기(3월~10월) 09:00~18:00
- 청통와촌IC에서 청도산 지나 백안삼거리 갈림길에서 좌회전
- http://www.palgongcablecar.com

하중도 봄이면 유채꽃과 청보리가, 가을이면 코스모스와 메밀이 만발하는 곳이다. 또한 여름에는 해바라기가, 가을에는 갈대밭이 아름다워 주말이면 많은 관람객이 찾는다. 사진찍기 좋은 장소로 꼽히며 인근에는 간단한 간식을 판매하는 푸드트럭이 모여 있어 가볍게 나들이 즐기기 좋다.

- 대구광역시 북구 노곡동
- 노원체육공원에서 노곡교 건너 좌회전

장생포고래문화마을. 사진제공(김지호)-한국관광공사

울산광역시

....

친환경생태도시
울산

우리나라의 대표적인 공업 도시였던 울산이 친환경생태도시로 거듭나고 있다. 급격한 산업화로 인해 공해 도시라는 오명이 있었지만, 환경 복원 프로젝트를 추진하면서 자연과 공존하는 도시가 되었다. 오염이 심했던 태화강이 1급수 수질을 자랑하는 강으로 다시 태어난 것이 훌륭한 예. 태화강 인근에 조성된 태화강 대공원을 비롯해 울산대공원, 대왕암공원 등의 생태공원에서 자연을 누비며 시간을 보내보자. 고래의 마을 장생포에 조성된 고래문화마을도 들러볼 만한 여행지다. 고래를 가까이서 볼 수 있는 고래생태체험관을 비롯해 바다를 탐험하며 돌고래 떼를 목격할 수 있는 고래바다여행선, 고래박물관 등 다채로운 즐길 거리로 가득하다. 우리나라에서 가장 먼저 해가 뜨는 간절곶에서 감상하는 일출 장관도 놓치지 말 것.

울산을 대표하는 장생포 고래
장생포고래문화마을

우리나라 최대의 포경 산업을 자랑하는 울산 장생포에 조성한 고래 마을. 고래박물관, 고래생태체험관 등 고래와 관련된 다양한 시설이 들어서 있어 아이들과 함께 방문하기에도 좋다. 매년 5월이면 울산고래축제가 개최되어 다채로운 프로그램을 즐길 수 있다. 정겨운 동네 풍경을 재현한 장생포 옛 마을에서 떠나는 추억 여행도 놓치지 말 것.

- 울산광역시 남구 장생포고래로 244
- 고래문화마을 관리팀 052-226-0980
- 장생포옛마을, 5D입체영상관(2천원)
- 09:00~18:00 - 월요일 휴관
- 장생포항 인근
- http://www.whalecity.kr/whalecity

해맞이 명소 간절곶

사진제공(두잇컴퍼니 노시현)-한국관광공사

우리나라에서 가장 먼저 해가 떠오르는 곳으로, 정동진, 호미곶과 함께 일출 명소로 유명하다. 끝없이 펼쳐진 수평선과 동해안의 아름다운 절경을 한눈에 볼 수 있는 곳. 간절곶 인근에서 해안을 따라 소망길이 조성되어 있어 산책을 즐기기에도 좋으며 5m 높이의 소망우체국이 명물로 통한다.

- 울산광역시 울주군 서생면 간절곶1길 39-2
- 052-204-1756
- 월내역에서 나사해수욕장 지나 직진
- https://tour.ulju.ulsan.kr

운치 있는 대나무숲 태화강대공원십리대숲

사진제공(이범수)-한국관광공사

울산의 대표적인 생태 공원인 태화강대공원에 조성된 대나무숲. 태화강을 따라 십리에 걸쳐 대나무숲이 펼쳐져 있어 산책을 즐길 수 있다. 일몰 때는 대나무에 알록달록한 조명을 비추어 아름다운 은하수길이 펼쳐진다. 봄이면 공원 곳곳에 장미와 양귀비가, 여름에는 해바라기가 만발해 다채롭게 꽃 구경을 할 수 있다.

- 울산광역시 중구 태화동
- 052-229-6144   태화강대공원 내
- http://www.ulsan.go.kr/taehwagang

가지산 울산과 경남 밀양, 경북 청도 등에 걸친 산으로, 영남알프스라 불리는 산 중에서 가장 높다. 계절에 상관없이 사시사철 아름다운 경치를 자랑하는데, 특히 봄 진달래와 가을 단풍이 아름답다. 울산에서 가지산을 오르는 등산로는 총 세 코스로, 운문령이나 석남터널, 석남사를 기점으로 등산로가 조성되어 있다.

- 울산광역시 울주군 상북면 덕현리
- 055-356-1915
- 석남터널 인근

간월산 신불산과 더불어 신성한 산이라는 뜻으로 동쪽은 깎아지른 듯한 바위절벽을 이루고 서쪽은 경사가 완만한 고원지대를 이룬다. 이 산은 주말이면 부산, 경남 산악인들이 즐겨 찾는 곳으로 8월 초면 정상 주변의 키 작은 억새와 어울린 산나리꽃이 만발해 일대 장관을 이룬다.

- 울산광역시 울주군 상북면 등억알프스리
- 울산종합관광안내소 052-229-6350
- 신불자연휴양림앞 정류장에서 도보 1분
- https://tour.ulsan.go.kr

고래바다여행선 울산 연안을 누비며 고래를 볼 수 있는 탐사여행선. 운이 좋으면 돌고래 떼가 출몰하는 모습을 가까이서 볼 수 있다. 돌고래를 보지 못하면 장생포고래박물관 무료입장 티켓을 준다고 하니 아쉬움을 달래보자. 고래 탐사는 4월~11월 사이에 진행되며 5월부터 10월까지는 디너크루즈를 운영한다. 사전 예약 필수.
- 울산광역시 남구 장생포고래로 210 (장생포동)
- 052-226-1900
- 어른, 중고생(2만원), 어린이(1만원)
- 14:00~17:00 | 금요일 13:00~16:00 | 주말 10:00~13:00/14:00~17:00
- 장생포항에서 장생포고래문화마을 방향으로 직진
- http://www.whalecity.kr/whale

대왕암공원 대왕암 인근에 조성된 해안 공원으로, 신라 시대 문무대왕의 왕비가 바위 밑으로 잠겼다는 전설이 전해진다. 울창한 해송과 동해의 시원스러운 풍광이 어우러져 경치가 아름답다. 해안 산책로를 따라 안쪽으로 들어가면 기암괴석과 아름다운 등대를 볼 수 있으며 대왕암까지는 철교가 연결되어 가까이서 살펴볼 수 있다.
- 울산광역시 동구 등대로 140 (일산동)
- 대왕암공원 관리사무소 052-209-3738
- 방어진항에서 일산해수욕장 방향으로 직진
- http://daewangam.donggu.ulsan.kr

반구대암각화 태화강 상류 반구대 일대 암벽에 새겨진 암각화. 신석기 시대부터 새겨진 것으로 보이며 사냥꾼, 샤먼 등의 인물상을 비롯해 멧돼지, 호랑이, 상어 등의 동물 그림이 새겨져 있다. 선사 시대의 생활상을 자세히 알 수 있는 귀중한 유적. 인근에 있는 암각화박물관에서 암각화 전경과 실물 모형 등을 자세히 살펴볼 수 있다.
- 울산광역시 울주군 언양읍 대곡리 산234-1

선바위 사진제공(변양욱)-한국관광공사

- 울산광역시청 문화예술과 052-229-3732
- 울산암각화박물관에서 반구교 건너 우측 길 따라 직진

선바위 태화강 상류 푸른 물속에 있는 바위로, 우뚝 서있다 하여 선바위(입암)라 불린다. 깎아지른 듯한 기암괴석과 청정 수질의 태화강이 빼어난 절경을 빚어낸다. 정몽주, 이언적, 정구 선생 등이 자주 찾아 풍류를 즐겼다고 한다.
- 울산광역시 울주군 범서읍 두동로 152
- 울산종합관광안내소 052-277-0101
- 구영초등학교에서 선암사 방향으로 직진

신불산 가지산과 간월산에 이어져 영축산에 이르는 해발 1,209m를 주봉으로 하는 고산으로 예로부터 신성한 땅, 신령의 산으로 불리고 있다. 주능선이 억새평원을 이뤄 가을이면 등산의 백미를 느낄 수 있으며, 패러글라이딩 등 레포츠도 즐길 수 있다.

반구대암각화 사진제공(심지호)-한국관광공사

- 울산광역시 울주군 상북면 삼남읍
- 울주군산림공원과 052-204-1724
- 복합웰컴센터 인근
- https://tour.ulsan.go.kr

영남알프스 가지산을 중심으로 간월산, 신불산, 운문산, 천황산 등 해발 1,000m 이상의 영남 지역 아홉 개의 산을 일컫는다. 유럽 알프스에 견줄 만큼 아름답기로 소문난 곳. 봉우리를 연결하는 등산로를 따라 백패킹을 즐기는 사람들이 많다.
- 울산광역시 울주군 상북면
- 울산광역시청 관광진흥과 052-229-3872
- 작천정삼거리에서 작천정계곡 지나 직진
- http://www.yeongnamalps.kr

울산대공원 울산 도심에 조성된 생태 공원으로, 100만 평이 넘는 넓은 부지에 다양한 시설을 갖추고 있다. 테라스연못, 격동대소류지, 피크닉장, 장미원 등 이곳저곳을 산책하며 즐거운 시간을 보낼 수 있다. 매년 5월이면 울산대공원 장미원과 남문광장 일대에서 장미 축제가 성대하게 열린다.
- 울산광역시 남구 대공원로 94 (옥동)
- 052-271-8818
- 05:00~23:00
- 울주군청 인근
- http://www.ulsanpark.com

울산대교전망대 울산 동구와 남구를 이어주는 현수교인 울산대교를 전망할 수 있는 곳. 전망대에 오르면 울산대교를 비롯해 울산항, 울산만, 태화강 전경이 한눈에 내려다보인다. 야간에도 운영해 형형색색의 조명이 빛을 발하는 울산대교 야경을 감상할 수 있다.
- 울산광역시 동구 봉수로 155-1
- 052-209-3345
- 09:00~21:00 - 둘째, 넷째 주 월요일 휴관
- 방어진체육공원에서 울산대교 방향으로 직진

작천정 수석이 깨끗해 술잔을 주렁주렁 걸어 놓은 모습을 닮았다 하여 작천정이라는 이름이 붙었다. 경치가 수려해 시인이 찾아와 풍류를 즐겼다고 전해지며, 널찍한 반석이 있어 휴식을 취하기에도 좋다. 인근에 별빛야영장에서 쾌적하게 캠핑을 즐길 수 있다.
- 울산광역시 울주군 삼남면 교동리
- 울산종합관광안내소 052-229-3856
- 언양시외버스터미널에서 서울산IC교차로 지나 직진. 작천정삼거리에서 우회전

장생포고래박물관 국내 유일의 고래박물관. 1986년 고래잡이가 금지된 이래로 사라져 가는 포경 유물을 수집, 보존하기 위해 조성되었다. 야외에 국내 유일의 포경선을 전시하고 있으며 승선하여 내부를 둘러볼 수 있다.
- 울산광역시 남구 장생포고래로 260 (매암동)
- 052-256-6301
- 어른(2천원), 중고생(1천5백원), 어린이(1천원)

장생포고래박물관_사진제공(이범수)-한국관광공사

주전몽돌해변_사진제공(김지호)-한국관광공사

- 09:30~18:00 – 월요일 휴관
- 장생포고래문화마을 내
- http://www.whalecity.kr/whalemuseum

재약산 산세가 부드러우면서도 정상 일대에는 거대한 암벽을 갖추고 있다. 표충사, 층층폭포, 홍룡폭포 등 수많은 명소를 지니고 있으며, 재약산, 천황산, 능동산, 신불산, 영축산으로 이어지는 억새풀 능선길은 최고의 산악미를 자랑한다. 경남 밀양으로 연결되어 있다.

- 울산광역시 울주군 상북면 이천리
- 052-204-1724
- 표충사 종점 정류장에서 도보 1분
- https://tour.ulsan.go.kr/

주전몽돌해변 모래사장 대신 검은 몽돌이 이국적인 분위기를 자아내는 해수욕장. 해수욕장에 텐트를 치고 야영을 즐기는 캠핑객이 많으며 스킨스쿠버들이 즐겨 찾는 곳이기도 하다.

- 울산광역시 동구 주전동
- 울산종합관광안내소 052-277-0101
- 주전항에서 당사항 방향으로 직진

진하해수욕장 맑은 바닷물과 고운 모래, 푸르른 송림이 어우러진 해수욕장. 백사장이 넓고 수심이 얕아 해수욕을 즐기기 좋다. 해수욕장 앞으로 보이는 명선도를 배경으로 펼쳐지는 일출이 아름답기로 유명하며 썰물 때는 바닷길을 통해 명선도까지 걸어갈 수 있다.

- 울산광역시 울주군 서생면 진하리 토지구 획정리지구내 9B
- 울산종합관광안내소 052-238-1438
- 솔개해수욕장에서 북쪽으로 직진

태화강동굴피아 일제강점기에 일본군의 비행장 진지와 물자 보급 창고로 사용되었던 곳을 관광지화 한 동굴이다. 일제강점기의 울산광역시의 모습과 수탈의 역사를 담은 제 1동굴 역사관부터, 각종 빛을 뿜어내어 어린이와 함께 하기 좋은 제 3동굴, 계절별로 다른 테마로 꾸미는 4동굴까지 다채로운 경험을 할 수 있다.

- 울산광역시 남구 남산로 306
- 052-226-0077
- 09:00~18:00 – 월요일, 1월 1일, 명절 당일 휴관
- 울산월봉공원 건너편
- https://www.uncmc.or.kr/index.ulsan

태화강생태공원 울산 12경의 하나인 십리대숲을 보전, 복원하고 강과 대숲을 연계 시켜 생태계 생물을 관찰, 체험할 수 있는 생태 공간이다. 미로처럼 펼쳐진 길에 간간이 벤치도 마련되어 있어, 언제든 몸을 쉬어갈 수 있다. 해마다 여름이 되면 납량체험이벤트도 한다고 하며, 조명이 있어 밤에도 산책이 가능하다.

- 울산광역시 중구 태화강국가정원길 67
- 052-229-6141
- 무료
- 시청에서 태화로터리 지나 NH농협은행 끼고 좌회전 후 이동. 난곡사거리에서 난곡로 좌회전 후 109m 이동
- http://www.ulsan.go.kr/taehwagang

태화강생태공원_사진제공(두드림)-한국관광공사

거제 '외도보타니아'_사진제공(거제시청 해양관광과)

경상남도

....

한려수도 해양관광도시 **거제**

가야의 왕도 **김해**

한반도의 보물섬 **남해**

도자기의 아름다운 숨결 **밀양**

전설의 별주부 이야기 **사천**

형형색색 소담한 정취 **산청**

남강을 정원처럼 품은 비경 **진주**

신비의 늪지와 억새 물결 **창녕**

아름다운 벚꽃 도시 **창원**

아름다운 섬의 고장 **통영**

고즈넉한 정취 **하동**

수려한 자연과 유구한 역사가 있는 곳 **합천**

한려수도 해양관광도시
거제

청정 바다가 펼쳐진 거제는 마음까지 시원해지는 해양관광도시다. 외도는 난대 및 열대성 식물이 자라기 쉽고, 맑고 푸른 바다에 둘러싸여 있어 이국적인 정취를 풍기는 곳이다. 아름다운 풍광을 보기 위해 찾아오는 국내외 관광객이 많다. 내도는 한려해상국립공원의 해금강 지구에 속하며 기암절벽과 더불어 푸른 숲의 경치가 아름답다. 흑진주 같은 검은 몽돌로 이루어진 몽돌해변 또한 여름 피서지로 인기가 뜨겁다. 또한 탁 트인 바다 전망이 어우러지는 바람의 언덕도 인기 관광지. 수평선을 배경으로 아름다운 빛깔의 바다와 형형색색의 바위가 어우러진 풍경이 일품이다. 해양과 관련된 체험거리 또한 가득하다. 바다 위에서 즐기는 요트와 유람선투어, 낚시 체험은 물론이고 바닷속 생명체를 만나볼 수 있는 씨월드와 직접 만지고 체험해볼 수 있는 어촌체험마을까지 다양하다.

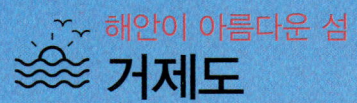

해안이 아름다운 섬
거제도

제주도 다음으로 우리나라에서 두 번째로 큰 섬으로, 남해안의 섬 중 가장 크고 넓다. 거제도의 북쪽에는 매미성, 포로수용소유적공원 등의 유적지가 많으며 남쪽에는 화려한 풍광의 관광지가 모여 있다. 한적한 명사해수욕장과 검은 몽돌이 깔린 학동몽돌해수욕장, 고운 모래사장이 있는 구조라 해수욕장 등의 해수욕장도 인기 여행지. 기암괴석이 하늘로 치솟은 모습이 장관을 이루는 해금강 절경도 빼놓을 수 없다. 사자바위와 미륵바위가 어우러진 일몰 풍경이 아름답기로 유명하다.

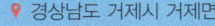 경상남도 거제시 거제면
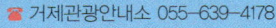 거제관광안내소 055-639-4178

사진제공(거제시청 해양관광과)

넉넉한 바람과 여유의 언덕 **바람의언덕**

바람의언덕_사진제공(거제시청 해양관광과)

자연 방파제처럼 낮게 누워 있는 언덕으로, 초록빛 잔디로 뒤덮여 그림처럼 아름답다. 나무 계단으로 연결된 산책로를 따라 언덕을 오르면 시원한 바닷바람이 상쾌함을 더한다. 정상 부근에 벤치에 앉으면 탁트인 바다가 한눈에 들어온다. 지리적인 영향으로 해풍이 많은 곳이기에 자생하는 식물 또한 생태 환경의 영향을 받아 키가 작은 편이다. 언덕 윗자락에는 오랜 세월 해풍을 맞으며 뿌리를 내린 수령 높은 동백나무 군락이 있다. 여러 차례 방송에 나오면서 방문객의 발길이 끊이지 않는 곳이다.

📍 경상남도 거제시 남부면 갈곶리 바람의 언덕　☎ 거제관광안내소 055-634-4178　🔍 도장포유람선 선착장 우측

산자락과 어우러진 천연정원 **외도보타니아**

사진제공(거제시청 해양관광과)

지중해 해변을 옮겨 놓은 듯한 이국적인 풍경과 조경 덕분에 한국의 파라다이스라 불린다. 천연 동백숲으로 이루어져있어 3월경이면 만개한 동백꽃을 보기위해 사람들이 몰린다. 또한 완만한 경사로 이루어진 섬의 특성을 살려 선착장에서 전망대까지 화려한 천연 색의 아름다운 꽃으로 꾸며놓은 것이 특징. 특히 연산홍이 만발하는 4월에는 화려한 풍경이 탄성을 자아낸다. 전망대에 서면 해금강과 서이말등대, 원시림으로 뒤덮인 외도 동섬, 공룡바위 등이 한눈에 들어온다.

📍 경상남도 거제시 일운면 외도길 17 외도해상농원　☎ 055-681-4541
🎫 어른(1만천원), 중고생(8천원), 어린이(5천원)　🕐 3월~10월 08:00~19:00 | 11월~2월 08:30~17:00
🔍 거제도유람선선착장에서 유람선 타고 입도　🌐 http://www.oedobotania.com

거가대교 경남 거제시와 부산 강서구를 잇는 다리로, 총 길이 8.2km의 왕복 4차선 도로이다. 2개의 사장교와 1개의 해저침매터널로 나누어져 있다. 거가 대교로 인해, 거제~부산 간 거리는 140km에서 60km로 줄고 시간은 2시간 10분에서 50분으로 단축되었다. 교통이 편리해져, 남해안 관광 인프라에 핵심적인 역할을 할 것으로 보인다.
- 경상남도 거제시 장목면 유호리
- 055-639-4175
- 통행료(5천원~2만5천원)
- 저도해수욕장 인근

거제도포로수용소유적공원 6·25전쟁 당시 조성한 포로수용소로, 인민군 포로 15만 명, 중공군 포로 2만명 등 총 17만 명의 포로를 수용했던 곳이다. 현재는 당시의 자료와 기록물을 바탕으로 생활상 일부를 재현한 포로수용소유적공원을 조성했다. 전쟁 역사의 산 교육장이자 세계적인 관광 명소로 주목받고 있다.
- 경상남도 거제시 계룡로 61 (고현동)
- 055-639-0625
- 어른(7천원), 중고생(5천원), 어린이(3천원)
- 3월~10월 09:00~18:00 | 11월~2월 09:00~17:00
- 거제시청에서 거붕백병원 방향으로 직진하면 우측
- http://www.pow.or.kr

거제씨월드 국내 최대의 돌고래체험파크로, 체험 수조 여섯 개와 생태설명회장 등으로 구성되어 있는 거제시의 대표적 체험관광지다. 다양한 프로그램을 운영하고 있어 다채롭게 체험할 수 있다
- 경상남도 거제시 일운면 지세포해안로 15
- 055-682-0330
- 어른, 중고생(2만9천원), 어린이(1만9천원)
- 10:00~17:00 | 주말 09:30~18:00
- 일운면사무소에서 북쪽으로 직진하면 우측
- http://www.geojeseaworld.com

거제일주도로 거제도 해안가를 따라 이어지는 드라이브 코스로, 총 네 구간으로 나뉜다. 여차마을에서 홍포마을까지 이어지는 구간이 가장 빼어난 절경을 구경할 수 있는 코스로 인기가 많다. '한국의 경관도로 52선'에 선정되었을 만큼 아름다운 풍광이 어우러진 최고의 일주도로다.
- 경상남도 거제시 전역
- 거제관광안내소 055-634-4178
- http://tour.geoje.go.kr

거제해금강 거제도 동쪽에 있는 갈곶에서 떨어져나간 돌섬으로, 한려해상국립공원에 속한다. 썰물 때만 신비로운 모습을 드러내는 십자동굴을 비롯해 사자바위, 일출과 월출이 아름답기로 유명한 일월봉 등의 명승지가 있다. 해금강 주변 섬을 도는 유람선을 타고 멋진 풍광을 둘러볼 수 있다.
- 경상남도 거제시 남부면 갈곶리
- 거제관광안내소 055-634-4178
- 해금강유람선 선착장에서 유람선 승선
- http://tour.geoje.go.kr

거제해금강 사진제공(거제시청 해양관광과)

공곶이 영화 '종려나무 숲'의 촬영지로 익히 알려진 곳으로, 와현리 예구마을 너머에 있다. 봄이면 수선화, 동백꽃이 만발하며, 종려나무와 손수 쌓아 올린 돌담 등이 아름다운 풍경을 자아낸다. 3월과 6월 사이에 꽃이 만개할 때 가장 빛을 발한다.
- 경상남도 거제시 일운면 와현리 산 96
- 거제시청 관광과 055-639-4175
- 무료
- 와현모래숲해변에서 와현로 1.8km 직진

구천저수지 생활 및 공업용수를 공급하기 위해 조성된 저수지로, 거제 산업기반개발구역 내에 있다. 저수지로 향하는 길목의 '결빙구간' 표지판 옆길을 따라 올라가면, 저수지를 한눈에 담을 수 있는 숨겨진 포토 스팟이 나와 사진을 남기기에 좋다.
- 경상남도 거제시 동부면 구천리
- 055-639-4178
- 부채산 인근
- http://tour.geoje.go.kr

매미성 9년 동안 1만여 개의 돌을 하나하나 직접 손으로 쌓아서 만든, 성처럼 생긴 집이다. 2003년 태풍 매미로 인해 큰 피해를 본 뒤, 돌로 옹벽을 쌓으면서 지금의 집이 되었다고 한다. 성곽 위에 망루처럼 만든 곳이 있어 매미성 앞 남동쪽으로 펼쳐진 평온한 어촌 바다 풍경과 시원한 바다를 감상할 수 있다.
- 경상남도 거제시 장목면 시방1길 82-3
- 거제관광안내소 055-634-4178
- 흥남해수욕장에서 두모몽돌해수욕장 방향으로 직진

소낭구펜션 6천여 평이 넘는 대지에 수십 년간 수집하고 다듬어 놓은 소나무와 자연석, 그리고 야생화가 멋들어지게 조화를 이루는 곳이다. 한국관광공사에서 인증한 우수한옥 체험숙박시설로서 야외웨딩과 가든파티, 워크숍 등 각종 연회행사도 가능하다. 바다가 내려다 보이는 정원을 거닐며 한국 전통의 귀틀집에서 흙내와 함께 여유로운 시간을 가져보는 것도 좋다.
- 경상남도 거제시 일운면 마전1길 83
- 010-6776-6054
- 15:00~익일 11:00
- 거제대학교 앞
- http://www.sonanggoo.com

스톤힐 이색적인 컨셉의 글램핑 공간으로, 특색있는 하루를 보내기에 좋은 곳이다. 캠핑장 내에 카페가 있고, 인근에 마트가 있어, 끼니를 해결하기에 부족하지 않다. 주변 경관이 아름답고, 밤이 되면 색색의 조명이 켜져, 볼거리도 풍성하다.
- 경상남도 거제시 수양1길 92-5
- 055-632-7577
- 홈페이지 참조
- 예약제로 운영
- 거제수양지구도시개발구역 인근
- http://stone-hill.kr/

신선대 거제 최고의 비경 중 하나로 꼽히는 곳으로, 신선이 내려와서 풍류를 즐겼다고 할 정도로 빼어난 절경을 자랑한다. 푸른 바다와 깎아지른 듯한 기암괴석이 어우러지며 데크 산책로를 따라 신선대전망대까지 이어진다. 전망대에 오르면 거제도 바다를 한눈에 볼 수 있으며 초여름에는 보랏빛 수국이 아름답게 핀다.
- 경상남도 거제시 남부면 갈곶리 신선대
- 거제시청 관광진흥과 055-639-4163
- 해금강테마박물관에서 해금강유람선 선착장 방향으로 직진하면 우측

여차~홍포해안비경 여차에서 홍포간 드라이브 코스는 대소병대도의 절경을 즐기기에 안성맞춤이며, 또한 물이 맑고 수심이 깊어 감성돔, 볼락 등 고급어종을 낚을 수 있어 전천후 낚시터로 주목받는 곳이다.
- 경상남도 거제시 남부면 다포리
- 055-639-4404
- 여차해변부터 홍포까지 해안도로 이용
- 여차홍포전망대

옥포대첩기념공원 임진왜란 발발 이후 충무공 이순신 장군이 처음으로 승전한 옥포대첩을 기념하기 위해 조성한 공원. 우리나라 역사상 뜻깊은 의미가 있는 값진 전승지다.
- 경상남도 거제시 팔랑포2길 87 (옥포동)
- 055-639-8129
- 09:00~18:00
- 옥포중앙공원에서 옥포자동차전문학원 방향으로 직진. 삼거리에서 우회전

옥포대첩기념공원_사진제공(이범수)-한국관광공사

정글돔 환상적 분위기를 내뿜어 관광객에게 사랑받고 있는 국내 최대의 돔형 유리 온실. 돔 내부에 300여 종의 열대 수목이 자라고, 곳곳에 석부작 계곡, 흑판수 등 각양각색의 소품이 설치되어 있어 볼거리가 많다.
- 경상남도 거제시 거제면 거제남서로 3595

학동몽돌해변_사진제공(박성근)-한국관광공사

☎ 055-639-6997
🎫 어른(5천원), 중고생(4천원), 어린이(3천원)
🕘 11~2월 09:30~17:00 | 3~10월 09:30~18:00 – 월요일, 1월 1일, 명절 휴관
🔍 거제스포츠파크 내
🌐 http://www.geoje.go.kr/gbg/index.geoje

조선해양문화관 거제의 아름다운 바다를 테마로 하는 문화관으로 남해안 어촌의 변천사와 조선산업의 역사를 한 눈에 볼 수 있는 곳이다. 또한, 전시과 내부에 설치한 '시뮬레이터'를 통해 바닷속 환상의 세계를 직접 체험해보는 재미도 있다.

📍 경상남도 거제시 일운면 지세포해안로 41
☎ 055-639-8270
🎫 성인(3천원), 청소년(2천원), 어린이(1천원)
🕘 09:00~18:00 – 월요일, 신정, 명절 당일 휴관
🔍 거제 어촌민속전시관 옆
🌐 http://www.geojemarine.or.kr

지심도 동백섬이라는 이름으로 더 익숙한 섬으로, 섬 전역에 걸쳐 각종 원시림이 빽빽하게 우거져 있다. 섬 전체 면적의 6~70%를 동백나무가 차지할 만큼 아름다운 동백꽃이 푸른 바다와 어우러진다.

📍 경상남도 거제시 일운면 지세포리
☎ 거제관광안내소 055-634-4178
🌐 http://www.jisimdoro.com

학동몽돌해수욕장 해변 주변 지형이 학이 나는 모습과 비슷하다고 해서 이름 붙은 해변. 매끈한 몽돌이 해변 가득 깔려 있으며 모래사장 해변과는 다른 이색적인 정취를 느낄 수 있다. 인근에 오토캠핑을 즐길 수 있는 학동자동차야영장이 있다.

📍 경상남도 거제시 동부면 학동6길 18-1
☎ 거제시청 관광진흥과 055-639-4163
🔍 학동자동차야영장 인근

황포해수욕장 한적한 해수욕장으로, 길이 230m 정도의 아담한 규모다. 굵은 모래가 깔려 있으며 노지 캠핑을 즐기려는 캠핑객이 많이 찾는다.

📍 경상남도 거제시 장목면 구영리 1181-1
☎ 거제시청 해양항만과 055-639-4244
🔍 드비치GC 인근

해금강테마박물관 폐교된 초등학교 분교에 조성한 박물관으로, 1950~1970년대의 향수를 불러일으키는 생활용품들과 유럽의 장식품 5만여 점을 소장하고 있다. 이발관·만화방·세탁소·다방·잡화점 등의 공간으로 구분되어 마치 영화세트장처럼 구성된 1층에는 갖가지 옛 물건들이 전시된다. 2층에는 중세시대의 범선 모형과 유럽 각 나라의 밀랍 인형·도자기·가면·영화제 포스터 등을 모아 두었다.

📍 경상남도 거제시 남부면 해금강로 120
☎ 055-632-0670
🎫 성인(6천원), 초중고생(4천원), 어린이(3천원)
🕘 09:00~18:00 – 명절 당일 오전 휴관
🌐 http://www.hggmuseum.com

가야의 왕도
김해

찬란한 철기 문화를 꽃피웠던 가야의 성지로서 역사와 문화유적관광이 발달한 도시다. 대표적인 관광지인 김해가야테마파크는 가야의 역사를 공연과 체험으로 즐기면서 배울 수 있게끔 조성한 곳이다. 더불어 가락국 시조의 수로왕의 무덤인 수로왕릉과 대성동고분군, 봉황동 유적지를 연계해서 둘러보는 것도 가야의 역사를 이해하기 좋은 여행코스다. 이 외에도 산림이 울창하고 맑은 물이 폭포가 흐르는 장유대청계곡은 여름철이면 더위를 피하기 위한 피서객으로 북적인다. 낭만적인 레일바이크를 즐길 수 있는 김해낙동강레일파크는 요즘 인기를 끌고 있는 시설로, 와인동굴이 있어 색다른 볼거리를 선사한다.

가야의 역사와 문화가 살아 있는 곳
김해가야테마파크

가야의 우수한 문화를 재조명하고, 가야의 역사와 문화를 한눈에 보고 느낄 수 있는 테마파크. 놀이, 체험, 전시를 통해 배울 수 있는 다양한 교육체험 프로그램을 운영하고 있다. 지역의 다양한 관광자원과 연계한 패키지 상품도 있으며 가야의 왕궁을 완벽하게 재현한 가야무사어드벤처와 뮤지컬공연장, 카라반 캠핑장 등 각종 편의시설도 잘 갖추어 놓았다. 계절마다 다양한 이벤트와 축제를 개최해 다채로운 볼거리를 즐길 수 있다.

- 경상남도 김해시 가야테마길 161
- 055-340-7900
- 어른(5천원), 중고생(4천원), 어린이(3천원)
- 09:00~21:00 | 주말 및 공휴일 09:00~22:00
- 인제대학교 김해캠퍼스 옆
- http://www.gaya-park.com

사진제공(김해시청 문화관광사업소)

폐선 철도 위에서 즐기는 낭만 김해낙동강레일파크

레일바이크와 와인동굴을 한번에 즐길 수 있는 철도테마파크다. 레일바이크는 주행 시 눈, 비 등의 피해를 고려해 탑승객을 감싸는 캐노피형으로 만들어졌으며 안전사고를 대비해 흡수용 범퍼가 부착되어 있어 어린아이가 있는 가족 나들이객도 걱정 없이 즐기기 좋다. 레일바이크를 타고 달리다 보면 와인 동굴을 지나는데, 기존의 생림터널을 리모델링하여 김해시 특산물인 산딸기 와인을 전시, 판매하고 있다. 빛의 터널과 트릭아트를 이용한 볼거리도 다채롭다. 낙동강철교전망대도 빼놓을 수 없다. 15m 높이의 전망대로, 철교를 활용해 만들었다. 탁 트인 자연을 느낄 수 있으며 해 질 무렵 전망대에서 바라보는 낙조가 아름답기로 유명하다.

- 경상남도 김해시 생림면 마사로473번길 41 ☎ 055-333-8359 홈페이지 참조
- 4월~10월 09:00~18:00 | 11월~3월 09:00~17:00 마사리 생림농협 인근 http://www.ghrp.co.kr

울창한 산림과 맑은 계곡이 어우러진 곳 장유대청계곡

불모산 자락에 자리 잡은 계곡으로, 총 길이가 6km에 달한다. 울창한 산림과 용지봉 준령에서 흘러내리는 맑은 계곡이 장관을 이룬다. 계곡 입구에 있는 인공폭포의 우렁찬 소리는 무더위를 잊게 할 만큼 시원하다. 계곡물을 따라 30분쯤 올라가면 장유암이 있다. 경내에는 최초로 우리나라에 불법을 전파한 가락국 수로왕의 처남 장유화상의 사리를 모신 탑이 있어 함께 둘러보면 좋다. 취사·야영이 불가능한 곳이니 찾아갈 때 참고할 것.

- 경상남도 김해시 대청동 ☎ 김해시청 도시미관팀 055-330-4923 대청IC 인근

국립김해박물관 삼국시대에 가장 활발히 활동했던 가야의 역사와 문화를 보존하고자 건립된 박물관이다. 고고학적 접근을 따라 가야의 모습과 문화를 살펴볼 수 있으며, 가야의 전성기였던 금관가야 시기의 모습 외에도 소가야, 아라가야 등의 소규모 국가적 형태도 확인할 수 있다.

- 경상남도 김해시 가야의길 190 (구산동)
- 055-320-6800
- 10:00~18:00 | 주말 및 공휴일 10:00~19:00 – 월요일 휴관
- 박물관역 2번 출구에서 구봉초등학교 지나 직진
- http://gimhae.museum.go.kr

국립김해박물관_사진제공(김해시청 문화관광사업소)

김해천문대 영남 지역 유일의 천문대로, 매년 15만 명 이상의 시민이 방문하고 있으며 천체관측, 별자리 해설 등 다양한 프로그램과 볼거리가 마련되어 있다. 천문대가 있는 분성산 정상에서 김해시의 전경을 한눈에 볼 수 있다. 특히 천문대에서 내려다보는 야경이 아름답다.

- 경상남도 김해시 가야테마길 254 김해천문대
- 055-337-3785
- 홈페이지 참조
- 14:00~22:00 – 월요일 휴관
- 김해가야테마파크에서 분성산 정상 방향으로 직진
- http://ghast.or.kr

대성동고분군 한반도 남쪽에서 활동했던 가야의 수장층 무덤이 모여 있는 고분군. 삼한 때 시작되었던 구 가야국 단계에서부터, 가장 왕성한 활동을 벌였던 금관가야 때까지의 무덤을 확인할 수 있다. 한반도의 고대 무덤 형식의 변화 과정과 한·중·일의 국제 문화 교류 역사를 짐작할 수 있어 그 가치가 높이 평가된다.

- 경상남도 김해시 가야의길 126 (대성동)
- 김해시청 사적지관리팀 055-330-7313
- 수릉원 뒤편

봉황동유적 김해 토기 조각과 도끼, 손칼 등 갖가지 철기가 발견된 유적지로, 한반도의 선사시대 유적 중에서도 학술적 가치가 높은 유적에 속하는 곳이다. 패총전시관을 중심으로, 가야 시대의 가옥을 재현한 건물 등이 모여 있어 볼거리가 풍성하다.

- 경상남도 김해시 봉황대길 39-32 (봉황동)
- 김해시청 사적지관리팀 055-330-7313
- 봉황대공원 내

분성산 김해 중심부에 자리한 산으로, 가야 때 축조했다고 추정되는 분성산성이 있다. 분성산 봉수대에서는 김해시내를 한눈에 조망할 수 있으며, 분성산 생태숲에는 전시실을 비롯해 다양한 체험시설을 갖추고 있다.

- 경상남도 김해시 삼계로 146 (삼계동)
- 분성산 생태숲 055-332-9200
- 김롯데캐슬가야단지아파트 뒤편
- http://www.gimhae.go.kr/bunseongsan

수로왕릉 가락국을 창건한 수로왕을 모신 능침이다. 수로왕은 알에서 태어났으며 인도 아유타국의 공주를 왕비로 맞았다는 전설에 따라 왕릉 정문에 아유타국 용왕을 표시하는 신어 문양이 그려져 있다. 숭선전에는 수로왕과 수로왕비의 신위를 모시고 있다.

- 경상남도 김해시 가락로93번길 26 (서상동)
- 김해시청 사적지관리팀 055-330-7313
- 3월~10월 09:00~18:00 | 11월~2월 09:00~17:00

김해천문대_사진제공(김해시청 문화관광사업소)

한반도의 보물섬
남해

한 개의 유인도와 75개의 무인도로 이루어진 도서지역으로, 국내 섬 가운데 가장 산이 많다. 하천이 짧고 평야가 협소하여 자연스럽게 지형에 따라 발달한 자연경관을 보기 위해 찾아오는 이들이 많다. 다랭이마을은 계단처럼 층층이 발달한 논밭이 언덕부터 바다까지 이어지는데, 계절마다 다양한 색으로 물드는 유채꽃이 아름답다. 또한 이국적인 풍경을 자랑하는 남해독일마을도 빼놓을 수 없다. 10월 맥주 축제기간에 맞춰 가면 더욱 다채로운 볼거리를 즐길 수 있다. 또한 몽돌과 기암괴석이 뒤섞인 송정솔바람해수욕장과 맑은 빛의 상주은모래비치도 인기 여행지로 통한다.

한국 속 작은 독일
남해독일마을

1960년대 후반에 독일로 간 한인 간호사와 광부들이 황혼기에 가족과 함께 귀국해 살 수 있도록 조성된 곳이다. 전통 독일 양식으로 지은 주택은 독일 교포의 주거지나 휴양지로 사용되며 관광객을 위한 민박으로도 운영된다. 남해의 아름다운 풍경과 이국적인 독일식 건물이 어우러진 풍경이 실제로 독일에 온 듯한 기분이 들게 한다. 가난을 극복하고자 이역만리로 떠난 파독 광부와 간호사의 애환을 생생하게 전하고 있는 파독전시관도 빼놓지 말고 둘러봐야 할 곳이다. 당시 독일에서의 생활과 고국을 향한 그리움을 느낄 수 있는 물건이 다양하게 전시되어 있다. 마을 내에 독일맥주와 소시지 등을 판매하는 카페테리아가 모여 있어 소소하게 독일의 문화를 체험할 수 있으며 매년 10월이면 맥주축제가 개최된다.

📍 경상남도 남해군 삼동면 물건리 1074-2
☎ 055-860-3540
🔍 동천보건진료소에서 동부대로 1.9km 직진. 독일로 우측도로 470m 직진
🌐 http://남해독일마을.com

층층이 올라간 계단식 논이 있는 마을 **다랭이마을**

사진제공(남해군청 문화관광과)

환경부가 자연생태 전국 최우수마을로 선정하였을 정도로 자연환경이 잘 보전되어 주민과 자연이 조화를 이루며 살고 있는 곳이다. 층층 계단의 논배미 옆에 오밀조밀 민가가 들어서 있으며 뒤로는 설흘산이 병풍처럼 드리우고, 앞으로는 너른 남해바다가 펼쳐져 장관을 이룬다. 한반도 최남단에 있어 한겨울에도 눈을 보기 어려운 마을이며 쑥, 시금치 등의 봄나물이 가장 먼저 고개를 내미는 곳이다. 특히 모내기철과 추수철의 풍경이 환상적이다.

📍 경상남도 남해군 남면 남면로679번길 21 ☎ 055-863-3427 🔍 가천해변 인근 🌐 http://darangyi.go2vil.org

---

남해나비&더테마파크 남해의 수려한 자연환경을 벗삼아 조성된 나비생태관. 나비의 성장 과정과 나비의 종류에 대해 알 수 있다. 체험학습실에서는 나비 알, 애벌레 등 나비 산란 모습 등을 관찰할 수 있다. 나비온실도 빼놓을 수 없는 볼거리.
📍 경상남도 남해군 삼동면 금암로 562-23
☎ 055-860-3282
🎫 어른(1천원), 중고생(8백원), 어린이(6백원)
🕐 3월~10월 10:00~18:00 | 11월~2월 10:00~16:00 – 월요일 휴관
🔍 내산저수지 인근

남해다초지 장평저수지 인근에 조성된 인공정원으로, 매년 4월이면 일곱 가지 종류의 튤립 18만 송이가 만발한다. 조명시설이 설치되어 야간에는 더욱 환상적인 장면을 연출하며 기념사진을 찍기 좋은 포토존과 산책로도 조성되어 있다.
📍 경상남도 남해군 이동면 초음리
☎ 남해관광안내콜센터 1588-3415
🔍 남해군농업기술센터 맞은편

남해대교유람선 남해대교에서 시작하여 남해안의 섬 사이를 운항하는 해상크루즈. 충무공 이순신 장군이 순국한 설천요량을 중심으로 둘러보는 코스와 대도를 중심으로 둘러보는 코스 두 가지로 구성되어 있다. 벚꽃 축제시기와 여름 피서철에는 많은 승선객으로 붐빈다. 방생체험상품도 함께 예약할 수 있다.

📍 경상남도 남해군 설천면 노량로 177
☎ 055-862-9842
🎫 어른, 중고생(1만8천원), 어린이(1만2천원)
🕐 11:00/14:00(운항시간은 전화 문의)
🔍 충렬사에서 남해대교 방향으로 직진
🌐 http://www.namhaecruise.co.kr

남해돌창고 도시에 비해 문화인프라가 부족한 시골에서 살아가는 젊은이를 위한 복합문화공간이다. 문화 인프라를 구축해나가며 경제활동을 해보자는 취지로 시작된 돌창고 프로젝트는 남해의 돌창고를 보존하고 재생해 지역의 복합문화공간으로서의 역할을 하고 있다.
📍 경상남도 남해군 삼동면 봉화로 538-1
☎ 055-867-1965
🔍 시문리회관 인근
🌐 http://dolchanggo.com

두모유채꽃메밀꽃단지 사진제공(남해군청 문화관광과)

두모유채꽃메밀꽃단지 봄에는 노란 유채꽃이, 가을에는 하얀 메밀꽃이 만발하는 곳으로, 매년 축제가 열린다. 층층이 다랭이 논에 펼쳐진 노란색 유채꽃밭 사이로 구불구불한 논두렁길을 약 30분 가량 걸으며 꽃을 즐길 수 있다. 청정 남해바다를 마주한 가천마을 다랑논의 유채꽃은 매년 봄 3월 초에서 4월 중순까지 만개한다.
- 경상남도 남해군 상주면 양아리 134-1
- 두모마을 체험관 055-862-5865
- 상주면사무소에서 19번 국도 타고 벽련항 방향으로 직진

망운산 남해에서 가장 높은 산으로, 5월에는 철쭉이 정상에 가득 피어 등산객이 많이 찾는다. 산봉우리가 구름을 내려다본다는 의미에서 망운산이라 불리게 되었다. 기슭에 망운암과 6·25전쟁 때 미군 헬기 추락으로 목숨을 잃은 전사자 추모비가 있다.
- 경상남도 남해군 남해읍 아산리
- 남해관광안내콜센터 1588-3415
- 남해군청 뒤편

물건방조어부림 태풍과 염해로부터 마을을 지켜주고 있는 울창한 나무군락지다. 해안가에 방풍림으로 조성된 1만여 그루의 울창한 수림이 반원형을 그리며 대장관을 이루고 있다. 팽나무, 상수리나무, 느티나무 등 3백년 이상된 40여 종의 나무가 숲을 이루고 있다. 숲 사이로 잘 정돈된 나무데크를 따라 산책하듯 둘러보기를 추천한다.
- 경상남도 남해군 삼동면 동부대로1030번길 59
- 남해관광안내콜센터 1588-3415
- 물건해수욕장 인근

미국마을 파란 남해와 어우러지는 이국적인 분위기의 마을. 재미교포들이 남해에서 노후를 보내기 위해 집을 지으면서 자연스레 마을이 형성되었다. 이국적인 분위기의 펜션과 민박이 밀집되어 있어 하룻밤 머물며 시간을 보내보는 것도 좋겠다.
- 경상남도 남해군 이동면 미국마을길 8
- 남해관광안내콜센터 1588-3415
- 용소제2소류지 인근

상주은모래비치 백사장 길이 2km, 폭 120m로 남해안 최대의 해수욕장이다. 남해바다의 정수를 보여주는 곳으로, 해마다 여름이 되면 1백만 명에 가까운 관광객이 찾는다. 은빛 고운 모래로 이루어진 넓은 백사장, 울창하고 아름다운 송림과 더불어 한려해상국립공원의 청정 바다가 어우러진 해수욕장이다.
- 경상남도 남해군 상주면 상주로 10-1
- 055-860-8109
- 상주중학교 앞
- http://www.interkorea.pe.kr/j/eanmorae

상주은모래비치_사진제공(남해군청 문화관광과)

송정솔바람해수욕장 맑은 바닷물과 송림으로 유명한 해수욕장이다. 은빛 백사장 앞으로 탁 트인 남해가 한눈에 들어와 찾는 이의 마음을 시원하게 열어준다. 해수욕장 뒤쪽으로 잔디밭이 잘 조성되어 있어 캠핑객도 많이 찾는다.
- 경상남도 남해군 미조면 송정리 1124
- 남해학생야영수련원 옆
- http://sjhansol.com

양모리학교 남해 최초의 양떼목장으로, 교감체험을 중심으로 하는 체험프로그램을 운영하고 있다. 다른 목장과 달리 목양견 전문가가 직접 운영하는 것이 특징. 푸른 남해바다가 보이는 목장에서 양먹이주기를 비롯해 양몰이쇼등 다양한 프로그램을 경험할 수 있다.
- 경상남도 남해군 설천면 설천로775번길 256-17
- 055-862-8933
- 어른(5천원), 중고생, 어린이(3천원)
- 4월~11월 09:00~18:00 | 12월~3월 09:00~17:00
- 설천면사무소에서 북쪽으로 직진, 양모리학교 버스정류장에서 좌회전
- http://양모리.com

원예예술촌 실제 원예전문가의 집과 정원을 작품으로 조성하여 이룬 마을이다. 야자수, 토피어리, 채소, 풍차, 스파 등을 주제로 한 개인정원에 오솔길, 연못, 전망테크, 팔각정, 분수 등의 시설을 설치했다. 산책로, 전시장, 공연장 등을 비롯해 카페와 게스트하우스도 있으니 차를 마시거나 여유를 가지고 하루 묵어보는 것도 좋다.
- 경상남도 남해군 삼동면 예술길 39
- 055-867-4702
- 어른(5천원), 중고생(3천원), 어린이(2천원)
- 10월~3월 09:00~18:00 | 4월~6월, 9월 09:00~18:30 | 7월~8월 09:00~19:00 - 월요일 휴관
- 남해독일마을 옆
- http://www.housengarden.net

도자기의 아름다운 숨결
밀양

남알프스 얼음골케이블카는 국내 최장 거리의 케이블카로 얼음골의 전경을 볼 수 있다. 야경 명소인 달빛쌈지공원 전망대는 항상 인기 있는 곳이다. 노을이 지는 전망대의 풍경에서 사진 찍기도 좋고 야외에서 기획 전시도 함께 즐길 수 있다. 상동마을의 금호제방으로 가면 다채로운 장미꽃 길이 조성되어 있으니 5월이 되면 드라이브 코스로도 추천하는 곳.

영남알프스얼음골케이블카_사진제공(이범수)-한국관광공사

달빛쌤지공원
낮은 배수지가 야경 명소로 재탄생했다. 밀양 시내를 한눈에 내려다 볼 수 있는 스카이로드는 밤이 면 밝은 불이 켜져 더욱 아름답다. 산책하기 좋은 공원에는 각종 체육시설과 탐방 데크 등이 구비되어 있어, 다채로운 즐거움을 선사한다.
- 경상남도 밀양시 내일중앙1길 21-29
- 055-359-5380
- 아북산 옆
- https://www.miryang.go.kr

밀양아리랑오토캠핑장
낙동강 변에 위치하여, 자동차와 텐트를 치고 캠핑을 할 수 있는 자동차캠프장이다. 마음껏 뛰놀 수 있는 잔디 구장부터, 급수대, 족구장 등 다양한 편의시설이 갖추어져 있어 불편함이 없다. 주말이면 많은 관광객이 찾기 때문에 미리 예약하는 것이 좋다.
- 경상남도 밀양시 하남읍 백산리 474-32
- 055-359-4636
- 홈페이지 참조
- 홈페이지 참조
- 백산보건진료소에서 백산3길 1.3km 직진하다 갈림길에서 좌회전 후 324m 이동
- http://www.arirangcamp.co.kr/

백송터널
1905년 1월 1일 개통된 경부선 철도 터널이었으나, 1940년 경부선 복선화 사업으로 이설된 후 일반도로로 이용되고 있다. 철로가 지나던 자리는 좁은 차도로 변했지만, 터널만은 그대로 남아 이색 드라이브 코스로 인기가 많다. 터널 바로 위에는 밀양강과 어우러지는 월연정이 있다. 정우성 주연의 영화 〈똥개〉와 〈전설의 고향〉 등의 드라마 촬영지로 유명하다.
- 경상남도 밀양시 용평로 214-2 (용평동)
- 밀양시청문화관광과 055-359-5639
- 055-359-5639
- http://www.miryang.go.kr

사명대사유적지
밀양 출신인 사명대사의 호국 정신과 그의 숭고한 얼을 기리기 위해 조성한 유적지. 사명대사 동상과 기념관, 추모공원, 기념비 등이 조성되어 있어, 역사의 산 교육장으로 활용되고 있다.
- 경상남도 밀양시 무안면 사명대사생가로 642
- 사명대사생가지사무소 055-356-8710
- 08:00~18:00
- 중촌소류지 인근
- http://www.miryang.go.kr

영남알프스얼음골케이블카
해발 1,020m의 천황산 하늘정원으로 이어지는 케이블카. 영남알프스에 속한 재약산 자락에서 시작하여, 은빛 억새와 얼음골의 풍경을 조망할 수 있어 남녀노소 모두 즐겁게 여행할 수 있다.
- 경상남도 밀양시 산내면 얼음골로 241
- 055-359-3000
- 어른(1만2천원), 중고생(1만원), 어린이(9천원)
- 4~9월 09:20~17:50 | 10~11월 08:30~17:50 | 12~3월 08:30~16:50
- 백산보건진료소에서 백산3길 1.3km 직진하다 갈림길에서 좌회전 후 324m 이동
- https://www.icevalleycablecar.com/main/main.do

표충사
임진왜란 때 공을 세운 사명대사의 충혼을 기리기 위해 명명된 사찰로, 천년이 넘는 세월 동안 내내 웅장한 아름다움을 간직해 왔다. 국보 제 75호로 지정된 청동함은향완을 비롯해, 가람사 등 다른 절에서는 찾기 어려운 독특한 모양의 건축물과 호국 박물관이 있어, 불교의 역사와 혼을 느낄 수 있다.
- 경상남도 밀양시 단장면 표충로 1338
- 표충사 055-352-1150
- 성인(3천원), 중고생(2천원), 어린이(1천5백원)
- 산동초등학교에서 층층폭포 방향으로 직진

형형색색 소담한 정취
산청

산 높고 물 맑은 고장이라는 의미를 가진 산청은 1천여 종의 약초가 자생하는 청정 약초 재배지로 손꼽히며, 자연경관과 환경, 먹거리, 약초, 전통문화를 기반으로 한 관광문화가 잘 발달했다. 전국 최초로 한방을 소재로 한 동의보감촌은 웰빙관광지로 인기를 끌고 있다. 또한 봄이면 진달래와 철쭉이 수채화를 그리듯 온 산자락을 붉게 물들이는 황매산도 빼놓을 수 없다. 특히 매년 5월 황매산에서 열리는 철쭉 축제도 놓칠 수 없는 볼거리. 이 외에도 시원하게 물살을 가르는 래프팅과 같은 다이내믹한 수상 스포츠 경호강을 찾는 것도 좋은 방법이다. 강 주변으로 야영을 즐길 수 있는 편의시설이 잘 조성되어 있어 가족여행을 하거나 여름철 휴가를 보내기 좋다.

철쭉으로 그려낸 붉은 수채화
황매산

경남 산청과 합천, 거창에 걸쳐 있는 산으로, 봄이 되면 진달래와 철쭉이 분홍색 물감을 풀어 놓은 듯 그림같이 펼쳐진다. 전국 최대 규모의 철쭉군락지로, 매년 5월이면 철쭉제가 열린다. 이 시기에 전국 각지에서 철쭉을 보기 위한 등산객으로 인산인해를 이룬다. 여름에는 짙푸른 녹음으로 물들고, 가을이면 은빛 억새가 파도친다. 새하얀 설경이 엉뭐진 겨울 눈꽃축제도 빼놓을 수 없는 묘미. 고려 시대 호국 선사인 무학대사가 수도를 행했던 장소로, 웅장한 기암절벽이 작은 금강산이라 부를 만큼 아름다운 산이다. 등산코스로 는 상법마을에서 출발해 신촌마을로 하산하는 코스를 추천한다. 정상을 향해 기묘하게 모습을 드러낸 다양한 바위군을 가까이에서 살펴볼 수 있다.

- 경상남도 산청군 차황면 법평리 산 1
- 산청군청 녹색산림과 055-970-6901
- 산청군청에서 59번 국도 따라 직진. 차황면사무소 지나 신촌마을 방향으로 진입
- http://www.sancheong.go.kr/tour

사진제공(산청군청 문화관광과)

겁외사 '산은 산이요 물은 물이다'라는 유명한 법문 구절을 남겼던, 현대 불교의 선승 성철스님의 생가터에 자리를 잡고 있는 사찰이다. 생가를 복원해 창건한 사찰로, 겁외라는 이름은 시간과 공간을 초월한 절이라는 뜻이다. 성철스님의 유품을 전시한 기념관이 인근에 있어, 함께 둘러보며 성철스님의 발자취를 따라가는 것도 좋다.
- 경상남도 산청군 단성면 묵곡리 210
- ☎ 055-973-1615
- 🔍 단성묵곡생태숲 인근

경호강 거울 같이 물이 맑다 하여 이름 붙은 강으로, 강정에서부터 산청읍을 거쳐 진주의 진양호까지 70여 리를 돌아드는 맑은 물길이 아름답다. 경호강은 래프팅 명소로도 유명하다. 빼어난 자연경관을 배경으로 스릴 넘치는 래프팅을 만끽해보자.
- 경상남도 산청군 생초면 어서리
- ☎ 산청군청 문화관광과 055-970-7201
- 🔍 산청읍 3번 국도변

경호강_사진제공(산청군청 문화관광과)

구형왕릉 국내에서는 유일하게 돌로 쌓은 왕릉으로, 피라미드처럼 자연석을 단단하게 맞물려 쌓아올린 것이 특징이다. 가야의 10대 임금이자 마지막 왕인 구형왕의 무덤으로 전해진다. 인근에는 가야국이 패망한 후 구형왕이 거처한 수정궁에 세워졌다는 덕양전이 있으며 김유신이 무예를 연습했다는 터가 보존되어 있다.
- 경상남도 산청군 금서면 화계리 산16
- ☎ 덕양전 관리보존위원회 055-973-0049
- 🔍 덕양전에서 망결우 방향으로 직진

대원사 우리나라의 대표적인 비구니 스님들의 참선도량이다. 548년(신라 진흥왕 9)에 연기조사가 평원사라는 이름으로 창건하였다. 이후 조선 숙종 때 중건하면서 대원암으로, 고종 때 현재의 대원사로 바뀌었다. 사찰 주변으로 금강송이라는 소나무 숲과 아름다운 계곡이 있어, 수려한 자연 경관을 자랑한다.
- 경상남도 산청군 삼장면 대원사길 445
- ☎ 055-972-8068
- 🔍 통영대전고속도로를 타다가 산청IC에서 나와 대원사 방향
- 🌐 http://daewonsa.net/

대원사계곡 지리산국립공원 내에 속해 있는 계곡으로, 천왕봉에서 내려오는 물줄기가 천연 반석 위로 흘러내린다. 물속이 훤히 보일 정도로 맑으며 곳곳에 너른 바위가 있어 계곡물에 발을 담그고 편히 앉아 쉬기에도 좋다. 계곡 옆으로 신라 시대 사찰인 대원사가 있으며 여유로운 템플스테이를 즐길 수도 있다.
- 경상남도 산청군 삼장면 유평리
- 🔍 대원사 인근

동의보감촌 한방을 테마로 한 건강체험관광지. 관광단지 내에는 우리나라 최초의 한의학박물관과 한방테마공원 등이 조성되어 있다. 박물관에서는 자신의 체질과 사상, 건강 나이 등을 알아볼 수 있으며, 자연 휴양림과 약초산림욕장에서 건강한 기운을 받아갈 수 있다. 건강과 한방에 대해 관심을 갖고 체험할 수 있는 웰빙 관광지로 통한다.
- 경상남도 산청군 금서면 동의보감로555번길 61
- ☎ 055-970-7216
- 🎫 어른(2천원), 중고생(1천5백원), 어린이(1천원)

동의보감촌_사진제공(산청군청 문화관광과)

- 09:00~18:00 · 월요일 휴관
- 산청군청에서 60번 지방도를 따라 유림면사무소 방향으로 직진
- http://donguibogam-village.sancheong.go.kr

목면시배유지 우리나라에서 면화를 처음 재배하여 의복생활에 일대혁신을 가져온 곳으로, 면화의 역사와 과정을 볼 수 있는 전시관이 조성되어 있다. 베틀, 물레 등의 기구와 면화로 만든 옷을 볼 수 있으며, 아직까지도 시배유지 주변에서 면화를 재배하고 있다.

- 경상남도 산청군 단성면 목화로 887
- 목면시배유지 055-973-2445
- 성인(1천원), 중고생(6백원), 어린이(5백원)
- 09:00~18:00 · 월요일 휴관
- 통영대전중부고속도로에서 목면시배유지 방향

성철대종사생가 해인사 초대 방장을 지냈던 성철대종사의 생가. 생가는 유물전시관과 사랑채전시관으로 구분되어 있으며, 두루마기와 고무신 등 성철스님의 일상을 엿볼 수 있는 갖가지 유품이 전시되어 있다. 생가는 성철대종사의 부친인 율은 이상언옹의 호를 따라 율은고택이라 불리기도 한다.

- 경상남도 산청군 단성면 성철로 125
- 겁외사 055-973-1615
- 대전-통영간 고속도로 옆

수선사 지리산 동남쪽 마지막 봉우리 기슭에 자리한 소담한 사찰이다. 90년대 초반 다랭이 논이였던 곳을 여경스님이 가꾸고 만들었다. 템플스테이도 운영하고 있어 시간을 갖고 하루 묵으며 산사를 체험해보는 것도 좋다. 수선사 마당에서 판매하는 차를 마시며 산사를 거닐어 보는 것도 추천.

- 경상남도 산청군 산청읍 웅석봉로154번길 102-23
- 055-973-1096
- 경호강 중고생수련원 인근
- http://susunsa.modoo.at

정취암 기암절벽에 자리한 사찰로, 신라 시대 의상조사가 창건했다고 전해진다. 정취관음보살을 봉안하고 있는 우리나라 유일의 사찰이며 깎아지른 듯한 절벽과 나무, 암자가 어우러져 고즈넉한 분위기를 풍긴다. 풍경이 빼어나게 아름다워 예로부터 '산청의 소금강'이라 불린다.

- 경상남도 산청군 신등면 둔철산로 675-87
- 055-972-3339
- 둔철마을회관에서 둔철생태체험숲 지나 직진하면 좌측

남강을 정원처럼 품은 비경
진주

남강을 굽어보는 진주성과 촉석루는 진주에서 첫 번째로 손꼽는 명승유적지다. 공원처럼 꾸며놓은 진주성에는 임진왜란 3대 대첩 중 하나인 진주성대첩의 역사가 담긴 유적이 남아 있다. 도시자연공원으로 지정된 월아산은 금호지와 어우러져 일출과 일몰이 탄성을 자아낸다. 더불어 월아산 중턱에 자리잡은 청곡사에는 국보와 보물로 지정된 성보가 많이 있어 함께 둘러보면 좋다. 또한 경호강과 덕천강이 만나는 곳에 자리한 인공호수인 진양호 주변으로는 동물원을 비롯해 진주랜드, 전망대 등이 있어 휴식공간이자 놀이공원으로 사랑받고 있다.

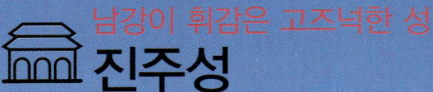

남강이 휘감은 고즈넉한 성
진주성

남강변 절벽 위에 세워진 성으로, 촉석성이라고도 불린다. 본래 백제 시대에 지어졌으며 고려말 공민왕 때 중수되고 왜구 방비의 기지로 사용되었다. 임진왜란 때 왜군과의 전투에서 민·관·군 7만여 명이 전사한 아픔을 간직한 곳이기도 하다. 낮에는 성곽을 따라 조성된 남강변 대숲길을 산책하며 성의 여운을 오붓하게 만끽해볼 수 있고 밤에는 낭만적인 야경을 즐길 수 있다. 매년 10월이면 진주성을 아름답게 수놓는 남강유등축제가 열려 많은 사람들이 몰린다.

📍 경상남도 진주시 남강로 626 (본성동)
☎ 055-749-5171
🎫 어른(2천원), 중고생(1천원), 어린이(6백원)
🕘 09:00~18:00

사진제공(이범수)-한국관광공사

도시민의 고요한 안식처 경상남도수목원

사진제공(진주시청 문화환경국)

1천5백여 종의 아름다운 꽃과 각종 식물로 뒤덮인 경상남도 수목원은 국내 최대 규모의 산림박물관을 비롯해 무궁화공원, 열대식물원, 야생동물원 등 다양한 공간으로 이루어져 있다. 산림과 동식물에 대한 자연생태종합학습 교육장이면서 가족 휴식 명소로 각광받고 있다. 다양한 테마시설과 가족 단위 체험시설, 경관 숲, 물 순환시설, 대나무숲관찰원 등을 조성해 특색 있는 수목원으로 거듭났다.

- 경상남도 진주시 이반성면 수목원로 386 ☎ 055-254-3811 어른(1천5백원), 중고생(1천원), 어린이(5백원)
- 하절기 09:00~18:00 | 동절기 09:00~17:00 반성역에서 반성터미널 지나 직진

강주연못
천천히 산책하기 좋은 공원으로, 초록색 연잎이 연못을 가득 메우고 있다. 매년 여름이 되면 아름다운 연꽃이 만발해 많은 관광객이 찾는다. 연못을 따라 데크산책로가 잘 조성되어 있어 편히 산책을 즐기기 좋다. 600년 된 이팝나무도 놓칠 수 없는 볼거리.
- 경상남도 진주시 정촌면 예하리 911-11
- ☎ 진주시청 관광진흥과 055-749-5321
- 사천공항에서 축동면사무소 지나 직진, 예하교차로에서 우회전

월아산
달이 떠오르는 모양을 닮았다 하여 이름 붙은 산으로, 부담 없이 오르기 좋다. 인근에 청곡사와 두방사가 있어 산사의 고즈넉함을 함께 즐겨보는 것도 좋다. 청곡사에서 정상까지 오르는 산행길이 있다.
- 경산남도 진주시 진성면 동산리
- ☎ 진주시청 산림과 055-749-5351
- 월아저수지 인근

진양호
남강댐의 건설로 생긴 인공 호수다. 경호강과 덕천강이 만나는 곳에 있으며 시원하게 트인 전망과 아침에 피어나는 물안개, 해 질 녘의 아름다운 노을이 마음을 설레게 한다. 봄에는 화려한 벚꽃이 터널을 이루며 전망대, 동물원 등도 가까운 곳에 있다. 밤이 되면 진양호와 어우러진 환상적인 야경을 감상하기 위해 전망대를 찾는 사람들이 많다.
- 경상남도 진주시 판문동
- ☎ 055-749-5933

- 평거초등학교 인근
- http://www.jinju.go.kr/park

진양호_사진제공(진주시청 문화환경국)

진양호동물원
경남 최초의 동물원으로, 호랑이, 사자, 곰, 독수리, 기린 등 3백여 마리의 동물을 가까이에서 관람할 수 있다. 인근에 진주랜드와 산책로 등이 있어, 가족 단위 관광객들의 나들이 코스로 주목받고 있다.
- 경상남도 진주시 판문로 84 (판문동)
- ☎ 055-749-7467
- 어른(1천원), 중고생(8백원), 어린이(5백원)
- 3월~10월 09:00~18:00 | 11월~2월 09:00~17:00
- 진양호공원 내

촉석루_사진제공(진주시청 문화환경국)

진주랜드 진양호 공원 내에 자리를 지키고 있는 적당한 크기의 놀이공원으로, 어린이가 즐기기 좋은 20여 종의 놀이기구를 갖추고 있어 주말이면 가족 단위 방문객으로 인산인해를 이룬다. 진양호를 마주보고 있는 공원이기에, 새파란 물결의 진양호를 보며 한바퀴 걸어보는 것도 좋다.
- 경상남도 진주시 남강로1번길 112 (판문동)
- 055-746-4431
- 입장권(5천원), 자유이용권(어른, 중고생 2만3천원, 어린이 2만5천원)
- 09:00~19:00
- 진양호공원 내

진주중앙시장 100년이 넘는 역사와 함께 진주사람들의 삶의 모습을 볼 수 있는 곳. 먹자골목과 난전 잡화거리, 그리고 일반적인 시장으로 이루어져 있다. 진주는 행정과 군사의 중심지이고, 지리산과 남해에 가까운 지리적 조건을 지녀 토지가 가장 비옥한 농업지대 중 하나이기에, 각종 산물이 풍부하게 생산될 뿐만 아니라 여러 지방의 산물이 집중되어 있어, 풍성한 먹을 거리와 볼거리가 시장에 모여 있다. 왁자지껄한 시장을 걸으면, 전주의 역사와 문화를 확인할 수 있다.
- 경상남도 진주시 진양호로 547번길 8-1 (대안동)
- 055-749-3509
- 진주중앙광장에서 약 90m
- https://www.jinju.go.kr/02234/02351/02399.web

청곡사 신라 헌강왕 때에 도선국사가 창건했다고 전해지는 사찰로, 임진왜란 때 불탄 것을 조선 후기 때 재건하여 현재까지 굳건히 자리를 지키고 있다. 사찰 내의 대웅전은 경상남도에서 가장 오래된 건물로 그 가치가 높으며, 국보 제 302호인 괘불탱화를 비롯해 다양한 문화재가 보존되어 있다. 운치 있는 분위기를 뽐내는 3층 석탑과 대웅전, 업경전, 괘불함, 금강역사상 등 각양각색의 뛰어난 성보를 보유하고 있어, 둘러보기에 좋다.
- 경상남도 진주시 금산면 월아산로1440번길 138
- 055-762-9751
- 신기소류지 인근
- http://www.chunggoksa.or.kr

촉석루_사진제공(전주시청 문화환경국)

촉석루 우리나라의 3대 누각 중 하나로, 진주성 위에 장엄하게 솟아있는 누각이다. 현재의 누각은 6·25전쟁 때 화재로 소실되었다가 1960년에 복원한 것으로, 진주성을 휘감아 도는 남강과 어우러져 절경을 이룬다. 울긋불긋 가을 단풍이 산을 뒤덮을 때의 풍경이 특히 아름답다.
- 경상남도 진주시 남강로 626 (본성동)
- 진주성 관리사업소 055-749-5171
- 어른(2천원), 중고생(1천원), 어린이(6백원)
- 09:00~18:00
- 진주성 내

신비의 늪지와 억새 물결
창녕

창녕을 대표하는 여행지는 단연 우포늪이다. 우리나라 최대의 자연 늪지로서 생태적인 가치가 아주 높은 곳이다. 1억4천만 년 전의 모습이 그대로 보존되어 있고 인근에는 공룡발자국 화석이 남아 있어 볼거리를 더한다. 더불어 창녕은 가야 소국 중 하나인 비화가야가 세력을 떨친 곳으로 가야 시대부터 조선 시대에 이르는 광대한 역사 유적이 남아 있으며, 국보 2점과 보물 4점을 비롯해 소중한 문화유산을 곳곳에서 만날 수 있다. 창녕을 빛내는 아름다운 문화유산을 둘러본 후 뜨끈한 온천에서 여독을 풀어보는 것은 어떨까. 국내 온천 중에서 최고수온을 유지하는 부곡온천 관광특구에는 호텔과 콘도, 골프장, 분수대 등 온천을 기반으로 한 다양한 종합 휴양 시설과 온천장이 들어서 있다.

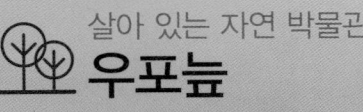

살아 있는 자연 박물관
우포늪

우리나라에서 가장 큰 자연내륙습지로, 자연 생태계 보전 지역으로 지정되었고, 현재 람사르협약에 보존 습지로 지정되었다. 우포늪은 둘레가 넓은 만큼 둘러볼 수 있는 코스가 다양하다. 우포늪생명길이라고 불리며 30분 코스부터 3시간 코스까지 총 네 개 코스로 구성되어 있다. 도보로 산책하듯 둘러보는 것도 좋지만 자전거를 타고 둘러보는 것도 좋다. 1, 2코스만 자전거 통행이 가능하니 참고할 것. 길을 따라 사지포 제방에 이르면 버드나무 군락이 멋스럽게 펼쳐진다. 물억새와 갈대가 일렁이고 겨울철새가 찾아드는 가을의 풍경이 특히 아름답기로 유명하며 출사지로도 사랑받고 있다.

경상남도 창녕군 유어면 우포늪길 218
우포늪 관광안내소 055-530-1559
창녕 나들목 교차로에서 우회전, 회룡마을에서 우회전 후 약 2km 직진
http://www.cng.go.kr/tour/upo.web

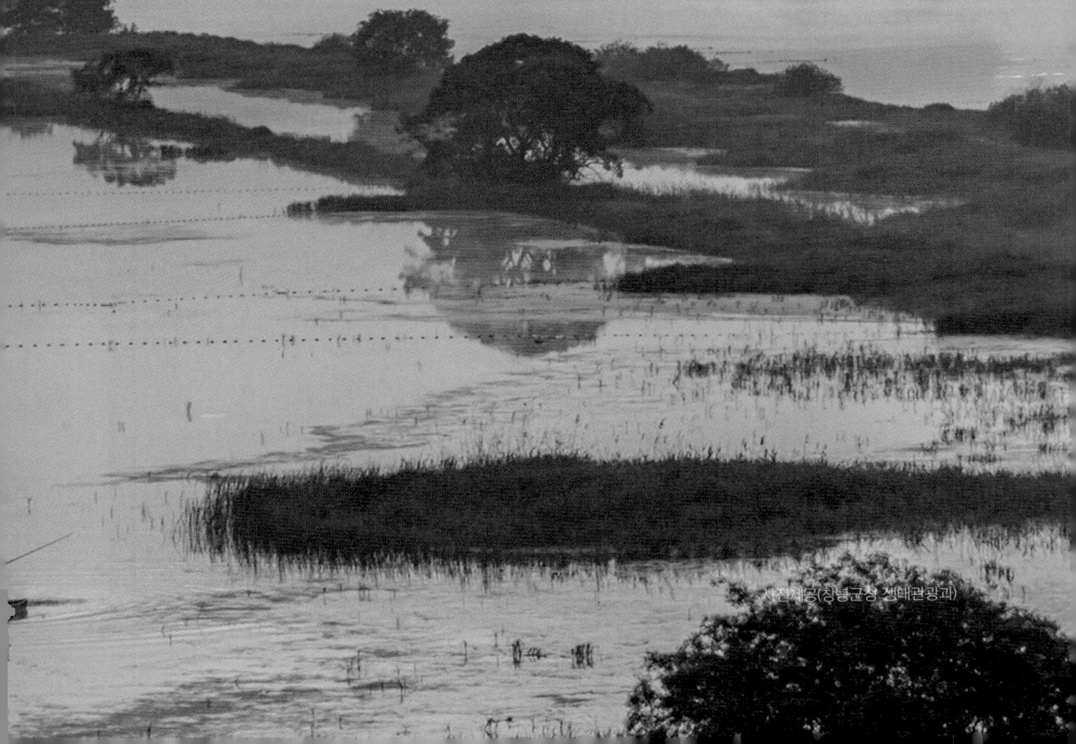

교동과송현동고분군 삼국 시대 고분군으로, 교동고분과 송현동고분군이 통합 지정되었다. 시내 곳곳에 대릉이 자리하고 있는 경주처럼 창녕 곳곳에 봉긋하게 솟아오른 고분이 있어 '제2의 경주'라 불리기도 한다. 고분군을 따라 산책로가 잘 조성되어 있어 천천히 산책을 즐기기도 좋다. 인근에 있는 창녕박물관에서 고분군 축조 과정과 무덤의 종류 등을 살펴볼 수 있다.
- 경상남도 창녕군 창녕읍 교리 124
- 창녕군청 문화체육과 문화재담당 055-530-1471
- 창녕박물관 맞은편

부곡온천 가마솥처럼 생겼다 하여 이름 붙은 곳으로, 마을에 뜨거운 물이 솟아나는 우물이 있다는 소문이 전국에 퍼지면서 나병 환자가 와서 치료를 했다고 전해진다. 온천과 더불어 숙박시설, 골프장 등 다양한 주변 편의시설을 갖추고 있다. 인근에는 진달래로 유명한 화왕산과 우포늪 등이 있어 인근 관광지를 둘러본 후 온천에서 여독을 풀어내는 코스를 추천한다.
- 경상남도 창녕군 부곡면 온천중앙로 77
- 창녕군청 생태관광과 온천담당 055-530-1591
- 홈페이지 참조
- 부곡버스터미널 인근
- http://www.cng.go.kr/tour/bugok/00001049.web

비봉리패총전시관 최초의 신석기 시대 패총 유적인 비봉리패총에 대한 자료를 살펴볼 수 있는 전시관. 신석기 시대 전기에 농경 경작이 이루어졌음을 알려주는 중요한 유적이다. 발굴 과정을 쉽게 이해할 수 있으며 발굴된 토기와 패총 등이 전시되어 있다.
- 경상남도 창녕군 부곡면 비봉리 44
- 055-530-1515
- 09:00~18:00 - 월요일 휴관
- 부곡버스터미널에서 국립부곡병원 지나 직진. 인교사거리 직전 교차로에서 우회전

산토끼노래동산 국민동요〈산토끼〉의 발상지로, 어른들에게는 어린 시절의 추억을 떠올리고, 어린이들에게는 생생한 체험학습의 장으로 자리매김했다. 1만5천 평 규모를 자랑하며 토끼먹이체험장, 동물원 등의 시설을 갖추고 있다.
- 경상남도 창녕군 이방면 이방로 623
- 055-533-1400
- 어른(2천원), 중고생(1천5백원), 어린이(1천원)
- 09:00~18:00 - 월요일 휴관
- 이방초등학교 옆
- http://www.cng.go.kr/tour/santokki.web

영신만년교_사진제공(창녕군청 생태관광과)

연지못 농업 용수 공급과 화재 예방을 위해 조성된 작은 연못. 봄이 되면, 벼루 모양의 못이 길게 늘어진 수양벚꽃과 조화를 이루어 특히 아름답다. 연못 중앙의 향미정과 만년교가 포토 스팟.

- 경상남도 창녕군 영산면 서리 139-3
- 창녕군산림녹지과 055-530-1661
- 남산 호국공원 인근
- https://www.cng.go.kr/tour.web

영산만년교 남산 호국공원 입구에 굳건히 자리를 지키고 있는 아치형 다리로, 소담하고 운치 있는 멋을 자랑하여 보물 제 564호로 지정되었다. 옛날, 고을에 부임한 원님이 다리를 고쳤다는 전설을 담고 있어, 원다리라고도 불린다. 겨울이 되어 강이 얼면, 강에서 얼음 썰매를 타며 즐거운 추억을 쌓을 수 있다.

- 경상남도 창녕군 영산면 원다리길 42
- 창녕군청 산림녹지과 공원담당 055-530-1661
- 영산호국공원 인근

우포가시연꽃마을 우포늪 인근에 있는 마을로, 농촌전통테마마을과 휴양마을로 선정되었다. 쪽배 타기, 미꾸라지 잡기, 창포머리 감기, 약초 캐기 등 도심에서 쉽게 해볼 수 없는 체험 활동을 다채롭게 즐길 수 있다. 아이가 있는 가족 단위 여행객이 많이 찾는 곳이다.

- 경상남도 창녕군 대합면 닭계1길 12
- 창녕대성고등학교에서 우포늪 방향으로 직진

창녕남지개비리길 남지읍 용산마을에서 출발하여 마분산 능선을 지나 영아지마을에 이르는 길로, 낙동강변을 따라 자연적으로 조성되었다. 아름다운 낙동강의 풍광을 벗 삼아 호젓하게 산책을 즐기기 좋다. 총 길이는 6.4km에 달하며 약 2시간 30분 정도 소요된다.

- 경상남도 창녕군 남지읍 용산리 160-2
- 창녕군청 생태관광과 관광담당 055-530-1531
- 남지버스터미널에서 남지읍사무소 지나 직진

창녕박물관 가야 시대 및 신라 시대의 유물 총 166종 276점이 전시되어 있으며 교동 고분군과 계성고분군에서 출토된 유물들이 주를 이루고 있다. 특히 전시관 중앙홀에는 가야고분의 축조과정을 한눈에 볼 수 있는 모형관(디오라마)이 설치되어 있다.

- 경상남도 창녕군 창녕읍 창밀로 34
- 055-530-1501
- 무료
- 09:00~18:00 – 매주 월요일, 1월 1일, 설날 및 추석 휴관
- 창녕 송현고분군 맞은편
- https://www.cng.go.kr/tour/sites/00001316.web

화왕산군립공원 봄이면 진달래와 철쭉, 여름이면 억새 초원, 가을에는 황금빛 억새 물결, 겨울에는 설경이 아름답게 펼쳐진다. 화왕산 정상부 분지 둘레에 있는 화왕산성 안쪽으로 약 5만6천여 평의 억새 초원이 장관을 이룬다. 10월 초순에 열리는 화왕산갈대제도 빼놓을 수 없는 즐길 거리.

- 경상남도 창녕군 창녕읍 옥천리 산332
- 창녕군청 산림녹지과 공원담당 055-530-1661
- 옥천저수지에서 옥천보건진료소 지나 직진

화왕산군립공원_사진제공(창녕군청 생태관광과)

아름다운 벚꽃 도시
창원

마산, 창원, 진해가 통합되면서 창원은 통합시로 더욱 매력 있는 여행지로 자리잡았다. 합포만 쪽빛 바다를 배경으로 한 해양관광코스는 가장 많은 관심이 몰리고 있는 관광코스로, 굽이굽이 바닷가를 이어놓은 해양관광로를 따라 드라마세트장에서 다양한 촬영장을 관람하고 공원에서 여유로운 휴식을 취할 수 있다. 군항도시라 불리는 진해는 4월이면 전 시가지가 벚꽃으로 뒤덮이는 지역으로, 우리나라에서 제일 인기가 많은 벚꽃 명소다. 또한 창원에는 무인대여 공영자전거 시스템인' 누비자'가 곳곳에 설치되어 있어 자전거 여행을 즐기기도 좋다. 푸른 바다를 벗삼아 창원의 매력을 온몸으로 만끽해보자.

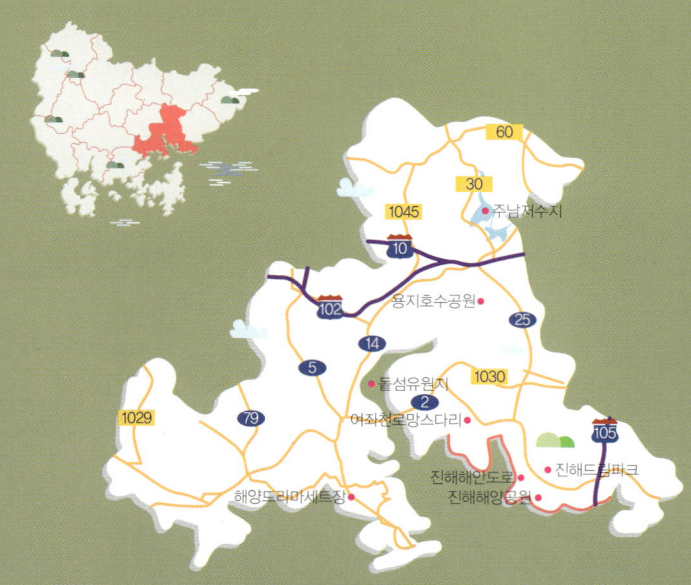

연분홍 꽃물결 가득한 낭만의 다리
여좌천로망스다리

창원의 대표적인 봄축제인 진해군항제가 열리는 4월 초가 되면 여좌천을 따라 약 1.5km의 분홍빛 벚꽃터널이 펼쳐진다. 마치 눈이 내리는 듯한 아름다운 풍경 덕분에 벚꽃놀이 명소로 손꼽힌다. 특히 벚꽃 길을 연인과 손잡고 걸으면 결혼에 이른다고 하여 혼례길이라고도 부른다. 양쪽의 벚꽃길을 따라 목재데크가 설치되어 있고 해가 지면 형형색색의 조명이 들어와 밤에도 탐스러운 벚꽃을 볼 수 있다. 2002년에 방영된 드라마 〈로망스〉의 촬영지로 알려지기 시작하며 일명 로망스 다리로도 불린다. 사진 촬영 장소로도 인기가 높다.

📍 경상남도 창원시 진해구 여좌동
📞 창원시청 관광과 055-225-3691
🔍 여좌동주민센터 옆 여좌천

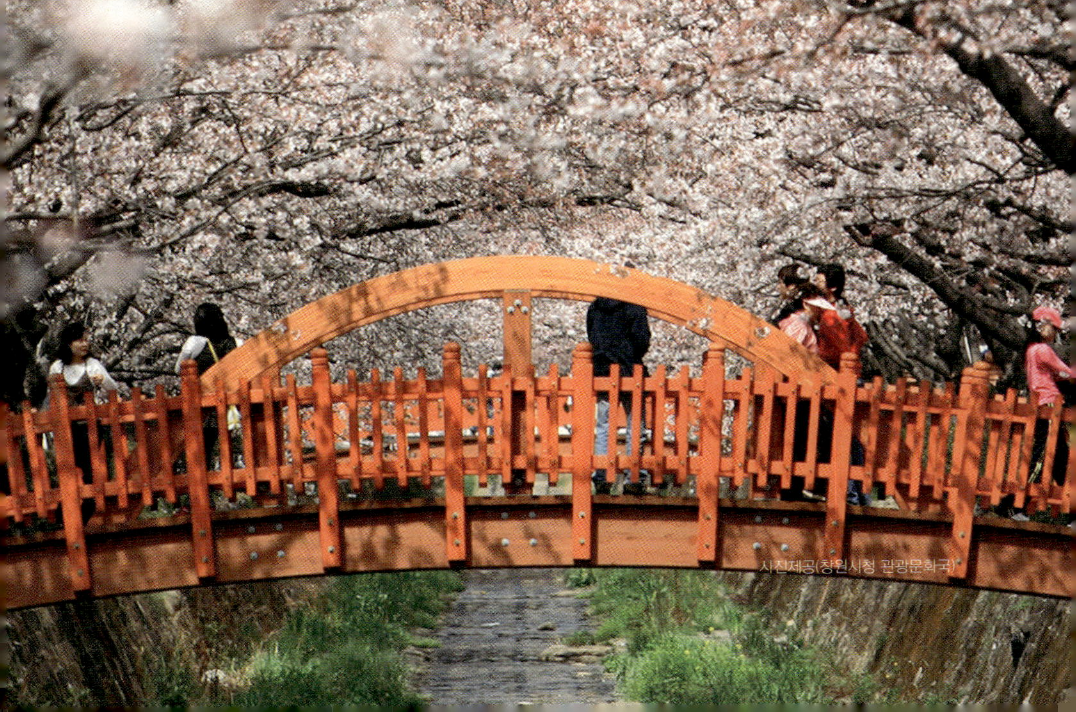

가야 시대로 떠나는 여행 **해양드라마세트장**

드라마 촬영과 해양교류사 홍보교육을 위한 목적으로 조성된 세트장. 여섯 개 구역, 총 25채의 건축물로 구성된 세트장에는 가야 시대의 야철장을 비롯해 선착장, 저잣거리, 가야풍의 범선, 각종무기류, 생활용품 등 다양한 시설이 있어 마치 시간 여행을 온 듯한 기분이 든다. 전체적인 규모는 한눈에 다 들어올 정도로 아담한 편이며 바다와 맞닿아 있는 모습이 인상적이다. 가야 시대의 생활 모습과 해양 문화를 엿볼 수 있는 곳이어서 가족 단위로 찾아오기도 좋다. 세트장과 연결된 파도소리길을 걸으며 산책을 즐기는 것도 추천할 만하다.

📍 경상남도 창원시 마산합포구 구산면 석곡리 산183-2 ☎ 055-248-3711 ⏰ 3월~10월 09:00~18:00 | 11월~2월 09:00~17:00 🔍 군령삼거리에서 명주마을 방향으로 직진

돝섬유원지 돼지의 옛말인 '돝'에서 따온 돝섬은 누운돼지의 모습을 닮았다 하여 이름이 붙었다고 전해진다. 숲속 산책길을 비롯해 푸른 바다가 눈앞에 펼쳐지는 출렁다리, 파도소리둘레길 등이 조성되어 있어 편히 휴식을 즐기기에도 좋다.

📍 경상남도 창원시 마산합포구 돝섬1길 269 (월영동)
☎ 돝섬해피랜드 055-245-4451
🎫 왕복도선료 - 어른(8천원), 중고생(7천원), 어린이(5천원)
⏰ 3월~10월 09:00~18:00 | 11월~2월 09:00~17:00
🔍 마산항 인근 돝섬해피랜드선착장에서 배 타고 입도
🌐 http://dotseom.kr

돝섬유원지_사진제공(창원시청 관광문화국)

용지호수공원 창원시민의 휴식공간으로 사랑받고 있는 곳이다. 용지호수를 중심으로 산책, 조깅 코스가 잘 조성되어 있다. 전기충전식 보트인 무빙보트를 타고 호젓한 호수를 온몸으로 만끽해보는 것도 좋겠다. 음악분수도 빼놓을 수 없는 볼거리. 야간에는 산책로를 따라 달 조명을 비롯해 은은한 조명이 켜져 색다른 야경을 즐길 수 있다.

📍 경상남도 창원시 의창구 용지로 200 (용호동)
☎ 창원시 상하수도사업소 업무팀 055-212-4501
🔍 창원시청 인근

주남저수지_사진제공(창원시청 관광문화국)

주남저수지
천혜의 조건을 갖춘 철새 서식지로, 매년 11월경 고니, 재두루미, 노랑부리저어새, 청둥오리 등 20여 종의 철새가 찾아든다. 늦가을이면 철새 떼가 곡예비행을 하는 모습이 장관을 이룬다. 자연학습장으로 알려졌다.
- 경상남도 창원시 의창구 동읍 가월리
- 055-225-3481
- 동읍사무소에서 창원동중학교 지나 직진
- http://junam.changwon.go.kr

진해드림파크
아름다운 숲이 어우러진 산림휴양시설로, 앞쪽으로는 진해만의 푸른 경관이 펼쳐진다. 다양한 동식물을 체험할 수 있는 진해만생태숲과 목재문화체험장, 숲속에서 편히 놀 수 있는 광석골쉼터, 청소년수련원 등의 시설이 있다. 매월 다양한 체험프로그램을 운영하니 홈페이지를 통해 확인해보자.
- 경상남도 창원시 진해구 진해대로1137번길 97 (장천동)
- 055-548-2694
- 진해구청 뒤편
- http://dreampark.changwon.go.kr

진해해안도로
탁 트인 해안선을 따라 남해안의 절경과 시원한 해풍을 즐기며 하이킹이나 드라이브를 즐길 수 있는 드라이브 코스. 인근에 낚시하기 좋은 낚시터가 있어 낚시꾼들의 사랑을 받고 있다.
- 경상남도 창원시 진해구 풍호동
- 진해산업단지에서 해안가 따라 장천부두 방향으로 직진

진해해양공원
해양의 역사를 알 수 있는 공원이다. 동·서양의 해전사를 체험하여 배우는 해전사체험관, 해군의 함상생활을 한눈에 볼 수 있는 군함전시관, 바닷속 생태계를 한눈에 감상할 수 있는 해양생물테마파크, 화려한 경관 조명과 분수가 설치된 길이 250m의 음지교 등 다양한 볼거리가 있다.
- 경상남도 창원시 진해구 명동로 62 (명동)
- 해양공원관리소 055-712-0425
- 입장료(무료) | 통합관광료(해양생물테마파크+어류생태학습관) – 어른(2천5백원), 중고생(2천원), 어린이(1천5백원)
- 3월~10월 09:00~20:00 | 11월~2월 09:00~18:00 – 마지막 주 월요일 휴관
- 진해산업단지에서 음지교 건너 직진. 음지도 내
- http://marinepark.cwsisul.or.kr

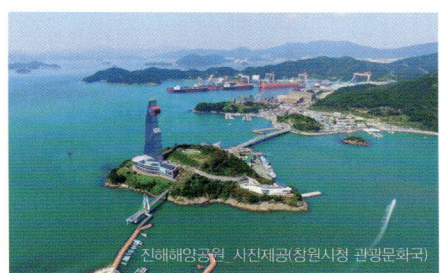
진해해양공원_사진제공(창원시청 관광문화국)

아름다운 섬의 고장
통영

통영은 한산도를 비롯하여 바다에 보석같이 뿌려진 약 40개의 크고 작은 섬으로 이루어진 곳이다. 온화한 기후에 천혜의 자연환경이 어우러져 여름철에는 속이 비칠 듯 투명한 바다와 너른 모래사장을 즐기기 위해 많은 사람들이 찾는다. 특히 기암절벽과 등대섬이 어우러진 소매물도는 통영에서 아름답기로 제일 가는 섬이다. 통영항 서쪽 한려수도 관문에는 우리나라 유일의 해저터널인 통영해저터널이 있어 관광객이 많이 찾는다. 시내에는 이순신의 업을 기리기 위한 충렬사가 있으며 세병관은 역사적인 가치가 높아 연중 관광객이 끊이지 않는다.

빛과 바람의 섬
소매물도

사진제공(통영시청 해양관광국)

파도와 수많은 세월에 깎고 다듬어진 빛한 바위 절벽으로 둘러싸인 섬이다. 마을 뒤편의 길을 따라 올라가면 소매물도 최고의 천연 전망대로 꼽히는 망태봉 정상에 다다른다. 망태봉을 비롯하여 수십여 개의 크고 작은 섬과 비취색의 너른 바다를 조망할 수 있다. 소매물도와 등대섬 사이 50m 구간은 썰물때에만 바닷길이 열리는 일명 '신비의 바닷길'로 유명하다. 하루에 두 번, 크고 작은 몽돌이 맨몸을 드러낼 때만 걸어서 등대섬에 갈 수 있다. 한여름에는 물놀이를 즐길 수 있으며 수심이 깊은 곳에서는 스쿠버다이빙과 스노클링을 할 수 있다. 통영항여객선터미널에서 오전 7시경 첫배로 들어가 오후 4시경 소매물도의 마지막 배로 나간다면 소담한 사연과 멋이 묻어나는 섬 곳곳을 여유있게 둘러볼 수 있다.

- 경상남도 통영시 한산면 매죽리
- 한솔해운 055-645-3717 / 통영관광안내소 055-650-0580
- 홈페이지 참조
- 홈페이지 참조
- 통영항여객선터미널에서 배 타고 입도
- http://www.maemuldo.go.kr

벽화가 만들어낸 기적 동피랑벽화마을

사진제공(통영시청 해양관광과)

통영의 대표적인 어시장인 중앙시장 뒤쪽 언덕에 있는 마을로, '동쪽 피랑(벼랑)'이라는 뜻에서 동피랑이라 불린다. 원래 동피랑 마을은 낙후된 마을이어서, 이순신 장군이 설치한 동포루를 복원하고 주변에 공원을 조성할 계획이었다. 하지만 한 시민단체가 달동네도 가꾸면 아름다워질 수 있다는 취지로 마을에 벽화를 그리기 시작했다. 이후 입소문이 나기 시작하면서 관광객이 몰려들어 마을을 보존하자는 여론이 형성되자 철거 계획을 철회했다. 지금은 골목 이곳저곳에서 벽화를 배경 삼아 사진을 찍기 위한 사람들로 복작거린다. 골목 사이사이로 보이는 푸른 통영 바다가 아름답다. 실제 마을 사람들이 거주하고 있는 곳이니 시끄럽게 둘러보는 것은 피하는 것이 좋다.

📍 경상남도 통영시 동호동 118-1 🔍 중앙전통시장 뒤편

신나게 즐기는 카트 라이딩 스카이라인루지

사진제공(통영시청 해양관광과)

스카이라인루지는 탑승자가 스스로 제어하는 바퀴 달린 중력 놀이기구다. 특별한 동력장치 없이 다운힐 라이딩을 위해 특수 제작된 루지 카트를 타고 땅의 경사와 중력만을 이용해 트랙을 달리는 놀이시설로, 전 세계 여섯 곳에서만 즐길 수 있는데, 그 중 하나가 통영이다. 스카이라이드(리프트)를 타고 정상까지 올라 루지를 타고 빠른 속도로 내려오는 스릴 있는 액티비티다. 통영시와 바다, 그리고 주변 섬 등의 아름다운 풍경을 감상할 수 있다. 관심이 뜨거운 만큼 주말에는 대기자가 많아 조기 마감을 하기도 한다. 입구에 다양한 음식을 파는 푸드트럭이 모여 있어 간식을 즐기기에도 좋다.

📍 경상남도 통영시 발개로 178 (도남동) ☎ 070-4731-8423 🏠 홈페이지 참조 🕐 홈페이지 참조
🔍 한려수도조망케이블카에서 통영성원2차아파트 방향으로 직진. 사거리에서 좌회전 🌐 http://www.skylineluge.kr

영향과 한려수도의 비경 **한려수도조망케이블카**

한려수도조망케이블카_사진제공(통영시청 해양관광국)

통영항과 한려수도의 아름다운 풍광을 한눈에 볼 수 있는 케이블카로, 도남관광단지 하부 정류장에서 미륵산 능선에 있는 상부 정류장까지 이어진다. 8인승 캐빈 47대가 연속적으로 운행하는 것이 특징이며 왕복과 편도 중 선택할 수 있다. 올라가는 편도만 끊어 미륵산을 둘러보고 등산로를 따라 걸어 내려가는 여행객도 많다. 전망대에 오르면 보이는 아름다운 섬과 푸른 바다가 인상적이며 맑은 날에는 대마도까지 보인다. 기상악화로 운행이 중단될 수 있기 때문에 당일 현장 발권만 할 수 있다. 출발 전에 운행 여부를 확인하자.

- 경상남도 통영시 발개로 205 (도남동) ☎ 1544-3303 어른, 중고생(1만4천원), 어린이(1만원) 10월~3월 09:30~16:00 | 4월, 9월 09:30~17:00 | 5월~8월 09:30~18:00 통영시청소년수련원 맞은편 http://corp.ttdc.kr

거북선 통영 강구안에 설치된 거북선으로, 전라좌수영거북선, 통제영거북선, 한강거북선, 판옥선까지 총 네 척이 모여 있다. 거북선 내부에는 과거에 사용했던 무기 모형을 전시했으며 조선 시대 수군복을 착용해보는 체험을 할 수도 있다.
- 경상남도 통영시 통영해안로 328 (중앙동)
- 통영 세병관 관리사무소 055-645-3805
- 어른(2천원), 중고생(1천5백원), 초등생(7백원)
- 3월~10월 09:00~18:00 | 11월~2월 09:00~17:00
- 통영강구안 문화마당인근
- http://tjy.ttdc.kr/ship/about.aspx

달아공원 통영 남쪽 미륵도 해안을 일주하는 산양일주로 중간에 있는 공원으로, 일몰이 아름답기로 유명한 곳이다. 다도해의 수많은 섬을 바라볼 수 있으며 낙조가 아름다워 산양일주로를 일주하다가 휴식을 취하기에 좋다.
- 경상남도 통영읍 산양읍 연화리 114-2
- 통영시문화관광과 055-650-4681
- 무료
- 24시간
- 달아항 인근

도남관광지 미륵도 관광특구의 심장부로, 한려해상국립공원의 중심지인 미륵도 내에 있는 해상관광단지다. 그림

도남관광지_사진제공(통영시청 해양관광국)

같은 다도해를 돌아볼 수 있는 해양관광과 수상 스포츠와 요트 관련 시설을 잘 갖추고 있다. 야간에는 통영의 문화와 역사를 보여주는 레이저 영상쇼가 펼쳐진다.
- 경상남도 통영시 도남동 635
- 통영관광안내소 055-650-0580
- 한려수도조망케이블카에서 발개삼거리 지나 직진

만지도 연대도에서 출렁다리를 건너야 들어갈 수 있는 섬으로, 해변을 따라 조성된 데크 산책로가 있다. 지겟길 산책로를 따라 섬 한 바퀴를 둘러보는 것도 좋은 방법. 갯바위 낚시꾼들이 자주 찾는 곳이기도 하다.
- 경상남도 통영시 산양읍 저림리
- 달아선착장 055-643-3363
- 달아선착장에서 배 타고 연대도 입도. 연대도에서 출렁다리 지나 직진

미륵산 미륵도 중앙에 우뚝 솟은 산으로, 산봉우리에는 옛날 통제영의 봉수대 터가 남아 있다. 고려 태조 때 도솔선사가 창건한 도솔암과 조선 영조 때 창건한 관음사, 조선 영조 때 창건한 용화사의 고즈넉한 산사도 둘러볼 만하다. 정상에서 아름답게 펼쳐진 한려수도의 풍경을 조망할 수 있으며 한려수도조망케이블카를 타면 10분만에 정상에 도착한다.
- 경상남도 통영시 산양읍 영운리
- 통영관광안내소 055-650-0580
- 한려수도조망케이블카 인근

박경리기념관 소설가 박경리의 고향인 통영에 조성된 기념관으로, 대하소설 〈토지〉와 통영을 배경으로 한 〈김약국의 딸들〉 등 대표작의 작품 세계를 살펴볼 수 있다. 친필 원고를 비롯해 유품 등이 전시되어 있어 서재를 재현한 공간도 있어 볼거리가 다채롭다.
- 경상남도 통영시 산양읍 신전리 1429-9
- 055-650-2543
- 09:00~18:00 - 월요일 휴관
- 통영산양스포츠파크 인근
- http://pkn.tongyeong.go.kr

사량도 한려해상국립공원 중간에 자리한 섬으로, 윗섬과 아랫섬으로 이루어져 있다. 주도인 윗섬에는 전국 100대 명산에 속하는 지리산과 옥녀봉의 기암절벽이 있다. 지리산에서 옥녀봉까지는 약 4시간 30분이 소요되며 빼어난 절경을 자랑해 등산객이 많이 찾는다.
- 경상남도 통영시 사량면 금평리(상도), 읍덕리(하도)
- 가오치선착장 055-647-0147
- 어른(6천원), 중고생(5천5백원), 어린이(3천1백원)
- 07:00/09:00/11:00/13:00/15:00/17:00
- 가오치선착장, 삼천포항에서 배 타고 입도
- http://www.ilshinferry.com

서피랑 통영의 대표적인 관광지인 동피랑의 인기에 힘입어 새롭게 떠오르고 있는 여행지로, 동피랑벽화마을에 비해서는 한적한 분위기다. 소설가 박경리의 생가가 있으며 마을 곳곳을 벽화와 소설 글귀로 꾸며놓았다.
- 경상남도 통영시 서호동
- 통영관광안내소 055-650-0580
- 충렬사광장교차로에서 강구한 방향으로 직진

세병관 임진왜란이 끝나고 한산도에 있던 삼도수군통제영이 육지인 통영으로 옮겨오면서 지어진 객사 건물이다. 세병관 앞으로 이경준의 치적을 담은 두룡포기사비를 비롯해 이곳을 거쳐간 통제사의 공덕비가 세워져 있다.
- 경상남도 통영시 문화동 62
- 통영관광안내소 055-650-0580
- 어른(3천원), 중고생(2천원), 어린이(1천원)
- 3월~10월 09:00~18:00 | 11월~2월 09:00~17:00

욕지도_사진제공(통영시청 해양관광국)

이순신공원_사진제공(통영시청 해양관광국)

🔍 통영중앙전통시장 인근 중앙파출소에서 충렬사 방향으로 직진하면 우측

욕지도
연화열도 중 가장 큰 섬으로, 욕지면의 주도다. 섬의 중심지이자 배가 닿는 곳인 동항을 비롯해 최고의 비경으로 꼽히는 삼여도, 아름다운 어촌마을인 유동마을 등 다채로운 볼거리로 가득하다. 낚시꾼 사이에서는 유명한 출조지로도 통한다.

📍 경상남도 통영시 욕지면
📞 통영항여객선터미널 1666-0960
🕐 전화 문의
🔍 통영항여객선터미널에서 배 타고 입도

이순신공원
망일봉 자락에 조성된 공원으로, 통영 바다가 펼쳐진 풍광이 아름답다. 공원 내에는 이순신 장군동상, 전망데크, 산책로, 전통문화관, 정자(학익정), 잔디광장 등이 있다. 이순신 동상 앞에 있는 전망대에서 푸른 통영 바다를 한눈에 볼 수 있다.

📍 경상남도 통영시 멘데해안길 205 (정량동)
📞 055-642-4737
🔍 강구안에서 통영농협 지나 우회전 후 직진

통영중앙전통시장
활어를 비롯해 다양한 품목을 판매하고 있다. 바다와 인접해 싱싱한 활어회를 비롯한 수산물과 건어물의 종류가 다양하고 달달한 꿀빵도 맛볼 수 있다.

📍 경상남도 통영시 중앙시장길 14-16 (중앙동)
📞 통영중앙시장상인회 055-649-5225
🔍 강구안문화마당 인근

통영한산마리나호텔&리조트
이엉지붕과 돌담 등 토속적이고 정감가는 한옥형 건물과 야자, 종려나무 등 이국적인 조경이 특색있는 3성급 호텔이다. 객실의 테라스에서 다도해의 전망이 한눈에 보인다.

📍 경상남도 통영시 산양읍 삼칭이해안길 820
📞 055-648-3332
🔍 통영시청에서 통영대교 지나 미파산 방향으로 직진
🌐 http://www.hansanmarina.co.kr

한산도
절벽해안으로 이루어진 바위 섬으로, 한산대첩의 중심지로 유명하다. 꼭 가봐야 할 곳으로는 야트막한 망산이 있다. 정상에 올라 내려다보는 크고 작은 섬과 바다가 빚어내는 절경이 아름답다.

📍 경상남도 통영시 한산면
📞 통영항여객선터미널 1666-0960
🕐 전화 문의
🔍 통영항여객선터미널에서 배 타고 입도

해저터널
동양 최초의 해저 터널로, 길이가 483m에 달한다. 당시에는 통영과 미륵도를 연결하는 주요 연결로였지만 지금은 충무교와 통영대교가 개통되면서 연결로로서의 기능은 사라졌다. 터널 내부는 기념관으로 꾸며져있어 터널이 만들어지는 과정을 사진으로 볼 수 있다.

📍 경상남도 통영시 도천길 1
📞 해저터널 관광안내소 055-650-4683
🔍 미수파출소 맞은편

해저터널_사진제공(통영시청 해양관광국)

고즈넉한 정취
하동

맑은 섬진강 물줄기를 따라 펼쳐진 하동은 잘 알려진 노래에서도 나오는 화개장터로 유명한 고장이다. 지리산 일대의 생활권을 망라한 상업의 중심지 역할을 해왔던 곳으로, 지금도 상설시장이 열려 과거를 추억한다. 봄이면 흐드러지는 벚꽃과 맑고 청정한 환경에서 나는 은어, 재첩은 하동을 방문할 때 꼭 즐겨야 하는 요소. 또한 국내에서 차를 처음으로 재배한 시배지로도 유명한 곳인 만큼 하동의 차를 꼭 맛보기를 권한다.

사랑을 약속하는 꽃길
하동십리벚꽃길

화개장터에서 쌍계사까지 십리에 걸쳐 펼쳐져 있는 벚꽃길로, 4월이면 흐드러진 벚꽃으로 장관을 이룬다. 1931년 신작로가 개통되면서 지역유지들이 벚나무 약 1천2백여 그루를 심어 조성했다. 벚꽃이 만개한 봄에 연인이 꽃비를 맞으며 길을 함께 걸으면 백년해로한다는 데서 혼례길이라는 별칭으로도 불린다. 벚꽃 철에는 화개장터에서 벚꽃축제가 열려 은어회, 재첩국 등 섬진강의 대표 먹거리를 맛볼 수 있으며 다양한 행사가 열린다.

📍 경상남도 하동군 화개면 화개로 142
📞 하동관광안내센터 1588-3186
🔍 화개장터에서 화개교 건너 화개삼거리부터 쌍계사 가는 길

벚꽃이 아름다운 차의 시배지 쌍계사

지리산 남쪽 자락에 자리한 사찰. 신라 성덕왕 때 창건되었으며 지금의 건물은 임진왜란 때 불탄 건물을 1632년에 다시 세운 것이다. 신라 시대에 진감국사가 중국에서 차나무 종자를 처음으로 가져와 절 주위에 심었다고 전해지며 이를 기념하는 차시배 추원비가 세워져 있다. 봄철이면 화개장터에서부터 쌍계사 입구까지 이어지는 벚꽃이 아름답기로 유명하다. 또한 울긋불긋한 단풍이 물드는 쌍계사의 가을은 하동8경 중 하나로 꼽힌다.

📍 경상남도 하동군 화개면 쌍계사길 59 ☎ 055-883-1901 🎫 어른(2천5백원)

삼성궁 고조선 시대 천신에게 제사를 지내던 성지인 소도를 복원한 곳으로, 환인, 환웅, 단군을 모시는 성전이자 수도장이다. 한풀선사와 수자들이 수련하며 쌓아 올린 돌탑 1천5백여 기가 숲과 어우러져 이국적인 정취를 자아낸다. 삼성궁을 둘러보기 위해서는 입구의 징을 치면 나오는 수도자의 안내에 따라야 한다.
📍 경상남도 하동군 청암면 삼성궁길 86-15
☎ 055-884-1279
🎫 어른(7천원), 중고생(4천원), 어린이(3천원)
🕐 하절기 09:00~18:00 / 동절기 09:00~17:00
🔍 청학동예절학교 뒤편

직전마을양귀비밭 5만여 평의 부지에 조성한 전국 최대 규모의 꽃양귀비밭. 매년 5월경이면 꽃양귀비가 붉게 피며 직전마을 일대에서 약 열흘간 양귀비 축제가 열린다. 옛 북천역 인근에서는 꽃양귀비 꽃길을 따라 펼쳐진 레일바이크를 즐길 수도 있다.
📍 경상남도 하동군 북천면 직전리
☎ 직전마을회관 앞
🌐 http://www.cosmosfestival.co.kr

차꽃오미 하덕마을 내에 자리한 100년 넘는 한옥 고택으로, 민박으로 꾸며 한옥체험을 할 수 있다. 하덕마을에서

직진마을양귀비밭_사진제공(하동군청 문화관광과)

차꽃오미로 가는 길에 있는 담을 따라 작가가 그려놓은 벽화를 살펴볼 수 있다. 아침에는 하동에서 나는 로컬음식으로 만든 간단한 브런치도 맛볼 수 있다.
- 경상남도 하동군 악양면 악양서로 233-28
- 010-7147-6953
- 하동군 허덕마을 내

최참판댁 박경리의 대하소설 〈토지〉의 배경이 되는 곳으로, 소설 원작을 다룬 SBS 대하드라마 〈토지〉의 촬영지이기도 하다. 드라마 촬영을 위해 조성한 곳이지만 소설에 등장하는 최참판댁을 한옥 14동으로 구현하여 소설 속 세계를 잘 보여준다.
- 경상남도 하동군 악양면 평사리길 66-7
- 악양종합관광안내소 055-884-0987
- 어른(2천원), 중고생(1천5백원), 초등생(1천원)
- 09:00~18:00
- 상평리마을회관 뒤편

최참판댁_사진제공(하동군청 문화관광과)

평사리공원 섬진강을 끼고 있는 공원으로, 하동과 구례 중간에 자리하고 있다. 내부에 산책로와 야영장, 낚시터 등이 조성되어 있으며 예약해야 이용할 수 있는 오토캠핑장과 텐트 야영장도 인기다. 11월 초에는 왕에게 진상하였다는 악양대봉감 축제가 열린다.
- 경상남도 하동군 악양면 평사리 77

- 하동군청 산림녹지과 산림보호담당 055-880-2471
- 화개터미널에서 19번 국도 따라 하동군청 가는 길

하동송림 섬진교 아래 조성된 소나무숲으로, 약 7백5십여 그루의 노송이 우거진 곳이다. 1745년(조선 영조 21년) 섬진강의 강바람과 모래바람의 피해를 막기 위해 조성했으며 지금은 국내에서 손꼽히는 노송숲이 되었다. 여름피서지로도 적격이며 숲 안에 궁도장 및 체육시설이 마련되어 있어 군민과 여행객이 두루 찾는 명소다.
- 경상남도 하동군 하동읍 섬진강대로 2107-3
- 하동군청 문화체육과 문화재부서 055-880-2366
- 하동고등학교 앞

화개장터 지리산에서 발원하는 화개천과 섬진강이 만나는 지점에서 열리던 전통적인 5일장으로, 현재는 상설시장이 운영되고 있다. 지리산에서 채취한 산나물과 약재, 농수산물을 둘러볼 수 있다. 전통 모습을 그대로 간직한 대장간도 있어 호미나 낫 등 전통 농기구, 주방 칼 등을 구매할 수 있다. 봄이면 인근에 흐드러지는 벚꽃이 아름다워 관광객으로 붐빈다.
- 경상남도 하동군 화개면 탑리 726-46
- 화개장터 관광안내소 055-883-5722
- 09:00~18:00
- 화개터미널 앞

화개장터_사진제공(하동군청 문화관광과)

수려한 자연과 유구한 역사가 있는 곳

합천

가야산국립공원이 자리하고 있는 합천은 예로부터 웅장한 산세와 수려한 자연환경으로 손꼽히던 고장이다. 합천의 관광은 가야산에서 시작한다고 해도 과언이 아닌데, 특히 한국의 삼보사찰 중 한 곳이자 고려의 국찰이었던 해인사가 가야산 내에 자리하고 있는 덕이다. 해인사로 올라가는 길에 볼 수 있는 홍류동계곡, 아름다운 절경을 찬탄한 시인의 풍류를 느껴볼 수 있는 함벽루 등이 시선을 끈다. 아름다운 자연환경과 문화재 외에도 근대 서울의 모습을 짐작해볼 수 있는 합천영상테마파크 등 볼거리와 즐길 거리로 가득하다.

한국 불교 역사를 대표하는 법보 사찰
해인사

신라 시대 창건된 우리나라 화엄종의 근본 도량으로, 가야산 자락에 자리하고 있다. 통도사, 송광사와 더불어 우리나라 삼보사찰로 불린다. 특히 이곳에는 세계적인 자랑거리인 팔만대장경이 보관되어 있는 곳으로도 유명하다. 몽골의 침략을 불력으로 물리치기 위해 제작한 팔만대장경이 보관된 고려대장경판전은 해인사에서 가장 오래된 건축물로, 유네스코 세계문화유산으로 지정되었다. 국보와 보물을 포함해 70여 점의 문화재가 산재해 있으며, 가야산의 웅장한 모습과 어우러진 사찰의 전경이 아름답다.

- 경상남도 합천군 가야면 해인사길 122
- 055-934-3000
- 어른(3천원), 중고생(1천5백원), 어린이(7백원)
- 하절기 08:30~18:00 / 동절기 08:30~17:00
- 가야산국립공원 내
- http://www.haeinsa.or.kr

사진제공 이범수 한국관광공사

근대 서울의 정취를 느낄 수 있는 오픈 세트장 **합천영상테마파크**

국내 시대물에 특화된 오픈 세트장으로, 1920년대부터 1980년대 서울의 모습을 느낄 수 있다. 영화 〈태극기 휘날리며〉의 평양 시가지 전투 장면의 배경이 되면서 유명해졌다. 이후 〈경성스캔들〉, 〈암살〉 등의 배경으로도 사용되었다. 서울역, 조선총독부, 반도호텔 등 옛 서울의 정취를 느낄 수 있는 랜드마크를 그대로 재현해두었다. 골목마다 볼거리가 다양하고 분위기가 독특해 사진 찍기에도 좋다. 방송촬영 체험, 의상체험 등 다양한 프로그램을 운영한다. 또한 메인거리에 있는 세트 시설 7동을 리모델링할 계획이며, 2018년도 연말에 준공 예정인 상해임시정부 세트 시설은 일제강점기 시대 촬영 공간으로 이용될 예정이다. 추후에 청와대세트장, 분재공원 등 새로운 시설도 들어올 예정이라고 하니 새롭게 단장한 영상테마파크를 기대해보는 것도 좋겠다.

📍 경상남도 합천군 용주면 합천호수로 757　☎ 합천군청 관광진흥과 055-930-3761　🎫 어른(5천원), 중고생, 어린이(3천원)

합천 8경 중의 하나 **홍류동계곡**

가야산국립공원 입구에서 해인사까지 이어지는 약 4km 길이의 계곡. 붉은 가을 단풍이 계곡물에 붉게 투영되어 보인다고 하여 이름이 붙었다. 합천8경 중 하나로, 풍경이 아름다워 최치원 선생이 이곳에 왔다가 그대로 신선이 되었다는 전설이 전해진다. 주요문화재 자료가 다수 남아 있는데, 농산정 맞은편에 암각되어 있는 최치원 선생의 친필을 볼 수도 있다.

📍 경상남도 합천군 가야면 해인사길 122　☎ 055-934-3000　🎫 어른(3천원), 중고생(1천5백원), 어린이(7백원)
🕐 하절기 08:30~18:00 | 동절기 08:30~17:00　🔍 가야산국립공원 내　🌐 http://www.haeinsa.or.kr

함벽루_사진제공(김지호)-한국관광공사

가야산국립공원
소백산맥에서 뻗어 나온 지맥으로, 산세가 웅장하고 수려하여 해동10경, 또는 조선8경으로 꼽히던 곳이다. 해발 1,000m가 넘는 고봉이 병풍을 친 듯이 이어져 있으며 기암괴석과 노송을 비롯한 울창한 수목이 어우러져 사계절 아름다운 풍경을 감상할 수 있다. 경상북도 성주와 경상남도 합천의 경계를 이루고 있으며 합천 쪽의 산자락은 부드러운 흙으로 되어 있어 길이 험하지 않고 누구나 쉽게 오를 수 있다. 오토 캠핑장 시설도 있으며 여름철에는 야영객을 대상으로 다양한 체험 프로그램을 운영하기도 한다.

- 경상남도 합천군 가야면 가야산로 1200
- 가야산국립공원 사무소 055-930-8000
- 해인사IC에서 가야면사무소 방향으로 직진. 대장경테마파크 옆
- http://gaya.knps.or.kr

대장경테마파크
팔만대장경의 우수성을 알리기 위한 곳으로, 팔만대장경 간행 1천 년을 기념하기 위해 2011년 조성한 테마파크다. 팔만대장경을 제작하게 된 역사적 배경과 제작 과정을 알기 쉽게 4 수 있다. 목재로 만들어진 팔만대장경을 천년 간 보존할 수 있게 했던 경판보관소인 장경판전에 숨겨진 과학적인 원리도 알 수 있다.

- 경상남도 합천군 가야면 가야산로 1160
- 055-930-4801
- 어른(3천원), 중고생(2천원), 어린이(1천5백원)
- 3월~10월 09:00~18:00 | 11월~2월 09:00~17:00 – 월요일 휴관
- 해인사IC에서 해인사 방향으로 직진. 가야면사무소에서 좌회전 후 진입

매화산
산국립공원의 지맥 중 하나로, 기암괴석의 모양이 매화꽃이 만개한 모습을 닮았다 하여 매화산이라 불린다. 정상인 남산제일봉이 장관을 이루는데, 7개의 바위봉우리가 차례로 늘어서 있다. 해인사시외버스터미널에서 등산로를 따라 등반하면 되는데, 산세가 다소 험준한편이니 등산 시 주의해야 한다.

- 경상남도 합천군 가야면 구미리
- 가야산국립공원 055-930-8000
- 해인사시외버스터미널에서 등산로 따라 진입

정양늪생태공원
약 1만 년 전 후빙기 이후 해수면의 상승과 낙동강 본류의 퇴적으로 생성된 아천천의 배후습지다. 황강의 수위 감소로 인해 사라질 위기에 처해 있던 정양늪을 공원으로 조성하여 이전의 모습을 되찾았다. 탐방로를 거닐며 연을 비롯한 다양한 수생식물을 볼 수 있으며 철새 도래지로도 유명하다.

- 경상남도 대양면 정양리 146
- 055-930-3313
- 정양저수지 인근

함벽루
고려 시대에 창건되어 과거부터 많은 시인과 묵객이 풍류를 즐긴 장소로 전해진다. 퇴계 이황, 남명 조식, 우암 송시열의 글이 누각 내부에 현판으로 걸려 있다. 합천8경 중 하나로 꼽히며 누각 처마에서 흘러내린 물이 황강에 떨어지도록 배치한 구조가 유명하다.

- 경상남도 합천군 합천읍 합천리 1364-75
- 합천군청 문화예술과 문화재담당 055-930-3176
- 황강군민체육공원 옆

첨성대_사진제공(경주시청 문화관광과)

경상북도

신라의 천년고도 **경주**

가야문화특별시 **고령**

자연의 구미가 당기는 곳 **구미**

과거 보러 가는 길 **문경**

양반의 고장 **안동**

청정 도시, 대게의 고장 **영덕**

선비의 고장 **영주**

아름다운 자연이 살아 숨쉬는 곳 **울릉**

청정생태문화도시 **울진**

물 맑은 고장 **청도**

푸른 솔의 고장 **청송**

푸른 바다 도시 **포항**

신라의 천년고도
경주

신라 천년의 역사를 간직한 경주는 신라 시대부터 전해 내려오는 역사문화유산이 곳곳에 산재해 있어 도시 전체가 문화재라고 해도 과언이 아닐 정도다. 유네스코 세계문화유산으로 지정된 불국사와 석굴암은 물론이고, 신라 왕족이 잠들어 있는 커다란 고분군인 대릉원, 옛 신라왕궁의 자취를 느낄 수 있는 동궁과 월지 등 모두 둘러보기에는 하루만으로 부족하다. 신라인의 과학기술과 미적 감각을 느낄 수 있는 문화재 외에도 발길을 잡아 끄는 세련된 가게가 모여 있는 황리단길도 빼놓을 수 없는 여행코스다. 고대와 현대가 공존하는 도시, 경주로 떠나보자.

극락으로 가는 길
불국사

토함산 서남쪽에 자리한 천년고찰. 신라의 건축기술과 불교, 토함산의 수려한 자연경관이 만들어낸 통일신라시대 사원 예술의 걸작이다. 1995년 석굴암과 함께 유네스코 세계문화유산에 등록되었으며 단정한 아름다움을 보여주는 석가탑과 화려함의 극치를 보여주는 다보탑은 우리나라 석탑 문화에서도 가장 예술성 작품으로 꼽는다. 또한 불국사의 입구에 있는 '부처님의 세계로 넘어가기 위한' 다리인 청운교와 백운교의 미적, 공학적 아름다움도 눈여겨봐야 할 요소. 곳곳에 신라 시대의 유물이 남아 있어 신라의 품격을 느낄 수 있다.

📍 경상북도 경주시 불국로 385 (진현동)
☎ 054-746-9913
🎫 어른(5천원), 중고생(3천5백원), 어린이(2천5백원)
🕐 3월~9월 07:00~18:00 | 10월 07:00~17:30 | 11월 07:00~17:00 |
    12월~1월 07:30~17:00 | 2월 07:30~17:30 – 연중무휴
🔍 불국사역에서 코오롱가든골프장 지나 직진
🌐 http://www.bulguksa.or.kr

사진제공(김지호) - 한국관광공사

궁 안의 연못
동궁과 월지(안압지)

신라 왕궁의 별궁이자 태자가 거처하는 동궁으로 사용된 곳이다. 나라의 경사가 있거나 귀한 손님을 맞을 때 성대한 연회를 베풀었다고 한다. 동궁 앞의 월지는 동서 200m, 남북 180m 규모로, 연못 자체는 그리 크지 않으나 가장자리에 굴곡이 많아 어느 곳에서 보아도 연못 전체가 한눈에 들어오지 않는 탓에 넓은 바다처럼 느낄 수 있도록 했다고 한다. 안압지는 고려, 조선시대에 이르러 "화려했던 궁궐은 간데없고 기러기와 오리만 날아든다"라는 구절에서 기러기'안'자와 오리'압'자를 써서 붙은 이름이라고 한다. 현재는 과거의 명칭대로 '달이 비치는 연못'이라는 뜻의 월지라고 부르고 있다.

- 경상북도 경주시 인왕동 26-1
- 안압지 매표소 055-750-8655
- 어른(2천원), 중고생(1천2백원), 어린이(6백원)
- 09:00~22:00
- 경주역에서 국립경주박물관 방향으로 직진

사진제공(경주시청 문화관광과)

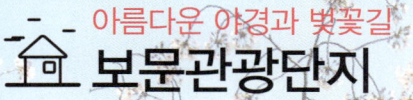

아름다운 야경과 벚꽃길

보문관광단지

신라 천년고도 경주의 인공호수인 보문호를 중심으로 조성된 관광단지. 보문호 주변을 지나는 보문호반길과 호텔, 온천, 놀이공원 등 각종 문화 레저시설을 두루 갖춘 곳이다. 보문호 주변의 산책로와 김유신묘 옆을 지나는 흥무로의 벚꽃이 특히 유명하다. 밤이면 은은한 조명을 받는 물너울교 경관을 감상할 수도 있으며, 매월 음력 보름 저녁마다 보문호반 달빛걷기 행사가 열린다. 약 100m 높이의 분수대도 보문호의 명물이다.

경상북도 경주시 보문로 424-33 (신평동)

054-745-7601

경주계림 힐튼호텔 옆

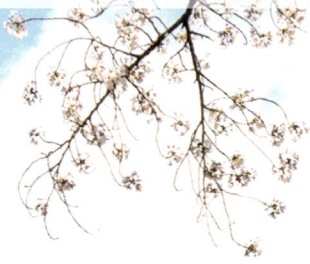

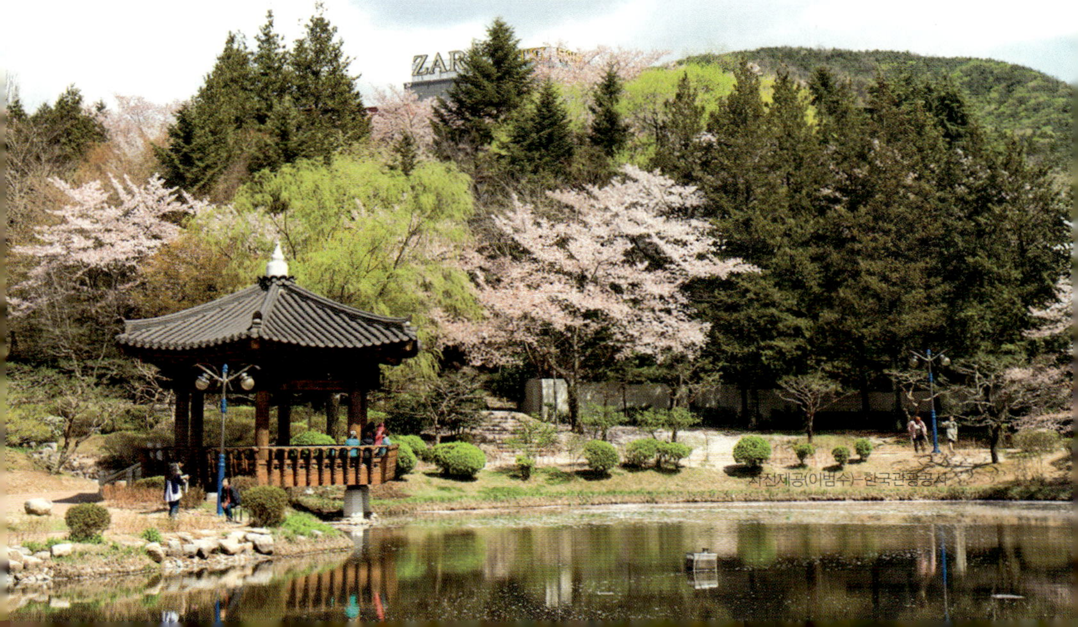

사진제공(이범수)-한국관광공사

경주 시내 대규모 고분군 대릉원

사진제공(경주시청 문화관광과)

크고 작은 신라 시대 고분이 모여 있는 곳으로, 경주 시내 한복판에 자리하고 있다. "미추왕은… 대릉에 장사지냈다"라는 〈삼국사기〉 기록에서 대릉원이라는 이름이 유래했다고 한다. 자작나무로 만든 말다래에 그려진 천마도를 비롯해 국보급 유물 수십 점이 발굴된 천마총이 자리하고 있다. 발굴된 유물과 함께 내부를 공개하고 있어 신라 시대의 무덤 양식과 문화를 살펴볼 수 있다. 밤에는 은은한 조명이 어우러져 신비감을 더한다. 큰 무덤이지만, 푸근한 동산 같은 느낌이 들며 주변 나무와 어우러져 아름다움을 자아낸다. 특히 꽃 피는 봄날에 산책로를 따라 걸으며 봄 풍경을 만끽해보는 것도 좋겠다. 대릉원에서 주차장을 거쳐 첨성대, 경주계림으로 넘어가 둘러볼 수도 있다.

경상북도 경주시 황남동 53 054-750-8650 어른(2천원), 중고생(1천2백원), 어린이(6백원) 09:00~22:00
경주역에서 경주고속버스터미널 방향으로 직진

몸으로 체험하는 신라 신라밀레니엄파크

신라 시대의 최대 전성기인 8세기 무렵 신라 역사와 문화를 재현한 역사테마파크. 신라 시대의 고건축물과 조형물, 그리고 다양한 공연을 통해 1천2백년 전의 신라 시대를 경험할 수 있다. 특히 드라마 〈선덕여왕〉과 〈대왕의 꿈〉의 세트장을 조성하면서 더욱 유명세를 탔다. 염색, 압화, 토기 등 공방에서 공예 체험도 할 수 있으며, 산책로가 잘 조성되어 있어 천천히 산책을 즐기기도 좋다. 하룻밤 머물고 싶다면 고급스러운 한옥호텔 라궁을 추천한다.

신라밀레니엄파크_사진제공(경주시청 문화관광과)

탁 트인 정원을 벗 삼아 한옥호텔에서 휴식을 취할 수 있으며, 노천탕 시설도 갖추었다. 가족 단위 방문객에게 추천할 만한 곳.

경상북도 경주시 엑스포로 55-12 (신평동) 054-749-0071 어른(5천원), 중고생, 어린이(3천원) 10:00~18:00
경주문화엑스포공원에서 신라교 건너면 정면 http://www.smpark.co.kr

신라인의 과학기술 첨성대

첨성대_사진제공(경주시청 문화관광과)

신라 선덕여왕 때 세워진 천문관측대로, 동양에서는 가장 오래되고 유일한 석조 구조물이다. 당시의 높은 과학기술과 건축 수준을 보여주는 문화재이며 국보 제31호로 지정되었다. 둥근 하늘을 상징하는 원형과 네모난 땅을 상징하는 사각형으로 이루어진 유려한 곡선이 무척 아름답다. 신라인의 뛰어난 과학기술을 짐작할 수 있는 문화재. 최근 핫한 명소로 떠오른 핑크뮬리가 인근에 인접해 있어 함께 둘러보면 좋다.

- 경상북도 경주시 인왕동 839-1 ☎ 경주역 관광안내소 054-772-3843 ⏱ 하절기 09:00~22:00 | 동절기 09:00~21:00
- 선덕네거리 인근

감은사지 신라의 문무대왕이 삼국통일을 이루고 난 후 불력의 힘으로 나라를 수호하기 위해 건립한 절로, 아들인 신문왕이 이를 이어받아 완성하였다고 전해진다. 부왕의 은혜에 감사한다는 뜻을 담아 감은사라고 이름지었다고 하며, 감은사지에 남아 있는 삼층석탑은 국내 삼층석탑 중 가장 큰 규모이자, 국내 석탑 양식의 전형으로 평가받는다.
- 경상북도 경주시 양북면 용당리 17
- 054-779-8743
- 봉길대왕암해변 인근

감은사지_사진제공(경주시청 문화관광과)

경주계림 경주 김씨의 시조, 김알지가 태어났다는 전설을 품고 있는 울창한 숲으로, 성대에서 교촌한옥마을 방향으로 걷다 보면 나타난다. 산책길을 따라 고목이 빽빽이 우거져 있으며, 나무 사이로 저물어가는 일몰의 풍경이 장관이다. 가을에 형형색색의 단풍이 숲을 뒤덮는 모습이 특히 아름답다.
- 경상북도 경주시 교동1
- 054-779-8743
- 첨성대에서 교촌한옥마을 가는 길

경주남산 경주시 남쪽에 자리한 산으로, 신라 시대의 시조인 박혁거세가 남산의 나정에서 태어났다고 전해진다. 1백여 곳의 절터를 비롯해 80여 체의 석불, 60여 기의 석탑, 20여 기의 석등 등의 유물이 남아 있다.
- 경상북도 경주시 배동 산72-6
- 사단법인 경주남산연구소 054-777-7142
- 경주고속버스터미널에서 내남면 방향으로 직진

경주남산_사진제공(경주시청 문화관광과)

경주동궁원 우리나라 최초의 동·식물원이었던 동궁과 월지를 현대적으로 재해석한 공간이다. 신라 시대의 한옥을 본 떠 만든 거대한 유리온실 안에서 다양한 식물을 감상할 수 있다. 새를 가까이서 볼 수 있는 경주버드파크도 놓칠 수 없는 볼거리.
- 경상북도 경주시 보문로 74-14 (북군동)
- 054-779-8725
- 어른(5천원), 중고생(4천원), 어린이(3천원)
- 09:30~19:00 | 경주버드파크 10:00~19:00
- 보문호 인근
- http://gyeongjuepg.kr

경주세계문화엑스포공원 세계 각국의 문화를 체험할 수 있는 세계문화엑스포 공원. 입구에 있는 경주타워가는 황룡사 9층목탑을 음각으로 디자인한 유리 타워다. 전망대에 오르면 보문관광단지를 비롯해 엑스포공원 일대가 한눈에 보인다. 이 외에도 쥬라기로드, 또봇뮤지엄, 솔거미술관 등의 전시관과 VR체험, 3D애니메이션 체험 등을 할 수 있다. 새마을관람열차를 타고 공원을 둘러볼 수 있다.
- 경상북도 경주시 경감로 614 (천군동)
- 054-748-3011
- 입장료(무료), 별도전시관(홈페이지 참조)
- 홈페이지 참조
- 경주월드에서 천군네거리 지나 신라밀레니엄파크 방향으로 직진하면 우측
- http://www.cultureexpo.or.kr

경주월드 남부권 최대 규모의 테마파크로, 롤러코스터, 바이킹, 그랜드캐니언 등 스릴 넘치는 놀이기구로 가득하다. 워터파크인 캘리포니아비치와 블리자드킹덤도 재미를 더한다. 밤에는 관람차의 아름다운 야경을 볼 수 있다.
- 경상북도 경주시 보문로 544 (천군동)
- 054-745-7711
- 자유이용권 – 어른(4만5천원), 중고생(3만8천원), 어린이(3만1천원)
- 홈페이지 참조
- 보문관광단지에서 신평교 건너 직진
- http://www.gjw.co.kr

교촌한옥마을 최부자 가문의 생활현장을 교육하고 체험할 수 있는 관광지로 활용하기 위해 경주시가 조성한 한옥마을이다. 마을 내에는 중요민속문화재인 경주최씨고택과 중요무형문화재인 경주교동법주 등이 자리하고 있다.

교촌한옥마을_사진제공(김지호)-한국관광공사

경주월드_사진제공(경주시청 문화관광과)

문무대왕릉_사진제공(경주시청 문화관광과)

봄이면 한옥 기와 돌담길 사이로 매화, 산수유가 만개하여 매우 아름답다. 한복체험, 토기공방과 유리공방 등 다양한 체험프로그램도 운영하고 있다.
- 경상북도 경주시 교촌길 39-2 (교동)
- 054-760-7880
- 첨성대에서 계림 지나 우회전
- http://www.gyochon.or.kr

국립경주박물관 찬란했던 신라 천 년의 역사와 예술을 압축적이고 일목요연하게 이해할 수 있는 곳. 일명 에밀레종이라 불리는 성덕대왕신종을 비롯해 화려한 금관과 불상 등 경주 곳곳에서 발굴된 3천여 점의 유물을 전시하고 있다. 가장 유명한 성덕대왕신종은 야외전시장에 전시되어 있어 언제든지 관람할 수 있다.
- 경상북도 경주시 일정로 186 (인왕동)
- 054-740-7500

국립경주박물관_사진제공(경주시청 문화관광과)

- 10:00~18:00 | 일요일, 공휴일 10:00~19:00 | 마지막 주 수요일, 3월~12월 토요일 야간개장 10:00~21:00
- 경주역에서 동궁과월지 지나 박물관 네거리에서 우회전
- http://gyeongju.museum.go.kr

무열왕릉 태종 무열왕 김춘추의 능으로, 삼국시대 말기에 건립된 능이다. 무덤 앞에는 국보 제 25호로 지정된 태종무열왕릉비의 이수와 귀부가 있으며, 무덤 뒤에는 무열왕 직계조상의 왕릉으로 추정되는 서악리 고분군이 있다.
- 경상북도 경주시 서악동 750
- 054-750-8614
- 09:00~17:00
- 서악리 고분군 앞앞
- https://gjfmc.or.kr

문무대왕릉 신라 문무왕의 수중릉으로, 대왕암이라고도 한다. "내가 죽으면 화장하여 동해에 장례하라. 그러면 동해의 호국용이 되어 신라를 보호하리라."라는 문무왕의 유언에 따라 동해의 큰 바위섬에서 장사를 지낸 곳이다. 감은사지 동쪽에 있는 이견대에서 대왕암을 조망할 수 있다.
- 경상북도 경주시 양북면 봉길리 30-1
- 사적공원 관리사무소 054-779-8743
- 봉길대왕암해변 인근

분황사 분황사는 634년(선덕여왕 3)에 창건된 신라 7가람 중 하나로, 원효, 자장 등 한국 불교의 중심이 되었던 대승이 거쳐 간 사찰이다. 경내엔 전탑을 모방한 국보 제30호

분황사_사진제공(김지호)-한국관광공사

분황사 모전석탑이 있다. 신라 시대에 최초로 만들어진 석탑으로 의미가 깊다. 이웃해있는 황룡사와 함께 신라의 대표적인 사찰이었으며, 현재까지 법등이 이어오고 있다.
- 경상북도 경주시 분황로 94-11 (구황동)
- 054-742-9922
- 어른(1천3백원), 중고생(1천원), 어린이(8백원)
- 4~10월 08:30~18:00 | 11~3월 08:30~17:00
- 경주구황동원지유적 옆
- http://www.bunhwangsa.org/

석굴암 신라 경덕왕 때 만들어진 우리나라 대표적인 석굴 사원으로, 신라인의 신앙과 뛰어난 건축미, 조각 기법 등을 볼 수 있다. 화강암을 다듬어 인공적으로 축조한 석굴 사찰로, 원형의 주실에 안치된 본존여래좌상은 규모, 조각 기법, 예술성에 이르기까지 극치의 아름다움을 느낄수 있다. 신라의 예술과 과학, 문화의 결정체로 1995년 불국사와 함께 유네스코 세계문화유산으로 등록되었다.
- 경상북도 경주시 석굴로 238 (진현동)
- 054-746-9933
- 어른(5천원), 중고생(3천5백원), 어린이(2천5백원)
- 2월~3월 중순, 10월 07:00~17:30 | 3월 중순~9월 06:30~18:00 | 11월~1월 07:00~17:00
- 토함산 내
- http://www.sukgulam.org

양남주상절리 읍천항과 하서항 사이 해변에 군락을 이루고 있는 주상절리. 천연기념물로 지정되어 있으며, 자연이 연출한 조각품이라 할 정도로 천혜의 자연경관을 뽐낸다. 주상절리를 따라 트래킹할 수 있는 산책로 파도소리길이 조성되어 있어 가까이서 주상절리를 보고 느낄 수 있다.
- 경상북도 경주시 양남면 읍천리
- 하서항에서 읍천항 방향으로 직진하면 우측

양동마을 6백여 년의 전통을 간직한 양반마을로, 고택 54호와 주위를 둘러싸고 있는 초가 110여호가 옛 모습 그대로 남아 있다. 안동하회마을과 함께 한국의 역사마을로 유네스코 세계문화유산에 등재되었다. 조선 시대 유교 문화와 향촌의 모습을 볼 수 있다.
- 경상북도 경주시 강동면 양동마을길 138-18
- 054-762-2633
- 어른(4천원), 중고생(2천원), 어린이(1천5백원)
- 4월~9월 09:00~19:00 | 10월~3월 09:00~18:00
- 안계저수지에서 양동민속마을 이정표 따라 직진
- http://www.yangdongvillage.com

양동마을_사진제공(박성락)-한국관광공사

우양미술관 경주의 고대 문화와 현대 미술이 상호 공존하는 미술관이다. 세계적으로 유명한 건축가 김종성이 본관을 건축했다. 국내외 중견, 원로 작가들의 작품들을 비롯해 현대미술의 다양한 가능성을 보여주는 독특한 작품들을 다채롭게 소개하고 있다. 미술관 맞은편엔 호숫가 산책로를 따라 조각 공원이 펼쳐진다.
- 경상북도 경주시 보문로 484-7 (신평동)
- 054-745-7075
- 홈페이지 참조
- 10:00~18:00 – 1월 1일, 명절 당일, 전시교체기간 휴관
- 경주힐튼호텔 내
- http://www.wooyangmuseum.org/

중앙시장 경주를 대표하는 시장으로, 아래시장이라고도 불린다. 7백여 개의 점포와 1백여 명의 노점상이 있는 규모가 큰 재래시장이다. 오후 6시부터 저녁 11시까지 야시장이 열리는데, 한옥 콘셉트의 음식 판매대가 줄지어 있다. 매대 맞은편에 음식을 먹을 수 있는 공간이 있다.
- 경상북도 경주시 금성로 295 (성건동)
- 중앙시장 상가번영회 054-743-3696
- 경주고속버스터미널에서 대릉원 방향으로 직진, 서라벌네거리에서 좌회전 후 직진

토함산자연휴양림야영장 천년고도 경주의 수많은 관광지와 인근의 해안을 동시에 이용할 수 있는 장점이 있다. 휴양림 내에서 5.18km의 등산과 산림욕을 즐길 수 있어 마음까지 정화된다.
- 경상북도 경주시 양북면 장항리 산599-1
- 054-750-8700
- 어른(1천원), 중고생(7백원), 어린이(5백원)
- 09:00~18:00

☞포석정지_사진제공(경주시청 문화관광과)

🔍 장항리 삼거리에서 우회전전
🌐 http://gjrest.foresttrip.go.kr

포석정지 신라 때, 왕실의 제사를 지내고, 연회를 베풀던 곳이었다고 한다. 경애왕이 후백제 견훤의 습격을 받아 최후를 맞은 곳으로도 알려진 이 터는 지금은 옛 모습을 거의 찾아볼 수 없으나, 그 시대 시를 읊는 놀이, 유상곡수연의 흔적을 담은 길만 약 6m의 수구의 흔적으로 남아있다.

📍 경상북도 경주시 배동 454-1
☎ 포석정매표소 054-745-8484
🎫 어른(1천원), 중고생(6백원), 어린이(4백원)
🕐 3월~10월 09:00~18:00 | 11월~2월 09:00~17:00
🔍 나정에서 도보 15분 남산 밑자락

황룡사지 신라 진흥왕 때 새로운 궁궐을 지으려 했다가, 누런 용이 나타나 이를 철회하고 사찰을 지었다는 설화가 전해져 황룡이라는 이름이 붙은 곳. 백년이 넘는 시간 동안 건설된 대불사였으며, 신라의 세 보물(신라 삼보)에 해당하

황룡사지_사진제공(전형준)-한국관광공사

는 황룡사구층목탑과 장륙존상이 보존되어 있던 사찰이기도 하다. 전란을 거쳐 소실된 이후, 지금은 목탑의 터와 금당지 등의 남아 있는 터로 당시의 규모를 짐작할 수 있다.

📍 경상북도 경주시 임해로 64-19 황룡사 역사문화관
☎ 황룡사역사문화관 054-777-6862
🔍 분황사 옆옆

황리단길 젊은이들의 취향을 그대로 반영한 세련된 카페와 식당이 모여 있는 곳으로, 내남네거리에서 황남동주민센터까지 이어지는 길을 말한다. 이태원 경리단길을 연상케 하는 핫플레이스로, 빵집, 브런치카페, 양과자점 등 거리 곳곳에 맛집이 숨어 있다.

📍 경상북도 경주시 포석로 1080 (황남동)
🔍 경주고속버스터미널에서 대릉원 방향으로 직진, 내남네거리 인근

황성공원 경주시 북쪽에 자리하고 있는 공원으로, 과거 신라 시대에는 화랑의 훈련장으로 사용되었다고 한다. 넓고 울창한 소나무숲이 인상적이며 도서관과 시민운동장, 실내체육관, 씨름장, 국궁장, 인라인스케이트장 등 다양한 시설을 갖추고 있다.

📍 경상북도 경주시 알천북로 115 (황성동)
☎ 054-779-8771
🔍 경주시민운동장 옆

경상북도

가야문화특별시
고령

고령은 성주, 합천, 창녕, 하동, 순천 등을 아우르는 대가야의 도읍지로, 가야 문화권의 중심지였다. 대가야의 역사가 재조명을 받으면서 최근에는 고령읍이라는 행정명을 대가야읍으로 바꾸었을 정도로 도시 곳곳에 대가야와 관련된 역사유적이 가득하다. 대가야문화권에서 가장 큰 규모를 자랑하는 고령지산동고분군, 대가야 5백 년의 역사를 알 수 있는 역사테마관광지와 대가야박물관 등 역사에 관심이 높다면 둘러볼 곳이 무척 많은 고장이다. 또한 김종직 선생의 후손이 모여 사는 집성촌을 비롯하여 다양한 체험 마을도 곳곳에 자리하고 있어 가족과 함께 찾기에도 좋다.

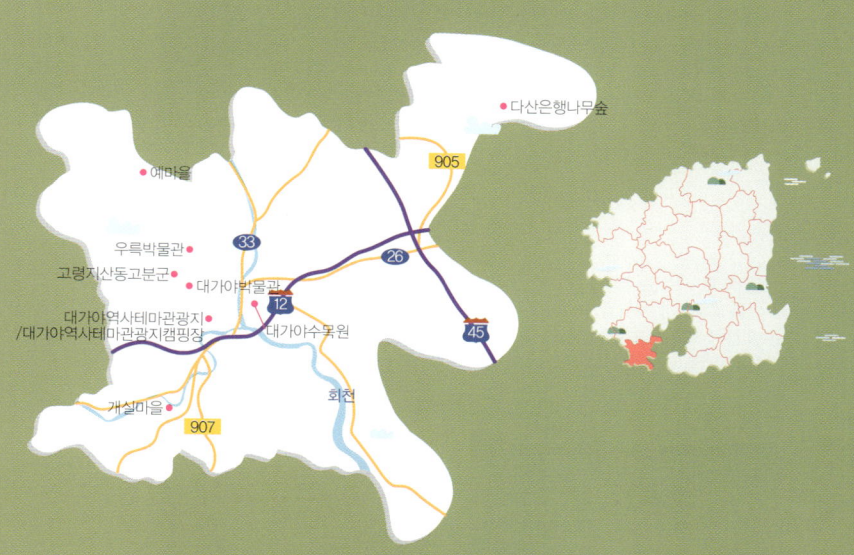

대가야 5백 년의 역사
대가야역사테마관광지

우리나라 최초로 토기와 철기, 가야금 문화를 꽃피운 대가야의 역사를 돌아볼 수 있는 테마관광지. 가야 문화의 연구 및 복원을 위해 조성된 곳으로, 4D영상관, 전시관, 체험관 등을 통해 고대 가야의 문화를 보고 느낄 수 있다. 고대가옥촌, 가마터 등을 둘러보고 직접 도자기를 만드는 등 다양한 체험 프로그램도 운영하고 있다. 관광지 내부에는 야외공연장, 레일썰매장, 물놀이장, 펜션, 텐트장 등이 있어 가족 또는 단체로 관광하기 좋다.

- 경상북도 고령군 대가야읍 대가야로 1216
- 054-950-7005
- 3월~10월 09:00~18:00 | 11월~2월 09:00~17:00
- 고령군청에서 가야대학교 고령캠퍼스 가는 길
- http://www.daegayapark.net

사진제공_고령군 문화관광과

개실마을 조선 중기 영남 사림학파의 종조인 김종직 선생의 후손이 모여 사는 집성촌으로, 점필재 종택, 문적유품, 도연재 등 다양한 문화재가 있다. 실제로 62가구 150여 명의 주민이 거주하고 있으며, 서예, 전통음식 등을 직접 체험할 수 있는 프로그램을 운영한다. 전통 한옥에서 운영하는 민박에서 숙박도 할 수 있다.

- 경상북도 고령군 쌍림면 합가리 243-5 개실마을
- 054-956-4022
- 고령시외버스정류장에서 33번 국도 타고 합천 방향으로 직진
- http://www.gaesil.net

고령지산동고분군 5~6세기에 조성된 고분군으로, 2백여 기의 크고 작은 고분을 볼 수 있다. 산 능선에 봉우리를 이루고 있는 고분군은 다른 지역에서는 좀처럼 보기 힘든 모습이며 일부 대형고분은 경주를 제외하면 가장 큰 규모로 꼽힌다. 대가야박물관 입장권을 소지하면 고분군 입장이 가능하다.

- 경상북도 고령군 대가야읍 지산리 산8
- 고령관광안내소 054-955-4790
- 어른(2천원), 중고생, 초등생(각 1천5백원)
- 09:00~18:00 - 월요일 휴관
- 대가야박물관 뒤편

다산은행나무숲 낙동강변을 따라 갈대와 함께 어우러져 있는 은행나무 군락지. 가을이면 은행나무 낙엽이 바닥에 소복이 쌓여 아름다운 산책길 풍경을 자아낸다. 북적이지 않아 한적하게 둘러보기 좋다.

- 경상북도 고령군 다산면 좌학리 969
- 고령관광안내소 054-955-4790
- 다산중학교 맞은편

대가야박물관 대가야의 역사, 문화 및 순장 풍습 등을 알 수 있는 곳으로, 대가야 문화의 정수로 일컬어지는 금관 금동관을 비롯한 2천여 점의 유물을 전시하고 있다. 왕릉전시관에는 지산동고분군의 대규모 순장무덤인 44호 고분의 모습을 재현해두었다. 대가야박물관 입장권을 소지하면 지산동고분군, 왕릉전시관, 우륵박물관 등을 모두 관람할 수 있다.

- 경상북도 고령군 대가야읍 대가야로 1203
- 054-950-7103
- 어른(2천원), 중고생, 어린이(1천5백원)
- 하절기 09:00~18:00 | 동절기 09:00~17:00 - 월요일 휴관
- 고령군청에서 지산삼거리 방향으로 직진하면 우측
- http://www.daegaya.net

대가야박물관_사진제공_고령군 문화관광과

우륵박물관

대가야수목원
녹음이 어우러진 수목원으로, 황폐했던 산림이 산림녹화사업을 통해 청정 수목원으로 재탄생했다. 녹음분수광장을 비롯해 암석원, 미로원 등이 있으며, 금산재 정상부에 오르면 인공폭포인 금산폭포가 웅장한 자태를 뽐낸다. 아이들을 위한 시설이 많아 가족 단위 방문객이 즐겨 찾는다.

- 경상북도 고령군 대가야읍 장기리 산8-1
- 고령군청 농업기술센터 녹지조경담당 054-950-7421
- 3월~10월 09:00~18:00 | 11월~2월 09:00~17:00 – 월요일 휴원
- 고령시외버스정류장에서 회천교 건너 직진하면 우측

대가야역사테마관광지캠핑장
우리나라 최초의 토기와 철기, 가야금 문화를 꽃 피웠던 대가야를 테마로 하여 조성된 대가야역사테마관광지 내에 있다. 이곳에서 머무는 동안 대가야의 도읍지를 보고, 느끼고, 체험 할 수 있다.

- 경상북도 고령군 대가야읍 대가야로 1216
- 054-950-7005
- 홈페이지 참조
- 홈페이지 참조
- 대가야역사테마관광지 내
- https://mall.goryeong.go.kr/PlaceIntro

예마을
체험을 통해 전통 문화와 자연을 느낄 수 있는 체험마을. 모심기, 벼베기, 들꽃체험, 예절체험 등 계절별로 다양한 프로그램을 운영한다. 마을 내부에 숙박시설과 오토캠핑장, 야외 물놀이장 등을 갖추고 있어 가족 단위 여행지로 좋다.

- 경상북도 고령군 덕곡면 덕운로 816
- 054-954-5555
- 덕곡저수지에서 덕곡면사무소 가는 길
- http://yegogo.co.kr

우륵박물관
가야금을 만든 악성 우륵과 관련된 자료를 수집, 전시하고 있는 테마 박물관으로, 가야금을 형상화한

예마을

건물 외관이 인상적이다. 가야금, 해금, 아쟁 등 다양한 악기를 살펴볼 수 있으며, 현대 명인이 연주한 소리도 들을 수 있다. 우륵국악기연구원에서는 장인이 가야금을 제작하는 과정을 엿볼 수 있다. 우륵박물관 관람권 하나로 대가야박물관과 왕릉전시관까지 무료로 관람할 수 있으니 참고하자.

- 경상북도 고령군 대가야읍 가야금길 98
- 054-950-7136
- 3월~10월 09:00~18:00 | 11월~2월 09:00~17:00 – 월요일 휴관
- 고령시외버스정류장에서 대가야고등학교 방향으로 직진, 대가야고등학교에서 좌회전하면 우측

청룡산MTB자전거길
개진면 개포리와 우곡면 예곡리를 잇는 12km 코스로, 기존의 인도를 자전거 타기에 적합하게 흙길 형태로 변형하여, 경사가 완만한 편이다. 청운각 공원에서 낙동강의 비경을 내려다볼 수 있어, 전국 최고 절경의 자전거 길로 평가를 받고 있다. 2016년에는 '꼭 가봐야 할 아름다운 자전거길 100선'에 선정되기도 하였다.

- 경상북도 고령군 개진면 일원
- 054-950-7751
- 청룡산 내
- http://tour.goryeong.go.kr/

자연의 구미가 당기는 곳
구미

금오산은 구미를 대표하는 명산으로, 황금빛 까마귀가 나는 모습을 보고 지어진 이름이다. 금오산 절경을 구경할 수 있는 빨간 케이블카를 타고 올라가 대혜폭포와 세류폭포가 흐르는 도선굴에 도착하면 그야말로 장관을 이룬다. 폭포를 구경하고 나면 구미의 절경 해운사에 들러 숨을 고르는 것도 좋은 코스다. 구미의 남쪽에 있는 박정희대통령생가도 가볼 만한 곳으로, 바로 옆에 새마을운동테마공원이 조성되어 있다.

금오산도립공원_사진제공(박성근)_한국관광공사

금오랜드 1993년 문을 연 금오랜드는, 금오산 도립공원 산기슭에 자리를 잡은 놀이동산이다. 사계절 내내 갖가지 놀이시설과 강습 프로그램을 체험할 수 있으며, 여름이면 야외 수영장이, 겨울에는 눈썰매장이 개장되어, 가족 단위 관광객의 발걸음이 끊이지 않는 곳이다.
- 경상북도 구미시 금오산로 341
- 054-451-8500
- 홈페이지 참조
- 10:00~18:00 | 주말 10:00~19:00
- 금오산 도립공원 내
- http://gumoland.com

금오산도립공원 경북 구미시와 김천시, 칠곡군에 걸쳐 있는 금오산은 영남의 8경 중 하나이다. 분지를 이루고 있는 정상과 칼날 같은 절벽이 병풍을 이루고 있어 절경을 이루며, 금오산성, 약사암, 채미정 등의 유적이 있어 풍성한 볼거리를 자랑한다.
- 경상북도 구미시 남통동
- 금오산도립공원 054-480-4601
- 33번 국도, 금오산 네거리에서 금오산 방면으로 약 2km

도리사 신라에 불교를 처음 전한 아도화상이 창건했다고 전해지는 사찰이다. 사찰 안에 있는 도리사 석탑은 신라 초기 불교의 흔적을 보여주며, 극락전은 조선 후기 목저건물의 양식을 보여주는 귀중한 자료이다. 절 이름을 도리사 라고 한 것은 겨울 달밤, 산중턱에 복숭아꽃과 오얏꽃이 만발한 것을 보고 지었다고 한다.
- 경상북도 구미시 해평면 도리사로 526
- 010-6439-3747
- 가산 IC에서 상주 방면으로 우회전, 약 24km
- http://www.dorisa.or.kr/

도리사_사진제공(박성근)_한국관광공사

박정희대통령생가 대한민국 제5대에서 제9대까지 대통령을 지낸 박정희(1917~1979)가 태어나서 1937년 대구사범학교를 졸업할 때까지 살았던 집이다. 생가 내에는 안채 및 사랑채와 1979년에 설치한 분향소가 있다. 건립 당시 안채는 초가였으나 1964년 현재의 모습으로 개조되었다. 초가는 방 2칸, 부엌 1칸, 디딜방앗간, 마구간으로 구성되어 있다.
- 경상북도 구미시 박정희로 107 (상모동)
- 구미시문화관광과 055-465-3300
- 09:00~18:00 - 월요일 휴관
- 정수초등학교 인근
- http://www.presidentparkchunghee.or.kr/

옥성자연휴양림야영장 옥성 자연휴양림에는 저수지 주변으로 수변데크, 야외무대, 잔디광장이 있어 아름다운 경관을 즐길 수 있다. 아름다운 자연 속에서 편안한 휴식을 취할 수 있는 최고의 조건을 갖추고 있다.
- 경상북도 구미시 옥성면 휴양림길 150
- 054-481-4052
- 야영데크 (1회 6천원)
- 예약제로 운영영

과거 보러 가는 길
문경

문경은 산세가 험하고 고도가 높아 과거부터 군사적 요충지 및 천연 요새로 여겨지던 곳이다. 특히 문경 하면 가장 먼저 떠오르는 문경새재는 조선 시대에 이르러 영남 지방의 유생이 청운의 꿈을 품고 과거를 보기 위해 한양으로 가는 주요 관문이기도 하였다. 높고 험한 산지와 문경을 돌아드는 영강이 이루는 자연환경이 무척 아름다워 산책로, 탐방로 등이 다양하게 조성되어 있으며, 최근에는 트래킹 코스로도 인기가 높다. 험한 산중에 남아 있는 역사의 발자취를 느낄 수 있는 곳, 문경으로 가보자.

나는 새도 쉬어가는 고개
문경새재도립공원

조선 시대에 영남 지역에서 과거를 보기 위해 한양으로 가는 중요한 관문이었던 곳으로, 새도 날아서 넘기 어려운 고개라는 뜻에서 문경새재라고 불린다. 자연생태학습공원과 옛길박물관, 도자기박물관 등이 자리하고 있으며, 탐방로를 따라 제 1관문부터 제 3관문까지 둘러볼 수 있다. 특히 KBS에서 사극 대하드라마를 촬영하기 위해 용사골에 건립한 문경새재오픈세트장이 유명하며 이곳에서 드라마 〈태조왕건〉, 〈무인시대〉, 〈대조영〉, 〈해를 품은 달〉 등을 촬영했다.

- 경상북도 문경시 문경읍 새재로 932
- 054-571-0709
- 문경새재오픈세트장 - 어른(2천원), 중고생(1천원), 어린이(5백원)
- 문경새재오픈세트장 - 3월~10월 09:00~18:00 | 11월~2월 09:00~17:00
- 문경버스터미널에서 진안삼거리 지나 직진
- http://saejae.gbmg.go.kr

고모산성_사진제공(문경시청 관광진흥과)

고모산성
고모산에 쌓은 천연 요새로, 신라 시대에 북쪽의 침입을 막기 위해 2세기경 축조한 것으로 추정된다. 주변 산세를 이용해 사방의 적을 막을 수 있는 지형 특성상 군사적으로 무척 중요한 곳이었다. 성곽 위로 난 길을 따라 걷다 보면 나오는 토끼비리는 영남대로 중 가장 험난한 길로 알려져 있다.

- 경상북도 문경시 마성면 신현리 산30-3
- 진남역(폐역) 인근

문경STX리조트
쌍용계곡 인근에 자리한 리조트로, 속리산, 청화산, 연엽산, 도장산 등에 둘러싸여 조용한 환경에서 휴식을 취하기 좋다. 리조트 내부에는 히노키 온천탕에서 온천을 즐길 수 있는 스파와 라이브 공연이 이루어지는 카페테라스 등이 있다. 연수동이 따로 있어 기업 연수 장소로도 적합하다.

- 경상북도 문경시 농암면 내서리 257-1
- 054-460-5000
- 문경새재IC에서 쌍용계곡 방향으로 직진
- http://www.stxresort.com

문경새재자연생태공원
문경새재도립공원 내에 자리한 생태공원으로, 문경새재의 생물자원을 연구 및 보존하기 위해 조성했다. 건생초지원, 야외학습장, 생태습지, 연못, 야생화원 등 다양한 구역으로 나뉘어 있으며, 새를 가까이에서 볼 수 있는 조류방사장도 있다.

- 경상북도 문경시 문경읍 새재로 951
- 054-550-8383
- 어른(2천원), 중고생, 어린이(1천5백원)
- 3월~10월 09:00~18:00 | 11월~2월 09:00~17:00
- 문경새재도립공원 내

문경에코랄라
가은오픈세트장과 문경석탄박물관이 문경에코랄라로 통합되어 복합문화관광지로 재탄생했다. 드라마 〈연개소문〉, 〈천추태후〉 등이 촬영된 세트장으로, 고구려와 신라 시대의 궁과 마을의 모습을 그대로 재현해 놓았다. 탄광에서 채굴한 석탄 중 사용하지 못하는 폐석과 한국 석탄 산업의 변천사를 한눈에 볼 수 있는 석탄박물관도 빼놓을 수 없는 볼거리. 매표소에서 제 1촬영장까지 모노레일을 타고 올라갈 수 있으며, 전망대에 오르면 세트장과 박물관의 풍경이 한눈에 들어온다.

- 경상북도 문경시 가은읍 왕능길 112
- 054-572-6854
- 어른(1만7천원), 중고생(1만5천원), 어린이(1만3천원)
- 3월~10월 09:00~18:00 | 11월~2월 09:00~17:30
- 가은역 뒤편
- http://ecorala.com

문경종합온천
전국에서 유일하게 약산성 칼슘중탄산천과 알칼리성 온천수, 두 가지를 동시에 체험할 수 있는 곳. 칼슘중탄산천은 류마티스, 피부염, 심장병 치료에 효능이 있고, 알칼리성 온천은 상처회복, 호흡작용 촉진 등의 효능이 있다. 내부에 소규모 노천탕도 있어 온천욕을 만끽할 수 있다.

- 경상북도 문경시 문경읍 온천2길 24
- 054-571-2002
- 어른, 중고생, 초등생(7천원), 유아(5천원)
- 06:00~20:00
- 문경버스터미널 인근
- http://mgspring.com

문경철로자전거 과거 석탄을 나르던 철로 위를 달리는 자전거로, 우리나라 최초의 철로 자전거다. 진남교반을 비롯하여 일대의 영강과 터널 등 문경의 아름다운 풍경을 두루 감상할 수 있다. 진남역, 가은역, 구량리역에서 출발한다.

- 경상북도 문경시 문경읍 하리 287
- 054-553-8300
- 이용료(2만5천원)
- 09:00~17:00 – 화요일 휴장
- 진남역, 가은역, 구량리역에서 출발

문경활공랜드 체험비행 전문 파일럿과 함께 2인 1조로 패러글라이딩을 즐길 수 있는 곳. 따로 연습을 하지 않고 바로 패러글라이딩을 즐길 수 있다. 소요시간과 비행고도 등에 따라 다양한 코스로 나뉜다. 이륙장에서 문경읍의 모습을 한눈에 볼 수 있으며, 활공랜드 내에 콘도형 펜션과 천문대 등이 있다.

- 경상북도 문경시 문경읍 활공장길 80
- 054-571-4675
- 2인승 체험비행(12만원, 16만원, 20만원, 25만원)
- 08:00~18:00 – 기상환경에 따라 휴장
- 문경새재IC 인근
- http://www.flyingland.co.kr

주흘산 높이 1,106m로 월악산과 함께 소백산맥의 중심을 이루며, 문경새재의 역사적 전설이 담긴 산이다. 조선조 문경현의 진산이며, 웅장하고 장엄한 산세로 유명하다.

- 경상북도 문경시 문경읍
- 문경시 문화관광과 054-550-6392

주흘산_사진제공(문경시청 관광진흥과)

진남교반유원지 영강이 산을 휘감고 돌아나가는 곳으로, 강 위로 철교와 구교, 신교 3개의 다리가 나란히 놓여있어 아름다운 노송 숲과 조화를 이룬다. 봄이면 진달래와 철쭉이 만개하여 절경을 이루며, 계절마다 변화하는 모습이 금강산에 비할 만하다 하여 소금강이라고 불린다. 강변으로 넓은 모래사장이 펼쳐져 피서지로 인기가 높다.

- 경상북도 문경시 마성면 신현리 631-1
- 고모산성 인근

문경철로자전거_사진제공(이범수)-한국관광공사

양반의 고장
안동

도시 전체가 지붕 없는 박물관이라고 불릴 정도로 전통 문화를 그대로 간직한 고장이다. 양반 문화를 대표하는 마을이자, 유네스코 세계문화유산으로 지정된 하회마을을 필두로 고명한 유학자를 모시고 있는 서원이 곳곳에 자리하고 있다. 유유히 흐르는 낙동강과 태백산맥의 끝자락에 해당하는 산세가 어우러져 마치 과거로 회귀한 것 같은 느낌이 든다. 양반가의 종택과 별신굿탈놀이 같은 유형, 무형 문화재가 다수 남아 있어 조선 시대 양반 문화와 민간 문화를 모두 둘러볼 수 있는 곳이다.

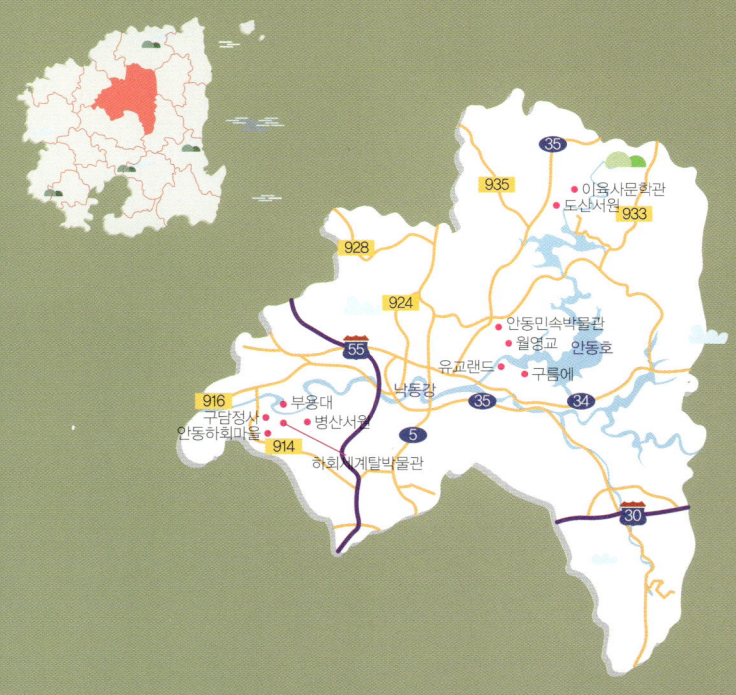

전통이 살아 있는 마을
안동하회마을

풍산 류씨의 동성촌으로, 낙동강이 마을을 감싸 돌면서 흐른다고 하여 하회라는 이름이 붙었다고 한다. 병풍처럼 마을을 두르고 있는 산과 마을 앞을 흐르는 낙동강, 부용대의 기암절벽이 어우러져 절경을 이룬다. 조선 전기의 가옥과 별신굿탈놀이, 하회탈 등 다양한 무형, 유형 문화재가 남아 있으며, 마을 전체가 중요민속자료로 지정되어 있다. 1999년 엘리자베스 2세 여왕이 방문해 '가장 한국적인 아름다움을 지닌 마을'이라고 극찬하였으며 유네스코 세계문화유산으로 등재되어 있다.

- 경상북도 안동시 풍천면 전서로 186
- 안동하회마을 관광안내소 054-852-3588
- 어른(5천원), 중·고생(2천5백원), 어린이(1천5백원)
- 하절기 09:00~18:00 | 동절기 09:00~17:00
- 하회세계탈박물관에서 탈놀이전수관 방향으로 직진
- http://www.hahoe.or.kr

서원 건축의 백미 병산서원

사진제공(김지호) - 한국관광공사

하회마을에서 화산을 넘으면 나오는 서원으로, 낙동강이 감아도는 바위 벼랑을 마주하고 서 있는 경치가 절묘하다. 고려시대 사림의 교육기관이었던 풍악서당을 조선 선조 때 서애 류성룡 선생이 병산으로 옮기면서 지금의 형태를 갖추게 되었다. 류성룡 선생이 타계한 이후에 류성룡 선생의 위패를 봉안하면서 병산서원이라는 명칭을 얻었다. 조선전기 서원의 모습을 그대로 보존하고 있어 서원 건축의 백미로 꼽힌다.

📍 경상북도 안동시 풍천면 병산길 386 ☎ 054-858-5929
🔍 경상북도청에서 화산 방향으로 낙동강변 따라 직진 🌐 http://www.byeongsan.net

야경이 아름다운 목책교 월영교

낙동강을 가로지르는 길이 378m, 폭 3.6m의 다리로, 국내에서 가장 규모가 큰 목책교다. 다리 한가운데에는 정자인 월영정이 있으며, 밤이 되면 색색의 조명이 정자와 다리를 밝혀 야경이 아름다운 곳으로 유명하다. 다리 옆에 날개 형태로 물을 뿜는 분수대를 설치하여 시원하게 솟아오르는 물줄기를 볼 수 있다. 다리 주변의 강변에는 벚나무가 이어져 있어 봄이면 벚꽃이 만개한다.

사진제공(김화분) - 한국관광공사

📍 경상북도 안동시 상아동 502-1 ☎ 경상북도종합관광안내소 054-852-6800 🔍 월영공원 내

구담정사 앞으로는 낙동강 구담습지가, 뒤로는 야트막한 산이 있는 전형적인 배산임수 지형에 자리한 고택. 조선 중기 유학자인 김용석의 집으로 알려져 있다. 사랑채와 안채가 서로 연결되는 'ㅁ'자 뜰집 형태의 가옥으로, 안뜰은 소나무와 야생화, 정원석을 이용하여 현대적으로 꾸몄다. 고택 전통 문화체험도 가능하며 한옥스테이를 이용할 수도 있다.

📍 경상북도 안동시 풍천면 구담배나들길 33-12

☎ 054-853-2009
🔍 구담교 인근
🌐 http://gudamjeongsa.modoo.at

구름에 안동민속촌 내에 자리 잡은 고택 군락. 안동의 유서 깊은 고택 일곱 채를 새로이 단장해 전통을 간직한 전통 리조트로 꾸며 숙박하며 고택 체험을 할 수 있다. 서원을 콘셉트로 한 건물에서도 숙박할 수 있다.

📍 경상북도 안동시 민속촌길 190 (성곡동)
☎ 054-823-9001
🔍 안동민속촌 내
🌐 http://www.gurume-andong.com

도산서원 퇴계 이황 선생이 생전 거처하면서 제자를 가르치던 도산서당과 퇴계 선생 사후 그를 추모하는 서원으로 구성되어 있는 작은 마을. 퇴계 선생이 낙향한 후, 유학의 연구와 후진의 양성을 위해 직접 설계했다고 전해지는 도산서당은 도산서원에서 가장 오래된 건물이다. 편액은 당대의 명필이었던 한석봉이 쓴 것이며, 우리나라 유학 사상의 정신적 고향으로 여겨진다.

📍 경상북도 안동시 도산면 도산서원길 154
☎ 054-840-6599
🎫 어른(1천5백원), 중고생(7백원), 어린이(6백원)
🕐 하절기 09:00~18:00 | 동절기 09:00~17:00
🔍 안동호반자연휴양림에서 도산면사무소 방향으로 직진, 도산서원삼거리에서 우회전
🌐 http://www.dosanseowon.com

부용대 낙동강 건너편에 있는 64m 높이의 절벽으로, 태백산맥의 가장 끝부분에 해당한다. 기암절벽과 부드럽게 흐르는 낙동강의 강줄기가 마치 한 폭의 그림과 같은 풍경을 자아낸다. 절벽에서 내려보는 하회마을의 모습이 연꽃 같다는 데서 이름이 유래했다. 하회마을에서 나룻배를 타고 낙동강을 건너 가까이 접근할 수 있다.

📍 경상북도 안동시 풍천면 광덕솔밭길 72
☎ 안동축제관광재단 관광팀 054-856-3013
🔍 안동하회마을 낙동강 건너편

부용대_사진제공(이범수)-한국관광공사

안동민속박물관 안동의 전통문화를 쉽고 즐겁게 배우고 이해할 수 있는 박물관. 안동 지방 고유의 민속자료 7,000여 점이 전시되어 있으며, 독특한 민속문화와 불교문화, 유교문화 등도 살필 수 있다. 실내와 야외 박물관으로 구분되어 있다.

📍 경상북도 안동시 민속촌길 13 (성곡동)
☎ 안동민속박물관 054-821-0649
🎫 어른(1천원), 중고생, 어린이(각 3백원)
🕐 09:00~18:00

🔍 교보생명(안동시외버스터미널 옆) 앞에서 3번 시내버스
🌐 https://www.andong.go.kr/tm/main.do

유교랜드 안동문화관광단지 내에 조성된 테마파크로, 한국 정신의 뿌리인 유교문화를 체험할 수 있는 곳이다. 조선시대 안동으로 시간 여행을 떠나는 타임 터널, 선비의 정원, 선비촌 등 다양한 체험관이 있어, 교육과 놀이를 한 번에 즐길 수 있다.

📍 경상북도 안동시 관광단지로 346-30
☎ 054-820-8800
🎫 성인(9천원), 청소년(8천원), 어린이(7천원)
🕐 하절기 10:00~19:00 | 동절기 10:00~18:00 - 월요일 휴관
🔍 안동시청에서 법흥삼거리 방면으로 이동하다 안동문화관광단지 방면으로 좌회전, 우측도로 약 300m 이동
🌐 http://confucianland.com

유교랜드_사진제공(이범수)-한국관광공사

이육사문학관 육사 이원록 선생의 고향인 도산면 원천리에 자리한 문학관으로, 이육사의 친필 원고와 시집, 그리고 독립 운동 자료들이 전시되어 있다. 문학관 주위에는 이육사의 시 〈청포도〉에 나오는 청포도 샘을 비롯해, 이육사 생가 등이 모여 있어 시인의 삶의 자취를 따라갈 수 있다.

📍 경상북도 안동시 도산면 백운로 525
☎ 054-852-7337
🎫 어른(2천원), 중고생(1천5백원), 어린이(7백원)
🕐 하절기 09:00~18:00 | 동절기 09:00~17:00 - 월요일 휴관
🔍 도산면사무소에서 퇴계이황선생묘소 지나 직진
🌐 http://www.264.or.kr

하회세계탈박물관 안동하회마을 입구를 굳건히 지키고 있는 박물관으로, 탈을 테마로 하고 있다. 안동을 대표하는 하회탈을 비롯해 우리나라 탈 300점, 외국 탈 500점 등 2,000여 점의 탈을 전시하고 있으며, 정기적으로 하회탈 공연, 인형극 등이 열린다.

📍 경상북도 안동시 풍천면 전서로 206
☎ 054-853-2288
🎫 어른(5천원), 중고생(2천5백원), 어린이(1천5백원)
🕐 09:30~18:00
🔍 안동하회마을 입구
🌐 http://www.mask.kr

청정 도시, 대게의 고장
영덕

푸른 동해를 품고 있는 영덕. 해안가에 있는 작은 지역인지라 조금만 나가도 파란 바다와 자연을 벗 삼아 여행을 즐길 수 있다. 특히 바닷가를 따라 조성된 영덕블루로드를 걸으며 영덕의 주요 관광지를 천천히 둘러보는 재미가 쏠쏠하다. 멋진 풍경을 배경으로 인생 샷을 남기고 싶다면 풍력발전단지로 향해보자. 풍력발전기가 천천히 돌아가는 모습이 동화 속 평화로운 전원 풍경을 연상케 할 테니! 독특한 대게 집게 모양의 전망대가 있는 해맞이공원과 대게타운거리가 조성된 강구항도 영덕 필수 여행지다.

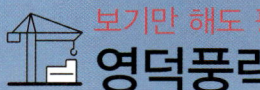

보기만 해도 평화로운 풍경
영덕풍력발전단지

연간 약 10만MWh의 전력을 생산하는, 국내 최초의 상업용 민간 풍력발전단지. 파란 하늘을 배경으로 빙그르르 돌아가는 풍력발전기의 모습을 바라보면 절로 마음이 평안해진다. 발전기 근처로 가면 웅장한 자태와 시원한 바람에 놀라게 될 터. 인근에 신재생에너지와 관련된 자료를 전시하고 있는 신재생에너지전시관이 있어 아이들과 함께 방문할 것을 추천한다.

- 경상북도 영덕군 영덕읍 창포리 328-1
- 영덕신재생에너지전시관 054-730-7052
- 해맞이공원에서 영덕풍력발전단지 이정표 따라 직진

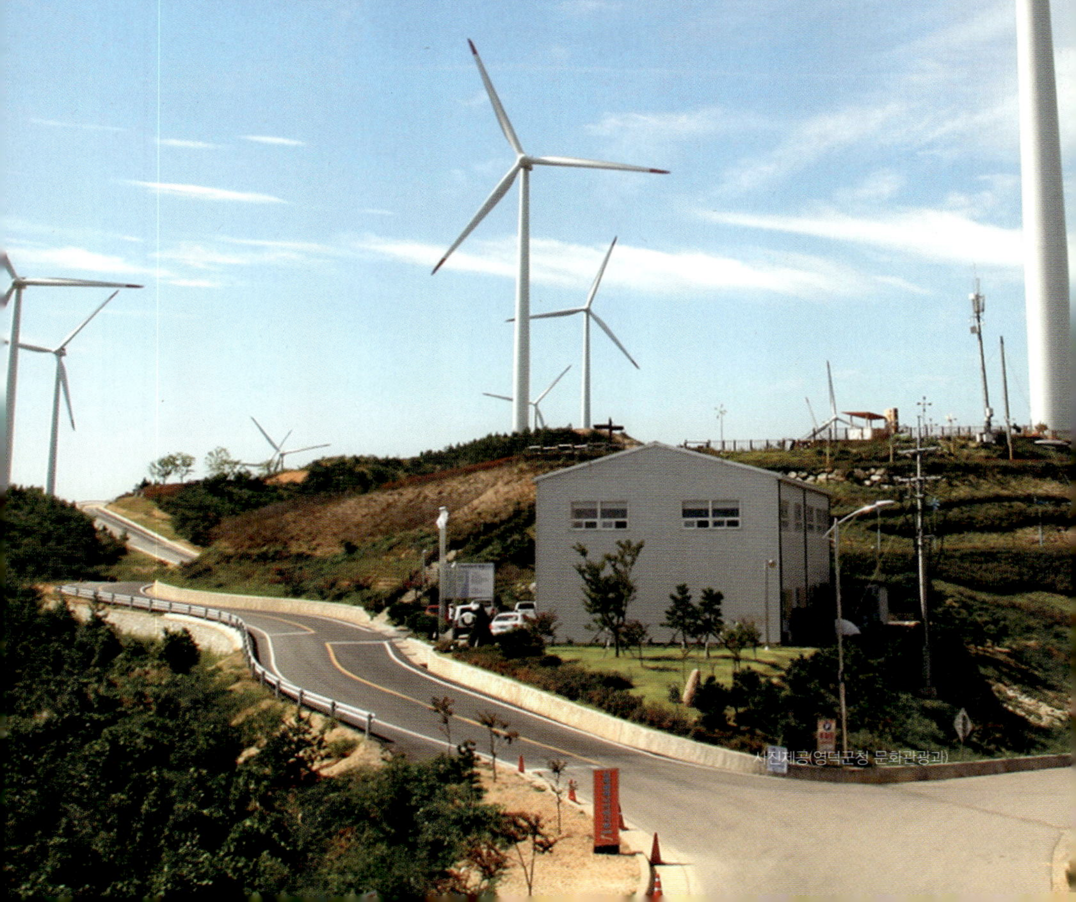

푸른 바다를 벗 삼아 즐기는 해안 트래킹 **영덕블루로드**

사진제공(영덕군청 문화관광과)

푸른 동해의 절경과 영덕을 오롯이 느낄 수 있는 해안 길로, 영덕 축산항에서 장사해수욕장까지 약 64km 정도 이어진다. 코스는 총 네 코스로 나뉘는데, 한 코스당 대략 15km 내외, 5~6시간 정도 소요된다. 풍력발전단지와 해맞이공원, 강구항 등을 돌아볼 수 있는 A코스 빛과 바람의 길과 해맞이공원, 축산항, 죽도산 등을 둘러보는 B코스 푸른 대게의 길이 가장 인기가 많다.

📍 경상북도 영덕군 축산면~남정면 ☎ 영덕군청 문화관광과 관광개발담당 054-730-6392 🔍 축산항~장사해수욕장
🌐 http://blueroad.yd.go.kr

창포말등대에서 바라보는 동해 일출 **해맞이공원**

탁 트인 푸른 동해 사이로 비추는 일출을 감상할 수 있는 공원으로, 야생화가 흐드러지게 핀 산책로를 따라 여유롭게 산책을 즐기기 좋다. 가장 눈에 띄는 것은 창포말등대 전망대다. 해맞이공원을 상징하는 조형물로, 대게 집게발이 휘감고 있는 모양이 독특함을 자아낸다. 영덕블루로드 코스 중간 지점에 자리하고 있어 영덕 여행을 한다면 자연스레 들르게 되는 곳 중 하나다.

사진제공(영덕군청 문화관광과)

📍 경상북도 영덕군 영덕읍 창포리 산5-5 ☎ 영덕군청 문화관광과 관광마케팅담당 054-730-6396
🔍 강구항에서 오보해수욕장 방향으로 직진

강구항 영덕을 대표하는 항구로, 영덕대게의 집산지로 통한다. 대게 조형물이 설치된 강구대교에서 강구항까지 대게타운거리가 펼쳐지는데, 대게와 신선한 회를 마음껏 즐길 수 있다.
📍 경상북도 영덕군 강구면 강구리 253-51
☎ 영덕군청 문화관광과 관광마케팅담당 054-730-6396
🔍 강구버스터미널에서 강구교 건너 우회전 후 직진

고래불국민야영장 고래불해수욕장 남쪽에 있는 덕천해수욕장 인근에 조성된 야영장. 2017년 5월에 오픈해 최신식 시설을 갖추고 있다. 텐트와 캐러밴 등의 쾌적한 시설이 설비되어 있으며, 소나무 숲이 울창하게 우거져 있어 캠핑을 즐기기 좋다. 펜션형 숙박시설은 가족 단위 방문객에게 특히 인기.
📍 경상북도 영덕군 병곡면 고래불로 68
☎ 054-734-6220

축산항_사진제공(영덕군청 문화관광과)

🔍 덕천해수욕장 내
🌐 http://stay.yd.go.kr

고래불해수욕장 장장 20리에 걸쳐 광활하게 펼쳐진 해수욕장. 고려 말 목은 이색 선생이 고래가 뛰어노는 모습을 보고 고래불이라 이름 지었다고 한다. 모래가 굵은편이어서 몸에 달라붙지 않아 해수욕을 즐기기에도 좋다. 밤에는 화려한 조명과 함께 음악분수대가 가동된다.

📍 경상북도 영덕군 병곡면 병곡리 58-26
☎ 병곡면사무소 054-730-7802
🔍 대진항에서 병곡면사무소 방향으로 직진
🌐 http://www.goraebul.or.kr

고래불해수욕장_사진제공(영덕군청 문화관광과)

메타세쿼이아길 산비탈 아래 조성된 메타세쿼이아 숲으로, 개인 소유의 사유지다. 알음알음 찾는 사람들이 많아지면서 더욱 인기를 끌고 있으며, 하늘 위로 쭉 뻗은 메타세쿼이아 나무가 청량한 공기를 선사한다. 한적하게 산책을 즐기기 좋은 길.

📍 경상북도 영덕군 영해면 벌영리 산54-1

☎ 영덕군청 문화관광과 관광마케팅담당 054-730-6396
🔍 영해버스터미널에서 벌영리 방향으로 직진

삼사해상공원 강구항 남쪽에 자리한 해상공원. 매년 1월 1일이면 해맞이 행사가 성대하게 열릴 만큼 해맞이 명소로 통한다. 전망대에서는 푸른 동해의 풍경과 강구항을 한눈에 내려다볼 수 있으며, 높이 4m, 무게 29톤에 이르는 경상북도대종도 놓칠 수 없는 볼거리다.

📍 경상북도 영덕군 강구면 해상공원길 120-11
☎ 054-730-6398
🔍 강구버스터미널에서 남호해수욕장 방향으로 직진

장사해수욕장 한적한 분위기의 해수욕장으로, 모래알이 굵어 모래찜질이나 해수욕을 즐기기 좋다. 푸른 바다 뒤편으로 소나무가 울창하게 우거져 있으며, 바닷가에는 장사상륙작전 당시 사용되었던 상륙함의 모형이 전시되어 있다.

📍 경상북도 영덕군 남정면 동해대로 3580
☎ 남정면사무소 054-730-7302
🔍 강구버스터미널에서 남호해수욕장 지나 직진

축산항 소박한 어촌 풍경을 그대로 간직하고 있는 항구. 수십 척에 이르는 작은 배가 옹기종기 모여 있는 모습이 정겨운 분위기를 연출한다. 축산항 인근에 있는 죽도산나무 데크길을 따라 전망대에 오르면 축산항과 동해 풍경을 한눈에 볼 수 있다.

📍 경상북도 영덕군 축산면 축산리 축산항
☎ 축산면사무소 054-730-7642
🔍 대진항에서 오보해수욕장 방향으로 직진

선비의 고장
영주

영주 여행 시 빼놓을 수 없는 곳이 한국의 알프스라 불리는 소백산이다. 사시사철 다채로운 매력을 뽐내는 명산이니만큼 어느 계절에 등산해도 빼어난 절경을 볼 수 있다. 트래킹을 좋아하는 이라면 소백산 둘레를 따라 나 있는 소백산자락길도 놓칠 수 없는 코스. 영주의 대표적인 여행지로 꼽히는 부석사도 꼭 가봐야하는 곳이다. 고색창연한 천년고찰을 둘러보며 산사의 고즈넉한 분위기를 절로 느낄 수 있으며, 수려한 경관과 가람이 조화롭게 어우러진다. 선비의 숨결을 느끼고 싶다면 소수서원과 선비촌으로 향해보자. 두 곳 모두 옛 모습을 그대로 간직하고 있어 한 번 둘러보는 편을 추천한다.

한국의 알프스
소백산국립공원

충북 단양과 경북 영주에 걸쳐 있는 국립공원으로, 부드러우면서도 웅장한 산세와 수려한 자연경관이 어우러진 명산이다. 특히 소백산의 최고봉인 비로봉은 한국의 알프스라 불릴 만큼 멋진 절경을 선사한다. 등산로는 총 일곱 코스인데, 영주를 출발 지점으로 삼는다면 초암사, 삼가동, 희방사, 죽령 코스 중 선택하면 된다. 비로봉 정상까지 오르고 싶다면 삼가탐방지원센터에서 출발하는 삼가동 코스를 추천한다. 희방사와 희방폭포를 거쳐 가는 희방사 코스도 산악인이 즐겨 찾는다.

📍 경상북도 영주시 풍기읍 죽령로1648번길 74
☎ 소백산국립공원 사무소 054-638-6196
🔍 희방사 인근 등산로 진입
🌐 http://sobaek.knps.or.kr

사진제공(영주시청 새마을관광과)

아름다운 천년고찰 **부석사**

사진제공(영주시청 새마을관광과)

676년(신라 문무왕 16년)에 의상조사가 창건한 사찰로, 우리나라 10대 사찰 중 하나로 꼽힌다. 우리나라 최고(最古)의 목조 건물인 무량수전을 비롯해 다양한 문화재를 보유하고 있으며, 전체 가람이 조화롭게 배치되어 있다. 빼어난 절경을 보고 싶다면 사찰 내에 있는 안양루로 향해보자. 소백산의 능선을 끌어안은 모습을 보고 있으면 마음이 평안해진다.

- 경상북도 영주시 부석면 부석사로 345 ☎ 054-633-3464 🎫 어른(2천원), 중고생(1천5백원), 어린이(1천원)
- 🕐 07:00~18:00 🔍 부석면사무소에서 임곡리 방향으로 직진. 영주사과홍보관에서 우회전 🌐 http://www.pusoksa.org

국립산림치유원 풍부한 산림자원을 활용해 국민 건강 증진과 삶의 질을 높이기 위해 조성된 산림치유원. 숲속에서 하룻밤을 머물며 청정한 숲을 체험할 수 있는 산림치유 프로그램을 운영해 힐링을 즐길 수 있다. 정원과 숲길을 아름답게 꾸며 프로그램에 참여하지 않아도 여유롭게 둘러보며 시간을 보내기 좋다.

- 경상북도 영주시 봉현면 두산리 1171-1
- ☎ 054-639-3400
- 🎫 홈페이지 참조
- 🔍 풍기역에서 국시암 방향으로 직진
- 🌐 http://daslim.fowi.or.kr

국립산림치유원_사진제공(영주시청 새마을관광과)

무섬마을 '물 위에 떠 있는 섬'으로, 낙동강 줄기에 둘러싸인 전통 마을이다. 옛 모습을 그대로 간직하고 있으며, 마을 내에는 경북 북부 지역의 전형적인 'ㅁ'자형 전통 가옥이 늘어서 있다. 홈페이지를 통해 예약하면 마을에 있는 전통 가옥에서 숙박할 수 있다.

- 경상북도 영주시 문수면 수도리 222
- ☎ 054-634-0040
- 🔍 영주역에서 문수역 지나 서천 따라 직진
- 🌐 http://musum.kr

소백산자락길 문화체육관광부가 선정한 문화생태탐방로. 소백산 자락을 한 바퀴 감아 도는 길로, 총 길이는 140km에 이른다. 열두 자락으로 나뉘며 한 자락을 둘러보는 데 3~4시간 정도 소요된다. 수려한 자연경관, 문화재를 감상하며 천천히 산책을 즐겨보자.

- 경상북도 영주시~충청북도 단양군
- ☎ 영주문화연구회 054-633-5636
- 🔍 소백산국립공원 일대
- 🌐 http://www.sanjarak.or.kr

소백산풍기온천리조트 소백산 자락에 자리한 유황온천으로, 약효가 뛰어난 불소가 함유되어 있다. 마사지, 지압 등을 즐길 수 있는 바데풀을 비롯해 야외 노천탕, 물놀이를 즐길 수 있는 아쿠아플레이 등의 시설을 다양하게 갖추고 있다.

- 경상북도 영주시 풍기읍 죽령로 1400
- ☎ 054-604-1700
- 🎫 온천 - 어른, 중고생, 초등생(8천원), 유아(5천원) | 워터파크 - 어른, 중고생, 초등생(3만1천원), 유아(1만9천원)
- 🔍 희방사역에서 소백산휴게소 방향으로 직진하면 좌측
- 🌐 http://taliaresort.co.kr

소수서원 우리나라 최초의 서원. 조선 중종 때 풍기군수를 지낸 주세붕이 고려 안향의 사묘를 세우고 백운동서원을 설립한 것이 시초라 전해진다. 지방 사림들의 정치 활동의 중심지로 자리매김 하였으며, 흥선대원군의 서원철폐령 때조차 철폐를 면해 옛 모습을 그대로 간직할 수 있었다. 소수서원 입장권 하나면 소수박물관과 선비촌까지 둘러볼 수 있으니, 함께 둘러보는 것도 좋겠다.

- 경상북도 영주시 순흥면 내죽리 152-8
- 054-639-7691
- 어른(3천원), 중고생(2천원), 어린이(1천원)
- 3월~5월, 9월~10월 09:00~18:00 | 6월~8월 09:00~19:00 | 11월~2월 09:00~17:00
- 순흥면사무소 인근
- http://seonbichon.yeongju.go.kr

순흥읍내리벽화고분 고구려와 신라의 문화 교류를 짐작할 수 있는 벽화 고분. 신라와 고구려의 접경 지역에서 만들어졌으며 고구려의 영향을 상당히 많이 받은 무덤이다. 벽화에는 봉황, 구름, 연꽃 등의 그림이 그려져 있다.

- 경상북도 영주시 순흥면 읍내리 산29-1
- 영주시청 문화관광과 054-639-6062
- 순흥면사무소에서 체육진흥공단 경륜훈련원 방향으로 직진하면 우측

영주선비촌 한국 유교 문화 발상지인 소수서원 바로 옆에 있는 마을로, 선현의 학문 탐구 장소와 전통 생활공간을 그대로 재현해놓았다. 전통 가옥을 비롯해 원두막, 물레방아, 대장간 등 민속 시설을 둘러보는 재미도 있다. 다양한 전통 체험 프로그램도 진행하고 있으며, 예약하면 한옥에서 숙박할 수 있다.

- 경상북도 영주시 순흥면 소백로 2796
- 영주선비촌 관리사무소 054-638-6444
- 소수서원 옆
- http://www.sunbichon.net

죽령옛길 영주와 단양을 연결하던 옛길로, 1999년 희방사역에서 죽령주막까지 약 2.5km 구간의 길을 복원했다. 울창한 숲이 우거진 산길을 걸으며 선인의 발자취를 느껴볼 수 있는 곳. 소백산자락길 구간 중 가장 인기 있는 코스 중 하나다.

- 경상북도 영주시 풍기읍 수철리~충청북도 단양군 대강면 용부원리
- 영주시청 관광진흥과 054-639-6618
- 희방사역~죽령주막

풍기인삼시장 소백산 기슭의 풍부한 유기물과 대륙성 한랭기후, 그리고 배수가 잘되는 사질양토 등 인삼이 생육하기 좋은 천혜의 자연 조건을 갖추고 있다. 타 지방보다 육질이 단단하며, 유효 사포닌 함량이 높은 우수한 인삼이 880여 농가에서 재배되고 있다. 나아가, 풍기인삼의 특성을 살린 인삼가공제품을 4개의 업체에서 20여 종의 가공제품을 생산하여 전국에 유통하고 있다.

- 경상북도 영주시 풍기읍 인삼로 8 인삼시장
- 풍기인삼협동조합 054-636-2714
- 09:00~18:00
- 풍기역 인근

희방폭포&희방사 소백산 최고봉인 비로봉으로 올라가는 길목에 자리한 폭포로, 높이 28m의 영남 최대 폭포다. 폭포로서는 보기 드물게 해발 850m 고지에 자리잡고 있으며, 하얀 물보라가 아름다운 장관을 연출한다. 폭포 바로 위쪽에 희방사가 자리하고 있어 함께 둘러보면 좋다.

- 경상북도 영주시 풍기읍 수철리
- 희방사 054-638-2400
- 어른(2천원), 중고생(1천원), 어린이(6백원)
- 희방사역에서 희방사 방향으로 직진

무섬마을_사진제공(영주시청 새마을관광과)

아름다운 자연이 살아 숨쉬는 곳
울릉

울릉군은 단조로운 해안선을 가진 동해 지역의 유일한 도서군이다. 화산암으로 이루어진 섬으로, 유인도 네 곳과 무인도 40곳을 더해 모두 44개의 섬이 울릉군에 속한다. 솔송나무, 향나무 등 다양한 희귀 수목이 자생하며 원시림, 기암괴석 등 아름다운 자연환경을 만나볼 수 있다. 울릉도에 들어가기 위해서는 여객선을 타야 하는데, 기상상황에 따라 배 시간이 다소 유동적이어서 울릉군에 찾아갈 계획이 있다면 일기예보를 잘 살피는 것이 좋다. 오징어와 호박엿으로 유명하며 청정한 환경에서 자란 더덕, 명이나물 등도 울릉도 특산물로 꼽힌다.

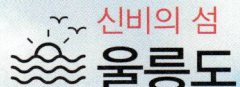

신비의 섬
울릉도

동해 유일의 섬으로, 포항이나 묵호, 후포 또는 강릉에서 여객선을 타고 들어갈 수 있다. 여객선은 기상 상황에 따라 운항 시간표가 변동될 수 있으므로 미리 배 시간을 확인해야 한다. 해안 절벽을 따라 산책로가 조성되어 있어, 울릉도의 비경을 오롯이 감상할 수 있다. 또한 유람선을 타고 울릉도 주위를 일주하는 해상섬일주는 울릉도 여행에서 빠질 수 없는 코스다. 도동항에서 출발했다가 다시 도동항으로 돌아오는 코스이며 운행이 비정기적이므로 미리 전화로 출항 여부를 확인하는 것이 좋다.

- 경상북도 울릉군 서면 도동1길 5-3
- 울릉군 관광안내소 054-790-6454
- 포항, 묵호항, 후포항, 강릉항에서 배 타고 입도
- http://www.ulleung.go.kr/tour

사진제공(울릉군청 문화관광체육과)

역사가 숨 쉬는 섬 **독도**

사진제공(울릉군청 문화관광체육과)

울릉도에서 동남쪽으로 약 87km 떨어진 해상에 자리한 화산섬으로, 서도와 동도로 이루어져 있다. 독도는 울릉도의 저동항 또는 사동항에서 배를 타고 들어갈 수 있다. 입도 절차상 반드시 신분증을 지참해야만 여객선 승선이 가능하며 1회 470명까지만 들어갈 수 있다. 섬 전체가 천연기념물이기 때문에 동도의 선착장만 둘러볼 수 있으며, 왕복으로 4시간 가량이 소요된다. 방문 시 독도 명예주민증을 발급받을 수 있다.

- 경상북도 울릉군 울릉읍 독도안용복길 3 ☎ 독도관리사무소관리담당 054-790-6641 울릉도 저동항 또는 사동항 여객선사에서 예약 및 입도신고절차를 마친 후 여객선 이용 http://www.ulleung.go.kr/mdokdo

나리분지 울릉도의 유일한 평지로, 성인봉 북쪽의 칼데라화구가 함몰되면서 형성되었다. 울릉도를 개척할 당시 울릉도 제1의 마을로 자리 잡았으며 너와집과 투막집을 도지정 문화재로 보호하고 있어 개척 당시 울릉도민의 생활모습을 엿볼 수 있다. 성인봉과 연계한 트래킹 코스로도 인기가 높다.

- 경상북도 울릉군 북면 나리
- ☎ 나리분지관리소 054-790-6323
- 천부항에서 천부길 따라 직진

나리분지_사진제공(울릉군청 문화관광체육과)

대아울릉리조트 울릉도에서 가장 규모가 큰 숙박시설로, 특히 바다를 내려다보는 경치가 아름답다. 본관과 별관 및 펜션동으로 구성되어 단체여행이나 가족여행에도 적합하다. 리조트 뒤로는 울릉도 최고봉인 성인봉이 우뚝솟아 있으며, 앞쪽으로는 울릉도 앞바다를 조망할 수 있다.

- 경상북도 울릉군 울릉읍 사동1길 43
- ☎ 054-791-8800
- 사동해수욕장 인근
- http://www.daearesort.com/main/main.php

대풍감해안절벽 돛단배가 항해하기 위한 바람을 기다리는 곳이라 하여 대풍감이라는 이름이 붙었다. 울릉도의 절경으로 꼽히는 아름다운 기암절벽을 볼 수 있으며, 오랜 세월 다른 집단과 격리되어 원종이 그대로 남아 있는 향나무 자생지로도 유명하다.

- 경상북도 울릉군 서면 태하리
- ☎ 울릉군청 관광문화체육과 054-790-6392
- 울릉도등대 인근

대풍감해안절벽_사진제공(울릉군청 문화관광체육과)

울릉도유람선
울릉도의 약 55km 길이 해안선을 따라 약 3시간 동안 한바퀴 돌아볼 수 있는 유람선이다. 시원한 바닷바람을 맞으며, 갈매기와 함께 섬을 돌아보는 동안 서면 학포의 만물상, 서면 태하의 곰바위, 북면의 송곳산의 절경 등을 관람할 수 있다.

- 경상북도 울릉군 울릉읍 도동길 14
- 054-791-2002
- 홈페이지 참조
- 홈페이지 참조
- 울릉도 도동항
- http://www.ulleung.go.kr/tour

울릉도일주도로
도동, 저동부터 남양, 태하, 현포, 천부를 거쳐 섬목까지 이르는 길을 돌아볼 수 있다. 도동항과 행남등대, 산책로, 촛대바위, 태하등대, 대풍감 등 울릉도의 이름난 관광지를 한번에 둘러볼 수 있어 인기가 많다.

- 경상북도 울릉군 울릉읍
- 울릉군청 관광문화체육과 054-790-6392
- 울릉도 해안가

통구미마을
마을 양쪽으로 높은 산이 솟아 골짜기가 깊고 좁은 탓에 마치 긴 홈통을 연상시킨다고 하여 통구미라는 이름이 붙었다고 한다. 울릉도의 유일한 자연포구로, 서북바위와 울릉도 향나무 자생지를 둘러볼 수 있다. 화산 활동으로 형성된 커다란 거북바위로 유명하며 인근에 몽돌해변이 있다.

- 경상북도 울릉군 서면 남양리
- 서면관광안내소 054-791-9163
- 사동항에서 해안도로 따라 남양항 방향으로 직진

행남해안산책로
도동항에서 저동 촛대바위까지 이어지는 산책로로, 2.6km 길이다. 좁고 가파른 계단을 오르면 탁 트인 동해 바다의 절경을 볼 수 있다. 도동항에서 행남쉼터, 행남등대, 소라계단을 거쳐 촛대바위에서 코스가 끝나며 난이도가 높지 않아 누구나 쉽게 걸을 수 있다. 전체 코스는 왕복 1시간 30분 가량 소요된다.

- 경상북도 울릉군 울릉읍 도동리
- 도동관광안내소 054-790-6454
- 도동항여객선터미널 뒤편 방파제부터 코스 시작

독도일출전망케이블카
독도박물관에서 망향봉 정상까지 연결되어 있는 케이블카. 망향봉에서 108계단을 오르면, 독도 전망대에 도착한다. 날씨가 맑은 날에는 독도전망대에서 독도를 볼 수도 있으며, 일출 명소로도 유명하다.

- 경상북도 울릉군 울릉읍 약수터길 99
- 054-790-6427
- 어른(7천5백원), 중고생(5천5백원), 어린이(3천5백원)
- 08:00~19:00
- 울릉도 약수공원 내

봉래폭포
낙차가 약 30m에 달하는 3단 폭포로, 물 좋기로 소문난 울릉읍의 중요한 상수원이다. 폭포 인근에는 삼나무숲 삼림욕장을 비롯해 연중 내내 4℃의 시원한 자연바람이 나오는 풍혈, 궁도장 등이 있다.

- 경상북도 울릉군 울릉읍 저동리
- 봉래폭포관리소 054-790-6422
- 어른(2천원), 중고생(1천5백원), 어린이(1천원)
- 하절기 06:00~19:00 | 동절기 08:00~17:00
- 저동항에서 봉래길 따라 대하사 방향으로 직진

성인봉
산의 모양이 성스럽다 하여 성인봉이라고 부르며, 봉우리가 안개와 구름에 덮이면 신비로움을 더한다. 섬피나무, 너도밤나무 등의 희귀한 수목이 자생하는 정상부근의 원시림은 천연기념물 제189호로 지정되어 있다. 정상에서 섬 전체를 조망할 수 있으며, 겨울설경이 장관이다.

- 경상북도 울릉군 북면 나리
- 울릉군청 관광문화체육과 054-790-6392
- 울릉군청에서 대원사 지나 등산로 따라 등반

행남해안산책로_사진제공(울릉군청 문화관광체육과)

청정생태문화도시
울진

죽변항과 후포항에서 올라오는 대게로 유명한 울진은 깨끗한 자연환경이 유지되고 있는 청정 지역으로 꼽힌다. 지하의 금강산이라고 불리는 석회동굴인 성류굴을 비롯해 아름다운 불영계곡과 자연을 그대로 간직한 왕피천까지, 청정한 자연을 만나볼 수 있다. 생태탐방로에 포함되어있는 산촌, 어촌마을에서는 다양한 체험활동도 즐길 수 있다. 울진은 대게와 송이버섯이 유명하여 해마다 축제가 열리는데, 특히 울진의 송이버섯은 일반 송이에 비해 단단하며 향이 진하여 금강송이라 불리기도 한다.

금강산처럼 아름다운 석회동굴
성류굴

석회암의 기묘한 모습이 금강산을 보는 듯하다고 하여 일명 지하금강이라고도 불리는 석회암 동굴. 1년에 0.4mm씩 자라나 무려 2억5천만 년의 나이를 자랑한다. 동굴 내 다양한 호수가 형성되어 있으며, 종유석, 석순, 석주, 동굴산호 등 다양한 생성물이 만들어내는 아름다운 경관을 볼 수 있다. 신비의 경관이 절경을 이룬다.

- 경상북도 울진군 근남면 구산리 산30
- 성류굴 관리사무소 054-789-5404
- 어른(5천원), 중고생(3천원), 어린이(2천5백원)
- 3월~10월 09:00~18:00 | 11월~2월 09:00~17:00
- 울진종합운동장에서 수곡교 건너자마자 우회전

사진제공(울진군청 문화관광과)

국내 최대의 대게잡이 항구 죽변항

사진제공(울진군청 문화관광과)

후포항과 더불어 울진의 주요 어업 중심 기지다. 대나무가 많은 바닷가, 또는 대숲 끄트머리 마을이라 하여 죽변이라는 이름이 붙었다. 우리나라 최대의 대게잡이 항으로, 울진대게가 유명하다. 대게 외에 오징어, 고등어, 꽁치 등도 많이 잡히며 특산물로는 미역이 유명하다. 인근에 백사장 길이가 10km에 달하는 봉평 해수욕장과 해안 드라이브 코스가 있어 관광하기 좋다.

📍 경상북도 울진군 죽변면 죽변리 ☎ 32-48 054-783-7484 🔍 죽변시외버스정류장에서 의용소방대 방향으로 직진

금강소나무숲길
세계생태관광학회가 규정한 생태관광을 추구하는 길이다. 울진 금강 소나무숲의 품 안에 있는 산양을 비롯한 야생동물을 보전하고, 난개발을 억제하며, 지역주민에게 사회적, 경제적 도움이 되도록 한다. 사람과 자연이 공존하고, 지역주민과 탐방객이 상생하는 길이다. 예약탐방제를 운영하고 있다.

📍 경상북도 울진군 근남면 울진북로 245-5
☎ 054-781-7118
🔍 수산 인근
🌐 http://www.uljintrail.or.kr

덕구온천리조트스파월드
장재산 기슭에 자리를 잡은 온천스파월드. 칼륨과 칼슘, 마그네슘 등이 함유된 약알칼리 스파가 마련되어 있으며, 신경통과 피부질환 등 갖가지 질환에 효과가 좋다고 하여, 많은 이들이 찾는다. 커다란 대온천장도 있지만, 가족 단위 관광객들을 대상으로 프라이빗 스파룸도 구비되어 있어 선택이 가능하며, 푸드코트를 비롯한 갖가지 편의시설이 정돈되어 있어 쾌적한 하루를 보낼 수 있다.

📍 경상북도 울진군 북면 덕구온천로 924
☎ 054-782-0677
💵 스파월드 성인(3만6천원), 소인(2만8천원) | 대온천장 성인(9천원), 소인(6천원)
🕐 대온천장 06:00~21:30 | 스파월드 10:00~19:00
🔍 덕구삼거리 인근
🌐 https://www.dukgu.com/

등기산스카이워크
높이 20m, 길이 135m에 달하는 하늘 바닷길이다. 당장이라도 바다 속으로 빠질 것만 같은 아찔한 강화유리 바닥 위로 마치 바다 위 하늘을 걷는 듯한 스릴을 맛볼 수 있으며, 발 아래로 흐르는 코발트빛 바다와 측면에 위치한 갓바위의 파도가 일으키는 하얀 포말을 감상할 수 있는 울진 여행 필수 코스 중 하나다.

📍 경상북도 울진군 후포면 후포리 산141-21
☎ 054-789-5861
💵 이용료
🕐 3~10월 09:00~17:30 | 6~8월 09:00~18:30 | 11월~2월 09:00~17:00
🌐 http://www.uljin.go.kr/tour/index.uljin

백암온천관광특구
천연 알칼리성 라듐성분을 함유한 국내 유일의 유황온천으로 전국 최고의 수질을 자랑한다. 무색무취하며 사람 몸에 적당한 53도를 유지하고 있어 온천욕을 즐기기에 적당할 뿐만 아니라 신경통, 만성 관절염, 중풍, 신경마비 등에 효험이 있다. 동해안의 대표적인 온천으로 꼽히며 호텔과 온천, 연수원 등의 시설이 모여 있다.

📍 경상북도 울진군 온정면 온천로 129-13
☎ 054-787-7001

불영사
천축산 내에 있는 신라 시대 사찰로, 고풍스럽고 정갈한 위용을 자랑한다. 신라 의상대사가 창건하였으며, 연못에 부처님의 그림자가 비친다 하여 불영사라고 부른다. 여성 스님만 있는 비구니 사찰이며 오랜 역사만큼 많은 문화재가 있다. 인근 계곡에 보기 드문 희귀 식물이 다양하게 자생하고 있어 생태보호지역으로 지정되었다.

폭풍속으로드라마세트장_사진제공(울진군청 문화관광과)

- 경상북도 울진군 금강송면 불영사길 48
- 054-783-5004
- 어른(2천원), 중고생(1천5백원), 어린이(1천원)
- 금강송면보건지소에서 금강송파출소 지나 직진, 불영사 버스정류장에서 우회전
- http://bulyoungsa.kr

왕피천생태탐방로 왕피천 유역에 조성된 생태탐방로로, 국내 최대 면적의 생태경관보전지역이다. 왕피천, 왕피리 옛길, 불영사, 굴구지 마을 등 구간마다 다양한 생태관광지가 포함되어 있다. 전 구간에서 자연환경해설사를 동반하는 예약탐방가이드제로 운영하고 있으며, 탐방을 위해서는 반드시 예약해야 한다.

- 경상북도 울진군 금강송면 삼근리 217-1
- 왕피천계곡 에코투어 사업단 054-781-8897
- 울진군 금강송면 시내
- http://www.wangpiecotour.com

폭풍속으로드라마세트장 드라마 〈폭풍속으로〉 세트장으로, 어부의 집이라는 이름으로도 불린다. 바다를 배경으로 우뚝 서 있는 바위 절벽 위에 서 있는 주황색 지붕의 2층 가옥이다. 탁 트인 전망에서 동해를 내려볼 수 있으며, 아래로 내려다보이는 백사장은 하트 모양으로 생겼다고 해서 하트해변이라고도 불린다.

- 경상북도 울진군 죽변면 죽변리 120-36
- 울진군청 관광문화과 054-789-6900
- 죽변항 등대 뒤편

후포항 동해 중부 지역의 주요 어항으로, 동해에서 나는 모든 어종의 집산지다. 싱싱한 해산물과 사시사철 회를 즐기는 관광객으로 붐빈다. 이른 아침에는 고깃배에서 부려지는 어패류는 물론이고 어시장 풍경을 구경할 수 있으며, 횟감 등을 저렴하게 구입할 수도 있다. 울릉도로 가는 여객선도 운항한다.

- 경상북도 울진군 후포면 후포리 1056
- 후포항 제이에이치페리 1644-9505
- 후포해수욕장에서 후포등대 방향으로 직진

왕피천생태탐방로_사진제공(울진군청 문화관광과)

후포항_사진제공(울진군청 문화관광과)

물 맑은 고장
청도

태백산맥 남단에 자리하고 있는 청도는 예로부터 산이 높고 물이 맑은 고장으로 알려졌다. 운문사를 비롯해 크고 작은 사찰과 암자, 경승지가 많고 서원 등의 문화 유적도 많이 남아 있어 볼거리가 풍부한 곳이다. 또한 운문댐으로 인해 조성된 운문호는 인기 있는 호반 드라이브 코스로 꼽힌다. 청도의 가장 유명한 볼거리는 국내 최대의 소싸움대회인 청도소싸움으로, 매년 소싸움축제가 열린다. 힘찬 기상을 느낄 수 있는 고장, 청도로 가보자.

경부선 터널 내 와인 창고
와인터널

대한제국 말기 경부선 터널로 이용되다가 방치된 남성현 터널을 복구하여 와인 창고로 만든 곳. 청도의 특산물인 반시로 만든 와인 15만여 병이 저장되어 있다. 붉은 벽돌로 천정을 쌓고 자연석으로 벽면을 만들어 국내에서 아름다운 터널로 꼽히는 곳이다. 내부에는 와인 카페가 있어 와인도 맛볼 수 있으며, 와인병에 사연을 적어 보관할 수도 있어 데이트 코스로도 인기가 높다. 일년 내내 13~15℃를 유지하여 여름에는 시원하고 겨울에는 따뜻하다.

- 경상북도 청도군 화양읍 송금길 100
- 와인터널 054-371-1904
- 입장료(3천원)
- 평일 09:30~19:00 | 주말 09:30~20:00
- 남성현역에서 송금길 따라 송금리 대적사 방향으로 직진
- http://www.gamwine.com

사진제공(김지호)-한국관광공사

365일 즐기는 빛 축제 **프로방스포토랜드**

사진제공(김지호)-한국관광공사

남프랑스의 정감 있는 프로방스 마을을 재현한 곳으로, 낮에는 아기자기한 프로방스 마을을 둘러보고, 해가 지면 빛 축제를 즐길 수 있다. 건물 벽에 그려진 아기자기한 벽화와 아담한 집, 독특한 조각상 등 1백여 곳의 다양한 포토존이 있으며, 포토랜드 내부에 레스토랑과 카페도 자리하고 있다. 빛 축제는 계절을 불문하고 매일 해가 지면 시작되며 짚라인을 타고 빛으로 화려하게 물든 마을을 구경할 수 있다.

- 경상북도 청도군 화양읍 이슬미로 272-23 ☎ 054-372-5050
- 어른, 중고생(9천원), 어린이(6천원) 15:00~22:00 | 토요일 12:00~23:30 | 일요일 11:00~23:00 | 공휴일 12:00~23:00
- 청도소싸움경기장 맞은편 용암온천 인근 http://www.cheongdo-provence.co.kr

운문댐 낙동강의 지류인 밀양강에서 물을 얻기 위해 만들어진 상수원 전용댐. 운문댐 하류의 하류보유원지는 여름철 물놀이 피서지로도 인기가 좋으며, 캠핑장도 있어 가족끼리 방문하기에도 좋다. 운문댐을 끼고 북쪽으로 올라가는 20번 국도와 동쪽으로 뻗어 있는 69번 국도는 운문호의 아름다운 풍광을 살펴볼 수 있는 호반 드라이브 코스로도 유명하다.

- 경상북도 청도군 운문 대천리
- 운문댐 하류보야영장 054-370-2563
- 운문댐삼거리에서 운문사 방향으로 직진

운문사_사진제공(서인수)_한국관광공사

운문댐_사진제공(청도군청 문화관광과)

운문사 신라 진흥왕 때에 창건되어 깊은 역사를 자랑하는 사찰로, 삼국유사를 지은 일연 선사가 오랫동안 머물렀던 곳이라 전해진다. 현재는 우리나라 최대의 비구니 교육기관이 자리하고 있으며, 약 260여 명의 비구니 스님들이 경학을 수학하고 있다. 인근에 크고 작은 절과 암자가 많다.

- 경상북도 청도군 운문 운문사길 264
- 054-372-8800
- 어른(2천원), 중고생(1천원), 어린이(5백원)
- 운문호에서 운문사야영장 지나 직진
- http://www.unmunsa.or.kr

유호연지 신라지라고도 불리는 곳으로, 유호연지의 연꽃이 만개한 풍경은 청도의 아름다움을 대표하는 청도 8경 중 한곳으로 꼽힌다. 무헌 이육 선생이 무오사화로 인해 은거할 때 연꽃을 심고 군자정을 세워 유명해졌다고 한다. 여름 두 달 동안 연꽃이 피어 아름다운 연지의 풍경을 즐길

청도소싸움테마파크_사진제공(한국관광공사)

수 있으며, 매해 4월 초파일에는 유등축제가 열린다.
📍 경상북도 청도군 화양읍 유등리
☎ 화양읍사무소 054-370-6702
🔍 화양읍사무소에서 유등교 건너 연지휴게소 방향으로 직진

청도레일바이크 코레일에서 운영하는 레일바이크로, 왕복 5km 구간으로 조성되어 있다. 수려한 자연을 천천히 구경하며 레일바이크를 즐길 수 있어 가족 단위로 찾아오는 이들이 많다. 주말에는 대기자가 많은 편이니 홈페이지를 통해 예약하고 방문하는 편을 추천한다. 레일바이크 외에도 MTB, 이색자전거 등도 운영하고 있으며, 인근에 있는 캠핑장에서 캠핑을 즐길 수도 있다.
📍 경상북도 청도군 청도읍 유호리 702
☎ 054-373-2426
🎫 레일바이크(2만5천원), MTB(1시간 5천원), 이색자전거(1시간 30분 2인용 1만원, 4인용 2만원)
🕐 5월~9월 09:00~19:00 | 10월~4월 09:00~17:00
🔍 새마을운동발상지기념관 인근
🌐 http://www.cheongdorailbike.co.kr

청도소싸움경기장 청도를 상징하는 소싸움을 관전할 수 있는 경기장. 축제 기간이 아니어도 주말마다 소싸움 상설 경기가 열리는데, 경기장에 앉아 관전만 할 수도 있고 별도로 우권을 구매해 박진감 넘치는 배팅을 즐길 수도 있다. 매년 3월과 4월 사이에 청도소싸움축제가 성대하게 열려 다양한 프로그램을 운영한다. 경기장 옆에 있는 청도소싸움테마파크에서 소싸움과 관련된 자료를 자세히 살펴볼 수 있다.
📍 경상북도 청도군 화양읍 남성현로 348
☎ 054-370-7500
🔍 청도군청에서 남성현역 방향으로 직진하면 우측
🌐 http://www.sossaum.or.kr

청도소싸움테마파크 청도의 유명한 볼거리인 소싸움을 주제로 한 테마파크 전시관. 소싸움경기장 바로 옆에 자리하고 있으며, 두 마리의 소가 힘을 겨루는 형상을 하고 있는 건물이 독특해 보는 재미가 있다. 청도 소싸움의 역사를 알 수 있는 역사관, 전시관 등이 있으며, 4D 영상관람실에서 생생한 소싸움을 살펴볼 수 있다.
📍 경상북도 청도군 화양읍 남성현로 346
☎ 054-373-9612
🕐 09:00~18:00 – 월요일 휴관
🔍 청도소싸움경기장 옆

혼신지 저수지를 가득 채운 연이 인상적인 곳이다. 석양이 아름답기로 유명해 출사지로도 인기가 높으며, 배스낚시를 즐기는 이들이 많이 찾는다. 동지 무렵에 시든 연 줄기가 수면에 비치며 만들어내는 저수지 풍경이 아름답다.
📍 경상북도 청도군 화양읍 205
☎ 화양읍사무소 054-370-6702
🔍 청도조이갤러리 인근

푸른 솔의 고장
청송

청송은 삼면이 산으로 둘러싸여 지대가 험하지만, 그만큼 본연의 모습을 그대로 간직한 자연을 엿볼 수 있는 곳이다. 기암절벽이 이루는 수려한 절경은 신비로움마저 느끼게 할 정도. 천혜의 자연 덕분에 주왕산 일대는 제주도에 이어 국내에서 두 번째로 유네스코 세계지질공원으로 지정되기도 했다. 또한 영화〈봄, 여름, 가을, 겨울 그리고 봄〉의 촬영지로 유명해지면서 외국인에게도 입소문을 타고 있다. 아름다운 자연을 느낄 수 있는 청송으로 향해보자.

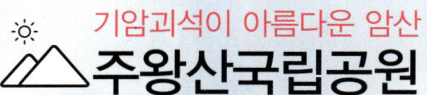

기암괴석이 아름다운 암산
주왕산국립공원

설악산, 월출산과 더불어 국내 3대 암산 중 하나. 산의 형세가 돌로 병풍을 친 것 같다 하여 과거에는 석병산이라고 불리기도 했다. 천년고찰인 대전사를 비롯해 절골계곡, 용추폭포 등 기암괴석과 어우러진 아름다운 자연경관을 자랑한다. 세계적으로 희귀한 수목인 망개나무, 둥근잎꿩의비름 등 다양한 식물종이 자생하고 있는 생태계의 보고로, 공원 내부에 자연학습장, 야영장, 오토캠핑장 등이 있다.

📍 경상북도 청송군 부동면 상의리 산333-1
☎ 주왕산국립공원 사무소 054-870-5300
🔍 주왕산버스터미널 인근
🌐 http://juwang.knps.or.kr

사진제공(청송군청 문화관광과)

왕버들이 자생하는 산중 호수 주산지

주왕산국립공원 내에 자리하고 있는 저수지로, 1720년(조선 경종 원년)에 착공해 약 3백여 년의 역사를 자랑한다. 저수지 가장자리에는 물속에 뿌리를 박고있는 수백 년 된 왕버들이 자생하고 있어 아름다움을 자아낸다. 영화 〈봄, 여름, 가을, 겨울 그리고 봄〉의 촬영지로도 유명하며 고즈넉한 산중 호수의 모습이 아름다운 곳이다.

📍 경상북도 청송군 부동면 이전리 87-1 ☎ 주왕산국립공원 사무소 054-870-5300 🔍 절골계곡 인근

군립청송야송미술관
청송이 고향인 동양화가 야송 이원좌 선생이 소장하고 있던 작품을 전시한 미술관이다. 유명한 청량대운도를 비롯하여 서울 정도 100주년을 기념하여 그린 주왕운수도, 88서울올림픽을 기념하여 그린 무릉하운도 등이 전시되어 있다. 폐교된 신촌초등학교를 개조해 2005년 4월에 개관했으며 150평 규모의 비교적 큰 미술관이다.

📍 경상북도 청송군 진보면 경동로 5162
☎ 054-870-6536
🕘 09:00~18:00 · 월요일 휴관
🔍 동청송영양IC교차로에서 황학교 건너 직진

달기약수탕
우리나라 3대 약수로 손꼽히는 곳으로, 탄산과 철 성분이 함유되어 위장병과 피부병에 효과가 좋기로 유명하다. 조선 철종 때 수로 공사 도중에 발견했으며 사계절 내내 약수가 나오는 양이 일정하다. 겨울에도 얼지 않으며 색, 냄새가 없는 것이 특징. 매년 음력 3월 말에는 달기약수령천제를 올려 약수전에 감사하는 행사가 있으며, 인근에 달기약수를 사용한 닭백숙집이 많다.

📍 경상북도 청송군 청송읍 약수길 16
☎ 달기약수탕번영회 054-873-2387
🔍 청송군청에서 달기폭포 방향으로 직진하면 우측

달기폭포
힘찬 기상을 느낄 수 있는 11m 높이의 폭포로, 월외리에 속해 있어 월외폭포라고도 불린다. 용이 승천했다는 전설이 있는 폭포 아래 용소는 명주실 한 꾸러미를 다 풀어도 바닥에 닿지 않을 정도로 깊다는 전설이 전해진다.

📍 경상북도 청송군 청송읍 월외리 달기폭포
☎ 주왕산국립공원 사무소 054-870-5300
🔍 청송군청에서 괘천 따라 태행산 방면으로 직진

얼음골_사진제공(청송군청 문화관광과)

송소고택 민가로서는 최대 규모인 99칸짜리 만석군 집안의 고택으로, 1880년경 건립되었다. 건물에 독립된 마당이 있으며, 공간이 구분되어 있어 조선 시대 상류주택의 특징을 잘 간직하고 있다. 소나무 숲길을 따라 자연을 만끽할 수 있으며, 홈페이지에서 예약하면 숙박할 수도 있다.

- 경상북도 청송군 파천면 송소고택길 15-2
- 054-874-6556
- 청송버스터미널에서 용전천 건너 덕천사거리에서 우회전. 소슬교 건너편
- http://송소고택.kr

송소고택_사진제공(청송군청 문화관광과)

얼음골 기암절벽이 절경을 연출하고 있는 곳으로, 속칭 잣밭골이라고도 불린다. 독특하게도 한여름 온도가 32℃가 넘으면 얼음이 얼고 그 이하로 내려가야 얼음이 녹는다. 계곡 물도 얼음같이 차가워 주왕산 산행 중 꼭 들러야 할 명소다.

- 경상북도 청송군 주왕산면 팔각산로 228
- 청송군청 관광정책과 054-870-6240
- 내룡보건진료소에서 청룡사 지나 직진

청송오토캠핑장 가볍게 물놀이를 즐길 수 있는 수영장과 여유로이 산책할 수 있는 작은 오솔길, 그리고 캠핑장의 넓은 부지가 매력적인 곳이다. 특히, 밤이 되면 아기자기한 조명을 켜 놓아, 로맨틱한 분위기를 연출하며, 데크에 누워 밤하늘을 올려다보면 밤하늘을 빽빽히 수 놓은 별로 눈이 꽉 찰만큼 야경이 아름답다.

- 경상북도 청송군 부남면 얼음골로 690
- 054-870-6244
- 홈페이지 참조
- 예약제로 운영
- 얼음골 인근
- http://cscamping.co.kr/

청송자연휴양림 울창한 나무와 청정 공기가 어우러지는 휴양림으로, 순환 등산로를 산책하며 산림욕을 즐길 수 있다. 숙박 시설로는 숲속의 집과 30명 내외의 인원을 수용할 수 있는 연수의 집 등이 있으며, 홈페이지에서 한 달 전 1일 오전 9시부터 예약을 받는다.

- 경상북도 청송군 부남면 청송로 3478-96
- 1588-3250
- 도평버스터미널에서 부남버스터미널 방향으로 직진
- http://www.foresttrip.go.kr/indvz/main.do

푸른 바다 도시
포항

바다를 끼고 있는 지역답게 포항은 도심 한가운데에서도 푸른 바다를 볼 수 있는 매력적인 도시다. 푸른 바닷물에 온몸을 내던지며 해수욕을 즐길 수 있는 영일대해수욕장을 비롯해 바닷가 산책을 할 수 있는 송도해수욕장 등이 도심 속에 자리하고 있다. 우리나라에서 가장 먼저 해가 뜨는 호미곶 인근으로 가면 멋진 해안둘레길과 해돋이 명소인 호미곶해맞이광장을 만날 수 있다. 푸른 바다를 보기만 해도 절로 기분 좋은 콧노래가 나올 터. 바다를 벗어나 산 쪽으로 향하면 고즈넉한 보경사와 천년고찰 오어사를 둘러싼 오어지둘레길, 엘포리글램핑 등 색다른 포항의 분위기를 만끽할 수 있을 것이다.

상생의 손, 너머로 펼쳐지는 해돋이 풍경
호미곶해맞이광장

한반도 지도에서 호랑이 꼬리를 닮았다 하여 이름 붙은 호미반도에 조성된 해맞이광장. 한반도에서 가장 먼저 해가 뜨는 곳이며 매년 1월 1일이면 해맞이축전이 성대하게 개최된다. 바닷속에 떠 있는 듯한 상생의 손 조형물도 빼놓을 수 없는 볼거리다. 힘차게 솟아오른 상생의 손과 그 너머로 떠오르는 해돋이 모습을 보기 위해 전국 각지에서 많은 사람들이 찾아온다. 광장 인근으로 국립등대박물관과 벽돌로 만든 호미곶등대가 있어 함께 둘러보면 좋다.

📍 경상북도 포항시 남구 호미곶면 대보리 226
☎ 054-270-5535
🔍 대보항 옆

사진제공(포항시청 관광진흥과)

활기 넘치는 포항 대표 어시장 **죽도시장**

사진제공(포항시청 관광진흥과)

포항을 대표하는 전통 시장으로, 동해안 최대의 상설재래시장인 죽도어시장과 곡물시장 등이 모여 있다. 시장 내에 2천5백여 개의 점포가 입점해 있으며, 포항의 특산품인 과메기를 비롯해 신선한 회와 해산물을 저렴한 가격에 만나볼 수 있다. 새벽 5~6시에 어시장에 가면 생생한 수산물 경매 현장을 살펴볼 수 있는데, 활기 넘치는 경매 현장이 볼거리를 더한다.

- 경상북도 포항시 북구 죽도동 2-4 ☎ 죽도시장 번영회 054-247-3776
- 포항고속버스터미널에서 오거리 지나 직진, 남빈사거리 직전 골목에서 우회전

경상북도수목원 국내 최대 규모의 수목원. 해발 650m 고지대에 조성된 수목원으로, 널따란 수목원 부지에 약 2천여 종의 식물이 식재되어 있다. 침엽수원을 비롯해, 활엽수원, 무궁화원, 철쭉원, 관목원 등 각양각색의 수원 구역으로 나뉘어 있어 구간 별로 돌아보기에 좋으며, 산책로를 따라 여유롭게 산림욕을 즐길 수 있다.
- 경상북도 포항시 북구 죽장면 수목원로 647
- ☎ 054-260-6100
- 3월~10월 10:00~17:00 | 11월~2월 10:00~16:00
- 청하면사무소에서 안심저수지 직전 길로 우회전 후 직진
- http://arboretum.gb.go.kr

구룡포일본인가옥거리_사진제공(포항시청 관광진흥과)

구룡포일본인가옥거리 일제강점기 시대 구룡포에 있던 일본인 거주지 거리와 일본식 가옥을 복원해 거리를 조성했다. 우리 민족의 아픈 역사와 일본인의 풍요로운 모습이 대비되어 비극성을 더한다. 당시 건물은 식당과 찻집으로 운영되고 있으며, 전통 일본 의복인 기모노와 유카타를 입고 거리를 산책할 수도 있다.
- 경상북도 포항시 남구 구룡포읍 구룡포리
- ☎ 구룡포근대역사관 054-276-9605
- 구룡포항 인근

국립등대박물관 국내 유일의 등대 박물관으로, 등대의 가치와 역할을 알리기 위해 조성한 공간이다. 등대의 역사와 건축에 대한 자료를 전시하고 있는 등대역사관과 체험관, 항로표지에 대한 자료를 전시한 유물관 등으로 나뉘어 있다. 야외전시장에는 전국의 등대를 축소한 모형물을 전시해 볼거리를 더한다.
- 경상북도 포항시 남구 호미곶면 해맞이로150번길 20
- ☎ 054-284-4857
- 09:00~18:00 – 월요일 휴관
- 대보항, 호미곶해맞이광장 인근
- http://www.lighthouse-museum.or.kr

국립등대박물관_사진제공(김지호)-한국관광공사

보경사 사진제공(포항시청 관광진흥과)

덕동문화마을 농재 이언괄의 4대손인 이강이 360여년간 대를 이어 살던 곳으로, 여강 이씨 집성촌을 이루고 있다. 마을 입구에 들어서면 용계정 고택이 나타나는데, 고즈넉한 고택과 우거진 나무가 운치를 더한다. 고택이 옛 모습을 그대로 간직하고 있으며, 인근에 덕동마을숲과 계곡이 있어 휴식을 즐기기에도 좋다.
- 경상북도 포항시 북구 기북면 오덕리 245
- 기북면사무소 054-243-5301
- 기북면사무소에서 북구 방향으로 직진하면 좌측

로보라이프뮤지엄 로보라이프 뮤지엄은 전시물을 단순히 보는 것에 그치지 않고, 손으로 직접 만지고 조작해볼 수 있는 체험식 박물관이다. 전자빔을 활용해 빛을 연구하는 방사광 가속기를 견학하고, 미래 로봇들을 체험해 볼 수 있어 인기가 많다. 이곳은 사전 예약제로 운영되기 때문에, 관람 하루 전 미리 예약해야 한다.
- 경상북도 포항시 남구 지곡로 39
- 연락처
- 관람료(3천원)
- 10:00~11:00/13:30~14:30/15:00~16:00
- 한국로봇융합연구원 1층
- http://m.kiro.re.kr/

보경사 신라 진평왕 때에 진나라에서 유학하고 돌아온 지명법사가 창건한 사찰. 지명법사가 진평왕에게 이곳에 불당을 세우면 왜구의 침입을 막고, 삼국을 통일할 것이라는 말을 전하며 내연산 자락에 사찰을 세웠다고 전해진다. 인근에 시원한 물줄기가 흐르는 보경사 12 폭포가 있어 함께 둘러보면 좋다.
- 경상북도 포항시 북구 송라면 보경로 523
- 054-262-1117
- 어른(3천5백원), 중고생(2천원), 어린이(무료)
- 송라면사무소에서 내연산 방향으로 직진
- http://www.bogyeongsa.org

사방기념공원 근대적 사방사업 100주년을 기념해 조성한 공원으로, 사방사업은 자연재해방지를 위해 나무를 심고 강둑을 높이는 것을 말한다. 공원을 따라 숲길이 조성되어 있으며, 곳곳에 있는 조형물을 둘러보는 재미가 있다. 공원 내에 있는 기념관에서 사방사업의 역사와 현황을 살펴볼 수 있다. 공원 정상부에 오르면 공원 일대가 한눈에 내려다보인다.
- 경상북도 포항시 북구 흥해읍 해안로 1801
- 054-270-5884
- 칠포해수욕장에서 오도리간이해수욕장 지나 직진

송도해수욕장 한적한 분위기의 해수욕장. 예전에는 천혜의 자연환경을 갖춘 해수욕장이었지만, 인근에 공단이 설립되고 백사장이 유실되면서 현재는 산책만 즐길 수 있는 곳이 되었다. 드넓은 광장에는 평화의 여신상을 비롯해 트릭아트 시설물 등이 설치되어 있으며, 밤에는 불빛을 발하는 포스코를 볼 수 있다.
- 경상북도 포항시 남구 송도동 378-438
- 송도동주민센터 054-281-0071
- 송도부도 인근

오어지둘레길_사진제공(이범수)-한국관광공사

엘포리글램핑 어래산 자락에 조성된 캠핑장으로, 구불구불한 길을 따라 올라가면 자연과 어우러진 캠핑장이 나온다. 고급스러운 글램핑장으로 꾸며 쾌적하게 캠핑을 즐길 수 있다. 캠핑장 아래쪽에 야외수영장과 승마 체험 시설도 갖추고 있어 가족 단위 여행객에게 특히 인기다.
경상북도 포항시 북구 기계면 학야길215번길 49
054-246-7778
홈페이지 참조
기계면사무소에서 골안지 방향으로 직진
http://cafe.naver.com/lporycamp

영일대해수욕장 포항 도심 속에 자리한 해수욕장으로, 북부해수욕장이 영일대해수욕장으로 이름이 바뀌었다. 이곳의 명물은 바다 위에 설치된 해상누각이다. 고풍스러운 누각에 오르면 해수욕장이 한눈에 내다보인다.
경상북도 포항시 북구 두호동 685-1
포항구항 인근

영일대해수욕장_사진제공(김지호)-한국관광공사

오어지둘레길 신라 천년고찰 오어사와 잔잔한 물결을 이루는 오어지저수지 인근에 조성된 둘레길. 둘레길은 총 7km이며 둘레길 한 바퀴를 다 돌기 어렵다면 오어사에서 대골까지 이어지는 코스나 오어사에서 안항사까지 이어지는 코스를 선택하는 편이 좋다. 중간중간 쉼터와 전망데크가 있어 수변 경관을 감상하며 천천히 산책을 즐기기 좋다.
경상북도 포항시 남구 오천읍 오어로 1
오어사 054-292-2083
오어지, 오어사 인근

영일장기읍성 고려 시대 축조된 읍성으로, 처음에는 흙으로 쌓았지만 1439년(조선 세종 21년)에 왜구를 방어하기 위해 돌로 다시 쌓았다고 전해진다. 읍성이지만 산 위에 자리하고 있어 산성의 역할도 톡톡히 해내고 있다. 해안 읍성 연구에 귀중한 자료인 셈. 읍성을 따라 둘레길이 조성되어 있어 호젓하게 산책을 즐겨보면 좋겠다.
경상북도 포항시 남구 장기면 읍내리 156
포항시청 문화예술과 문화재담당 054-270-2275
장기면사무소에서 장기향교 방향으로 직진

월포해수욕장 자연의 아름다움을 그대로 간직한 해수욕장. 수심이 얕은 편이어서 가족 단위 방문객에게 많은 사랑을 받고 있다. 해수욕장 인근에 민박과 펜션이 모여 있으며, 편의시설도 쾌적한 편.
경상북도 포항시 북구 청하면 월포리 92-115
월포해수욕장 번영회 054-232-9770
월포역 인근
http://www.월포해수욕장.com

테스226 본아름다운 바닷가 뷰가 인상적인 펜션. 한쪽 벽이 통유리로 되어 있어 액자를 걸어 놓은 듯한 바닷가 뷰를 만끽할 수 있다. 전 객실에 실내 스파 시설을 갖추고 있으며, 바다를 바라보며 시간을 보낼 수 있는 야외수영장도 무료로 즐길 수 있다. 번잡한 관광지에서 벗어나 아름다운 바다 경치를 바라보며 휴식을 취하기 좋은 곳.
경상북도 포항시 북구 청하면 해안로1958번길 25-5

☎ 010-2026-4908
T 홈페이지 참조
⊙ 15:00~익일 11:00
🔍 월포역에서 사방기념공원 방향으로 직진하면 좌측
🌐 http://tess226.com

포항시립미술관 환호해맞이공원 내에 조성된 시립미술관으로, 자연과 더불어 예술을 사색할 수 있는 공간이다. 포항 문화의 근간이라 할 수 있는 철(steel)을 테마로한 스틸 아트 컬렉션 전시를 주력으로 한다. 정기적으로 포항시민을 위한 교육 프로그램과 전시 연계프로그램을 진행하고 있다.

📍 경상북도 포항시 북구 환호공원길 10 (환호동)
☎ 054-270-4700
⊙ 4월~10월 10:00~19:00 | 11월~3월 10:00~18:00 - 월요일 휴관
🔍 영일대해수욕장에서 포항동부초등학교 지나 직진. 환호해맞이공원 내
🌐 http://poma.pohang.go.kr/poma

호미곶청보리밭 대보항 인근 도로변에 드넓게 펼쳐져 있는 청보리밭. 바닷가를 배경으로 펼쳐진 청보리밭이 운치 있으며, 사람이 많지 않아 여유롭게 둘러보기 좋다. 호미곶해맞이광장에서 멀지 않은 곳에 있으니 함께 둘러보는 편을 추천한다.

📍 경상북도 포항시 남구 호미곶면 구만리 384-7
☎ 호미곶면주민센터 054-270-6681
🔍 대보초등학교 옆

호미반도해안둘레길 한반도 지도에서 호랑이 꼬리부분이라 불리는 호미반도 일대의 해안을 따라 조성한 둘레길. 동해면에서 호미곶을 거쳐 장기면 두원리까지 약 58km의 해안선을 연결하는 트래킹 코스다. 총 네 코스로 나뉘는데, 입암리와 마산리를 잇는 선바우길 구간이 특히 백미로 통한다. 깎아지른 듯한 기암괴석과 푸른 바다가 어우러진 풍광을 즐길 수 있다.

📍 경상북도 포항시 남구 호미곶면 구만길 292
☎ 포항시청 국제협력관광과 054-270-2373
🔍 동해면~호미곶면~장기면 두원리

화진해수욕장 아담한 규모의 해수욕장으로, 여름철에도 비교적 한적하게 해수욕을 즐길 수 있다. 맑은 물과 굵은 모래사장이 어우러지며 아름다운 일출 풍경을 바라볼 수도 있다. 울창하게 우거진 소나무 그늘막 아래로 텐트를 칠 수 있는 야영 시설이 있으니 참고하자.

📍 경상북도 포항시 북구 송라면 화진리
☎ 송라면사무소 054-243-6001
🔍 월포역에서 장사해수욕장 방향으로 직진하면 우측

환호공원 포항 도심 최대 규모의 공원으로, 한쪽에서는 푸른 녹지를, 다른 한쪽에서는 영일대해수욕장의 푸른 바다를 느낄 수 있다. 중앙공원을 중심으로 물의 공원, 해변공원, 전통놀이공원, 체육공원, 어린이공원 등 여섯 개의 소공원으로 나뉘어 있다. 어린이작은도서관과 포항시립미술관이 있어 문화생활을 즐기기에도 좋다.

📍 경상북도 포항시 북구 환호동 56
☎ 포항시 공원관리사업소 054-270-5561
🔍 영일대해수욕장에서 포항동부초등학교 지나 직진

경상북도

호미반도해안둘레길 -사진제공 (김진호)-한국관광공사

제주도

중심지에서 만끽하는 제주도의 매력
제주시 중심권

핫한 우도 여행과 다채로운 오름의 매력
제주시 동부

아름다운 해안 드라이브와 함께!
제주시 서부

중문관광단지와 다채로운 볼거리가 있는 곳
서귀포시 중심권/서부

제주도의 아름다운 절경이 있는 곳
서귀포시 동부

중심지에서 만끽하는 제주도의 매력
제주시 중심권

제주도 여행의 시작점이기도 한 제주도공항과 제주도 시내를 아우르는 지역이다. 예전에는 공항을 오갈 때 잠시 시간을 내서 둘러보는 지역이었지만, 요즘에는 제주도청과 시청 주변으로 힙한 카페와 맛집이 많아져 기꺼이 많은 시간을 할애하는 곳이 되었다. 제주도의 중심이라 할 수 있는 한라산을 비롯해 자동차 여행으로는 미처 발견하지 못했던 숨은 비경을 만날 수 있는 올레길, 신비의 도로, 용두암과 같은 제주도를 상징하는 관광지까지 다채롭게 즐길 수 있다. 지친 일상에서 벗어나 자연을 만끽하고 싶다면 제주도절물자연휴양림, 한라수목원, 제주도마방목지에서 마음껏 시간을 보내보는 것도 좋겠다. 제주도를 떠나는 것이 마냥 아쉽게 느껴질 때는 제주도공항 인근의 해변을 찾아가 보자. 이호테우, 삼양, 알작지 등 한적한 해안가를 산책하며 제주도에서의 마지막 추억까지 알차게 챙길 수 있다.

제주도의 자연이 함께하는 도보 여행길
제주올레길

시원한 바람과 제주도의 아름다운 자연경관을 벗 삼아 걷는 도보여행 코스로, 제주도의 대표적인 관광 코스로 자리 잡았다. 전국적으로 걷기 열풍을 불러일으켰을 정도. 올레길은 총 425km로, 제주도의 구석구석을 둘러볼 수 있게 조성해 숨은 비경을 만날 수 있다. 또한 코스마다 난이도가 상중하로 나뉘어 있어 자신에게 맞는 코스를 선택해 도보 여행을 즐길 수 있다. 길을 잘 모른다고 해서 너무 걱정할 필요는 없다. 올레길 중간중간에 푸른 바다를 상징하는 파란색 리본과 제주도 특산품 감귤을 의미하는 주황색 리본이 전봇대와 나뭇가지에 걸려 있어 길을 잃을 염려가 없다. 갈림길에도 화살표가 걸려 있어 코스 방향을 쉽게 파악할 수 있다.

시흥초등학교에서 종달리 옛 소금밭을 거쳐 성산일출봉과 광치기해수욕장까지 이어지는 1코스와 '국민 올레길'이라는 별칭이 있는 7코스(서귀포 외돌개~월평마을 아왜낭목)가 특히 인기다.

📍 제주도 전역
☎ 제주도올레 콜센터 064-762-2190
🔍 홈페이지 참조
🌐 http://www.jejuolle.org

사진제공(이범수), 한국관광공사

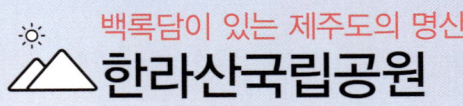

백록담이 있는 제주도의 명산
한라산국립공원

제주도 중앙에 우뚝 서 있는 산으로, 남한에서 가장 높은 산이다. 금강산, 지리산과 더불어 우리나라 삼대 명산 중 하나이며 2007년에는 국립공원 전체가 유네스코 세계자연유산으로 등재되었다.

한라산 탐방로는 총 일곱 구간으로 나뉜다. 정상 백록담까지 등반하고 싶다면 성판악 탐방로와 관음사 탐방로를 이용해야 한다. 성판악 탐방로는 왕복 20km로, 한라산 탐방로 중 가장 긴 코스이며 왕복 9시간이 소요된다. 경사가 완만한 편이지만 길이가 길기 때문에 체력 안배에 신경 써야 한다. 등산 마니아라면 관음사 탐방로를 통해 백록담으로 향해보는 것도 좋다. 성판악 탐방로보다는 길이가 약간 짧지만 전체 코스 중 60% 이상이 험해서 주의하는 것이 좋다. 산을 오르기에는 더 힘들지만 고생한 만큼 빼어난 절경이 기다리고 있다. 백록담 정상까지는 이어지지 않지만, 어리목탐방로, 영실탐방로, 돈내코탐방로 등도 한라산의 절경을 경험하기에는 부족함이 없다.

제주도 제주시 해안동
한라산국립공원 관리소 064-713-9900
홈페이지 참조
http://www.jeju.go.kr/hallasan/index.htm

한적한 숲길에서 즐기는 맑은 공기 **사려니숲길**

신성한 숲길이라는 뜻의 숲길로, 총 길이가 15km에 이른다. 비자림로에서 붉은오름까지 숲길이 이어져 있으며, 편백나무, 삼나무 등이 하늘을 향해 죽 뻗어 있어 한적하게 산림욕을 즐기기 좋다. 전체 숲길을 탐방하려면 약 2~3시간 정도 소요되며, 구간마다 각기 다른 멋이 있어 지루함이 없다. 특히 숲 풍경이 아름다워 스냅 사진 촬영지로도 인기를 끌고 있다. 얼마 전까지는 숲길을 오가는 순환 버스가 있었지만, 현재는 운행하지 않는다고 하니 참고하자. 어두워지기 전에 나가야 하므로 적어도 오후 4시 이전에 입장해서 둘러보는 것을 추천.

📍 제주도 제주시 조천읍 교래리 산137-1 ☎ 사려니숲길 탐방안내소 064-900-8800 🕐 09:00~17:00
🔍 절물자연휴양림 인근

제주도공항에서 가까운 용머리 바위 **용두암**

이름 그대로 용이 포효하며 바다에서 솟구쳐 오르는 형상을 하고 있는 바위로, 검은색 현무암과 제주도의 푸른 바다가 어우러져 이국적인 풍광을 자아낸다. 특히 제주도공항과 가까운 곳에 있어 제주 시내 필수 여행지로 손꼽힌다. 이곳에서 빼놓을 수 없는 명물이 있으니 바로 해녀가 자리에서 직접 손질해 내어주는 해물이다. 바다를 바라보며 멍게, 해삼, 문어 등 갓 잡은 신선한 해물을 맛보는 낭만을 즐겨보면 좋겠다. 저녁에는 산책로와 바위를 따라 조명이 켜져 야경을 즐기기에도 좋다. 용두암에서 이호테우해수욕장까지 이어지는 용담해안도로 양옆으로는 멋진 카페가 모여 있어 카페에서 시간을 보내보는 것도 추천한다.

사진제공(이범수)-한국관광공사

📍 제주도 제주시 용두암길 15 (용담이동) ☎ 용담공원 관리사무소 064-711-1022 🔍 제주도사대부설중학교 인근

드넓은 초원과 뛰노는 조랑말 **제주마방목지**

사진제공(이범수)-한국관광공사

제주도 토종 조랑말인 '제주도마'를 방목해 키우고 있는 목장으로, 516도로를 따라 제주시에서 서귀포시로 가다 보면 만날 수 있다. 제주도마는 천연기념물로 지정되었으며, 순수한 제주도 혈통의 조랑말이다. 드넓은 초원에서 한가로이 풀을 뜯으며 뛰어노는 말을 볼 수 있으며, 파란하늘과 푸른 초원이 어우러져 이국적인 풍광을 뽐낸다. 높은 지대에 있어 안개가 끼는 날이 많은데, 특유의 신비스러운 분위기가 더해져 운치를 더한다. 데크 산책로도 조성되어 있어 산책을 즐기기에도 좋다. 겨울철에는 관리를 위해 말을 야외 목지가 아닌 축산진흥원 내로 옮기기 때문에 매년 4월에서 10월까지만 이곳에서 말을 만날 수 있다.

📍 제주도 제주시 용강동 ☎ 제주도관광정보센터 064-740-6000 🔍 한라생태숲 인근

시원한 바닷바람과 푸른 숲 향기 **절물자연휴양림**

절물오름 북쪽 기슭을 끼고 있는 휴양림. 삼나무가 빽빽하게 들어서 있으며, 바다에서 불어오는 시원한 바람 덕분에 한여름에도 더위를 잠시 피할 수 있다. 휴양림 곳곳에 산책로가 조성되어 있으며, 경사가 완만해 여유롭게 산책하기에도 좋다. 가족 단위로 방문한다면 숙박시설 숲속의 집을 이용해보자. 아주 저렴한 가격에 숙박 시설을 이용할 수 있으며, 홈페이지를 통해 예약하면 된다. 휴양림을 구경한 후에는 해발 697m의 절물오름을

사진제공(김지호)-한국관광공사

올라보는 것도 추천한다. 왕복 한 시간 정도면 오르내릴 수 있으며, 정상에 있는 말발굽 모양의 분화구도 놓칠 수 없는 볼거리다. 날씨가 맑은 때에는 성산일출봉과 제주시를 한눈에 조망할 수 있다.

📍 제주도 제주시 봉개동 ☎ 064-728-1510 🎫 어른(1천원), 중고생(6백원), 어린이(3백원) 🕐 07:00~18:00
🔍 제주도미니랜드에서 한라생태숲 방향으로 직진. 명도암입구 교차로에서 우회전하면 좌측 🌐 http://jeolmul.jejusi.go.kr

숲길따라 걷기 좋은 곳
비자림

제주의 첫 산림욕장으로, 2,800여 그루의 비자나무가 군락을 이루고 있다. 단일 수종 숲으로는 세계 최대 규모를 자랑하며 천연기념물 제374호로 지정되었다. 비자나무 열매인 비자는 구충제로 많이 쓰여졌고, 혈관을 유연하게 하고 피로 회복과 신체 리듬을 회복하는 데 효과가 있다고 알려져 관광 코스로 인기가 높다. 나도풍란, 풍란, 콩짜개란, 흑난초, 비자란 등 희귀한 난과식물의 자생지이기도 하다. 가벼운 등산이나 산책하기도 좋은 곳.

📍 제주도 제주도시 구좌읍 비자숲길 62
📞 비자림 관리사무소 064-710-7911
🎫 어른(1천5백원), 중고생, 어린이(8백원)
🕘 09:00~18:00 – 연중무휴
🌐 http://www.visitjeju.net
🍴 월랑봉, 아부오름, 용눈이오름

사진제공(김정훈) · 한국관광공사

교래자연휴양림 우리나라 최초로 곶자왈 지대에 조성된 휴양림으로, 곶자왈은 화산 활동으로 인해 조성된 원시림 형태를 뜻한다. 오름산책로를 통해 큰지그리오름에 정상에 오르면 한라산과 주변 풍광을 한눈에 조망할 수 있으며, 생태관찰로를 따라 걸으며 다양한 식물과 곶자왈의 생성과정을 볼 수도 있다. 초가집, 휴양관 등의 숙박시설과 캠핑을 즐길 수 있는 야영데크도 조성되어 있다.
- 제주도 제주시 조천읍 남조로 2023
- 064-710-8673
- 어른(1천원), 중고생(6백원)
- 3월~10월 07:00~16:00 | 11월~2월 07:00~15:00
- 제주도미니랜드, 에코랜드테마파크 인근
- http://www.jeju.go.kr/jejustoneparkforest/index.htm

국립제주도박물관_사진제공(김지호)-한국관광공사

국립제주박물관 제주도의 역사와 문화유산을 체계적으로 전시하고 보존하는 고고역사박물관이다. 상설전시관을 비롯해 특별전시가 열리는 기획전시실, 그리고 제주돌문화를 체험해볼 수 있는 야외 전시장을 갖추고 있다.
- 제주도 제주시 일주동로 17 (건입동)
- 064-720-8000
- 10:00~18:00 – 월요일, 1월 1일, 명절 휴관
- 제주도대학교 사라캠퍼스 옆
- http://jeju.museum.go.kr

넥슨컴퓨터박물관 게임 제작사 넥슨(nexon)에서 운영하는 박물관으로, 컴퓨터와 관련된 소장품을 전시하고 있다. 1976년 출시된 애플1 컴퓨터부터 컴퓨터 발전 역사에 큰 획을 그은 기기가 눈길을 끈다. 게임 역사를 조망하고 지금까지 개발된 게임 자료를 살펴볼 수 있는 라이브러리도 갖추고 있다.
- 제주도 제주시 1100로 3198-8 (노형동)
- 064-745-1994
- 어른(8천원), 중고생(7천원), 어린이(6천원)
- 10:00~18:00 – 월요일, 명절 당일 휴관
- 제주도고등학교 건너편, 한라수목원 인근
- http://www.nexoncomputermuseum.org

동문재래시장 제주도에서 가장 오래된 전통 재래시장으로, 제주도공항에서도 가까워 현지인뿐만 아니라 관광객도 즐겨 찾는 곳이다. 귤과 천혜향, 한라봉 등을 판매하는 과일가게와 신선한 회를 1~2만 원 내외로 저렴하게 판매하는 횟집은 꼭 들러야 하는 필수 코스. 매일 저녁 7시부터 야시장이 펼쳐져 다양한 먹거리와 볼거리를 즐길 수 있다.

동문재래시장

교래자연휴양림_사진제공(김지호)-한국관광공사

삼성혈_사진제공(이범수)-한국관광공사

- 제주도 제주시 관덕로14길 20 (이도일동)
- 동문재래시장 상인회 064-752-3001
- 제주도국제공항에서 동문로터리 방향으로 직진

민속자연사박물관 도내에 산재해 있는 고유의 민속유물과 자연사적 자료를 조사 연구, 수집하고 전시하는 박물관이다. 제주도인 일생의 통과의례를 비롯하여 의·식·주와 생산 산업의 자료와 제주도의 형성과정, 지질암석, 해양식물, 동물, 식물의 자료를 전시하여 제주도의 자연과 인문문화를 한눈으로 이해할 수 있다.

- 제주도 제주시 삼성로 40 (일도이동)
- 민속자연사박물관 064-710-7708
- 어른(2천원), 중고생(1천원)
- 09:00~17:00 - 월요일, 1월 1일, 명절 휴관
- 일도동 신산공원 옆
- http://www.jeju.go.kr/museum/index.htm

산지등대 우리나라의 아름다운 등대 16경에 손꼽힐 만큼 아름다운 등대다. 1916년 무인 등대로 처음 점등해서 나중에 유인 등대로 바뀌었으며, 등대 위에서 바라다보는 제주도항 전망이 아름답기로 유명하다. 제주도공항에서도 가까워 잠깐 시간을 내 둘러보기 좋다. 최근 100년만에 다시 무인 등대로 바뀌었다.

- 제주도 제주시 사라봉동길 108-1
- 산지항로표지관리소 064-722-5707
- 09:00~18:00
- 제주도항 인근

삼성혈 제주도 원주민의 발상지로, 고, 양, 부 씨의 시조인 고을나, 양을나, 부을나, 세 개 성씨의 탄생설화가 전해지는 곳이다. 세 개의 지혈은 수백 년 된 고목으로 둘러싸여 있으며, 모든 나뭇가지가 혈을 향해 절을 하는 모습을 하고 있다.

- 제주도 제주시 삼성로 22
- 064-722-3315
- 어른(2천5백원), 중고생(1천7백원), 어린이(1천원)
- 09:00~18:00
- 제주시청에서 광양사거리 지나 직진, KAL사거리에서 우회전하면 우측
- http://www.samsunghyeol.or.kr

삼양동선사유적지 원삼국시대 제주도를 대표하는 마을 유적으로 제주시 동쪽 삼양동 3만여 평 범위에 있다. 10여 기 전후의 주거지가 군을 이루고 한가운데를 비우고 원형으로 배치한 것이 특징이다.

- 제주도 제주시 삼양이동 2126-10
- 064-710-6806
- 09:00~18:00
- 삼양파출소 사거리에서 삼양해수욕장 방면으로 2km
- http://www.jeju.go.kr/samyang/index.htm

삼양해수욕장 철분을 함유한 검은 모래가 인상적인 해수욕장. 검은 모래는 신경통과 관절염 치료에 좋다고 알려져 검은 모래찜질을 하러 오는 사람들이 많다. 매년 7월 말이면 검은모래해변축제가 열려 다양한 체험행사를 즐길 수 있다.

이호테우해수욕장_사진제공(이범수)-한국관광공사

- 제주도 제주시 삼양2동
- 관리사무소 064-728-8174
- 제주대학교 사라캠퍼스에서 원당오름 방향으로 직진. 삼양초등학교 인근

서문공설시장 60여 년의 역사가 있는 전통 재래시장. 육류 소비 특화 시장으로 선정되어 질 좋고 저렴하게 고기를 맛볼 수 있는 정육식당이 많다. 제주도식 순대를 비롯해 통닭 등 먹거리도 다양하다.

- 제주도 제주시 서문로4길 13-2 (용담일동)
- 서문공설시장 상인회 064-758-8387
- 제주도국제공항에서 용담사거리 지나 직진하면 우측

수목원테마파크 제주아이스뮤지엄, 3D착시아트, 360도 5D 입체영상관 3개의 테마로 구성되어 있다. 제주아이스뮤지엄은 이글루로 만든 호텔과 아이스성, 예술적으로 조각된 얼음조형들이 전시되어 있다. 3D착시아트는 누구나 꿈꿔왔던 상황들을 포토존에서 사진을 찍어봄으로써 체험할 수 있다.

- 제주도 제주도시 은수길 69
- 064-742-3700
- 어른(1만5천원), 청소년, 소인(1만4천원) * 5D 영상관과 체험프로그램은 별도 요금
- 08:30~21:00
- 제주고등학교와 한라수목원 사이
- http://jejuicemuseum.com

신비의도로 도깨비도로라고도 불리는 곳으로, 내리막길에 차를 세워두면 오르막 쪽으로 차가 저절로 거슬러 올라가는 신비한 체험을 할 수 있다. 주변 지형 때문에 생긴 단순한 착시현상이기는 하지만, 입소문을 타고 관광명소가 되었다. 인근에 카트체험장이 있어 아이들과 함께 들르면 좋다.

- 제주도 제주시 1100로 2894-63 (노형동)
- 제주도관광정보센터 064-740-6000
- 제주도고등학교에서 한라산 방향으로 직진

신비의도로_사진제공(이범수)-한국관광공사

아라리오뮤지엄 탑동 원도심에 버려진 건물을 이용하여 만든 현대 미술 전시관. 폐관된 극장과 숙박업소를 재탄생 시켜 외관을 유지하고 크게 개조하지 않은 것이 특징이다. 시대적 상황과 사회 문화적 가치가 담긴 현대 미술을 이루어 곳곳에 제주의 흔적도 엿볼 수 있다.

📍 제주도 제주시 탑동로
☎ 064-720-8201
🎫 성인(1만5천원), 청소년(9천원), 어린이(6천원)
🕐 10:00~19:00
🔍 제주탑동해변 인근
🌐 http://www.arariomuseum.org/main.ph

알작지 동그랗다는 의미의 '알'과 돌멩이를 뜻하는 '작지'라는 말이 붙은 곳으로, 제주에서 유일하게 큼지막한 자갈과 돌멩이로 이루어진 해변이다. 이국적인 풍경이 특별함을 더한다.

📍 제주도 제주시 테우해안로 60
☎ 제주도관광정보센터 064-740-6000
🔍 이호항에서 이호테우해수욕장 지나 해안길 따라 직진

용담이호해안도로 제주 공항 인근에 있는 바다로 비행기가 착륙하는 모습을 볼 수 있는 해안도로. 인근에 있는 알록달록한 무지개해안도로에서도 사진 찍기 좋은 명소다.

📍 제주도 제주시 용담삼동 2572-2
🔍 제주공항 인근

이호테우해수욕장 제주도공항에서 가장 가까운 해수욕장으로, 시내에서 가깝고 교통이 편리한 장점 때문에 많은 사람들이 찾는 곳이다. 특히 말 모양의 등대가 아름답다. 모래사장이 거무스름한 모래와 자갈로 되어 있으며, 모래찜질하기에도 좋다. 저녁에는 야외포장마차가 운영되어 신선한 해산물과 함께 바다를 바라보며 술 한잔하기 좋은 분위기다.

📍 제주도 제주시 이호동 1600
☎ 064-728-3994
🔍 제주도국제공항에서 알작지해수욕장 방향으로 직진하면 우측

제주러브랜드 국내 유일의 성(性) 테마 조각공원으로, 1만여 평의 대지 위에 성을 주제로 한 다양한 현대 조각이 전시되어 있다. 자정까지 운영해 야간에도 관람할 수 있는 것이 장점이며, 미성년자는 입장할 수 없다. 신비의도로 인근에 있어 함께 둘러보면 좋다.

📍 제주도 제주시 1100로 2894-72 (연동)
☎ 064-712-6988
🎫 어른(1만2천원)
🕐 09:00~22:00
🔍 신비의 도로 인근
🌐 http://www.jejuloveland.com

제주민속오일시장 100여 년의 역사를 간직해온 시장으로, 신선한 농수축산물을 구매할 수 있고, 먹자골목이 형성되어 있다. 오일문화광장이 있어 휴식공간, 공연장으로도 쓰인다.

📍 제주도 제주시 오일장서길 26
☎ 064-743-5985
🕐 08:00~20:00 | 토요일 09:00~18:00 * 5일장은 매월 2, 7, 12, 17, 22일
🔍 제주국제공항 앞

한라수목원 제주도의 자생 수종과 아열대 식물 등 1천 1백여 종의 식물이 전시되어 있는 수목원이다. 멸종 위기 식물로 지정된 보호 대상 식물을 보유하고 있는 것이 특징. 산림욕장을 비롯해 난 전시실, 자연생태학습관, 관목원 등의 시설을 갖추고 있다.

📍 제주도 제주시 수목원길 72 (연동)
☎ 064-710-7575
🔍 제주도한라대학교에서 신비의 도로 방향으로 직진, 한라수목원입구사거리에서 좌회전
🌐 http://sumokwon.jeju.go.kr

한라수목원. 사진제공(김지호)-한국관광공사

핫한 우도 여행과 다채로운 오름의 매력
제주시 동부

제주시 조천읍과 구좌읍을 이르는 지역으로, 우도, 월정리해수욕장, 세화해수욕장, 김녕해수욕장, 종달리마을 등 요즘 핫하게 떠오르고 있는 스팟이 모여 있다. 제주도 동부 관광에서 빼놓을 수 없는 곳이 바로 우도다. 몇 년 전부터 발 디딜 틈없이 북적이는 섬으로, 에메랄드빛 푸른 바다가 아름답기로 유명하다. 스쿠터나 자전거를 타고 해안가를 누비는 것도 우도를 제대로 즐기는 방법 중 하나. 카페가 모여 있는 월정리해수욕장과 플리마켓 벨롱장이 열리는 세화해수욕장도 단연 인기다. 해안가에서 약간 벗어나 내륙 쪽으로 향하면 자연을 만끽할 수 있다. 특히 제주도 동부를 여행한다면 제주도 오름을 한 번쯤 올라보는 것을 추천한다. 산굼부리, 용눈이오름, 다랑쉬오름 등 오름 정상에서 바라보는 제주도의 풍경은 가히 환상적이다. 교래자연휴양림, 사려니숲길 등 맑은 공기를 벗 삼아 산책하기 좋은 곳도 많아 취향에 따라 제주도를 오롯이 즐겨보면 좋겠다.

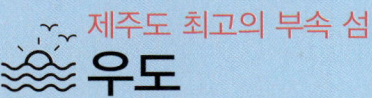

제주도 최고의 부속 섬
우도

제주도 연안에 있는 섬 중 가장 규모가 큰 섬으로, 제주도를 방문하면 꼭 가봐야 하는 섬으로 통한다. 우도에 가기 위해서는 성산항이나 종달항에서 배를 타고 들어가야 하는데, 다양한 배편을 운영하고 있는 성산항을 추천한다. 우도에 도착해서는 각기 원하는 교통수단을 타고 우도를 둘러보면 된다. 우도의 주요 스팟을 둘러보는 버스투어를 이용하려면 우도 천진항 대합실 입구에서 티켓을 구매해야 하며 자전거, 전기자전거, 스쿠터 등을 대여해 우도를 둘러볼 수도 있다. 새하얀 백사장이 인상적인 산호해수욕장을 비롯해 우도봉, 우도등대, 검멀레해수욕장, 동안경굴 등 우도의 다채로운 매력을 만끽해보자. 우도의 명물, 땅콩막걸리와 땅콩아이스크림도 빼놓을 수 없는 별미!

- 제주도 제주시 우도면 연평리
- 성산항 우도해운 064-782-5671
- 어른(8천5백원), 중고생(8천1백원), 초등생(3천2백원), 유아(2천4백원)
- 성산항 또는 종달항에서 배 타고 입도
- http://www.udoship.com
- 검멀레해수욕장, 산호해수욕장, 우도등대, 우도비양도

사진제공(김지호)-한국관광공사

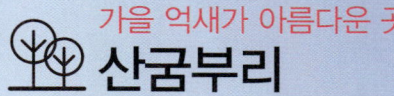

가을 억새가 아름다운 곳
산굼부리

'산'과 제주도 방언으로 분화구를 뜻하는 '굼부리'가 결합한 산굼부리는 화산재가 분출하지 않고 열기가 폭발하면서 구멍만 남게 된 마르형 분화구다. 백록담보다 분화구가 깊은 곳으로도 유명하며 희귀식물이 자생하고 있어 생물학적 보존 가치가 높다. 가을에는 분화구 주변으로 갈색빛 억새가 푸른 하늘과 어우러져 장관을 이룬다.

- 제주도 제주시 조천읍 교래리 산38
- 064-783-9900
- 어른(6천원), 중고생, 어린이(3천원)
- 3월~10월 09:00~18:40 | 11월~2월 09:00~17:40
- 교래자연휴양림 인근
- http://www.sangumburi.net

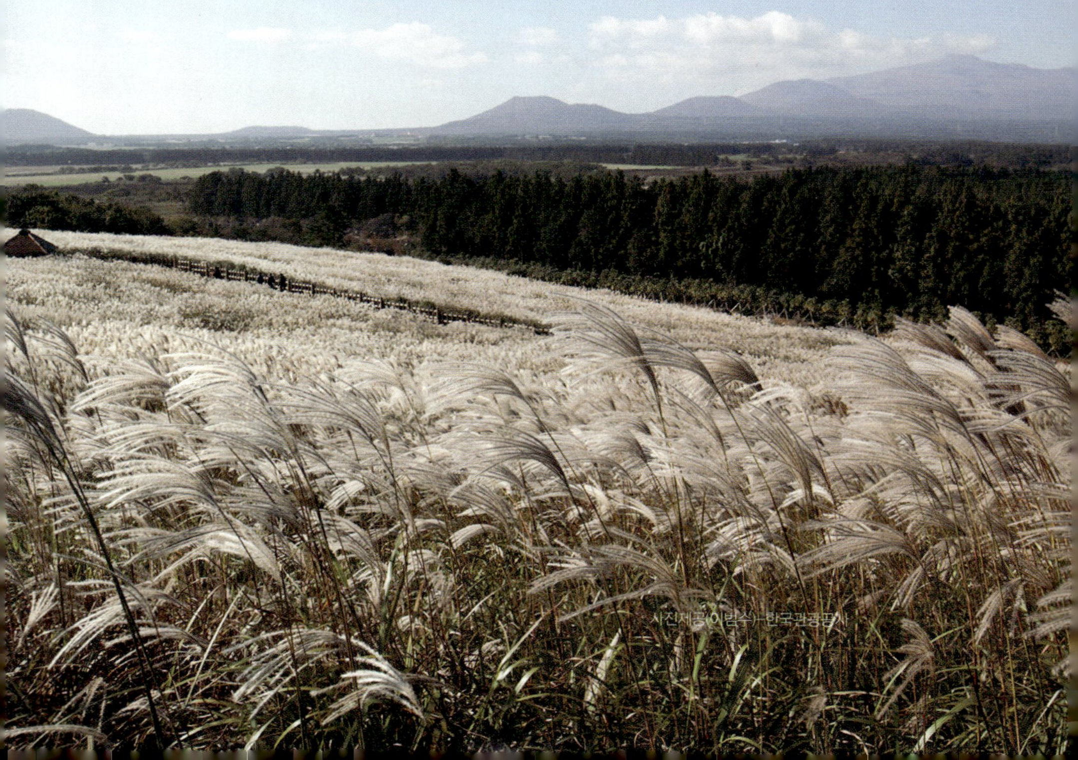

검멀레해수욕장_사진제공(박은경)-한국관광공사

거문오름 용암동굴계를 형성한 모체로 알려진 곳으로, 깊게 팬 분화구를 볼 수 있다. 화구 중심으로부터 유출된 용암류의 침식 계곡은 도내 최대 규모를 자랑한다. 2007년 유네스코 세계자연유산에 등재되었으며 탐방하고 싶다면 홈페이지를 통해 사전 예약해야만 한다. 예약은 탐방 희망 전 달 1일부터 선착순으로 이루어지며 당일 예약은 불가능하다.

- 제주도 제주시 조천읍 선교로 569-36
- 거문오름 탐방안내소 064-710-8981
- 어른(2천원), 중고생, 초등생(1천원)
- 09:00~13:00(예약제로 운영) - 화요일 휴원
- 선흘2리 보건진료소 앞
- http://wnhcenter.jeju.go.kr

검멀레해수욕장 해안 모래가 검은색을 띠고 있다고하여 검멀레라는 이름이 붙은 해수욕장으로, 규모는 작지만 모래찜질을 즐기기 좋다. 해수욕장 옆에는 동안경굴이 자리한다. 밀물 때는 물 속에 잠겨 있다가 썰물 때만 모습을 드러내는 신비한 동굴로, 검은 모래사장과 어우러져 멋진 경관을 자랑한다. 해수욕장 인근에는 우도의 별미, 땅콩아이스크림을 판매하는 곳이 모여 있다.

- 제주도 제주시 우도면 연평리
- 제주도관광정보센터 064-740-6000
- 천진항에서 영일동포구 방향으로 직진

김녕미로공원 제주도대학교에서 교수로 재직하다 퇴임한 더스틴 교수가 조성한 우리나라 최초의 미로공원이다. 사계절 푸른 빛을 띠는 랠란디 나무로 미로를 조성했으며 바닥을 이루고 있는 붉은 빛 화산석 송이가 맑은 공기를 뿜어낸다. 미로 탈출 난이도가 아주 어려운 편이 아니어서 부담 없이 즐기기 좋다.

- 제주도 제주시 구좌읍 만장굴길 122
- 064-782-9266
- 어른(6천6백원), 중고생(5천5백원), 어린이(4천4백원)
- 09:00~17:00
- 월정리해수욕장에서 만장굴 방향으로 직진하면 우측
- http://www.jejumaze.com

김녕미로공원_사진제공(전형준)-한국관광공사

김녕요트투어 돌고래 서식지로 유명한 김녕 일대를 관광 자원으로 활용한 요트 투어 상품. 럭셔리한 고급 요트를 타고 바다 위를 누비며 돌고래를 만날 수 있다. 돌고래 외에도 오직 바람만을 동력으로 항해하는 리얼 세일링 체험, 선상 낚시 등 다채로운 체험을 할 수 있다. 투어는 약 한 시간 정도 소요되며 해녀와 함께하는 스노클링 요트투어, 선

김녕해수욕장_사진제공(이범수)-한국관광공사

상에서 식사를 함께 즐길 수 있는 돌고래다이닝투어 등 다양한 상품이 있다.
- 제주도 제주시 구좌읍 구좌해안로 229-16
- 064-782-5271
- 홈페이지 참조
- 홈페이지 참조
- 김녕항 앞
- http://www.gnytour.com

김녕해수욕장 이국적인 풍광을 자랑하는 해수욕장. 유난히 맑은 에메랄드빛 바다와 천천히 돌아가는 풍력발전기가 멋진 풍경을 연출하며 하얀 파도가 바위에서 부서지는 모습이 인상적이다. 비교적 한산한 편이어서 여유롭게 바다를 즐기기 좋은 것이 장점. 인근에 야영장이 있어 캠핑객의 사랑을 듬뿍 받고 있다.
- 제주도 제주시 구좌읍 김녕리
- 064-728-3988
- 김녕항에서 월정리해수욕장 방향으로 직진

다랑쉬오름 '오름의 여왕'이라는 애칭이 붙을 만큼 아름다운 오름이다. 다랑쉬오름을 축소한 아끈다랑쉬오름을 시작으로 워밍업을 한 뒤 본격적으로 다랑쉬오름에 오른다. 산세가 다소 가파르기는 하지만, 둘레와 깊이가 백록담과 흡사한 분화구는 정상에 올라야만 볼 수 있는 장관이다. 가을에는 억새가 펴 색다른 느낌을 준다.
- 제주도 제주시 구좌읍 세화리
- 제주도관광정보센터 064-740-6000
- 용눈이오름 인근

다희연 유기농 녹차를 재배하는 6만여 평의 다원으로, 끝없이 펼쳐지는 녹색 빛깔의 차밭이 멋진 장관을 연출한다. 차 관련 자료를 전시한 박물관과 직접 채엽한 다희연의 차를 판매하는 판매장, 곶자왈 동굴을 개조해 만든 카페 등을 갖추고 있다. 특별한 경험을 하고 싶다면 짚라인을 타고 녹차 밭을 건너는 이색 체험을 해보는 것도 추천한다.
- 제주도 제주시 조천읍 선교로 266-4 캐릭파크

- 064-782-0005
- 어른(주간 5천원, 야간 1만8천원), 중고생(주간 3천원, 야간 1만원), 어린이(주간 2천원, 야간 8천원)
- 09:00~23:00 | 성수기 09:00~24:00
- 산굼부리에서 선화교차로 지나 선녀와나무꾼테마공원 방향으로 직진하면 우측
- http://www.daheeyeon.com

렛츠런팜제주 한국마사회에서 운영하는 65만 평 규모의 경주마 목장. 드넓은 목지에서 조랑말과 말이 뛰어노는 모습을 볼 수 있어 가족 단위 방문객이 많은 곳이다. 4월에는 유채꽃, 5~6월에는 양귀비꽃, 여름에는 해바라기가 만개해 꽃을 둘러보는 재미도 쏠쏠하다.
- 제주도 제주시 조천읍 남조로 1660
- 064-780-0131
- 09:00~18:00 - 월, 화요일, 공휴일 휴장
- 교래자연휴양림, 제주도미니랜드 인근
- http://krafarm.kra.co.kr

만장굴 세계 최대 규모의 용암동굴로, 유네스코 세계자연유산에 등재되었다. 마치 지하 궁전에 들어온 듯한 웅장함이 느껴진다. 제주도 모양을 닮은 정교한 돌거북 역시 빼놓을 수 없는 볼거리 중 하나. 한여름에도 동굴 안에 들어서면 서늘한 기운이 느껴지는 만큼 얇은 가디건이나 걸칠 옷을 준비해가는 것이 좋다.
- 제주도 제주시 구좌읍 만장굴길 182
- 064-710-7903
- 어른(4천원), 중고생, 어린이(2천원)
- 09:00~18:00 - 첫째 주 수요일 휴관
- 월정리해수욕장에서 김녕미로공원 지나 직진

메이즈랜드 제주도의 자연을 활용해 조성한 미로공원으로, 제주도의 삼다(돌, 바람, 여자)를 테마로 미로를 조성했다. 각기 다른 테마를 즐기는 재미가 있으며, 원적외선 방사량과 피톤치드 방출량이 많아 미로를 걷는 것만으로도 건강해지는 기분이다. 미로퍼즐박물관에는 전망대와 3D영

상관, 착시의 광장, 카페 등이 조성되어 있어 함께 둘러보면 좋다.
- 제주도 제주시 구좌읍 비자림로 2134-47
- 064-784-3838
- 어른(1만1천원), 중고생(9천원), 어린이(8천원)
- 11월~1월 09:00~17:30 | 2월~3월, 10월 09:00~18:00 | 4월~5월 09:00~18:30 | 6월~9월 09:00~19:00
- 평대리해수욕장에서 비자림 방향으로 직진하면 좌측
- http://mazeland.co.kr

벨롱장 제주도에서 가장 큰 규모의 플리마켓으로, 매주 토요일 오전 11시부터 오후 1시까지 2시간 정도 반짝 열린다 하여 벨롱장이라는 이름이 붙었다. 수제청과 음료부터 핸드메이드 공예품, 드라이플라워, 소품 등 눈길 사로잡는 물건으로 가득하다. 세화오일장이 열리는 날(0과 5가 들어간 날)에는 플리마켓이 열리지 않으며 날씨 상황에 따라 장소가 변경되기도 한다. 블로그를 통해 그때그때의 일정을 공지한다고 하니 참고하자.
- 제주도 제주시 구좌읍 세화리 1500-63
- 세화포구 앞
- http://bellongjang.blog.me

산호해수욕장 우도 서쪽 해안에 자리한 해수욕장으로, 백옥처럼 하얀 백사장의 모래 덩어리가 산호 가루를 닮았다 하여 붙은 이름이다. 실제로는 산호가 아니라 적갈색의 홍조류 덩어리가 광합성을 통해 석회화 과정을 거치면서 흰색을 띠게 되었다고 한다. 에메랄드빛 바다가 아름답기로 유명하다.

- 제주도 제주시 우도면 연평리
- 제주도관광정보센터 064-740-6000
- 하우목동항에서 천진항 방향으로 직진

세화김녕해안도로 해안가를 따라 현무암과 에메랄드빛의 바다, 풍력발전기가 한데 어우러져 제주의 숨은 경치를 느낄 수 있는 곳이다. 드라이브 코스로 인기 있고 모래사장 위를 걸으며 산책하는 것도 좋다.
- 제주도 제주시 구좌읍 월정리 1400-36
- 김녕항 인근
- 김녕해수욕장

세화오일장 세화해변 인근에서 5일 간격으로 열리는 재래시장으로, 0과 5가 들어간 날에만 장이 열린다. 감귤, 한라봉 등의 제주도 특산품부터 옷, 생활용품, 이불 등 다양한 품목을 취급하고 있다. 돌문어꼬치, 쑥호떡, 칼국수 등 다양한 시장 먹거리와 함께 정겨운 재래시장 분위기를 느낄 수 있다.
- 제주도 제주시 구좌읍 해맞이해안로 1412
- 제주도관광공사 064-740-6000
- 세화해수욕장 인근

세화해수욕장 짙은 검은색을 띠는 현무암과 하얀 모래, 에메랄드빛 바다가 어우러진 해수욕장. 해수욕장 길 곳곳에 알록달록한 미니 의자가 놓여 있어 포토존으로 인기가 많다. 바다 전망을 한눈에 볼 수 있는 분위기 좋은 카페에서 여유롭게 시간을 보내보는 것도 좋겠다. 해안도로를 따라 드라이브하기에도 좋은 곳.

세화해수욕장

📍 제주도 제주시 구좌읍 세화리 산 1-1
☎ 제주도관광정보센터 064-740-6000
🔍 평대리해수욕장에서 세화포구 지나 직진

아부오름 쉽게 오를 수 있는 오름 중 한 곳으로, 완만한 경사를 이루고 있다. 산 모양이 움푹 파여 있는 모습이 인상적이며 한가로이 풀을 뜯는 소 떼도 만날 수 있다.

📍 제주도 제주시 구좌읍 송당리 산 164-1
☎ 제주도관광정보센터 064-740-6000
🔍 산굼부리에서 비자림 방향으로 직진

에코랜드테마파크 영국식 증기기관차를 모델로 한 볼드윈 기관차를 타고 30만 평의 원시림을 탐방하는 테마파크다. 2만여 평의 호수 위에 수상데크가 설치되어 있는 에코브리지역을 비롯해 수상카페, 범퍼보트 등을 즐길 수 있는 레이크사이드역, 한적하게 산책하기 좋은 곶자왈 숲길 등 테마별로 다양한 체험을 할 수 있다.

📍 제주도 제주시 조천읍 대흘리
☎ 064-802-8000
🎫 어른(1만4천원), 중고생(1만2천원), 어린이(1만원)
🕐 11~2월 08:30~16:30 | 3~10월 09:00~17:00
🔍 교래자연휴양림 맞은편
🌐 http://theme.ecolandjeju.co.kr

용눈이오름 평탄하게 오를 수 있는 오름을 찾는다면 용눈이오름을 추천한다. 능선이 부드러운 곡선 형태를 띠고 있으며, 일출이 아름답기로 유명하다. 분화구가 세 개 있어 어느 곳에서 바라보느냐에 따라 각기 다른 풍광을 연출하며 정상에 오르면 한라산, 다랑쉬오름, 성산일출봉이 한눈에 보인다.

📍 제주도 제주시 구좌읍 종달리 산28
☎ 제주도관광정보센터 064-740-6000
🔍 광치기해수욕장에서 수산초등학교 옆 도로를 따라 직진

우도등대 우도에서 가장 높은 봉우리인 우도봉 정상에 있는 우도등대는 우리나라 최초로 등대를 테마로 등대공원을 조성했다. 정상에 오르면 천진항을 비롯해 비양도가 한눈에 보이며 저 멀리로는 성산일출봉이 내려다보인다. 영화 촬영지로도 유명하며 스냅 촬영장소로도 인기가 있다.

📍 제주도 제주시 우도면 우도봉길 105
☎ 우도항로표지관리소 064-783-0180
🔍 천진항에서 검멀레해수욕장 방향으로 직진

우도비양도 우도 동쪽 해안에서 육로로 연결된 꼬마섬으로, 하고수동해수욕장 인근에서 조금만 걸어 들어가면 섬 속의 섬 비양도를 만나게 된다. 경치가 아름다우며 백패킹 명소로 사랑받고 있다.

📍 제주도 제주시 우도면 연평리
☎ 제주도관광정보센터 064-740-6000
🔍 검멀레해수욕장에서 영일동포구 지나 직진

월정리해수욕장 조금 한적한 해변을 찾는다면 월정리해수욕장이 답이다. 하얀 백사장과 푸른 바다, 그리고 아름답게 돌아가는 풍력발전기 풍경이 어우러져 감탄을 자아낸다. 인근에 카페가 모여 있어 바다를 바라보며 여유롭게 커피를 즐기기 좋다.

📍 제주도 제주시 구좌읍 월정리 33-3
☎ 제주도관광정보센터 064-740-6000
🔍 김녕항에서 김녕해수욕장 지나 직진

제주도립미술관 자연과 사람의 아름다움과 풍요로움을 담았다는 미술관. 매번 새롭게 단장하는 기획 전시실을 비롯하여, 상설 전시실과 시민 갤러리, 기념관 등에서 다양한 방식으로 제주의 미를 나타내고 있다. 어린이를 위한 미술교실도 운영하고 있어, 볼거리와 즐길거리가 풍성하다.

📍 제주도 제주시 1100로 2894-78
☎ 064-710-4300
🎫 어른(2천원), 중고생(1천원), 어린이(5백원)
🕐 09:00~18:00 -월요일, 1월 1일, 명절 휴관
🔍 제주러브랜드인근
🌐 http://jmoa.jeju.go.kr/

제주돌문화공원 제주의 돌 문화를 대표하였던 탐라목석원과 북제주군이 한마음을 모아 조성한 100만여 평의 광활한 공원 공간이다. 전시 공간과 창작 공간 및 관련 연구소, 위락시설이 조화롭게 어울리는 세계적인 문화생태공원으로, 제주도를 대표하고 있다.

📍 제주도 제주도시 조천읍 남조로 2023

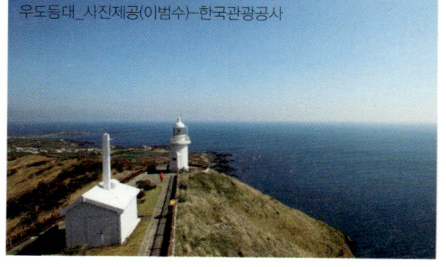
우도등대_사진제공(이범수)-한국관광공사

제주돌문화공원_사진제공(이범수)-한국관광공사

함덕해수욕장_사진제공(박재봉) - 한국관광공사

☎ 064-710-7177
🎫 성인(5천원), 중고생(3천5백원)
🕘 09:00~18:00 - 연중무휴
🔍 교래 자연휴양림 옆
🌐 http://www.jejustonepark.com

제주레일바이크 레일 바이크를 타고 제주도의 절경을 감상할 수 있다. 용눈이오름 인근에서 출발해 다랑쉬오름과 우도, 성산일출봉, 수산풍력발전단지 인근을 한 바퀴 돌아오는 코스로, 자동으로 운행되어 편하게 감상할 수 있다. 홈페이지에서 예약하면 할인된 가격으로 이용할 수 있다.

📍 제주도 제주시 구좌읍 용눈이오름로 641
☎ 064-783-0033
🎫 2인(3만원), 3인(4만원), 4인(4만8천원)
🕘 하절기 09:00~17:30 / 동절기 09:00~17:00
🔍 용눈이오름 인근
🌐 http://www.jejurailpark.com

제주목관아 탐라국 때부터 관아 시설로 활용되었으리라 추정되는 관아로, 제주 고유의 역사가 살아 숨쉬는 곳이다. 관아 내의 기관 건물들의 기와와 처마의 형태가 수려하여 아름다우며, 각 기관의 쓰임에 맞게 상황을 재현해 놓았다. 그밖에 탐라국 입춘굿의 상징물인 낭쉐를 형상화 한 목조 조형물과 한 곳에 옹기종기 모인 크고 작은 돌하르방 등 볼거리가 풍성하다.

📍 제주도 제주시 관덕로 25 (삼도이동)
☎ 064-710-6214
🎫 어른(1천5백원), 중고생(8백원), 어린이(4백원)
🕘 09:00~18:00
🔍 라마다프라자 제주호텔 인근
🌐 http://www.jeju.go.kr/mokkwana/index.htm

종달리수국길 제주도 동쪽의 작은 마을 종달리 인근에 있는 수국길. 종달리해수욕장에서 하도해수욕장으로 가는 해안도로 양옆으로 가득 피어난 수국을 볼 수 있다. 6월 말에서 7월 사이에 개화해 절정을 이룬다. 해안도로를 따라 수국길이 이어져 있기 때문에 자동차를 타고 둘러보기 보다는 천천히 걸으며 감상하는 편을 추천한다.

📍 제주도 제주시 구좌읍 종달리
☎ 제주도관광정보센터 064-740-6000
🔍 종달리해수욕장에서 해안가를 따라 하도해수욕장 방향으로 직진

함덕해수욕장 함덕서우봉해변이라고도 불리는 해수욕장으로, 물이 맑고 수심이 얕아 가족 단위 피서지로 적합하다. 스노클링을 즐기기에도 좋은 곳. 저녁에는 해수욕장 인근에서 야시장이 열리며 맛있는 음식으로 가득한 푸드트럭도 있어 눈과 입을 사로잡고 있다.

📍 제주도 제주시 조천읍 함덕리
☎ 제주도관광정보센터 064-740-6000
🔍 제주항에서 해안가를 따라 서우봉 방향으로 직진

해녀박물관 제주도를 상징하는 해녀 문화를 보존하고 전승하기 위해 설립된 박물관. 해녀의 삶을 대표하는 물건과 작업 도구, 물질하는 장면 등 평소에는 볼 수 없었던 해녀의 생활 모습을 살펴볼 수 있다. 매년 가을이면 박물관 인근에서 해녀 축제를 개최한다.

📍 제주도 제주시 구좌읍 해녀박물관길 26
☎ 064-782-9898
🎫 어른(1천1백원), 중고생(5백원)
🕘 09:00~17:00 - 월요일, 1월 1일, 명절 당일 휴관
🔍 세화해수욕장 인근 제주도해녀항일운동기념공원 내
🌐 http://www.jeju.go.kr/haenyeo

아름다운 해안 드라이브와 함께!
제주시 서부

제주시 애월읍과 한림읍, 한경면을 포함하는 지역으로, 아름다운 해안도로를 드라이브하며 에메랄드빛 바다를 만끽할 수 있다. 제주도의 숨은 비경으로 꼽히는 한담해수욕장 해안산책로를 비롯해 아름다운 비양도가 보이는 협재해수욕장, 금능해수욕장 등은 비교적 한적한 편이어서 여유롭게 바다를 즐기기에 제격이다. 가족 단위 관광객이 찾으면 좋아할 만한 테마파크도 여럿 있다. 제주 최대 규모를 자랑하는 한림공원을 비롯해 아이들이 무척이나 좋아하는 제주도공룡랜드와 신비한 체험으로 가득한 유리의성, 카약을 즐길 수 있는 비체올린, 제주도 토종말을 가까이서 볼 수 있는 렛츠런파크 등 다채로운 관광지가 곳곳에 자리한다.

아홉 가지 테마로 꾸민 종합공원
한림공원

제주도 최대 종합 공원으로, 10만여 평의 대지에 아홉 가지 테마로 공간을 꾸며 놓았다. 아열대식물원과 이국적인 풍광이 있는 야자수길 등이 조성되어 있어 자연을 만끽할 수 있다. 용암동굴이면서도 석회동굴의 특징을 갖고 있는 협재굴, 제주도 전통 초가가 그대로 보존되어 있는 재암민속마을 등 다채로운 볼거리가 많다. 수선화축제, 왕벚꽃축제, 수국축제 등 매월 다양한 꽃 축제가 개최되어 계절에 따라 각기 다른 매력을 느낄 수 있는 것도 장점. 공원 전체를 돌아보려면 약 1시간 30분에서 2시간 정도 소요된다.

- 제주도 제주시 한림읍 한림로 300
- 064-796-0001
- 어른(1만2천원), 중고생(8천원), 어린이(7천원)
- 10~2월 08:30~18:00 / 3~9월 08:30~19:00
- 협재해수욕장 인근
- http://www.hallimpark.co.kr

사진제공(김지호)-한국관광공사

비양도가 보이는 에메랄드빛 바다 **협재해수욕장**

협재해수욕장

비교적 사람의 발길이 닿지 않는 한적한 해수욕장으로, 투명한 바닷물과 흰 모래사장이 이어진 백사장이 아름답기로 유명하다. 해변을 거닐다 보면 소담하게 자리한 섬, 비양도가 보인다. 투명한 바닷물과 푸른 하늘이 어우러져 섬 자체만으로도 그림 속 풍경이 된다. 특히 비양도 뒤로 넘어가는 해 질 녘 풍경이 가히 장관이니 놓치지 말 것.

📍 제주도 제주시 한림읍 협재리 2497-1 ☎ 제주도관광정보센터 064-740-6000 🔍 한림항에서 남쪽으로 해안가 따라 직진

곽지해수욕장
곽지과물해변이라고도 불리는 해수욕장으로, 드넓은 백사장과 푸른 물이 어우러지는 곳이다. 해수욕장 한쪽에는 시원한 용천수가 뿜어 나오는 과물노천탕이 있어 더위를 피하기에도 좋다. 백사장 뒤편으로 소나무 숲과 청소년수련장 등이 있다.
📍 제주도 제주시 애월읍 곽지리
☎ 제주도관광정보센터 064-740-6000
🔍 한담해수욕장에서 한림항 방향으로 직진

금능해수욕장
협재해수욕장 끝자락과 이어져 있는 해수욕장으로, 금능으뜸원해변이라고도 불린다. 푸른 바다와 함께 하늘 위로 쭉 뻗은 야자수가 이국적인 풍광을 더한다. 수평선 너머로 보이는 비양도 너머로 지는 낙조가 아름답기로 유명하다. 인근에 무료 캠핑장을 운영하고 있어 캠핑을 즐겨보는 것도 좋겠다.
📍 제주도 제주시 한림읍 협재리
☎ 제주도관광정보센터 064-740-6000
🔍 협재해수욕장에서 한림공원 지나 직진

금능해수욕장_사진제공(최경순)-한국관광공사

금오름_사진제공(이범수)-한국관광공사

금오름(금악오름) 신령스러운 산이라는 뜻을 가지고 있는 곳으로, 금악오름, 검은오름이라고도 불린다. 정상까지 자동차를 타고 올라갈 수 있지만 언덕이 야트막한 편이니 산책 삼아 천천히 걸어 올라가는 편을 추천한다. 탁 트인 경치 덕에 정상에서 패러글라이딩을 즐기는 사람도 많다.
- 제주도 제주시 한림읍 금악리
- 제주도관광정보센터 064-740-6000
- 금악초등학교 인근

노꼬메오름 제주도 서쪽을 대표하는 오름 중 하나로, 큰 노꼬메오름과 족은(작은) 노꼬메오름 두 봉우리가 나란히 서 있다. 처음에는 경사가 완만하다가 꽤 가팔라지며 40~50분 정도면 정상에 다다른다. 숲이 우거져 있어 트래킹하기 좋으며 가을에는 일렁이는 억새를 볼 수 있다.
- 제주도 제주시 애월읍 유수암리
- 제주도관광정보센터 064-740-6000
- 렛츠런파크제주도에서 새별오름 방향으로 직진. 어음1교차로에서 좌회전하면 우측

더럭분교 알록달록 색채로 꾸민 아름다운 분교. CF에 등장하면서 사진 촬영지로 입소문을 타고 있으며, 색채지리학의 창시자인 세계적인 컬러리스트 장 필립 랑클로가 작업에 참여해 화제가 되었다. 학교 곳곳에 핀 예쁜 꽃과 아름다운 학교 건물, 그리고 인근에 있는 작은 연못 연화지에서 인생 샷을 남기는 것도 잊지 말 것.
- 제주도 제주시 애월읍 하가로 195
- 제주도관광정보센터 064-740-6000
- 고내포구에서 교내리교차로 지나 직진. 연화지에서 우회전하면 좌측

렛츠런파크제주도 우리나라 토종마인 제주도마로 경마를 시행하는 경마테마파크. 천연기념물로 지정된 제주도마를 가까운 곳에서 만날 수 있으며, 경마가 열리는 금요일, 토요일에 방문하면 경마 게임을 즐기며 시간을 보낼 수 있다. 즐길 거리가 다양해 경마가 열리지 않는 날에 방문해도 좋다.
- 제주도 제주시 애월읍 평화로 2144
- 1566-3333
- 비경마일(월~목요일) - 무료 | 경마일(금~일요일) - 2천원
- 09:00~18:00
- 제주도공룡랜드에서 새별오름 방향으로 직진하면 좌측
- http://park.kra.co.kr/jeju-main.do

비양도 협재해수욕장 앞에 홀연히 떠 있는 섬으로, 고려시대에 화산 분출로 인해 만들어진 기생 화산이다. 비양도에 들어가려면 한림항에서 하루 네 번 운항(오전 9시, 12시, 오후 2시, 4시)하는 배를 타야 하며 약 15분 정도 걸린다. 섬 중앙에 비양봉을 비롯한 두 개의 분화구가 있어 오름 주변 해안가를 트래킹하며 섬 전체를 둘러보는 편을 추천한다. 반나절 코스로 구경하기에 알맞다.

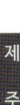

비양도_사진제공(김지호)-한국관광공사

- 제주도 제주시 우도면 연평리
- 한림항 도선대합실 064-796-7522
- 어른, 중고생(9천원), 어린이(5천원)
- 한림항 도선대합실에서 배 타고 입도

비체올린 녹음이 우거진 숲에 조성된 수로를 따라 카약 체험을 할 수 있는 카약 테마파크. 두 명이 함께 탈 수 있으며, 자연을 둘러보며 레저를 즐길 수 있어 사랑받고 있다. 카약뿐만 아니라 천천히 산책하며 피톤치드를 만끽할 수 있는 곶자왈 둘레길, 미로공원 등 다양한 공간을 갖추고 있으며, 예약제로 운영되는 캠핑장도 있다.

- 제주도 제주시 한경면 판조로 253-6
- 064-773-0000
- 어른(1만4천원), 중고생(1만3천원), 어린이(1만2천원)
- 5~7월 08:30~18:30 | 11~2월 08:30~17:30 | 3~4, 9~10월 08:30~18:00
- 한림공원에서 신창항 방향으로 직진. 해거름마을공원 지나 좌회전 후 직진
- http://www.vicheollin.com

새별오름 샛별처럼 외롭게 서 있다 하여 이름이 붙은 오름으로, 가을이면 갈색빛 억새가 오름 전체를 뒤덮는 장관이 펼쳐진다. 아래에서 보면 하나의 오름처럼 보이지만, 정상에 올라가면 표창같이 5개의 봉우리가 솟아 있는 것을 볼 수 있다. 매년 3월 초순이면 정월 대보름의 들불을 재현하는 제주도들불축제가 개최된다.

- 제주도 제주시 애월읍 봉성리 산59-3
- 제주도관광정보센터 064-740-6000
- 렛츠런파크제주도에서 엘리시안제주CC 방향으로 직진하면 우측

생각하는정원 제주도 농부 성범영 씨가 황무지를 개간하여 조성한 국내 최초의 사설 분재 공원으로, 1만 2천여평의 정원에 7개의 소정원을 꾸며놓았다. 나무와 분재 앞에 적어놓은 나무설명서를 꼼꼼히 읽으며 관람한다.

- 제주도 제주시 한경면 녹차분재로 675
- 064-772-3701
- 어른(1만2천원), 중고생(1만원), 어린이(7천원)
- 4~9월 08:30~19:00 | 10~3월 08:30~18:00
- 저청중학교, 저지오름 인근
- http://www.spiritedgarden.com

성이시돌목장테쉬폰 우유를 생산하는 목장이지만, 목장 안에 있는 이국적인 건축물 테쉬폰으로 주목을 받고 있다. 테쉬폰은 이라크의 고유한 건축물을 뜻하는데, 드넓은 들판과 아치형의 건축물이 어우러져 독특한 분위기를 풍긴다. 테쉬폰 내부에는 들어갈 수 없지만 사진을 찍기 위해 많은 사람들이 찾고 있다. 목장 내에 있는 카페 우유부단에서 목장에서 생산한 유기농 우유를 맛볼 수 있다.

- 제주도 제주시 한림읍 산록남로 53
- 제주도관광정보센터 064-740-6000
- 금오름에서 캐슬렉스제주도GC 방향으로 직진. 성이시돌피정센터에서 좌회전

신창풍차해안도로 한경면 신창리에서 고산리까지 이어지는 해안도로. 도로 이름에서도 알 수 있듯이 거대한 풍력발전기가 곳곳에 늘어서 있어 이국적인 정취를 선사한다. 인근에 거대한 다금바리 조형물과 신창등대가 있어 함께 둘러보면 좋다.

- 제주도 제주시 한경면 신창리 1481-23
- 제주도관광정보센터 064-740-6000
- 한경면 신창리~고산리

신창풍차해안도로_사진제공(신희섭)-한국관광공사

제주공룡랜드 한·중·일 합작으로 조성된 공룡 테마공원. 세계 20여 개국의 희귀 광물과 공룡 화석을 전시하고 있는 자연사박물관을 비롯해 실제 크기로 재현한 공룡조형물이 있는 광장과 공원, 해양박물관 등의 시설을 갖추고 있다. 공룡을 3D 입체 영상으로 만날 수 있는 입체상영관과 손 페달 보트, 미로 공원 등의 체험 시설도 있어 아이들과 함께 방문하기 좋다.

- 제주도 제주시 애월읍 광령평화2길 1
- 064-746-3060
- 어른(9천원), 중고생(7천원), 어린이(6천원)
- 4월~10월 09:30~18:30 | 11월~3월 09:30~18:00
- 렛츠런파크제주도에서 제주도관광대학교 방향으로 직진하면 우측
- http://jdpark.kr

제주도립김창열미술관 '물방울' 작가라 불리는 김창열 화백의 아카이빙 미술관. 물방울을 소재로 하여 만든 김창열 화백의 작품 세계관이 인상 깊다. 이외에도 제주를 비롯한 국내외 작가들의 작품도 만나볼 수 있다. 야외에는 소규모 공연을 위한 공연장도 있다.

- 제주도 제주시 한림읍 용금로 883-5
- 064-710-4151
- 어른(2천원), 청소년(1천원), 어린이(5백원)
- 09:00~18:00 - 월요일, 신정, 명절 휴무
- 저지문화 예술인마을 내
- http://kimtschang-yeul.jeju.go.kr

제주유리의성 유리와 유리 공예를 주제로 꾸민 테마파크. 여섯 개의 테마조형파크가 조성되어 있으며, 세계최초로 조성된 유리 미로, 최대 크기의 유리 공 등 세계유명 작가의 유리 공예품을 감상할 수 있다. 간단한 유리소품을 만들어볼 수 있는 램프워킹, 글라스페인팅 등 다양한 체험 활동도 즐길 수 있다.

- 제주도 제주시 한경면 녹차분재로 462
- 064-772-7777
- 어른(1만1천원), 중고생(9천원), 어린이(8천원)
- 09:00~19:00 | 7월~8월 09:00~22:00
- 오설록티뮤지엄에서 저지오름 방향으로 직진하면 우측
- http://www.jejuglasscastle.com

차귀도 사람의 손이 닿지 않은 듯한 원초의 자연이 그대로 남아 있는, 제주도에서 가장 큰 무인도이다. 3개의 섬으로 이루어진 무인도로 82종류의 식물이 자생하고 있다. 낚시터로도 유명한 곳이다. 대섬, 와도를 포함하여 차귀도 천연보호구역은 아열대성 동식물이 다수 서식하고 있어 생태학적 가치도 매우 높다.

- 제주도 제주시 한경면 고산리
- 064-772-3224
- 섬탐방+유람(성인 1만6천원, 소인 1만3천원), 유람(성인 1만5천원, 소인 1만2천원)
- 차귀도 선착장

하귀애월해안도로 제주도의 수많은 해안도로 중 바다뷰가 가장 아름답기로 손꼽히는 곳으로, 하귀리와 애월 입구 사이 구간이 유명하다. 해안도로 중간에 자리한 구엄포구의 돌염전이라는 독특한 염전도 구경할 수 있다. 해안도로 옆으로 자전거 도로가 이어져 있다.

- 제주도 제주시 한경면 저지14길 35
- 제주도관광정보센터 064-740-6000
- 애월읍 하귀리~애월항

한담해수욕장 한담공원 인근에 있는 해수욕장으로, 애월항에서 한담해수욕장을 거쳐 곽지해수욕장까지 이어진 해안산책로가 명소다. 푸른 바닷속을 훤히 들여다볼 수 있는 투명카약을 운영하고 있다.

- 제주도 제주시 애월읍 애월리
- 제주도관광정보센터 064-740-6000
- 애월항에서 한림항 방향으로 직진

한담해안산책로 애월항에서 곽지과물해변까지 조성된 1.2km의 산책로. 용암이 굳어지며 형성된 다양한 형태의 검은 바위들이 볼거리를 더한다. 아름다운 일몰을 감상하기에도 좋다.

- 제주도 제주시 애월읍 곽지리 1359
- 제주관광공사 064-740-6000
- 애월입구삼거리, 한담공원 인근
- https://www.visitjeju.net

환상숲곶자왈공원 제주의 천연 원시림으로, 용암이 남긴 신비한 지형 위에서 다양한 동식물이 함께 살아가는 독특한 생태계가 유지되는 보존가치가 높은 지역이다. 또한, 곶자왈의 푸른 식물이 뿜어내는 피톤치드가 우리에게 맑은 산소를 공급하여 지친 몸을 안정시켜준다.

- 제주도 제주시 한경면 녹차분재로 594-1
- 064-772-2488
- 곶자왈해설(5천원), 자연에생명불어넣기(5천원), 곶자왈담아가기(2만5천원), 교육농장프로그램, 1박 2일프로그램(협의)
- 미라클아트뮤지엄 맞은편
- http://jejupark.co.kr

한담해안산책로_사진제공(이범수)-한국관광공사

중문관광단지와 다채로운 볼거리가 있는 곳
서귀포시 중심권/서부

서귀포시청 청사 주변부터 중문관광단지를 지나 서귀포 서쪽까지 이르는 지역으로, 단연 서귀포 관광의 중심이라 할 수 있다. 제주도의 3대 폭포이자 제주도의 '고전 관광지'로 통하는 천지연, 천제연, 정방폭포가 모두 이 지역에 모여 있으며, 천혜의 비경을 뽐내는 쇠소깍, 엉또폭포도 있다. 그런가 하면 다채로움으로 중무장한 관광시설도 빼놓을 수 없다. 서귀포에 잠시 머물며 작품 활동을 했던 화가 이중섭을 기리기 위해 조성한 미술관과 거리를 비롯해 테디베어뮤지엄, KPOP을 테마로 한 플레이케이팝박물관 등 이색 볼거리로 가득하다. 서쪽으로 가면 요즘 SNS에서 뜨거운 인기를 자랑하는 카멜리아힐, 오설록티뮤지엄 등의 테마 관광지가 모여 있다.

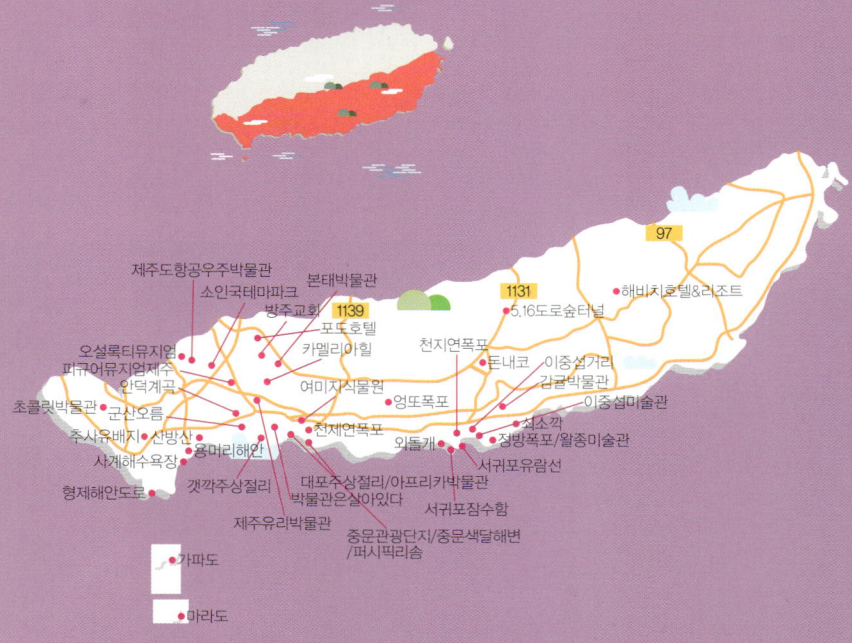

다채로운 볼거리로 가득한 국제종합관광단지
중문관광단지

천혜의 제주도 자연경관과 지리적 조건을 활용하여 조성된 관광단지로, 국내 최대 규모의 국제종합관광단지다. 신라호텔을 비롯해 하얏트리젠시호텔, 롯데호텔앤리조트 등 고급 숙박시설과 각종 관광시설이 모여 있어 단연 서귀포 관광의 중심지라 할 만하다. 책에 수록한 스팟 외에도 아프리카박물관, 중문민속박물관, 중문캠핑장, 무비랜드 등 일일이 열거하기 힘들 정도로 다채로운 즐길 거리로 가득하다. 취향에 딱 맞는 곳을 골라 즐거운 시간을 보내보자.

📍 제주도 서귀포시 중문동
📞 064-735-7200
🔍 서귀포시청 제2청사에서 옹포리해안 방향으로 직진하면 좌측
🌐 http://www.jungmunresort.com
📌 중문대포해안주상절리대, 박물관은살아있다, 여미지식물원, 천제연폭포, 테디베어뮤지엄

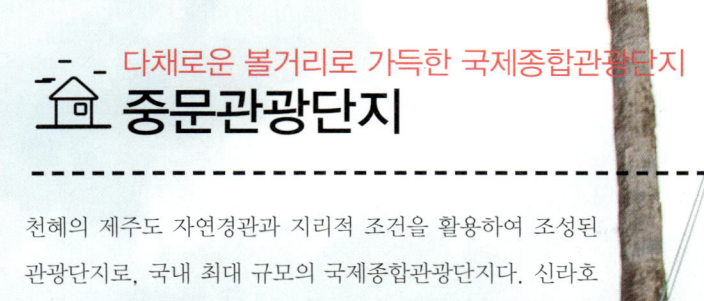

사진제공(김치호) - 한국관광공사

다채로운 매력이 있는 동백나무 숲
카멜리아힐

동양에서 가장 큰 규모의 동백나무 수목원으로, 6만여 평의 부지에 500여 개가 넘는 다양한 품종의 나무가 울창한 숲을 이루고 있다. 계절마다 시기를 달리해서 피기 때문에 어느 계절에 가더라도 다채로운 매력을 느낄 수 있는 것이 특징. 수목원 산책길 곳곳에 감성적인 문구를 적은 팻말과 선글라스를 쓴 돌하르방, 반다나를 두른 돌하르방 등이 있어 웃음을 더한다. 제주도에서 꽃과 함께 인생 샷을 남기고 싶다면 꼭 한 번 들러야 할 곳!

📍 제주도 서귀포시 안덕면 상창리 271
📞 064-792-0088
🎫 어른(8천원), 중고생(6천원), 어린이(5천원)
🕐 3월~5월, 9월~11월 08:30~18:30 | 6월~8월 08:30~19:00 | 12월~2월 08:30~18:00
🔍 상창보건진료소에서 핀크스GC 방향으로 직진하면 우측

사진제공(김지호)·한국관광공사

제주도의 숨은 비경 **쇠소깍**

바다와 맞닿아 있는 효돈천 하류 지역에 자리한 연못. 청록빛의 물과 울창하게 우거진 소나무, 용암으로 이루어진 기암괴석이 어우러져 단연 제주도의 숨은 비경으로 꼽힌다. 산책로를 따라 에메랄드빛 연못을 감상하며 산책을 즐겨보자. 검은 모래가 펼쳐진 해변도 빼놓을 수 없는 볼거리. 제주도올레길 6코스가 시작되는 지점이어서 올레길을 따라 서귀포 시내와 이중섭거리, 천지연폭포 등의 명소를 돌아보는 것도 좋겠다. 나룻배를 타고 쇠소깍의 절경을 감상하는 재미도 있다.

📍 제주도 서귀포시 쇠소깍로 104 (하효동) ☎ 쇠소깍 관광안내소 064-732-1562 🔍 하효항 인근

탁 트인 다원이 어우러진 녹차 박물관 **오설록티뮤지엄**

사진제공(김지호)-한국관광공사

코스메틱 브랜드 아모레퍼시픽에서 운영하는 국내 최초 차 박물관으로, 오설록 서광다원에 맞닿아 있다. 탁 트인 다원을 천천히 산책하면 답답했던 마음이 단숨에 뻥 뚫리는 듯하다. 뮤지엄 건물은 세계적인 디자인 건축 전문 사이트인 〈디자인붐〉이 선정한 세계 10대 미술관에 오를 만큼 아름답다. 복합차 문화 공간을 표방하는 티스톤과 차 문화실, 전 세계 찻잔을 전시한 공간이 마련되어 있으며, 녹차아이스크림, 녹차롤케이크 등을 맛볼 수 있는 카페에서 시간을 즐겨보는 것도 좋겠다.

📍 제주도 서귀포시 안덕면 신화역사로 23 ☎ 064-794-5312
🕘 09:00~19:00 🔍 저지오름에서 산방산 방향으로 직진하면 좌측 🌐 http://www.osulloc.com/kr/ko/museum

자연이 빚어낸 웅장한 해식절벽 용머리해안

사진제공(김지호)-한국관광공사

산방산 해안가에 자리한 절벽으로, 바닷속으로 들어가는 용의 머리를 닮았다하여 용머리해안이라는 이름이 붙었다. 약 80만 년 전에 생성된 해식절벽이 웅장한 자태를 뽐낸다. 산방산주차장이나 하멜상선전시관 주차장을 통해 입장해야 하며, 바위가 미끄러울 수 있으니 둘러볼 때 주의하는 것이 좋다. 용머리해안 곳곳에 해녀가 직접 손질한 해물을 판매하는 곳이 있으니 바다의 맛을 즐겨보는 것도 추천한다. 인근에 산방산과 산방산온천 등의 관광지가 모여 있어 함께 둘러보면 좋다. 날씨나 해안 주변 기상 여건에 따라 진입이 통제될 수 있으니 방문 전 전화로 확인해볼 것.

📍 제주도 서귀포시 안덕면 사계리 ☎ 064-760-6321 🎫 어른(2천원), 중고생, 어린이(1천원) ⏰ 09:00~18:00
🔍 사계항에서 화순항 방향으로 직진

제주도 3대 폭포 천지연폭포

제주도의 '고전 관광지'라 할 수 있을 만큼 지금도 꾸준히 사랑받는 명소다. 높이 22m, 폭 12m에 이르는 장대한 폭포가 절벽 아래로 세차게 떨어지는 모습이 가히 장관이다. 천연기념물로 지정된 담팔수가 자생하고 있는 곳이기도 한데, 담팔수의 북한계지에 해당해 천연기념물로 지정되었다. 열대어의 일종인 무태장어의 서식지로도 의미가 깊다. 천지연폭포의 새로운 모습을 감상하고 싶다면 밤에 방문해보는 것도 추천한다. 폭포 주변으로 색색의 야간 조명을 설치해 색다른 야경을 볼 수 있다.

📍 제주도 서귀포시 천지동 ☎ 064-733-1528 🎫 어른(2천원), 중고생, 어린이(1천원)
⏰ 09:00~21:20 🔍 서귀포시청 제1청사 앞 중앙로터리에서 천지연폭포입구교차로 방향으로 직진

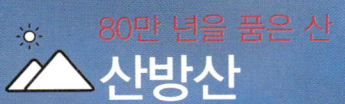

80만 년을 품은 산
산방산

산속에 방처럼 굴이 있다 하여 이름 붙은 산으로, 화산이 폭발하면서 흘러나온 마그마가 천천히 굳어지며 종 모양을 띤 종상화산이다. 안전 문제로 정상까지 이어지는 길은 통제되며 중턱에 있는 산방굴사까지만 올라갈 수 있다. 봄이면 산 주위로 유채꽃이 만발하는 장관을 연출하며 6월에는 수국이 아름드리 피어 둘러보기 좋다.

📍 제주도 서귀포시 안덕면
📞 산방산 관리사무소 064-794-2940
🔍 용머리해안 인근

사진제공(김지호)-한국관광공사

5.16도로숲터널(1131도로) 한라산 동쪽을 가로지르는 도로로, 성판악매표소에서 서귀포 방향으로 약 1.2km의 숲 터널이 조성되어 있다. 도로 양쪽으로 나무가 우거져 자연스레 숲 터널을 이루고 있으며, 푸른 나무를 벗 삼아 드라이브를 즐길 수 있다. 급커브 구간이 많은 편이니 운전 시 주의할 것.
- 제주도 서귀포시 남원읍 한남리
- 제주도관광정보센터 064-740-6000
- 한라산국립공원 성판악매표소에서 서귀포 방향으로 이어지는 도로

가파도 모슬포항에서 동남쪽으로 약 5.4km 떨어진 섬으로, 모슬포항 인근 가파도선착장에서 배를 타야 한다. 섬의 크기가 그리 크지 않아 1~2시간이면 섬 전체를 둘러볼 수 있는데, 자전거를 대여하거나 올레길 10-1을 따라 걸으면 된다. 매년 4~5월이면 청보리 축제가 열리며 가파도 전체가 초록빛 물결을 이루는 장관이 펼쳐진다.
- 제주도 서귀포시 대정읍 가파리
- 064-794-5390
- 어른(1만3천1백원), 중고생(1만2천9백원), 어린이(6천6백원)
- 09:00~15:00
- 모슬포항 인근 가파도선착장에서 배 타고 입도
- http://wonderfulis.co.kr

감귤박물관 제주의 생명 산업으로 자리를 잡은 감귤의 역사를 확인하고, 세계의 감귤을 경험할 수 있는 박물관. 대학나무라 불리기도 했던 제주 감귤의 모든 것을 직접 보고 체험할 수 있는 체험의 장이자 자연과 문화, 생태관광을 마음껏 즐길 수 있는 곳이다.
- 제주도 서귀포시 효돈순환로 441
- 064-767-3010
- 어른(1천5백원), 청소년(1천원), 어린이(8백원)
- 09:00~18:00 · 1월 1일, 명절 휴관
- 포제동산 옆
- http://www.visitjeju.net

갯깍주상절리 국내 최대 규모를 자랑하는 주상절리로, 하늘을 찌르는 것처럼 수직으로 뻗어 있는 절리의 모습이 감탄을 자아낸다. 파도, 조류 등에 의한 침식 작용으로 생긴 해식 동굴도 빼놓을 수 없는 볼거리. 중문관광단지 내에 있는 대포해안주상절리대는 탐방로를 따라 멀리서 바라봐야 하는 아쉬움이 있지만, 이곳은 가까이에서 주상절리를 둘러볼 수 있다는 장점이 있다.
- 제주도 서귀포시 중문관광로72번길 60 (색달동)
- 제주도관광정보센터 064-740-6000
- 논짓물해수욕장 인근

군산오름 정상까지 자동차를 타고 올라갈 수 있는 오름 중 하나. 정상부에 용머리처럼 생긴 뿔바위, 기암괴석이 있으며, 산방산과 송악산, 형제섬이 한눈에 내려다보인다. 자동차를 타고 올라갈 수 있지만 길이 좁아 다른 방향에서 자동차가 오는 경우 피할 곳이 마땅치 않다는 단점이 있다. 도보로도 10분 내외로 올라갈 수 있으니 천천히 산책해보는 것도 좋겠다.
- 제주도 서귀포시 안덕면 창천리 564
- 제주도관광정보센터 064-740-6000
- 제주도중문관광단지에서 대평리 방향으로 직진

돈내코_사진제공(감사원 한국관광공사)

대포주상절리 자연이 빚어낸 천혜의 경관을 느낄 수 있는 곳으로, 유네스코 세계지질공원으로 지정되었다. 육각기둥 모양의 절벽이 넓게 펼쳐져 있으며, 절리 사이로 파도가 밀려오는 모습이 가히 장관이다. 주상절리 안쪽을 직접 들어가 볼 수는 없고 조성된 산책로를 따라 풍경을 감상할 수 있다.
- 제주도 서귀포시 이어도로 36-24
- 064-738-1521
- 어른(2천원), 중고생, 초등생(1천원)
- 09:00~18:00
- 중문관광단지 내

돈내코 울창하게 우거진 푸른 숲과 시원한 계곡이 어우러진 곳. 산책로 데크를 따라 올라가면 규모는 작지만 깨끗한 폭포수가 흐르는 원앙폭포를 만날 수 있다. 한라산에서 내려오는 폭포수가 모여 소를 이루고 있는데, 투명한 청록빛이 인상적이다.
- 제주도 서귀포시 돈내코로 114 (상효동)
- 064-733-1584
- 서귀포산업과학고등학교, 우리들CC 인근

마라도 대한민국 최남단에 위치한 섬으로, 모슬포항 인근 마라도선착장에서 배를 타고 들어가야 한다. 기암절벽으로 이루어진 해안이 인상적이며 섬 전체가 천연 잔디로 뒤덮여 있다. 국토최남단비, 마라도등대, 마라도성당 등의 볼거리가 있다. 마라도의 명물 짜장면도 놓치지 말 것.
- 제주도 서귀포시 대정읍 마라로101번길 46
- 064-794-5490
- 어른(1만8천원), 중고생(1만7천8백원), 초등생(9천원), 유아(8천5백원)
- 09:40~15:10
- 모슬포항 인근 마라도선착장에서 배 타고 입도
- http://wonderfulis.co.kr

마라도_사진제공(이범수)-한국관광공사

박물관은살아있다 세계 최대 규모의 착시 테마파크로, 착시를 일으키는 그림을 감상할 수 있는 트릭아트, 스컬쳐 아트, 미디어 아트 등이 전시되어 있다. 사진 촬영이 제한되는 다른 박물관과 달리 작품과 함께 사진을 찍으면서 관람할 수 있는 점이 매력이다. 박물관 옆에 있는 얼라이브 카트장도 인기.
- 제주도 서귀포시 중문관광로 42 (색달동)
- 064-805-0888
- 어른(1만2천원), 중고생(1만1천원), 어린이(1만원)
- 10:00~19:00
- 중문관광단지 내
- http://www.alivemuseum.com/branch/jeju

방주교회 재일동포 건축가 이타미 준이 설계한 교회로, 구약성서에 나오는 노아의 방주를 모티브로 해 만들었다. 물 위에 떠 있는 교회 건물이 이색적인 풍경을 자랑한다. 주말과 월요일을 제외한 날에 방문하면 교회 내부를 관람할 수 있으니 시간을 잘 맞춰가자.
- 제주도 서귀포시 안덕면 산록남로762번길 113
- 064-794-0611
- 핀크스GC 인근

본태박물관 세계적인 건축가 안도 다다오가 설계한 건축물에 조성된 박물관. 전통과 현대를 아우르는 공예품과 안도 다다오, 쿠사마 야요이 등의 작품이 전시되어 있다. 데이비드 걸스타인, 로트르 클라인-모카이의 조각 작품을 전시하고 있는 조각공원도 빼놓을 수 없는 볼거리.
- 제주도 서귀포시 안덕면 산록남로762번길 69
- 064-792-8108
- 어른(2만원), 중고생(1만4천원), 어린이(1만2천원)
- 10:00~18:00
- 핀크스GC 인근
- http://www.bontemuseum.com

사계해수욕장 산방산 아래쪽에 자리한 한적한 해수욕장. 산방산이 한눈에 보이는 풍경이 아름다우며 인근에 용머리해안과 사계항, 형제섬 등이 있어 함께 둘러보면 좋다. 형제해안도로가 시작되는 지점이기도 해 멋진 드라이브를 만끽할 수 있다.
- 제주도 서귀포시 안덕면 사계리
- 제주도관광정보센터 064-740-6000
- 사계항 옆

서귀포유람선 정방폭포, 섶섬, 문섬, 외돌개, 12동굴, 범섬을 지나는 코스로 운행되며, 서귀포의 수려한 해안절경을 감상할 수 있다. 파도가 잔잔한 날에는 범섬의 해식동굴 속을 통과해 지나가는 경험을 할 수도 있다.
- 제주도 서귀포시 남성중로 43 (서홍동)
- 064-732-1717
- 어른(1만7천5백원), 중고생(1만1천8백원), 어린이(1만원)
- 11:30~15:20
- 천지연폭포 매표소에서 새섬 방향으로 직진
- http://seogwicruise.fortour.k

서귀포잠수함 세계 최초로 최장 시간 무사고 운항 기록으로 기네스북에 등재된 잠수함. 세계 최대 규모의 맨드라미 산호 군락지이자 세계 7대 다이빙 포인트 중 한곳인 문섬을 비롯해 깊은 바닷속에 가라앉은 난파선을 볼수 있다. 맑고 푸른 제주도의 바다를 감상할 수 있으며, 사전에 예약하는 것을 추천한다.

📍 제주도 서귀포시 남성중로 40 (서홍동)
☎ 064-732-6060
🎫 어른, 중고생(5만5천원), 어린이(3만6천원)
🕐 홈페이지 참조
🔍 천지연폭포 매표소에서 새섬 방향으로 직진
🌐 http://submarine.co.kr

소인국테마파크 국내 최대 규모의 미니어처 테마파크로, 2만여 평의 부지에 테마별로 7개의 단지를 조성해놓았다. 국회의사당, 덕수궁 등 우리나라 건축물 외에도 피사의 사탑, 오페라하우스, 자유의여신상, 자금성, 모아이석상 등 세계 각국의 유명 건축물 미니어처 100여 점을 전시하고 있어 최고의 볼거리를 선사한다.

📍 제주도 서귀포시 안덕면 중산간서로 1878
☎ 064-793-5400
🎫 어른(9천원), 중고생(7천원), 어린이(5천원)
🕐 09:00~18:00 - 연중무휴
🔍 서광초등학교 인근
🌐 http://soingook.com

아프리카박물관 말리의 젠네 대사원을 바탕으로 지어진 미술 문화와 자연이 한테 어울린 새로운 문화공간의 박물관이다. 1층은 김중만 사진작가의 아프리카 상설전시관, 프랑스 미술가 엘로디의 드로잉전시관, 어린이 아프리카 미술체험교실, 2층은 아프리카 조각 및 가면 전시실, 전통 가옥 및 부족 재현, 동영상실, 3층은 레스토랑, 기념품 판매점, 자료실 학예연구실이 있다. 정통 아프리카 문화와 제주의 대자연이 교류하는 문화의 공간으로 구성되어 있다.

📍 제주도 서귀포시 이어도로 49
☎ 064-738-6565
🎫 성인(8천원), 청소년(7천원), 어린이(6천원)
🕐 10:00~19:00
🔍 제주중문관광단지 옆
🌐 http://www.africamuseum.or.kr/

안덕계곡 먼 옛날 하늘이 울고 땅이 진동하며, 구름과 안개가 낀지 7일 만에 크나큰 신들이 일어서고, 맑은 물이 암벽 사이를 휘돌아 흘러내려 치안치덕이라 불렸던 곳이다. 조면암으로 형성된 기암절벽과 함께 기슭에는 후박나무, 동백나무, 감탕나무 등이 숲을 이루어 하늘을 덮고 있고, 평평한 암박과 맑은 물이 있어 추사 김정희 등 많은 학자가 적적함을 달래던 곳이기도 하다.

📍 제주도 서귀포시 안덕면 감산리 1946
☎ 064-794-9001

🔍 안덕면운동장 옆옆
🌐 http://www.visitjeju.net

엉또폭포 평소에는 물이 흐르지 않는 건천 폭포로, 숲속에 숨어 모습을 감추고 있다가 비가 쏟아져야만 위엄을 드러낸다. 70mm 이상 비가 내려야만 폭포가 흐르는 모습을 볼 수 있으며, 주변의 기암절벽과 어우러져 멋진 풍광을 뽐낸다.

📍 제주도 서귀포시 중산간서로 188 (강정동)
☎ 제주도관광정보센터 064-740-6000
🔍 강창학종합경기장에서 악근천 따라 직진

여미지식물원 동양 제일의 식물원으로, 세계의 진귀한 식물을 보유하고 있다. 입구부터 하늘 위로 쭉 뻗은 야자수가 이국적인 정취를 풍긴다. 식물원은 크게 1,200종의 온실 식물을 보유하고 있는 실내 정원과 야외 정원으로 나뉘어 있으며, 모두 둘러보는 데만 해도 시간이 꽤 걸릴 정도다. 한국, 일본, 이탈리아, 프랑스 등 국가별 특징을 살린 야외 정원은 미니 전동차를 타고 둘러보는 편을 추천한다.

📍 제주도 서귀포시 중문관광로 93 (색달동)
☎ 064-735-1100
🎫 어른(1만원), 중고생(7천원), 어린이(6천원)
🕐 09:00~18:00
🔍 중문관광단지 내
🌐 http://www.yeomiji.or.kr

왈종미술관 제주의 곳곳에서서 영감을 얻어 작품을 만드는 이왈종 화백이 설립한 미술관. 조선백자를 모티브로 디자인한 미술관의 외관은 스위스의 건축가 다비드 머큘러와 한민원 건축가가 협업하여 탄생했다. 이왈종 화백의 작업실과 전시 공간, 어린이를 위한 미술교육실, 그리고 아트샵 겸 카페가 마련되어 있어, 볼거리가 넉넉하다.

📍 제주도 서귀포시 칠십리로214번길 30 (동홍동)
☎ 064-763-3600
🎫 어른(5천원), 중고생, 어린이(3천원)
🕐 10:00~18:00 - 월요일 휴관
🔍 정방폭포 인근
🌐 http://walartmuseum.or.kr

외돌개_사진제공(김지호)-한국관광공사

외돌개 삼매봉 해안가에 홀로 있는 바위로, 바다 한복판에 우뚝 솟아 있다고 하여 외돌개라 불린다. 수려한 해안경관과 어우러져 있으며, 깎아지른 듯한 해안절벽을 따라 조성된 1.7km의 해안 산책로는 감탄을 자아낸다.
- 제주도 서귀포시 서홍동 791
- 제주도관광정보센터 064-740-6000
- 서귀포항에서 해안가 따라 법환포구 방향으로 직진

이중섭거리 천재 화가 이중섭을 기리기 위해 피난 당시 거주했던 초가를 중심으로 거리를 조성했다. 이중섭의 작품을 현대적으로 재해석한 조형물을 비롯해 벽화 등이 거리 곳곳을 장식한다. 예쁜 카페를 비롯해 아트마켓, 갤러리 등의 아기자기한 공간이 눈길을 끌며 매주 주말에는 플리마켓인 서귀포예술시장이 열린다.
- 제주도 서귀포시 이중섭로 29
- 제주도관광정보센터 064-740-6000
- 이중섭미술관 인근

이중섭미술관 천재 화가 이중섭의 예술혼을 기리기 위해 조성한 미술관. 이중섭은 한국 근대 미술을 상징하는 예술가로, 전통의 아름다움과 현대적 감각이 조화를 이루는 독창적인 작품 세계를 구축했다. 1951년부터 약 11개월 동안 서귀포에 머물면서 많은 작품을 남겼다. 미술관에는 이중섭의 원화 작품을 비롯해 우리나라 근현대 화가 작품이 전시되어 있다.
- 제주도 서귀포시 이중섭로 27-3 (서귀동)
- 064-760-3567
- 어른(1천5백원), 중고생(8백원), 어린이(4백원)
- 09:00~18:00 | 7월~9월 09:00~20:00 · 월요일, 1월 1일, 명절 당일 휴관
- 서귀포시청 제1청사에서 천지연폭포 방향으로 직진, 천지연폭포입구교차로에서 좌회전하면 좌측
- http://culture.seogwipo.go.kr/jslee

정방폭포 천지연, 천제연폭포와 함께 제주도 3대 폭포 중 하나로 꼽히는 곳으로, 동양에서 유일하게 폭포수가 바다로 직접 떨어지는 해안 폭포다. 웅장하게 쏟아지는 폭포수와 푸른 바다가 함께 어우러져 신비로운 광경을 연출한다. 폭포 인근 바위에 멍게, 해삼, 소라, 전복 등의 신선한 해산물을 손질해 판매하는 좌판이 있어 멋진 절경과 함께 술 한잔하는 낭만을 만끽할 수도 있다.
- 제주도 서귀포시 동홍동
- 제주도관광정보센터 064-740-6000
- 어른(2천원), 중고생, 어린이(1천원)
- 09:00~18:00
- 서귀포항에서 파라다이스호텔 방향으로 직진

제주항공우주박물관 아시아 최대 규모의 제주항공우주박물관은 세계 항공의 역사와 천문학, 항공기들을 전시하고 있다. 비행원리체험, 우주체험, 5D써클비전 등을 해볼 수 있어 교육효과가 높다. 야외전시장에는 다양한 항공기와 헬리콥터를 전시 중이며 탑승체험도 가능하다. 영유아를 위한 체험공간도 있다.

- 제주도 서귀포시 안덕면 녹차분재로 218 제주도항공우주박물관
- 064-800-2000
- 어른(1만원), 중고생(9천원), 어린이(8천원)
- 09:00~18:00 - 셋째 주 월요일 휴관
- 서광서리사무소에서 서광서리마을운동장 지나 우측
- https://www.jdc-jam.com

제주유리박물관 유리 예술가들에 의해 설계되고 만들어진 우리나라 유일 유리 박물관. 꽃병만들기, 접시만들기, 양초만들기 등 다양한 유리공예를 직접 만드는 체험도 갖추고 있다. 박물관 내부와 외관 곳곳에 유리로 만들어진 작품들이 조성되어 둘러볼 만 하다.

- 제주도 서귀포시 중산간서로 1403
- 064-792-6262
- 성인(9천원), 청소년(8천원), 어린이(7천원)
- 동절기 10:00~21:00 | 하절기 10:00~22:00 - 연중무휴
- http://www.glassmuseum.co.kr

중문색달해변 백사장과 하얀 모래, 기암절벽과 푸른 숲이 조화를 이뤄 영화, 드라마 촬영지로도 유명하다. 모래밭의 오른쪽 바위벼랑에는 동굴이 하나 있으며, 그 뒤로 바위가 병풍처럼 둘러 있다. 올레길 8코스로 야자나무가 이국적인 모습을 자아낸다. 수천 종의 희귀 식물이 자생하는 곳이 많아 생태관광을 체험할 수 있다. 여름에는 서핑 장소로도 인기가 높다.

- 제주도 서귀포시 중문관광로 72번길 67
- 064-760-2741
- 19:99~19:00
- 서귀포 중문관광단지 앞 바다
- https://www.visitjeju.net

천제연폭포 웅장한 규모를 자랑하는 3단 폭포로, 일곱명의 선녀가 내려와 노닐다 하늘로 올라간다는 전설이 전해진다. 제1폭포가 절벽 밑으로 떨어져 수심 21m의 연못천제연을 이루고 제2폭포, 제3폭포를 거쳐 바다로 유입된다. 울창하게 우거진 나무와 바위, 시원하게 떨어지는 3단 폭포가 가히 아름다운 절경을 뽐낸다.

- 제주도 서귀포시 색달로189번길 27 (색달동)
- 064-760-6331
- 어른(2천5백원), 중고생, 초등생(1천3백5십원)
- 09:00~17:30
- 중문관광단지 내

초콜릿박물관 전 세계 초콜릿에 관한 이야기를 한 곳에 모아 만든 국내 최초의 초콜릿 박물관이다. 우리나라에 한 대밖에 없는 트롤리버스로 중문관광단지를 오가는 재미도 느낄 수 있으며, 초콜릿 생산에 참여할 수 있는 현장 체험과 생산된 제품을 즉석에서 시식해볼 수 있는 맛 체험도 할 수 있다.

- 제주도 서귀포시 대정읍 일주서로3000번길 144
- 064-792-3121
- 어른, 청소년(각 5천원)
- 10:00~18:00 | 7월~8월 10:00~19:00 | 11월~2월 10:00~17:00 - 연중무휴
- 대정농공단지 부근
- http://www.chocolatemuseum.org

초콜릿박물관_사진제공(이범수)-한국관광공사

추사유배지 제주 전통 가옥의 형식을 따라 1984년 복원된 이곳은, 조선 후기 문신, 추사 김정희가 유배 생활했던 터로, 김정희를 기리는 유허비와 전시관, 그리고 초가집 4채가 옹기종기 모여 있다.

- 제주도 서귀포시 대정읍 추사로 44
- 제주추사관 064-760-3406
- 동절기 09:00~18:00 | 하절기 09:00~19:00 - 월요일 휴관
- http://www.jeju.go.kr/chusa

퍼시픽리솜 원숭이 묘기를 시작으로 환상의 무대를 선보이는 돌고래 쇼와 바다사자 쇼, 놀라움과 웃음이 있는 아크로바틱 쇼가 여행의 기쁨을 안겨주는 곳이다. 바닷세계를 엿볼 수 있는 물고기 수족관, 해양동물박제전시물, 표본전시실 등의 해양전시실이 있으며, 야외풀장에서는 펭귄과

바다사자 등 해양동물을 만날 수 있다. 사전 예약을 하면 요트투어도 가능하다.
- 제주도 서귀포시 중문관광로 154-17
- 1544-2988
- 요트투어(성인 6만원, 소인 3만5천원), 마린스테이지(성인 1만5천원, 소인 1만원), 제트보트(1인 2만5천원)
- 홈페이지 참조
- 중문관광단지 내
- http://www.pacificland.co.kr

포도호텔 제주의 오름과 초가집을 모티브로 만들어져 하늘에서 내려다보니 한 송이의 포도 같다 하여 포도호텔이라 불린다. 자연을 거스르지 않고 일체 되는 이곳은 기존의 호텔과는 다른 새로운 개념에서 출발하였으며 완벽한 휴식과 진정한 웰빙의 세계로 안내한다.
- 제주도 서귀포시 안덕면 산록남로 863
- 064-793-7000
- 홈페이지 참조
- 레오나르도 다빈치 과학박물관 옆
- http://www.thepinx.co.kr/podohotel

피규어뮤지엄제주 실물 크기의 대형 캐릭터들이 전시된 박물관. 영화 등장인물 혹은 애니메이션 캐릭터들이 피규어로 재현되어 있어, 전 세대가 공감할 만한 전시관이다. 기념 소품숍도 있으니 좋아하는 캐릭터가 있다면 한 번쯤 방문해도 좋다.
- 제주도 서귀포시 안덕면 한창로 243
- 064-792-2244
- 성인(1만2천원), 중고등학생(1만원), 초등학생(9천원)
- 10:00~18:00
- http://www.figurejeju.com

해비치호텔&리조트 5,300여㎡ (1,600여 평)의 아트리움 로비와 모던한 실내 디자인과 아름다운 자연이 어우러진 곳이다. 제주의 푸른 바다와 자연을 만끽할 수 있도록 개별 발코니와 넓은 욕실 그리고 전 객실에 킹사이즈 침대를 기본으로 갖추고 있다.
- 제주도 서귀포시 표선면 민속해안로 537
- 064-780-8000
- 홈페이지 참조
- 제주 민속촌 옆
- http://www.haevichi.com

형제해안도로 사계리의 산방산에서 상모리의 송악산까지 이어지는 해안도로. 웅장한 한라산과 산방산. 송악산. 그리고 형제섬과 푸른 바다가 어우러져 아름다운 풍광을 자랑한다. 제주도 최고의 드라이브코스 중 한 곳으로 꼽히며 올레길 10코스 구간이기도 하다.
- 제주도 서귀포시 안덕면 사계리
- 제주도관광정보센터 064-740-6000
- 산방산에서 송악산 가는 길

포도호텔_사진제공(이범수)-한국관광공사

중문색달해수욕장_사진제공(강경오)-한국관광공사

제주도의 아름다운 절경이 있는 곳
서귀포시 동부

서귀포시 성산읍과 표선면, 남원읍을 이르는 지역. 서귀포 동부 여행의 중심지는 단연 성산읍이라 할 수 있다. 제주도에 가면 빼놓지 않고 찾게 되는 성산일출봉과 섭지코지 등 걸출한 여행지가 모여 있기 때문. 비교적 한적한 광치기해수욕장과 아쿠아플라넷을 비롯해 안도 다다오의 건축물 지니어스로사이를 활용한 유민미술관 등이 인근에 있어 다채로운 볼거리를 즐길 수 있다. 이 외에도 아이들과 함께 놀러 가기 좋은 일출랜드, 코코몽에코파크 등의 스팟과 제주도의 전통 마을을 체험할 수 있는 성읍민속마을도 빼놓을 수 없는 볼거리. 완만한 능선 덕에 편하게 오를 수 있는 '오름 삼총사'(백약이오름, 따라비오름, 물영아리)도 옹기종기 모여 있으니 오름 산책을 즐겨보는 것도 좋겠다.

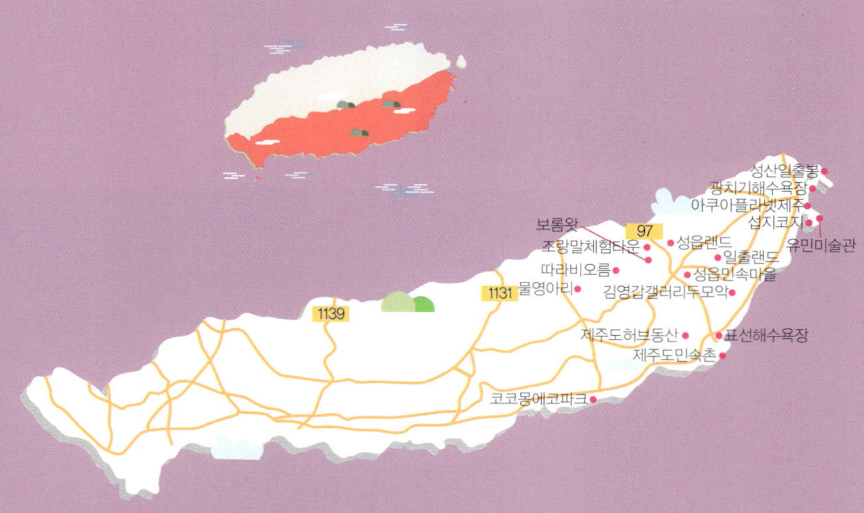

세계7대자연경관에 빛나는 곳

성산일출봉

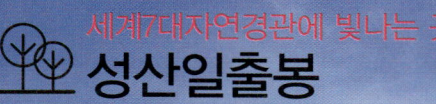

해발 180m의 분화구로, 한라산과 함께 제주도를 상징하는 곳이다. 수많은 분화구 중에서도 드물게 수중 폭발로 인해 생긴 화산체이며 유네스코 세계 자연유산과 세계 7대 자연경관으로 선정되었을 만큼 아름답다. 매표소 입구에서 바라다보는 성산일출봉의 모습도 멋지지만, 30분 정도 계단을 올라 정상에서 마주하게 되는 제주도의 풍광이 가히 장관이다. 봄에는 흐드러지게 핀 유채꽃을 볼 수 있으며, 매년 1월 1일에는 성산일출제가 성대하게 열린다. 입구에서 판매하는 한라봉주스를 손에 들고 성산일출봉의 매력을 만끽해보자.

- 제주도 서귀포시 성산읍 성산리
- 064-710-7923
- 어른(5천원), 중고생, 초등생(2천5백원)
- 3월~9월 07:00~20:00 | 10월~2월 07:30~19:00
- 광치기해수욕장에서 성산포항 방향으로 직진하면 우측

사진제공 : 한국관광공사

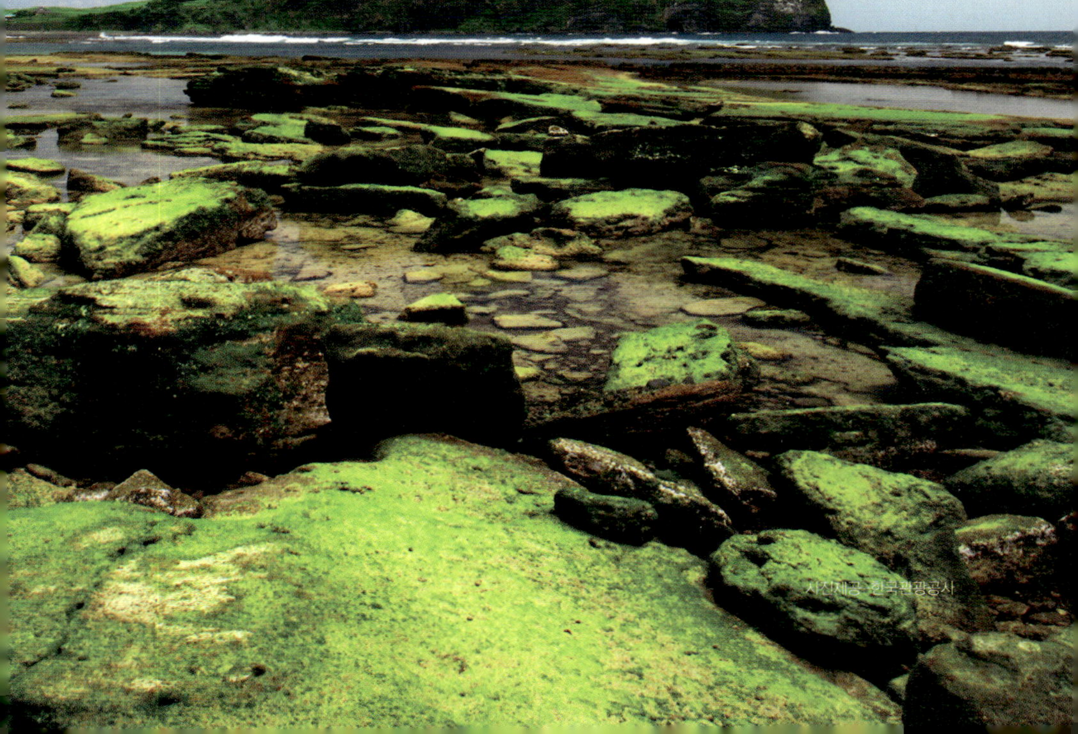

제주도 최고의 해안 절경 **섭지코지**

제주도 최고의 해안 절경을 자랑하는 곳으로, 코지는 바다로 돌출되어 나온 지형을 뜻하는 곳의 제주도 방언이다. 바다로 튀어나온 기암괴석과 하얀 파도가 물결치는 풍광 자체만으로 그림이 되는 곳. 바다 위에 촛대 모양의 선녀 바위가 우뚝 솟아 있으며, 봄이면 유채꽃이 만발해 낭만을 더한다. 드라마 〈올인〉의 촬영지로도 유명하며 드라마에 등장했던 수녀원 세트장과 기념관 올인하우스가 자리해 다채로운 볼거리를 선사한다.

- 제주도 서귀포시 성산읍 섭지코지로 107 ☎ 제주도관광정보센터 064-740-6000
- 4월~10월 08:00~19:00 | 11월~3월 09:00~18:00 신양섭지코지해수욕장에서 한화아쿠아플라넷제주 안쪽으로 진입

아름다운 원형 백사장 **표선해수욕장**

원형의 백사장이 아름답기로 유명한 곳으로, 수심이 얕아 아이들과 함께 해수욕을 즐기기에도 좋다. 썰물 때는 하얀모래 사장이 모습을 드러냈다가 밀물 때가 되면 원형 호수로 변해 다채로운 매력을 느낄 수 있다.

- 제주도 서귀포시 표선면 표선리
- ☎ 제주도관광정보센터 064-740-6000
- 성산일출봉에서 해안가 따라 서귀포시 방향으로 직진

광치기해수욕장 성산일출봉의 절경을 한눈에 조망할 수 있는 해수욕장. 썰물이 되면 드넓은 암반 지대가 펼쳐진다. 올레 2코스의 시작점이기도 하며 사람들로 붐비지 않는 한적한 해수욕장이어서 사색을 즐기며 바다를 만끽해보는 것을 추천한다.
- 제주도 서귀포시 성산읍 오조리
- ☎ 제주도관광정보센터 064-740-6000
- 성산일출봉에서 섭지코지 방향으로 직진

김영갑갤러리두모악 사진작가 김영갑 씨가 생전에 건립한 갤러리로, 그의 제주도 사진만을 전시하고 있다. 제주도에서 풍경 사진을 찍기 시작한 후 제주도의 매력에 매료되어 20여 년간 제주도에 정착하며 제주도의 오름, 바다 풍경을 렌즈에 담아왔다. 갤러리 안에 있는 아트숍에서 사진작품집과 수필집을 구매할 수 있다.
- 제주도 서귀포시 성산읍 삼달로 137
- ☎ 064-784-9907
- 어른(4천5백원), 중고생(3천원), 어린이(1천5백원)

광치기해수욕장_사진제공(박은경)-한국관광공사

◎ 3월~6월, 9월~11월 09:30~18:00 | 7월~8월 09:30~18:30 | 12월~2월 09:30~17:00 - 수요일 휴관
◎ 일출랜드에서 삼달교차로 방향으로 직진하면 우측
◎ http://www.dumoak.co.kr

따라비오름 완만한 곡선을 이루는 능선이 아름답기로 유명한 오름. 세 개의 크고 작은 굼부리(분화구)가 있으며, 어느 방향에서 사진을 찍어도 멋진 풍경이 프레임에 담긴다. 특히 가을에는 황금빛 억새가 오름 전체를 뒤덮어 가을에 꼭 가봐야 하는 오름 중 한 곳으로 꼽힌다.
◎ 제주도 서귀포시 표선면 가시리
☎ 제주도관광정보센터 064-740-6000
◎ 새끼오름 인근

물영아리 한라산 중산간 지대에 있는 오름으로, 람사르 습지 보호구역으로 지정된 곳이기도 하다. 정상 분화구에 물이 늘 잔잔하게 고여 있다 하여 물영아리라는 이름이 붙었다. 탐방로는 구 탐방로와 새로 개설된 신 탐방로가 있는데, 구 탐방로는 거리는 짧지만 그만큼 가파른 편이고 신 탐방로는 멀리 돌아가지만 경사가 완만하다. 영화 〈늑대소년〉의 촬영지로도 유명하다.
◎ 제주도 서귀포시 남원읍 수망리 산188
☎ 제주도관광정보센터 064-740-6000
◎ 더클래식골프앤리조트 인근

백약이오름 1백여 가지가 넘는 약초가 자생하고 있다하여 이름이 붙은 오름. 주차장에서 정상까지 10~20분 정도면 거뜬히 올라갈 수 있을 만큼 오르기 쉽다. 오름 기슭에는 삼나무가 군락을 이루며 다른 한쪽에는 야생화가 자태를 뽐낸다. 사진 촬영지로도 주목받는 곳.
◎ 제주도 서귀포시 표선면 성읍리 산1
☎ 제주도관광정보센터 064-740-6000
◎ 아부오름 인근

보롬왓 제주 방언으로 바람이 부는 밭이라는 뜻을 가진 보롬왓에는 4계절 내내 꽃이 핀다. 보랏빛 유채꽃과 라벤더, 메밀꽃이 특히 아름답다.
◎ 제주도 서귀포시 표선면 번영로 2350-104
☎ 064-742-8181
T 어른, 중고생(4천원), 어린이(2천원)
◎ 09:00~18:00 - 연중무휴
◎ https://www.instagram.com/boromwat_

성읍랜드 성읍민속마을 인근에 있는 레저 파크로, 제주도 최초의 승마장인 성읍승마장을 비롯해 ATV, 뿡뿡카트클럽 등 다양한 레저 시설을 갖추었다. 20분 내외로 말을 탈 수 있는 승마 체험과 슈퍼마리오 옷을 입고 즐기는 카트 체험 등을 즐길 수 있다.
◎ 서귀포시 표선면 성읍리 2045-1

물영아리_사진제공(이범수)-한국관광공사

성읍랜드_사진제공(이범수)-한국관광공사

- ☎ 064-787-5324
- 🎫 승마장(3만원~6만원), 카트(1인 3만원, 2인 4만원), ATV(3만원~5만원)
- 🕒 하절기 09:30~18:30 | 동절기 09:30~17:00
- 🔍 성읍민속마을에서 사이프러스CC 방향으로 직진하면 우측
- 🌐 http://www.jejusland.com

성읍민속마을 한라산 중산간 지대에 있는 전통 마을로, 약 500여 년의 세월 동안 제주도의 모습을 고스란히 간직하고 있다. 조선 읍성의 기본 뼈대가 잘 보존되어 있으며, 제주도 민요체험, 오메기술체험 등 다채로운 체험 프로그램을 즐길 수도 있다. 제주도 전통 가옥에서 하룻밤 지낼수 있는 체험 가옥도 하루 7~8만원 내외의 저렴한 가격으로 운영한다.

- 📍 제주도 서귀포시 표선면 성읍리 820-1
- ☎ 064-710-6797
- 🔍 성읍초등학교 인근
- 🌐 http://www.jeju.go.kr/seongeup/index.htm

아쿠아플라넷제주 다양한 해양생태계를 체험할 수 있는 대규모 아쿠아리움. 4만5천여 마리의 다양한 해양생물을 볼 수 있는 수족관 외에도 물범과 펭귄 공연이 펼쳐지는 공연장, 미니언즈전시관 등이 있어 볼거리가 다채롭다.

- 📍 제주도 서귀포시 성산읍 섭지코지로 95
- ☎ 064-780-0900
- 🎫 어른(3만8천4백원), 중고생(3만6천7백원), 어린이(3만4천9백원)
- 🕒 10:00~19:00
- 🔍 섭지코지 인근
- 🌐 http://www.aquaplanet.co.kr/jeju

유민미술관 섭지코지 인근에 있는 리조트 휘닉스아일랜드의 부대시설로, 세계적인 건축가 안도 다다오가 지은 지니어스로사이가 리뉴얼을 거쳐 유민미술관으로 재탄생했다. 1894년부터 약 20여 년간 유럽 전역에서 일어난 디자인 운동인 아르누보의 유리 공예 작품이 전시되어 있으며, 주요 작가들의 작품도 다양하게 만날 수 있다.

- 📍 제주도 서귀포시 성산읍 섭지코지로 107
- ☎ 064-731-7791
- 🎫 어른(1만2천원), 중고생, 초등생(9천원)
- 🕒 09:00~18:00 - 화요일 휴관
- 🔍 섭지코지 인근 휘닉스아일랜드 내
- 🌐 https://phoenixhnr.co.kr/static/jeju/architecture/yuminart

일출랜드 천 가지의 아름다움을 간직한 미천굴을 주제로 한 테마공원. 중앙에 있는 미천굴을 비롯해 다양한 분재식물을 볼 수 있는 분재정원, 선인장 온실, 아열대식물원 등이 있어 함께 둘러보면 좋다.

- 📍 제주도 서귀포시 성산읍 중산간동로 4150-30
- ☎ 064-784-2080
- 🎫 어른(9천원), 중고생(6천원), 어린이(5천원)
- 🕒 08:30~18:00
- 🔍 성읍민속마을에서 본지오름 지나 직진하면 좌측
- 🌐 http://www.ilchulland.com

아쿠아플라넷제주 사진제공(아쿠아플라넷제주)

일출랜드 사진제공(김지호) 한국관광공사

제주도민속촌_사진제공(김지호)-한국관광공사

제주민속촌 제주도의 문화유산을 원형 그대로 보존하기 위해 조성한 민속촌. 오랜 연구와 고증을 거쳐 중산간촌, 산촌, 어촌 등 지역별로 옛 제주도 마을의 초가를 그대로 복원했다. 맷돌 돌리기, 다듬이질과 같은 민속 생활과 민속놀이도 체험할 수 있어 아이와 함께 방문하면 더욱 좋다. 제주도에서 '가장 제주다움'을 느낄 수 있는 곳.

- 제주도 서귀포시 표선면 민속해안로 631-34
- 064-787-4501
- 어른(1만1천원), 중고생(8천원), 어린이(7천원)
- 10~2월 08:30~17:00 | 3월 08:30~17:30 | 4~7월 15일, 9월 08:30~18:00 | 7월 16일~8월 08:30~18:30
- 표선해수욕장에서 해비치호텔 방향으로 직진
- http://www.jejufolk.com

조랑말체험공원 아름다운 제주도의 풍광을 벗 삼아 승마 체험을 할 수 있는 곳. 기본 코스는 10분 내외이며 15분 내외로 탈 수 있는 더블 코스와 30분 정도 탈 수 있는 오름 코스 등이 있다. 승마 체험 외에도 국내 제작 레이싱 카트를 누빌 수 있는 카트 체험도 즐길 수 있다.

- 제주도 서귀포시 표선면 번영로 2486
- 064-787-2597
- 승마장(기본 1만1천원, 더블 2만5천원, 오름 5만원), 카트(1인 2만5천원, 2인 3만5천원~4만원)
- 하절기 09:00~19:00 | 동절기 09:00~17:00
- 성읍민속마을에서 성읍랜드 지나 직진하면 좌측
- http://www.jejucart.co.kr

제주허브동산 2만6천 평의 허브 동산이 조성되어 있는 테마공원으로, 계절별로 각기 다르게 피는 허브를 만날 수 있다. 허브 실내정원을 비롯해 아기자기하게 꾸며 놓은 동백숲, 허브차를 무료로 시음할 수 있는 로즈마리이야기관, 허브동산 전경을 한눈에 내려다볼 수 있는 풍차전망대 등 다양한 시설을 갖추고 있다. 야간에는 색색의 조명이 켜져 볼거리를 더한다.

- 제주도 서귀포시 표선면 돈오름로 170
- 064-787-7362
- 어른(1만2천원), 중고생(1만원), 어린이(9천원)
- 09:00~22:00
- 표선해수욕장에서 관통교차로 지나 가세오름 방향으로 직진하면 좌측
- http://www.herbdongsan.com

코코몽에코파크 어린이의 오감을 자극하는 친환경 테마파크. 야외놀이터를 한 바퀴 도는 코코몽기차를 비롯해 물놀이 시설, 미로탐방하우스 등 다양한 놀이시설을 갖추고 있다.

- 제주도 서귀포시 남원읍 태위로 536
- 1661-4284
- 어른, 중고생(1만5천원), 어린이(2만원)
- 3~10월 10:00~18:00 | 11~2월 10:00~17:30 - 화, 수요일 휴관
- 금호리조트제주도 옆
- http://www.cocomongjeju.com

서귀포시 동부

여행지 카테고리별 찾아보기

자연 587
강 · 하천/ 갯벌/ 계곡/ 곶 · 만/ 국 · 도 · 군립공원/ 군락지 · 도래지 · 생태관광지역/ 나무/ 늪/ 동굴/ 바위/ 봉우리/ 분지/ 사구 · 언덕/ 산/ 섬/ 수목원 · 휴양림 · 산림욕/ 숲 · 숲길/ 습지/ 약수터/ 오름 · 화산/ 온천/ 절리 · 절벽/ 폭포/ 해변 · 해수욕장/ 호수 · 저수지 · 연못

자연시설 594
공원/ 나루터/ 농원 · 목장/ 다원/ 동물원 · 식물원 · 생태관/ 생태공원/ 염전/ 정원/ 테마공원

유적 597
고분 · 능 · 묘/ 고인돌/ 고택 · 생가 · 자택/ 관아 · 객사/ 교회/ 군사유적지/ 궁 · 행궁/ 누각 · 정자 · 초당/ 다리/ 독립운동유적지/ 문 · 대문/ 문화유적지/ 문화재단지/ 별장/ 불상/ 사당/ 제단/ 솟대/ 사적공원/ 사찰/ 산성 · 성 · 성곽/ 요새/ 서당 · 서원 · 향교/ 석등 · 석탑/ 선사유적지/ 성당 · 성지/ 유배지/ 저수지/ 터

관광시설 602
관광단지/ 관광열차/ 놀이공원 · 유원지/ 드라마 · 영화촬영장/ 드라마 · 영화촬영장/ 민속촌/ 스카이워크/ 아쿠아리움/ 워터파크/ 유람선 · 크루즈/ 잠수정/ 전망대/ 체험마을/ 케이블카/ 테마파크

기타 관광지 605
거리 · 골목/ 길 · 도로/ 다리/ 대교 · 교각/ 댐/ 등대/ 마을 · 타운/ 먹거리촌/ 방조제/ 역/ 연구소/ 자전거길/ 천문대/ 터널/ 풍력발전소/ 항구/ 해안도로

일반시설 609
공연장/ 광장/ 교육관 · 전수관 · 체험관/ 국립묘지/ 기념공원/ 기념관 · 문학관/ 문화센터/ 미술관 · 박물관 · 전시관/ 복합전시장 · 엑스포 · 컨벤션센터/ 분수대/ 수련원/ 종교시설물/ 타워/ 학교/ 휴양지

시장/축제 613
백화점/ 벼룩시장/ 서점/ 쇼핑몰/ 수산시장 · 회타운/ 시장 · 전통장/ 축제

도로 615
길 · 도로/ 다리/ 대교 · 교각/ 자전거길/ 터널/ 해안도로

숙박 617
게스트하우스/ 리조트/ 일반호텔/ 특급호텔/ 팜스테이/ 펜션/ 한옥체험/ 한옥호텔

스포츠레저 618
경기장/ 래프팅/ 레일바이크/ 루지/ 번지점프/ 수상레저/ 스키장/ 스포츠타운/ 승마장/ 야영장 · 캠핑장/ 열기구/ 오토캠핑장/ 요트/ 짚와이어/ 트래킹/ 패러글라이딩

자연

여행지의 묘미는 뭐니 뭐니 해도 자연이다. 자연이 빚어낸 절경을 바라보고 있노라면 답답했던 가슴이 뻥 뚫리기도 하고, 형언할 수 없는 감동에 벅차기도 한다. 우리나라를 대표하는 산을 비롯해 여름철 피서지로 빼놓을 수 없는 바닷가, 맑은 공기를 벗 삼아 산책을 즐길 수 있는 수목원 등 자연이 어우러진 여행지에서 지친 마음을 달래보자.

한라산국립공원_사진제공(윤판석)-한국관광공사

강·하천

경호강 경상남도 산청군		458
만경강 전라북도 익산시		388
쇠소깍 제주도 서귀포시		571
백마강 충청남도 부여군		209

갯벌

무안황토갯벌랜드 전라남도 무안군		315

계곡

무릉계곡 강원도 동해시		118
십이선녀탕 강원도 인제군		147
용추계곡 경기도 가평군		37
고기리계곡 경기도 용인시		90
백운계곡 경기도 포천시		102
장유대청계곡 경상남도 김해시		448
대원사계곡 경상남도 산청군		458
홍류동계곡 경상남도 합천군		484
얼음골 경상북도 청송군		535
작천정 울산광역시 울주군		436
도림사계곡 전라남도 곡성군		292
청계동계곡&청계동솔바람야영장 전라남도 곡성군		293
뱀사골계곡 전라북도 남원시		372
무주구천동계곡 전라북도 무주군		376
백운동계곡 전라북도 진안군		404
운일암반일암 전라북도 진안군		405
안덕계곡 제주도 서귀포시		576

용현계곡(강당골) 충청남도 서산시　213
쌍곡구곡 충청북도 괴산군　241
화양구곡 충청북도 괴산군　241
상선암 충청북도 단양군　246
서원계곡 충청북도 보은군　250
탁사정 충청북도 제천시　261

곶·만
간절곶 울산광역시 울주군　434

국·도·군립공원
설악산국립공원 강원도 속초시　127
오대산국립공원 강원도 평창군　167
치악산국립공원 강원도 횡성군　173
북한산국립공원 경기도 양주시　75
화왕산군립공원 경상남도 창녕군　467
가야산국립공원 경상남도 합천군　484
금오산도립공원 경상북도 구미시　503
문경새재도립공원 경상북도 문경시　505
소백산국립공원 경상북도 영주시　517
주왕산국립공원 경상북도 청송군　533
무등산국립공원 광주광역시 북구　275
비슬산자연휴양림 대구광역시 달성군　427
월출산국립공원 전라남도 영암군　337
천관산 전라남도 장흥군　347
두륜산 전라남도 해남군　355
선운산 전라북도 고창군　363
지리산국립공원 전라북도 남원시　371
덕유산국립공원 전라북도 무주군　375
변산반도국립공원 전라북도 부안군　379
강천산 전라북도 순창군　383
대둔산 전라북도 완주군　385
내장산국립공원 전라북도 정읍시　399
마이산 전라북도 진안군　403
한라산국립공원 제주도 제주시　546
계룡산국립공원 충청남도 공주시　194
칠갑산도립공원 충청남도 청양군　229
속리산국립공원 충청북도 보은군　249
월악산국립공원 충청북도 제천시　259

군락지·도래지·생태관광지역
철원철새도래지 강원도 철원군　155
탄천습지생태원 경기도 성남시　61
물건방조어부림 경상남도 남해군　453
호미곶청보리밭 경상북도 포항시　541
웅치일림산철쭉군락지 전라남도 보성군　319
줄포만갯벌생태공원 전라북도 부안군　381
금강하구철새도래지 충청남도 서천군　216
신성리갈대밭 충청남도 서천군　216

나무
광덕사 호두나무 충청남도 천안시　226
서원리소나무 충청북도 보은군　251
원정리느티나무 충청북도 보은군　251
정이품송 충청북도 보은군　251

늪
우포늪 경상남도 창녕군　465
정양늪생태공원 경상남도 합천군　484

동굴
천곡황금박쥐동굴 강원도 동해시　118
대금굴 강원도 삼척시　124
환선굴 강원도 삼척시　121
고씨동굴 강원도 영월군　139
화암동굴 강원도 정선군　151
백룡동굴 강원도 평창군　170
광명동굴 경기도 광명시　53
성류굴 경상북도 울진군　525
화엄굴 전라북도 진안군　405
일출랜드 제주도 서귀포시　584
만장굴 제주도 제주시　558
고수동굴 충청북도 단양군　244
천동동굴 충청북도 단양군　247

바위
추암촛대바위 강원도 동해시　119
울산바위 강원도 속초시　131

장수대 강원도 인제군	147	
신선대 경상남도 거제시	444	
선바위 울산광역시 울주군	435	
외돌개 제주도 서귀포시	577	
용두암 제주도 제주시	547	
낙화암 충청남도 부여군	208	
석문 충청북도 단양군	247	
부소담악 충청북도 옥천군	254	

봉우리

설악산대청봉 강원도 양양군	137
지리산바래봉 전라북도 남원시	373
구담봉 충청북도 단양군	245
옥순봉 충청북도 단양군	247

분지

나리분지 경상북도 울릉군	522

사구 · 언덕

바람의 언덕 경상남도 거제시	442

산

민둥산 강원도 정선군	149
명지산 경기도 가평군	38
관악산 경기도 과천시	47
청계산 경기도 과천시	47
수락산 경기도 남양주시	57
오봉산 경기도 양주시	76
설봉산 경기도 이천시	94
망운산 경상남도 남해군	453
황매산 경상남도 산청군	457
월아산 경상남도 진주시	462
미륵산 경상남도 통영시	476
매화산 경상남도 합천군	484
경주남산 경상북도 경주시	493
주흘산 경상북도 문경시	507
성인봉 경상북도 울릉군	523
가지산 울산광역시 울주군	434
간월산 울산광역시 울주군	434

신불산 울산광역시 울주군	435
영남알프스 울산광역시 울주군	436
재약산 울산광역시 울주군	437
마니산 인천광역시 강화군	32
계양산 인천광역시 계양구	21
백운동정원 전라남도 강진군	285

마이산_사진제공(진안군청 기획실 홍보팀)

팔영산 전라남도 고흥군	289
노고단 전라남도 구례군	301
유달산 전라남도 목포시	313
영취산 전라남도 여수시	333
제암산 전라남도 장흥군	347
산방산 제주도 서귀포시	573
둔주봉 충청북도 옥천군	254
금수산 충청북도 제천시	260

섬

남이섬 강원도 춘천시	157
자라섬 경기도 가평군	39
오이도 경기도 시흥시	71
대부도 경기도 안산시	69
강천섬 경기도 여주시	83
제부도 경기도 화성시	105
거제도 경상남도 거제시	441
거제해금강 경상남도 거제시	443
외도보타니아 경상남도 거제시	442
지심도 경상남도 거제시	445
만지도 경상남도 통영시	476
사량도(상도) 경상남도 통영시	476
사량도(하도) 경상남도 통영시	476
소매물도 경상남도 통영시	473

욕지도 경상남도 통영시	477		우도비양도 제주도 제주시	560
한산도 경상남도 통영시	477		차귀도 제주도 제주시	567
독도 경상북도 울릉군	522		안면도 충청남도 태안군	231
울릉도 경상북도 울릉군	521		도담삼봉 충청북도 단양군	243
하중도 대구광역시 북구	429			
동백섬 부산광역시 해운대구	411		**수목원·휴양림·산림욕**	
석모도 인천광역시 강화군	33		광치자연휴양림 강원도 양구군	133
대청도 인천광역시 옹진군	28		방태산자연휴양림 강원도 인제군	147
덕적도 인천광역시 옹진군	28		가리왕산자연휴양림 강원도 정선군	150
모도 인천광역시 옹진군	28		제이드가든 강원도 춘천시	159
백령도 인천광역시 옹진군	28		태백고원자연휴양림 강원도 태백시	165
선재도 인천광역시 옹진군	27		평창자연휴양림 강원도 평창군	171
승봉도 인천광역시 옹진군	29		둔내자연휴양림 강원도 횡성군	174
영흥도 인천광역시 옹진군	29		청태산자연휴양림 강원도 횡성군	175
장봉도 인천광역시 옹진군	29		아침고요수목원 경기도 가평군	37
풀등모래섬 인천광역시 옹진군	29		곤지암화담숲 경기도 광주시	50
무의도 인천광역시 중구	22		산들소리수목원 경기도 남양주시	59
실미도 인천광역시 중구	23		장흥자생수목원 경기도 양주시	77
월미도 인천광역시 중구	20			
가우도 전라남도 강진군	284			
거금도 전라남도 고흥군	288			
소록도 전라남도 고흥군	288			
만재도 전라남도 신안군	326			
임자도 전라남도 신안군	326			
홍도 전라남도 신안군	325			
흑산도 전라남도 신안군	327			
거문도 전라남도 여수시	331			
금오도 전라남도 여수시	331			
오동도 전라남도 여수시	329		들꽃수목원 경기도 양평군	80
보길도 전라남도 완도군	340		세미원 경기도 양평군	80
청산도 전라남도 완도군	339		용인자연휴양림 경기도 용인시	91
소등섬 전라남도 장흥군	346		덕평공룡수목원 경기도 이천시	94
관매도 전라남도 진도군	350		벽초지문화수목원 경기도 파주시	99
선유도 전라북도 군산시	366		광릉국립수목원 경기도 포천시	101
위도 전라북도 부안군	381		경상남도수목원 경상남도 진주시	462
가파도 제주도 서귀포시	574		하동송림 경상남도 하동군	481
마라도 제주도 서귀포시	575		대가야수목원 경상북도 고령군	501
비양도 제주도 제주시	565		국립산림치유원 경상북도 영주시	518
우도 제주도 제주시	555		청송자연휴양림 경상북도 청송군	535

둔내자연휴양림

경상북도수목원 경상북도 포항시	538	
대구수목원 대구광역시 달서구	426	
장동산림욕장 대전광역시 대덕구	183	
장태산자연휴양림 대전광역시 서구	181	
한밭수목원 대전광역시 서구	179	
주작산자연휴양림 전라남도 강진군	285	
백운산자연휴양림 전라남도 광양시	297	
죽녹원 전라남도 담양군	307	
완도수목원 전라남도 완도군	341	
축령산자연휴양림 전라남도 장성군	343	
정남진편백숲우드랜드 전라남도 장흥군	345	
덕유산자연휴양림 전라북도 무주군	376	
국립화문산휴양림 전라북도 순창군	383	
대아수목원 전라북도 완주군	385	
세심자연휴양림 전라북도 임실군	391	
데미샘자연휴양림 전라북도 진안군	404	
운장산자연휴양림 전라북도 진안군	404	
돈내코 제주도 서귀포시	575	
카멜리아힐 제주도 서귀포시	570	
교래자연휴양림 제주도 제주시	550	
비자림 제주도 제주시	549	
절물자연휴양림 제주도 제주시	548	
한라수목원 제주도 제주시	553	
영인산자연휴양림 충청남도 아산시	221	
고운식물원 충청남도 청양군	229	
안면도자연휴양림 충청남도 태안군	234	
천리포수목원 충청남도 태안군	232	
조령산자연휴양림 충청북도 괴산군	241	
장령산자연휴양림 충청북도 옥천군	255	
백야자연휴양림 충청북도 음성군	257	
미동산수목원 충청북도 청주시	266	
상수허브랜드 충청북도 청주시	267	

숲 · 숲길

대암산용늪 강원도 인제군	146
속삭이는자작나무숲 강원도 인제군	145
다산은행나무숲 경상북도 고령군	500
메타세쿼이아길 경상북도 영덕군	515
금탑사비자나무숲 전라남도 고흥군	288
섬진강대나무숲길 전라남도 구례군	301
관방제림 전라남도 담양군	308
메타세쿼이아가로수길 전라남도 담양군	308
공기마을편백나무숲 전라북도 완주군	385
메타세쿼이아길 전라북도 진안군	404
사려니숲길 제주도 제주시	547
마량리동백나무숲 충청남도 서천군	216

습지

안산갈대습지공원 경기도 안산시	71
순천만습지 전라남도 순천시	321
운곡람사르습지 전라북도 고창군	363

약수터

오색약수 강원도 양양군	137
달기약수탕 경상북도 청송군	534
태화강대공원십리대숲 울산광역시 중구	434
초정약수터 충청북도 청주시	267

오름 · 화산

군산오름 제주도 서귀포시	574
따라비오름 제주도 서귀포시	583
물영아리 제주도 서귀포시	583
백약이오름 제주도 서귀포시	583
성산일출봉 제주도 서귀포시	581
거문오름 제주도 제주시	557
금오름 제주도 제주시	565
노꼬메오름 제주도 제주시	565
다랑쉬오름 제주도 제주시	558
산굼부리 제주도 제주시	556
새별오름 제주도 제주시	566
아부오름 제주도 제주시	560
용눈이오름 제주도 제주시	560

온천

오색그린야드호텔온천 강원도 양양군	137
이천테르메덴 경기도 이천시	95
부곡온천 경상남도 창녕군	466
문경종합온천 경상북도 문경시	506

소백산풍기온천리조트 경상북도 영주시	518
덕구온천리조트스파월드 경상북도 울진군	526
백암온천관광특구 경상북도 울진군	526
유성온천 대전광역시 유성구	183
아산스파비스 충청남도 아산시	221
수안보온천 충청북도 충주시	270

절리 · 절벽

정동진해안단구 강원도 강릉시	111
양남주상절리 경상북도 경주시	496
부용대 경상북도 안동시	511
대풍감해안절벽 경상북도 울릉군	522
채석강 전라북도 부안군	380
갯깍주상절리 제주도 서귀포시	574
대포주상절리 제주도 서귀포시	5751

폭포

비룡폭포 강원도 속초시	130
대승폭포 강원도 인제군	146
삼부연폭포 강원도 철원군	154
직탕폭포 강원도 철원군	155
구곡폭포 강원도 춘천시	159
비둘기낭폭포 경기도 포천시	102
희방폭포&희방사 경상북도 영주시	519
봉래폭포 경상북도 울릉군	523
달기폭포 경상북도 청송군	534
엉또폭포 제주도 서귀포시	576
정방폭포 제주도 서귀포시	577
천제연폭포 제주도 서귀포시	578
천지연폭포 제주도 서귀포시	572
수옥폭포 충청북도 괴산군	241

해변 · 해수욕장

경포해변 강원도 강릉시	109
주문진해수욕장 강원도 강릉시	111
삼포해수욕장 강원도 고성군	115
송지호해수욕장 강원도 고성군	114
화진포해수욕장 강원도 고성군	113
망상명사십리 강원도 동해시	118
망상해수욕장 강원도 동해시	117
추암해수욕장 강원도 동해시	119
맹방해수욕장 강원도 삼척시	124
삼척해수욕장 강원도 삼척시	123
속초해수욕장 강원도 속초시	128
낙산해수욕장 강원도 양양군	136
멍비치 강원도 양양군	136
학동몽돌해수욕장 경상남도 거제시	445
황포해수욕장 경상남도 거제시	445
상주은모래비치 경상남도 남해군	453
송정솔바람해수욕장 경상남도 남해군	453
고래불해수욕장 경상북도 영덕군	515
장사해수욕장 경상북도 영덕군	515
송도해수욕장 경상북도 포항시	539
영일대해수욕장 경상북도 포항시	540
월포해수욕장 경상북도 포항시	540
화진해수욕장 경상북도 포항시	541
이기대도시자연공원 부산광역시 남구	420
다대포해수욕장 부산광역시 사하구	417
송도해수욕장 부산광역시 서구	419
광안리해수욕장 부산광역시 수영구	410
해운대해수욕장 부산광역시 해운대구	409
주전몽돌해변 울산광역시 동구	437
진하해수욕장 울산광역시 울주군	437
동막해수욕장 인천광역시 강화군	32
정서진 인천광역시 서구	25
왕산해수욕장 인천광역시 중구	23

경포해변_사진제공(강릉시청 문화관광과)

을왕리해수욕장 인천광역시 중구	21
톱머리해변 전라남도 무안군	315
율포해수욕장 전라남도 보성군	319

와온해변 전라남도 순천시	323
화포해변 전라남도 순천시	323
증도우전해수욕장 전라남도 신안군	327
하트해변 전라남도 신안군	327
만성리검은모래해변 전라남도 여수시	332
방죽포해수욕장 전라남도 여수시	332
신지명사십리해수욕장 전라남도 완도군	340
송호해수욕장 전라남도 해남군	355
구시포 해수욕장 전라북도 고창군	362
격포해수욕장 전라북도 부안군	380
고사포해수욕장 전라북도 부안군	380
모항해수욕장 전라북도 부안군	380
변산해수욕장 전라북도 부안군	381
광치기해수욕장 제주도 서귀포시	582
사계해수욕장 제주도 서귀포시	575
섭지코지 제주도 서귀포시	582
용머리해안 제주도 서귀포시	572
중문색달해변 제주도 서귀포시	578
표선해수욕장 제주도 서귀포시	582
검멀레해수욕장 제주도 제주시	557
곽지해수욕장 제주도 제주시	564
금능해수욕장 제주도 제주시	564
김녕해수욕장 제주도 제주시	558
산호해수욕장 제주도 제주시	559
삼양해수욕장 제주도 제주시	551
세화해수욕장 제주도 제주시	559
알작지 제주도 제주시	553
월정리해수욕장 제주도 제주시	560
이호테우해수욕장 제주도 제주시	553
한담해수욕장 제주도 제주시	567
함덕해수욕장 제주도 제주시	561
협재해수욕장 제주도 제주시	564
난지도해수욕장 충청남도 당진시	200
대천해수욕장 충청남도 보령시	203
무창포해수욕장 충청남도 보령시	204
춘장대해수욕장 충청남도 서천군	215
꽃지해수욕장 충청남도 태안군	233
만리포해수욕장 충청남도 태안군	232
몽산포해수욕장 충청남도 태안군	233

신두리해수욕장 충청남도 태안군	234
연포해수욕장 충청남도 태안군	234
청포대해수욕장 충청남도 태안군	234
학암포해수욕장 충청남도 태안군	235

호수 · 저수지 · 연못

경포대&경포호 강원도 강릉시	110
영랑호 강원도 속초시	131
청초호 강원도 속초시	131
영월한반도지형 강원도 영월군	140
의암호 강원도 춘천시	161
황지연못 강원도 태백시	164
청평호수 경기도 가평군	39
호명호수 경기도 가평군	39
팔당호 경기도 광주시	50
장자호수공원 경기도 구리시	55
시화호 경기도 안산시	71
산정호수 경기도 포천시	102
구천저수지 경상남도 거제시	444
강주연못 경상남도 진주시	462
진양호 경상남도 진주시	462
연지못 경상남도 창녕군	467
주남저수지 경상남도 창원시	471
유호연지 경상북도 청도군	530
혼신지 경상북도 청도군	531
주산지 경상북도 청송군	534
세종호수공원 세종시 연기면	187
나주호 전라남도 나주시	304
한수제 전라남도 나주시	305
회산백련지 전라남도 무안군	315
옥정호 전라북도 임실군	391
탑영제 전라북도 진안군	405
탑정호 충청남도 논산시	197
천호지 충청남도 천안시	227
의림지 충청북도 제천시	26

자연시설

자연은 그 자체로도 아름답지만, 사람의 손길이 약간 더해지면 여행하고 싶어지는 매력적인 스팟이 된다. 아름답게 핀 꽃이 흐드러지게 핀 정원과 다원, 동물을 만날 수 있는 목장과 동물원, 그리고 지역을 대표하는 주제로 꾸민 테마공원 등 다채로운 매력의 여행지로 가득하다.

세종호수공원_사진제공(세종시청 문화체육관광과)

공원

삼척장미공원 강원도 삼척시	124
이사부사자공원 강원도 삼척시	125
태백산국립공원 강원도 태백시	163
일산호수공원 경기도 고양시	41
구리한강시민공원 경기도 구리시	55
광교호수공원 경기도 수원시	64
만석공원 경기도 수원시	65
분성산 경상남도 김해시	449
남해다초지 경상남도 남해군	452
이순신공원 경상남도 통영시	477
평사리공원 경상남도 하동군	481
황성공원 경상북도 경주시	497
금강로하스대청공원 대전광역시 대덕구	182
암남공원 부산광역시 서구	420
용두산공원 부산광역시 중구	420
대왕암공원 울산광역시 동구	435
인천대공원 인천광역시 남동구	24
송도센트럴파크 인천광역시 연수구	20
월미공원 인천광역시 중구	23
대황강자연휴식공원 전라남도 곡성군	292
빛가람호수공원 전라남도 나주시	305
삼학도근린공원 전라남도 목포시	313
전주덕진공원 전라북도 전주시	395
김녕미로공원 제주도 제주시	557
환상숲곶자왈공원 제주도 제주시	567
충주세계무술공원 충청북도 충주시	271

나루터

두물머리 경기도 양평군	79

농원 · 목장

정선양떼목장	강원도 정선군	151
대관령삼양목장	강원도 평창군	169
대관령양떼목장	강원도 평창군	170
대관령하늘목장	강원도 평창군	170

대관령삼양목장_사진제공(평창군청 문화관광과)

허브나라농원	강원도 평창군	171
안성팜랜드	경기도 안성시	73
허브아일랜드	경기도 포천시	103
공곶이	경상남도 거제시	444
양모리학교	경상남도 남해군	453
홍쌍리청매실농원	전라남도 광양시	295
보리나라학원농장	전라북도 고창군	361
보롬왓	제주도 서귀포시	583
성이시돌목장테쉬폰	제주도 제주시	566
제주마방목지	제주도 제주시	548
아그로랜드태신목장	충청남도 당진시	200
팜카밀레허브농원	충청남도 태안군	235

다원

강진다원	전라남도 강진군	284
보성녹차밭(대한다원)	전라남도 보성군	317
보성명량다원(봇재다원)	전라남도 보성군	319
다희연	제주도 제주시	558

동물원 · 식물원 · 생태관

강원도립화목원	강원도 춘천시	158
나인포레스트이화원	경기도 가평군	38
쥬라리움	경기도 고양시	43
서울대공원	경기도 과천시	46
곤충생태관	경기도 구리시	55
한택식물원	경기도 용인시	91
평강랜드	경기도 포천시	103
화성시우리꽃식물원	경기도 화성시	105
거제씨월드	경상남도 거제시	443
정글돔	경상남도 거제시	444
진양호동물원	경상남도 진주시	462
경주동궁원	경상북도 경주시	494
조선대학교장미원	광주광역시 동구	278
대전오월드	대전광역시 중구	182
베어트리파크	세종시 전동면	188
전주동물원	전라북도 전주시	396
여미지식물원	제주도 서귀포시	576
조랑말체험공원	제주도 서귀포시	585
세계꽃식물원	충청남도 아산시	220
수생식물학습원	충청북도 옥천군	254

생태공원

안터생태공원	경기도 광명시	53
경안천습지생태공원	경기도 광주시	50
문경새재자연생태공원	경상북도 문경시	506
태화강생태공원	울산광역시 중구	437
소래습지생태공원	인천광역시 남동구	22
섬진강자연생태공원	전라남도 곡성군	293
문암생태공원	충청북도 청주시	266

염전

태평염전	전라남도 신안군	327

정원

월화원	경기도 수원시	66
죽화경	전라남도 담양군	309
순천만국가정원	전라남도 순천시	322
부용동정원	전라남도 완도군	341
생각하는정원	제주도 제주시	566
상화원	충청남도 보령시	205
자연누리성	충청남도 천안시	226

테마공원

모래시계공원 강원도 강릉시	111
하슬라아트월드 강원도 강릉시	111
해신당공원 강원도 삼척시	125
렛츠런팜원당(원당종마목장) 경기도 고양시	42
율동공원 경기도 성남시	61
효원공원 경기도 수원시	67
소나기마을 경기도 양평군	81
쉬자파크 경기도 양평군	81
매미성 경상남도 거제시	444
옥포대첩기념공원 경상남도 거제시	444
남해나비&더테마파크 경상남도 남해군	452

달성공원_사진제공(대구광역시 관광문화재과)

달빛쌈지공원 경상남도 밀양시	455
용지호수공원 경상남도 창원시	470
진해해양공원 경상남도 창원시	471
달아공원 경상남도 통영시	475
삼사해상공원 경상북도 영덕군	515
해맞이공원 경상북도 영덕군	514
사방기념공원 경상북도 포항시	539
호미곶해맞이광장 경상북도 포항시	537
환호공원 경상북도 포항시	541
광주공원 광주광역시 남구	277
두류공원 대구광역시 달서구	427
달성공원 대구광역시 중구	426
엑스포과학공원 대전광역시 유성구	183
울산대공원 울산광역시 남구	436
태화강동굴피아 울산광역시 남구	437
자유공원 인천광역시 중구	25
세계모란공원 전라남도 강진군	285

대나무골테마공원 전라남도 담양군	308
평화광장 전라남도 목포시	313
보성비봉공룡공원 전라남도 보성군	318
돌산공원 전라남도 여수시	331
두륜미로파크 전라남도 해남군	354
진포해양테마공원 전라북도 군산시	367
지리산허브밸리 전라북도 남원시	373
서동공원 전라북도 익산시	388
오수의견공원 전라북도 임실군	391
옥정호구절초테마공원 전라북도 정읍시	401
정읍사공원 전라북도 정읍시	401
제주허브동산 제주도 서귀포시	585
메이즈랜드 제주도 제주시	558
제주러브랜드 제주도 제주시	553
한림공원 제주도 제주시	563
개화예술공원 충청남도 보령시	204
신정호 충청남도 아산시	220
천안삼거리공원 충청남도 천안시	227
네이처월드 충청남도 태안군	233
코리아플라워파크 충청남도 태안군	235
천수만농어촌테마공원 충청남도 홍성군	237

한림공원_사진제공(김지호_한국관광공사)

솔향공원 충청북도 보은군	251
원남테마공원 충청북도 음성군	257
음성큰바위얼굴조각공원 충청북도 음성군	257

유적

유적은 우리나라의 역사와 문화, 전통이 모두 녹아 있는 보물이다. 그 안에 숨어 있는 이야기를 보고 있으면, 금세라도 과거로 시간 여행을 떠나는 것 같다. 같은 유형의 유적이라도 만들어진 시대에 따라 달라지는 형태를 비교하는 재미도 남다르다. 특히 요즘에는 지자체마다 역사 유적지를 테마로 한 여행 코스, 투어 등을 소개하고 있어, 색다른 여행을 즐겨보는 것도 좋겠다.

첨성대_사진제공(경주시청 문화관광과)

고분 · 능 · 묘

장릉 강원도 영월군	141
서삼릉 경기도 고양시	42
서오릉 경기도 고양시	42
동구릉 경기도 구리시	55
광릉 경기도 남양주시	59
영릉 경기도 여주시	85
융건릉 경기도 화성시	105
대성동고분군 경상남도 김해시	449
수로왕릉 경상남도 김해시	449
구형왕릉 경상남도 산청군	458
교동&송현동고분군 경상남도 창녕군	466
삼성궁 경상남도 하동군	480
대릉원 경상북도 경주시	492
무열왕릉 경상북도 경주시	495
문무대왕릉 경상북도 경주시	495
고령지산동고분군 경상북도 고령군	500
순흥읍내리벽화고분 경상북도 영주시	519
나주대안리고분군 전라남도 나주시	305
남원만인의총 전라북도 남원시	372
익산쌍릉 전라북도 익산시	389
무령왕릉 충청남도 공주시	195
송산리고분군 충청남도 공주시	195

고인돌

강화고인돌유적지 인천광역시 강화군	31
화순고인돌유적 전라남도 화순군	357
고창고인돌유적 전라북도 고창군	362

고택 · 생가 · 자택

선교장	강원도 강릉시	111
오죽헌	강원도 강릉시	111
허난설헌생가	강원도 강릉시	111
명성황후생가	경기도 여주시	84
성철대종사생가	경상남도 산청군	459

명성황후생가_사진제공(여주시청 문화관광과)

박정희대통령생가	경상북도 구미시	503
구담정사	경상북도 안동시	510
송소고택	경상북도 청송군	535
동춘당	대전광역시 대덕구	183
다산초당	전라남도 강진군	283
영랑생가	전라남도 강진군	285
윤동주유고보존정병욱가옥	전라남도 광양시	296
운조루	전라남도 구례군	301
초의선사탄생지	전라남도 무안군	315
보길도윤선도원림	전라남도 완도군	340
윤선도원림	전라남도 완도군	341
운림산방	전라남도 진도군	350
고산윤선도유적지	전라남도 해남군	354
신재효고택	전라북도 고창군	363
신흥동일본식가옥	전라북도 군산시	366
이영춘박사가옥	전라북도 군산시	367
유기방가옥	충청남도 서산시	213
추사고택	충청남도 예산군	223
만해한용운선생생가지	충청남도 홍성군	237
백야김좌진장군생가지	충청남도 홍성군	237
보은우당고택	충청북도 보은군	250
정지용생가	충청북도 옥천군	255

김유신장군탄생지	충청북도 진천군	263

관아 · 객사

진남관	전라남도 여수시	333
전주객사	전라북도 전주시	396
제주목관아	제주도 제주시	561

교회

방주교회	제주도 서귀포시	575

군사유적지

백마고지전적지	강원도 철원군	154
갑곶돈대	인천광역시 강화군	31
광성보	인천광역시 강화군	32
초지진	인천광역시 강화군	33
계백장군유적지	충청남도 논산시	197

궁 · 행궁

화성행궁	경기도 수원시	64
동궁과월지(안압지)	경상북도 경주시	490
경기전	전라북도 전주시	394

누각 · 정자 · 초당

하조대	강원도 양양군	137
고석정	강원도 철원군	154
반구정	경기도 파주시	99
촉석루	경상남도 진주시	463
세병관	경상남도 통영시	476
함벽루	경상남도 합천군	484
연미정	인천광역시 강화군	33
소쇄원	전라남도 담양군	309
광한루원	전라북도 남원시	372
오목대	전라북도 전주시	395
한벽당	전라북도 전주시	397
피향정	전라북도 정읍시	401
독락정	충청북도 옥천군	254

다리

진천농다리	충청북도 진천군	263

독립운동유적지

유관순열사유적지 충청남도 천안시   226

문 · 대문

팔달문 경기도 수원시   67
라제통문(나제통문) 전라북도 무주군   376
풍남문 전라북도 전주시   397

문화유적지

연주대 경기도 과천시   47
사명대사유적지 경상남도 밀양시   455
목면시배유지 경상남도 산청군   459
최참판댁 경상남도 하동군   481
첨성대 경상북도 경주시   493
백제불교최초도래지 전라남도 영광군   335
왕인박사유적지 전라남도 영암군   337
장도청해진유적지 전라남도 완도군   340
삼성혈 제주도 제주시   551

문화재단지

백제문화단지 충청남도 부여군   207
문의문화재단지 충청북도 청주시   266

별장

김일성별장/이기붕별장/이승만별장
    강원도 고성군   114
청남대 충청북도 청주시   267

불상

익산고도리석조여래입상 전라북도 익산시   389
서산마애삼존불상 충청남도 서산시   213

사당 · 제단 · 솟대

현충사 충청남도 아산시   221
충의사 충청남도 예산군   223
길상사 충청북도 진천군   263

사적공원

거제도포로수용소유적공원 경상남도 거제시   443
고인돌공원 전라남도 순천시   323
구드래조각공원 충청남도 부여군   208
탄금대 충청북도 충주시   269

사찰

낙산사 강원도 양양군   135
휴휴암 강원도 양양군   137
구룡사 강원도 원주시   143
백담사 강원도 인제군   147
도피안사 강원도 철원군   154
월정사 강원도 평창군   169
망월사 경기도 광주시   50
장경사 경기도 광주시   51
쌍계사 경기도 안산시   71

낙산사_사진제공(이범수)-한국관광공사

칠장사 경기도 안성시   73
용문사 경기도 양평군   81
신륵사 경기도 여주시   84
와우정사 경기도 용인시   91
용주사 경기도 화성시   105
표충사 경상남도 밀양시   455
겁외사(성철대종사생가) 경상남도 산청군   458
대원사 경상남도 산청군   458
수선사 경상남도 산청군   459
정취암 경상남도 산청군   459
청곡사 경상남도 진주시   463
쌍계사 경상남도 하동군   480

해인사 경상남도 합천군	483
분황사 경상북도 경주시	495
불국사 경상북도 경주시	489
석굴암 경상북도 경주시	496
도리사 경상북도 구미시	503
부석사 경상북도 영주시	518
불영사 경상북도 울진군	526
운문사 경상북도 청도군	530
보경사 경상북도 포항시	539
파계사 대구광역시 동구	429
해동용궁사 부산광역시 기장군	413
영평사 세종시 장군면	189
비암사 세종시 전의면	189
보문사 인천광역시 강화군	33
전등사 인천광역시 강화군	33
용궁사 인천광역시 중구	23
무위사 전라남도 강진군	285
백련사 전라남도 강진군	284
도림사 전라남도 곡성군	292
사성암 전라남도 구례군	301
화엄사 전라남도 구례군	299
선암사 전라남도 순천시	323
송광사 전라남도 순천시	323
향일암 전라남도 여수시	330
불갑사 전라남도 영광군	335
백양사 전라남도 장성군	343
보림사 전라남도 장흥군	346
천관사 전라남도 장흥군	347
대흥사 전라남도 해남군	354
미황사 전라남도 해남군	355
쌍봉사 전라남도 화순군	357
운주사 전라남도 화순군	357
문수사 전라북도 고창군	362
선운사 전라북도 고창군	362
동국사 전라북도 군산시	366
금산사 전라북도 김제시	369
망해사 전라북도 김제시	369
안국사 전라북도 무주군	377
내소사 전라북도 부안군	380

송광사 전라북도 완주군	385
내장사 전라북도 정읍시	400
은수사 전라북도 진안군	405
갑사 충청남도 공주시	194
마곡사 충청남도 공주시	194
신원사 충청남도 공주시	195
개태사 충청남도 논산시	197
관촉사 충청남도 논산시	197
무량사 충청남도 부여군	209
간월암 충청남도 서산시	212
개심사 충청남도 서산시	212
문수사 충청남도 서산시	212
수덕사 충청남도 예산군	223
각원사 충청남도 천안시	226
장곡사 충청남도 청양군	229
안면암 충청남도 태안군	234
각연사 충청북도 괴산군	241
구인사 충청북도 단양군	245
법주사 충청북도 보은군	250
용암사 충청북도 옥천군	255
미타사 충청북도 음성군	257
정방사 충청북도 제천시	261
보탑사 충청북도 진천군	263

수원화성_사진제공(김지호)-한국관광공사

산성 · 성 · 성곽 · 요새

행주산성 경기도 고양시	42
남한산성 경기도 광주시	49
수원화성 경기도 수원시	63
파사성 경기도 여주시	85
진주성 경상남도 진주시	461

고모산성 경상북도 문경시	506
영일장기읍성 경상북도 포항시	540
운주산성 세종시 전동면	189
전라병영성 전라남도 강진군	285
순천왜성 전라남도 순천시	323
고창읍성 전라북도 고창군	362
익산토성 전라북도 익산시	389
공산성 충청남도 공주시	193
부소산성 충청남도 부여군	208
해미읍성 충청남도 서산시	211
안흥성 충청남도 태안군	234
홍주읍성 충청남도 홍성군	237
삼년산성 충청북도 보은군	250
상당산성 충청북도 청주시	265

서당 · 서원 · 향교

도산서원 경상북도 안동시	511
병산서원 경상북도 안동시	510
소수서원 경상북도 영주시	519
월봉서원 광주광역시 광산구	278
순창향교 전라북도 순창군	383
전주향교 전라북도 전주시	397
논산돈암서원 충청남도 논산시	197

석등 · 석탑

왕궁리오층석탑 전라북도 익산시	388
충주고구려비 충청북도 충주시	271
충주탑평리칠층석탑 충청북도 충주시	271

선사유적지

봉황동유적지 경상남도 김해시	449
둔산선사유적지 대전광역시 서구	183
반구대암각화 울산광역시 울주군	435
삼양동선사유적지 제주도 제주시	551

성당 · 성지

풍수원성당 강원도 횡성군	175
죽성성당 부산광역시 기장군	413
대한성공회강화성당 인천광역시 강화군	32

사진제공(전주시청 관광산업과)

대한성공회강화성당 인천광역시 강화군	32
아기사슴성당(소록도성당) 전라남도 고흥군	289
나바위성당 전라북도 익산시	388
전동성당 전라북도 전주시	394
솔뫼성지 충청남도 당진시	200
공세리성당 충청남도 아산시	220
감곡성당 충청북도 음성군	257
배론성지 충청북도 제천시	261
배티성지 충청북도 진천군	263

유배지

청령포 강원도 영월군	141
추사유배지 제주도 서귀포시	578

저수지

궁남지 충청남도 부여군	208

터

감은사지 경상북도 경주시	493
경주계림 경상북도 경주시	493
포석정지 경상북도 경주시	497
황룡사지 경상북도 경주시	497
미륵사지 전라북도 익산시	387
정림사지 충청남도 부여군	209
미륵대원지 충청북도 충주시	270

관광시설

다채로운 테마 관광을 즐기고 싶다면 다음의 여행지를 주목하자. 여행객의 오감을 만족시키는 시설을 비롯해 쾌적한 편의시설을 갖추고 있어 가족 단위나 친구들끼리 찾기에도 안성맞춤이다. 아름다운 자연과 어우러진 관광단지를 비롯해 짜릿한 놀이기구가 있는 놀이공원, 영화 속 주인공이 되어볼 수 있는 세트장, 그리고 각기 다른 매력이 있는 테마파크까지. 취향에 맞는 곳을 골라 여행해보자.

관광단지

용문산관광지 경기도 양평군	81
임진각관광지 경기도 파주시	98
도남관광단지 경상남도 통영시	475
보문관광단지 경상북도 경주시	491
갓바위문화타운 전라남도 목포시	312
우수영관광지 전라남도 해남군	355
사선대관광지 전라북도 임실군	391
중문관광단지 제주도 서귀포시	569
곰나루관광단지 충청남도 공주시	194
삽교호관광지 충청남도 당진시	199
예당관광지 충청남도 예산군	223
천안종합휴양관광지 충청남도 천안시	227
온달관광지 충청북도 단양군	247
청풍문화재단지 충청북도 제천시	260

관광열차

해운대해변열차 부산광역시 해운대구	413
청풍호관광모노레일 충청북도 제천시	261

놀이공원 · 유원지

서울랜드 경기도 과천시	45
송추유원지 경기도 양주시	76
장흥관광지 경기도 양주시	76
에버랜드 경기도 용인시	89
진주랜드 경상남도 진주시	463
돝섬유원지 경상남도 창원시	470
경주월드 경상북도 경주시	494

에버랜드_사진제공_삼성에버랜드 홍보팀

금오랜드 경상북도 구미시	503
진남교반유원지 경상북도 문경시	507
송산유원지 광주광역시 광산구	278
이월드 대구광역시 달서구	428
수성유원지 대구광역시 수성구	428
태종대유원지 부산광역시 영도구	415
월미테마파크 인천광역시 중구	24
압록유원지 전라남도 곡성군	293
은파유원지 전라북도 군산시	367
모악랜드 전라북도 김제시	369
피나클랜드 충청남도 아산시	221
괴강유원지 충청북도 괴산군	241
금강유원지 충청북도 옥천군	253
장계관광지 충청북도 옥천군	255
라바랜드 충청북도 충주시	270
수주팔봉유원지 충청북도 충주시	271

드라마·영화촬영장

남양주종합촬영소 경기도 남양주시	58
더그림 경기도 양평군	80
해양드라마세트장 경상남도 창원시.	470
합천영상테마파크 경상남도 합천군	484
폭풍속으로드라마세트장 경상북도 울진군	527
봄의왈츠촬영지 전라남도 완도군	341
서편제촬영지 전라남도 완도군	341
완도청해포구촬영장 전라남도 완도군	341
궁항전라좌수영세트장 전라북도 부안군	380
익산교도소세트장 전라북도 익산시	389

민속촌

한국민속촌 경기도 용인시	90
영주선비촌 경상북도 영주시	519

스카이워크

병방치스카이워크 강원도 정선군	150
소양강스카이워크 강원도 춘천시	160
등기산스카이워크 경상북도 울진군	526
오륙도스카이워크 부산광역시 남구	420
장항스카이워크 충청남도 서천군	217
만천하스카이워크 충청북도 단양군	246

아쿠아리움

아쿠아플라넷일산 경기도 고양시	43
대전아쿠아리움 대전광역시 중구	182
부산아쿠아리움 부산광역시 해운대구	412
아쿠아플라넷여수 전라남도 여수시	332
아쿠아플라넷제주 제주도 서귀포시	584
다누리아쿠아리움 충청북도 단양군	245

워터파크

델피노리조트 아쿠아월드 강원도 고성군	115
삼척쏠비치아쿠아월드 강원도 삼척시	124
캐리비안베이 경기도 용인시	91
중흥골드스파리조트 전라남도 나주시	305
디오션리조트워터파크 전라남도 여수시	331
소노벨변산오션플레이 전라북도 부안군	381
리솜오션캐슬 아쿠아월드 충청남도 태안군	233

유람선/크루즈

임진강황포돛배 경기도 파주시	99
남해대교유람선 경상남도 남해군	452
울릉도유람선 경상북도 울릉군	523
해운대유람선 부산광역시 해운대구	413
고래바다여행선 울산광역시 남구	434
경인아라뱃길 인천광역시 서구	21
월미도유람선 인천광역시 중구	24
미남크루즈해양관광 전라남도 여수시	332

쁘띠프랑스_사진제공(한국관광공사)

이사부크루즈호 전라남도 여수시	333
서귀포유람선 제주도 서귀포시	575
청풍호유람선 충청북도 제천시	261
충주호관광선 충청북도 충주시	271

잠수정
| 서귀포잠수함 제주도 서귀포시 | 576 |

전망대
고성통일전망대 강원도 고성군	114
송지호철새관망타워 강원도 고성군	115
속초등대전망대 강원도 속초시	130
구봉산전망대 강원도 춘천시	160
팔당전망대 경기도 광주시	51
오두산통일전망대 경기도 파주시	99
사직전망타워 광주광역시 남구	278
앞산공원전망대 대구광역시 남구	428
밀마루전망대 세종시 어진동	188
울산대교전망대 울산광역시 동구	436
강화평화전망대 인천광역시 강화군	31
고바우전망대 전라남도 강진군	284
우주발사전망대 전라남도 고흥군	289
구봉산전망대 전라남도 광양시	296
정남진전망대 전라남도 장흥군	347
금강철새조망대 전라북도 군산시	366
국사봉전망대 전라북도 임실군	391
태배전망대 충청남도 태안군	235
양백산전망대 충청북도 단양군	247

| 대청댐전망대 충청북도 청주시 | 266 |

체험마을
동의보감촌 경상남도 산청군	458
힐링파크쑥썸쑥썸 전라남도 고흥군	289
메타프로방스 전라남도 담양군	308

케이블카
설악케이블카 강원도 속초시	130
영남알프스얼음골케이블카 경상남도 밀양시	455
한려수도조망케이블카 경상남도 통영시	475
독도일출전망케이블카 경상북도 울릉군	523
앞산케이블카 대구광역시 동구	428
팔공산케이블카 대구광역시 동구	429
송도해상케이블카 부산광역시 서구	419
목포해상케이블카 전라남도 목포시	311
여수해상케이블카 전라남도 여수시	330
청풍호반케이블카 충청북도 제천시	261

테마파크
하이원추추파크 강원도 삼척시	125
쁘띠프랑스 경기도 가평군	38
에델바이스스위스테마파크 경기도 가평군	38
고구려대장간마을 경기도 구리시	55
프로방스마을 경기도 파주시	99
어메이징파크 경기도 포천시	103
김해가야테마파크 경상남도 김해시	447
진해드림파크 경상남도 창원시	471

대장경테마파크 경상남도 합천군	484	충장로거리 광주광역시 동구	279
신라밀레니엄파크 경상북도 경주시	492	광주폴리 광주광역시 북구	277
대가야역사테마관광지 경상북도 고령군	499	김광석다시그리기길 대구광역시 중구	426
유교랜드 경상북도 안동시	511	대구근대골목 대구광역시 중구	425
청도소싸움테마파크 경상북도 청도군	531	동성로 대구광역시 중구	427
프로방스포토랜드 경상북도 청도군	530	청라언덕 대구광역시 중구	429
네이처파크 대구광역시 달성군	426	스카이로드 대전광역시 중구	183
아양기찻길 대구광역시 동구	428	원도심 대전광역시 중구	180
옥토끼우주센터 인천광역시 강화군	33	상해거리 부산광역시 동구	419
나주영상테마파크 전라남도 나주시	303	초량이바구길 부산광역시 동구	421
홍길동테마파크 전라남도 장성군	343		
춘향테마파크 전라북도 남원시	373		
부안영상테마파크 전라북도 부안군	381		
임실치즈테마파크 전라북도 임실군	391		
성읍랜드 제주도 서귀포시	583		
소인국테마파크 제주도 서귀포시	576		
코코몽에코파크 제주도 서귀포시	585		
퍼시픽리솜 제주도 서귀포시	578		
수목원테마파크 제주도 제주시	552		
에코랜드테마파크 제주도 제주시	560		

강릉커피거리_사진제공(마이픽쳐스)-한국관광공사

기타 관광지

거리 · 골목

강릉커피거리 강원도 강릉시	110	서면특화거리 부산광역시 부산진구	419
구봉산카페거리 강원도 춘천시	160	전포카페거리 부산광역시 부산진구	421
동판교카페거리 경기도 성남시	61	광복로패션거리 부산광역시 중구	416
서판교카페거리 경기도 성남시	61	보수동책방골목 부산광역시 중구	417
나혜석거리 경기도 수원시	64	배다리헌책방거리 인천광역시 동구	22
안산다문화거리 경기도 안산시	71	개항장역사문화의거리 인천광역시 중구	21
보정동카페거리 경기도 용인시	90	영산포홍어거리 전라남도 나주시	305
황리단길 경상북도 경주시	497	득량역추억의거리 전라남도 보성군	318
구룡포일본인가옥거리 경상북도 포항시	538	근대문화역사거리 전라북도 군산시	366
대인예술시장 광주광역시 동구	278	이중섭거리 제주도 서귀포시	577
예술의거리 광주광역시 동구	278	국고개문화거리 충청남도 공주시	194
		강경근대역사문화거리 충청남도 논산시	197
		성안길 충청북도 청주시	267

길 · 도로

대관령옛길 강원도 강릉시	110
논골담길 강원도 동해시	118
춘천호반길 강원도 춘천시	161
다산길 경기도 남양주시	59
구봉도해솔길 경기도 안산시	70

물소리길 경기도 양평군	80
연천코스모스둘레길 경기도 연천군	87
창녕남지개비리길 경상남도 창녕군	467
서피랑 경상남도 통영시	476
하동십리벚꽃길 경상남도 하동군	479
청룡산MTB자전거길 경상북도 고령군	501
영덕블루로드A코스 경상북도 영덕군	514
영덕블루로드B코스 경상북도 영덕군	514
영덕블루로드C코스 경상북도 영덕군	514
영덕블루로드D 경상북도 영덕군	514
소백산자락길 경상북도 영주시	518
죽령옛길 경상북도 영주시	519

신비의도로_사진제공(이범수한국관광공사)

울릉도일주도로 경상북도 울릉군	523
금강소나무숲길 경상북도 울진군	526
왕피천생태탐방로 경상북도 울진군	527
오어지둘레길 경상북도 포항시	540
팔공산올레 대구광역시 대구 전체	429
대전둘레산길 대전광역시 대전 전체	181
달맞이길 부산광역시 해운대구	410
다산초당길 전라남도 강진군	285
영암100리벚꽃길 전라남도 영암군	337
진도신비의바닷길 전라남도 진도군	349
지리산둘레길운봉-인월구간 전라북도 남원시	372
지리산둘레길인월-금계구간 전라북도 남원시	372
지리산둘레길주천-운봉구간 전라북도 남원시	373
정읍천변벚꽃길 전라북도 정읍시	401
제주올레길 제주도 서귀포시	545
신비의도로 제주도 제주시	552
종달리수국길 제주도 제주시	561

서산아라메길 충청남도 서산시	213
산막이옛길 충청북도 괴산군	241
박달재 충청북도 제천시	260
청풍호반길 충청북도 제천시	261

다리

소금산출렁다리 강원도 원주시	143
영산만년교 경상남도 창녕군	467
여좌천다리 경상남도 창원시	469
월영교 경상북도 안동시	510
예당호출렁다리 충청남도 예산군	223
천장호출렁다리 충청남도 청양군	229
꽃게다리 충청남도 태안군	233

대교/교각

거가대교 경상남도 거제시	443
광안대교 부산광역시 수영구	410
인천대교 인천광역시 중구	25
돌산대교 전라남도 여수시	331
진도대교 전라남도 진도군	351
서해대교 충청남도 당진시	200

댐

소양강댐 강원도 춘천시	160
운문댐 경상북도 청도군	530
부안댐 전라북도 부안군	381
용담댐 전라북도 진안군	404

등대

| 산지등대 제주도 제주시 | 551 |
| 우도등대 제주도 제주시 | 560 |

마을/타운

왕곡마을 강원도 고성군	115
속초아바이마을 강원도 속초시	129
만해마을 강원도 인제군	146
용대리황태마을 강원도 인제군	146
아라리촌 강원도 정선군	150
김유정문학촌 강원도 춘천시	160

구와우마을 강원도 태백시	164		인천차이나타운 인천광역시 중구	19
가평영양잣마을 경기도 가평군	38		곡성섬진강기차마을 전라남도 곡성군	291
이천도예마을 경기도 이천시	93		섬진강도깨비마을 전라남도 곡성군	292
이천산수유마을 경기도 이천시	94		광양매화마을 전라남도 광양시	296
파주출판도시 경기도 파주시	98		섬진강재첩정보화마을 전라남도 광양시	296
헤이리예술마을 경기도 파주시	97		지리산산수유마을 전라남도 구례군	300
포천아트밸리 경기도 포천시	103		낙안읍성 전라남도 순천시	322
남해독일마을 경상남도 남해군	451		구림전통마을 전라남도 영암군	337
다랭이마을 경상남도 남해군	452		해남땅끝마을 전라남도 해남군	353
두모유채꽃메밀꽃단지 경상남도 남해군	453		경암동철길 전라북도 군산시	366
미국마을 경상남도 남해군	453		덕치구담마을 전라북도 임실군	391
원예예술촌 경상남도 남해군	453		자만벽화마을 전라북도 전주시	396
우포가시연꽃마을 경상남도 창녕군	467		전주한옥마을 전라북도 전주시	393
동피랑벽화마을 경상남도 통영시	474		송참봉조선동네 전라북도 정읍시	400
직전마을양귀비밭 경상남도 하동군	480		성읍민속마을 제주도 서귀포시	584
교촌한옥마을 경상북도 경주시	494		제주민속촌 제주도 서귀포시	585
양동마을 경상북도 경주시	496		도정딸기마을 충청남도 논산시	197
개실마을 경상북도 고령군	500		왜목마을 충청남도 당진시	201
예마을 경상북도 고령군	501		천북굴단지 충청남도 보령시	205
안동하회마을 경상북도 안동시	509		외암민속마을 충청남도 아산시	221
무섬마을 경상북도 영주시	518		지중해마을 충청남도 아산시	220
통구미마을 경상북도 울릉군	523		미나릿길벽화마을 충청남도 천안시	226
덕동문화마을 경상북도 포항시	539			
양림역사문화마을 광주광역시 남구	276		**먹거리촌**	
청춘발산마을 광주광역시 서구	279		송천떡마을 강원도 양양군	137
감천문화마을 부산광역시 사하구	416		안흥찐빵마을 강원도 횡성군	174
센텀시티 부산광역시 해운대구	412		해운대포장마차촌 부산광역시 해운대구	413
뒤웅박고을 세종시 전동면	188		순창전통고추장민속마을 전라북도 순창군	383
장생포고래문화마을 울산광역시 남구	433		삼천동막걸리골목 전라북도 전주시	395
송월동동화마을 인천광역시 중구	23		전설의쌍화차거리 전라북도 정읍시	401
			광시한우거리 충청남도 예산군	223

방조제

시화방조제 경기도 안산시	70
새만금방조제 전라북도 부안군	381

역

정동진역 강원도 강릉시	110
구둔역 경기도 양평군	80

607

임피역사 전라북도 군산시 367

연구소
전라남도산림자원연구소 전라남도 나주시 304
국립생태원 충청남도 서천군 216

자전거길
남한강자전거길 경기도 남양주시 58
영산강자전거길 전라남도 무안군 315

천문대
국토정중앙천문대 강원도 양구군 133
별마로천문대 강원도 영월군 140
세종천문대 경기도 여주시 84
김해천문대 경상남도 김해시 449
우주측지관측센터 세종시 연기면 189
곡성섬진강천문대 전라남도 구례군 300
남원항공우주천문대 전라북도 남원시 372

터널
백송터널 경상남도 밀양시 455
해저터널 경상남도 통영시 477
5.16도로숲터널 제주도 서귀포시 574

풍력발전소
매봉산바람의언덕 강원도 태백시 164
영덕풍력발전단지 경상북도 영덕군 513

항구
주문진항 강원도 강릉시 111
거진항 강원도 고성군 114
묵호항 강원도 동해시 118
장호항 강원도 삼척시 122
대포항 강원도 속초시 129
동명항 강원도 속초시 130
속초항 강원도 속초시 130
장사항 강원도 속초시 131
남애항 강원도 양양군 136
강구항 경상북도 영덕군 514

축산항 경상북도 영덕군 515
죽변항 경상북도 울진군 526
후포항 경상북도 울진군 527
기장대변항 부산광역시 기장군 410
소래포구 인천광역시 남동구 22
북성포구 인천광역시 중구 22
연안부두 인천광역시 중구 23
법성항 전라남도 영광군 335
곰소항 전라북도 부안군 380
한진포구 충청남도 당진시 201
오천항 충청남도 보령시 205
삼길포항 충청남도 서산시 212
드르니항 충청남도 태안군 233
백사장항 충청남도 태안군 233

해안도로
거제일주도로 경상남도 거제시 443
여차-홍포해안비경 경상남도 거제시 444
진해해안도로 경상남도 창원시 471
행남해안산책로 경상북도 울릉군 523
호미반도해안둘레길 경상북도 포항시 541
절영해안산책로 부산광역시 영도구 421
형제해안도로 제주도 서귀포시 579
세화김녕해안도로 제주도 제주시 559
신창풍차해안도로
area제주도 제주시 566
용담이호해안도로 제주도 제주시 553
하귀애월해안도로 제주도 제주시 567
한담해안산책로 제주도 제주시 567

일반시설

새로운 것을 보고 배우고 싶은 사람이라면, 박물관, 문학관, 아쿠아리움, 천문대 등의 여행지가 제격이다. 특히 요즘에는 건축학적 미학을 살린 시설이 많아져 둘러보는 재미가 남다르다. 탁 트인 전망을 보고 싶다면 전망대에 오르거나 케이블카, 유람선 같은 시설을 이용해보는 것도 좋겠다. 바다를 배경 삼아 신선한 해산물을 즐기고 싶은 사람에게는 항구도 훌륭한 여행지로 손색이 없다.

KT&G상상마당춘천_사진제공(KT&G상상마당춘천)

공연장
성남아트센터 경기도 성남시 ... 61
대구문화예술회관 대구광역시 달서구 ... 426
영화의전당 부산광역시 해운대구 ... 412

광장
BIFF광장 부산광역시 중구 ... 416
이순신광장 전라남도 여수시 ... 333
아라리오광장 충청남도 천안시 ... 226

교육관·전수관·체험관
365세이프타운 강원도 태백시 ... 164
경기소리전수관 경기도 과천시 ... 47
안성맞춤유기공방 경기도 안성시 ... 73
와인터널 경상북도 청도군 ... 529
인천나비공원 인천광역시 부평구 ... 24
국립청소년우주체험센터 전라남도 고흥군 ... 288
순천전통야생차체험관 전라남도 순천시 ... 323
화순치즈체험학교 전라남도 화순군 ... 357
무주반디랜드 전라북도 무주군 ... 377

국립묘지
국립5·18민주묘지 광주광역시 북구 ... 277
국립대전현충원 대전광역시 유성구 ... 181

기념공원
5·18기념공원 광주광역시 서구 ... 276

기념관 · 문학관

전쟁기념관 강원도 양구군	133
난고김삿갓문학관 강원도 영월군	140
박경리문학공원 강원도 원주시	143
이효석문학관 강원도 평창군	170
오리서원 경기도 광명시	53
아담스기념관 경기도 수원시	66
거북선 경상남도 통영시	475
박경리기념관 경상남도 통영시	476
이육사문학관 경상북도 안동시	511
임시수도기념관 부산광역시 서구	421
인천상륙작전기념관 인천광역시 연수구	25
광양기독교선교100주년기념관 전라남도 광양시	296
김대중노벨평화상기념관 전라남도 목포시	312
보성여관 전라남도 보성군	318
태백산맥문학관 전라남도 보성군	319
이세돌바둑기념관 전라남도 신안군	326
장보고기념관 전라남도 완도군	341
미당시문학관 전라북도 고창군	362
혼불문학관 전라북도 남원시	373
동학농민혁명기념관 전라북도 정읍시	400
윤봉길의사 기념관 충청남도 예산군	223
독립기념관 충청남도 천안시	225

문화센터

청춘창고 전라남도 순천시	323

미술관 · 박물관 · 전시관

삼척동굴신비관 강원도 삼척시	124
속초시립박물관 강원도 속초시	130
박수근미술관 강원도 양구군	133
양구백자박물관 강원도 양구군	133
양구선사박물관 강원도 양구군	133
동강사진박물관 강원도 영월군	140
영월라디오스타박물관 강원도 영월군	141
고판화박물관 강원도 원주시	143
뮤지엄산 강원도 원주시	143
삼탄아트마인 강원도 정선군	150
국립춘천박물관 강원도 춘천시	160
애니메이션박물관 강원도 춘천시	160
토이로봇관 강원도 춘천시	161
태백고생대자연사박물관 강원도 태백시	165
태백석탄박물관 강원도 태백시	165
자작나무숲미술관 강원도 횡성군	175
국립과천과학관 경기도 과천시	47
국립현대미술관 경기도 과천시	46
추사박물관 경기도 과천시	47
한국카메라박물관 경기도 과천시	47
경기도자박물관 경기도 광주시	50
영은미술관 경기도 광주시	51
남양주역사박물관 경기도 남양주시	59
모란미술관 경기도 남양주시	59
삼성이노베이션뮤지엄 경기도 수원시	65
수원박물관 경기도 수원시	65
수원시립아이파크미술관 경기도 수원시	65
수원화성박물관 경기도 수원시	66
해우재 경기도 수원시	67
행궁길갤러리 경기도 수원시	67
양주시립장욱진미술관 경기도 양주시	76
장흥아트파크 경기도 양주시	77
회암사지박물관 경기도 양주시	77
목아박물관 경기도 여주시	84
여주박물관 경기도 여주시	85
폰박물관 경기도 여주시	85
전곡선사박물관 경기도 연천군	87
백남준아트센터 경기도 용인시	90
한국등잔박물관 경기도 용인시	91
호암미술관 경기도 용인시	91
이천세라피아 경기도 이천시	94

국립현대미술관_사진제공(김지호)-한국관광공사

이천시립월전미술관 경기도 이천시	94
한립토이뮤지엄 경기도 파주시	99
소다미술관 경기도 화성시	105
조선해양문화관 경상남도 거제시	445
해금강테마박물관 경상남도 거제시	445
국립김해박물관 경상남도 김해시	449
비봉리패총전시관 경상남도 창녕군	466
창녕박물관 경상남도 창녕군	467
국립경주박물관 경상북도 경주시	495
우양미술관 경상북도 경주시	496
대가야박물관 경상북도 고령군	500
우륵박물관 경상북도 고령군	501
문경에코랄라 경상북도 문경시	506
안동민속박물관 경상북도 안동시	511
하회세계탈박물관 경상북도 안동시	511
군립청송야송미술관 경상북도 청송군	534
국립등대박물관 경상북도 포항시	538
로보라이프뮤지엄 경상북도 포항시	539
포항시립미술관 경상북도 포항시	541
광주시립미술관 광주광역시 북구	277
국립광주박물관 광주광역시 북구	277
디아크 대구광역시 달성군	427
대전시립미술관 대전광역시 서구	182
이응노미술관 대전광역시 서구	183
국립중앙과학관 대전광역시 유성구	181
부산광역시현대미술관 부산광역시 사하구	418
F1963 부산광역시 수영구	410
국립해양박물관 부산광역시 영도구	417
부산영화체험박물관 부산광역시 중구	418
부산시립미술관 부산광역시 해운대구	411
장생포고래박물관 울산광역시 남구	436
강화역사박물관 인천광역시 강화군	31
강화화문석문화관 인천광역시 강화군	32
수도국산달동네박물관 인천광역시 동구	23
국립생물자원관 인천광역시 서구	21
인천개항박물관 인천광역시 중구	24
와보랑께박물관 전라남도 강진군	285
고흥우주천문과학관 전라남도 고흥군	288
나로우주센터우주과학관 전라남도 고흥군	287

아산조방원미술관 전라남도 곡성군	293
한국대나무박물관 전라남도 담양군	309
봇재 전라남도 보성군	318
한국차박물관 전라남도 보성군	319
전라남도해양수산과학관 전라남도 여수시	333
영광굴비홍보전시관 전라남도 영광군	335
완도어촌민속전시관 전라남도 완도군	341
소전미술관 전라남도 진도군	350
해남공룡박물관 전라남도 해남군	355
군산근대역사박물관 전라북도 군산시	365
머루와인동굴 전라북도 무주군	376
부안누에타운 전라북도 부안군	381
삼례문화예술촌 전라북도 완주군	385
아원 전라북도 완주군	385
보석박물관 전라북도 익산시	388
국립전주박물관 전라북도 전주시	395

장보고기념관_사진제공(김지호)-한국관광공사

전주전통술박물관 전라북도 전주시	397
팔복예술공장 전라북도 전주시	397
진안가위박물관 전라북도 진안군	405
감귤박물관 제주도 서귀포시	574
김영갑갤러리두모악 제주도 서귀포시	582
박물관은살아있다 제주도 서귀포시	575
본태박물관 제주도 서귀포시	575
아프리카박물관 제주도 서귀포시	576
오설록티뮤지엄 제주도 서귀포시	571
왈종미술관 제주도 서귀포시	576
유민미술관 제주도 서귀포시	584
이중섭미술관 제주도 서귀포시	577
제주유리박물관 제주도 서귀포시	578
제주항공우주박물관 제주도 서귀포시	578

초콜릿박물관 제주도 서귀포시		578
피규어뮤지엄제주 제주도 서귀포시		579
국립제주박물관 제주도 제주시		550
넥슨컴퓨터박물관 제주도 제주시		550
민속자연사박물관 제주도 제주시		551
아라리오뮤지엄 제주도 제주시		552
제주공룡랜드 제주도 제주시		566
제주도립김창열미술관 제주도 제주시		566
제주도립미술관 제주도 제주시		560
제주돌문화공원 제주도 제주시		560
제주유리의성 제주도 제주시		567
해녀박물관 제주도 제주시		561
아미미술관 충청남도 당진시		200
백제역사문화관 충청남도 부여군		209
서산버드랜드 충청남도 서산시		213
국립해양생물자원관 충청남도 서천군		216

천안홍타령관 충청남도 천안시		227
철박물관 충청북도 음성군		257
한독의약박물관 충청북도 음성군		257
진천종박물관 충청북도 진천군		263
대청호미술관 충청북도 청주시		266
청주고인쇄박물관 충청북도 청주시		267
청주백제유물전시관 충청북도 청주시		267
조명박물관 경기도 양주시		77
청암민속박물관 경기도 양주시		77
두루뫼박물관 경기도 파주시		99

복합전시장 · 엑스포 · 컨벤션센터

KT&G상상마당춘천 강원도 춘천시		160
킨텍스 경기도 고양시		43
남해돌창고 경상남도 남해군		452
산토끼노래동산 경상남도 창녕군		466
경주세계문화엑스포공원 경상북도 경주시		494
국립아시아문화전당(A.C.C) 광주광역시 동구		278
누리마루APEC하우스 부산광역시 해운대구		410
더베이101 부산광역시 해운대구		411
여수세계박람회장 전라남도 여수시		333

분수대

목포춤추는바다분수 전라남도 목포시		313

수련원

태권도원 전라북도 무주군		377

종교시설물

이슬람부산성원 부산광역시 금정구		421

타워

구리타워 경기도 구리시		55
부산타워 부산광역시 중구		418
G타워 인천광역시 연수구		21
완도타워 전라남도 완도군		341
진도타워 전라남도 진도군		351

학교

더럭분교 제주도 제주시		565

휴양지

도비도농어촌휴양단지 충청남도 당진시		200

시장/축제

최근 국내 여행의 트렌드는 그 지방만의 역사와 특색을 느낄 수 있는 마을, 시장 투어다. 세월을 거슬러 시간여행을 하는 듯한 기분까지 느낄 수 있는 민속마을, 근대화마을 등을 비롯하여 이국적으로 꾸며놓은 독일마을, 미국마을까지 다양한 곳이 여행객의 눈을 사로잡는다. 조선 시대부터 번성한 화개장터부터 국제시장까지, 지역을 대표하는 시장 역시 빼놓지 말아야 할 필수 코스다.

사진제공(니오타니스튜디오)-한국관광공사

백화점
갤러리아백화점(광교점) 경기도 수원시 ... 64

벼룩시장
벨롱장 제주도 제주시 ... 559

서점
새한서점 충청북도 단양군 ... 247

쇼핑몰
앨리웨이광교 경기도 수원시 ... 66

수산시장/회타운
속초관광수산시장 강원도 속초시 ... 129
죽도시장 경상북도 포항시 ... 538
자갈치시장 부산광역시 중구 ... 417
안면도수산시장 충청남도 태안군 ... 234

시장
영월서부시장 강원도 영월군 ... 141
정선아리랑시장 강원도 정선군 ... 151
평창올림픽시장 강원도 평창군 ... 171
광명시장 경기도 광명시 ... 53
진주중앙시장 경상남도 진주시 ... 463
통영중앙전통시장 경상남도 통영시 ... 477
화개장터 경상남도 하동군 ... 481
중앙시장 경상북도 경주시 ... 496
풍기인삼시장 경상북도 영주시 ... 519

세화민속오일시장_사진제공(이범수)-한국관광공사

1913송정역시장 광주광역시 광산구	277	
남광주밤기차야시장 광주광역시 동구	278	
서문야시장 대구광역시 중구	427	
국제시장 부산광역시 중구	416	
부평깡통시장 부산광역시 중구	418	
강화풍물시장 인천광역시 강화군	31	
신포국제시장 인천광역시 중구	23	
정남진장흥토요시장 전라남도 장흥군	346	
전주남부시장 전라북도 전주시	396	
동문재래시장 제주도 제주시	550	
서문공설시장 제주도 제주시	552	

전통장

모란민속5일장 경기도 성남시	61
광양5일장 전라남도 광양시	296
세화오일장 제주도 제주시	559
제주민속오일시장 제주도 제주시	553

축제

태백산눈축제 강원도 태백시	165

태백산눈축제_사진제공(김지호)-한국관광공사

부평깡통시장_사진제공(이범수)-한국관광공사

서산동부시장 충청남도 서산시	212
서천특화시장 충청남도 서천군	217
온양온천시장 충청남도 아산시	221
단양구경시장 충청북도 단양군	246
육거리종합시장 충청북도 청주시	267

도로

길은 이동의 수단이지만 때로 그 자체로 여행의 목적지가 되기도 한다. 산을 따라 난 둘레길이나 강가, 바닷가를 따라 난 일주도로, 해안도로에는 그곳을 지나는 여정 자체의 아름다움이 담겨 있다. 야경이 아름다운 대교부터 강길 따라 달리는 자전거길까지, 길 위에서 여행의 여유와 즐거움을 만끽해보자.

길/도로

대관령옛길 강원도 강릉시	110
논골담길 강원도 동해시	118
춘천호반길 강원도 춘천시	161
다산길 경기도 남양주시	59
구봉도해솔길 경기도 안산시	70
물소리길 경기도 양평군	80
연천코스모스둘레길 경기도 연천군	87
창녕남지개비리길 경상남도 창녕군	467
서피랑 경상남도 통영시	476
하동십리벚꽃길 경상남도 하동군	479
청룡산MTB자전거길 경상북도 고령군	501
영덕블루로드A코스 경상북도 영덕군	514
영덕블루로드B코스 경상북도 영덕군	514
영덕블루로드C코스 경상북도 영덕군	514
영덕블루로드D 경상북도 영덕군	514
소백산자락길 경상북도 영주시	518
죽령옛길 경상북도 영주시	519
울릉도일주도로 경상북도 울릉군	523
금강소나무숲길 경상북도 울진군	526
왕피천생태탐방로 경상북도 울진군	527
오어지둘레길 경상북도 포항시	540
팔공산올레 대구광역시 대구 전체	429
대전둘레산길 대전광역시 대전 전체	181
달맞이길 부산광역시 해운대구	410
다산초당길 전라남도 강진군	285
메타세쿼이아가로수길 전라남도 담양군	308
영암100리벚꽃길 전라남도 영암군	337

메타세쿼이아길 사진제공(전라남도 기자실 홍보팀)

진도신비의바닷길 전라남도 진도군	349
지리산둘레길운봉-인월구간 전라북도 남원시	372
지리산둘레길인월-금계구간 전라북도 남원시	372
지리산둘레길주천-운봉구간 전라북도 남원시	373
정읍천변벚꽃길 전라북도 정읍시	401
제주올레길 제주도 서귀포시	545
신비의도로 제주도 제주시	552
종달리수국길 제주도 제주시	561
서산아라메길 충청남도 서산시	213
산막이옛길 충청북도 괴산군	241
박달재 충청북도 제천시	260
청풍호반길 충청북도 제천시	261

다리

소금산출렁다리 강원도 원주시	143
영산만년교 경상남도 창녕군	467
여좌천다리 경상남도 창원시	469
월영교 경상북도 안동시	510
예당호출렁다리 충청남도 예산군	223
천장호출렁다리 충청남도 청양군	229
꽃게다리 충청남도 태안군	233

대교 · 교각

거가대교 경상남도 거제시	443
광안대교 부산광역시 수영구	410
인천대교 인천광역시 중구	25
돌산대교 전라남도 여수시	331
진도대교 전라남도 진도군	351

| 서해대교 충청남도 당진시 | 200 |

자전거길

| 남한강자전거길 경기도 남양주시 | 58 |
| 영산강자전거길 전라남도 무안군 | 315 |

터널

백송터널 경상남도 밀양시	455
해저터널 경상남도 통영시	477
5.16도로숲터널 제주도 서귀포시	574

해안도로

거제일주도로 경상남도 거제시	443
여차-홍포해안비경 경상남도 거제시	444
진해해안도로 경상남도 창원시	471
행남해안산책로 경상북도 울릉군	523
호미반도해안둘레길 경상북도 포항시	541
절영해안산책로 부산광역시 영도구	421
형제해안도로 제주도 서귀포시	579
세화김녕해안도로 제주도 제주시	559
신창풍차해안도로 제주도 제주시	566
용담이호해안도로 제주도 제주시	553
하귀애월해안도로 제주도 제주시	567
한담해안산책로 제주도 제주시	567

숙박

편안한 여행이 되려면 잠자리가 좋아야 하는 법. 최근에는 값비싼 호텔 외에도 합리적인 가격의 게스트하우스, 펜션 등 다양한 숙박 시설이 넘쳐난다. 한옥 형태의 숙박은 사시사철 인기가 좋아 주말에는 자리를 잡기가 어려울 정도다. 여유롭게 휴양을 하면서 레저 활동을 즐기고 싶다면 리조트를 잡는 것도 한 가지 방법이다. 혼자, 혹은 친구와, 가족과 함께 떠나는 여행 목적에 맞게 골라보자.

게스트하우스

여미랑(구고우당) 전라북도 군산시 — 367

리조트

하이원리조트 강원도 정선군 — 151
웰리힐리파크 강원도 횡성군 — 174
문경STX리조트 경상북도 문경시 — 506
대아울릉리조트 경상북도 울릉군 — 522

일반호텔

통영한산마리나호텔&리조트 경상남도 통영시 — 477
파라다이스스파도고(도고온천)
　충청남도 아산시 — 219

특급호텔

씨마크호텔 강원도 강릉시 — 111
아난티힐튼 부산광역시 기장군 — 412
롯데시그니엘부산 부산광역시 해운대구 — 411
아난티코브 부산광역시 해운대구 — 412

파라다이스호텔부산 부산광역시 해운대구 — 413
파크하얏트호텔부산 부산광역시 해운대구 — 413
포도호텔 제주도 서귀포시 — 579
해비치호텔&리조트 제주도 서귀포시 — 579
온양온천(온양관광호텔) 충청남도 아산시 — 221

팜스테이

하늬라벤더팜 강원도 고성군 — 115

펜션

테스226 경상북도 포항시 — 540

한옥체험

차꽃오미 경상남도 하동군 — 480
공주한옥마을 충청남도 공주시 — 194

한옥호텔

소낭구 경상남도 거제시 — 444
구름에 경상북도 안동시 — 510
남원예촌 전라북도 남원시 — 372

스포츠레저

활동적인 여행을 즐긴다면 계절마다 서로 다른 매력을 뽐내는 레저 여행을 떠나보는 것도 좋다. 그동안 스포츠레저 여행이라고 하면 여름에는 래프팅, 겨울엔 스키와 썰매로 대표되었지만, 최근에는 가족단위 낚시 여행이나 루지에서 즐기는 카트 등 색다른 여행지가 많다. 텐트부터 시작해 바비큐 시설 등을 두루 갖춘 야영장, 캠핑장도 인기다.

경기장
청도소싸움경기장 경상북도 청도군   531
대구스타디움 대구광역시 수성구   427
사직야구장 부산광역시 동래구   419

래프팅
철원한탄강래프팅 강원도 철원군   153
섬진강래프팅 전라남도 구례군   301

레일바이크
삼척해양레일바이크 강원도 삼척시   123
정선레일바이크 강원도 정선군   151
김해낙동강레일파크 경상남도 김해시   448
문경철로자전거 경상북도 문경시   507
청도레일바이크 경상북도 청도군   531
제주레일바이크 제주도 제주시   561
대천해수욕장스카이바이크 충청남도 보령시   204

루지
스카이라인루지 경상남도 통영시   474
강화루지 인천광역시 강화군   31
유월드루지테마파크 전라남도 여수시   333

번지점프
철원번지점프 강원도 철원군   155

수상레저
서피비치 강원도 양양군   136

김제지평선마린리조트 전라북도 김제시　369

스키장
엘리시안강촌스키장 강원도 춘천시　161
용평리조트 강원도 평창군　168
휘닉스파크 강원도 평창군　171
스타힐리조트 경기도 남양주시　59
양지파인리조트스키장 경기도 용인시　91
지산포레스트리조트 경기도 이천시　95
베어스타운리조트스키장 경기도 포천시　102
무주덕유산리조트 전라북도 무주군　376

스포츠타운
강원쥬라기랜드 강원도 횡성군　174
청풍랜드 충청북도 제천시　261

승마장
렛츠런파크서울 경기도 과천시　47
렛츠런파크제주 제주도 제주시　565
렛츠런팜제주 제주도 제주시　558

야영장·캠핑장
가평사계절썰매장 경기도 가평군　38
연인산다목적캠핑장 경기도 가평군　39
자라섬캠핑장 경기도 가평군　39
용설호수캠핑장 경기도 안성시　73
스톤힐 경상남도 거제시　444
토함산자연휴양림야영장 경상북도 경주시　496
대가야역사테마관광지캠핑장
　　경상북도 고령군　501
옥성자연휴양림야영장 경상북도 구미시　503
고래불국민야영장 경상북도 영덕군　514
엘포리글램핑 경상북도 포항시　540
더무빙카라반 부산광역시 기장군　411
느랭이골 전라남도 광양시　296
예단관광지국민여가캠핑장 충청남도 예산군　223
마로니에숲 충청북도 옥천군　254

열기구
플라잉수원 경기도 수원시　67

오토캠핑장
망상오토캠핑리조트 강원도 동해시　118
대부도아라뜰캠핑장 경기도 안산시　70
고대산캠핑리조트 경기도 연천군　87
한탄강오토캠핑장 경기도 연천군　87
밀양아리랑오토캠핑장 경상남도 밀양시　455
청송오토캠핑장 경상북도 청송군　535
상소오토캠핑장 대전광역시 동구　183
영암F1오토캠핑장 전라남도 영암군　337
칠갑산오토캠핑장 충청남도 청양군　229
학암포오토캠핑장 충청남도 태안군　235
상황오토캠핑장 충청남도 홍성군　237

요트
목포요트마리나 전라남도 목포시　312
김녕요트투어 제주도 제주시　557
비체올린 제주도 제주시　566

짚와이어
남이섬짚와이어 경기도 가평군　38
선유스카이SUN라인 전라북도 군산시　366
짚트랙코리아 충청남도 보령시　205

트래킹
한탄강얼음트래킹 강원도 철원군　155

패러글라이딩
문경활공랜드 경상북도 문경시　507
단양레저 충청북도 단양군　246

619

전국의맛집
318

인천광역시	622
경기도	623
강원도	627
대전광역시	631
세종시	633
충청남도	633
충청북도	636
광주광역시	637
전라남도	638
전라북도	643
부산광역시	647
대구광역시	650
울산광역시	651
경상남도	652
경상북도	654
제주도	655

인천광역시

벌말매운탕 붕어찜
김포에서 잡히는 민물고기로 끓이는 매운탕의 시초가 되는 곳이다. 대형 음식점으로 바뀐 지금은 거의 양식을 쓰고 있다. 다진마늘과 미나리 등을 푸짐하게 넣은 메기매운탕이 대표 메뉴로, 칼칼한 국물 맛이 일품이다. 라면, 수제비 사리는 무한리필되므로 국물에 넣어 먹으면 된다.
메뉴 메기매운탕(소 3만8천원, 중 4만5천원, 대 5만3천원), 빠가사리매운탕, 붕어찜(각 소 4만3천원, 중 5만원, 대 6만원) **주소** 인천광역시 계양구 벌말로565번길 5 (상야동) **전화** 032-544-5785

부암갈비 돼지갈비
신선한 생돼지갈비를 맛볼 수 있는 곳으로, 숯 위에 불판을 올려 구워 먹는다. 갈치속젓, 고추장아찌, 묵은지 등의 반찬 맛도 일품. 마무리 식사로는 갈치속젓이 들어간 갈치속젓비빔밥을 빼놓을 수 없다. 줄 서서 기다릴 필요 없이 2층 대기실에서 편하게 웨이팅 할 수 있다.
메뉴 생갈비(200g 1만6천원), 젓갈볶음밥(3천원), 계란추가(2개 1천원) **주소** 인천광역시 남동구 용천로 149 (간석동) **전화** 032-425-5538

신승반점 일반중식
청요리 1백 년 역사를 자랑하는 유명한 공화춘을 처음으로 열었던 우회광 씨의 외손녀가 운영하고 있다. 공화춘 집안 대대로 내려오는 짜장소스의 맛이 좋다. 탕수육, 잡채밥도 추천할 만한 메뉴. 70여 년의 역사를 자랑한다.
메뉴 짜장면(6천원), 짬뽕(9천원), 볶음밥(8천원), 찹쌀탕수육(소 2만2천원, 중 3만원, 대 3만8천원), 소고기튀김(소 3만5천원, 대 4만8천원) **주소** 인천광역시 중구 차이나타운로44번길 31-3 (북성동2가) **전화** 032-762-9467

산수반점

열두바구니 게장
속이 꽉 찬 게장으로 인기가 좋은 곳이다. 게장을 주문하면 된장찌개, 청국장 등을 함께 내준다. 100% 우리 콩으로 쑨 메주와 간장으로 요리하며, 재래식으로 직접 담근 청국장의 맛이 깊고 진하다. 떡갈비에도 청국장 양념을 하는 점이 특이하다.
메뉴 양념게장(2만8천원), 간장꽃게장(3만2천원), 생청국장왕떡갈비(1만3천원), 청국장, 순두부청국장, 게장순두부(각 8천원) **주소** 인천광역시 연수구 신송로125번길 7 (송도동) **전화** 032-834-4433

임페리얼트레져 광동식중식
중국 상하이의 광동식 레스토랑 임페리얼트레져의 한국 지점으로, 파라다이스시티 내에 자리한다. 딤섬을 비롯해 신선한 해산물로 만든 요리, 북경오리 등 시그니처 메뉴를 맛볼 수 있다. 여러 메뉴가 나오는 코스요리를 추천한다.
메뉴 코스(1인 14만원, 20만원, 25만원) **주소** 인천광역시 중구 영종해안남로321번길 186 (운서동) **전화** 032-729-2227

조양방직카페 카페
오래된 방직 공장 건물을 리모델링해 만든 카페. 커피와 함께 곁들일 수 있는 조각 케이크를 판매한다. 카페를 운영하기 전 앤티크숍을 운영했다는 주인의 인테리어 센스가 돋보이는 곳으로, 곳곳에 있는 예술작품과 앤티크 소품이 인상적이다.
메뉴 베리에이션커피(7천원~7천5백원), 차(8천원) **주소** 인천광역시 강화군 강화읍 향나무길5번길 12 **전화** 032-933-2192

죽림다원 전통차전문점
전등사 안에 있는 다원으로, 6개월 동안 설탕물에 숙성시킨 솔차, 녹차에 강화산 6년근 인삼을 넣은 인삼녹차, 대추차 등이 유명하다. 순무잎을 넣어 만든 순무잎떡을 곁들여도 좋다. 주변 경치가 빼어나 전등사를 방문하는 관광객이 한 번씩 들르는 곳이기도 하다.
메뉴 대추탕, 쌍화탕(각 6천원), 우적녹차, 모과차(각 5천원) **주소** 인천광역시 강화군 길상면 전등사로 37-41 **전화** 032-937-7791

카페꼼마 베이커리
문학 전문 출판사 문학동네에서 운영하는 곳으로, 책장을 가득 채운 책을 자유롭게 읽을 수 있다. 유기농 밀가루와 천연발효종을 사용해 만든 빵도 선보인다.
메뉴 베리에이션커피(4천5백원~6천3백원), 생과일주스(6천5백원), 치아바타(5천원), 통밀캉파뉴(4천2백원) **주소** 인천광역시 연수구 센트럴로 263 (송도동) **전화** 032-719-7222

카페오라 카페
3층으로 된 단독 건물의 모던한 카페로, 2009년 건축문화대상을 받기도 했다. 커피를 비롯한 음료 외에도 파스타, 리조토, 피자 등의 식사메뉴도 선보인다. 창밖으로 을왕리 해수욕장이 한눈에 보여 운치를 더한다. 레스토랑 운영시간은 카페와 달라서 문의하는 것이 좋다.
메뉴 커피(6천5백원~9천원), 생과일주스(9천5백원), 블루베리치즈케이크(1만5백원), 파스타(1만9천원~2만3천원), 피자(2

만5천원) **주소** 인천광역시 중구 용유서로 380 (을왕동) **전화** 032-752-0888

화선횟집 생선회
자연산 민어를 전문으로 하는 횟집. 가격은 높은 편이지만 두툼하게 썰어낸 회 맛이 좋다. 민어회를 다 먹고 난 후에는 칼칼한 민어탕으로 마무리한다. 기본으로 나오는 반찬의 맛도 깔끔한 편.

메뉴 민어회(8만원, 14만원), 민어한상차림(6만원, 12만원) **주소** 인천광역시 중구 우현로49번길 11-25 (신포동) **전화** 032-772-4408

경기도

가보정 소갈비
갈비가 유명한 수원에서도 맛집으로 꼽히는 대형 갈빗집. 한우갈비와 미국산갈비를 취향에 맞게 시킬 수 있으며 같이 나오는 반찬도 다양하다. 사거리를 둘러싸고 1관, 2관, 3관 세 개의 건물로 이뤄져 있는 것이 특징.

메뉴 한우생갈비(250g 7만2천원), 양념갈비(270g 5만3천원), 채끝etc심(150g 6만2천원), 육회(180g 3만7천원), 미국산생갈비(450g 4만8천원), 미국산양념갈비450g 4만4천원) **주소** 경기도 수원시 팔달구 장다리로 282 (인계동) **전화** 1600-3883

강천매운탕 민물매운탕
매운탕이 맛있기로 유명한 곳. 쏘가리, 빠가사리 등과 잡고기를 넣어 각종 채소와 함께 끓여낸다. 쏘가리와 빠가사리의 고소한 뒷맛도 식욕을 당긴다. 겨울철이면 참게도 함께 넣어 오도독 씹히는 맛이 별미다. 여주 쌀로 만든 밥과 맛깔스런 밑반찬들도 괜찮다.

메뉴 빠가사리매운탕, 잡고기매운탕(각 소 5만원, 중 6만원, 대 7만원, 특 8만원), 메기+빠가사리매운탕(소 4만원, 중 5만원, 대 6만원, 특 7만원), 자연산장어구이1kg 16만원), 쏘가리(1kg 15만원), 용봉탕(시가) **주소** 경기도 여주시 강천면 강천리길 85 **전화** 031-882-5191

고기리막국수 막국수
고급스러운 막국수로 이름난 곳으로, 매장에서 직접 뽑은 메밀로 막국수를 만든다. 이곳에서 처음 시작한 들기름막국수를 찾는 손님들로 늘 붐빈다. 최근에 이전하면서 더욱 쾌적한 분위기로 변신했다.

메뉴 비빔막국수, 들기름막국수(각 8천원), 수육(소 1만3천원, 중 1만9천원) **주소** 경기도 용인시 수지구 이종무로 157 (고기동) **전화** 031-263-1107

기와집순두부 두부
순두부 전문점. 양념이나 고명이 전혀 첨가되지 않은 하얀 두부만 나오는 것이 특징이다. 돼지고기, 신김치 등을 넣어 빨간 순두부 스타일로 나오는 칼칼한 콩탕도 좋다. 아삭한 겉절이 김치와 곁들여 먹는 제육생두부와 바삭하게 잘 부친 녹두전도 별미다. 60년 된 한옥 기와집을 개조해 4대째 대물림해 사용하고 있어 고풍스러운 분위기다.

메뉴 순두부백반, 콩탕백반, 비빔밥(각 8천원), 재래식생두부, 황태양념구이(각 1만원), 두부김치, 파전, 녹두전, 도토리묵, 군두부(각 1만3천원), 생두부&수육(2만3천원), 수육(2만8천원) **주소** 경기도 남양주시 조안면 북한강로 133 **전화** 031-576-9009

능라도 평양냉면
판교 일대에서 정통 평양냉면과 만두를 맛볼 수 있는 곳으로, 최근 인기를 끌고 있다. 주인이 이북 출신인 만큼 비교적 평양냉면을 잘 재현하고 있어 평양냉면 마니아 사이에서 좋은 점수를 받고 있다. 속이 알차게 찬 접시만두와 제육을 곁들이면 좋다.

메뉴 평양냉면, 평양온면(각 1만3천원), 평양온반, 접시만두(각 1만2천원), 제육(200g 2만8천원), 녹두지짐이(1만5천원), 어복쟁반(중 7만원, 대 10만원), 한우불고기(150g 3만3천원) **주소** 경기도 성남시 분당구 산운로32번길 12 (운중동) **전화** 031-781-3989

덕소숯불고기 돼지불고기
숯불에 구운 돼지고기로 유명한 곳. 고기를 얇게 썰어 먹기 편하며 직접 구워서 가져다준다. 추가 주문은 되지 않기 때문에 처음에 양을 넉넉하게 시켜야 한다. 잡채, 고추볶음, 오이무침, 버섯, 김치볶음 등 반찬도 하나같이 맛있다.

메뉴 돼지숯불고기(2만8천원), 썸숯불고기(3만4천원) **주소** 경기도 남양주시 와부읍 수레로 213 **전화** 031-577-3892

만포면옥 평양냉면
냉면과 어복쟁반 등 이북음식을 선보이는 곳. 심심한 듯한 평양냉면이 대표 메뉴로, 고기 육수와 동치미 국물을 섞어 만든 국물 맛이 좋다. 노릇하게 부친 녹두지짐을 곁들여도 좋다. 지금도 나이 든 이북 실향민이 많이 찾는 명소며, 50여 년의 역사를 자랑한다. 명절 당일에는 오픈시간이 늦춰질 수 있으니 전화로 문의하는 것이 좋다.

메뉴 평양냉면, 온면(각 1만1천원), 어복쟁반(중 3만5천원, 대 5만원), 만두전골(중 2만8천원, 대 3만8천원), 수제만두(반접시 3

고기리막국수

천원, 한접시 6천원), 녹두지짐(1만2천원), 소고기수육(2만5천원) **주소** 경기도 고양시 덕양구 북한산로553번길 6 (효자동) **전화** 02-359-3917

명지원 소갈비
이동갈비를 전문으로 하는 곳으로, 전통 가옥풍 외관이 눈에 띈다. 갈비의 기름기를 제거하고 나서 참나무 숯불에 구워 맛을 내는 것이 특징. 달착지근한 양념을 바른 이동갈비 외에도 생갈비도 인기 메뉴다. 직접 농사지은 농작물로 푸짐한 상차림을 선보이고 있다.
메뉴 이동갈비(400g 3만원), 생갈비(300g 3만3천원), 버섯생불고기(300g 1만5천원), 한방갈비탕(8천원), 동치미국수(4천원), 함흥냉면(7천원) **주소** 경기도 포천시 일동면 화동로 1258 **전화** 031-536-9919

반구정나루터집 장어
전국적으로도 규모가 큰 장어구이집 중 하나다. 양념장에 50년 전통이 배어 있다. 넓은 평상에 앉아 숯불에 구워다 주는 장어를 먹는 맛이 일품이다. 창밖 너머로는 임진강이 내다보인다.
메뉴 장어간장구이, 장어소금구이(각 250g 5만원), 메기매운탕(소 3만5천원, 중 4만5천원, 대 5만5천원), 장어죽(3천원) **주소** 경기도 파주시 문산읍 반구정로85번길 13 **전화** 031-952-3472

반구정어부집 장어
자연산 황복과 자연산 장어가 맛있는 곳. 쫄깃한 황복회의 맛이 일품으로, 독성을 빼낸 후 회를 떠서 일정 온도에 한 시간 가량 숙성시킨다. 얼큰한 민물고기매운탕도 별미. 장어는 숯불에 구워 내오기 때문에 편하게 먹을 수 있다.
메뉴 빠가사리매운탕, 참게매운탕(각 소 4만5천원, 중 5만5천원, 대 6만5천원), 자연산장어, 자연산황복(각 시가), 메이매운탕(소 4만원, 중 5만원, 대 9만원) **주소** 경기도 파주시 문산읍 사목로26번길 62 **전화** 031-952-0117

방일해장국 수육
유명산 인근에서 인기를 끌다가 현재의 위치로 이전한 해장국집. 선지와 내장이 푸짐하게 들어간 방일해장국이 대표 메뉴며 청양고추절임이 느끼한 맛을 잘 잡아준다. 전국적으로 체인점이 많이 있지만, 본점이 가장 뛰어나다는 평

방일해장국

이다.
메뉴 방일해장국, 소고기해장국(각 9천원), 내장탕(1만원), 수육(3만5천원), 내장볶음(3만5천원) **주소** 경기도 가평군 설악면 한서로 601 **전화** 031-584-3116

백제장 소고기구이
남한산성 자락에 자리 잡고 있어 경치 좋고 공기 맑은 한식집이다. 산채정식이 주메뉴로, 취나물, 더덕잎, 참나물, 고사리, 우엉뿌리, 달래무침 등 10여 가지의 나물무침과 닭볶음, 동태부침, 묵, 된장찌개가 곁들여 나온다. 불고기, 더덕구이 등을 추가로 시켜도 좋다. 옛 대갓집의 구조를 그대로 살려 고풍스러운 분위기며 식당 뒷동산은 서울이 한눈에 보이는 운치 있는 옛길 수어장대 길로 통한다. 50년 넘는 역사를 자랑한다.
메뉴 산채정식(2인 이상, 1인 2만1천원), 숯불불고기(200g 1만8천원), 녹두빈대떡(1만3천원), 숯불더덕구이(1만6천원), 도토리묵(1만1천원) **주소** 경기도 광주시 남한산성면 남한산성로780번길 3 **전화** 031-746-4296

벌말매운탕 민물매운탕
메기매운탕으로 유명한 곳. 빠가사리와 메기를 섞은 매운탕도 있고 참게와 메기를 섞은 매운탕도 맛볼 수 있다. 민물고기가 큼지막해 가격대비 만족도가 높다. 반찬은 김치, 깍두기, 동치미 정도로 단출한 편. 수제비와 라면을 넣어 먹어도 좋다.
메뉴 메기매운탕(3만5천원~4만5천원) **주소** 경기도 김포시 대곶면 대명항로28번길 59 **전화** 031-997-0626

본수원갈비 소갈비
수원왕갈비를 맛볼 수 있는 곳. 40여 년 역사의 전통 있는 갈빗집으로, 소갈비를 10cm~12cm 정도로 큼지막하게 잘라내 양념하는 것이 특징이다. 서비스로 나오는 재래식 된장의 맛이 좋다. 큼지막한 갈비가 들어간 갈비탕은 점심시간에만 판매한다.
메뉴 생갈비(450g 4만9천원), 양념갈비(450g 4만5천원), 갈비탕(1만3천원), 냉면(8천원) **주소** 경기도 수원시 팔달구 중부대로223번길 41 (우만동) **전화** 031-211-8434

사각하늘 가이세키
북한강변에 있는 스키야키 요리점. 화려하지는 않지만, 격식 있는 일식을 맛볼 수 있다. 메뉴는 단일메뉴로, 테이블에서 직접 조리해주기 때문에 예약이 필수다. 뒷마당에 마련되어 있는 다실에서 다회를 가져보는 것도 좋다.
메뉴 점심스키야키(2인 이상, 1인 3만8천원), 저녁스키야키(2인 이상, 1인 5만5천원) **주소** 경기도 양평군 서종면 길곡2길 53 **전화** 031-774-3670

상해루 일반중식
원로셰프 곡금초 사부가 운영하는 곳. 지금은 주방에 서지 않지만, 우리에게 익숙한 옛날 중식 요리를 다양하게 맛볼

수 있다. 대표 메뉴는 멘보샤(새우샌드위치튀김)로, 예약해야 한다. 대게살볶음도 추천 메뉴. 점심 때는 부담 없는 가격으로 코스 메뉴를 즐길 수 있다.
메뉴 삼선자장(8천5백원), 짬뽕(8천원), 탕수육(소 1만8천원, 대 2만7천원), 멘보샤(2만7천원), 오향장육(3만3천원), 대게살볶음(3만5천원) **주소** 경기도 화성시 노작로 147 (반송동) **전화** 031-8015-0103

새소리물소리 전통차전문점
한옥 벽을 유리로 개조하고 가운데는 조그만 실내 연못도 있어 차를 즐기는 정취가 좋다. 시골에 와 있는 듯한 분위기를 즐길 수 있다. 차를 주문하면 서비스로 경단이 하나씩 나온다. 단체손님을 위한 별채도 따로 마련되어 있어 때로는 상견례도 진행되기도 한다.
메뉴 쌍화차, 대추차, 오미자차 (각 1만원), 단팥죽, 팥빙수(각 1만1천원), 경단(9알 5천원), 꿀케이크(6천원) **주소** 경기도 성남시 수정구 오야남로38번길 10 (오야동) **전화** 031-723-7541

서동관 곰탕
놋그릇에 나오는 곰탕이나 깍두기의 모습이 서울 하동관 스타일의 곰탕을 연상시킨다. 메뉴도 거의 비슷한 편. 메뉴가 하동관만큼 다양하지는 않지만, 맛은 거의 비슷한 만족도를 준다는 호평을 받고 있다. 건물이 두개로 나뉘어져 있어 왼쪽이 좌식, 오른쪽이 테이블에서 식사할 수 있다.
메뉴 곰탕(1만3천원), 양곰탕(1만5천원), 특곰탕(1만6천원), 양특곰탕(1만8천원), 차돌곰탕(1만7천원), 양차돌곰탕(1만9천원), 이공탕(2만원), 수육(6만원) **주소** 경기도 고양시 일산서구 호수로 856번길 7-7 (대화동) **전화** 031-922-7463

서종가든

서종가든 두부
직접 만든 두부로 유명해진 30년 전통의 맛집. 담백한 두부의 맛이 일품이며 얼큰하게 끓인 두부전골도 인기 메뉴다. 70년 된 한옥을 개조한 분위기도 고풍스럽다.
메뉴 두부전골, 두부찜(각 1인 7천원), 손두부, 감자전(각 1만원), 곱창전골(소 2만원, 대 3만원), 닭볶음탕, 닭백숙(각 4만원) **주소** 경기도 양평군 서종면 무내미길 68 **전화** 031-773-6035

세야스시 스시
청담동 스시세야, 삼성동 스시산원을 거친 장성태 주방장이 오픈한 스시야. 합리적인 가격으로 청담동 스시야의 맛을 그대로 느낄 수 있다. 제주, 남해, 통영 등에서 직접 재료를 가져오며 아침 가락동에서 직접 구매하는 생선을 사용한다. 일본어, 영어 접대가 가능한 것이 장점.
메뉴 런치오마카세(13만원), 디너오마카세(23만원), 콜키지(5만원) **주소** 경기도 화성시 메타폴리스로 47-25 (반송동) **전화** 031-8015-2216

송원막국수 막국수
메밀을 쌓아 놓고 있다가 일주일 단위로 정미소에서 빻아 사용하기 때문에 메밀 향이 살아 있다. 주문을 받고 반죽을 하는 곳이라 면발이 좋다. 이전하기 전에는 손 반죽만 했었는데 지금은 기계 반죽을 한 후 손 반죽을 하고 있다.
메뉴 막국수(소 8천원, 대 9천원), 제육(1만8천원) **주소** 경기도 가평군 가평읍 가화로 76-1 **전화** 031-582-1408

송월관 소떡갈비
떡갈비는 갈빗살을 잘게 다진 다음 마늘, 파, 후추, 참기름, 설탕 등 갖은 양념을 한 후 갈빗대에 빈대떡처럼 두툼하게 붙여서 석쇠에 한 번 구운 후 다시 달군 놋쇠 판에 구워낸다. 씹히는 육질이 쫀득거리면서도 부드럽다. 50여 년이 넘는 역사를 자랑한다.
메뉴 떡갈비(2인 이상, 1인 280g 2만5천원), 갈비탕(1만2천원) **주소** 경기도 동두천시 큰시장로 28-10 (생연동) **전화** 031-865-2428

쉐즈롤 디저트카페
당일 생산 당일 판매를 원칙으로 하는 프리미엄 롤케이크 전문점. 기본롤케이크인 쉐즈롤, 국내산 보성녹차를 사용해 만든 녹차롤, 발로나 초콜릿을 사용해 만든 쇼콜라롤을 비롯하여 시즌 한정으로 선보이는 롤케이크도 있다
메뉴 쉐즈롤(piece 3천8백원, whole 1만5천원), 쇼콜라롤, 녹차롤(각 piece 4천3백원, whole 1만7천원), 캐러멜슈(2천4백원), 딸기커스터드크림케이크(1만9천원) **주소** 경기도 양평군 서종면 북한강로 817 **전화** 031-775-8911

양수면옥 소갈비
일산에서 유명한 고깃집. 파주에 있는 직영 농장에서 사육한 한우만을 취급하기 때문에 고기 품질은 믿을 수 있다. 지방이 부드럽게 녹아있는 소금구이가 인기가 좋다. 점심 시간에는 청국장정식을 비롯한 점심특선메뉴를 판매한다. 매년 직접 담그는 청국장은 포장 판매도 한다.
메뉴 생갈비(200g 6만3천원), 안창살(130g 6만2천원), 꽃등심(130g 4만8천원), 점심특선(1만원~2만3천원) **주소** 경기도 고양시 일산동구 애니골길 34 (풍동) **전화** 031-901-3377

오뎅식당 부대찌개
60여 년 전에 의정부부대찌개거리를 탄생시킨 주인공. 커다란 솥뚜껑을 뒤집은 냄비에는 파, 당면, 김치, 햄, 두부, 다진 고기 등이 들어가 있다. 된장을 약간 넣는 것이 맛의 비결이라 한다. 포장도 가능하다.
메뉴 부대찌개(9천원), 햄, 소시지사리(각 5천원), 라면, 당면사리(각 1천원) **주소** 경기도 의정부시 호국로1309번길 7 (의정부동) **전화** 031-842-0423

오복손두부 닭백숙
90여 년 동안 3대째 내려오는 곳. 직접 만든 순두부에 양념 간장을 넣어서 먹는 순두부백반이 대표 메뉴다. 도토리묵과 감자전도 별미다.
메뉴 주먹두부(1만원), 두부전골(중 2만4천원, 대 3만2천원), 순두부백반(7천원), 산채비빔밥(8천원), 닭백숙, 닭볶음탕, 닭도가니(각 4만5천원), 오리백숙, 오리탕, 오리구이(각 5만원), 옻닭백숙, 옻오리(각 5만5천원) **주소** 경기도 광주시 남한산성면 남한산성로 745-10 **전화** 031-746-3567

용문산중앙식당 산채정식
용문산 산행길에 들를 만한 한식집. 반찬 수가 20여 가지나 되는 산채정식을 맛볼 수 있다. 용문산에서 제철에 채취하여 잘 말린 산나물의 향이 좋다. 40년 넘게 산채정식을 해오고 있는 할머니의 손맛을 느낄 수 있다. 산채비빔밥을 주문한 손님들은 달걀 프라이를 직접 만들어 먹을 수 있으며 대중교통을 이용해 식사하러 오는 손님들에 한해 용문역에서 용문산까지 픽업서비스를 제공하고 있다.
메뉴 더덕산채정식(1만4천원), 산채정식(1만원), 제육산채정식, 버섯찌개산채정식, 황태구이산채정식(각 1만5천원), 더덕구이(1만8천원), 해물파전(1만5천원), 산채비빔밥, 황태해장국(8천원) **주소** 경기도 양평군 용문면 용문산로 644 **전화** 031-773-3422

유치회관 수육
40년 넘는 전통을 자랑하는 곳으로, 원래 광교산 등산객에게 인기 있었던 해장국집이다. 우거지와 콩나물을 넣고 끓인 해장국에 팽이버섯을 넣는 것이 독특하다. 현재 선지해장국으로는 수원 제일이라는 평을 받고 있다.
메뉴 해장국(9천원), 수육, 수육무침(각 2만7천원) **주소** 경기도 수원시 팔달구 효원로292번길 67 (인계동) **전화** 031-234-6275

은하장 일반중식
3대째 내려오는 화상중식당. 유니짜장과 짬뽕, 탕수육이 대표 메뉴다. 폭신폭신하게 튀긴 탕수육은 옛 맛을 찾는 사람들의 향수를 자극할 만하다. 옛날 중국집에 온 듯한 실내 분위기가 정겹다.
메뉴 짜장면(5천5백원), 짬뽕(7천원), 유니짜장(8천원), 탕수육(2만1천원), 간풍새우(3만5천원) **주소** 경기도 파주시 문산읍 문향로 78 **전화** 031-952-4121

통일동산두부마을 두부
두부요리 전문점으로 파주에서 유명한 곳이다. 장단콩을 사용하여 만든 부드러운 두부를 이용한 다양한 요리를 맛볼 수 있다. 두부전골이 많이 찾는 메뉴다.
메뉴 청국장정식, 된장정식, 콩비지정식(각 1만3천원), 두부버섯전골, 두부보쌈(각 소 3만2천원, 대 4만3천원), 두부김치(1만7천원) **주소** 경기도 파주시 탄현면 필승로 480 **전화** 031-945-2114

투뿔등심판교점 소고기구이
숙성한우 등심 전문점인 투뿔등심의 판교 분점. 국내산 1++ 등급의 질 좋은 한우만을 사용하며 일정 기간 숙성시킨 고기를 맛볼 수 있다. 가격대비 질 좋은 고깃집으로 입소문을 타고 있으며 매장이 넓어 쾌적한 분위기다.
메뉴 투뿔숙성등심(4만8천원), 투뿔숙성안심(5만2천원), 투뿔양념슬라이스(5만원), 채끝등심(5만5천원), 꽃등심(5만5천원) **주소** 경기도 성남시 분당구 동판교로177번길 25 (삼평동, 판교 호반 써밋 플레이스) **전화** 031-703-9601

페삭 데판야키
12석 정도 규모의 철판요리 전문점. 스테이크, 푸아그라, 새우, 바닷가재, 샥스핀, 복어, 아귀, 간 등 다양한 재료를 셰프가 즉석에서 볶아 내준다. 마지막에는 오징어먹물밥을 볶아주면서 마무리한다. 자리가 얼마 없기 때문에 일주일 이상 이전에 예약해야 하며 점심 두 타임, 저녁 세 타임에 걸쳐 식사할 수 있다.
메뉴 페삭 스페셜코스(1인 8만9천원) **주소** 경기도 성남시 분당구 황새울로214번길 8 (수내동) **전화** 031-718-7852

평남면옥 평양냉면
동치미막국수와 순메밀냉면의 맛을 이어온 70여 년 전통의 냉면집. 면발이 희고 부드러우며 메밀 냄새가 진하다. 한우 양지를 삶은 냉면 육수에 기름을 걷어낸 후 동치미 국물, 꿩고기 국물을 가미하여 꿩고기 경단을 올린다. 겨자에 고기를 무친 겨자무침이 별미로 통한다. 새 단장을 하여 실내가 깔끔하다.
메뉴 물냉면, 비빔냉면, 온면, 온반(각 9천원), 돼지고기편육(1만5천원), 돼지고기겨자무침, 소고기편육(각 2만5천원) **주소** 경기도 동두천시 생연로 127 (생연동) **전화** 031-865-2413

평양면옥(양주)

평양면옥 초계탕

옛날 방식으로 꿩육수를 기본으로 하여 양지와 사태 등으로 깔끔한 국물을 내는 평양냉면 전문점. 이북 출신이 평양에 가까운 맛이라 평할 정도다. 면을 직접 반죽하여 뽑기 때문에 메밀 향이 살아 있다. 냉면 외에 어복쟁반, 초계탕 등의 이북 음식을 맛볼 수 있다.
메뉴 꿩냉면, 비빔냉면(각 1만1천원), 갈비탕(각 1만1천원), 초계탕(3만원), 평양왕갈비, 이동갈비(각 2만9천원), 어복쟁반(중 3만5천원, 대 4만5천원), 손만두, 만둣국(각 8천원), 녹두지짐(9천원) **주소** 경기도 양주시 장흥면 호국로 515 **전화** 031-826-4231

평양면옥 평양냉면

진짜 평양냉면과 가장 비슷하다는 평을 받는 곳으로, 전국 최고로 꼽는 사람들도 있다. 한우 사태와 돼지고기 삼겹살을 함께 고아서 육수를 만들고, 돼지고기 편육을 고명으로 얹은 후 고춧가루를 살짝 뿌린다. 그래서 육수 맛이 좀 더 고소하게 느껴지고 칼칼한 맛도 느낄 수 있다. 빨간 양념이 없어져 나오는 비빔냉면은 입맛 당기는 은근한 매운맛을 맛볼 수 있다. 면은 메밀로 만들기 때문에 부드럽고 면발이 약간 가는 편. 서울의 을지면옥, 필동면옥과 같은 집안이다.
메뉴 냉면, 만둣국(각 1만1천원), 제육(1만8천원), 수육(2만2천원) **주소** 경기도 의정부시 평화로439번길 7 (의정부동) **전화** 031-877-2282

향촌건업리묵집 닭백숙

직접 만든 도토리묵과 메밀묵을 잘한다. 묵과 상추가 빨갛게 옷을 입은 도토리묵무침에다 동동주 한 사발을 들이키면 일품이다. 도토리묵밥은 묵이 가득 들어간 그릇에 오이, 상추, 김, 깨 등이 고명으로 올라간다. 잘게 썬 김치를 넣고 비벼 먹는다. 직접 기르는 토종닭백숙을 먹으려면 예약해야 한다. 꿩만두도 괜찮다.
메뉴 도토리묵밥(7천원), 도토리묵무침(2만원), 꿩만두(6천원), 전복한방백숙, 전복닭볶음탕(각 6만원) **주소** 경기도 광주시 곤지암읍 광여로 826 **전화** 031-762-8467

흥선 일반중식

더플라자호텔의 40년 전통 중식 레스토랑 도원 출신 셰프 3명이 모여 의정부 신시가지에 문을 연 정통 중화요릿집. 호텔에서 맛볼 수 있는 고급 중화요리를 합리적인 가격으로 선보인다. 삼선초마탕, 관자중국콩볶음, 멘보샤 등이 인기이며, 메뉴에 없는 요리도 주문하면 조리해준다.
메뉴 산동쇼게, 마파두부(각 1만5천원), 제주도흑돼지탕수육(1만6천원), 유린기, 천미라조기, 깐풍기(각 1만7천원), 삼선초마탕, 멘보샤(각 1만8천원), 관자중국콩볶음(2만7천원), 전가복(3만5천원) **주소** 경기도 의정부시 둔야로 20 (의정부동) **전화** 031-829-0707

강원도

88생선구이 생선구이

모둠생선구이로 유명한 곳으로, 손질한 생선을 자리에서 직접 구워준다. 청어, 꽁치, 가자미, 메로, 삼치, 오징어, 고등어, 도루묵 등 푸짐하고 다양한 생선을 선보이며, 숯불로 구워 생선 고유의 맛이 그대로 살아 있다. 생선구이는 인원 수에 맞게 주문해야 한다. 50여 년 역사를 자랑하는 곳.
메뉴 생선구이모둠정식(2인 이상, 1인 1만5천원) **주소** 강원도 속초시 중앙부두길 71 (중앙동) **전화** 033-633-8892

김영애할머니순두부 순두부

메뉴는 순두부정식뿐으로, 직접 만든 순두부가 고소하고 담백하다. 국산 콩으로 만드는 것이 특징이며, 슴슴하면서도 고소한 맛이 일품이다. 순두부와 함께 짭조름한 비지장과 맛깔스러운 반찬이 나온다. 1965년부터 지금까지 50년 넘는 역사를 자랑한다.
메뉴 국산콩순두부정식(9천원) **주소** 강원도 속초시 원암학사평길 183 (노학동) **전화** 033-635-9520

납작식당 오징어

오삼불고기의 원조로 일컬어지는 집으로, 50여 년의 내력을 지니고 있다. 큼지막한 오징어를 사용하기 때문에 육질이 두툼해서 씹는 맛이 좋으며 곁들여지는 반찬도 깔끔하다. 맵지 않으면서도 오묘한 맛을 내는 고추장 양념과 오징어, 삼겹살이 좋은 궁합을 이루고 있다.
메뉴 오삼불고기, 오징어불고기, 생삼겹살, 고추장삼겹살(각 200g 1만3천원), 황탯국(7천원), 청국장, 된장찌개(각 6천원) **주소** 강원도 평창군 대관령면 올림픽로 35 **전화** 033-335-5477

동명항생선숯불구이 생선구이

속초에서 생선구이로 유명한 곳으로, 다양한 생선숯불구이와 해물된장찌개, 영양돌솥밥이 세트로 나온다. 기본 2인 이상 주문해야 하며, 그날그날 생선의 종류가 달라진다. 영랑호가 한눈에 들어오는 전망이 좋다. 1970년대부터 3대째 맛을 전하고 있다.

메뉴 모둠생선구이(2인 이상, 1인 1만8천원) 주소 강원도 속초시 번영로129번길 21 (동명동) 전화 033-632-3376

물곰식당 곰치
동해항 인근의 곰칫국 전문점. 콩나물을 넣어 맑고 시원하게 끓이는 스타일이다. 곰칫국 외에도 도루묵찌개, 생태찌개 등 속을 풀어주는 메뉴를 선보이고 있다.
메뉴 곰칫국(2인 4만원), 황태해장국(7천원), 도루묵찌개, 가자미조림(각 소 2만5천원, 중 3만원, 대 3만5천원), 물회(1만2천원) 주소 강원도 동해시 산제골길 3 (묵호진동) 전화 033-535-1866

바다횟집 곰치
항구 초입에 늘어선 많은 곰칫국집 중에서 원조로 꼽히는 집. 1993년 처음으로 곰치를 사용한 해장국을 끓여 내놓았다고 한다. 흐물흐물한 곰치 살과 시원한 국물이 해장에 좋다. 함께 나오는 짭조름한 가자미식해도 일품. 생선회도 추천할 만하다.
메뉴 곰칫국(1만5천원), 대구탕, 생태탕(각 1만원), 도루묵, 장치찜(각 소 3만원, 대 4만원), 광어, 우럭(각 1kg 6만원), 모둠회(소 5만원, 중 7만원, 대 8만원) 주소 강원도 삼척시 새천년도로 88 (정하동) 전화 033-574-3543

밤골막국수 막국수
육수를 살짝 부어 양념과 비벼 먹는 비빔막국수의 소박한 맛이 매력적인 곳. 밑반찬인 백김치도 시원하여 곁들이기에 좋다. 그밖에 닭볶음탕, 닭백숙, 수육 등도 선보이고 있다.
메뉴 막국수(7천원), 두부전골(7천원), 촌두부(8천원), 수육(2만원), 감자전(5천원), 닭볶음탕, 닭백숙(각 5만원) 주소 강원도 홍천군 홍천읍 공골길 15 전화 033-435-0075

백촌막국수 막국수
메밀 함량이 높은 면발에 살얼음이 낀 동치미 국물 맛이 일품이다. 햇메밀로 만드는 겨울철이나 이른 봄철에 찾아가면 최고의 맛을 즐길 수 있다. 주문하면 면을 삶기 시작하는 것이 특징. 기본찬으로 나오는 백김치, 명태무침도 별미. 부드럽고 촉촉한 수육과 곁들이면 더욱 일품이다. 양이 충분하므로 반은 물막국수로, 반은 비빔막국수로 먹어보는 것도 만족도를 높이는 요령 중 하나.
메뉴 메밀국수(8천원), 곱빼기 9천원), 편육(2만원) 주소 강원도 고성군 토성면 백촌1길 10 전화 033-632-5422

보헤미안로스터즈박이추커피공장 커피전문점
사천해변가에 인근에 자리한 박이추 바리스타의 커피 매장. 단독 건물 전체가 커피숍으로 운영되고 있으며, 다양한 싱글오리진 원두로 내린 핸드드립 커피를 맛볼 수 있다. 카페 옆에 로스팅공장이 있다. 바다가 보이는 전망도 아름답다. 월~수요일 오후, 목~일요일 오후에 방문하면 박이추 바리스타가 내리는 커피를 만날 수 있다.

메뉴 싱글오리진커피(5천원~9천원), 블렌드커피(6천원~7천원), 베리에이션커피(4천원~5천원), 토스트(6천원), 모닝세트(7천원) 주소 강원도 강릉시 사천면 해안로 1107 전화 033-642-6688

부부횟집 물회
자연산 잡어회와 물회 전문점. 자연산 활어회, 오징어, 멍게 등 그날 들어온 생선과 해산물이 들어간 시원한 물회가 인기 메뉴다. 새콤달콤한 물회 육수 맛이 일품이며 소면을 넣어 말아 먹으면 든든하다.
메뉴 물회, 회덮밥(1만6천원), 활어회(7만원) 주소 강원도 고성군 죽왕면 가진해변길 88 전화 033-681-0094

부일막국수 막국수
육수 맛이 일품인 막국수 전문점. 메밀 함량이 부족한 듯한 면발이 아쉽지만, 육수 맛이 면발의 부족함을 충분히 상쇄시킨다는 평이다. 육수는 멸치 국물에 다시마, 무, 미나리, 파, 마늘 등 10여 가지의 채소를 넣고 끓이는 것이 특징. 담백하고 감칠맛이 난다.
메뉴 물막국수, 비빔막국수(각 소 8천원, 대 1만원), 수육(소 3만원, 대 4만원) 주소 강원도 삼척시 새천년도로 598 (갈천동) 전화 033-572-1277

부일식당 산채정식
50년 넘는 전통의 산채백반 전문점. 손님이 올 때마다 가마솥에 장작을 지펴 밥을 짓고, 전형적인 시골 밥상과 푸짐한 산채반찬을 내어 온다. 직접 만든 부드러운 두부, 다양한 산채와 반찬은 입맛을 돋운다. 더덕구이 추가를 추천한다. 마지막에 나오는 구수한 누룽지 숭늉으로 마무리한다.
메뉴 산채백반(1만원), 더덕구이추가(1만원), 황태구이추가(8천원) 주소 강원도 평창군 진부면 진부중앙로 100-5 전화 033-335-7232

사돈집 곰치
물곰탕(곰칫국)으로 유명한 집. 삼척과 마찬가지로 속초에서도 술 먹은 다음 날 물곰탕으로 해장을 많이 한다. 얼큰하면서도 시원한 국물에 하얀 생선살이 듬뿍 들어가 있다. 가자미조림도 별미. 물곰탕의 경우 가격이 시가로 매겨지기 때문에 날에 따라 가격 변동이 있다.
메뉴 물곰탕(1만7천원), 가자미조림(소 2만7천원, 중 4만원, 대 5만원), 가자미구이(2만3천원), 가자미회무침(2만원) **주소** 강원도 속초시 영랑해안1길 8 (영랑동) **전화** 033-633-0915

산토리니 커피전문점
강릉 안목항의 커피거리에 있는 커피 전문점으로, 핸드 드립 커피를 비롯한 다양한 커피를 선보인다. 산토리니 섬을 연상케 하는 흰색과 파란색으로 된 외관이 산뜻하다. 바다를 바라볼 수 있는 테라스 자리에 앉아 커피를 즐길 것을 추천한다.
메뉴 핸드드립커피(6천원~1만원), 베리에이션커피(4천2백원~6천원) **주소** 강원도 강릉시 경강로 2667 (견소동) **전화** 033-653-0931

서지초가뜰 한정식
초가지붕을 씌워 운치 있는 집으로, 창녕 조씨 반가의 음식과 근처 농가 음식을 결합한 한정식을 선보인다. 대표 메뉴인 질상은 옛날, 모내기를 끝마친 각 가구가 음식을 한 가지씩 들고 나와 이웃과 나누어 먹던 풍습에서 유래했다. 조씨 집안의 전통 술인 송죽두견주 또한 맛볼 수 있다.
메뉴 한정식(2인 이상, 1인 2만원~10만원) **주소** 강원도 강릉시 난곡길76번길 43-9 (난곡동) **전화** 033-646-4430

속초생대구 대구
동명항 인근에 있는 대구 전문점. 생대구전, 생대구탕 등 대구로 만든 요리를 다양하게 맛볼 수 있다. 대구탕은 미나리를 듬뿍 넣어서 고춧가루를 넣지 않고 맑게 끓이는 스타일로, 해장에도 좋다. 곤이를 넣은 이리전도 별미.
메뉴 생대구탕(2만원), 생대구전, 생대구이리전(각 3만원) **주소** 강원도 속초시 영랑해안3길 14 (영랑동) **전화** 033-636-9774

양지말화로구이 삼겹살
홍천 일대에서 화로구이로 소문난 곳. 냉동시키지 않은 생삼겹살을 고추장 양념에 버무려 참숯에 직화로 구워 먹는다. 고추장 양념과 간장 양념 중 선택할 수 있으며 향긋한 더덕구이도 인기 메뉴다. 겨울에 스키장을 찾는 사람들이 즐겨 찾는다. 후식으로 메밀커피를 무료로 제공한다. 명절 당일 휴무이지만 영업을 하는 날도 있으니 미리 전화해보는 것이 좋다.
메뉴 고추장화로구이, 간장화로구이(각 2인 이상, 200g 1만4천원), 양송이더덕구이(400g 2만5천원), 막국수, 양푼비빔밥(각 8천원), 소면(겨울6천원), 묵사발(여름1만원) **주소** 강원도 홍천군 홍천읍 양지말길 17-4 **전화** 033-435-7533

영광정메밀국수 막국수
3대를 이어오는 오래된 막국숫집. 함흥이 고향인 할머니가 1974년부터 고향식 메밀국수를 팔기 시작해 지금은 며느리와 손자가 대를 잇고 있다. 한 달 이상 숙성시킨 차가운 동치미 국물과 제분한 지 일주일을 넘기지 않는 봉평 메밀로 직접 뽑는 구수한 국수 면발, 양파를 갈아 넣어 만든 매콤시원한 양념장이 맛의 비결이다. 동치미 막국수의 원조라고도 알려져 있다.
메뉴 메밀국수(8천원), 메밀전병(7천원), 감자전(1만원), 편육(2만3천원) **주소** 강원도 양양군 강현면 진미로 446 **전화** 033-673-5254

영광정메밀국수

오대산가마솥식당 산채비빔밥
산채요리로 유명한 오대산 월정사 입구 식당촌에서 30년 넘게 산채요리를 전문으로 내놓고 있다. 산채정식을 시키면 두릅, 냉이, 더덕과 각종 버섯요리, 전을 포함하여 30여 가지의 반찬이 나오고 황태구이와 된장찌개도 푸짐하게 한 상 차려진다.
메뉴 산채정식(1만8천원), 산채비빔밥(9천원), 산채돌솥비빔밥, 황태해장국, 도토리묵, 감자전, 모두부(각 1만원), 황태구이정식(2만3천원), 산나물전(1만5천원) **주소** 강원도 평창군 진부면 오대산로 152 **전화** 033-333-5355

용바위식당 황태
50여 년의 황태 건조와 요리의 역사가 담겨 있는 황태요리 전문식당이다. 황태구이정식을 시키면 뽀얀 황태해장국이 함께 나온다. 매콤한 양념을 덧발라 구운 황태구이가 맛이 별미. 덕장에서 직접 황태를 말려 사용하는 것이 특징이다. 황태 건조의 원산지 진부령에서 처음으로 황태요리를 시작한 집이라고 한다.
메뉴 황태구이정식(1만2천원), 황태국밥(8천원), 도토리묵, 메밀전병, 청국장, 감자전(각 1만원), 황태구이(7천원) **주소** 강원도 인제군 북면 진부령로 107 **전화** 033-462-4079

우성닭갈비 닭갈비
춘천 토박이가 꼽는 닭갈빗집으로, 30년 넘게 닭갈비를 해온 곳이다. 국내산 생닭다리살만 사용하고 있어 닭갈비 맛이 좋다. 매콤한 양념과 양배추, 깻잎 등의 조화가 좋다. 남은 양념에 볶아 먹는 볶음밥도 빼놓을 수 없는 별미.
메뉴 닭갈비, 닭내장(각 300g 1만2천원), 막국수(6천원), 볶음밥(2천원) **주소** 강원도 춘천시 후만로 81 (후평동) **전화** 033-254-0053

원조숯불닭불고기집 닭갈비
춘천 명동에서 원조 닭갈빗집으로 꼽히는 곳이다. 철판에 굽는 방식이 아니라 예전 그대로 숯불 석쇠에 닭갈비를 굽는다. 숯불향이 나는 닭불고기를 파김치와 상추에 싸서 먹는 맛이 그만이다. 닭갈비를 가스불이 아닌 숯불에 굽기 때문에 기름이 쫙 빠져서 맛이 담백하다. 식사로는 멸치육수와 시골된장으로 끓인 된장찌개가 일품이다. 60년 넘는 역사를 자랑한다.
메뉴 뼈없는닭갈비, 뼈있는닭갈비, 오돌뼈닭갈비, 오돌뼈소금구이, 간장닭갈비, 닭내장(각 250g 1만원), 된장찌개(2천원), 막국수(7천원) **주소** 강원도 춘천시 낙원길 28-4 (중앙로2가) **전화** 033-257-5326

유포리막국수 막국수
시원한 동치미 국물에 말아낸 순 메밀 막국수 맛이 일품인 집. 김, 양념간장만으로 담백한 맛을 내고 있어, 현대인의 입맛과 타협한 퓨전이 아니라 정통 막국수의 맛을 즐길 수 있다. 감자부침이나 녹두전과 같이 먹으면 좋다. 촌두부는 당일 정해진 수량만 판매한다.
메뉴 막국수(7천5백원), 곱빼기 8천5백원), 감자부침, 녹두부침, 촌두부(각 7천원), 편육(1만6천원) **주소** 강원도 춘천시 신북읍 맥국2길 123 **전화** 033-242-5168

주천묵집 감자옹심이
이틀 혹은 사흘에 한 번씩 직접 쑨 묵으로 만든 묵밥을 맛볼 수 있는 곳. 채 썬 메밀묵과 도토리묵에 육수를 붓고 김가루, 참깨, 김치 등을 얹어 조밥과 함께 내준다. 직접 감자를 갈아서 만드는 감자옹심이가 쫀득하게 씹힌다. 무말랭이, 고들빼기, 마늘종 등 밑반찬도 먹을 만하다. 따뜻할 때는 외양간으로 사용하던 곳을 개조한 야외 테이블에서 식사도 가능하다.
메뉴 도토리묵밥(6천원), 메밀묵밥, 채묵비빔밥(7천원) **주소** 강원도 영월군 주천면 송학주천로 1282-11 **전화** 033-372-3800

철원막국수 막국수
60년 넘는 전통의 막국숫집으로, 철원 지역에서 유명한 곳이다. 투박한 메밀 맛과 질 좋은 고추 양념이 간결하면서도 시골스러운 맛을 낸다. 직접 담근 짠지무가 올라간 물막국수 스타일이다. 사골을 우려낸 육수를 사용하며 간장, 고추장, 메주 등을 직접 담근다.
메뉴 물막국수, 비빔막국수(각 7천원), 곱빼기 8천원), 편육(소 1만8천원, 대 2만4천원), 녹두빈대떡(9천원), 찐만두(8천원) **주소** 강원도 철원군 갈말읍 명성로158번길 13 **전화** 033-452-2589

초당순두부집 두부
학사평 순두부촌 일대에서 가장 오래된 순두부 전문점으로, 콩비지 장에 나물을 곁들여 먹는 것이 특징이다. 재래식 공정으로 만든 두부는 고소한 맛이 으뜸이며 두부를 만들 때 생기는 비지에 여러 가지 양념을 한 비지장이 별미다.
메뉴 순두부백반, 황태해장국, 모두부, 도토리묵(각 9천원), 황태정식(1만5천원), 황태구이(2만원), 두부전골, 순두부전골, 황태전골(각 소 3만원, 대 3만5천원) **주소** 강원도 속초시 원암학사평길 104 (노학동) **전화** 033-635-6612

초당할머니순두부 두부
400여 년 동안, 한결같은 맛을 선보이는 강릉의 명물 중 하나다. 간수 대신 바닷물을 사용하는 것이 특징이며, 순두부 외에도 직접 담근 된장으로 끓은 된장찌개와 비지장, 막된장에 묵힌 고추장아찌, 그리고 1년 익힌 김치의 맛 또한 변함이 없다. 어머니에서 아들로 그 비법이 이어지고 있다.
메뉴 순두부백반(9천원), 얼큰복통두부(1만원), 모두부(1만3천원) **주소** 강원도 강릉시 초당순두부길 77 (초당동) **전화** 033-652-2058

춘선네 곰치
푸짐하고 양이 많은 곰칫국(물곰탕)으로 유명하다. 비린내가 없고, 육질이 담백하고 연해 숟가락으로 떠먹기 좋다. 해장국으로도 많이 찾는다. 곰치는 겨울에만 잡히는 생선으로, 여름에는 먹기 어렵다. 예전에는 옥미식당이라는 이름으로 널리 알려진 곳이기도 하다.
메뉴 곰칫국(2만5천원), 도루묵찌개, 가자미조림, 도치알탕, 대구탕(각 3만원) **주소** 강원도 속초시 청초호반로 230 (교동) **전화** 033-635-8052

테라로사커피공장 베이커리
2002년 문을 연 테라로사 강릉 본점이다. 커피 전문점, 커피공장, 화원과 공연장까지 겸하는 복합 문화 공간으로, 수준 높은 핸드드립 커피와 에스프레소 커피를 즐길 수 있다. 직접 구워 내는 빵과 케이크도 판매하고 있으며, 카페 옆 건물에서는 제작된 굿즈를 판매하고 있다. 레스토랑에서는 오전 9시부터 11시까지 모닝 플레이트를 즐길 수 있으며, 17시까지는 일반 브런치 및 디저트를 주문할 수 있다.
메뉴 핸드드립커피(5천5백원~1만원), 베리에이션커피(5천원~5천5백원), 오늘의 수프(6천원), 모닝플레이트(1만2천원), 니스와즈샐러드(2만원), 프랑스식야채요리(1만8천원), 치킨과쿠스쿠스(2만4천원), 한우등심스테이크(240g 5만6천원) **주소** 강원도 강릉시 구정면 현천길 7 **전화** 033-648-2760

툇마루 카페
흑임자라테로 전국적으로 유명해진 곳이다. 툇마루커피라는 메뉴가 흑임자라테를 말하며 차가운 우유에 고소하고 달달한 흑임자크림과 찐득하고 씁쓸한 에스프레소를 얹어 만든다. 최근 확장 이전하면서 예전처럼 네 시간씩 웨이팅하지는 않지만, 여전히 줄을 서서 기다려야 한다.
메뉴 툇마루커피(5천5백원), 에스프레소, 아메리카노(각 4천원), 플랫화이트, 카푸치노(각4천5백원), 라테(5천원), 바닐라라테(5천5백원), 티에이드, 밀크초코, 얼그레이티(각 5천원), 마들렌(3천6백원~4천원) **주소** 강원도 강릉시 난설헌로 232 (초당동) **전화** 033-922-7175

형제막국수 막국수
더운 여름날, 시원한 막국수를 맛볼 수 있는 막국수 전문점이다. 막국수에 수육을 곁들이면 한 끼 식사로 손색이 없다. 비빔막국수에 함께 나온 육수를 부어, 비벼 먹는 것도 좋다.
메뉴 막국수, 냉면(각 8천원), 수육(소 2만5천원, 대 3만5천원) **주소** 강원도 강릉시 사임당로 113-3 (홍제동) **전화** 033-645-9969

황태회관 황태
직접 황태덕장을 운영하고 있기 때문에 질 좋은 황태로만 음식을 한다. 7~8가지에 이르는 다양한 황태 요리에 기본 반찬이 10여 가지 정도 나온다. 황태해장국은 뽀얗게 우려낸 국물이 담백하며 황태구이는 따뜻한 불판에 얹어 낸다.
메뉴 황태해장국(8천원), 황태구이(1만3천원), 황태찜(중 3만5천원, 대 4만5천원), 황태전골(4만원) **주소** 강원도 평창군 대관령면 눈마을길 19 **전화** 033-335-5795

횡성축협한우프라자 소고기구이
횡성 축협에서 선보인 한우 직판장 본점. 명품 횡성 한우의 참맛을 즐길 수 있다. 횡성 한우는 마블링이 뛰어나고 가열 후에도 부드러운 육질과 풍부한 육즙이 살아 있어 입안에서 살살 녹는다.
메뉴 부시모둠(2인 이상, 1인 150g 5만8천원), 꽃등심(150g 4만5천원), 모둠(150g 3만5천원), 양념육회(200g 2만5천원), 생육회(200g 3만5천원), 상차림비(성인 5천원, 아동 3천원) **주소** 강원도 횡성군 횡성읍 횡성로 337 **전화** 033-343-9908

대전광역시

대선칼국수 칼국수
대전의 유명한 칼국숫집. 칼국수 반죽은 콩가루를 섞어 직접 손으로 만들고 썰기 때문에 면이 부드럽고 고소하다. 칼국수와 더불어 수육, 오징어두루치기도 인기가 좋다. 60여 년의 역사를 자랑하는 곳.
메뉴 칼국수, 메밀열무국수(7천원), 비빔국수(7천5백원), 수육(소 2만5천원, 중 3만원, 대 3만5천원), 오징어두루치기(2만5천원), 두부두루치기(2만2천원) **주소** 대전광역시 서구 둔산중로40번길 28 (둔산동) **전화** 042-471-0317

사리원면옥 수육
1952년부터 3대째 내려오는 전통의 냉면집으로, 실질적으로 대전 냉면의 원조라 할 수 있다. 황해도식을 기본으로 한 깔끔한 육수가 특징이다. 면을 메밀과 전분을 혼합하여 만드는 것이 특징. 달큰한 소불고기도 꾸준히 인기가 많은 메뉴다.
메뉴 물냉면, 비빔냉면(각9천원), 갈비탕(1만2천원), 왕만두(반접시 3천5백원, 한접시 7천원), 소불고기(300g 1만4천원), 돼지양념갈비(250g 1만4천원), 소양념갈비(280g 2만6천원) **주소** 대전광역시 중구 중교로 62 (대흥동) **전화** 042-256-6506

산밑할머니묵집 묵
묵채가 유명한 곳. 채 썬 묵에 멸치, 다시다, 무로 만든 육수를 부어 잘게 썬 김치와 김을 섞어 먹는 맛이 별미다. 가격대도 낮고 양도 푸짐한 편. 구수한 보리숭늉으로 식사를 마무리한다.
메뉴 묵, 보리밥, 두부, 안주묵(각 7천원), 닭백숙(4만원), 닭볶음탕(4만5천원), 도토리채소전(1만원) **주소** 대전광역시 유성구 관용로 33 (관평동) **전화** 042-935-2947

성심당 베이커리
대전을 대표하는 오래된 빵집. 유산균을 발효시켜 만든 다양한 빵들을 먹을 수 있는 곳이다. 팥 앙금이 들어간 튀김소보로가 가장 유명하다. 60년 넘는 역사를 자랑하는 곳.
메뉴 튀김소보로, 튀소구마(각 1천5백원), 판타롱부추빵, 야채고로케(1천8백원), 카레고로케(2천3백원), 팽오쇼콜라, 애플만두, 심버터라우겐(각 2천5백원), 명란바게트(3천5백원) **주소** 대전광역시 중구 대종로480번길 15 (은행동) **전화** 1588-8069

솔밭묵집 닭백숙
도토리묵의 텁텁하고 진한 맛을 볼 수 있다. 큼지막한 대접에 도토리묵을 채 썰어 담고 잘게 썬 김치와 김, 깨소금을 고명으로 얹어 국물을 부어낸다. 자극적인 맛을 원하면 삭힌 풋고추를 첨가하면 매콤하다. 묵과 함께 나오는 보리밥도 별미다.
메뉴 채묵(소 5천원, 대 8천원), 보리밥(7천원), 접시묵(8천원), 두부김치(1만원), 묵무침(1만2천원), 닭백숙(4만원), 닭볶음탕(4만5천원) **주소** 대전광역시 유성구 관용로 51 (관평동) **전화** 042-935-5686

숯골원냉면 닭백숙
1·4 후퇴 때 평양에서 월남하여 4대에 걸쳐 일궈 놓은 평양냉면 전문점이다. 강원도 평창군 내 농가들과 계약 재배한 메밀을 사용하며, 국수를 누를 때 10% 정도 전분을 섞는다. 순메밀을 눌러 달라고 하면 순메밀국수도 말아준다. 면발이 깔깔하면서도 메밀 향을 잘 살리고 있다. 육수는 소고기가 아닌 닭고기를 사용하며, 거기에 알맞게 익힌 동치미 국물만 가미해서 약간 밍밍한 편이다. 고명으로 닭고기가 올라가는 것이 특징.
메뉴 물냉면, 비빔냉면, 온면, 만둣국(각 9천원), 꿩냉면, 꿩온면(각 1만3천원), 평양식왕만두(6천원), 토종닭백숙(3만5천원) **주소** 대전광역시 유성구 신성로84번길 18 (신성동) **전화** 042-861-3287

스시호산

스시호산 스시
신라호텔 아리아께에서 경력을 쌓은 조리장이 쥐는 스시야. 기대할 만한 수준의 스시를 맛볼 수 있는 곳. 대전에서는 최고의 스시로 손꼽을 수 있는 곳이다. 예약제로 디너 오마카세만 운영하니 방문 시 참고할 것.
메뉴 디너오마카세(18만원) **주소** 대전광역시 서구 대덕대로 366 (만년동) **전화** 042-482-0053

신도칼국수 칼국수
공주분식과 함께 대전 칼국수의 양대산맥을 이루는 곳. 멸치로 육수를 내며 담백하면서도 진한 국물 맛이 특징이다. 취향에 따라 양념장을 가미해도 좋으며, 잡내 없는 쫄깃한 수육도 맛이 좋다.
메뉴 칼국수(4천5백원, 곱빼기 5천5백원), 수육(소 1만5천원, 대 1만8천원), 두부두루치기(1만5천원) **주소** 대전광역시 동구 대전로825번길 11 (정동) **전화** 042-253-6799

청주남주동해장국 선지해장국
80여 년 전통의 해장국집으로, 푸짐한 뚝배기에 담긴 칼칼하고 진한 국물 맛이 일품이다. 뼈다귀해장국과 선지해장국, 콩나물해장국이 주메뉴. 소뼈, 꼬리, 방광 등을 가마솥에 넣고 진한 국물을 만든 다음 여기에 선지를 넣으면 선지해장국이 되고 뼈다귀를 넣으면 뼈다귀해장국이 된다.
메뉴 뼈다귀해장국, 선지해장국(각 7천원), 콩나물해장국, 순두부해장국(6천원), 갈비탕(1만원) **주소** 대전광역시 대덕구 대덕대로1458번길 9 (목상동) **전화** 042-935-9575

한우김삿갓 소고기구이
정육식당을 겸하고 있는 한우전문점. 소고기 질이 좋기로 유명한 집으로, 다양한 부위를 맛볼 수 있는 것이 특징이다. 숯불에 구워 먹는 고기 맛이 좋다. 인기가 높은 안창살은 저녁 일찍 재료가 다 떨어진다고 한다.
메뉴 한우명품꽃등심(4만7천원), 명품갈비(4만원), 명품꽃살(4만2천원) **주소** 대전광역시 유성구 유성대로1184번길 11-27 (신성동) **전화** 042-863-6076

할머니묵집 닭백숙
70년 전통을 가진 도토리묵과 메밀묵을 맛볼 수 있다. 가을철 마른 도토리 알맹이를 절구에 넣고 빻아서 4~5일 동안 물에 담가 떫은맛을 빼내기 때문에 묵 맛이 부드럽다. 삭힌 풋고추와 참기름을 섞인 조선간장으로 간을 해서 먹는 묵사발의 맛이 특히 좋다. 토종닭으로 만든 백숙도 맛이 좋다. 예약손님에 한해 옻닭도 판매하고 있다.
메뉴 도토리묵사발, 메밀묵사발, 보리밥(각 7천원), 묵무침(1만원), 부침개(5천원), 닭볶음탕, 토종닭백숙(각 4만원), 옻닭(4만3천원) **주소** 대전광역시 유성구 금남구즉로 1378 (봉산동) **전화** 042-935-5842

할머니묵집

세종시

빠스타스비스트로 이탈리아식
편안한 분위기에서 파스타를 즐길 수 있는 이탈리안 비스트로. 좋은 재료를 사용한 파스타를 맛볼 수 있는데, 시그니처 메뉴인 클래식치즈라자냐를 추천한다. 계절에 따라 정기적으로 메뉴가 바뀌며 40여 종의 와인을 곁들일 수도 있다.
메뉴 세트(4만9천원, 9만9천원), 안심스테이크+파스타(180g 3만9천원), 갈릭감바스(1만5천9백원), 파스타(7천9백원~1만5천9백원), 피자(1만5천9백원), 클래식치즈라자냐(1만5천9백원) **주소** 세종특별자치시 가름로 232 (어진동) **전화** 044-864-1928

천궁수라상 한정식
숯불에 구운 질 좋은 한우가 나오는 한정식을 선보인다. 맛깔스러운 반찬이 한 상 가득 차려지며 고기만 따로 주문할 수도 있다. 독립된 룸을 갖추고 있어 비즈니스 모임이나 상견례 장소로도 좋다.
메뉴 소고기정식(1인 2만5천원), 소고기한상(1인 2만5천원),(1인 2만5천원, 3만원, 4만원, 5만원), 토, 일요일(2만5천원, 3만5천원, 5만원) **주소** 세종특별자치시 장군면 풍덕골길 7-6 **전화** 044-868-7736

충청남도

게눈감추듯 게장
당진에서 맛있기로 손꼽히는 간장게장 전문점. 김치전, 청국장 등의 반찬도 맛깔스럽게 나온다. 밥은 솥밥으로 나오기 때문에 도착하기 전에 미리 예약하는 것이 좋다.
메뉴 간장게장(1인 3만5천원) **주소** 충청남도 당진시 송악읍 안섬포구길 24-4 **전화** 041-356-0036

고덕갈비 소갈비
연탄불에 구워 먹는 한우소갈비 맛이 일품이다. 갈빗대가 통째로 붙어 나오며 특제 양념과 고기의 조화도 훌륭하다. 저녁때는 고기가 일찍 떨어질 수 있으므로 확인하고 가는 것이 좋다.
메뉴 한우갈비(250g 3만2천원), 물냉면(5천원), 비빔냉면(6천원), 소면(5천원) **주소** 충청남도 예산군 덕산면 덕산온천로 371-8 **전화** 041-337-8700

광덕산호두과자전문점 호두과자
천안의 명물 호두과자를 전문으로 하는 곳. 팥앙금, 단호박앙금과 흑미오곡앙금 중 종류를 선택할 수 있다. 달지 않아 인기가 좋은 곳이다. 호두의 함량도 높은 편. 학화할머니호두과자와 함께 천안 호두과자의 양대산맥이다.
메뉴 팥앙금호두과자, 단호박앙금호두과자, 흑미오곡앙금호두과자(각 20개 5천원, 40개 1만원) **주소** 충청남도 천안시 동남구 천안대로 524 (구성동) **전화** 041-555-5700

내당한우 소고기구이
300여 년 전통의 소고기 전문점이다. 살치살, 토시살, 치맛살, 낙엽살, 안창살 등 암소의 특수부위만 취급하는 것으로 유명하다. 모두 날로 먹을 수 있을 정도로 신선하다. 좋은 고기가 없으면 문을 열지 않으므로 전화로 확인해 보는 것이 좋다.
메뉴 특수부위(150g 3만5천원) 육회(200g 3만원), 꽃등심, 내당스페셜(각 150g 4만원), 육회비빔밥(1만2천원) **주소** 충청남도 홍성군 홍성읍 아문길52번길 6 **전화** 041-632-0156

동해원 일반중식
공주에서 짬뽕으로 유명한 집이다. 메뉴는 짜장과 짬뽕, 탕수육 세 가지로 간소하며 점심시간에만 영업하는 것이 특징이다. 매콤한 짬뽕 국물 맛이 일품이다. 줄을 서서 기다려야 할 정도로 인기가 많은 곳이다. 오후 2시부터는 포장 판매도 하고 있다.
메뉴 짬뽕, 짬뽕밥, 짜장밥(각 8천원), 짜장면(7천원), 탕수육(소 1만4천원, 대 2만5천원) **주소** 충청남도 공주시 납다리길 22 (소학동) **전화** 041-852-3624

두발횟집 생선회
횟집거리 뒤편에서 단골 위주로 장사하다 유명해진 집이다. 회 한 점의 크기가 크면서도 두껍다. 회를 시키면 굴, 조개, 생선구이 등이 계속 나오고 식사로는 김밥을 말아준다. 마지막에 나오는 전복죽의 맛이 별미다. 반드시 예약하고 찾아가야 한다.
메뉴 모둠회정식(1인 4만원) **주소** 충청남도 보령시 해수욕장4길 140 (신흑동) **전화** 041-934-6940

몽대횟집 생선회
자연산을 취급하며 회를 시키면 기본 상차림으로 나오는 꽁치, 우럭조림, 조기구이 등의 맛이 좋다. 회를 다 먹고 나면 얼큰하게 매운탕을 끓여준다. 겨울철 별미로는 주꾸미 샤부샤부 요리가 있다.
메뉴 회모둠(4인 9만원, 20만원), 주꾸미샤부샤부(4인 6만원) **주소** 충청남도 태안군 남면 몽대로 495-83 **전화** 041-672-2254

바다꽃게장 게장
현지인이 많이 찾는 간장게장 맛집. 게딱지에 알도 꽉 차 있으며 반찬으로 나오는 어리굴젓 맛도 일품이다. 서해안의 명물인 우럭젓국도 맛볼 수 있다. 광어, 조개 등이 들어있는 수족관도 있어 손님이 예약하면 회도 떠준다.
메뉴 꽃게게장, 꽃게탕(각 1인 3만3천원), 우럭젓국(2인이상 1인 2만원) **주소** 충청남도 태안군 태안읍 능샘길 45 **전화** 041-674-5197

삼기꽃게장 게장
간장게장으로 유명한 집. 큼직한 꽃게에 짭짤하게 배어든 장맛과 게살을 파먹는 재미가 있다. 숙성이 잘 된, 짭짤한 스타일의 간장게장이다. 반찬으로 나오는 어리굴젓 맛도 일품이다.
메뉴 간장게장(2만8천원), 꽃게탕(5만6천원) **주소** 충청남도 서산시 고운로 162 (동문동) **전화** 041-665-5392

삼우갈비 소갈비
예산에서 갈비로 유명한 집 중 하나. 주문하면 갈비가 구워져 나온다. 갈비 양념이 잘 배어 있어 맛이 좋다. 굴탕은 굴을 차가운 물에 넣고 양념장을 푼 것으로, 시원한 국물 맛을 자랑하며 해장에 좋다.
메뉴 갈비(200g 4만원), 갈비탕(1만5천원) **주소** 충청남도 예산군 예산읍 임성로23번길 8 **전화** 041-333-6230

소박한밥상 한정식
농가 한정식집으로, 직접 만든 장류를 사용하고 직접 재배하거나 국산인 식재료만 사용하여 가마솥에 밥을 짓는다. 고추장, 된장 등은 판매도 하고 있다. 반드시 예약하고 찾아가야 한다.
메뉴 한정식(2인 3만6천원, 3인 이상 1인 1만7천원) **주소** 충청남도 서산시 인지면 애정길 150-22 **전화** 010-8718-3826

소복갈비 소갈비
예산에서 손꼽히는 갈비 전문점. 입구의 큼직한 화덕에 숯불을 피워 놓고 갈비를 구워 낸다. 양념갈비가 주메뉴다. 참숯불에 구운 갈비를 돌판에 담아 낸다.
메뉴 생갈비(250g 4만6천원), 양념갈비(250g 3만8천원), 갈비탕(1만4천원) **주소** 충청남도 예산군 예산읍 천변로195번길 9 **전화** 041-335-2401

연산할머니순대 순대
신선한 돼지 선지로 만든 순대를 맛볼 수 있는 곳. 탱탱하고 쫄깃한 맛을 자랑한다. 맑고 담백하게 끓인 국물에 내장, 순대 등이 푸짐하게 들어간 순대국밥의 맛도 일품이다.
메뉴 따로국밥(8천원), 순대국밥(7천원), 순대(중 1만원, 대 1만5천원) **주소** 충청남도 논산시 연산면 황산벌로 1525 **전화** 041-735-0367

원진노기순청국장 돼지갈비
노기순 전통장 명인이 운영하는 청국장집. 구수한 청국장찌개와 한정식 못지 않은 맛깔스러운 반찬이 한상 가득 나오는 청국장정식이 대표 메뉴다. 짜지 않으면서도 구수한 국물 맛이 좋다. 돼지갈비와 새콤한 한우물회도 인기.
메뉴 원진한우탕(9천원), 청국장정식(1만1천원~1만3천원), 돼지갈비(250g 1만3천원), 한우소갈비(250g 5만원), 묵은지찜정식(2인분 이상, 1인분 1만2천원~1만4천원), 한우물회(1만원) **주소** 충청남도 공주시 백미고을길 6 (금성동) **전화** 041-855-3456

원풍식당 낙지
박속밀국낙지탕이 유명. 박속과 대파, 마늘, 감자, 조개 등을 넣고 끓인 국물에서 갯벌에서 잡은 산낙지를 통째로 넣어 샤부샤부처럼 해 먹는다.
메뉴 박속밀국낙지탕, 낙지볶음, 산낙지(각 1만5천원), 우럭젓국(1만원). **주소** 충청남도 태안군 원북면 원이로 841-1 **전화** 041-672-5057

은진손칼국수 칼국수
메뉴는 손칼국수밖에 없으며 여름에는 콩국수도 한다. 멸치로 국물을 낸 육수가 시원하다. 점심때는 줄을 서야 할 정도로 인기가 있다.
메뉴 칼국수(5천원, 곱빼기 6천원), 콩국수(6천원, 곱빼기 7천원). **주소** 충청남도 논산시 은진면 매죽헌로25번길 8 **전화** 041-741-0612

이슬회수산 생선회
남당항 앞에 즐비한 횟집 중에서도 신선도를 자랑하는 곳. 키조개, 새조개, 대하 등 철따라 방문하면 합리적인 가격에 신선한 해산물을 마음껏 먹을 수 있다. 자연산, 양식산 등 다양한 종류의 어종과 해산물을 갖추고 있다.
메뉴 회세트(2인 6만원, 3인 9만원, 4인 12만원), 대하세트(2인 7만원, 3인 9만원, 4인 11만원). **주소** 충청남도 홍성군 서부면 남당항로213번길 2-5 **전화** 041-633-4857

장수꽃게장 게장
꽃게장이 맛있는 집으로 현지인에게 많이 알려져 있다. 양파, 대파, 청양고추 등을 넣은 채소 육수와 까나리액젓, 간장 등을 이용해 간장게장을 담근다. 채소 육수가 많이 들어가 게장이 짜지 않은 것이 특징이다. 이외에도 꽃게탕, 꽃게찜, 꽃게무범 등 다양한 꽃게 요리를 선보인다.
메뉴 장수꽃게장전문점 꽃게장(1인 2만8천원), 꽃게무침(2만9천원), 꽃게탕(소 5만원, 중 6만원, 대 7만5천원), 꽃게찜(싯가) **주소** 충청남도 당진시 당진중앙2로 344 (원당동) **전화** 041-355-3014

제일꽃게장 게장
슴슴한 꽃게장 맛이 일품인 곳. 태안 안흥항에서 잡힌 알이 꽉 찬 암게로 간장게장을 담근다. 게다리를 잘 발라먹은 후 게딱지에 밥을 넣고 비벼, 커다란 김에 싸 먹는다.
메뉴 게장백반(1인 2만8천원), 꽃게탕(소 5만원, 중 6만7천원, 대 8만원). **주소** 충청남도 당진시 백암로 246 (채운동) **전화** 041-353-6379

충남집순대 순대
진한 국물의 순대국밥은 식사로, 다진 양념을 푼 순대국밥은 술 마시고 난 뒤 해장으로 추천할 만하다. 선지가 많이 들어가서 부드러운 맛을 낸다. 돼지 큰 창자를 쓰는 함경도식과는 달리 병천순대는 작은 창자를 사용해서 만드는 것이 특징이다. 병천아우내 순대골목에서 청화집과 함께 순대국밥 원조집으로 통한다.
메뉴 순대국밥(8천원), 순대(1만4천원) **주소** 충청남도 천안시 동남구 병천면 충절로 1748 **전화** 041-564-1079

큰마을영양굴밥 굴
은행, 대추, 호두, 밤 등이 들어가 있는 영양굴밥이 추천메뉴다. 밥을 덜어 먹은 후 솥에 뜨거운 물을 부어 숭늉을 만들어 먹는다. 메인 요리와 반찬 모두 양이 매우 푸짐하다는 평이다.
메뉴 영양굴밥, 굴파전(각 1만4천원), 굴회무침, 굴물회, 간자미회무침(각 중 2만원, 대 3만원) **주소** 충청남도 서산시 부석면 간월도1길 65 **전화** 041-662-2706

학화할머니호두과자 호두과자
천안 호두과자의 원조로 알려졌다. 1934년에 처음 장사를 시작했다고 하니 80년을 훌쩍 넘겼다. 큰 호두가 들어 있는 달달한 팥앙금의 전형적인 호두과자의 모습이다. 가게 앞에는 처음 호두과자를 만들었다는 심복순 할머니의 사진이 붙어 있다.
메뉴 호두과자(15개 5천원, 30개 1만원, 45개 1만5천원, 60개 2만원) **주소** 충청남도 천안시 동남구 대흥로 233 (대흥동) **전화** 041-551-3370

화해당 게장
서해 태안에서 나는 꽃게로 담그는 게장 맛이 일품이다. 매년 봄에 싱싱한 꽃게를 급랭하여 일년 내내 사용한다. 인테리어가 모던하고 테라스 자리도 넉넉해서 분위기 있게 꽃게를 즐길 수 있다. 위생적으로 진공 포장해서 보내주는 택배도 이용해볼 만하다.
메뉴 간장게장과돌솥밥(3만9천원) **주소** 충청남도 태안군 근흥면 근흥로 901-8 **전화** 041-675-4443

화해당

충청북도

감나무집 꿩
꿩 요리 전문점. 샤부샤부, 튀김, 만두, 탕수육, 부추볶음, 육회, 탕 등 7가지 요리를 코스로 즐길 수 있다. 메인으로 나오는 꿩샤부샤부가 특히 인기다. 꿩 코스 외에도 산채정식, 꿩송이백숙 등도 선보인다. 아름다운 정원과 창이 있고 주변 경관도 좋은 곳.
메뉴 꿩코스정식(2인 이상, 1인 2만5천원), 산채정식(2인 이상, 1인 1만5천원), 꿩송이백숙(6만원) **주소** 충청북도 충주시 수안보면 미륵송계로 339-1 **전화** 043-846-0608

경희식당 한정식
법주사 관광단지 내의 전통 있는 한정식집. 계절에 따라 40가지가 넘는 반찬이 나온다. 싸리버섯과 표고버섯전, 호두, 밤 등 견과류, 더덕, 마늘종, 갑오징어, 굴전, 은행, 더덕, 논우렁, 두릅, 감장아찌, 더덕순, 마늘장아찌, 소고기 장조림, 집장, 박고지, 인삼, 도라지, 씀바귀 등의 반찬은 모두 산의 정기를 이어받은 것이다. 소고기를 네모나게 다진 뒤 구워서 다시 조린 반찬, 손이 많이 간 북어 보푸라기, 자극적이면서도 부드러운 겨자장 등은 요즘 보기 드문 반찬이다. 40년이 넘는 역사를 자랑한다.
메뉴 한정식(1인 3만원) **주소** 충청북도 보은군 속리산면 사내7길 11-4 **전화** 043-543-3736

구읍할매묵집 묵
70년이 넘는 전통의 묵집. 메밀묵과 도토리묵을 먹을 수 있다. 직접 도토리를 빻아 만들며 가마솥에 직접 장작을 때어 끓인다. 취향에 따라 뜨겁거나 차갑게 먹을 수 있으며 고소한 도토리전을 곁들여도 좋다.
메뉴 도토리묵, 메밀묵(각 7천원), 도토리골패묵, 메밀골패묵(각 8천원), 도토리전(6천원) **주소** 충청북도 옥천군 옥천읍 향수길 46 **전화** 043-732-1853

꽃댕이묵마을 두부
강원 영월에서 도토리묵으로 사랑받아온 주천묵집의 주인이 상호를 변경하고 제천으로 터전을 옮겼다. 직접 쑤어 만든 도토리 묵요리와 손두부요리 등을 선보이며, 고소한 도토리빈대떡, 감자전과 생감자옹심이 등의 메뉴를 맛볼 수 있다. 손맛 또한 변함이 없다.
메뉴 도토리묵밥(7천원), 채묵비빔밥, 생감자옹심이, 생감자전(각 8천원), 묵무침, 도토리빈대떡(각 1만원), 산초두부구이(1만3천원), 토종한방백숙, 오리한방백숙(각 5만원) **주소** 충청북도 제천시 백운면 화당로2안길 22 **전화** 043-653-0377

대보명가 소떡갈비
제천에서 실력 있기로 손꼽히는 맛집으로, 약초를 사용해서 만든 건강한 음식이 한상 가득 차려진다. 약초 공부를 했던 주인이 종종 요리에 사용하는 약초의 효능에 관한 설명을 들려준다. "몸에도 좋고 맛도 좋아서 대만족."
메뉴 제천약초쌈밥상(1만6천원), 제천약초떡갈비(2만5천원), 제천약초쟁반(6만원) **주소** 충청북도 제천시 용두대로 287 (신월동) **전화** 043-643-3050

대보명가

대추나무집 일반한식
청주 출신이 아닌 사람들에게는 생소한 짜글짜글찌개 전문점. 맵게 양념한 돼지고기 찌개를 짜글짜글 끓인 후 고기를 채소에 싸 먹다가 남은 국물에 밥을 볶아 먹는다. 고기에 돼지비계가 붙어 있는 채로 넣는 것이 특징.
메뉴 촌돼지짜글찌개(1만1천원), 갈비짜글찌개(1만3천원) **주소** 충청북도 청주시 청원구 율봉로152번길 31-8 (율량동) **전화** 043-212-8855

박쏘가리 민물매운탕
민물매운탕을 전문으로 하며 쏘가리매운탕이 유명하다. 남한강에서 잡은 쏘가리를 사용하며 쏘가리가 있는지 미리 확인해 보고 가는 것이 좋다. 남한강변을 바라보며 먹는 매운탕 맛이 일품. 단양마늘을 사용한 떡갈비도 맛이 좋다.
메뉴 쏘가리매운탕(소 6만원, 중 8만원, 대 10만원), 쏘가리회(1kg 18만원), 송어회(2kg 6만원), 메기매운탕(소 3만원, 중 4만원, 대 5만원), 잡고기매운탕(소 4만원, 중 5만원, 대 6만원), 떡갈비정식(1만8천원) **주소** 충청북도 단양군 단양읍 수변로 85 **전화** 043-423-8825

선광집 어탕국수
민물생선을 튀긴 후 양념을 끼얹은 도리뱅뱅이를 전문으로 하는 곳으로, 60여 년의 전통을 가지고 있다. 그 외에도 빠가사리, 꺽지, 눈치 등을 배를 따서 튀기는 생선튀김과 각종 민물생선을 넣고 끓인 생선국수를 맛볼 수 있다.
메뉴 도리뱅뱅이(소 7천원, 중 1만원, 대 1만5천원), 생선튀김(소 1만원, 대 1만5천원), 생선국수(소 6천원, 대 7천원) **주소** 충청북도 옥천군 청산면 지전1길 26 **전화** 043-732-8404

오십년할머니집 민물매운탕
최고의 민물매운탕집으로 손꼽히는 유명한 곳. 생선조림은 시간이 오래 걸리므로 도착하기 전에 미리 주문해 놓는 편이 좋다. 주방은 작지만 깔끔하며 탕에 들어가는 우거지는 직접 말려서 사용한다.
메뉴 메기매운탕(소 2만5천원, 중 3만5천원, 대 4만5천원), 잡고기매운탕, 메기조림(각 소 3만5천원, 중 4만5천원, 대 5만5천원), 빠가사리매운탕(소 4만원, 중 5만원, 대 6만원), 쏘가리매운탕(소 5만5천원, 중 7만5천원, 대 9만5천원), **주소** 충청북도 괴산군 괴산읍 괴강로느티울길 8-1 **전화** 043-832-2974

장다리식당 돌솥밥
단양 특산품인 육쪽마늘의 참맛을 살린 음식이 한상 가득 나오는 온달마늘정식이 대표 메뉴다. 마늘수육, 마늘육회, 두부김치, 마늘통튀김 등 다양한 음식이 나오며 솥밥에도 마늘이 들어가 맛을 더한다. 마늘떡갈비, 마늘수육 등은 별도 단품으로도 주문할 수 있다.
메뉴 마늘정식(1만3천원, 1만7천원, 2만원, 2만3천원, 2만5천원, 3만원), 마늘목살수육, 마늘떡갈비(각 2만원), 마늘비빔육회(3만원), 진수성찬(3만5천원) **주소** 충청북도 단양군 단양읍 삼봉로 370 **전화** 043-423-3960

조령산묵밥청국장 묵밥
조령산 휴양림 입구에 자리한 묵밥 전문점. 묵 외에도 청국장 같은 토속음식을 선보인다. 산채비빔밥은 직접 산에서 캔 나물만 사용하며 노릇하게 부친 감자전도 별미다.
메뉴 청국장(6천원), 묵사발(4천5백원), 산채비빔밥(7천원) **주소** 충청북도 괴산군 연풍면 새재로 1854 **전화** 043-833-4687

중앙탑초가집 닭볶음탕
매운탕과 닭볶음탕이 유명한 집. 한방 재료를 넣어 끓인 닭백숙을 비롯해 민물새우의 일종인 새뱅이매운탕이 대표 메뉴로 통한다. 충주호를 둘러싼 중앙공원 내에 있는 200년 된 초가집에 위치하였으나 초가집이 유형문화재로 지정되면서 공원 밖으로 이전하였다.
메뉴 한방토종닭백숙(5만원), 한방토종닭볶음탕(4만5천원), 새뱅이매운탕(소 3만원, 중 4만원, 대 4만5천원), 쏘가리매운탕(중 8만원, 대 10만원) **주소** 충청북도 충주시 중앙탑면 중앙탑길 10 **전화** 043-845-6789

화이트크리스마스 프랑스식
충주에서 유명했던 프렌치 레스토랑 화이트크리스마스가 2015년에 청주로 옮겨 문을 열었다. 프렌치요리를 코스로 즐길 수 있는 곳으로, 맛과 분위기에 대한 평이 모두 좋다. 레스토랑 옆에 자리한 와인바에서는 단품메뉴와 와인을 즐길 수 있다. 고풍스러운 인테리어와 소품에서 오너의 애정이 느껴진다.
메뉴 런치코스(15만원), 디너등심스테이크(5만7천원), 블루코스(20만원), 그린코스(25만원), 립아이스테이크(7만7천원) **주소** 충청북도 청주시 흥덕구 비하로42번길 2 (비하동) **전화** 043-287-1225

효자촌묵집 묵
따뜻한 국물에 말아 내오는 도토리묵밥으로 유명한 집. 여름에는 동치미국물에 나오는 시원한 냉묵밥이 별미로 통한다. 묵밥 외에도 도토리로 만든 전, 수제비 등 다양한 음식을 선보인다.
메뉴 묵밥, 도토리수제비(각 7천원), 보리밥, 냉묵밥(각 8천원), 도토리전(6천원), 쟁반국수(1만5천원), 효자묵정식(소 2만2천원, 중 3만원, 대 4만원, 특대 5만원) **주소** 충청북도 청주시 상당구 남일면 단재로 469 **전화** 043-297-3768

광주광역시

나정상회 돼지갈비
1971년부터 2대째 내려오는, 50여 년의 역사를 자랑하는 돼지갈비 전문점. 갈비를 소스에 조리듯이 연탄불에 오랫동안 익혀 내오기 때문에 시간이 걸린다. 갈비는 기름기가 빠져 담백한 맛을 자랑하며 동치미와 된장국을 곁들여도 깔끔하고 좋다.
메뉴 돼지갈비(230g 1만3천원), 비빔밥(3천원) **주소** 광주광역시 서구 상무자유로 24 (치평동) **전화** 062-944-1489

송정떡갈비 소떡갈비
1976년 송정식당으로 시작하여 육회비빔밥으로 이름을 날리다가 떡갈비를 같이 하게 되었다. 지금은 떡갈비가 더 유명하다. 떡갈비는 갈빗살을 곱게 다져서 양념하여 치댄 후 간장, 설탕, 파, 마늘 등 갖은 양념장을 발라가며 구운 것으로, 연하고 부드러운 맛을 느낄 수 있다. 광주 떡갈비거리에서 원조집으로 통하는 곳 중의 하나다.
메뉴 한우떡갈비(2만2천원), 떡갈비, 유황오리떡갈비(각 1만3천원), 육회(3만5천원), 육회비빔밥(8천원) **주소** 광주광역시 광산구 광산로29번길 1 (송정동) **전화** 062-944-1439

영광오리탕 오리로스
뚝배기에 미나리 등 각종 채소와 들깻가루를 함께 넣어 끓여낸 오리탕은 국물이 걸쭉하면서 칼칼하고 고소하다. 오리고기는 초장과 들깻가루를 버무린 양념장에 찍어 먹는다. 뼈를 발라내 살코기만 구워 먹는 오리로스구이도 좋다. 한약재를 넣어 끓인 약오리는 방문 4시간 전 예약해야 한다.
메뉴 오리탕(4만5천원), 오리주물럭(4만8천원), 오리로스(4만8천원) **주소** 광주광역시 북구 경양로119번길 18 (신안동) **전화** 062-524-0443

예향식당 백반
전라도 한정식 백반집. 조기구이, 닭조림, 꽃게장, 오이무침, 마른반찬 등 30여 가지나 되는 반찬이 한상 가득 차려진다. 꽃게 집게발이 들어간 미역국도 시원하고 좋다. 가격대도 만족할 만하다.
메뉴 백반(9천원), 돼지고기볶음(1만3천원), 낙지볶음(1만5천원), 홍어무침(1만7천원) **주소** 광주광역시 동구 중앙로 150-4 (호남동) **전화** 062-234-7731

홍아네 굴비
전형적인 전라도식 밥상을 받아볼 수 있다. 식사로는 조기탕과 굴비백반을 추천할 만하다. 한상 가득 맛깔스러운 반찬이 차려지며 특히 멸치젓의 맛을 잘 살렸다. 현지인에게 더 유명한 집.
메뉴 조기탕(1만8천원), 굴비백반(2만5천원), 키조개구이, 홍어삼합(각 6만원) **주소** 광주광역시 서구 마륵복개로150번길 7 (치평동) **전화** 062-384-9400

전라남도

007식당 굴비
굴비정식을 주문하면 20여 가지의 반찬이 푸짐하게 차려진다. 양념게장, 병어조림, 장대찌개 등도 맛나지만 압권은 굴비. 노릇노릇한 상등품 굴비가 맛있다.
메뉴 굴비정식(소 6만원, 중 8만원, 대 10만원, 특 12만원), 굴비백반(1만2천원), 아귀찜, 조기매운탕, 서대매운탕(각 소 4만원, 대 5만원) **주소** 전라남도 영광군 법성면 굴비로 98 **전화** 061-356-2216

60년전통남평할매집 곰탕
나주곰탕이 유명한 집. 나주곰탕은 뼈를 사용하지 않고 고기만을 사용하여 육수를 내기 때문에 국물이 맑은 것이 특징이다. 일반 곰탕 같은 진한 여운은 없지만 깔끔하고 개운한 맛이다. 60여 년의 전통을 자랑한다.
메뉴 곰탕(9천원), 수육곰탕(1만2천원), 수육(500g 3만5천원) **주소** 전라남도 나주시 금성관길 1-1 (금계동) **전화** 061-334-4682

7공주식당 장어
장어골목으로 유명한 교동의 10여 곳의 장어탕집 중 여수 사람들이 주저 없이 손꼽는 집이다. 다른 집처럼 미리 한꺼번에 끓여 두는 것이 아니라 주문을 받고 나서 분량에 맞게 작은 냄비에 끓여 내오는 것이 특징이다. 숙취 후 해장으로도 좋다. 장어구이는 양념구이와 소금구이 중 선택할 수 있으며 구이를 주문하면 장어탕 국물이 함께 나온다.
메뉴 장어구이(2인 이상, 1인 180g 2만2천원), 장어탕(1만4천원) **주소** 전라남도 여수시 교동시장2길 13-3 (교동) **전화** 061-663-1580

경도회관 갯장어
하모(갯장어) 전문점답게 메뉴는 하모유비키와 하모회 두 가지다. 유비키는 샤부샤부식으로 팔팔 끓인 육수에 살짝 데쳐 먹는 것으로, 육수는 장어 뼈와 머리, 인삼과 감초 등의 한약재를 넣고 10시간 이상 고아낸 것이다. 여기에 살 전체에 섬세한 칼집을 넣어 포를 뜬 하모를 살짝 익혀 먹으면 된다. 간장을 달인 소스나 초고추장에 찍어 먹어도 좋고 담백하게 소금에 찍어 먹어도 좋다. 9월에는 주꾸미샤부샤부를, 겨울에는 새조개샤부샤부를 선보인다.
메뉴 하모유비키(12만원), 하모회(8만원) **주소** 전라남도 여수시 대경도길 2-2 (경호동) **전화** 061-666-0044

고력당 염소고기
염소고기를 전문으로 하는 곳으로, 감각적인 인테리어로 꾸민 것이 특징이다. 친환경 흑염소 농장에서 직접 염소고기를 받아온다. 잡냄새 없이 끓인 염소사골곰탕인 백양탕도 별미. 점심시간에는 합리적인 가격에 정식 메뉴를 선보인다.
메뉴 참숯생불고기(180g 2만5천원), 생불고기(180g 2만4천원), 생갈빗살(150g 2만6천원), 궁중홍전골(1인 2만8천원), 백양탕(2인 1만2천원), 점심특선(1만2천원~1만4천원) **주소** 전라남도 순천시 왕지3길 18-28 (왕지동) **전화** 061-727-0013

구백식당 생선회
대표 메뉴는 서대회와 금풍생이구이, 거문도갈치왕소금구이다. 금풍생이는 생선의 배를 가르지 않고 그대로 굽는다. 발효된 듯한 깊은 맛을 내는데, 집에서 직접 만든 막걸리 식초로 맛을 내는 것이 비결이다. 서대회는 음력 4월에서 6

월이 가장 좋은 맛을 낸다.
메뉴 서대회, 갈치구이(각 1만3천원), 아귀탕(1만2천원), 금풍생이구이, 내장탕(각 1만3천원), 대창찜(2만5천원) **주소** 전라남도 여수시 여객선터미널길 18 (교동) **전화** 061-662-0900

국일관 굴비
굴비한정식 전문점. 다양한 해물과 굴비구이가 차려진 한상차림을 내온다. 굴비의 크기에 따라 정식 가격이 달라진다. 나오는 반찬 모두 남도의 맛이 살아 있다.
메뉴 굴비정식(2만원), 특정식(3만원), 국일정식(5만원), 남도상차림(10만원, 15만원, 20만원) **주소** 전라남도 영광군 영광읍 대하길4길 10 **전화** 061-351-2020

국일식당 꼬막
벌교읍 꼬막식당 중 가장 명성이 있는 식당이다. 겨울철에는 꼬막을 삶아서 내놓고, 여름철에는 간장, 고춧가루 등 양념에 무쳐 내고 6월과 7월에는 국물이 있는 꼬막장을 내놓는다. 백반에는 고사리, 버섯, 고구마순 등의 나물과 전어, 갈치, 조기구이, 홍어, 숭어사시미, 전어회무침, 삶은 고막, 묵, 주꾸미불고기, 토하젓이 나오고 농어, 노래미, 도다리를 넣고 끓인 매운탕까지 다양한 요리가 한상 가득 나온다.
메뉴 꼬막정식(2만원), 백반(소 8천원, 중 1만원, 대 1만5천원, 특대 2만원), 삼계탕(1만2천원), 대구탕(1만5천원) **주소** 전라남도 보성군 벌교읍 태백산맥길 18-1 **전화** 061-857-0588

금메달식당 홍어
흑산도 홍어만을 고집하고 있으며 삶은 돼지고기, 2년가량 묵힌 배추김치에 막걸리를 함께 곁들이는 홍탁삼합이 일품이다. 홍어의 독특한 맛과 미나리의 향긋한 맛이 조화를 이루는 홍어회도 좋다. 홍어탕은 홍어삼합을 시키면 추가메뉴로 주문할 수 있다. 한때 무안으로 잠시 이전하였다가 현재는 목포의 원래 위치로 재이전하였다.
메뉴 흑산도홍어(2인 15만원, 4인 25만원), 흑산도홍어탕(2만5천원), 대청도홍어(2인 7만원, 4인 12만원), 대청도홍어탕(1만5천원) **주소** 전라남도 목포시 후광대로143번길 8 (옥암동) **전화** 061-272-2697

노안집 수육
3대에 걸쳐 50년이 넘는 전통을 이어가는 나주곰탕집. 한우고기와 사골뼈를 전통 가마솥에서 3~4시간 우려내 담백하면서도 구수한 맛이 난다. 아롱사태와 소 머릿고기가 푸짐하게 들어간 수육곰탕도 인기. 취향에 따라 고기를 초장에 찍어 먹으면 더욱 맛있게 즐길 수 있다.
메뉴 곰탕(9천원), 수육곰탕(1만2천원), 수육(300g 3만원) **주소** 전라남도 나주시 금성관길 1-3 (금계동) **전화** 061-333-2053

당골식당 닭구이
산닭구이가 유명한 곳. 갓 잡은 토종닭을 참숯불에 구워 먹는 것으로, 고소한 양념 맛이 좋다. 준비 시간이 길기 때문에 예약 후 방문하는 것을 추천한다. 전채로 나오는 신선한 닭육회도 별미로 통한다.
메뉴 산닭구이, 백숙, 닭볶음탕, 닭곰탕(각 6만원), 옻닭(6만5천원), 염소구이(시가) **주소** 전라남도 구례군 산동면 당골길 86-31 **전화** 061-783-1689

대원식당 한정식
남도에서 손꼽히는 한정식집. 정식을 주문하면 진석화젓, 토하젓, 돔배젓, 게장, 표고전, 호박전, 더덕구이, 수삼무침, 능성어조림, 양태구이, 버섯나물, 배추나물, 무볶음, 꼬막, 된장찌개, 동치미, 깍두기, 김치 그리고 싱싱한 열무와 배추 쌈재료 등이 한 상 가득 차려진다. 50년이 넘는 역사를 자랑하는 곳으로, 3인상 이상부터 주문할 수 있다.
메뉴 수라상정식(1인 2만9천원), 대원상정식(1인 3만9천원) **주소** 전라남도 순천시 장천2길 30-29 (장천동) **전화** 061-744-3582

대한식당 소불고기
주문이 들어오면 바로 양념을 해서 전통적인 방법으로 석쇠에 올려 참숯불에 굽는다. 양념이 자극적이지 않아서 고기의 맛을 충분히 느낄 수 있다. 외지인보다는 지역 주민이 많이 찾는 곳. 가격대비 만족도도 뛰어나다.
메뉴 국내산광양불고기(200g 2만3천원), 호주산광양불고기(200g 1만7천원), 양곱창(200g 2만2천원), 곱창(200g 1만7천원) **주소** 전라남도 광양시 광양읍 매일시장길 12-15 **전화** 061-763-0095

대흥식당 백반
고흥 현지인 사이에서 오랫동안 사랑받는 가정식백반 전문점. 백반을 주문하면 맛깔스러운 갈치조림을 비롯해 10여가지가 훌쩍 넘는 밑반찬이 한상 가득 깔린다. 다양한 반찬에서 남도의 구수한 맛이 느껴진다.
메뉴 백반(2인 이상, 1인 8천원), 1인백반(9천원), 불백, 매운탕(각 1만5천원), 장어탕(1만2천원), 4인백반특정식(3만원), 4인백반정식(1만5천원) **주소** 전라남도 고흥군 고흥읍 고흥로 1694 **전화** 061-834-4477

대흥식당 육회
대를 이어 50여 년 가까이 육회를 팔고 있다. 소고기는 함평 우시장에서 나오는 한우의 박살만 사용하는 것이 특징이다. 박살은 엉덩이 부위를 말하는데, 기름이 거의 없고 육질이 부드럽다. 육회를 넣은 육회비빔밥도 맛있다. 선지를 넣고 끓인 맑은 국물도 따라 나오며, 아침 새로 받은 신선한 선지로 끓인다.
메뉴 육회비빔밥(8천원, 특 1만2천원), 육회, 생고기(각 250g 3만원) **주소** 전라남도 함평군 함평읍 시장길 112 **전화** 061-322-3953

덕인집 홍어
홍어와 삼합이 유명한 곳. 가격이 비교적 합리적인 편이라 서민적인 주점이라고 할 수 있다. 홍어회와 구기자동동주의 궁합이 잘 맞는다. 홍어회 외에는 은학상어, 강달이 등 목포에서 맛볼 수 있는 먹거리가 많다.
메뉴 삼합(9만원), 흑산홍어(8만원), 홍어찜(10만원), 홍어애탕(3만원), 돼지수육, 육전(각 2만원) **주소** 전라남도 목포시 영산로 73번길 1-1 (무안동) **전화** 061-242-3767

덕인집

도리포횟집 생선회
숭어를 맛있게 하는 집. 숭어 새끼인 동어는 물론 숭어 알을 말린 어란도 맛볼 수 있다. 갓 잡아 올린 모치(숭어 새끼)를 바닷물로 씻어 굵은 소금에 절여 보름 정도 둔다. 진액이 우러나면 찹쌀과 돼지 비계를 넣고 함께 끓여 낸다.
메뉴 숭어(5만원), 광어, 농어, 우럭(각 6만원), 황가오리찜, 돔, 민어(각 8만원), 능성어(12만원) **주소** 전라남도 무안군 해제면 만송로 838-5 **전화** 061-454-6890

독천식당 낙지
독천리 낙지골에서 갈낙탕의 원조로 꼽히는 집이다. 갈낙탕에는 낙지 한 마리와 갈비 한 대가 들어간다. 낙지만을 넣어 조리하던 연포탕에 소갈비를 함께 끓여 내면서 인기를 얻은 것. 같이 나오는 10여 가지의 반찬도 입맛을 돋운다. 40년이 넘는 전통을 자랑한다.
메뉴 낙지비빔밥, 낙지수제비(8천원), 낙지부대찌개(9천원), 낙지볶음(1만원) **주소** 전라남도 영암군 학산면 독천로 162-1 **전화** 061-472-4222

두꺼비게장 게장
고등어, 정어리쌈이 함께 나오는 게장백반 전문점이다. 짭조름한 돌게장이 중독성 있는 맛으로 인기다. 백반을 주문하면 양념게장과 간장게장이 같이 나오며, 양념게장과 간장게장 중 한 가지를 1회 리필도 가능하다. 게장을 택배로 주문할 수도 있다.
메뉴 게장백반(1인 1만2천원), 갈치조림+게장백반(1인 1만8천원) **주소** 전라남도 여수시 봉산남3길 12 (봉산동) **전화** 061-643-1880

두암식당 오리
불이 센 짚불을 이용하여 돼지고기를 굽는다. 처음에는 솔잎으로 굽다가 그을음이 많이 나서 볏짚으로 바꾸었다고 한다. 삼겹살과 목살을 석쇠에 끼운 후 불타고 있는 볏짚에 집어넣는다. 볏짚이 타면서 내는 연기가 훈제 효과를 낸다. 짚불돼지고기에 게소스, 양파김치를 함께 곁들이면 더욱 맛있다. 60년의 역사를 자랑한다.
메뉴 짚불구이(200g 1만4천원), 오리탕(5만원) **주소** 전라남도 무안군 몽탄면 우명길 52 **전화** 061-452-3775

명동식당 한정식
강진을 대표하는 한정식집 중 한 곳. 생선회, 생선구이, 새우찜 등의 해산물부터 육류까지, 바다와 육지 음식이 조화롭게 차려진다. 바로 맞은편에 있는 해태식당과 함께 인기 있는 한정식집.
메뉴 한정식(2인 8만원, 3인 10만원, 4인 12만원) **주소** 전라남도 강진군 강진읍 서성안길 5 **전화** 061-434-2147

목화식당 선지해장국
30년이 넘는 전통의 소내장탕집. 선지와 곱창, 양, 허파 등의 소내장이 다양하게 들어가 있는 맑은 국물 스타일이다. 함께 나오는 부추무침과 깍두기도 맛있다. 건물은 허름하지만 멀리서도 찾아오는 손님이 있을 만큼 유명하다.
메뉴 소내장탕, 선지국(8천원) **주소** 전라남도 구례군 구례읍 구례2길 33 **전화** 061-782-9171

벌교식당 산채정식
정갈하게 손질한 산나물이 어우러지는 산채비빔밥을 맛볼 수 있다. 송광사 입구에 있는 여러 식당 중 규모가 큰 편으로, 항상 많은 사람으로 붐빈다.

메뉴 산채비빔밥(8천원), 산채정식(1만5천원), 더덕정식(2만원), 촌닭백숙(5만원) **주소** 전라남도 순천시 송광면 송광사안길 125 **전화** 061-755-2305

새수궁가든 참게
참게장이 유명한 곳. 새송이버섯과 무를 먹인 참게장 맛이 일품이다. 강바람에 말린 무청시래기와 집에서 담근 된장, 들깻물을 넣고 끓인 메기탕도 맛있다.에는 요리 강의로 인해 휴무할 수도 있어 전화로 문의하는 것이 좋다.
메뉴 자연산참게탕(소 5만원, 중 6만원, 대 7만원), 메기탕(소 3만원, 중 4만원, 대 5만원), 은어튀김(소 2만원, 대 3만원) **주소** 전라남도 곡성군 죽곡면 섬진강로 1015-2 **전화** 061-363-4633

석곡식당 돼지갈비
70년 넘게 돼지고기 숯불구이를 해온 집. 돼지고기를 고추장, 고춧가루, 마늘, 생강, 간장 양념을 해서 미리 재워둔다. 양념된 고기를 석쇠에 가지런히 올리고 간장 소스를 덧발라 참숯불에 구워 내는 맛이 일품이다.
메뉴 석쇠불고기(150g 1만3천원) **주소** 전라남도 곡성군 석곡면 석곡로 60 **전화** 061-362-3123

설성식당 한정식
깔끔한 한정식을 맛볼 수 있는 곳. 가격은 백반 수준이지만 나오는 상차림은 한정식 못지않다. 숯불돼지고기, 홍어, 조기구이 등의 메뉴도 맛이 좋다. 3인 이상 방문하면 인당 가격이 내려간다.
메뉴 2인상(2만원), 3인이상(1인 1만원) **주소** 전라남도 강진군 병영면 병영성로 92 **전화** 061-433-1282

송현불고기 돼지고기구이
간판도 없는 곳이지만 연탄불에 돼지불고기를 구워주는 집으로 유명하다. 돼지고기를 목살과 삼겹살 부위만 직접 손으로 썰어서 연탄불에 구워 독특한 맛을 낸다. 짜지 않은 된장과 싱싱한 채소에 싸 먹는 맛이 좋다. 양도 푸짐하다.
메뉴 불고기(250g 1만1천원) **주소** 전라남도 나주시 건재로 193 (대호동) **전화** 061-332-6497

신식당 소떡갈비
약한 참숯불에 양념장을 발라 부드러운 떡갈비 맛이 일품이다. 가마솥에 갈빗살과 뼈를 넣고 푹 고아내 국물 맛이 진한 갈비탕, 그리고 각종 나물과 직접 담근 고추장 맛이 좋은 비빔밥을 추천할 만하다. 1909년부터 떡갈비를 시작하여 4대째 내려오는, 떡갈비의 원조로도 유명하다.
메뉴 떡갈비(250g 3만2천원), 죽순떡갈비전골(250g 3만8천원), 갈비탕(1만2천원), 비빔밥(9천원) **주소** 전라남도 담양군 담양읍 중앙로 95 **전화** 061-382-9901

신식당

아와비 전복
펜션처럼 지어진 하얀 건물의 운치 있는 전복 전문점이다. 지역에서 해녀와 잠수부가 채취한 참전복만을 사용한다. 내장(게우)을 넣어서 만든 전복죽은 담백하고 깊은 맛이다.
메뉴 전복죽(2만원), 전복죽포장(1만2천원), 전복회(500g 8만원, 1kg 15만원) **주소** 전라남도 여수시 돌산읍 돌산로 595 **전화** 061-644-2211

영란횟집 민어
30여 년 전통의 민어회 전문 횟집. 민어회 외에 민어의 껍질, 부레, 뼈와 살을 다져 양념한 것 등 다양한 민어요리를 맛볼 수 있다. 막걸리를 6개월 삭혀 만든 식초와 엿, 된장, 파, 생강, 고춧가루로 만들어내는 초고추장이 별미다. 민어매운탕은 깔끔하고 시원한 맛이다.
메뉴 민어회, 민어무침, 민어전(각 4만5천원), 민어코스요리(4인 15만원), 뻘낙지(3만원), 매운탕(1인 5천원) **주소** 전라남도 목포시 번화로 47 (중앙동1가) **전화** 061-244-0311

오케이사슴목장가든 닭구이
안양산자락의 넓은 부지에 사슴, 흑염소, 닭 등을 기르며, 직접 잡아 요리하는 곳이다. 양념 없이 참숯에 구워 먹는 닭구이가 대표 메뉴. 닭구이를 시키면 백숙과 닭육회 등이 함께 나온다. 촌닭 특유의 탄탄한 식감과 쫄깃한 껍질의 맛이 일품이다. 주변 경관도 훌륭하다.
메뉴 산닭참숯불구이(한마리 6만원 반마리 4만원), 오리참숯불구이(한마리 6만원 반마리 4만원), 산닭백숙(5만5천원), 닭도리탕(6만원), 닭곰탕(6만원), 녹용백숙(7만원), 흑염소탕(1만5천원), 흑염소구이(1인분 2만5천원) **주소** 전라남도 화순군 화순읍 안양산로 72 **전화** 061-372-9433

유달콩물 콩국수
여러 가지 한식 메뉴를 하는 집이지만 콩물이 가장 유명하다. 콩물은 아침 식사 대신 간단히 마시거나 식사 후 디저트로 마셔도 좋다. 콩물은 따로 포장해갈 수도 있다. 콩나물이 듬뿍 들어간 황태해장국도 많이 찾는 메뉴다.
메뉴 노란콩(콩물 5천원, 콩국수 9천원), 검은콩(콩물 6천원, 콩국수 1만1천원), 황태해장국, 순두부찌개, 청국장, 김치찌개(각 7천원) **주소** 전라남도 목포시 호남로58번길 23-1 (대안동) **전화** 061-244-5234

은행나무집 염소고기
염소 특유의 냄새를 잘 없앤 흑염소수육, 흑염소탕 등의 맛이 일품이다. 지리산에서 방목한 흑염소를 사용하여 질 좋은 염소고기를 선보인다. 질기지 않아 부담 없이 먹기 좋으며 들깻가루를 섞은 초장에 찍어 먹으면 일품이다.
메뉴 수육, 전골(각 소 4만원, 대 6만5천원), 흑염소탕(1만2천원) **주소** 전라남도 구례군 산동면 탑동1길 9 **전화** 061-781-6006

전통식당 한정식
남도 한정식의 진수를 맛볼 수 있는 곳이다. 홍어삼합부터 시작해서 담양의 특산품인 죽순숙회, 다진 소고기로 속을 채운 섬진강 참게장, 민물새우젓인 토하젓과 굴로 만든 진석화젓, 전어 내장젓인 돔배젓 등 젓갈류만 해도 여러 종류가 나온다. 갈치구이 등의 생선 요리는 물론 떡갈비찜, 감장아찌, 더덕장아찌와 10여 가지의 산나물 등 반찬 수가 40여 가지에 이른다. 이 집만한 한정식을 맛보기 쉽지 않다는 평.
메뉴 담양한상(1인 1만5천원), 소쇄원한상(1인 2만9천원) **주소** 전라남도 담양군 고서면 고읍현길 38-4 **전화** 061-382-3111

제일회식당 낙지
살아 있는 낙지를 대바구니에 넣어 비비면서 점액질을 알맞게 뺀 기절낙지가 일품이다. 낙지발을 물초장에 찍어 참기름을 발라 상추에 싸 먹는다. 병어, 준치, 죽상어, 갯장어 등 계절 생선으로 회무침을 낸다.
메뉴 기절낙지, 낙지호롱(각 2만원), 연포탕(2만5천원), 낙지비빔밥(1만5천원) **주소** 전라남도 무안군 망운면 망운로 13 **전화** 061-452-1139

지곡산장 닭구이
토종닭숯불구이로 유명한 곳. 갓 잡은 닭고기를 숯불에 구워 먹는 맛이 일품이다. 닭 한 마리를 시키면 간, 닭똥집 등 모든 부위를 골고루 맛볼 수 있다. 닭가슴살회와 식사 후 나오는 녹두죽의 맛도 별미다.
메뉴 토종닭숯불구이, 토종닭한방백숙, 토종닭볶음탕(각 5만원), 토종닭능이백숙(8만원) **주소** 전라남도 광양시 광양읍 서북로 59 **전화** 061-761-3335

지리산대통밥 대통밥
죽염 요리 연구가가 운영하는 집이다. 죽염으로 간을 한 뒤 한지를 덮어 가마솥에서 쪄낸 대통밥을 맛볼 수 있다. 같이 나오는 반찬도 죽염으로 간을 하는 것이 특징. 한 상 가득 차려지는 반찬이 맛깔스럽다.
메뉴 대통밥정식(1만3천원, 특 2만5천원), 백반정식, 재첩국, 도토리묵, 파전(각 1만원), 재첩회(3만원), 더덕구이(2만원) **주소** 전라남도 구례군 마산면 화엄사로 325 **전화** 061-783-0997

진우네집국수 국수
담양국수거리의 원조집으로 꼽히는 곳 중 하나. 특별한 맛은 아니지만 어릴 때 어머니가 해주던 소박한 맛과 부담없는 가격으로 유명하다. 삶은 달걀을 따로 사서 까먹는 것도 재미있다. 60년 넘는 역사를 자랑한다.
메뉴 멸치국수(4천원), 비빔국수(5천원), 삶은달걀(2개 1천원) **주소** 전라남도 담양군 담양읍 객사3길 32 **전화** 061-381-5344

청자골종가집 한정식
종갓집에 초대되어 대접을 받는 듯한 기분을 즐길 수 있는 한정식 전문점. 육사시미, 생선회, 돼지고기 편육, 살짝 데친 꼬막, 더덕양념구이, 조기구이, 산낙지, 돔배, 밴댕이부터 바지락젓과 매실, 무장아찌 등 입맛 돋우는 젓갈류, 고사리, 토란 등 각종 나물까지 40여 가지의 반찬이 푸짐하게 차려진다. 청자의 고장 강진답게 그릇들은 모두 청자기를 사용한다. 4인 기준으로 한상이 차려지니 인원을 맞춰 가야 한다. 고택과 넓은 정원이 운치를 더한다.
메뉴 한정식(4인 10만원, 12만원, 16만원) **주소** 전라남도 강진군 군동면 종합운동장길 106-11 **전화** 061-433-1100

초록잎이펼치는세상 전통차전문점
다원을 운영하는 주인이 운영하는 전통찻집. 생엽 하나를 띄운 녹차에 직접 만든 녹차양갱을 곁들이는 맛이 훌륭하다. 민박도 겸하고 있어 하루 묵으면서 아침 일찍 일어나 차밭을 거니는 것도 좋다.
메뉴 녹차, 홍차, 냉녹차, 허브차, 녹차아이스크림(각 4천원), 녹차양갱(2천원) **주소** 전라남도 보성군 회천면 녹차로 613 **전화** 061-852-7988

하얀집 수육
곰탕을 끓여온 햇수만 해도 1백 년이 넘는 곳. 시할머니, 시어머니에게 배운 곰탕의 맛을 4대째인 며느리가 이어오고 있다. 곰탕은 국물이 맑은 스타일로, 달걀지단이 올라가는 것이 특징이다. 커다란 가마솥과 살강에 놓인 뚝배기, 커다란 나무 둥치를 통째로 쓰는 도마가 눈에 띈다. 시할머니 때부터 써온 이 가마솥은 1백 년이 되어 간다고 한다. 두 개의 커다란 가마솥에서는 항상 곰탕이 끓고 있다.
메뉴 곰탕(9천원), 수육곰탕(1만2천원), 수육(3만5천원) **주소** 전라남도 나주시 금성관길 6-1 (중앙동) **전화** 061-333-4292

한국식당 소불고기
광양불고기로 유명한 집 중의 하나. 4대째 불고기를 하는 집으로, 광양에서도 이름이 높다. 즉석에서 양념해 오는 고기를 백운산 참숯불에 구워 먹는다. 반찬도 가짓수가 많지는 않지만 깔끔하다. 50여 년의 역사를 자랑한다.
메뉴 광양불고기(한우 160g 2만3천원, 호주산 160g 1만7천원), 특양구이(180g 2만2천원), 곱창(180g 2만원) **주소** 전라남도 광양시 광양읍 매일시장길 48 **전화** 061-761-9292

한상근대통밥집 대통밥
제대로 된 대나무통밥을 맛볼 수 있는 곳. 직접 가꾼 대밭에서 채취한 죽순으로 차려내는 죽순회와 죽계탕이 별미다. 햇죽순을 삶은 후 초고추장과 물엿으로 맛을 낸 죽순회가 새콤달콤하다. 대통밥 정식을 시키면 죽순을 넣은 된장국과 찰진 대통밥에 남도식 반찬이 가득 차려진다.
메뉴 한상근정식(1인 2만7천원), 대통밥정식(1인 1만6천원), 돼지숯불갈비(1인 1만4천원), 죽순회무침(2만원) **주소** 전라남도 담양군 월산면 담장로 113 **전화** 061-382-1999

화랑식당 육회
생고기 육회비빔밥이 유명하다. 밥 위에 콩나물과 부추, 육회가 올라가고 김, 계란, 파 등이 고명으로 올라간다. 선짓국과 돼지 비계도 따라나오는 것이 특징. 보통 선짓국은 양념을 한 해장국 스타일이지만 이곳에서는 소고기뭇국처럼 말갛게 나온다. 비빔밥에 양념장을 한 숟가락 넣고 비계를 함께 섞어 비벼 먹는다.
메뉴 육회비빔밥(8천원, 특 1만2천원), 낙지비빔밥(시가), 생고기, 육회(각 300g 3만원, 500g 5만원), 낙지+육회(시가) **주소** 전라남도 함평군 함평읍 시장길 96 **전화** 061-323-6677

전라북도

PNB풍년제과본점 베이커리
60년 넘는 역사의 오래된 빵집. 팥빵, 슈크림빵 등 옛날 스타일의 빵 맛이 좋다. 전주 명물이 된 초코파이는 하루에 5천 개 이상 팔릴 정도로 인기 메뉴다. 프랜차이즈 빵집에서는 느낄 수 없는 옛 맛을 느낄 수 있어 찾는 손님이 많다.
메뉴 오리지널수제초코파이(1천9백원), 화이트수제초코파이(2천3백원) **주소** 전라북도 전주시 완산구 팔달로 180 (경원동1가) **전화** 063-285-6666

가족회관 백반
한옥마을 인근의 비빔밥 전문집. 비빔밥을 시키면 한정식처럼 15가지 반찬이 나온다. 유기를 사용하기 때문에 시간이 지나도 나물 향이 그대로 남아 있고 사골 국물로 지은 밥알이 쫀득쫀득한 맛을 유지한다. 가족회관정은 예약해야 한다.
메뉴 전주비빔밥(1만2천원), 육회비빔밥(1만5천원), 가족회관정식(4인 10만원) **주소** 전라북도 전주시 완산구 전라감영5길 17 (중앙동3가) **전화** 063-284-0982

계곡가든 게장
30여 년 역사의 꽃게장집. 간장에 한약재를 넣은 것이 맛의 비결이다. 간장게장, 양념게장 모두 후회하지 않을 맛이다. 게장정식을 시키면 한정식 수준의 반찬이 나온다. 4월에서 5월까지 알이 잘 밴 꽃게를 한 번에 구입해서 급랭하여 사용하며 택배도 가능하다.
메뉴 양념게장정식(2만5천원), 꽃게탕(2만5천원) **주소** 전라북도 군산시 개정면 금강로 470 **전화** 063-453-0608

계화회관

계화회관 백합
40년 역사를 자랑하는 곳으로, 백합죽이 유명하다. 쌀을 불려 끓이다가 다진 백합살을 넣어 만들어 담백하고 고소하다. 깨끗한 백합에 물을 붓고 끓인 백합탕은 송송 썰어 넣은 고추 맛과 어우러져 시원하고 얼큰하다.
메뉴 백합죽(1만원), 백합구이, 백합탕(각 2만5천원), 백합찜(3만

6천원), 백합파전(1만3천원) **주소** 전라북도 부안군 행안면 변산로 95 **전화** 063-584-3075

고궁담 비빔밥
전주비빔밥 전문점 고궁에서 운영하는 한정식집. 정식을 주문하면 한 상 가득 정갈한 음식이 나온다. 잡채와 삼계샐러드, 토마토김치, 홍어강정, 돌판불고기, 보리굴비 등 맛깔스러운 전라도 음식이 차려지며, 고궁의 비빔밥과 달리 미리 비벼져 나오는 것이 특징이다. 모던하고 세련된 인테리어가 갤러리를 연상케 하며, 음식을 담는 그릇도 모두 도기를 사용하여 고급스러운 느낌이다. 별도의 룸도 갖추고 있어 돌잔치나 상견례 장소로도 인기가 많은 곳.
메뉴 주중점심(1만9천원), 한상(2만8천원), 담정식(3만9천원), 토, 일요일연회정식(20인이상 3만3천원) **주소** 전라북도 전주시 완산구 유연로 170 (효자동3가) **전화** 063-228-3711

곰소쉼터 백반
담백한 창란, 오징어젓갈과 전어, 갈치속젓의 깊은 맛이 일품이다. 백반을 시키면 3개월 숙성된 어리굴젓부터 2년 삭힌 갈치속젓까지 아홉 가지 젓갈을 작은 종지에 조금씩 담아 내온다. 서울 사람은 담백한 창란, 오징어젓을, 남도 사람은 곰삭은 전어, 갈치속젓을 좋아한다고 한다.
메뉴 게장백반(1만원), 꽃게장정식(2만원), 꽃게탕(1만7천원) **주소** 전라북도 부안군 진서면 청자로 1086 **전화** 063-584-8007

군산회집 생선회
군산을 대표하는 대형 횟집으로, 8층짜리 건물 전체를 사용한다. 곁들이 음식보다는 회 자체의 맛으로 승부한다. 재료가 좋은 것은 물론이고 양도 푸짐하다.
메뉴 모둠회, 광어, 우럭(각 소 8만원, 중 11만원, 대 14만원, 특대 17만원), 농어, 도미(각 소 8만5천원, 중 11만5천원, 대 14만5천원, 특대 17만5천원) **주소** 전라북도 군산시 내항2길 173 (금동) **전화** 063-442-1114

궁 한정식
전주 최고의 한정식으로 꼽을 만한 곳. 궁중요리를 충실히 재현하면서 적절하게 현대화하였다. 모든 그릇은 무형문화재 이봉주공방의 유기를 사용한다. 전통 음식의 고장 전주답게 유기그릇에 음식이 정갈하게 담겨 나와 손님을 접대

궁

하기에도 좋은 곳이다. 실내 분위기도 전통과 현대적인 것이 적절히 조화되었다.
메뉴 한정식(4인 12만원 20만원 24만원 28만원 48만원) 점심반상(1인 2만원) **주소** 전라북도 전주시 완산구 천잠로 337 (효자동3가) **전화** 063-227-0844

대흥각 일반중식
길게 자른 돼지고기 고명이 듬뿍 올라가 있는 고추짬뽕이 유명한 중식당. 잘게 다진 돼지고기가 들어 있는 유니짜장 맛도 좋다. 포슬포슬하게 튀겨낸 탕수육도 범상치 않은 솜씨다. 탕수육 소스는 케첩이 들어간, 우리나라에만 있는 소위 사천식 탕수육이다. 점심때는 사람이 많아 요리를 주문하기 어려울 수도 있다.
메뉴 고추짬뽕, 육미짜장(각 8천원), 고추짬뽕밥(9천원), 탕수육(2만원) **주소** 전라북도 김제시 서낭당길 112-7 (요촌동) **전화** 063-547-5886

반야돌솥밥 비빔밥
돌솥밥을 최초로 개발한 식당으로 자부심이 높은 곳. 지금도 돌솥밥 한 가지만 전문으로 한다. 한약재를 우린 물로 밥을 지어 밥맛이 좋다. 밤, 잣, 검은콩, 완두콩, 당근, 버섯, 옥수수, 우엉, 은행을 넣어 지은 밥에 간장양념장을 넣고 비벼 먹는 비빔밥 맛이 일품이다.
메뉴 반야돌솥밥(1만2천원), 소고기돌솥밥(1만5천원) **주소** 전라북도 전주시 완산구 홍산길 6 (효자동2가) **전화** 063-288-3174

베테랑칼국수 칼국수
전주를 상징하는 칼국숫집. 고춧가루, 김가루, 들깻가루가 듬뿍 얹어져 나오는 것이 특징이다. 같이 먹는 깍두기 맛도 별미다. 널찍한 전용 주차장이 마련되어 있을 정도로 늘 문전성시를 이루고 있다. 40년이 넘는 역사를 자랑한다.
메뉴 칼국수(7천원), 쫄면(6천원), 만두(5천원) **주소** 전라북도 전주시 완산구 경기전길 135 (교동) **전화** 063-285-9898

새집 한정식
순창에서 손꼽히는 한정식집. 연탄불에 구운 석쇠 불고기와 함께 장아찌, 전, 생선구이, 꽃게탕, 동치미 등 30여 종 이상의 반찬이 나온다. 불고기 정식은 사람 수가 많을수록 가격이 내려간다. 오래된 한옥 온돌방에서 받는 한상차림이 푸짐하다. 60여 년 역사를 자랑한다.
메뉴 한정식(1인 1만8천원), 조기탕, 홍어탕(각 4만5천원), 소불고기(3만원) **주소** 전라북도 순창군 순창읍 순창6길 5-1 **전화** 063-653-2271

새집추어탕 추어탕
60년이 넘는 전통의 남원추어탕 터줏대감으로, 추어숙회를 개발한 곳이기도 하다. 미꾸라지는 시골에서 흔히 잡던 토종 미꾸라지로, 길고 둥글며 맛이 더 좋다. 미꾸라지가 통째로 나오는 추어숙회를 깻잎이나 상추에 싸서 초고추장에 찍어

먹는 맛도 일품이다. 모든 장류는 직접 담가서 사용한다.
메뉴 추어탕(9천원), 추어숙회(소 3만원, 중 4만원, 대 5만원), 새집정식(3~4인 10만원, 12만원) **주소** 전라북도 남원시 천거길 9 (천거동) **전화** 063-625-2443

성미당 비빔밥
비빔밥 전문점으로, 50년 넘게 가까이 한 자리를 지키고 있는 집이다. 비빔밥에는 고사리, 표고버섯, 도라지, 오이, 당근, 쑥갓, 상추, 김, 잣, 밤, 대추, 달걀, 깨소금, 고추장과 참기름이 들어간다. 찹쌀고추장, 간장, 참기름은 직접 만들어 사용한다. 밥을 양념에 비벼 놋그릇에 담고 육회 등 11가지 고명을 얹은 후 불에 얹어 지진 후 나무받침에 얹어 내는 전형적인 전주 스타일이다.
메뉴 전주전통육회비빔밥(1만4천원), 전주전통비빔밥(1만2천원), 해물파전(1만2천원), 육회(소 2만5천원, 대 3만5천원) **주소** 전라북도 전주시 완산구 전라감영5길 19-9 (중앙동3가) **전화** 063-287-8800

스시요헤이 스시
워커힐호텔 출신 김영대 오너 셰프가 운영하는 스시야. 그날 들어온 최상의 재료로 만드는 오마카세 단일 코스만을 선보이며 합리적인 가격에서 다양한 구성의 스시를 만날 수 있다. 스시를 알맞게 숙성하여 내는 것이 특징.
메뉴 점심오마카세(4만3천원), 저녁오마카세(7만5천원) **주소** 전라북도 전주시 완산구 우전로 299 (효자동3가) **전화** 063-221-9500

신덕식당 장어
풍천장어골목에서 오래된 장어 전문점. 장어를 고아 뽑아낸 육수에 고추장과 갖은 양념을 해 다시 몇 시간 동안 푹 끓여 장어 양념을 만든다. 초벌구이한 후 세 번에서 네 번 정도 장을 덧발라 가며 재벌구이한다. 곰삭은 젓갈과 대여섯 가지의 찬이 따라나오는 식사와 함께 진한 복분자주를 곁들여도 좋다.
메뉴 풍천장어구이(1인 2만9천원, 3만2천원) **주소** 전라북도 고창군 아산면 선운사로 8 **전화** 063-562-1533

에루화 돼지떡갈비
전주에서 유명한 돼지고기 떡갈빗집. 주메뉴는 떡갈비와 냉면, 김치찌개다. 참숯불에 구운 후 다시 무쇠 돌판에 구워 먹는 떡갈비를 맛볼 수 있다. 냉면은 동치미냉면과 비빔냉면 두 가지가 있다. 비교적 부담없는 가격에 떡갈비를 즐길 수 있다.
메뉴 돼지떡갈비(180g 1만1천원), 냉면(7천5백원), 우거지탕(6천원) **주소** 전라북도 전주시 완산구 고사평5길 25 (서신동) **전화** 063-252-9946

오래옥 콩나물해장국
전주식 콩나물국밥 전문점. 표고버섯과 헛개나무 등을 넣어 육수를 끓이는 것이 특징으로, 속을 풀어주는 해장음식으로 제격이다. 메뉴는 콩나물국밥 한 가지뿐이며, 맛깔스러운 모주를 곁들이면 더욱 좋다.
메뉴 콩나물국밥(6천원) **주소** 전라북도 전주시 완산구 홍산남로 14 (효자동2가) **전화** 063-227-9935

완주옥 소떡갈비
80여 년 전통의 떡갈비 전문점. 다져서 만든 떡갈비가 아니라 갈빗살을 져미 만든 떡갈비다. 은은한 불에 구워서 나온다. 관광객들이 많이 찾는 집. 공깃밥은 별도로 주문한다.
메뉴 한우떡갈비(2인 이상, 1인 200g 2만5천원), 한우곰탕(1만원), 미니곰탕(2천원) **주소** 전라북도 군산시 평화길 100 (죽성동) **전화** 063-445-2644

왱이콩나물국밥 콩나물해장국
전주 남부시장식 국밥의 대표 격으로, 콩나물국밥만 선보인다. 중탕으로 흰자위를 익혀 나오는 수란에 국물을 몇 숟가락 떠 넣고 김가루를 넣어 국밥이 나오기 전에 먼저 먹는다. 국밥에는 오징어 토막이 들어 있는 것이 특징이며 다시마 등으로 낸 국물이 시원하다.
메뉴 콩나물국밥(7천원), 모주(1잔 2천원, 작은병 4천원, 큰병 9천원) **주소** 전라북도 전주시 완산구 동문길 88 (경원동2가) **전화** 063-287-6980

외할머니솜씨 떡카페
한옥마을에 자리한 한식 디저트 전문점. 다양한 전통차, 떡, 빙수 등을 즐길 수 있다. 여름에는 흑임자팥빙수가 유명하다. 한옥으로 된 실내가 운치 있다. 여름에는 줄을 서서 기다려야 할 때가 많다.
메뉴 옛날흑임자팥빙수, 홍시보숭이(각 7천원), 단팥죽, 쌍화탕(각 8천원) **주소** 전라북도 전주시 완산구 오목대길 81-8 (교동) **전화** 063-232-5804

용진집막걸리 한식주점
전주식 막걸릿집. 삼천동 막걸리 골목에서 가장 오래되고 유명한 집 중 하나다. 막걸리 한 주전자를 시키면 열 가지가 넘는 안주가 깔린다. 안주가 무한으로 리필된다는 점도 장점. 40년이 넘는 전통을 자랑한다.

메뉴 용진집풀코스정식(8만원), 가족한상차림(6만5천원), 커플상(3만8천원), 주전자추가(8천원), 주전자+안주추가(1만8천원) **주소** 전라북도 전주시 완산구 거마산로 14 (삼천동1가) **전화** 063-224-8164

이성당 베이커리
우리나라 최초의 제과점으로, 단팥빵과 팥빙수가 유명하다. 넓은 매장에 다양한 종류의 빵들이 진열되어 있으며 파스타, 밀크쉐이크 등 젊은이들이 좋아하는 메뉴도 맛볼 수 있다. 원래 일본인이 운영하던 것을 해방 후 한국인이 인수한 것이라 한다. 70여 년이 넘는 역사를 자랑한다.
메뉴 채소빵(1천8백원), 단팥빵(1천5백원), 곰보빵(1천2백원) **주소** 전라북도 군산시 중앙로 177 (중앙로1가) **전화** 063-445-2772

일해옥 콩나물해장국
새우젓으로 미리 간이 다 되어 나오는 방식의 콩나물국밥이 유명하다. 토렴을 거쳐 나오는 것이 특징. 전주 콩나물국밥처럼 수란이 따로 나오지 않고 국밥에 달걀을 넣어 나온다
메뉴 콩나물국밥(6천원), 공기밥, 모주(각 1천원) **주소** 전라북도 군산시 구영7길 19 (월명동) **전화** 063-443-0999

일흥옥 콩나물해장국
콩나물국밥을 전문으로 하는 곳. 멸치로 육수를 내어 맛이 시원하면서도 깔끔하다. 해장국과 함께, 쌀과 보리로 만든 모주를 곁들이는 것도 좋다. 40여 년간 한 자리를 지켜온 오랜 역사를 자랑한다.
메뉴 콩나물국밥(6천원), 모주(1천5백원) **주소** 전라북도 군산시 구영7길 25 (월명동) **전화** 063-445-3580

전라회관 한정식
70여 년 전통의 한정식집으로, 4인 기준으로 한 상 가득 차려진다. 서해의 풍부한 해산물과 기름진 평야의 오곡, 각종 산나물을 재료로 만든 맛깔스러운 반찬 20여 가지가 푸짐하게 나온다. 각종 나물을 비롯해 구절판, 간장게장, 탕평채, 떡갈비, 민물새우인 토하(새뱅이)로 만든 토하젓, 해파리냉채, 갈비찜, 홍어삼합 등 다채로운 음식이 상에 오른다. 현재 거의 유일하게 원형에 가까운 전라도 한정식을 내는

곳이다.
메뉴 한정식(4인 14만원) **주소** 전라북도 전주시 완산구 안행4길 5 (삼천동1가) **전화** 063-228-3033

진미식당 수육
황등비빔밥을 유명하게 만든 집. 육회를 얹은 비빔밥을 불에 얹어 데워서 나온다. 같이 나오는 선짓국의 맛도 좋다. 돼지국밥에는 순대, 선지 등이 푸짐하게 들어 있다. 90여 년의 역사를 자랑한다.
메뉴 육회비빔밥(9천원, 특 1만1천원), 진미비빔밥, 진미간장비빔밥, 순대국밥(각 8천원), 선지국밥(5천원), 육회(3만5천원), 찹쌀전통순대(1만원) **주소** 전라북도 익산시 황등면 황등로 158 **전화** 063-856-4422

현대옥 콩나물해장국
왱이콩나물국밥집과 같은 스타일의 해장국을 내는 집으로, 국물이 맑고 시원한 맛을 낸다. 잘 삶은 오징어를 추가해 먹는 것도 좋으며 젓갈과 김치 등을 곁들여 먹는다. 의자가 10여 개에 불과하기 때문에 이른 아침부터 줄을 선다.
메뉴 콩나물국밥(6천원), 오징어(반마리 2천원) **주소** 전라북도 전주시 완산구 풍남문2길 63 (전동3가) **전화** 063-282-7214

호남각 비빔밥
고급스러운 한정식집. 현대화된 한정식으로, 현지인에게는 인기가 좋은 곳이다. 전주의 명물인 전주비빔밥도 맛이 좋다는 평. 비빔밥 정식을 시키면 비빔밥과 함께 한정식이 한 상 차려진다.
메뉴 전통비빔밥, 돌솥비빔밥, 갈비탕(각 1만1천원), 전통육회비빔밥(1만4천원), 불낙버섯전골(2인이상, 1인 1만6천원), 특갈비탕(각 1만4천원), 전통갈비찜(1만9천원) **주소** 전라북도 전주시 덕진구 시천로 65 (송천동2가) **전화** 063-278-8150

화심두부 두부
60년이 넘는 전통의 직접 만드는 생두부집. 모두부를 시키면 썰지 않고 덩어리째로 나오는데, 칼을 대면 맛이 없어지기 때문에 숟가락으로 파 먹어야 한다. 바지락이나 굴이 들어가는 순두부백반도 얼큰하고 시원하다. 두부로 만든 도넛을 후식으로 곁들이면 좋다.
메뉴 화심순두부, 고기순두부, 화심순두부맑은탕(각 7천5백원), 버섯순두부(8천5백원), 두부해물전골(소 3만6천원, 대 4만4천원) **주소** 전라북도 완주군 소양면 전진로 1066 **전화** 063-243-8952

전라회관

부산광역시

18번완당집 만두
완당은 중국식 만두의 일종으로, 물만두와 비슷하다. 아주 얇은 피에 채소와 고기를 잘게 다져 만든 속이 들어가 있다. 진한 멸치 국물 맛이 시원하고 깔끔하다. 완당과 유부초밥, 김초밥 등으로 구성된 완당세트를 추천할 만하다. 작은 방에서 완당을 직접 빚는 모습을 볼 수 있다.
메뉴 완당, 완당면, 완당우동(각 7천5백원), 완당세트, 완당정식(각 1만원), 김초밥, 김치김밥(각 4천원), 유부초밥(4천5백원) **주소** 부산광역시 중구 비프광장로 31 (남포동3가) **전화** 051-245-0018

거대갈비 평양냉면
고급스러운 분위기에서 1++등급의 고급 한우를 즐길 수 있는 곳. 양념에 재서 숙성 과정을 거친 양념갈비가 대표 메뉴로, 갈빗살, 안심, 안창살 등 다양한 부위를 선보인다. 기본으로 나오는 곁들이 음식도 전체적으로 맛이 좋으며 평양냉면으로 입가심하면 좋다.
메뉴 한우양념갈비(200g 5만원)안심(100g 6만3천원), 갈빗살(100g 5만4천원), 프리미엄갈빗살(100g 6만3천원), 등심(100g 6만원), 안창살(100g 6만3천원), 평양냉면(8천원) **주소** 부산광역시 해운대구 달맞이길 22 (중동) **전화** 051-746-0037

금수복국 복
해운대 일대에서 가장 오래된 복국집. 복국은 부산의 대표적인 속풀이 해장국으로, 맑은 지리복국 한 그릇이면 숙취가 말끔히 사라진다. 얼큰한 복매운탕도 좋지만, 담백한 복어 맛을 제대로 보려면 지리를 권할 만하다. 2층은 다양한 복코스를 즐길 수 있는 공간으로 운영된다.
메뉴 복국(1만1천원~4만6천원), 복튀김(2만3천원), 복불고기(2만8천원), 복껍질무침(1만3천원), 복찜, 복수육(각 은복 소 3만5천원, 중 5만원, 밀복 소 6만원, 중 7만5천원), 활참복수육(14만5천원) **주소** 부산광역시 해운대구 중동1로43번길 23 (중동) **전화** 051-742-3600

기장곰장어 곰장어
짚불에 굽는 기장 곰장어구이의 원조. 짚불에서 적당히 구워진 곰장어의 새까맣게 탄 껍질을 벗기면 노릇노릇하게 익은 하얀 속살이 드러나는데, 먹기 좋게 잘라 소금이나 기름장에 찍어 먹는다. 솔잎의 향긋함이 더해지는 생솔잎곰장어와 구수한 맛의 곰장어된장국 등도 맛볼 수 있다.
메뉴 짚불구이, 생솔잎구이, 양념구이, 소금구이(각 1kg 6만원) **주소** 부산광역시 기장군 기장읍 기장해안로 70 **전화** 051-722-5580

동래할매파전 파전
80여 년에 걸쳐 4대째 이어오는 파전의 대명사인 곳이다. 식사 대용으로도 좋은 두꺼운 파전은 해산물이 적당히 어우러져 깊은 맛을 낸다. 대합, 새우, 굴, 홍합 등을 넣어 유채꽃 기름으로 부쳐내는 것이 특징. 파전과 고동찜, 골뱅이무침, 더덕구이 등으로 구성된 한상차림 메뉴도 인기가 많다.
메뉴 동래파전(소 2만2천원, 중 3만3천원, 대 4만원), 동래고동찜(2만5천원), 약초전병무침, 삼색더덕구이, 골뱅이무침(각 2만원), 뚜기상(3인 이상, 1인 3만5천원), 뚜미상(3인 이상, 1인 3만원) **주소** 부산광역시 동구 명륜로94번길 43-10 (복천동) **전화** 051-552-0792

동래할매파전

동백섬횟집 생선회
현지인이 손꼽는 자연산 횟집으로, 회가 싱싱하기로 유명하다. 회를 주문하면 여러 가지 해물과 튀김 등이 나온다. 부산에서는 회를 주로 쌈장(된장)에 찍어 먹는 것이 특징이며, 초밥용 밥에 생선회를 얹어서 초밥을 만들어 먹을 수 있다. 식사로 매운탕과 생선찜이 나온다.
메뉴 점심특선(1만5천원), 코스(1인 4만원, 5만원, 6만원, 7만원, 8만원, 10만원), 세꼬시(1인 5만원) **주소** 부산광역시 해운대구 해운대해변로209번나길 17 (우동) **전화** 051-741-3888

마라도 일식
잘 숙성된 회를 맛볼 수 있는 곳. 메뉴는 회와 아귀수육, 래고기, 대게찜 등이 나오는 코스 한 가지뿐이다. 앙장구를 비롯하여 해삼창자(고노와다), 대게 등 모든 메뉴를 무한리필해주는 점이 장점이다. 룸이 3~4개뿐이므로 예약 필수.
메뉴 코스(1인 11만원) **주소** 부산광역시 수영구 민락본동로11번길 38 (민락동) **전화** 051-755-1564

모모스커피 커피전문점
부산에서 최고라고 손꼽히는 스페셜티 커피 전문점이자 세계바리스타대회 챔피언의 매장이다. 좋은 재료와 훌륭한 바리스타가 앙상블을 이룬다. 바리스타를 양성하는 학원을 운영할 정도로 바리스타의 수준이 높다. 매장에서 직접 굽는 빵과 케이크 종류도 추천할 만하다. 현대식 건물과 일본식 목조 건물이 어우러진 분위기도 좋다.

메뉴 오늘의핸드드립(hot 5천원, iced 5천7백원), 아메리카노(hot 4천8백원, iced 5천5백원), 핸드드립(hot 5천8백원, iced 6천2백원), 에스프레소, 롱블랙(각 4천8백원), 콜드브루, 카페라테(각 hot 5천2백원, iced 5천9백원), 플랫화이트(5천2백원), 바닐라라테, 시즈널커피, 카카오라테(각 hot 6천2백원, iced 6천9백원), 시즈널티(5천5백원) **주소** 부산광역시 금정구 오시게로 20 (부곡동) **전화** 051-512-7034

못난이식당 갈치
기장에서 유명한 멸치횟집. 새콤한 양념을 곁들인 멸치회무침을 비롯해 두툼한 제주산 갈치로 만드는 갈치구이와 갈치찌개 등을 맛볼 수 있다. 전어젓과 멸치젓 등의 기본 반찬도 하나같이 맛깔스럽다.
메뉴 멸치회무침(소 2만원, 대 3만원), 갈치구이, 갈치찌개(각 1인 4만2천원), 갈치회(소 3만원, 대 5만원) **주소** 부산광역시 기장군 기장읍 차성동로73번길 12 **전화** 051-722-2527

밀양국밥 돼지국밥
진한 국물의 돼지국밥을 맛볼 수 있다. 고춧가루 양념이 기본으로 국물에 풀어 나오는 것이 특징이다. 밀양식으로 부추와 새우젓을 넣어서 먹는 맛이 일품이며 따로 나오는 소면을 함께 넣어 먹는다.
메뉴 국밥, 내장국밥, 따로국밥, 섞어국밥(각 7천5백원), 순대국밥(8천원), 수육백반(9천5백원), 수육(소 2만5천원, 중 3만원, 대 3만5천원) **주소** 부산광역시 사상구 사상로212번길 6 (괘법동) **전화** 051-311-1270

뱅델올리브 파스타
화덕에 구운 피자를 비롯해 다양한 파스타 등을 맛볼 수 있는 곳. 날치알을 넣은 새우크림파스타, 안초비파스타 등의 이색 메뉴도 인기가 많다. 코스요리도 추천할 만하다.
메뉴 파스타(2만3천원~3만4천원), 피자(2만7천원~2만9천원), 해산물모둠구이(4만8천원), 양갈비(150g 5만2천원), 한우안심스테이크(150g 6만9천원, 200g 8만3천원), 코스(7만9천원, 8만9천원, 9만8천원, 11만원) **주소** 부산광역시 수영구 좌수영로 129-1 (망미동) **전화** 051-752-7300

부산명물횟집 생선회
80여 년 전통의 회백반집. 푸짐하게 나오는 큼직큼직한 생선살과 초장, 반찬이 구미를 당긴다. 회백반에는 광어회 한 접시와 밥, 맑은 생선국, 대여섯 가지의 밑반찬이 나온다. 제철에 따라 창자젓, 볼락어젓, 게장 등이 상에 오른다.
메뉴 회백반(3만5천원, 특 4만8천원), 회비빔밥(2만3천원), 물회(2만8천원), 전복죽(1만5천원), 돔머리탕(2만7천원), 양념구이(6만원) **주소** 부산광역시 중구 자갈치해안로 55 (남포동4가) **전화** 051-245-4995

부산집언양불고기 소불고기
언양불고기를 전문으로 하는 곳. 질 좋은 소고기를 잘게 저며 언양 지방의 독특한 양념에 재워 두었다가 숯불 위에 석쇠로 구워 먹는 맛이 일품이다. 같이 나오는 백김치에 불고기를 싸 먹으면 좋다.
메뉴 불고기(200g 3만1천원), 등심(130g 3만6천원), 안거미살, 정도살, 살치살(각 100g 4만원), 육사시미(소 4만5천원, 대 7만5천원) **주소** 부산광역시 수영구 남천바다로 32 (남천동) **전화** 051-754-1004

비비비당 전통차전문점
해운대 달맞이 고개에 있는 명품 전통 찻집이다. 30여 가지에 이르는 우리나라 전통의 차를 즐길 수 있으며, 디저트도 떡과 한과만 있다. 바다를 내려다보는 전망이 아름답다.
메뉴 우전녹차, 5년발효황차, 계절꽃차, 오늘의차, 복분자차, 호박식혜, 호박빙수, 백초차, 대추차, 매실차, 단팥죽(각 1만원), 말차, 특우전녹차(각 1만5천원), 연잇찻상(2인 3만원), 모둠다식(소 1만원, 중 2만원, 대 3만원) **주소** 부산광역시 해운대구 달맞이길 239-16 (중동) **전화** 051-746-0705

서울깍두기 수육
60년 넘게 설렁탕을 만들고 있는 곳. 설렁탕은 보통 서울에서 많이 먹는 음식이지만, 부산 사람의 입맛까지 사로잡았다. 반찬은 배추김치와 깍두기 두 가지뿐이지만 그 맛이 일품이다.
메뉴 설렁탕, 곰탕(각 1만1천원), 양지탕(1만3천원), 수육(5만5천원) **주소** 부산광역시 중구 남포길 33 (남포동2가) **전화** 051-245-3950

세창대구탕 대구
50여 년간 영업을 하는 대구요리 전문점. 시원하고 얼큰한 대구탕은 해장으로 좋다. 뽈때기탕은 수입산 냉동 대구를 사용한다. 아가미 양쪽(뽈)살을 발라 먹는 맛이 좋다.
메뉴 대구탕(7천원), 내장매운탕(1만원), 뽈때기탕(1만2천원), 대구내장수육, 대구뽈찜(각 소 1만8천원, 대 2만5천원) **주소** 부산광역시 중구 충장대로5번길 37 (중앙동4가) **전화** 051-463-2139

속씨원한대구탕 대구
해운대에서 해장하면 손 꼽는 대구탕집. 매운 대구탕 스타일이 아니라 맑은 지리 스타일로, 청양고추를 넣어 매콤

속씨원한대구탕

하게 시원한 맛이 난다. 맛살, 대구살, 날치알이 듬뿍 들어간 계란말이도 인기 메뉴다.
메뉴 대구탕(1만1천원), 계란말이(7천원), 대구찜(3만5천원), 곤이 추가(2천원) **주소** 부산광역시 해운대구 달맞이길62번길 28 (중동) **전화** 051-744-0238

송정3대국밥 돼지국밥
돼지의 좋은 부위를 사용한 돼지국밥의 국물이 뽀얗고 깔끔하다. 당면 대신 찹쌀을 넣어서 만드는 찹쌀순대도 인기가 좋다. 서면의 돼지국밥 골목의 원조집 중 하나로, 80여 년의 역사를 자랑한다.
메뉴 돼지국밥, 순대국밥, 내장국밥, 따로국밥(각 7천원), 수육백반(9천원), 찹쌀순대(소 9천원, 대 1만2천원), 수육(소 2만2천원, 대 2만7천원) **주소** 부산광역시 부산진구 서면로68번길 33 (부전동) **전화** 051-806-5722

신발원 중국만두
두꺼우면서도 부드러운 만두피와 생강과 돼지고기를 넣은 속이 조화를 이루는 중국만두로 유명하다. 중국만두 외에도 팥빵, 달걀빵 등 중국빵을 전문으로 한다. 중국 사람들이 아침에 즐겨 찾는 콩국은 과자와 함께 나온다. 60년이 넘는 역사를 자랑하는 곳.
메뉴 고기만두, 군만두, 물만두, 찐교자(각 6천원), 새우교자(7천원), 콩국(3천5백원), 부추전병, 계란빵(각 2천원), 커빙, 팥빵(각 2천4백원), 꽈배기(5개 7천5백원), 포춘쿠키(8백원) **주소** 부산광역시 동구 대영로243번길 62 (초량동) **전화** 051-467-0177

쌍둥이돼지국밥 돼지국밥
줄을 서서 먹을 정도로 명성이 자자한 돼지국밥집. 돼지국밥은 뚝배기에 밥을 담고 국물을 따랐다가 다시 쏟아내는 토렴 과정을 거친다. 여기에 된장 양념을 조금 얹어 김치 깍두기와 새우젓, 풋고추, 마늘, 양파 등을 내준다. 정구지라고 부르는 부추무침을 국물에 풀어 먹으면 좋고, 항정살로 만든 수육도 추천할 만하다.
메뉴 돼지국밥, 내장국밥(각 7천원), 수육백반(9천원), 돼지수육, 내장수육(각 소 1만9천원, 대 2만4천원) **주소** 부산광역시 남구 유엔평화로 35-1 (대연동) **전화** 051-628-7020

웨이브온 카페
푸른 기장 바다를 한눈에 볼 수 있는 오션뷰 카페로, 기장에서 핫한 곳으로 인기를 끌고 있다. 베르가못 향이 입안 가득 퍼지는 월내라테와 진한 초콜릿음료인 웨이브온코코 등이 인기 메뉴다. 날씨가 좋은 때면 야외에 푹신한 빈백과 파라솔을 설치해 휴양지에 온 듯한 느낌을 만끽할 수 있다.
메뉴 브루잉커피, 월내라테, 풀문커피, 오렌지마멀에이드(각 7천원), 아메리카노(5천5백원), 웨이브온코코(8천원) **주소** 부산광역시 기장군 장안읍 해맞이로 286 **전화** 051-727-1660

이레옥 수육
곰탕 전문점. 한우를 사용한 담백하고 깔끔한 맛의 곰탕을 즐길 수 있다. 양이 들어간 양곰탕도 인기 메뉴. 테라스에 앉으면 광안대교가 한눈에 보여 최고의 전망을 자랑한다.
메뉴 곰탕(1만4천원, 특 1만6천원), 양곰탕(1만5천원, 특 1만7천원), 특섞어곰탕(1만8천원), 수육(5만8천원, 특대 6만8천원) **주소** 부산광역시 해운대구 마린시티3로 51 (우동) **전화** 051-742-6421

젠스시 스시
깔끔한 일식을 선보이는 곳. 재료의 손질 상태도 좋고 숙성이 잘된 쫄깃한 회 맛이 일품이다. 코스를 주문하면 애피타이저부터 디저트까지 한 번에 즐길 수 있다. 부산에서는 꽤 알려진 일식집이다.
메뉴 스시오마카세(12만원), 젠스시초밥(7만원), 저녁생선회코스(9만원, 11만원, 13만원) **주소** 부산광역시 해운대구 대천로42번길 28-5 (중동) **전화** 051-746-7456

초원복국 복
복요리로 유명한 곳. 복지리, 복매운탕 등 다양한 복요리를 맛볼 수 있으며 원하는 복 종류를 선택할 수 있다. 복코스를 주문하면 저렴한 가격에 복샤부샤부, 복튀김, 복초회, 복죽 등 다양한 복요리가 나온다. 부산 곳곳에 지점을 두고 있을 만큼 인기 있는 곳.
메뉴 복국(은복 1만2천원, 밀복 1만9천원, 까치복 2만2천원, 참복 3만3천원), 복불고기(은복 1만5천원, 밀복 2만2천원, 까치복 2만5천원), 복코스요리(은복 3만원, 밀복 4만원, 까치복 5만원) **주소** 부산광역시 남구 황령대로492번길 30 (대연동) **전화** 051-628-3935

해운대소문난암소갈비집 소갈비
해운대식 갈비의 원조로 꼽히는 곳. 1964년 창업한 이래로 2대째 60여 년간 꾸준히 그 명성을 이어오고 있다. 전골판같이 생긴 불판에 고기를 구워 먹은 후, 감자로 만든 면사리를 추가해 전골처럼 즐길 수도 있다. 한옥으로 된 건물이라 옛날 양반집에서 대접받는 듯한 느낌이 든다.
메뉴 생갈비(1인분 4만8천원), 양념갈비(1인분 4만2천원), 불고기(1인분 3만5천원) **주소** 부산광역시 해운대구 중동2로10번길 32-10 (중동) **전화** 051-746-0033

홍성방 일반중식
작은 만두 전문점으로 시작하여 현재는 신관까지 확장해서 상해거리의 다른 중국요리 전문점과 경쟁하고 있다. 고기와 채소가 들어간 얇은 만두피의 찐만두가 인기다. 가격대가 다양한 코스요리도 추천할 만하다.
메뉴 물만두(소 7천원, 대 9천원), 군만두, 찐만두(각 7천원), 광둥식밥(8천원), 짜장면(5천원), 오향장육, 탕수육(각 소 2만5천원, 대 3만원) **주소** 부산광역시 동구 중앙대로179번길 1 (초량동) **전화** 051-467-3682

대구광역시

국일따로국밥 소고기국밥
70여 년이 넘는 역사를 지닌, 따로국밥의 원조 격이다. 처음에는 국에 밥을 말아 팔다가 연세 있는 어르신이 올 경우 예의에 어긋날 것을 우려해서 국과 밥을 따로 내놓았다고. 이러한 상차림을 좋아하는 손님이 차츰 많아지면서 따로국밥이라는 이름으로 팔게 되었다. 소고기, 파, 선지 등이 들어간 국물 맛이 시원하고 개운하다. 밥 대신 국수가 나오는 따로국수도 맛볼 만하다.
메뉴 따로국밥, 따로국수(각 8천원), 특따로국밥(9천원) **주소** 대구광역시 중구 국채보상로 571 (전동) **전화** 053-253-7623

벙글벙글찜갈비 소갈비찜
시뻘건 고춧가루와 마늘, 생강을 버무려 양은냄비에 볶아서 요리한 이곳의 찜갈비는 대구의 대표 음식으로 자리 잡았다. 화끈하게 매운맛에 짠맛, 단맛이 조화를 이룬다. 함께 나오는 시원한 백김치로 싸 먹으면 색다른 맛을 느낄 수 있다.
메뉴 한우찜갈비(180g 2만8천원), 미국산찜갈비(180g 1만8천원), 소고기찌개(7천원) **주소** 대구광역시 중구 동덕로36길 9-12 (동인동1가) **전화** 053-424-6881

소나무 바
고풍스러운 한옥을 개조해 만든 싱글몰트위스키 전문 바. 싱글몰트위스키 이 외에도 위스키, 진, 보드카, 브랜디, 럼, 버번위스키 등 다양한 주류도 갖추고 있다.
메뉴 위스키(shot 1만5천원~1만8천원), 진(shot 1만6천원~2만원), 보드카(shot 1만5천원~1만8천원), 싱글몰트위스키(shot 1만1천원~3만2천원), 숙성햄플레이트(3만8천원), 하몽플레이트(소 2만원, 대 3만5천원), 감바스알아히요(2만원) **주소** 대구광역시 중구 동덕로 56-5 (대봉동) **전화** 053-422-1341

왕거미식당 생고기
신선한 생고기가 푸짐하게 나오는 생고기 전문점. 쫀득한 생고기를 참기름에 다대기를 넣은 양념장에 찍어 먹는다. 미리 구워서 나오는 양지머리와 오드레기 등도 술안주로 인기. 한정된 양만 판매하므로 일찍 찾아갈 것 추천한다.
메뉴 생고기, 오드레기, 양지머리(각 4만3천원), 대창, 혓바닥(각 3만5천원), 육회(3만원) **주소** 대구광역시 중구 국채보상로 696-8 (동인동4가) **전화** 053-427-6380

원조현풍박소선할매집곰탕 수육
80년 가까이 대를 이어가며 국물 맛을 지켜온 곳. 곰탕의 진한 국물 맛이 좋으며 곰탕에 들어간 고기의 쫄깃쫄깃한 육질이 일품이다. 대구의 도축장을 비롯하여 경북 지역 곳곳에서 엄선된 고기를 사온다. 가죽나물무침, 무장아찌, 씀바귀, 깻잎 등의 밑반찬도 맛깔스럽다.
메뉴 곰탕(1만3천원), 양곰탕(1만6천원), 수육(4만원) **주소** 대구광역시 달성군 현풍읍 현풍중앙로 56-1 **전화** 053-615-1122

종로숯불갈비 돼지갈비
진골목에서 오래되고 유명한 돼지갈빗집으로, 본래는 당대 부호의 저택이었다고 한다. 숯불에 구워 먹는 양념돼지갈비의 맛이 일품이며 한우갈빗살도 추천할 만하다.
메뉴 한우갈빗살(120g 2만5천원), 한우생등심(120g 2만2천원), 한우버섯불고기(170g 1만6천원), 돼지갈비(200g 9천원), 한우육회(200g 2만8천원), 한우안창살(120g 2만8천원), 육회비빔밥(1만3천원), 된장전골(8천원) **주소** 대구광역시 중구 종로 26 (종로2가) **전화** 053-252-7197

투웰브키친 이탈리아식
유기농 식재료를 사용하는 이탈리안 레스토랑. 제철을 맞은 식재료를 사용한 요리를 선보이며 음식의 개성을 살린 플레이팅이 인상적이다. 합리적인 가격대의 코스 메뉴도 추천.
메뉴 구운감자뇨키(2만5천원), 리조토(2만1천원~2만5천원), 파스타(2만1천원~2만5천원), 소고기안심스테이크(180g 5만6천원), 제철생선요리(3만9천원),점심코스(3만9천원), 저녁코스(6만9천원) **주소** 대구광역시 수성구 무학로11길 10 (상동) **전화** 053-652-8007

울산광역시

고래고기원조할매집 고래
울산을 대표하는 고래고기 전문점으로, 3대째 대를 잇고 있다. 다양한 부위를 판매하고 있으며, 각 부위에 어울리는 양념이 준비된다. 4인 이상일 경우 수육, 육회, 생고기, 우네, 오베기가 한 접시에 나오는 모둠을 추천한다.
메뉴 수육(소 6만원, 대 8만원), 육회(4만원), 생고기(5만원), 우네, 오베기(각 6만원), 모둠(소 8만원, 대 10만원, 특대 15만원) **주소** 울산광역시 남구 장생포고래로 135 (장생포동) **전화** 052-261-7313

고래명가 고래
다양한 부위의 고래고기를 먹을 수 있는 곳으로, 밍크고래만을 다룬다. 일행이 많다면 다양한 부위가 한 접시에 나오는 모둠을 추천한다. 얼큰하게 끓여낸 고래찌개의 맛도 좋다는 평이다.
메뉴 수육(소 5만원, 중 7만원, 대 10만원), 생우네, 오베기(각 5만원), 모둠(소 7만원, 대 10만원, 특대 15만원), 찌개(소 2만원, 대 3만원) **주소** 울산광역시 남구 장생포고래로 207 (장생포동) **전화** 052-269-2361

고래명가

공원불고기 소고기구이
언양의 대표적인 음식인 언양불고기를 맛볼 수 있다. 다진 소고기를 석쇠 위에 구워 먹는 맛이 일품이며 파절임 등에 싸서 먹으면 더욱 맛있다. 채 썬 배를 올린 육회도 추천할 만하다.
메뉴 석쇠불고기(2만1천원), 꽃등심(2만6천원), 갈빗살(2만6천원), 양념갈비(2만6천원) **주소** 울산광역시 울주군 언양읍 현양길 32 **전화** 052-262-0421

소월당 전통차전문점
직접 키운 신선한 재료로 만드는 차과자와 전통차를 즐길 수 있는 곳. 예약제로 운영되며 수제차와 식전빵, 두부스테이크, 계절별 차과자 등이 코스로 나오는 것이 특징이다. 당일 예약은 받지 않으므로 최소 하루 전 예약해야 한다.
메뉴 찻자리코스(1인 3만원) **주소** 울산광역시 울주군 두서면 서하구량길 210-11 **전화** 052-262-3013

언양기와집불고기 소고기구이
100년된 기와집을 개조해 만든 곳으로, 40여 년간 한우만을 다루고 있다. 불고기는 양념에 재워둔 소고기를 석쇠에 구워 손님 상에 낸다. 질기지 않고 부드러운 한우의 맛이 좋으며, 반찬과 고기는 모두 천연 옥으로 만든 그릇에 담아 나온다.
메뉴 언양불고기(180g 2만2천원), 모둠(120g 2만7천원), 등심(120g 2만6천원), 낙엽살(120g 2만8천원), 육회(200g 2만8천원), 막국수(5천원) **주소** 울산광역시 울주군 언양읍 헌양길 86 **전화** 052-262-4884

함양집 비빔밥
울산에서 가장 오래된 식당 중 하나로, 4대째 내려오는 90년 넘는 역사를 자랑한다. 비빔밥을 전문으로 하며 밥그릇과 국그릇도 옛날식 그대로 놋그릇을 사용한다. 먼저 소고기를 고아 낸 국물과 끼미(양념장)를 밥에 넣어 밑간을 하고 나서 고사리와 콩나물, 시금치나물, 무나물, 미나리줄기, 김과 미역 등을 올리고 그 위에 육회와 전복회, 참기름과 고추장 등을 얹어 비벼 먹는다. 무와 소고기, 홍합을 넣고 끓인 탕국도 같이 나온다.
메뉴 전통비빔밥(1만2천원), 한우물회(1만3천원), 소고기국밥, 곰탕(각 9천원), 묵채(5천원), 석쇠불고기(170g 2만5천원), 육회(180g 2만5천원), 파전(1만5천원) **주소** 울산광역시 남구 중앙로 208번길 12 (신정동) **전화** 052-275-6947

경상남도

노렌스시 스시
창원에서 새로운 트렌드로 자리 잡은 스시집으로, 일식과 한식, 양식을 조화시킨 새로운 일식 장르를 개척한 것으로 평가 받고 있다. 실내 분위기도 오픈형 룸으로 꾸며 일본 특유의 인테리어를 느낄 수 있다. 가격대비 만족도도 높은 편이다. 예약은 필수. 주말은 런치코스 가격이 5천원씩 더 비싸다.
메뉴 스시런치코스(3만원), 사시미런치코스(3만5천원) **주소** 경상남도 창원시 마산합포구 해안대로 288 (신포동1가) **전화** 055-242-7812

다시식당 소바
70여 년 전통의 소바집. 냉면처럼 육수에 말아 양지고기 고명을 올린 냉소바가 유명하다. 국물은 멸치와 소고기로 만드는 한국적인 맛이다. 소고기국밥, 망개떡과 함께 의령의 3미로 꼽힐 정도다.
메뉴 냉소바, 온소바, 비빔소바(각 소 8천원, 대 1만원), 메밀만두(5천원) **주소** 경상남도 의령군 의령읍 의병로18길 6 **전화** 055-573-2514

뚱보할매김밥집 김밥
70년이 넘는 역사를 자랑하는 집으로, 충무김밥을 처음 개발한 것으로 알려져 있다. 뱃사람을 상대로 김밥을 팔던 어두리 할머니가 잘 상하지 않는 김밥을 고민한 끝에 찾은 매콤달콤한 오징어무침과 무김치의 조합이 큰 인기를 끌었다. 지금은 어두리 할머니 자손들이 운영하고 있다. 김밥은 2인분부터 포장할 수 있다.
메뉴 충무김밥(5천5백원) **주소** 경상남도 통영시 통영해안로 325 (중앙동) **전화** 055-645-2619

몬스터로스터스 커피전문점
수준 높은 커피를 합리적인 가격에 즐길 수 있는 로스터리 카페. 에스프레소용 블렌딩 원두로 중강배전한 파이어맨과 약배전한 뎀프시롤 두 가지가 준비되어 있어 취향에 따라 선택할 수 있다. 부드러운 카페라테와 원형으로 깎은 커다란 얼음 하나가 들어가는 아이스더치가 인기있다.
메뉴 에스프레소, 아메리카노(각 3천8백원), 브루잉커피(4천5백원, 5천원), 카페라테(4천원), 카야토스트(2천원) **주소** 경상남도 창원시 마산합포구 월영동9길 14 (해운동) **전화** 070-8790-8980

밀양돼지국밥 돼지국밥
돼지 국밥 전문점. 국밥을 주문하면 공기밥과 소면이 함께 나온다. 국밥에 부추를 양껏 넣어 먹는다. 순대국밥과 내장국밥 등을 즐길 수 있고 수육과 오리훈제도 선보인다.
메뉴 돼지국밥, 내장국밥, 순대국밥(각 7천원), 수육백반(1만1천원), 돼지수육, 내장수육(각 소 2만3천원, 대 3만5천원) **주소** 경상남도 밀양시 북성로 28 (내이동) **전화** 055-354-9599

분소식당 복
통영 주민이 많이 찾는 60여 년 전통의 복국 전문점. 졸복국도 유명하지만, 통영에서 봄에만 먹을 수 있는 도다리쑥국도 별미다. 제철 도다리와 어린 야생 쑥을 써야만 제 맛이 난다고 한다. 겨울에는 물메기탕 맛이 일품이다.
메뉴 복국, 생선매운탕, 멍게비빔밥, 장어탕(각 1만2천원), 복매운탕(2인 이상, 1인 1만4천원), 도다리쑥국(1만5천원) **주소** 경상남도 통영시 통영해안로 207 (서호동) **전화** 055-644-0495

수정식당 복
깔끔한 맛의 복국을 맛볼 수 있는 곳. 복국에 콩나물을 넣고 시원하게 끓인다. 식당도 넓고 깨끗한 편이라 외지인들이 많이 찾는 곳. 11월에서 2월 사이에는 살이 오른 복어를 제대로 맛볼 수 있다.
메뉴 복국, 멍게비빔밥(각 1만1천원), 복매운탕(1만2천원) **주소** 경상남도 통영시 항남5길 12-21 (항남동) **전화** 055-644-0396

안의원조갈비집 소갈비찜
50년 넘는 전통의 갈빗집이다. 갈비가 푸짐하게 나오고 맛이 좋다. 갈비탕은 담백하여 예스러운 맛을 느낄 수 있으며, 지은지 오래된 한옥 방이 운치 있다.
메뉴 갈비찜(소 5만5천원, 대 7만원), 갈비탕(1만2천원) **주소** 경상남도 함양군 안의면 광풍로 127-2 **전화** 055-962-0666

오동동아구할매집 아귀
마산의 대표 아귀요리 전문점 중 하나. 수입 아귀나 철 지난 아귀를 사용하지 않으며 요리에 쓰는 된장은 직접 담근다. 아귀찜에는 마른 아귀를, 나머지 요리에는 생아귀를 사용하는 것이 특징이다.
메뉴 건아구찜(1만5천원), 생아구찜(2만5천원), 아구꽃게해물찜(3만원) **주소** 경상남도 창원시 마산합포구 성호서7길 15-14 (추산동) **전화** 055-246-3075

울산다찌 한식주점
통영의 대표적인 다찌집 중 하나다. 술만 시키면 안주가 푸짐하게 딸려 나온다. 전어회, 취치회, 멸치회 등 각종 생선회에 바다달팽이, 굴, 문어, 바닷가재, 게다리, 미역, 조갯살 등 각종 안주가 제공된다. 예약손님을 우선적으로 받고 있기 때문에 미리 전화하는 것이 좋다. 이용시간이 2시간으로 한정되어 있으며, 주말의 경우 웨이팅은 필수이다.
메뉴 기본상(9만원), 큰상(12만원), 스페셜(16만원), 갈치구이(2만원) **주소** 경상남도 통영시 미수해안로 157 (봉평동) **전화** 055-645-1350

원조강변할매재첩식당 재첩
섬진강변에서 재첩국을 처음으로 시작한 원조집으로, 50년이 넘는 전통을 자랑한다. 재첩국, 참게장, 참게탕이 유명하다. 재첩국은 껍질을 떼어 낸 재첩 살을 푹 우려내고 부추를 넣어 먹는데, 그 맛이 담백하다. 민물참게장과 은어회도 맛볼 수 있다. 재첩국과 참게장은 택배가 가능하다.
메뉴 재첩국(8천원), 재첩수제비, 재첩덮밥(각 1만원), 참게탕(소 3만5천원, 중 4만원, 대 5만원), 재첩회(소 2만원, 중 2만5천원, 대 3만5천원) **주소** 경상남도 하동군 고전면 재첩길 286-1 **전화** 055-882-1369

유정장어 장어
석쇠에 양파를 듬뿍 놓고 그 위에 초벌구이한 장어를 올려 굽는 방식이 독특하다. 상에 낼 때 장어머리와 꼬리 부분을 고아낸 국물에 고추, 마늘, 생강 등 양념을 가미해 만든 소스를 발라 한 번 더 구워 낸다.
메뉴 장어탕(5천원), 바다장어구이(2만2천원), 민물장어구이(3만2천원) **주소** 경상남도 진주시 진주성로 2 (남성동) **전화** 055-746-9135

종로식당 수육
60여 년 전통의 소고기국밥으로 유명한 집. 가마솥에서 푹 삶아서 부드러운 소고기와 얼큰한 국물 맛이 좋다. 의령 한우를 사용하며 수육을 시키면 선지, 사태, 양지, 대창 등이 곁들여 나온다. 곰탕은 점심시간 한정메뉴이다.
메뉴 소고기국밥(8천원), 곰탕(1만원), 수육(소 4만원, 대 5만원) **주소** 경상남도 의령군 의령읍 충익로 47-6 **전화** 055-573-2785

진해제과 베이커리
진해에서 가장 오래된 제과점. 진해특산품인 벚꽃을 사용한 벚꽃빵이 특히 인기다. 벚꽃 모양의 빵 속에는 벚꽃 앙금이 들어 있다. 70여 년의 역사를 자랑한다.
메뉴 벚꽃빵(10개 1만원, 20개 2만원) **주소** 경상남도 창원시 진해구 중원로 45 (광화동) **전화** 055-546-3131

천수식당 소불고기
현지인에게 인기가 많은 곳으로, 신선한 소고기를 사용한 육회비빔밥이 대표 메뉴다. 비빔밥을 시키면 함께 나오는 선짓국도 진한 맛으로 비빔밥과 잘 어울린다. 훈연향이 나는 석쇠불고기도 인기 메뉴다.
메뉴 육회비빔밥(7천원), 불고기(1만7천원), 육회(2만5천원) **주소** 경상남도 진주시 향교로8번길 3 (평안동) **전화** 055-742-7977

천황식당 소불고기
진주식 비빔밥 전문점. 고깃국물에 토렴한 밥에 호박나물, 무나물, 콩나물, 숙주나물, 시금치, 양배추, 무, 고사리 같은 부드러운 나물과 육회를 올려 낸다. 선짓국물이 같이 나오는 것도 진주비빔밥의 특징. 집에서 재래식으로 담근 간장과 된장, 고추장 등을 재료로 사용하는 것이 맛의 비결. 육회나 석쇠불고기를 곁들이면 더욱 좋다. 1927년 개업한 후, 3대째 가업을 이어 한 자리에서 비빔밥을 팔아온 전통과 관록을 자랑하는 맛집이다.
메뉴 진주비빔밥(1만원), 석쇠불고기(2인 2만원), 육회(3만원) **주소** 경상남도 진주시 촉석로207번길 3 (대안동) **전화** 055-741-2646

천황식당

하연옥 진주냉면
진주식 냉면 전문점. 육수는 담백한 맛을 내는 멸치, 개발(바지락), 건홍합, 마른명태, 표고버섯 등을 넣고 만든다. 육전, 계란지단, 고기 등 고명을 푸짐하게 얹은 것이 진주비빔밥을 연상시킨다.
메뉴 물냉면(9천원), 비빔냉면(9천5백원), 전주비빔밥(1만원) **주소** 경상남도 진주시 진주대로 1317-20 (이현동) **전화** 055-741-0525

경상북도

거창갈비 소갈비
소갈비구이가 유명한 안동에서도 손에 꼽는 맛집이다. 주문 즉시 갈빗대에서 살을 해체하여 준비해주는 것이 특징이며 남은 뼈를 모아 갈비찜으로 만들어준다. 가격대도 경쟁력이 있는 편이다.
메뉴 한우생갈비, 한우양념갈비, 안동한우갈비찜(각 200g 2만8천원) **주소** 경상북도 안동시 음식의길 10 (운흥동) **전화** 054-857-8122

거창갈비

경당종택 한정식
음식디미방의 종가인 경당 장흥효 선생의 종택에서 한정식을 즐긴다. 종택답게 다양한 꽃과 소나무가 심어 있는 정원이 크고 화사하다. 종부의 정갈한 음식 솜씨를 발휘한 수육, 고등어구이, 각종 전 등 다양한 밑반찬이 나온다. 상어고기 편육, 명태보푸라기 등 옛날 반가 음식을 즐길 수 있다. 후식으로는 도토리묵과 안동식혜가 나온다. 예약은 필수.
메뉴 1인상(2만원~3만원) **주소** 경상북도 안동시 서후면 성곡제일길 2-38 **전화** 054-852-2717

맘모스제과 베이커리
40년이 넘는 역사를 가지고 있는 빵집이다. 고풍스러운 인테리어가 돋보이며 크림치즈빵이 맛있기로 유명하다. 옛날 스타일의 빵집이지만 마카롱 같은 최신 트렌드도 발 빠르게 도입하고 있다.
메뉴 크림치즈빵(2천3백원), 유자파운드(1만3천원), 찹쌀떡(1천5백원), 사과또띠아(2천원), 홍차에딸기케이크(5천원) **주소** 경상북도 안동시 문화광장길 34 (남부동) **전화** 054-857-6000

문화갈비 소갈비
옛날식 갈비구이 맛을 내는 집. 조선간장만으로 간을 하여 고기의 맛을 충분히 살리고 있다. 미리 재워두지 않기 때문에 고기의 선도도 확인 가능하다. 갈비는 기본 3인분 이상 주문해야 한다. 40년이 넘는 전통을 자랑한다.
메뉴 한우갈비(200g 2만5천원) **주소** 경상북도 안동시 음식의길 32-9 (동부동) **전화** 054-857-6565

반도불갈비식당 소갈비
경주 시내에서 50여 년간 영업한 식당으로, 소갈비와 소갈빗살을 취급한다. 가격에 비해 마블링이 좋은 고기를 내며 과하게 달지 않은 양념구이가 인기다. 연탄불에 석쇠로 구워 먹는 정취가 인상적이다.
메뉴 한우갈비, 한우불고기갈빗살, 소금구이갈빗살(각 130g 2만원) **주소** 경상북도 경주시 화랑로 83 (서부동) **전화** 054-772-5340

서부냉면 평양냉면
40년이 넘는 역사의 냉면집. 순면 함량이 상당히 높은 편이고 육수도 진한 색에 비해 무겁지 않은 깔끔한 맛을 보여준다. 소백산 주변의 토종 메밀을 통 메밀로 보관해 두었다가 가루를 빻아 사용하기 때문에 면발이 신선하고 메밀 향이 짙다. 냉면 국물은 한우 사골과 양지 삶은 국물에 알맞게 익은 동치미 국물을 배합해서 만든다. 한약재를 넣은 육수의 맛은 호불호가 갈릴 수도 있다. 한우불고기의 맛도 수준급이다.
메뉴 메밀냉면(9천원), 곱빼기 1만3천원), 한우불고기(200g 1만8천원) **주소** 경상북도 영주시 풍기읍 인삼로3번길 26 **전화** 054-636-2457

순흥전통묵집 묵밥
50년간 가마솥에서 메밀묵을 쑤어온 집. 처음에는 묵채만 내었으나 식사를 원하는 사람을 위해 조밥을 곁들인 묵밥을 내놓게 되었다. 묵밥을 주문하면 조밥 한 그릇에 참기름과 깨소금을 넣고 멸치 국물을 부은 묵사발이 한 그릇 나온다.
메뉴 전통묵밥(8천원), 두부(7천원) **주소** 경상북도 영주시 순흥면 순흥로39번길 21 **전화** 054-634-4614

옥야식당 선지해장국
시장통에 있는 선지국밥집. 안동한우를 사용한 제대로 된 선지국밥을 맛볼 수 있다. 고기가 푸짐하게 들어 있어 따로 수육 메뉴가 없어도 될 정도다. 얼큰한 국물 맛이 일품이며 선지를 따로 빼고 주문할 수도 있다. 전화로 미리 예약하는 것도 가능하다.
메뉴 선지국밥(8천원), 포장(4만원) **주소** 경상북도 안동시 중앙시장길 7 (옥야동) **전화** 054-853-6953

요석궁 한정식
신라시대 요석공주가 살던 궁궐의 이름을 따서 요석궁이라고 부르게 되었다. 경주를 대표하는 유서 깊은 집으로, 모든 장류를 직접 담가 사용하는 전통적인 방식의 요리를 고수하고 있다. 맛, 분위기, 서비스 모두 나무랄 데가 없는 곳. 요석궁 내의 우물물로 담아내는 요석궁 약선주도 반주로 곁들이기에 좋다. 직접 담가내는 백년초주, 복숭아주, 대통주 등의 과실주도 맛볼 수 있다. 안압정식과 요석정식의 경우 당일주문을 받지 않기 때문에 예약은 필수다.
메뉴 반월정식(3만9천원), 계림정식(6만9천원), 안압정식(9만9천원), 요석정식(15만9천원) **주소** 경상북도 경주시 교촌안길 19-4 (교동) **전화** 054-772-3347

원조진남매운탕 민물매운탕

낙동강 상류에서 잡은 메기를 삶은 국물에 인삼과 헛개나무, 당귀 등 10여 가지 한약재를 넣어 한 번 더 끓여 하루 숙성하여 사용한다. 빨갛게 우러난 국물은 얼큰하면서도 감칠맛이 난다. 취향에 따라 수제비와 국수사리를 넣어 먹는다. 진남매운탕은 10여 종류의 민물고기를 넣어 끓인 것이다. 50년이 넘는 역사를 자랑한다.
메뉴 진남매운탕(1인 2만2천원), 잡어매운탕(1인 1만7천원), 메기매운탕(1인 1만5천원), 쏘가리매운탕(1인 3만원) **주소** 경상북도 문경시 마성면 진남1길 210 **전화** 054-552-7777

진일대게회 대게

제대로 된 영덕 박달게를 취급하며 대게 값이 강구항 인근 식당보다 저렴한 편이다. 해녀가 앞바다에서 직접 건져낸 전복도 구입할 수 있다. 동해의 일출을 바로 바라볼 수 있는 곳에 자리 잡고 있다. 겨울철에 방문하면 흔하지 않은 꽁치물회를 먹을 기회가 있다.
메뉴 대게(시가) **주소** 경상북도 영덕군 영덕읍 영덕대게로 894 **전화** 054-734-1205

최영화빵 팥빵

황남빵의 원조집. 4대째 전통을 이어가고 있는 곳으로, 경주산 팥을 사용하며 팥 본연의 맛을 느낄 수 있는 것이 특징이다. 팥소는 입안에 넣자마자 사르르 녹을 만큼 부드럽다.
메뉴 1개(900원), 10개(9천원), 20개(1만8천원), 30개(2만7천원) **주소** 경상북도 경주시 북정로 6 (황오동) **전화** 054-749-5599

풍기인삼갈비 소갈비찜

갈비와 풍기 인삼에 영주 사과까지 한 상에 차려내는 인삼 갈빗집. 상 위에 인삼 향기가 가득하다. 고기의 질이 좋은 편이며 갈비찜과 누룽지탕, 음료수 등이 나오는 세트메뉴도 추천할 만하다.
메뉴 인삼갈비탕, 한우육회비빔밥(각 1만2천원), 한우인삼갈비찜(각 180g 2만5천원), 한우인삼불고기(180g 1만5천원) **주소** 경상북도 영주시 풍기읍 소백로 1933 **전화** 054-635-2382

제주특별자치도

남경미락 생선회

제주를 대표하는 횟집으로 유명한 곳이다. 각종 활어회와 20여 가지 곁들이 음식을 맛볼 수 있다. 특히 다금바리회 맛이 좋다. 다금바리를 맛보려면 미리 전화해서 다금바리가 있는지 확인해야 한다. 바다에 면한 절벽 위에 있어 뛰어난 경치를 자랑하며 음식 맛도 일품이다.
메뉴 다금바리, 북바리(각 1kg 22만원), 돌돔(1kg 20만원), 구문쟁이(1kg 15만원), 흑돔(1kg 14만원), 참돔(1kg 13만원) **주소** 제주특별자치도 서귀포시 안덕면 사계남로 190-7 **전화** 064-794-0077

대우정 전복

전복 돌솥밥으로 유명한 집. 사골 육수로 지은 밥에 전복이 푸짐히 들어간다. 양념간장과 마가린을 넣어 비벼 먹는 맛이 일품이다. 밥을 다 먹은 후 바닥에 두껍게 눌어 있는 누룽지를 긁어 먹는 재미도 빼놓을 수 없다. 돌솥밥을 짓는 데는 15분 정도 시간이 걸린다.
메뉴 소라성게돌솥밥(1만5천원), 전복돌솥밥, 전복뚝배기(각 1만3천원), 영양돌솥밥, 전복죽, 성게미역국(각 1만1천원), 불고기돌솥밥, 콩나물돌솥밥(각 1만원) **주소** 제주특별자치도 제주시 서사로 152 (삼도일동) **전화** 064-757-9662

대우정

덕승식당 갈치

덕승호에서 잡은 자연산 활어를 취급하는 곳이다. 탱글탱글한 살이 살아 있는 우럭조림과 갈치조림이 인기 메뉴이며, 가격도 저렴한 편이며, 2인 이상부터 주문 가능하다.
메뉴 갈치조림(1만5천원), 갈칫국, 우럭조림(각 1만3천원), 자리물회(1만2천원), 한치물회(1만2천원), 고등어조림(1만1천원) **주소** 제주특별자치도 서귀포시 대정읍 하모항구로 66 **전화** 064-794-0177

덤장 갈치

갈치와 전복 전문점. 부드러운 맛이 일품인 돔베고기도 맛이 좋다는 평이다. 돔베고기, 갈치구이, 고등어조림 등 다양한 음식이 함께 나오는 상차림 메뉴를 시키면 푸짐하게 즐길 수 있다.
메뉴 전복회, 전복구이(각 중 6만원, 대 12만원), 전복모둠회(6만원), 전복죽(1만2천원), 성게국, 회덮밥(각 1만원) **주소** 제주특별자치도 제주시 용문로 48 (용담이동) **전화** 064-713-0550

도남오거리식당 돼지고기구이
제주에서 소고기 생각이 나면 찾을 만한 곳이다. 황소모둠을 주문하면 큰 접시 가운데 부분에는 육회, 간, 천엽, 아롱, 골 등 날로 먹을 수 있는 부위를 내온다. 주위에는 등심, 안창, 차돌박이, 갈비, 염통, 곱창 등 구이 고기가 올려진다. 점심식사로 오겹살, 목살, 항정살, 된장뚝배기가 나오는 쌈밥정식도 권할 만하다. 가격대비 만족도가 뛰어난 곳이다.
메뉴 황소모둠(1kg 7만원, 1.6kg 8만9천원), 황소구이모둠(500g 4만8천원, 800g 6만9천원), 꽃등심, 차돌박이(각 180g 2만5천원), 육회(소 1만3천원, 대 2만5천원), 소양념갈비(400g 2만5천원), 돼지생갈비(360g 1만7천원), 돼지양념갈비(360g 1만4천원), 오겹살, 목살(각 180g 1만3천원) **주소** 제주특별자치도 제주시 도남로6길 16 (도남동) **전화** 064-757-9118

도라지식당 생선구이
계절에 따라 끓여내는 생선국을 전문으로 하는 곳으로, 40년이 넘는 내력을 지닌 유명한 집이다. 고소하게 구운 갈치구이, 옥돔미역국, 소라물회 등 다양한 메뉴가 있다.
메뉴 갈치구이(1만8천원), 고등어구이(1만6천원), 해물뚝배기(1만5천원), 옥돔구이(3만2천원), 갈치조림(소 1만9천원, 중 5만5천원, 대 6만5천원), 고등어조림(중 3만원, 대 3만8천원) **주소** 제주특별자치도 제주시 연삼로 128 (오라삼동) **전화** 064-722-3142

르부이부이 프랑스식
종달리에서 오랜 시간 사랑을 받아왔던 임정만 셰프의 프렌치 터틀과 이은주 셰프의 이스트엔드가 시내 건입동에 새롭게 낸 프렌치 레스토랑. 수준 높은 프렌치 요리를 합리적인 가격에 즐길 수 있다. 공간이 협소해 예약은 필수.
메뉴 런치코스(3만8천원), 파테드캄파뉴(1만원), 부르고뉴식 에스카르고(1만2천원), 봄동샐러드(1만원), 파리지엥뇨키(1만4천원), 오리가슴살(2만8천원), 페퍼스테이크(3만8천원), 존도리모니에르아만디에(2만8천원), 밀푀유(7천원), 프로피테롤(7천원) **주소** 제주특별자치도 제주시 사라봉7길 32 (건입동, 성원연립) **전화** 070-4187-4732

르에스까르고 베이커리
달팽이처럼 느리게 빵을 구워낸다는 의미를 품고 있는 베이커리. 천연 효모로 만든 달지 않은 발효빵을 판매한다. 치아바타, 통밀빵 등이 특히 인기가 좋으며 맞은편에 있는 카페에서 빵을 먹고 갈 수도 있다. 우리밀과 식재료에 대한 연구를 게을리하지 않는 곳.
메뉴 퀴니아망(각 2천5백원), 크루아상올리브빵(각 3천원), 브리오슈(4천2백원), 치아바타, 스콘, 베이컨허거, 초코바게트, 타코플

랏(각 3천5백원), 카카오사워도우(10g 160원), 무화과사워도우, 씨드사워도우(각 10g 170원), 저당식빵(4천2백원, 8천4백원) **주소** 제주특별자치도 제주시 월랑로2길 29 (노형동) **전화** 064-748-0095

마라도횟집 고등어
제철 방어회와 아삭한 김치를 합리적인 가격에 맛볼 수 있는 곳. 간장이나 초고추장이 아닌 녹차 소금을 내주는 것이 특징이다. 운이 좋으면 방어를 해체하는 모습도 볼 수 있다. 몇 가지 채소 외에 다른 반찬은 없지만, 방어를 제대로 맛볼 수 있다.
메뉴 대방어회(6만9천원), 활고등어회(5만원), 모둠회(1인 3만5천원), 모둠회 코스(1인 4만5천원, 5만5천원) **주소** 제주특별자치도 제주시 신광로8길 3 (연동) **전화** 064-746-2286

모노클제주 디저트카페
감귤농장을 개조한 카페로, 빈티지한 분위기가 인상적인 카페. 스콘, 피낭시에, 컵케이크, 카눌레 등 직접 구운 구움 과자류를 선보이며, 종류도 다양한 편이다. 싱글오리진 원두로 내린 핸드드립커피와 플랫화이트 등도 인기.
메뉴 핸드드립커피(7천원), 아메리카노(4천5백원), 라테, 플랫화이트, 카푸치노(각 5천5백원), 아인슈페너(6천원), 스콘(4천3백원), 컵케이크(4천8백원), 카눌레(3천원), 파운드(4천6백원) **주소** 제주특별자치도 서귀포시 남원읍 태위로360번길 30-8 **전화** 070-7576-0360

밀리우 프랑스식
제주도 최초의 프렌치 파인 다이닝 레스토랑. 제주의 신선한 해산물과 제철 식재료를 사용하여 정통 프렌치를 선보인다. 로비 한가운데 360도로 오픈되어 있는 주방이 특징으로, 새 둥지를 본떠 만든 프라이빗한 공간도 있다.
메뉴 7코스(25만원), 5코스(16만원), 4코스(8만5천원) **주소** 제주특별자치도 서귀포시 표선면 민속해안로 537 **전화** 064-780-8328

바다다 카페
DJ가 선곡한 음악과 함께 오션뷰를 즐길 수 있는 비치 라운지. 낮에는 카페로, 밤에는 펍으로 운영된다. 두꺼운 패티가 들어간 수제버거의 평이 좋다. 외국 리조트를 연상시키는 이국적인 분위기의 야외석이 인상적이다. 반려 동물 동반 가능하며 펍으로 바뀌는 6시 이후에는 청소년 및 아동의 출입이 제한된다.
메뉴 베리에이션커피(8천원~9천원), 얼그레이티(1만원), 논알콜칵테일(1만원~1만6천원), 피자(1만5천원), 수제버거(1만6천원~1만7천원), 케이크(1만원~1만2천원) **주소** 제주특별자치도 서귀포시 대포로 148-15 (대포동) **전화** 064-738-2882

보건식당 생선조림
뚝배기에 전복을 비롯한 해물이 푸짐히 들어가는 전복뚝배기가 대표 메뉴다. 신선한 해물이 시원한 맛을 내며 해장용

으로도 좋다. 그 외에도 고등어, 갈치 등의 생선 요리도 추천할 만하다. 규모는 작지만 전통의 맛을 내는 곳이다.
메뉴 갈치조림(4만원), 고등어조림, 옥돔구이(각 2만원), 오징어볶음, 전복죽(각 1만원) **주소** 제주특별자치도 제주시 동광로6길 19 (이도이동) **전화** 064-753-9521

부두식당 갈치
제주토속음식을 먹을 수 있는 곳으로, 갈치조림 전문점이지만 호박, 배추, 갈치 등이 들어간 시원한 갈치국이 유명하며 성게국도 별미다. 그 외에 다양한 제주의 별미를 골고루 맛볼 수 있는 곳이다. 고등어회와 방어회도 맛이 좋다는 평.
메뉴 갈치조림(소 3만5천원, 대 4만5천원), 갈치구이(4만원), 고등어회(소 5만원, 대 6만5천원), 방어회(소 4만원, 대 6만원) **주소** 제주특별자치도 서귀포시 대정읍 하모항구로 62 **전화** 064-794-1223

산방식당 밀면
밀가루로 만드는 밀면이 대표 메뉴다. 돼지고기와 양념장이 고명으로 올라간다. 면발도 부드럽고 밀가루 냄새도 나지 않아 맛이 좋다는 평. 촉촉한 수육을 먹으러 찾는 이도 많다. 여름에는 번호표를 받고 줄을 서야 할 정도로 찾는 사람이 많다. 11월부터 2월까지는 온밀면도 맛볼 수 있다.
메뉴 밀냉면, 비빔냉면, 온밀면(각 소 7천원, 대 8천원), 수육(200g 1만3천원) **주소** 제주특별자치도 서귀포시 대정읍 하모이삼로 62 **전화** 064-794-2165

삼대국수회관 고기국수
국수에 고명으로 돼지고기를 얹은 고기국수가 맛있는 곳이다. 부드럽고 진한 맛을 자랑한다. 아강발로 불리는 족발, 돼지수육으로 불리는 돔베고기도 맛볼 수 있다. 실내 분위기도 넓고 깨끗하다. 제주에서는 아주 오래된 식당으로, 90년 넘는 역사를 지니고 있다.
메뉴 고기국수, 비빔국수, 국밥(각 7천5백원), 멸치국수(6천원), 물만두(소 7천원, 대 1만2천원), 아강발(1만5천원) **주소** 제주특별자치도 제주시 삼성로 41 (일도이동) **전화** 064-759-6644

서귀포괸당네 갈치
매콤한 맛이 일품인 갈치조림 전문점. 은빛이 도는 맑은 국물이 시원하고 담백하다. 풋고추를 넣어 갈치의 비린 맛도 없는 편. 비늘을 벗겨 길게 썰어낸 갈치회도 일품이다.
메뉴 갈치조림(소 5만원, 중 6만원, 대 7만원), 통갈치조림(소 12만원, 대 15만원), 갈치구이(1토막 2만원), 통갈치구이(소 6만원, 중 8만원, 대 10만원, 특대 15만원), 갈치회(1접시 4만원) **주소** 제주특별자치도 서귀포시 칠십리로 123 (서귀동) **전화** 064-732-3757

섭지해녀의집 전복
전복죽의 명가로 알려진 집. 얇게 썬 전복을 참기름에 볶다가 물에 불린 쌀을 넣어 끓인다. 이때 전복의 내장인 게우를 같이 넣어서 끓이는 것이 맛의 비결. 게를 잘게 빻아서 죽을 쑨 겡이(갱이)죽도 별미다. 겡이(갱이)는 제주어로 '바다게'를 뜻한다. 옆에 위치한 건물에서는 해물라면과 칼국수를 맛볼 수 있다.
메뉴 전복회(1kg 18만원), 해삼(3만원), 소라, 문어(2만원) **주소** 제주특별자치도 서귀포시 성산읍 섭지코지로 95 **전화** 064-782-0672

성미가든 닭백숙
토종닭을 재래식으로 사육하여 다양한 방법으로 요리하는 전원풍의 토종닭집이다. 가슴살과 닭껍질, 닭똥집을 샤부샤부로 해 먹고 나머지는 백숙으로 끓여 내온다. 마지막으로 먹는 녹두를 넣어 만든 죽도 별미 중 별미다.
메뉴 닭샤부샤부, 닭볶음탕(각 소 6만원, 대 6만5천원) **주소** 제주특별자치도 제주시 조천읍 교래1길 2 **전화** 064-783-3279

성산해녀의집 전복
전복을 비롯한 여러 가지 해산물을 맛볼 수 있는 곳이다. 대표 메뉴는 역시 전복죽이다. 게우와 전복살이 실하게 들어 있는 전복죽 맛이 그만이다. 제주도의 명물인 성게미역국도 맛있다.
메뉴 전복죽(1만원), 해물(시가) **주소** 제주특별자치도 서귀포시 성산읍 일출로 284-34 **전화** 064-783-1135

수희식당 전복
제주향토음식을 잘하는 곳. 미역과 성게 알을 넣어 끓인 성게국과 전복뚝배기의 맛이 일품이다. 실내 인테리어도 깔끔해 쾌적한 분위기에서 식사할 수 있다.
메뉴 전복뚝배기(1만6천원, 특 2만원), 갈칫국(1만5천원), 성게소라물회, 성게미역국, 전복죽(각 1만8천원), 성게전복물회(2만3천원), 한치물회(1만5천원) **주소** 제주특별자치도 서귀포시 태평로 377 (서귀동) **전화** 064-762-0777

쉬는팡가든 돼지고기구이
흑돼지고기가 맛있는 곳. 생고기에 굵은 소금만 뿌려 솥뚜껑에 구워 먹는다. 식사로 먹는 동치미국수도 고기와 궁합이 잘 맞는다. 날씨가 허락하면 야외에서 먹는 것도 추천.

657

쉬는팡이란 휴식을 취하기 좋은 곳이라는 뜻의 방언이다.
메뉴 흑돼지오겹살, 흑돼지오겹살+목살(각 200g 1만8천원), 동치미국수(6천원) **주소** 제주특별자치도 서귀포시 상예로 248 (상예동) **전화** 064-738-5833

스시호시카이 스시
신선한 제주산 생선으로 만든 스시를 선보이는, 제주도를 대표하는 스시야. 제주에서 수준급의 스시를 맛볼 수 있다. 스시 카운터 외에도 테이블 자리가 마련되어 있으며 독립된 룸이 있어 모임 장소로 찾기도 좋다.
메뉴 런치오마카세(12만원), 런치스시코스(3만8천원, 5만8천원), 런치사시미코스(6만8천원), 런치정식(3만8천원~5만8천원), 디너오마카세(19만원), 디너스시코스(8만원), 디너사시미코스(9만5천원), 디너정식(5만8천원~9만5천원) **주소** 제주특별자치도 제주시 오남로 90 (오라이동) **전화** 064-713-8838

시흥해녀의집 전복
해녀가 직접 따온 싱싱한 해산물을 사용하여 조리한 향토음식 전문점. 전복죽, 조개죽, 오분자기죽을 맛볼 수 있다. 죽이 나오는 시간은 30분 정도 걸리며 그 전에 미역, 튀김 등을 내어준다. 소라나 문어, 해삼 등의 싱싱한 해물을 맛볼 수 있다.
메뉴 전복(1kg 15만원), 전복죽(1만1천원), 오분자기(300g 3만원), 소라, 조개회(각 1만원), 조개죽(9천원) **주소** 제주특별자치도 서귀포시 성산읍 시흥하동로 114 **전화** 064-782-9230

신라원 돼지고기구이
말고기 전문점. 소고기 육회와 맛이 거의 흡사한 말고기 육회가 인기 있다. 전복이 들어간 뚝배기도 맛이 깊다. 말 사시미와 말 생구이는 가능한 날짜가 때에 따라 다르므로 방문 전 미리 문의하는 것이 좋다.
메뉴 말고기육회, 말샤부샤부, 말갈비찜(각 1인 2만원), 말고기정식(2인 7만원) **주소** 제주특별자치도 서귀포시 천제연로 107 (색달동) **전화** 064-739-7920

어진이네횟집 물회
자리물회 전문점. 보목동에서 나오는 자리는 구이용이 아니라 물회와 젓갈용으로 주로 쓰이는데, 가시도 연해서 바로 초장에 찍어 먹어도 좋다. 바다가 보이는 경관이 빼어나 풍경을 감상하며 먹기에도 좋다.
메뉴 객주리조림한상, 제주흑돼지한상(2인이상, 1인 2만7천원), 통갈치조림한상, 통갈치구이한상(2인 14만원 3인 18만원 4인 20만원), 해물탕(중 5만원 대 7만원) **주소** 제주특별자치도 서귀포시 보목포로 93 (보목동) **전화** 064-732-7442

오르막가든 돼지갈비
두툼하게 썬 토종 흑돼지에 굵은 소금을 뿌려 구워 먹는다. 멜젓에 찍어 먹는 맛이 일품이다. 흑돼지고기는 숙성 방식에 따라 맛과 가격이 다르다. 드라이에이징과 웨트웨이징 중에서 선택할 수 있다.

메뉴 흑돼지오겹살(180g 1만8천원), 흑돼지한마리(700g 7만7천원), 흑돼지반마리(450g 4만9천원), 백돼지양념(300g 1만6천원), 백돼지생갈비(200g 1만7천원) **주소** 제주특별자치도 서귀포시 대포중앙로 12 (대포동) **전화** 064-738-7755

오설록 전통차전문점
설록차뮤지엄에 있는 녹차 전문점. 들어가는 입구는 전면이 유리로 되어 있어 모던한 느낌이 든다. 차밭 입구의 설록차뮤지엄 전망대에 오르면 한라산을 배경으로 드넓게 펼쳐진 풍경을 감상할 수 있다. 세계의 찻잔을 모아 놓은 공간이 인상 깊고, 다양한 분위기의 찻잔을 구경할 수 있다. 제주에 가면 한 번 들러볼 만한 관광 명소다.
메뉴 녹차(7천원~1만5천원), 녹차아이스크림(5천원), 녹차롤케이크, 블랙티롤케이크(각 piece 5천8백원, whole 2만1천5백원) **주소** 제주특별자치도 서귀포시 안덕면 신화역사로 15 **전화** 064-794-5312

오조해녀의집 전복
제주에는 해녀가 조합 형식으로 식당을 차리고 직영하는 해녀의 집이 많은데, 그중에서도 전복죽이 맛있기로 소문난 집이다. 성산일출봉이 한눈에 보여 경관이 뛰어나다.
메뉴 전복죽(1만2천원), 전복(1kg 11만원), 자연산전복(소 15만원, 대 18만원), 문어, 소라, 해삼(각 1만원) **주소** 제주특별자치도 서귀포시 성산읍 한도로 141-13 **전화** 064-784-7789

올댓제주 한식주점
제주산 식재료로 만든 다양한 요리와 술을 즐길 수 있는 비스트로. 제주에서만 맛볼 수 있는 재료를 사용한 독특한 요리가 시선을 끈다. 와인 종류도 다양하게 갖추고 있으며 코스메뉴를 주문해도 좋다.
메뉴 코스(5만5천원), 오늘의세트(3만5천원) , 딱새우함바스(2만5천원), 제주돼지수제소시지(1만2천원), 토마토해산물스튜(1인 2만5천원, 2~3인 3만5천원), 제주돼지항정살테린(1인 1만2천원, 2~3인 2만원), 하몽과일치즈플레이트(1인 1만3천원, 2~3인 2만3천원) **주소** 제주특별자치도 제주시 중앙로1길 33 (건입동) **전화** 064-901-7893

우리봉식당 생선구이
성산일출봉 주변에서 유명한 식당으로, 뚝배기에 해물을

우리봉식당

한가득 담아내는 해물뚝배기를 맛볼 수 있다. 조개, 게 등의 해물이 푸짐하게 들어가 있으며 같이 내는 반찬도 대부분 채소로 만든다.
메뉴 전복해물뚝배기(1만5천원), 갈치조림(소 4만원, 대 5만5천원), 갈치구이(2만8천원) **주소** 제주특별자치도 서귀포시 성산읍 일출로 273 **전화** 064-782-0032

유리네 갈치

고등어구이, 갈치구이, 성게미역국, 물회 등의 토속음식 전문점이다. 싱싱하고 구수한 성게미역국이 제맛을 낸다. 갈치구이는 부드러운 살이 단맛이 날 정도로 싱싱하다. 몸국도 꼭 먹어봐야 하는데, 몸국은 돼지 한 마리를 통째로 삶은 국물에 해초의 일종인 모자반(몸)을 넣어서 만든 것이다. 담백함과 구수한 맛이 일품이다.
메뉴 성게미역국(1만원), 갈치구이(3만6천원), 도새기몸국(8천원), 갈치조림(소 3만6천원, 중 5만4천원, 대 7만2천원), 한치무침(2만7천원), 자리무침(2만8천원), 돔베고기(2만5천원) **주소** 제주특별자치도 제주시 연북로 146 (연동) **전화** 064-748-0890

유빈 전복

전복 내장과 쌀을 볶아 만든 전복죽 맛이 일품이다. 자연산, 양식, 수입산 전복을 따로 구분해서 각기 다른 가격으로 판다. 시원한 국물 맛이 일품인 성게국은 미역과 성게, 오분자기를 넣고 끓인다.
메뉴 전복죽(1만원, 특 1만3천원), 성게미역국(9천원), 전복돌솥밥, 전복물회, 전복뚝배기(각 1만5천원), 전복회, 전복구이(각 소 6만원, 중 8만원, 대 10만원), 전복모둠회(소 4만원, 중 5만원, 대 6만원), 전복(자연산 1kg 20만원, 양식 1kg 13만원) **주소** 제주특별자치도 제주시 탑동로 55 (삼도이동) **전화** 064-753-5218

자매국수 고기국수

제주식 고기국수를 선보이는 곳. 진하게 우린 뽀얀 사골 육수의 맛이 일품이며 잘 삶은 수육이 푸짐하게 올라간다. 수육 요리인 돔베고기를 비롯해 아강발 등을 맛볼 수 있으며 절반 크기로도 주문할 수 있다.
메뉴 고기국수, 비빔국수(각 8천원), 멸치국수(6천원), 돔베고기(400g 3만원, 200g 1만6천원), 아강발(2만원, 절반 1만1천원) **주소** 제주특별자치도 제주시 삼성로 67 (일도이동) **전화** 064-727-1112

제주국담 고기국수

제주 돼지고기 요리 전문점. 청정 제주돼지고기만을 사용한 맑은 육수로, 국물 맛이 일품이다. 생면을 사용한 담백한 고기국수, 저온압착 방식의 들기름 향이 일품인 유지름국수, 한라산의 기생화산인 오름을 닮은 오름국수(비빔국수) 등도 별미다.
메뉴 제주국밥, 고기국수(각 9천원), 유지름국수(1만3천원), 비빔국수(1만원), 제주고기냉국수(여름한정)(1만원), 국담세트(3만5천원), 국담백육(1만8천원, 2만8천원), 국담육전(1만5천원, 2만6

천원) **주소** 제주특별자치도 제주시 신대로12길 17 (연동) **전화** 064-749-7100

중문해녀의집 전복

어촌의 조그마한 식당으로, 해녀가 잡은 해산물로 만든 요리를 맛볼 수 있다. 전복 내장을 함께 넣어 끓인 전복죽의 맛이 일품이다. 날이 좋은 날에는 야외에서 바닷가 풍경을 감상하면서 식사하는 것도 좋다.
메뉴 전복죽, 소라, 낙지, 멍게, 문어(각 1만원), 전복회, 해삼, 모둠(각 2만원) **주소** 제주특별자치도 서귀포시 중문관광로 194 (중문동) **전화** 064-738-9557

진미명가 생선회

4대째 다금바리를 전문으로 하는 곳으로, 다금바리 껍질, 회, 뽈살, 엔가와, 주도로, 오도로, 창, 혓바닥, 힘줄, 입술, 다금바리지리 등을 코스로 즐길 수 있다. 갈 때는 미리 전화로 다금바리가 있는지 물어보고 가는 것이 좋다. 다금바리는 시세에 따라 가격이 다르다.
메뉴 다금바리회(1kg 23만원) **주소** 제주특별자치도 서귀포시 안덕면 사계남로 167 **전화** 064-794-3639

커피템플 커피전문점

김사홍 바리스타가 운영하는 스페셜티 커피 전문점. 진하고 깊은 커피 맛을 느낄 수 있다. 직접 짠 탠저린 시럽과 탠저린 한 조각이 들어가 있는 시그니처 커피인 탠저린라테도 만날 수 있다. 탁 트인 유리창 너머로 보이는 풍경이 아름답다. 일찍 문을 닫는 곳이니 방문 시 참고할 것.
메뉴 텐저린카푸치노(6천원), 탠저린라테, 아이스유자아메리카노(각 6천5백원), 수퍼클린에스프레소(6천원), 베리에이션커피(5천원), 핸드드립커피(6천원~7천5백원), 제주레몬마들렌(2천원) **주소** 제주특별자치도 제주시 영평길 269 (월평동) **전화** 070-8806-8051

흑돈가 돼지고기구이

제주산 흑돼지만 내놓는 곳으로, 제주도에서 가장 먼저 흑돼지를 취급한 원조로 꼽힌다. 숯불에 구워 먹으며 반찬으로 나오는 백김치와 양념게장, 겉절이김치 등도 먹을 만하다. 본관과 별관이 있을 정도로 규모가 매우 크고 개별 방도 많이 있어 모임을 하기에 좋다.
메뉴 흑돼지생구이(170g 1만8천원), 양념구이(270g 1만8천원), 항정살(150g 1만8천원), 흑돈가숯불구이정식(120g 1만1천원) **주소** 제주특별자치도 제주시 한라대학로 11 (노형동) **전화** 064-747-0088

자료 및 사진을 제공해주신 분들

(가나다 순)

- 가평군청 관광사업단
- 강릉시청 문화관광과
- 강진군청 문화관광과
- 거제시청 해양관광과
- 경주시청 문화관광과
- 고령군청 문화관광과
- 고성군청(강원도) 관광문화체육과
- 고창군청 문화관광과
- 곡성군청 문화과
- 공주시청 문화관광과
- 과천 서울랜드
- 구례군청 문화관광실
- 국토해양부 첨단도로환경과
- 군산시청 문화관광과
- 김제시청 문화홍보축제실
- 김해시청 문화관광사업소
- 나주시청 관광문화과
- 남원시청 문화관광과
- 남해군청 문화관광과
- 논산시청 홍보담당관
- 단양군청 기획감사실 홍보팀
- 담양군청 관광레저과
- 당진시청 감사공보담당관
- 대구광역시 관광문화재과
- 대전광역시청 관광산업과
- 동해시청 관광진흥과
- 목포시청 관광기획과
- 문경시청 관광진흥과
- 보령시청 관광과
- 보성군청 문화관광과
- 보은군청 문화관광과
- 부안군청 문화관광과
- 산청군청 문화관광과
- 삼성에버랜드 홍보팀
- 삼척시청 관광정책과
- 서산시청 관광산업
- 서천군청 문화관광과
- 설악케이블카
- 세종시청 문화체육관광과
- 수원문화재단
- 순창군청 문화관광과
- 신안군청 문화관광과
- 아산시청 문화관광과
- 안성시청 문화체육관광과
- 양주시청 뉴미디어팀
- 여수시청 관광과
- 여주시청 문화관광과
- 영광군청 문화관광과
- 영덕군청 문화관광과
- 영월군청 문화관광체육과
- 영주시청 새마을관광과

예산군청 문화관광과	칠곡군청 새마을문화과
예천군청 문화관광과	태백시청 문화관광과
울릉군청 문화관광체육과	통영시청 해양관광국
울진군청 문화관광과	파주시청 문화관광과
이천시청 문화관광과	평창군청 문화관광과
익산시청 문화관광과	포천시청 문화관광과
인제군청 문화관광과	포항시청 관광진흥과
인천광역시청 문화관광과	하동군청 문화관광과
장수군청 문화체육관광사업소	함안군청 문화관광과
장흥군청 문화관광과	함양군청 문화관광과
전주시청 관광산업과	함평군청 문화관광체육과
정선군청 문화관광과	합천군청 관광개발사업단
쥬라리움	해남군청 문화관광과
진도군청 관광문화과	홍성군청 기획감사실
진안군청 기획실 홍보팀	화천군청 기획감사실
진주시청 문화환경국	한국관광공사
진천군청 문화체육과	한국민속촌
창녕군청 생태관광과	KT&G상상마당춘천
창원시청 관광문화국	
철원군청 기획감사실	* 사진 제공에 감사드립니다.
청도군청 문화관광과	
청송군청 문화관광과	
청양군청 문화관광과	
청주시청 공보관	
춘천시청 관광과	
충주시청 관광과	

블루리본트래블 대한민국 베스트셀러 여행지 + 전국 맛집 318

2024년 1월 11일 개정2판 3쇄 인쇄 / 2024년 1월 18일 개정2판 3쇄 발행
2022년 1월 25일 개정2판 2쇄 인쇄 / 2022년 2월 1일 개정2판 2쇄 발행
2021년 6월 10일 개정2판 1쇄 인쇄 / 2021년 6월 17일 개정2판 1쇄 발행

2020년 9월 3일 개정판 4쇄 발행
2019년 4월 5일 개정판 3쇄 발행
2018년 8월 30일 개정판 2쇄 발행
2018년 3월 5일 개정판 1쇄 발행

2013년 5월 15일 초판 2쇄 발행
2012년 7월 10일 초판 1쇄 발행

발행인 겸 편집인: 여민종 | 발행처: BR미디어

등록번호: 제2011-000074호 | 등록일: 2011년 3월 8일

BR미디어 주식회사 06225 서울 강남구 언주로75 24

문의전화: 02 512 2146 | 팩스: 02 565 9652 | e-mail: webmaster@blueR.co.kr
website: http://www.blueR.co.kr

정가 22,000원

ISBN   978-89-93508-58-1 14980
              978-89-93508-14-7 (세트)

ⓒ 여민종 2021

* 이 책 저작권자의 서면 동의 없이는 이 책의 내용을 전체적으로나 부분적으로나 또는
  어떤 수단・방법으로나 아무도 복제・전재하거나 전자 장치에 저장할 수 없습니다.
* 잘못된 책은 바꾸어 드립니다.

BLUE RIBBON SURVEY

우리나라를 대표하는 맛집 평가서
블 루 리 본 서 베 이

서울의 맛집 | BR미디어 발행 | 336쪽 | 가격 19,000원